《安徽通史》编纂委员会

《安徽通史》编纂委员会 编

安徽通史

明代卷

5

主 编◎王世华
李琳琦

全国百佳图书出版单位
时代出版传媒股份有限公司
安徽人民出版社

图书在版编目(CIP)数据

安徽通史·明代卷/王世华,李琳琦主编. —合肥:安徽人民出版社,2011.9

ISBN 978 - 7 - 212 - 04294 - 3

Ⅰ.①安…　Ⅱ.①王…②李…　Ⅲ.①安徽省—地方史—明代

Ⅳ.①K295.4

中国版本图书馆 CIP 数据核字(2011)第 186341 号

安徽通史·明代卷

王世华　李琳琦　主编

出　版　人:胡正义

总　责　编:杨咸海

责任编辑:杨咸海　黄牧远　　　　　　装帧设计:宋文岚

出版发行:时代出版传媒股份有限公司 http://www. press - mart. com

安徽人民出版社 http://www. ahpeople. com

合肥市政务文化新区翡翠路 1118 号出版传媒广场八楼

邮编:230071

营销部电话:0551 - 3533258　0551 - 3533292(传真)

制　　版:合肥市中旭制版有限责任公司

印　　制:安徽新华印刷股份有限公司

（如发现印装质量问题,影响阅读,请与印刷厂商联系调换）

开本:710×1010　1/16　　印张:34.5　　字数:460 千　　插页:8

版次:2011 年 9 月第 1 版　2011 年 9 月第 1 次印刷

标准书号:ISBN 978 - 7 - 212 - 04294 - 3　　定价:126.00 元

明太祖朱元璋画像

明太祖孝慈高马皇后画像

出家当和尚的朱元璋

凤阳明中都城城楼

凤阳明中都城西门遗址

明中都皇陵全景

明中都皇陵

明祖陵

程大约：《程氏墨苑》封面　　　　　方瑞生：《墨海》封面

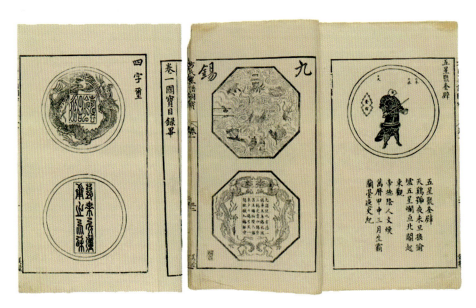

方于鲁：《方氏墨谱》正文页面

明末 方以智《疏树古亭图》

1958年在上海征集。

方以智：明万历三十九年（1611）生，清康熙十年（1671）年卒。安徽枞阳人，"明季四公子"之一。

明　龙泉窑牡丹纹玉壶春瓶
1993年合肥市永乐十二年墓出土

明　青花葡萄纹盘
1957年在皖南征集

明　玉执荷童子

1969年嘉山县板桥恭献王李贞夫妇墓出土

明初　玉灵碑　　　　　　　　明初　凤鸟纹玉簪首

1969年嘉山县板桥恭献王李贞夫妇墓出土　　　1969年嘉山县板桥恭献王李贞夫妇墓出土

明　描金凤纹玉组佩

1993年12月歙县黄山仪表厂明墓出土

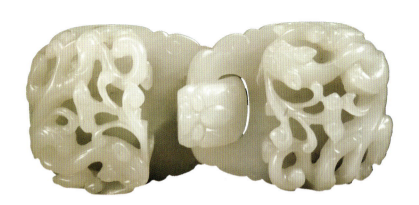

明末　龙纹玉带扣

1982年在蚌埠市征集

明　碧玉罐
20世纪70年代末在皖南征集

明　海棠形玉洗
20世纪70年代末在皖南征集

明　金冠饰

1990年凤阳县城西乡余庄村出土

明　金霞帔坠子

1993年歙县黄山仪表厂明代墓出土

明　蝉形歙砚

1984年在休宁县征集

明　朱三松人物笔筒竹雕

1987年孙大光捐献

明　描金彩绘山水人物漆盒

1959年在皖南收购

明　描金彩绘山水人物漆盒

1959年在皖南收购

明　徽州砖雕（缠枝花卉）

明　徽州石雕（石螭首）

明　徽州木雕

明　徽州建筑——门罩

许国石坊

正阳关老城门

古紫阳书院

雄村竹山书院

明代哲学家王守仁画像

明代谋士朱升画像

明代医家徐春甫画像

总　　序

　　盛世修史,是中华民族的优良传统。2004 年 8 月,时任安徽省委副书记张平同志主持召开了《安徽通史》编纂委员会第一次会议,《安徽通史》作为省哲学社会科学规划重大项目立项并启动。在中共安徽省委、省政府领导的关心下,经过我省数十位专家历时近 8 年的辛勤笔耕,现即面世以飨读者。

　　《安徽通史》8 卷 10 册,600 万字,对上自洪荒,下迄 1952 年的安徽历史作了全面系统的表述。

　　编撰《安徽通史》我们坚持三个基本原则:

　　一是坚持以马克思主义的辩证唯物主义和历史唯物主义为指导思想,实事求是,从纷繁复杂的历史表象入手,去伪存真,去粗取精,真实地、本质地反映安徽历史。尊重历史事实,是则是,非则非,秉笔直陈,不用春秋笔法,把编写者的主观判断排除在《安徽通史》之外,把历史事实展现给读者,把评说的空间留给读者。

　　二是略远而详近。古代是我们的前天,近现代是我们的昨天。近现代是传统向现代转变时期,直接影响当代。自夏代算起,安徽历史

有4000年,其中鸦片战争至新中国成立之初不过百年,叙述这百余年历史的卷数为《安徽通史》全书的25%,字数约为全书的30%;《新中国卷》虽只写四年亦立为一卷。历史著作的社会价值主要在于有助于人们深刻了解当代社会和当代人,为解决现实问题提供经验教训。因此而言,略远而详近是必然选择。

三是史料务求翔实。史料是史著的基本元素,史料丰富与否往往决定了史著价值高低。几年来,参加编写《安徽通史》的专家用于爬梳资料的时间远多于撰写时间,经多方罗掘,发现了很多新的资料。先秦部分用近年发现的大量考古资料以补充文献资料,近现代部分则大量利用了报刊资料及档案。新资料的发现和使用是本书一系列亮点的基础。

中国是一个整体,但各省(区、市)的历史各有特色,造成差别的原因很多,地理位置和自然条件的差异是最基本的原因之一。安徽连贯东西、融会南北,左江浙,右湖北,上接中原,下邻江西。长江淮河穿省而过将安徽切成比较均匀的三大块。淮北平原属典型的北方,皖南山区是标准的南方,江淮之间是南北过渡地带。全省气候温和,水资源丰富,适宜农耕。

安徽历史的特点约略有五:

一、安徽历史发展受惠外部较多。自给自足的自然经济一般有很强的封闭性,但封闭不是绝对的,安徽与周边地区交往较多,对安徽历史发展起了明显的促进作用。安徽本为东夷活动区域,大禹为治水来到安徽,并在涂山(今属安徽怀远)大会诸侯,安徽的东夷积极响应,自此开始融入中国主流。东晋至南宋是中国经济重心南移、中原文化南播时期,安徽作为主要通道,社会经济发展水平显著提高。明清时期安徽和江浙关系密切,其时江浙正是中国经济最富庶、文化最发达地区,安徽经济、文化与之同时发展,且不遑多让。鸦片战争后,上海成为中国经济发展的龙头,八百里皖江成了近代意义上的黄金水道;

新中国成立前,号称"小上海"的城镇遍布我省各地,在安徽人心目中,上海是先进和繁华的代名词。

二、安徽的历史发展特别艰难曲折。安徽历史上灾难之多之惨烈绝非其他省可以相比。江淮之水患频仍世人皆知,但对安徽历史损害最大的是兵祸。自古以来,淮北和江淮就是各方争夺之地,楚汉,魏吴,东晋、南朝、南宋、南明和北方政权,都曾在安徽进行过恶战;历史上大规模农民战争除两汉外,如秦末、隋末、唐末、元末、明末、晚清农民战争,无不以安徽为主战场。每当战乱,除交战双方相互砍杀之外,就是对人民烧杀抢掠,一时白骨遍野,数百里不见人烟,惨不忍睹。在历史上淮北和江淮之间因兵燹损失半数以上人口有十余次。面对深重苦难,安徽人民顽强坚毅,一次次在废墟上重建家园。显示了超强的生聚能力。

三、安徽南北社会、经济、文化和国家的南北社会、经济、文化同步变化。三国以降,国家分裂时,表现为南北政权对峙,安徽则分属南北两个对立的政权。自东晋至南宋,中国经济重心南移,中原文化南播,改变了中国经济、文化态势,与此同时,安徽沿江江南在经济文化方面一跃超过原先先进的淮北。在上述两方面没有一省像安徽那样酷似国家的变化。

四、人才之盛,世所公认。安徽独特的环境为中华民族造就一大批精英人物,其中一些人分别在不同领域为华夏文明创立了标志性历史功业。改革家首推生于涂山的夏启(对先秦时代的人常以出生地为其籍贯),启废禅让为世袭,中国遂由原始社会进入阶级社会、文明时代。李鸿章兴办洋务新政是中国向近代迈出的第一步。思想领域老子把朴素的辩证法教给了中国人,陈独秀高举科学、民主旗帜,从根本上否定传统的价值观。在文化领域,庄子、曹操、方苞、程长庚,各领风骚,为五彩缤纷的中华文化作出巨大贡献。胡适倡导白话文学,促成白话文代替文言文成为"正宗"载体,其功至伟。

　　五、独特的历史遗憾。明以前,今安徽总是分属于几个不同行政区域或不同政权管辖,并且这些行政区域或政权治所或不在安徽或在安徽却旋设旋撤,以致秦以后安徽没有出现规模较大的都市。工商辐辏的都市对一个地区社会、经济、文化有显著的拉动作用,即使在农业社会也是如此。此外,未形成可基本覆盖全省的皖文化。这两点在内地各省中绝无仅有。

　　每一代人都在创造历史,我们这一代人的使命是创造安徽崛起、中华复兴的历史。人们是在历史的基础上创造历史,先辈的经验教训对于后人是一笔宝贵的财富,前贤的精神是激励后代的动力。本书对全面深入了解安徽有较大帮助,希望能引起读者兴趣。

　　历史已成过去,完全复原绝不可能。作者有其局限,洵为常理,众人之作难以避免风格上不统一,《安徽通史》中可商榷处所在多有。盼望读者批评,如切如磋,如琢如磨,以期繁荣学术,俾安徽历史的研究水平更上层楼。

《安徽通史》编纂委员会

2011 年 9 月

目　　录

绪　论

明代安徽境内的政区与人口

元朝时，安徽地区分属河南、江浙两行省。明王朝建立后，废除行省，在全国设 13 个承宣布政使司，下设府、州、县。安徽全境隶属于南直隶，包括 7 府 4 州。因历经元末战乱，安徽境内人口锐减。明洪武二十六年（1393）约有 56 万户，总人口仅为 332 万。

一、明代安徽境内的政区

元朝时,安徽地区分属河南、江浙两行省。明王朝建立后,废除行省,在全国设 13 个承宣布政使司,下设府、州、县。安徽全境隶于南直隶,具体有安庆、徽州、宁国、池州、太平、庐州、凤阳 7 府以及滁州、和州、徐州、广德州 4 个直隶州,总辖 54 县 7 县级州。

1.安庆府

其境位于长江北岸,北至庐州府无为州 320 里,西南至江西九江府 410 里,西至湖广蕲州 300 里,北至庐州府 360 里,东南至池州府 120 里,自府治至应天府(今南京)650 里,至京师 3185 里。[①] 东西长 450 里,南北长 275 里。[②]

安庆府最初设立于南宋庆元元年(1195),元改为安庆路,属河南江北行省。元至正二十一年(1361)改为宁江府,第二年复改为安庆府(治今怀宁县),辖县六:怀宁、桐城、潜山、太湖、宿松、望江。

2.徽州府

民国《歙县志》载其境为:东至昱岭关浙江昌化县界 120 里,西至长充铺(今槐源)休宁县界 37 里,南至街口浙江淳安县界 100 里,北至箬岭关太平县界 80 里,西北至汤岭(关)太平县界 120 里,东北至界牌岭绩溪县界 35 里,西南至危峰岭(危峰关)浙江遂安县界 90 里,至相湖岭休宁县界 30 里,距应天府 680 里。

宋宣和三年(1121),改歙州为徽州。元至元十四年(1277)设徽州路,属江浙行省,至正十七年(1357),改徽州路为兴安府。吴元年(1367),朱元璋改兴安府为徽州府(治今歙县),洪武元年(1368)徽州府直隶中书省;永乐元年(1403),改隶南直隶(南京),辖县六:歙、休宁、婺源、祁门、黟、绩溪。

3.宁国府

其境东至浙江湖州府 357 里,南至徽州府 330 里,西至池州府 320

---

① ［清］顾祖禹撰:《读史方舆纪要》卷二六《南直八》。

② ［民国］赵尔巽等撰:《清史稿》卷五九《地理六》,中华书局 1976 年版。

里,北至太平府175里,东北至广德州220里。自府治(宣州)至应天府310里,至京师2750里。

其建府始于南宋,南宋乾道二年(1166)因孝宗皇帝升宣州宣城郡宁国军节度为宁国府(治今宣州),宁国府自此始。元至元十四年改宁国府为宁国路,属江浙行省。元至正十七年(1357)四月,朱元璋攻下宁国路后,改宁国路为宁安府,至正二十一年(1361)改为宣城府,至正二十六年(1366)改为宣州府,吴元年(1367)又改为宁国府。辖县六:宣城、南陵、宁国、旌德、太平、泾。

4.池州府

其境东至宁国府320里,南至江西饶州府浮梁县380里,西南至江西九江府550里,西至安庆府120里,东北至太平府450里,自府治(今贵池)至应天府550里,至京师3150里。

元时为池州路,属江浙行中书省江东道。元至正二十一年(1361)八月,改为九华府,不久改为池州府。辖县六:贵池、青阳、铜陵、石埭、建德、东流。

5.太平府

其境东至应天府溧水县160里,南至宁国府170里,西南至池州府450里,西北至和州90里,自府治(今当涂)至应天府125里,至京师2590里。

元至正十五年(1355)改为太平府。辖县三:当涂、芜湖、繁昌。

6.庐州府

其境东至滁州260里,东南至和州280里,南至安庆府360里,西南至湖广黄州府810里,西至河南光州600里,西北至凤阳府寿州170里,东北至凤阳府270里,自府治至应天府510里,至京师2600里。

元置庐州路,属河南江北行省。元至正二十四年(1364)改为庐州府(治今合肥),置江淮中书省于此,不久又撤销中书省建制。辖州二:无为、六安;辖县六:合肥、舒城、庐江、巢、英山、霍山。

7.凤阳府

其境东至淮安府400里,东南至滁州220里,西南至庐州府270里,西至河南陈州720里,北至徐州418里,西北至河南归德府520

里,自府治至应天府 330 里,至京师 2000 里。① 东西长 428 里,南北长 480 里。

元时为濠州,吴元年(1367)改临濠府,洪武五年(1372)改中立府,定为中都。七年(1374)改为凤阳府(自旧城移治中都城中)。直隶京师,正统后隶南直隶。辖县十三:凤阳、临淮、怀远、定远、五河、虹、霍邱、蒙城、盱眙、天长、灵璧、太和、颍上;辖州五:寿州、宿州、泗州、颍州、亳州。

8.滁州(直隶州)

元属扬州路,洪武初以州治清流县,省州入县。七年(1374)属凤阳府,二十二年(1389)二月直隶京师。东西长 140 里,南北长 310 里,辖县二:全椒、来安。

9.和州(直隶州)

洪武初以州治历阳县,省州入县。洪武二年(1369)复改县为州,仍属庐州府,七年(1374)改属凤阳府,不久改直隶京师。距应天府 130 里。东西长 180 里,南北长 200 里。辖县一:含山。

10.徐州(直隶州)

元属归德府,明洪武四年(1371)二月属中都临濠府。十四年(1381)十一月直隶京师。距应天府 1000 里。辖县四:萧、沛、丰、砀山。

11.广德(直隶州)

元至元十四年(1277)升为广德路,属江浙行省,明初为广德府,改县为广阳,洪武四年九月改府为州,十三年(1880)四月以州治广德县,省州入县,直隶京师。距应天府 500 里。辖县一:建平。

二、明代安徽境内的人口

历经元末战乱,安徽境内人口锐减。明洪武二十六年(1393)约有 56 万户,总人口仅为 332 万,与宋时(约五六百万)相差甚远。

安徽是明朝"龙兴之地",朱元璋及其子孙对安徽的经济恢复和

---

① [清]顾祖禹撰:《读史方舆纪要》卷二一《南直三》。

发展十分重视,采取了一系列有力措施,促进了安徽人口的恢复和发展。

第一,迁移富庶地区之民充实江淮地区。据《明会典》和《明史》记载,明初徙苏州富民实濠梁,迁入4000余户。洪武二十年(1387)又徙江南民14万于凤阳,后屡徙浙西及山西民于滁、和等州。仅洪武年间,就先后七次大规模地向淮河流域迁徙人口,总人数高达20万以上,这为安徽带来了大量的人口,迅速补充了江淮地区农业生产的劳动力资源。

第二,明政府对皖北诸多眷顾政策,对人口的稳定和发展起到积极作用。朱元璋命令,给予新垦辟土地的人,免除赋役三年,还屡次下令免除宁国、广德、太平、无为、宣城、池州等地田租。对于迁徙而来的贫苦农民,还无偿提供粮种、牛等生产资料和衣、钱等生活资料及费用,这不仅稳定了当地人口,还吸引了大量外地人口迁徙此地。

第三,采取积极措施,推动农业生产的恢复和发展。如兴修水利,洪武初期,修建和州铜城闸,灌溉方圆二百余里。洪武末期,为疏导淮水,减轻洪涝灾害,组织人力疏浚了淮河下游山阳的支家河。永乐时期,重修了寿州安丰塘,修筑潜山、怀宁陂堰以及天长县福胜、戚家庄二塘,还修建了淮河大堤。

第四,随着农业经济和手工业经济的恢复和发展,商品经济也逐渐繁荣起来。安徽境内城镇迅速发展,带动了城镇人口的增长。在朝廷的扶植和百姓的努力下,安徽经济发展很快,这无疑也促进了安徽人口的繁衍。

安徽境内总人口不断发展,具体表现在两个方面:一是人口密度增长,由洪武十四年(1381)的20.8人/平方公里,发展到弘治四年(1491)的28.4人/平方公里,这个比例名列全国各省第六位(见表绪—1);二是总人口数相应增长,由洪武二十六年(1393)的332万,发展至万历六年(1578)的432万,增长了100万(见表绪—2,注:这里忽略了大量的隐匿人口,实际增长人口数估计还要多)。

表绪一1　明代安徽人口密度与比例的变化（与其他地区比较）

年代 地区	人口密度（人/平方公里）				人口比重（各省人口/全国总人口 ×100%）			
	1381	1391	1393	1491	1381	1391	1393	1491
河南	12.31	13.71	14.01	17.01	3.06	3.27	3.32	3.09
河北	9.06	9.48	9.53	16.42	2.95	2.97	2.95	3.91
山东	33.69	36.78	37.43	43.82	7.72	8.1	8.17	7.34
山西	26.1	28.58	29.1	31.6	6.1	6.42	6.48	5.4
陕西	8.63	9.98	10.27	15.68	2.51	2.79	2.85	3.34
甘肃	2.43	2.81	2.89	4.41	1.33	1.47	1.5	1.76
宁夏	2.77	3.19	3.29	5.02	0.27	0.3	0.31	0.36
青海	0.8	0.93	0.95	1.45	0.86	0.95	0.97	1.14
江苏	66.48	69.29	69.82	90.76	10.68	10.7	10.69	10.66
安徽	20.8	21.68	21.85	28.4	4.33	4.34	4.33	4.32
浙江	103.64	103.05	103.02	133.93	15.69	14.99	14.87	14.82
江西	55.38	55.38	55.38	71.98	13.58	13.05	12.94	12.9
湖北	12.9	13.16	13.21	17.17	3.6	3.53	3.51	3.5
湖南	11.93	12.17	12.22	15.88	3.74	3.66	3.65	6.63
四川	3.25	3.48	3.53	5.76	2.75	2.83	2.84	3.57
贵州	1.09	1.16	1.18	1.93	0.28	0.29	0.29	0.37
云南	0.98	1.04	1.05	1.35	0.56	0.57	0.58	0.57
广东	14.01	13.28	13.28	17.27	4.6	4.2	4.16	4.15
广西	6.85	6.93	6.94	7.85	2.35	2.29	2.27	1.97
福建	31.2	31.72	31.82	41.36	5.71	5.58	5.56	5.54
台湾	4.17	4.56	4.64	4.89	0.22	0.23	0.24	0.19
辽宁	6.16	6.74	6.85	10.26	1.38	1.45	1.47	1.67
吉林	5.24	5.73	5.83	7.54	1.46	1.53	1.55	1.53
黑龙江	2.23	2.59	2.64	3	1.64	1.72	1.73	1.51
内蒙古	0.68	0.75	0.75	0.96	1.22	1.28	1.28	1.25

（续表）

新疆	0.24	0.27	0.27	0.39	0.59	0.62	0.63	0.7
西藏	0.44	0.48	0.49	0.6	0.82	0.86	0.87	0.82

（资料来源：赵文林，谢淑君的《中国人口史》，人民出版社1988年版，第375页）

表绪—2　明代安徽境内人口分布

府州名	户　数			人　口　数		
	洪武二十六年（1393）	弘治四年（1491）	万历六年（1578）	洪武二十六年（1393）	弘治四年（1491）	万历六年（1578）
安庆府	55573	46050	46609	422804	616089	543476
徽州府	125548	7251	118943	592364	65861	566948
宁国府	99732	60364	52148	532259	371543	387019
池州府	35826	14091	18377	198674	69478	84851
太平府	39290	29466	33262	259937	173699	176085
庐州府	48720	36548	47373	367200	486549	622698
凤阳府	79107	95010	111070	427303	931108	1203349
滁　州	3944	4840	6717	24797	49712	67277
和　州	9531	7450	8800	66711	67016	104960
徐　州	22683	34886	37841	180821	354311	345766
广德州	44267	45043	45296	247979	227795	221053
合　计	564221	380999	526436	3320849	3413161	4323482

（资料来源：《明史》卷40，志十六，地理一。《明会典》卷20，户部五。文渊阁四库全书本）

　　明代安徽北部人口自洪武到弘治，普遍增长，以凤阳府最为突出。洪武二十六年，凤阳府只有427303人，弘治四年达931108人，增长了118%。到万历六年又增加到1203349人。在明代全国人口没有增长的情况下，凤阳府人口如此剧增，不能不是朱明王朝对凤阳地区采取特殊政策的结果。明代安徽境内七府四州户数和情况见表绪—2"明代安徽境内人口分布"，其中徐州除丰县、沛县外，其余均在安徽境内。

　　与皖北相比，皖南境内人口，从洪武到弘治，普遍下降，而徽州更为突出，徽州府洪武二十六年时人口为592364人，弘治四年降为65861人，比洪武二十六年少了9/10。徽州人口减少的原因主要有四:第一,赋役制度的差异造成。当时北方以丁定差,官府对户口控制严格,调查认真。南方以田定差,对户口的控制和统计比较忽视。一些人口没有统计。第二,北方地多人少,自耕农所占比重大,南方农民无地者居多,不得不外流,以谋生路,故人口流动性较大。第三,北方地主阶级在农民战争中遭到重创,南方则触动不大,明时南方地主豪强势力特大,奴仆制盛行,对户口的隐瞒特别严重。第四,徽州山多田少,无地农民逃入深山谋生,"人民多仰取山茶薇葛而食",深山之民,难以具册统计。[①] 成化、弘治以后,徽州人口仍成下降趋势,则因为此时徽商兴起,大批人外出经商,明朝人王世贞说过:"徽俗十三在邑,十七在天下。"这就是说,徽人从商,十居其七。这些外出经商的人往往就在经商地定居下来,从而也造成徽州实际人口的下降。

三、南明安徽境内政区和人口简况

明末崇祯年间,大饥荒遍及安徽全省,旱蝗水灾接连发生,人多饿死。顺治元年(1644)五月,明兵部右侍郎凤阳总督马士英,诚意伯刘孔昭,总兵官高杰、刘泽清、黄得功、刘良佐等拥立福王朱由崧,在南京称帝,年号弘光。南明弘光政权在大江以北置四镇,安徽境内的徐州、泗州、凤阳、寿春、庐州、滁州、和县等州县分别受其管辖。

由于南明政权无法有效控制四镇,四镇各据一方,常借筹措军饷为名,拼命搜刮掠夺;为了争夺地盘,各镇之间又互相攻杀,安徽境内的淮水地区,受其祸害严重,百姓流离失所。及至清兵进入安徽境内,更是掳掠滥杀,安徽境内各县民户纷纷逃散,人口数量再度急遽下降。

---

① 安徽省地方志编纂委员会编:《安徽省志·人口志》,安徽人民出版社 1995 年版,第 16 页。

第一章
安徽人建立明王朝

元朝末年,统治阶级内部争权夺利,政治腐败,土地兼并严重,生灵涂炭,阶级矛盾与民族矛盾非常尖锐,元朝的末日已经来临。至正十一年(1351),在今天安徽境内的皖北地区,韩山童、刘福通、杜遵道领导的红巾军起义在颍上爆发,揭开了元末农民大起义的序幕。在皖中的庐州、巢湖、含山一带,彭莹玉的弟子左君弼、李普胜、赵普胜、俞通海等人揭竿而起。在沿江及皖南一带,徐寿辉、邹普胜于蕲水(今属湖北)建立的天完政权,自至正十一年起的两年间,先后攻下宿松、太湖、潜山、桐城、池州、铜陵、无为以及休宁、黟县、歙县等地,给当地的统治政权以沉重打击。农民起义的烈火燃遍了江淮大地,其中尤以皖北红巾军影响最大,并成为朱元璋军事集团崛起的摇篮。从此时起,安徽人开创一代新王朝的社会大变革拉开了序幕。

第一节　朱元璋军事集团的崛起
与安徽各地的相继归附

一、皖北农民起义点燃了灭亡元朝的第一把火

至正四年（1344）五月，黄河溃决，冲入运河，不仅危及从南方通往大都的漕运生命线，而且有可能冲没济南、河间一带的数十个盐场，威胁到元政府的赋税收入。至正十一年（1351）四月，元廷任命贾鲁以工部尚书衔兼总治河防使，调动汴梁、大名等府民工 15 万人以及庐州等处驻军 2 万人，投入治河工程。"开河"消息传来后，韩山童等人策划，凿"一只眼"石人，背刻"莫道石人一只眼，此物一出天下反"①字句，预先埋在黄陵冈、颖水上的界沟（今安徽界首）等地。并散布童谣："石人一只眼，挑动黄河天下反。"不久，石人出土，引起工地上信仰白莲教的民工们骚动。韩山童等人乘机聚 3000 白莲教徒于安徽颖上白鹿庄，头裹红巾，身着红袄，杆挑红旗，名曰"红巾军"。造反大旗上写道："虎贲三千，直捣幽燕之地；龙飞九五，重开大宋之天。"并向世人宣称：韩山童是宋徽宗的九世孙，应当皇帝；刘福通是宋朝大将刘光世的后人，可辅佐宋朝旧主重建江山。檄文中痛斥蒙古族人入主中原后，造成"贫极江南，富称塞北"②的汉、蒙两族间的不平等现象，号召汉人团结起来，向元朝造反。

正当起事之时，不料消息走漏，遭到当地县官的搜捕，韩山童被捕杀，其妻杨氏携子韩林儿逃避徐州路。韩山童所领导的红巾军暂时失败。突围而出的杜遵道、刘福通等集合散众，于五月初三一举攻占颖

---

① ［明］叶子奇撰：《草木子》卷三上《克谨篇》，中华书局 1959 年版，第 50 页。
② ［明］同上，第 51 页。

州（今安徽阜阳）；又乘胜沿淮河西行，攻占亳州、项城、朱皋、罗山、真阳、确山、上蔡、信阳、汝阳等安徽、河南一带的诸多州县，兵马发展到10万之众。至正十五年（1355）二月，刘福通等迎韩山童之子韩林儿为帝，号"小明王"，都"亳州"（今属安徽），定国号"宋"，建元"龙凤"。

韩山童、刘福通的红巾军起义犹如一把烈火，点燃了湖北及中原一带被逼走投无路的贫苦民众们心中的愤怒，各地农民纷纷树起了红巾军的大旗，投入反抗元朝腐朽统治的行列。安徽定远人郭子兴也是一位白莲教徒，认为天下当变，"遂散家财，阴结宾客"，于至正十二年（1352）正月初一"烧香聚众"，自称"亳州节制元帅"；十一日起兵于定远，并联合孙德崖、俞某、曹某、潘某四人，于二月二十七日一举攻占濠州（今安徽凤阳）。五位首领均自称"节制元帅"。①

二、朱元璋军事集团的诞生与成长

朱元璋（1328—1398），幼名重八，起兵后改名元璋，字国瑞，濠州（今安徽凤阳县）钟离人。至正四年（1344）春，濠州一带瘟疫、蝗、旱灾害接踵而来，仅半个月间，其父、母、长兄相继病故，兄弟各自为命。孤苦无靠的他，于九月入皇觉寺当了小行童，50天后，寺主封仓，遣散僧众，朱元璋只得离开家乡，云游于淮西一带。《皇陵碑》记载了朱元璋这段凄惨的乞讨流浪生涯："突朝烟而急进，暮投古寺以趋跄。仰穹崖崔嵬而倚碧，听猿啼夜月而凄凉。魂悠悠而觅父母无有，志落魄而俳佯。西风鹤唳，俄渐沥以飞霜。身如蓬逐风而不止，心滚滚乎沸汤。"②四年后，朱元璋返回皇觉寺。

至正十二年（1352）二月，郭子兴等率领的农民军在攻占濠州城的同时，一把大火焚烧了皇觉寺。前往镇压的元军，滥杀无辜，缚百姓充当"红巾军"向上报功领赏。皇觉寺被焚、濠州城两军对峙，这两件事把朱元璋逼得走投无路。在友人来信的劝说下，朱元璋在伽蓝神前反复占卜数次并征得"神"的同意后，于至正十二年闰三月初一入濠州

---

① ［清］钱谦益撰：《国初群雄事略》卷二《滁阳王》，中华书局1982年版，第45页。
② ［明］朱元璋撰；胡士萼点校：《明太祖集》卷一四《皇陵碑》，合肥：黄山书社1991年版，第272页。

城参加了红巾军。

曾在江湖上闯荡过的朱元璋,遇事沉着,胆大心细,随机应变,很快在军中崭露头角,享有较高的威望。濠州首领郭子兴渐渐喜欢上了他。为了在战乱中扩大势力,收豪杰为己用,郭子兴将义女马氏(今安徽宿州人)嫁给了他。朱元璋成了"郭家军"的核心成员,人称"朱公子"。这位马夫人,就是后来著名的马皇后。

至正十三年(1353)六月,朱元璋回家乡钟离召兵700余人,不久,被任命为镇抚。也就是从此时起,朱元璋自己的队伍——"朱家军"开始形成。朱元璋看到郭子兴心胸狭窄,与同事们内讧不止,难以成就大业,便于至正十四年(1354)六月从上述700人中挑选徐达、汤和、吴良、吴桢、花云、陈德、顾时、费聚、耿再成、耿炳文、唐胜宗、陆仲亨、华云龙、郑遇春、郭兴、郭英、胡海、张龙、陈桓、谢成、李新、张赫、张铨、周德兴等24名心腹,离开濠州南下定远,开创自己的事业。这批濠州人,是"朱家军"的最初队伍,也是被后人称之为"淮西集团"的核心人物,朱元璋以后的百万大军就是从这24人的基础上发展起来的。这24人,除耿再成、花云死于建国战争外,其余在建国后全部封为公侯,成为名垂青史的开国功臣。

朱元璋一到定远,就招编了驴牌寨民兵3000人,收编了横涧山缪大亨所率"义兵"20000余人。此时已升为"总管"的朱元璋,仅一月之间便拥军3万。这支完全由家乡子弟兵组成的部队,成为"朱家军"第一批最基本的力量。在定远,前来投靠的冯国用向他献策:"金陵(今南京)龙蟠虎踞,帝王之都,先拔之以为根本。然后四出征伐,倡仁义,收人心,勿贪子女玉帛,天下不足定也。"①在前往滁州的途中,前来投军的文人李善长亦向他进言:"秦乱,汉高起布衣,豁达大度,知人善任,不嗜杀人,五载成帝业。"只要"法其所为,天下不足定也。"②冯、李二人以后均成为朱元璋政权的核心智囊人物,他俩的谏言使朱元璋有了人生奋斗的目标:占据金陵,效法刘邦,最终成就一代帝业。

---

① [清]张廷玉等修撰:《明史》卷一二九《冯胜传》,中华书局1974年版。

② [清]《明史》卷一二七《李善长传》,中华书局1974年版。

七月，朱元璋攻占了滁州。八月，郭子兴在朱元璋的周旋下来到滁州，重新当了主帅。至正十五年正月攻下和州后，朱元璋被任命为和州"总守"，重新成为执掌军权的一方主帅。镇守和州的队伍，纪律很差，恣意抢掠百姓财物。为严肃军纪，朱元璋下令："凡军中所得夫妇，当悉还之。"①另外，与朱元璋同守和州城的将领们，有不少是郭子兴的部下，他们资格老，年龄、辈分长，不听朱元璋的号令。朱元璋略施小计，镇服了这些不听话的将领，稳住了和州主帅的地位。

在滁、和期间，朱元璋的侄子朱文正、外甥李文忠前来投靠。朱元璋乘机广收养子，如外甥李文忠以及沐英、何文辉、徐司马、平安等20多人，赐予"朱"姓。以养子为中坚力量，用姓氏、亲情来凝聚军心。与此同时，一代名将胡大海、邓愈、常遇春等先后投靠归附，成为朱元璋身边最贴心的勇将。这也是"朱家军"的第二次扩充。

至正十五年三月，随着主帅郭子兴去世，韩山童的儿子小明王韩林儿派人收编这支部队，任命郭天叙（郭子兴之子）、张天祐（郭子兴妻弟）、朱元璋分列军中一、二、三把手。面对乱世，"林儿势盛可倚籍"②，朱元璋只得按下心中的不平，接受"龙凤政权"的领导，但"事皆不禀其节制"。朱元璋虽在军中位列第三，但军中兵马大多是他的人，此时他已掌控了军中实权。

为了解决大军缺粮的燃眉之急，实现占据金陵的愿望，朱元璋决定渡江开辟新的领地。正当朱元璋苦于缺少舟船渡江时，皖中一带的红巾军内部出现矛盾，占据庐州的左君弼与巢湖水师之间屡闹摩擦，巢湖水师千余艘船只在俞廷玉、俞通海、俞通源、俞通渊父子，廖永安、廖永忠兄弟，赵仲中、赵庸兄弟，以及桑世杰、张德胜等人的带领下，投靠了朱元璋，成了淮西群将的新成员。这也是"朱家军"的第三次大扩军。"朱家军"从此拥有一支强大的水军。

历史上著名的"淮西集团"主要成员，就是在最初那24人的基础上，经过定远、滁州、和州，以及巢湖水师的归附——渡江前的三次大

---

① 《明太祖实录》卷二，至正十五年三月条，中国台北中央研究院历史语言研究所校印本，1962年。

② 《明史》卷一《本纪第一·太祖一》，中华书局1974年版。

扩军而形成的。上述这些兵马将领,几乎是清一色的当今安徽人。

三、安徽各地的相继归附

至正十五年六月初二,朱元璋率部渡江,常遇春率先攻占采石,接着转攻太平府。太平(治今安徽当涂)是元朝的江南重镇。进城之日,朱元璋下令在全城贴满"榜文",严禁掳掠,违令者军法从事。战乱中不屠城之举,深得当地民众的欢迎。名儒李习、陶安、宋思颜、潘庭坚、王恺以及流寓太平的名士汪广洋俱来迎接、进谒。这是朱元璋大军攻占皖南后所收纳的第一批江南文人。陶安说:"方今四海鼎沸,豪杰并争,攻城屠邑,互相雄长。然其志皆子女玉帛,取快一时,非有拨乱救世、安天下之心。明公率众渡江,神武不杀,人心悦服,以此顺天应人而行吊伐,天下不足平也!"朱元璋询问夺取金陵妥否,陶安回答:"金陵古帝王之都,龙蟠虎踞,限以长江之险,若取而有之,据此形胜,出兵以临四方,则何向不克!"[①]陶安是江南著名儒士,吴元年(1367),朱元璋任命他为翰林院首任"学士",并题词赐陶安曰:"国朝谋略无双士,翰苑文章第一家。"[②]

占据太平后,朱元璋又接连攻下芜湖、句容、溧水、溧阳等地。占据集庆(今南京市)郊外的淮西义军元帅陈埜先向朱元璋投降,当地民众亦纷纷投军,朱元璋军力大增。在诸将"请求"下,朱元璋设置了"太平兴国翼元帅府",自称"太平兴国翼大元帅"。此时的"朱家军"的人员组成来自四大地区:以濠州为中心沿淮一带,滁、和二州,巢湖(包括合肥)水师;太平府。从今天的行政区划来看,上述四地,全在安徽境内。此时,一个以太平为根据地,攻占集庆(今南京)的军事方略,开始运作了。

七月,朱元璋命张天祐("祐"一作"佑")率兵攻打集庆,未克;九月,命郭天叙、张天祐二次攻打集庆,不料郭、张二人死于叛将、原义军元帅陈埜先手中。至正十六年(1356)三月十日,朱元璋亲自率军一举

---

① 《明太祖实录》卷三,至正十五年六月丁巳条,中国台北中央研究院历史语言研究所校印本,1962年。

② 《明史》卷一三六《陶安传》,中华书局1974年版。

攻下集庆城。第二天，朱元璋下令，改"集庆"为"应天"——一个"应天顺民"，建立新王朝的宏图大业，正式开始了。

刚刚占据应天城的朱元璋，所辖地域除应天外，仅有芜湖、太平、和州（上述三地今属安徽）、溧水、句容、溧阳等一块沿江的狭长地带。此时在元末的战场上还有其他义军：除江北有他的上司小明王及刘福通外，其东部有张士诚，东南有方国珍，西南有徐寿辉、陈友谅。与上述义军领袖相比，朱元璋仅是一位初出茅庐、名分不高的小字辈。因此，在应天站稳脚跟，扩大自己的领地，是当务之急。

至正十六年三月，他命徐达攻下了镇江。在此后的一年时间里，朱元璋抓住一切机遇，几乎是兵不歇步，马不停蹄，大小数十仗，先后攻占了与张士诚接壤、今属江苏的镇江、金坛、丹阳、常州、江阴、常熟、扬州（今属浙江的长兴）等地。与此同时，又挥军南下西行，向皖南一带进军。至正十六年六月，朱元璋兵取元军占据的广德路，改为广兴府，以邓愈守之。这年年底，当地地主武装、长枪军元帅谢国玺再次攻占了广德路。邓愈率兵反击，俘获其部将武世荣。至正十七年四月，徐达、常遇春率兵攻打宁国路（治今宣城），广德元帅谢国玺弃城而逃，元军守将别不花、杨仲英、朱亮祖闭城据守，该城久攻不下。朱元璋亲往督师，克之。猛将朱亮祖及军士10余万向朱元璋投降。随着宁国路治宣城被克，宁国、旌德、南陵、泾县等地亦归朱元璋所辖。同年七月，朱元璋命邓愈、胡大海率师下绩溪、歙县、休宁。九月，元婺源州元帅汪同、黟县尹叶宗茂、祁门元帅马国宝降。到至正十八年（1358）正月，朱元璋尽得元徽州路一州五县之地，朱元璋改徽州路为兴安府，立雄峰元帅府，以邓愈守之。

徽州为文人集聚之地。邓愈手下的一位将官张思聪戍休宁县时，得知当地文人朱升的才华，于是请他为邓愈写下《行枢密院判官邓公勋德颂》①一文。在邓愈的引荐下，朱元璋向朱升"召问时务"，朱升对曰："高筑墙，广积粮，缓称王。"②至正十八年十二月，朱元璋自应天前

① ［明］朱升撰；刘尚恒校注：《朱枫林集》卷七《颂》，黄山书社1992年版，第108页。
② 《明史》卷一三六《朱升传》，中华书局1974年版。

往婺州。在途经徽州时,召见当地儒士唐仲实等人。真心实意向唐仲实询问民间得失,唐仲实坦言相答,毫不掩盖。皖南文人陶安、朱升、唐仲实等,为朱元璋开创一代帝业,献计献策,成为永载史册的一段佳话。

朱元璋攻下宁国后的第二个月,元铜陵县令罗得泰来降,常遇春兵驻铜陵。此时池州被徐寿辉所占,池州总管陶起祖亦来降,说池州守军不多,可攻而取之。至正十七年十月,常遇春乘池州守将出征安庆之机,攻占了池州。经过一年的战斗,皖南一带尽归朱元璋所有。朱元璋以皖南为据点,挥军向浙江挺进,入淳安,下建德,取浦江,破金华,占据诸暨、衢州、处州,与张士诚、方国珍呈三方鼎足之势。

由于常遇春夺取了陈友谅的领地池州,陈友谅于至正十八年开始反击,令赵普胜夺回池州。十九年,徐达令俞通海再次攻占池州。为了稳定西南战线的安全局势,朱元璋令朱文正、徐达、廖永忠、俞通海率水陆两军进攻安庆。不料赵普胜骁勇善战,俞通海不敌。朱元璋利用陈友谅、赵普胜之间的不和,施用"离间之计",借陈友谅之手,杀了赵普胜。至正二十年(1360)五月,陈友谅兵进池州,徐达、常遇春以五千人守城,以万人埋伏于九华山下,待陈友谅军攻城时,徐、常里外夹攻,斩首万余级,生擒3000人。常遇春欲杀尽这3000俘虏,徐达无法阻止,立即上报朱元璋。待朱元璋释放令下达之前,2700名降兵已被常遇春下令斩首。[①]

池州之战及杀俘事件的发生,激怒了陈友谅。数日后,即闰五月初一,陈军以舟师猛攻朱元璋的江南重地——太平。朱元璋养子朱文逊、勇将花云、太平知府许瑗、行枢密院判王鼎被杀,太平失守。第二天,陈友谅又占据了朱元璋的属地——采石。在这里,他派人用铁挝结果了傀儡皇帝徐寿辉的性命后,在采石矶五通庙里登极就位,自称皇帝,改国号为"大汉"。初五,他派人面见张士诚,约他同攻应天城。朱元璋利用部将康茂才与陈友谅之间曾是老友的关系,设计在龙湾布下了天罗地网,引陈友谅上钩,取得了"应天保卫战"的全面胜利。陈

---

① 《明太祖实录》卷八,至正二十年五月条,中国台北中央研究院历史语言研究所校印本,1962 年。

友谅大败,朱元璋乘胜追击,收复了采石,攻下安庆。

在元末战乱中,安庆的地理位置十分重要,上扼汉阳,下锁应天,为长江要塞,原先由元末著名文人、元淮南行省左丞余阙驻守。他治军有方,独守安庆"六年,小大二百余战,未尝败北"。① 至正十八年正月初,天完红巾军陈友谅、赵普胜率兵攻打安庆路,余阙虽率部拼死抵抗,但无法阻挡陈友谅的强大军力,安庆城终被攻破,余阙自刎,安庆从此成了陈友谅的东大门。至正二十一年(1361)七月,陈友谅为了收复被朱元璋大军攻占的安庆,派张定边攻打,安庆守将赵仲中弃城而逃。朱元璋为严肃军纪,下令处死赵仲中。八月,朱元璋亲自带着刘基,率徐达、常遇春诸将,乘舟师溯江而上,再次占据了安庆。② 从此,安徽重镇安庆成为朱元璋的疆土。

此时安徽的皖北、皖中一带,为小明王龙凤政权的地盘,其中左君弼占据庐州一带。自至正十九年(1359)以前,韩宋红巾军分三路大军不断深入敌腹地作战,曾一度兵逼元大都,刘福通亦攻占了汴梁,并以汴梁为韩宋都城。随着战争的深入,龙凤政权的自身弱点逐渐显露出来。第一号人物小明王韩林儿实际上是个傀儡,而大权在握者为刘福通。起事数年来,其造反的理念仍停留在"弥勒下生"、"明王出世"等宗教预言以及"复宋"、"摧富益贫"等初级口号上,没有像朱元璋那样提出建立一代王朝的目标和措施。因此,龙凤政权的政治、军事、经济、文化建设方面,与朱元璋相比,处于一种低级阶段。根据地汴梁建立后,根本没有得以巩固,而是忙于四处攻打。"诸将在外者率不遵约束……兵虽盛,威令不行。数攻下城邑,元兵亦数从其后复之,不能守。"③从而无法适应天翻地覆、千变万化的改朝换代大革命潮流。再加上内部发生内讧,东路军的首领、"稍有智略"的毛贵又被杀,当他们面对元朝强悍的察罕帖木儿大军,失败的命运必然降临。其西、中、东三路大军纷纷败北。至正十九年八月,察罕帖木儿调集诸将,对小明王占据的都城汴梁"分门而攻",破城而入。刘福通不敌,只得率数

① [明]宋濂:《题余廷心篆书后》,《宋濂全集》,浙江古籍出版社1999年版,第1577页。
② [明]宋濂:《文宪集》卷一七《梁国公赵公神道碑铭》,文渊阁四库全书本。
③ 《明史》卷一二二《韩林儿传》,中华书局1974年版。

百骑护送小明王冲出东门，退守安丰（今安徽寿县）。① 龙凤政权历经数年奋战，最后以失败告终。

龙凤政权的绝境，被张士诚看得一清二楚，便派吕珍率 10 万军队进攻安丰。刘福通只得向朱元璋求援。朱元璋得知安丰危在旦夕，不听刘基的劝阻，亲自带领徐达、常遇春等将领，救援安丰。在朱元璋救援安丰的过程中，庐州的左君弼出兵阻挠，朱元璋令徐达、常遇春率部攻打庐州，自己则率部将小明王迎回应天。途经滁州，朱元璋暂将小明王安置于滁州城内新建的宫殿中，厚加供养，但将他左右的宦侍全换上自己的心腹，严加监视。这样，朱元璋就把小明王完全控制在自己的手中。至正二十六年（1366），朱元璋命部将廖永忠迎韩林儿至应天，至瓜步渡江时，沉舟于江，韩林儿死。朱元璋从此独自为天了。

至正二十三年（1363）四月，就在朱元璋率主力大军亲援安丰，徐达、常遇春二将兵围庐州城之时，陈友谅率领号称 60 万大军、巨舰数百艘，"载其家属、百官，空国而来"②，攻打洪都（今江西南昌市）。陈友谅大军围困洪都 85 天之久。朱元璋闻讯，立即撤了庐州之围，带领 20 万舟师，与陈友谅进行一场决定双方命运的"鄱阳湖大战"。鄱阳湖大战以陈友谅之死、汉军失败而告终。至正二十四年（1364）四月，朱元璋攻占武昌，陈友谅之子陈理投降。之后，他立即亲率徐达、常遇春、冯胜、傅友德、胡美等军中最重要将领再次攻打庐州。庐州是左君弼的家乡，经过 10 年经营，已是铜墙铁壁，此前徐达、常遇春历经 3 个月未能拿下此城。左君弼见徐达军来势浩大，自知不敌，令骁将张焕守城，自己则移兵安丰城。五月，朱元璋又令水军总首领廖永忠"统领各卫军马前去总兵官中书左丞相徐达处，参随征进，听受节制"③。朱元璋二次增兵，可见攻打庐州并非易事。七月，被围困 3 个多月的庐州城，粮草奇缺，"众皆饥困，不能战"④，张焕投降，庐州终被拿下。此

---

① ［明］宋濂等修撰：《元史》卷一四一《察罕帖木儿传》，中华书局 1976 年版。
② 《明太祖实录》卷一二，至正二十三年四月庚子条，中国台北中央研究院历史语言研究所校印本，1962 年。
③ ［明］王世贞撰：《弇山堂别集》卷八六《诏令杂考二》，中华书局 1985 年版，第 1663 页。
④ 《明太祖实录》卷一五，至正二十四年七月丁丑条，中国台北中央研究院历史语言研究所校印本，1962 年。

时安丰城被元将竹昌、忻都二帅占据,左君弼遂降于元军。

随着陈友谅大汉政权的灭亡,朱元璋在江南的最大劲敌便是张士诚了。此时安丰被元军所占,朱元璋的家乡濠州及皖北的宿州一带,被张士诚据有。自至正二十五年(1365)闰十月起,朱元璋向张士诚的北部疆域发动攻击。第二年四月,先后攻克了濠州、宿州、安丰,皖北一带归朱元璋所有。至此,安徽全境纳入朱元璋政权的版图。

自至正十二年朱元璋投军郭子兴到至正二十六年安徽全境归属朱元璋,历时 15 年。15 年中,是安徽父老乡亲,成为他的最基本、最忠诚、最勇猛的子弟军。是安徽大地成为朱元璋与陈友谅、张士诚、方国珍等群雄逐鹿的最可靠、最安定的根据地。可以说,安徽是朱元璋军事集团诞生与成长的摇篮,是朱元璋的"龙兴之地"。

第二节　淮西集团的兴衰

据不完全统计,在朱元璋军事集团中,安徽籍将领有史料记载者约有 400 余名。其中最核心、最著名者,为淮西集团。

一、"淮西集团"的组成及其对明王朝建立的贡献

淮西,又称淮南西路,是宋朝时期设置的行政区划。据《宋史·地理志》记载,它包括:"府:寿春;州七:庐、蕲、和、舒、濠、光、黄;军二:六安、无为;县三十三。南渡后,府二:安庆、寿春;州六:庐、蕲、和、濠、光、黄;军四:安丰镇、巢、怀远、六安。为淮西路。"①元朝,在寿春设淮西总管府,隶淮西道。今人则将淮西地域分为广义、狭义两种:"广义上的淮西,应指整个江淮流域;而狭义的淮西,即专指濠州(凤阳)周围地区。"②淮西集团的成员,就生长在这片辽阔的江淮大地上,其区域

---

① ［元］脱脱等修撰:《宋史》卷八八《地理志四·淮南西路》,中华书局 1977 年版。

② 张华:《明初政治史上的淮西勋贵问题》,《南京大学学报》(哲学社会科学版)1986 年第 4 期,第 144 页。

几乎全部在当今的安徽境内。因此,淮西集团的全体成员,均可视为当今的安徽人。

淮西集团形成于至正十五年(1355)朱元璋渡江之前。它由如下人员组成:一是以徐达、汤和、吴良、吴祯等 24 人为首、朱元璋在濠州招募的 700 余名家乡父老;二是至正十四年五六月间,朱元璋在定远收纳的近 3 万人马,其中著名者有李善长、冯胜、丁德兴等;三是在滁州、和州期间,朱元璋收纳的人马,其中著名者有朱文正、李文忠、胡大海、邓愈、常遇春等;四是巢湖水军,其中著名者有廖永安、廖永忠、俞通海、俞通源等。这来自四方面的人员,组成了朱元璋最初、最基本、最核心的力量——"淮西集团"。

自至正十四年(1354)三月郭子兴去世、朱元璋成为濠州红巾军的实际领导人,到 1368 年朱元璋称帝,历时 14 年。这 14 年中,朱元璋和淮西健儿们东讨西伐、南征北战,经历了千百次战斗,可以说,几乎每一次战斗,其指挥者均为淮西人。现以时间为序,将这一时期的重大战事(前文已述者除外)略述如下:

渡江之役。这是朱元璋军事集团战略转移的关键一步。至正十五年六月初二,朱元璋以及淮西将领郭天叙、张天祐、徐达、冯国用、邵荣、汤和、李善长、常遇春、邓愈、耿君用、毛广、廖永安等分乘 1000 多艘舟船渡江。因船小岸高,无法攀上矶岩。突见常遇春飞舸而至,挥戈直刺岸上元军,元军伸手抓戈,常遇春顺势跃上石矶,呼叫杀入敌阵。红巾军乘势登陆,攻占了采石。

攻占集庆。这是朱元璋军事集团建立江南根据地的重大之役。这场战役自至正十五年七月开始,历时 8 个月,经历了三打集庆的战斗。在第二场战斗中,红巾军主帅郭天叙、张天祐被降军元帅陈埜先杀害。至正十六年三月,集庆被克。朱元璋改集庆为应天,并以应天作为创立明王朝的根据地。

常州之战。这是朱元璋军事集团与张士诚之间进行的首场重大争夺战。自至正十六年七月至第二年三月,历时 8 个月。领导这场战役的淮西将领有徐达、汤和、常遇春、廖永安、胡大海等。常州之役,使朱元璋与张士诚之间彻底决裂。

婺州之战。这是朱元璋军事集团攻夺浙东、收揽文人的重要一战。至正十八年十月,胡大海久攻婺州不下,十二月,朱元璋率淮西将领常遇春、杨璟、冯国用等10万大军,一举攻下婺州。在婺州,朱元璋长住6个月,系统地向当地文人讨教治军、建国方略。一年后,宋濂、刘基、章溢、叶琛四先生应聘于应天。

应天保卫战。又称"龙湾之战"。是事关应天城安危、朱元璋政权生死存亡的关键一战。至正二十年(1360)闰五月,陈友谅率百余艘巨舰和上千条战船、舟师10倍于朱元璋的军力攻打应天。朱元璋利用部将康茂才与陈友谅之间曾是老友的关系,叫康茂才给陈友谅亲笔写下"诈降信",引陈友谅大军至龙湾。淮西将领徐达、常遇春、冯胜、华高、杨璟、张德胜等四面出击,打败了陈友谅。

洪都保卫战。这是鄱阳湖战役的前奏。至正二十三年(1363)四月,陈友谅率领号称60万大军、特制数百艘巨型战舰进攻洪都。淮西将领朱文正、邓愈、赵德胜、薛显等,领不足万人之兵,以战死14名将领的代价,抵挡住数十万汉军长达85日之久的围攻。事后,朱元璋在南昌城中修建"豫章"忠臣庙,所祭祀的在洪都保卫战中阵亡的14名将士,大多是安徽籍淮西将领。

鄱阳湖战役。鄱阳湖战役是朱元璋军事集团建国前经历最大、最激烈的恶战,也是与陈友谅之间决定胜负成败的最后一战。参加这次战役的有:淮西将领徐达、常遇春、廖永忠、俞通海、汪兴祖、赵庸、郭兴、程国胜、韩成、陈也先、张志雄、丁普郎等。这场历时近40天的鄱阳湖大战,最终以仅有汉军三分之一兵力的朱元璋获得彻底胜利、陈友谅中箭身亡而宣告结束。战役结束后朱元璋下令在鄱阳湖东南岸上的康郎山(今属江西余干县)修建"忠臣庙",所祭祀的鄱阳湖大战中阵亡的35名将士,大多是安徽籍淮西人。

湖州战役。这是至正二十六年(1366)八月朱元璋任命徐达为大将军、常遇春为副将军,向张士诚全面开战的首场硬仗。领导这场战役的淮西将领有徐达、常遇春、汤和、李文忠、华云龙等。在历时4个月的战斗中,消灭了张士诚的主力部队。

平江之役。平江(今苏州市)是张士诚称王的都城。这是全歼张士诚的最后一战。自至正二十六年十一月起,在经历 10 个月的围城后,于第二年九月攻占了平江,生擒了张士诚。领导这场战役的将领有:徐达、常遇春、郭兴、华云龙、汤和、王弼、张温、康茂才、耿炳文、仇成、何文辉、俞通海等,他们几乎全是安徽籍淮西将领。

北伐中原,攻取元大都。这是元朝灭亡的标志性战役。该战役自至正二十七年(1367)十月甲子任命徐达为征虏大将军、常遇春为副将军起,至洪武元年(1368)八月初二,北伐大军攻入元大都止,历时 10 个月。参加,或配合这场战役的淮西将领还有:冯胜、傅友德、薛显、张兴、张兴祖、韩政、康茂才、邓愈、华云龙、郭英等。

除上述著名战役外,朱元璋还下令兵伐浙东、福建、两广等地的方国珍、陈友定、何真。参加攻克上述各地的主要将领除胡美外,汤和、廖永忠、吴祯、朱亮祖、何文辉、杨璟、周德兴、陆仲亨等全是安徽籍淮西将领。

纵观朱元璋的明王朝建国史,帮助他剪灭群雄、推翻元朝的将领们,几乎是清一色的淮西人。

明军攻克大都后,明王朝北部、西北部、东北部仍被元军占据,四川、云南及其以西地区尚未纳入明朝版图,朱元璋开始了统一全国的战争。这场战争自洪武元年起,一直持续至洪武二十五年(1392)。安徽籍淮西人徐达、常遇春、李文忠、冯胜、邓愈、汤和、傅友德、蓝玉、沐英等先后成为这场统一战争的主要将帅。他们为明王朝开疆拓土、抵御敌对势力、保卫国家和整个中华民族的安全,立下了永载史册的功勋。因此,我们可以得出这样的结论:一部明王朝的建国史,其实也是元末明初安徽人,特别是安徽淮西人改朝换代的历史。

数以万计的安徽江淮健儿们跟随着朱元璋南征北伐,建功立业,并用鲜血、生命守卫着明朝的土地。翻开明代安徽各地的方志,在明初中国的各个卫所中(其中包括边陲军卫),可以找到上百位安徽人在那里担任卫所的各级官员,并在那里定居下来,世袭承担着保卫明王朝疆土的重任。其中最著名者要数安徽籍淮西定远人沐英。洪武十四(1381)、十五年(1382),沐英参加了平定云南的战役,并立下功勋。自十六年起,沐英镇守云南。自此,终明一朝,沐家世代为云南镇

守,"子孙世封,奄宅滇土"①,"勋名与明相始终"②。

二、淮西籍开国功臣在明初的政治地位

由于淮西将领入伍早,战功大,所以早在建国以前,他们一个个便成为鼎臣大吏。如左右相国为徐达、李善长;节制全军的大都督,是朱元璋的亲侄儿朱文正;常遇春、俞通海被授为平章政事;邓愈、汤和则为御史大夫。这就是说,建国前朱元璋政权中的政务、军事、监察三大最高权力机关的一二把手,全由淮西人担任。

洪武年间,朱元璋曾数次大封功臣。只有佐太祖定天下的开国辅运推诚者,才能被封为公、侯、伯。据《国榷·卷首二》记载:封公者共12人,全是淮西人:(凤阳)徐达魏国公、(定远)李善长韩国公、(怀远)常遇春鄂国公、(盱眙,今属安徽明光市)李文忠曹国公、(虹县)邓愈卫国公、(怀远)常茂(常遇春长子)郑国公、(定远)冯胜宋国公、(凤阳)汤和信国公、(宿州)傅友德颍国公、(定远)蓝玉凉国公、(凤阳)胡显梁国公、(怀远)常升(常遇春次子)开国公。封侯者共57人,其中2位是陈友谅的亲属,1位是四川夏朝的君主,3位是蒙古等少数民族敌军将领,上述6人无任何实权,仅是朱元璋对手下败将的一种恩赐而已,还有4人不知籍贯;剩下47人,有41人是安徽籍淮西人:(凤阳)唐胜宗延安侯、(凤阳)陆仲亨吉安侯、(凤阳)周德兴江夏侯、(定远)华云龙淮安侯、(凤阳)顾时济宁侯、(凤阳)耿炳文长兴侯、(凤阳)陈德临江侯、(凤阳)郭兴巩昌侯、(凤阳)王志六安侯、(凤阳)费聚平凉侯、(定远)吴良江阴侯、(定远)吴祯靖海侯、(合肥)赵庸南雄侯、(巢县)廖永忠德庆侯、(巢县)俞通源南安侯、(含山)华高广德侯、(合肥)杨璟营阳侯、(六安)朱亮祖永嘉侯、(寿州)曹永臣宣宁侯、(萧县)薛显永城侯、(定远)郑遇春荥阳侯、(定远)沐英西平侯、(含山)仇成安庆侯、(凤阳)谢成永平侯、(凤阳)张龙凤翔侯、(合肥)吴复安陆侯、(巢县)金朝兴宣德侯、(合肥)叶升靖宁侯、(凤阳)曹震景川侯、(定

---

① [清]谈迁撰:《国榷》卷九,洪武二十五年六月丁卯条,中华书局1958年版,第730页。
② 《明史》卷一二六《沐英传》,中华书局1974年版。

远）王弼定远侯、（定远）陈桓普定侯、（定远）胡海东川侯、（凤阳）郭英武定侯、（凤阳）张翼鹤庆侯、（凤阳）李新崇山侯、（巢县）汪兴祖东胜侯、（凤阳）张赫航海侯、（凤阳）孙恪全宁侯、（合肥）濮玙西凉侯、（巢县）俞通渊越巂侯、（定远）张铨永宁侯。封"伯"者共6人，其中1人是安徽人（无为人桑敬，徽先伯），1人是东莞人，2人是陈友谅的亲属；剩下2人：一人是名震青史的青田刘基，一人是曾任中书省右丞相的高邮人汪广洋。从封"伯"者的角度，也可以反衬出淮西功臣位居明初政权的最高层。

明初开国功臣一般死后恤爵。洪武年间，赠王者12人，全是明初凤阳府人：太王（朱元璋高外祖）、高王（朱元璋曾外祖）、陈公（朱元璋外祖父）扬王、马公（朱元璋岳父）徐王、郭子兴（朱元璋的上司、岳父）滁阳王、常遇春开平王、李贞（朱元璋姐夫）陇西王、邓愈宁河王、李文忠（朱元璋外甥）岐阳王、徐达中山王、沐英（朱元璋养子）黔宁王、汤和东瓯王。赠公者23人，有20人是淮西人：胡大海越国公、张德胜蔡国公、赵德胜梁国公、俞通海豫国公、耿再成泗国公、冯国用郢国公、丁德兴济国公、廖永安郧国公，曹良臣安国公、顾时滕国公、吴祯海国公、吴良江国公、华高巢国公、杨璟芮国公、郭兴陕国公、薛显永国公、吴复黔国公、仇成皖国公、金朝兴沂国公、张赫恩国公。此外，赠郡公、郡侯、侯、郡伯、伯、县子、县男者，均为中低级官员，其中淮西人亦占多数。

洪武二年（1369）正月，朱元璋诏立功臣庙于南京鸡鸣山下，死者像祀，生者虚位。洪武元年以前，已有8位功臣死于战场，后13位，历经20余年反复筛选，去其胡、蓝两党及违法者，至洪武二十八年始定21人，其中有20人是淮西人：中山王徐达、开平王常遇春、岐阳王李文忠、宁河王邓愈、东瓯王汤和、黔宁王沐英、郢国公冯国用、越国公胡大海、西海公耿再成、梁国公赵德胜、济国公丁德兴、巢国公华高、蔡国公张德胜、虢国公俞通海、海国公吴祯、江国公吴良、安国公曹良臣、黔国公吴复、东海郡公茅成、燕山侯孙兴祖。在上述20人中，凤阳府一地占16人。

朱元璋利用联姻的方式，与淮西集团建立了姻亲关系。

朱元璋是淮西人，他有众多妃嫔。在已知身世的皇后、妃嫔中，淮西籍的妃嫔不仅占有一定的比例，而且在后宫执掌实权。如著名的马皇后是滁阳王郭子兴的干女儿，郭惠妃是郭子兴的亲生女儿；马皇后死后，"摄六宫事"的是李淑妃，她是凤阳府寿州李杰的女儿；郭宁妃是濠州郭山甫的女儿，与巩昌侯郭兴、武定侯郭英是亲兄妹；另有"胡妃"者，亦是濠州人。

朱元璋有26子，其中2子早殁。与淮西籍功臣联姻者有：皇太子朱标，其孝康皇后为常遇春之女，妃吕氏为吕本之女；二子秦王朱樉，妃邓氏为邓愈之女；三子晋王朱棢，妃谢氏为谢成之女；四子明成祖朱棣，其文皇后徐氏为徐达长女；五子周王朱橚，妃冯氏为冯胜之女；六子楚王朱桢，妃王氏为王弼之女；七子齐王朱榑，妃邓氏为邓愈之女，妃吴氏为吴复之女；十子鲁王朱檀，妃汤氏为汤和之女；十一子蜀王朱椿，妃蓝氏为蓝玉女；十二子湘王朱柏，妃吴氏为吴高之女；十三子代王朱桂，妃徐氏为徐达之女；十五子辽王朱植，妃郭氏为郭英之女；十八子岷王朱楩，妃袁氏为袁洪之女；二十子韩王朱松，妃冯氏为冯诚（冯国用之子）之女；二十二子安王朱楹，妃徐氏为徐达之女；二十三子唐王朱桱，妃吴氏为吴复之女；二十四子郢王朱栋，妃郭氏为郭英之女。

朱元璋有16女，其中2女早殁。与淮西籍功臣联姻者有：长女临安公主嫁李善长之长子李祺，五女汝宁公主嫁陆仲亨之子陆贤，六女怀庆公主嫁王宁，八女福清公主嫁张龙之子张麟，九女寿春公主嫁傅友德之子傅忠，十一女南康公主嫁胡海之子胡观，十二女永嘉公主嫁郭英之子郭镇，十五女汝阳公主嫁谢彦之子谢达。另外，朱元璋侄女福成公主嫁王克恭。①

在上述功臣中，徐达等5人与朱元璋关系最重。《七修类稿》评曰："皇明祖训所载，合议亲戚之家，内系功臣五人：魏国公徐（达）、信国公汤（和）、曹国公李（文忠）、西平侯沐（英）、武定侯郭（英）。我朝帝女下降，后选庶人，皆法二帝三王道也。然观其所载如此，此可见其

---

① ［明］王世贞撰：《弇山堂别集》卷一《勋臣国戚》，中华书局1985年版，第9—10页。

厚待五人矣。"①这 5 人全是淮西人。

淮西集团与朱元璋共同利用这种亲缘、姻缘关系,且盘根错节、错综复杂,对洪武政局产生十分重要的作用与影响。

洪武三年(1370)朱元璋大封功臣后,南京城中的"公侯族属"就达 1197 户。② 计其人口,约达万人。这些人几乎是清一色的安徽籍淮西人。对此,江南诗人贝琼写下了一首描写淮西功勋大吏们在南京城的歌谣:

> 两河兵合尽红巾,岂有桃源可避秦? 马上短衣多楚客,城中高髻半淮人。③

诗中"楚客"、"淮人"指的就是朱元璋队伍中的安徽籍淮西将士。

追随朱元璋南征北战、功绩卓著的淮西功勋们,不仅在建国后被封为公侯,与朱元璋结为姻亲,而且享有如下特权:

朱元璋参照西汉刘邦创立的对功臣颁赐铁券制度,根据爵位不同,发给不同规格、不同恩惠的铁券。功臣们一旦拥有铁券,便有身价百倍之荣,可代代富贵,世叨荣宠。本人及家室后裔,靠着这道保护罪恶的护身符,可以王法不临头,刑吏不进门,并享有"生着号而殁袭封"④、"与国咸休"的待遇。如李善长"予铁券,免二死,子免一死"⑤。

持有铁券的公侯们,还享有臣子的最高物质待遇。据《国榷·卷首二》记载:封公者食禄 3000～5000 石(其中徐达最高,为 5000 石),封侯者食禄 2000～2500 石。此外,朱元璋还赐给他们大量的公田、庄田、山场等。如洪武三年,"太祖赐勋臣公侯丞相以下庄田,多者百顷……又赐公侯武臣公田"⑥。四年,"赐韩国公李善长等六公,延安

---

① [明]郎瑛撰:《七修类稿》卷九《议亲功臣》,文化艺术出版社 1998 年版,第 105 页。
② 《明太祖实录》卷六三,洪武四年闰三月庚午条,中国台北中央研究院历史语言研究所校印本,1962 年版。
③ [明]贝琼撰:《清江诗集》卷七《秋思三首》,文渊阁四库全书本。
④ 《明史》卷一〇五《功臣世表序》,中华书局 1974 年版。
⑤ 《明史》卷一二七《李善长传》,中华书局 1974 年版。
⑥ 《明史》卷七七《食货一》,中华书局 1974 年版。

侯唐胜宗等二十五侯,及丞相、左右丞、参政等,临濠山地六百五十八顷有奇"①。"赐中山侯汤和田一万亩;以千石田所收之租,赐巩昌侯郭兴"②。

朱元璋还赐给公侯们佃户、仪仗户等。据中书省统计,至洪武四年,6公28侯有"佃户凡三万八千一百九十四户"③。洪武十三年(1380),"诏以京卫军士充公侯仪仗户。韩国公李善长、魏国公徐达皆二十户,曹国公李文忠等皆十九户,侯皆十五户"④。

淮西公侯们还拥有自己的"奴军"、"铁册军"。"上以公、侯、伯于国有大勋劳,人赐率百十有二人为从者,曰'奴军'。至是,以公侯年老,赐其还乡,设百户一人统率其军,以护卫之。……于是,魏国、开国、曹国、宋国、信国、颖国、凉国诸公,西平、江夏、长兴、江阴、东平、宣宁、安庆、安陆、凤翔、靖宁、会宁、怀远、景川、崇山、普定、鹤庆、东川、武定、沈阳、航海、全宁、西凉、定远、永平诸侯,皆给以兵,时号称'铁册军'。"⑤

淮西公侯们所居住的第宅,全是朱元璋给他们建造的。洪武五年(1373)十一月,朱元璋在凤阳营建中都时,"诏建公侯第宅于中都"⑥。据《实录》记载,洪武三年十一月丙申诏封的6公28侯,除广德侯华高死去未建外,其余均在凤阳建了府第。"于数百里间,王侯之家,甲第相望,冠盖如云……可谓盛矣"⑦。

淮西公侯们还享受朝廷为其在家乡营建祖坟的特权。洪武二十

---

① 《明太祖实录》卷六二,洪武四年三月癸巳条,中国台北中央研究院历史语言研究所校印本,1962年。

② 《明太祖实录》卷七〇,洪武四年十二月壬辰条,中国台北中央研究院历史语言研究所校印本,1962年。《实录》记为"巩昌侯郭子兴"误,应为"巩昌侯郭兴"。

③ 《明太祖实录》卷六八,洪武四年十月甲辰条,中国台北中央研究院历史语言研究所校印本,1962年。

④ 《明太祖实录》卷一三〇,洪武十三年三月癸巳条,中国台北中央研究院历史语言研究所校印本,1962年。

⑤ 《明太祖实录》卷二〇二,洪武二十三年六月辛未条,中国台北中央研究院历史语言研究所校印本,1962年。

⑥ 《明太祖实录》卷七六,洪武五年十一月癸亥条,中国台北中央研究院历史语言研究所校印本,1962年。

⑦ [清]于万培等纂修:光绪《凤阳县志》卷十《人物志·乡贤》,清光绪十三年(1887)刻本。

四年（1391）闰四月，朱元璋"赐宋国公冯胜、江夏侯周德兴、永平侯谢成、定远侯王弼、会宁侯张温、武定侯郭英、江阴侯吴高、鹤庆侯张翼、崇山侯李新、安庆侯仇正、南雄侯赵庸各二千锭，令建先茔神道碑"①。另据《凤书》卷三记载：仅在凤阳县营建祖坟的有：中山王徐达、东瓯王汤和、武定侯郭英、长兴侯耿炳文、东胜伯刘谦、梁国公赵德胜、六安侯王志等。朱元璋对已建成的淮西功臣们的祖坟还赐予守坟人户："赐功臣守坟人户，韩国公李善长、魏国公徐达、郑国公常茂、宋国公冯胜各一百五十户；卫国公邓愈、延安侯唐胜宗、吉安侯陆仲亨、淮安侯华云龙、济宁侯顾时、临江侯陈德、长兴侯耿炳文、靖海侯吴祯、都督孙恪、郭子兴各一百户。"②

自汉代以来，皇帝对有特殊功勋的大臣，死后可葬于皇帝陵寝的陵区内，称"陪葬"。如西汉功勋霍去病、卫青，均陪葬于汉武帝的茂陵中。朱元璋也采用这一规制，把自己葬于钟山之阳，称"孝陵"，把淮西功勋们葬于钟山之阴。史载有12座开国功勋坟墓葬于钟山之阴，目前已发现的功勋坟墓有：中山王徐达坟、开平王常遇春坟、岐阳王李文忠坟、江国公吴良坟、海国公吴祯坟、皖国公仇成坟。这些陪葬功臣们全是淮西人。③

三、"胡、蓝二狱"与"淮西集团"的瓦解

开国前夕，朱元璋对淮西旧部的乡亲们用血肉给他搭起的金銮宝殿，充满着感激之情。至正二十五年七月，他说："予自兴兵，十有余年，所将之兵从渡江者，皆濠、泗、安丰、汴梁，两淮之人，用以攻取四方，勤劳甚矣。"④

建国后，朱元璋采用"武定祸乱，文致太平"的治国方略。因淮西

---

① 《明太祖实录》卷二〇一，洪武二十四年闰四月戊子条，中国台北中央研究院历史语言研究所校印本，1962年。

② 《明太祖实录》卷六三，洪武四年闰三月己未条，中国台北中央研究院历史语言研究所校印本，1962年。

③ 王前华、廖锦汉编：《明孝陵史话》，南京出版社2003年版，第72～73页。

④ 《明太祖实录》卷一七，至正二十五年七月戊午条，中国台北中央研究院历史语言研究所校印本，1962年。

人文化低、多武将,忙于统一全国的征伐,所以治理国家的文臣们大多数非淮西人。中书省的一、二把手李善长、徐达虽都是淮西人,但右丞相徐达长年在外出征,根本没有时间过问中书省事,仅挂衔而已,只有李善长一人主政。而中书省以及六部等文人汇集之地,任职者大多是南方文人,李善长处于南方文人的包围中。李善长"外宽和,内多忮刻",担任左丞相不久,即受儒臣们奏黜。

1.胡惟庸党案

中国宰相制度从秦汉的独(双)相制发展为隋唐的群相制,皇帝不断分解相权。到了宋元,皇权大大加强。宋代实行的是"二府三司"辅政体制,以突出皇帝的集权。元代取消三省制,只设中书省,虽对相权有所加强,但从总体上说,极端专制主义皇权时代的序幕已经拉开。

明朝建立后,农民出身的朱元璋,不放心自秦汉以来传下来的分级负责制层层分权复杂的政治体系,觉得这套繁复的政权体制不易控制,容易藏污纳垢。他不仅对元代丞相权力有所膨胀不称心,而且对实行了一千余年的丞相制度亦流露出不满情绪。洪武元年正月,称帝仅数日的朱元璋,就向中书省臣直言对"(周)天子总六官,六官总百执事"[①]的羡慕,也就是说,废丞相、由天子直统六部,是他当皇帝后志在恢复周礼之制的政治理想之一。然而,当时的社会政治文化环境不允许他一步到位。于是,朱元璋一方面采取了种种措施,来限制中书省的权力,另一方面对中书省的主政者频繁调换、杀戮。自李善长之后,杨宪、汪广洋、胡惟庸先后主政中书省,没有一个有好下场。其中特别要提及的是胡惟庸。

胡惟庸,凤阳府定远县人,至正十五年(1355)投奔朱元璋,建国前曾当过县主簿、知县、通判、按察司佥事,是位小吏型的文官。建国后,他利用同乡关系,攀结上了淮西集团的核心人物李善长,并与他结为亲戚。有着深厚淮西背景的胡惟庸在李善长等人的支持下,设计搞掉

---

① 《明太祖实录》卷二九,洪武元年正月戊寅条,中国台北中央研究院历史语言研究所校印本,1962年。

浙东文人刘基，并拉拢一批淮西武将，发展自己的势力。吉安侯陆仲亨、平凉侯费聚，因事受到朱元璋的切责、惩罚，胡惟庸即"阴以权利胁诱二人，二人素悫勇，见惟庸用事，密相往来"①。各地想升官发财、失职文臣武夫者，纷纷投靠他，给他送来金帛、名马、玩好。胡惟庸独相数年，和他的门下故旧僚佐结成一个小集团，依仗李善长之势，骄横跋扈，肆无忌惮，得意忘形。

胡惟庸的胡作非为引起朝臣们的不满。在大臣们的提示、弹劾下，朱元璋对胡惟庸疑心渐大。洪武十二年（1379）九月，占城国使臣进京朝贡，中书省未按时奏报。朱元璋以此为把柄，切责中书省，于十二月下令，贬汪广洋于海南，途中，"赐敕诛之"；胡惟庸及六部堂官、属官全部押入大牢。第二年正月，在狱中的御史中丞涂节，决定死中求生，窥伺朱元璋的意旨，乘机罗织胡惟庸的罪名。经过几天审讯，下令将胡惟庸、陈宁、涂节处死，然后向全国发布诏书：革去中书省，升六部，由皇帝直接管理国家大事，并将此诏书写入《祖训》。自秦汉以来实行了一千余年的宰相制度，终于被朱元璋有步骤、有计划地将其废除。

胡惟庸党案发生后，朱元璋大致分三个阶段扩大案情。第一阶段是案发之初，朱元璋于洪武十三年（1380）正月颁布的《废丞相大夫罢中书诏》中，宣布胡惟庸的罪状是"构群小夤缘为奸，或枉法以惠罪，或执政以诬贤"②；在《谕天下有司》一文中称"前者奸臣乱法，事觉伏诛"③；在《谕安南国王陈叔明敕》中写道"朕中书、御史台朋党相尚，事觉已行诛毕"④。因此，胡惟庸最初被杀的主要原因是结党和乱法。

自洪武十三年起，全国掀起抓胡党运动，原中书省及六部有关官吏无不牵连，均被杀戮。为朱元璋开创江山的江南文人，多在胡党之狱中被诛。其中宋濂的长孙宋慎坐胡党处死，宋濂受牵连，在贬往四川途中自缢死去。但凡涉及武勋者，一概宽宥，其中就包括陆仲亨、费

---

① 《明史》卷三〇八《胡惟庸传》，中华书局1974年版。
② 《明太祖集》卷二《废丞相大夫罢中书诏》，黄山书社1991年版，第30页。
③ 《明太祖集》卷七《谕天下有司》，黄山书社1991年版，第140页。
④ 《明太祖集》卷八《谕安南国王陈叔明敕》，黄山书社1991年版，第148页。

聚等人。为了巩固废除中书省的成果，朱元璋在杀戮胡党的同时，与淮西武臣们大结联姻。用姻缘关系与淮西集团联在一起，取得武臣们对其"撤中书、罢丞相"的支持，以图捍卫皇权。

第二阶段是扩大胡惟庸的罪名。洪武十五年，朱元璋设立了锦衣卫。十九年（1386）十月，锦衣卫采用逼供的手段，制造了"林贤下海招倭"事件。林贤，明州卫指挥，据《大诰三编·指挥林贤胡党第九》中说，胡惟庸授意林贤犯罪，将其贬至日本；三年后，叫林贤借来朝进贡之机，由如瑶等人带400倭兵助其作乱。这一事件在胡惟庸被诛6年后出现，其目的是将胡惟庸罪状升级为"通倭通虏"的叛逆之罪。

第三阶段，洪武二十三年（1390）五月，即胡惟庸案发10年后，又冒出了"封绩使元通虏"事件。据《昭示奸党录》中说，胡惟庸准备谋反时，私派封绩往漠北，勾结北元"发兵扰边"，因胡惟庸被诛，封绩不敢回来。洪武二十一年蓝玉北征，将封绩捕获，李善长对封绩加以包庇，"匿不以闻"，两年后被揭发出来。这一事件终于攀出淮西集团核心人物、原中书省第一任左丞相李善长。朱元璋给李善长定下"知逆谋不发举，狐疑观望怀两端，大逆不道"的罪名，借口有星变，需杀大臣应灾，下令将77岁的李善长及妻女弟侄家口70余人全部诛杀。[1] 李善长被杀后，一批安徽籍淮西武勋同时卷入"胡党"中，惨遭杀戮。

胡惟庸党案前后延续10多年，先后被杀者3万余人。其中被杀或被追坐胡党的公侯有22人，他们大多是安徽籍淮西功勋：韩国公李善长、延安侯唐胜宗、吉安侯陆仲亨、平凉侯费聚、南雄侯赵庸、荥阳侯郑遇春、河南侯陆聚、申国公邓镇（邓愈之子）、临江侯陈镛（陈德之子）、大将毛骧（毛麒之子）等；另有宣德侯金朝兴、宁济侯顾时、营阳侯杨璟、靖海侯吴祯、永城侯薛显、巩昌侯郭兴、六安侯王志、南安侯俞通源、汝南侯梅思祖、永嘉侯朱亮祖、淮安侯华云龙等，在案发前已死，也追坐胡党，革除爵位。顾时之子顾敬、朱亮祖次子朱昱、华云龙之子华中也被处死。

大兴胡惟庸党案的主要目的，是为了罢撤中书省。而中书省制度

① 《明史》卷一二七《李善长传》，中华书局1974年版。

毕竟在中国帝制社会中已有一千多年的历史,朱元璋想在大明王朝的政治制度、思想文化、规制理念中将其消除,唯一切实可行的办法,就是大兴党狱,将凡是与中书省、胡惟庸有关联的所有人和事(除徐达外),均采用攀连、杀戮、族诛的极端手段将其全部消灭,终于以历时10余年、杀戮3万余人的残酷代价,完成他的罢撤中书省最终目的,也为下一步解决皇权与功勋宿将们之间的矛盾打开缺口。

2. 蓝玉党案

开国之初,淮西籍的功勋们无不把明王朝的胜利视为自己的胜利。他们认为,自己用鲜血、生命换来的地位、权力、财富和荣耀,是理所当然的。这些曾经是农民、绿林好汉、山大王、地方强人出身的功勋们,在戴上公侯的桂冠、手持免死的铁券后,旧时本有的陋习逐渐显露出来。本人以及手下将领、家奴们,纪律松弛,沉湎酒色,冒犯国法,欺压乡里,残暴贪婪,侵夺百姓田产,劫掠民众财物。面对功勋们骄纵犯法、欺压良善之举,朱元璋在颁发铁券的一年半后,即洪武五年(1372)六月,诏令工部铸铁榜,以特殊的法律形式对功勋们的特权进行制约。这种以"铁榜"制约"铁券"的方式的出现,是朱元璋与开国功勋们矛盾开始激化的结果。

尽管朱元璋与淮西功勋们在建国之初便出现了矛盾,而此时全国尚未统一,北元的军事力量仍然强大,还要靠他们拓疆土、平天下,所以在洪武二十三年(1390)以前,朱元璋对功勋们并没有大开杀戒。即使是洪武十三年胡惟庸党案涉及陆仲亨、费聚二人,朱元璋也免了他俩的罪。

引起朱元璋与淮西籍功勋们之间矛盾的另一原因,是洪武初年实行的"封藩制"。朱元璋为了让他的子子孙孙永享富贵,从家族利益考虑,选择了封建诸王的统治手段。封藩制的实行,就意味着朱元璋要把功臣集团手中的权力,逐渐转移给他的皇子皇孙。朱元璋分3次将自己的23个儿子、1个从孙封为藩王,分驻于全国各个军事要地,以"藩屏帝室"。藩王们拥有行政、军事权力。从总的趋势来看,藩王们的行政权渐次减弱,军事权逐渐增强。他们的护卫甲士,少者千人,多者万人,如朱权就藩大宁,"带甲八万,革车六千"。朱元璋赐予藩王

有统率、指挥军队的权力："凡王国有守镇兵，有护卫兵，其守镇兵有常选指挥掌之，听王令旨。凡百征进，若合于理，惟命是听。其护卫兵系本国军马，从王调遣。如本国是险要之地，凡遇有警，不分缓急，本国及常选军马，并从王调遣。"①据此规定，不仅专属王国的护卫兵，就连朝廷派驻于各藩封的守镇兵，基本上也掌握在亲王手中。

洪武二十年（1387），元丞相纳哈出投降。第二年，元主脱古思帖木儿死于逃亡途中。这标志着朱元璋完成了全国的统一大业。此时，朱元璋看到儿孙们也一个个长大成人，便开始加强了对功勋们的违法行为惩治力度，从洪武二十年起，仅一二年间，颁布了御制《大诰武臣》、《敕谕武臣》、《武士训诫录》等；禁止武臣干预民事，规定："民间词讼，虽事涉军务者，均归有司申理，毋得干预。"②

洪武二十三年（1390），是朱元璋将军权从公侯宿将转移至藩王手中的一个重要转折点。这年正月，晋王朱棡、燕王朱棣带兵出征北元；三月，燕王朱棣率傅友德、赵庸等出征迤都。朱棣以武力加怀柔的办法迫使蒙元乃儿不花、咬住等部投降，大获全胜。朱元璋闻报欣然对群臣说："清沙漠者，燕王也，朕无北顾之忧矣！"随着藩王亲兵出征，那些武臣功勋们可以赋闲了。这年五月，以"诸将老矣，令其还乡"为名，诏令6公10侯返乡养老。21天后，李善长被诛，多名武勋被杀。六月，朱元璋把遣送还乡的武勋名单扩大为7公24侯。

在众多武勋中，蓝玉特别引人注目。蓝玉，凤阳府定远县人，常遇春的小舅子，一直跟随常遇春转战南北。他"临敌勇敢，所向皆捷"，开国之初已任大都督府金事；建国后的南征北战中，均为先锋、主将，洪武十一年（1378）被封为永昌侯；十四年南征云南时，为副将军，名列沐英之前，并功居榜首。接着，他的女儿被册封为蜀王朱椿的妃子，成了皇亲国戚。胡惟庸党案发生后，曾发现蓝玉与胡党有染，朱元璋考

---

① ［明］朱元璋：《祖训录·兵卫》，张德信、毛佩琦主编：《洪武御制全书》，黄山书社1995年版，第383—384页。

② ［清］夏燮撰；沈仲九标点：《明通鉴》，洪武二二年二月壬戌条，中华书局1980年版，第470页。

虑到他是常遇春的妻弟，乃"以开平之功及亲亲之故，宥而不问"①。随着徐达、常遇春、李文忠"开国三杰"的去世，洪武二十年出征纳哈出，大将军宋国公冯胜因罪被撤销职务后，蓝玉被任命为大将军，成为朱元璋所倚重的朝中第一员大将。二十一年（1388），蓝玉率 15 万大军追击蒙古军至捕鱼儿海，大获全胜，班师回朝，晋封为凉国公。

捕鱼儿海大捷是蓝玉一生最光辉的顶峰，也使他的骄横达到了顶点。他曾违禁贩卖私盐，广辟庄田，收养庄奴、义子数千，这些豪奴仗势欺人，为害乡里。他"越礼犯分，床帐、护膝皆饰金龙，又铸金爵以为饮器……马坊、廊房采用九五间数"②。他霸占东昌民田，御史下来查勘，被他绑打而后逐之；北征时，奸污投降的元主妃，元妃羞愧自缢；北征回师，夜至喜峰口，关吏开门有迟缓，便纵兵毁关而入。故元璋原本要封他为梁国公，临时改封凉国公，并将此次战役中所犯过失镌刻于铁券上，但蓝玉"犹不悛，侍宴语傲慢，在军擅黜陟将校，进止自专"。朱元璋虽心中不快，但还是饶恕了他。然而，正是蓝玉的过于骄横，一件对他觉得不起眼的小事，引起了朱元璋对他的疑忌。洪武二十五年（1392）四月初二，朱元璋命他总兵往四川平息月鲁贴木儿的叛乱。临行前，蓝玉与手下部将们一同朝见元璋，面听训示。元璋想留蓝玉单独面授机宜，连呼三声，竟无一人离开，只见蓝玉举起衣袖一挥，部将们立即退出，多疑好忌的朱元璋十分震惊。③ 蓝玉不加掩饰的权势与威福，把他引向危险的境地。

正当蓝玉在四川战场上平息叛乱时，洪武二十五年四月二十五日，皇朝发生了一件大事，39 岁的太子朱标病逝。65 岁的老人朱元璋痛失接班人，只得按嫡长制的继承原则，让年仅 16 岁、性格仁柔宽厚的长孙朱允炆继承皇位。面对文弱的幼孙，使他深深感到，那些身有战功的武勋们是皇子皇孙们的最大威胁。对朝廷政局、决策进行一次

---

　① 《明太祖实录》卷二二五，洪武二十六年二月乙酉条，中国台北中央研究院历史语言研究所校印本，1962 年。

　② 《明太祖实录》卷二四三，洪武二十八年十一月乙亥条，中国台北中央研究院历史语言研究所校印本，1962 年。

　③ ［清］查继佐撰：《罪惟录》列传卷八（下）《启运诸臣列传下·蓝玉》，浙江古籍出版社 1986 年版，第 1440 页。

大调整,除掉蓝玉等势力已是朱元璋必行之举。

皇太子朱标的元妃是常遇春的女儿,蓝玉则是太子妃的舅父,有了这层亲戚关系,蓝玉对太子非常关切。他曾问过太子:"殿下试观陛下平日于诸子中最爱者为谁?"太子曰:"无如燕王。"玉曰:"臣意亦然。"且臣观燕王在国"得军民心","众咸谓其有人君之度";"又闻望气者言,燕地有天子气,殿下宜审之"。后来,蓝玉的话传到燕王的耳中,燕王气恨不已。皇太子去世后,朱棣入朝到处散布说:"诸公侯纵恣不法,将有尾大不掉忧。"①

洪武二十五年八月,朱元璋重新祭起抓胡党的大纛,以交通胡惟庸罪,将蓝玉的姻亲靖宁侯叶升处死,拉开了铲灭蓝党的序幕。而此时的蓝玉,正全力带兵在四川为朱元璋的江山作最后一次效力。这一仗打得十分成功,活捉了月鲁贴木儿父子。

洪武二十六年(1393)正月,回到南京的蓝玉,对朱元璋的任命有所不满。朱元璋为新的皇太孙任命辅佐官时,以冯胜、傅友德为太子太师,以蓝玉为太子太傅。按照资历来说,此安排并无过错。蓝玉却发牢骚说:"吾此回当为太师,乃以我为太傅!"正当他为太师、太傅名分高下叽叽咕咕时,二月初二,朱元璋下令,调换军防,命晋王朱棡统领山西、河南军出塞,把驻守在山西、河南等地的公侯武勋冯胜、傅友德、常遇春之子常昇、王弼、孙兴祖之子孙恪等人,召还南京。这几位公侯哪里晓得,他们的死期为时不远,一场政治大风暴即将来临。

二月初八早朝,蓝玉刚入朝就被逮捕。锦衣卫指挥蒋□参奏蓝玉谋反罪状,朱元璋命皇太孙与吏部尚书詹徽审讯。詹徽喝令他招出同党,蓝玉大呼道:詹徽就是我的同党!皇太孙即令左右将詹徽揪出,逐出场外。元璋再也不要蓝玉的口供,第三天就以"谋反"的罪名将其处死,夷灭三族。

朱元璋采用与胡党相同的株连蔓引的方式,在刑讯、逼供、诱供之下,一大批安徽籍淮西老将、子弟、京城及各军卫的中高级将领多被牵入蓝党而被诛杀。四月,朱元璋将刑讯逼供而出的口供辑为《逆臣

---

① 《明通鉴》,洪武二十六年二月乙酉条,中华书局1980年版,第507页。

录》。五月初一，朱元璋为《逆臣录》作序，公布于众。

关于蓝玉党案，史家多倾向于冤狱。据统计，蓝党一案约杀2万人。除凉国公蓝玉外，尚有一公、十三侯、二伯。其中淮西武勋有：开国公常昇、景川侯曹震、鹤庆侯张翼、舳舻侯朱寿、普定侯陈桓、宣宁侯曹泰（曹良臣之子）、会宁侯张温、怀远侯曹兴、西凉侯濮玙（濮英之子）、东平侯韩勋（韩政之子）、全宁侯孙恪（孙兴祖之子）、徽先伯桑敬（桑世杰之子）等。二十七年（1394），定远侯王弼"坐蓝党，不食死"。上述侯伯，多为常遇春、蓝玉的部属、亲友，故亦有剪除以常、蓝为核心带有外戚属性的军勋之目的。

胡蓝两大党案，使安徽籍淮西集团大多数公侯们死于非命。两案之外，被杀戮的淮西功勋亦有多人。如洪武七年（1374），华云龙因"据元相脱脱第宅，僭用故元宫中物"，朱元璋召他返京，"未至京，道卒"。八年，廖永忠因"僭用龙凤诸不法事，赐死"。而史家分析，是因为数年前廖永忠执行朱元璋的密令，将小明王在瓜步沉船溺死，朱元璋怕事泄大白于天下而杀人灭口。十三年（1380），朱亮祖因镇守广东时，与当地土豪恶霸沆瀣一气，盘剥百姓，欺压良善，搞得天怒人怨。番禺知县道同揭其不法，反诬奏将其致死，朱元璋得知真情后，将他与其子朱暹俱鞭死。二十五年（1392），江夏侯周德兴"以帷薄不修"被杀。二十七年，永平侯谢成因"坐法下狱死"。同年，颍国公傅友德死去，关于他的死，众说不一：《明太祖实录》载卒而无传，《明史稿·太祖纪》载"坐蓝玉党赐死"，《明史·太祖纪》载"坐事诛"，还有"勒其自杀"、"暴卒"、"赐死"、"自杀"、"冤死"等记载，均不是善终。二十八年（1395），宋国公冯胜被"赐死"，崇山侯李新"以事诛"。开国第一武臣、为大明江山立下盖世之功的徐达，曾得到朱元璋崇高的评价："受命而出，成功而旋，不矜不伐，妇女无所爱，财宝无所取，中正无疵，昭明乎日月，大将军一人而已！"[1]如此功勋，仍受朱元璋的猜忌。关于他的死，《翦胜野闻》记载：洪武十八年"徐魏国公达病疽疾笃，帝数往视之，大集医徒，治疗且久，病少差，帝忽赐膳，魏公对使者流涕而食

---

① 《明史》卷一二五《徐达传》，中华书局1974年版。

之，密令医人逃去，未几告薨。"朱元璋的养子、亲甥曹国公李文忠，屡建大功，因"多招缙绅士人（于）门下"，引起朱元璋的猜忌。洪武十七年，朱元璋抓住一件小事，将其门客全部杀掉，李文忠"惊悸得疾暴卒"[1]。到了洪武末年，"诸公侯且尽，存者惟（耿）炳文及武定侯郭英二人"[2]。庞大的淮西集团在朱元璋的屠刀、阴谋下，瓦解、消失了。

得以善终的淮西籍功勋们寥寥无几，只有几位善于揣测朱元璋心理的才活了下来。洪武十九年，信国公汤和见朱元璋视皇权如命，便对元璋说，臣岁数已大，不堪复任驱策，愿意退休还乡。这正中朱元璋的下怀，立即下诏，赐宝钞五万锭，并在凤阳为他建府第。四年后，汤和中风，不能言动，对朱元璋已无威胁，于二十八年病故，享年 70 岁，被追封为东瓯王。武定侯郭英是朱元璋的小舅子，晚年时听从朱元璋诏令，归还多余的佃户，依法纳税，在洪武朝没有出事。他的弟弟、骁骑舍人郭德成一日在朱元璋面前说错了话，便从此装疯避灾，朱元璋信以为真，这才"以功名终"。

第三节　明初对"帝乡"凤阳的政治建设

安徽是朱元璋的家乡，是他的"龙飞之地"、"兴王之地"，也是淮西集团的大本营。尤其是凤阳，是"龙脉"、"皇脉"所在，是"帝乡"，是"国家根本之地"，自然受到朱元璋的特别宠爱。朱元璋营建皇陵、中都，设置凤阳府、中都留守司，使凤阳的政治地位无与伦比。

一、皇陵的营建

1. 凤阳府的皇家陵寝

至正四年（1344），在短短的半个月中，朱元璋的父母、长兄相继去

① 《弇山堂别集》卷二〇《史乘考误》，中华书局 1985 年版，第 369 页。
② 《明史》卷一三〇《耿炳文传》，中华书局 1974 年版。

世。多亏乡邻刘继祖赠地一区,才将父母草草掩埋。朱元璋从戎后,长年疏于祭祀。至正二十六年(1366)四月,即将称帝的朱元璋为了建立新王朝的陵寝制度,专程前往家乡凤阳,开始对父母坟墓进行第一次营建。最初,朱元璋欲以最隆重的礼仪对父母坟墓进行改葬,随从朱元璋的儒士许存仁、王祎从风水的角度认为,改葬恐泄山川灵气。朱元璋为了国家社稷的安危,只得下令"增土以培其封"。洪武元年,朱元璋下令对父母陵墓进行第二次营建,于第二年五月工程告竣,朱元璋将父母坟墓取名为"皇陵"。洪武八年(1375),朱元璋下令对皇陵进行第三次营建,营建工程持续至洪武十二年结束。经过三次大规模营建,在安徽凤阳土地上出现了一座规制宏大、建筑豪华的皇家陵寝。朱元璋曾于至正二十六年四月、洪武四年(1371)二月、洪武八年四月三次亲赴皇陵"躬祭"。凤阳皇陵是明王朝的"龙脉"、"宗祖万年基本",《大明会典》卷九十载:"凡官员以公事经过者,俱谒陵。"

明代的凤阳府,除有皇陵外,还有诸多皇家陵寝、坟墓:

位于泗州的祖陵。陵主为:朱元璋的祖父朱初一(熙祖裕皇帝)夫妇,曾祖朱四九(懿祖恒皇帝)夫妇,高祖朱百六(德祖玄皇帝)夫妇。

位于凤阳县的十王四妃坟,又称"白塔寿春等王坟"。坟主为:朱元璋的大伯朱五一(寿春王)夫妇,从兄朱重一(霍邱王)夫妇、朱重二(下蔡王)夫妇、朱重三(安丰王)夫妇、朱重五(蒙城王),以及皇从侄宝应王(朱重一之子铁哥)、六安王(朱重三长子转儿)、来安王(朱重三次子记儿)、都梁王(朱重三三子臊儿)、英山王(朱重三四子润儿),当时蒙城王妃田氏尚在人世,以上共有十王四妃,故名。

位于盱眙县(今属于安徽明光市)的扬王坟。坟主为朱元璋的外祖父陈公(不知名)夫妇。

位于宿州的徐王坟。坟主为朱元璋岳父马公(不知名)夫妇。

另外还有三座公主坟:盱眙县(今属于安徽明光市)有驸马都尉汪清、太原长公主(朱元璋大姐)合葬墓和陇西恭献王李贞、曹国长公主(朱元璋二姐)合葬墓;凤阳县有驸马黄琛、庆阳公主(朱重五之女)墓。

根据规制,陵寝、坟墓须配给守陵户、守坟户。洪武十一年,朱元璋将钟离(包括明代凤阳、临淮二县)土著旧民3324户全部编为看守皇陵的陵户。泗州祖陵陵户为293户,十王四妃坟陵户为300户,扬王坟坟户为210户,徐王坟坟户为93户。三座公主坟亦置坟户若干。上述陵墓集中于凤阳府一地,并把凤阳县的全部土著居民变成陵户、坟户,这在安徽古代史乃至中国陵寝史上,均是罕见的。

2. 皇陵的影响

有明一代,凤阳府的皇家陵寝,特别是皇陵对当地乃至全国的政治、经济产生了极大的影响。

政治影响:第一,因为有了皇陵,凤阳在明代被视为非常地区,是朱家王朝的精神寄托之一。明宪宗曾说:"凤阳乃祖宗陵寝所在,其地至重。"①成化时凤阳知府章锐说:"凤阳乃皇业所基,祖陵所在,视他地方不同。"②天启时凤阳县令袁文新也认为:"凤阳为国根本,地形错江淮之间,西连汝颖,北距彭城,东南通吴会,古称钟离天险,加以陵寝所系,尤重。"③也就是说,凤阳之所以重要,一个很关键的原因就是因为有了皇陵。正因为如此,明末农民军才把进攻凤阳、焚毁皇陵作为重要的战略目标。事实上,皇陵被损后,崇祯皇帝"传辍经筵……朝廷百官皆角素,九卿上慰安公疏"。皇帝又"御布袍慰祭太庙……廷遣驸马都尉王昺慰告皇陵,百官俱布服从事。下诏罪己。"还将凤阳巡抚杨一鹏下狱论死,巡按吴振缨遣戍。④ 时有臣僚疏云:"流贼不清,乃致侵犯皇陵,焚烧祼殿,则古今未有之奇变,君辱臣死之秋也。"⑤另一官哀叹:"万世根本之地,一旦竟为骷髅之场,良可痛恨。"⑥这一切都说明,农民军捣毁皇陵是对朱明王朝统治者的沉重精神打击。

① 《明宪宗实录》卷一〇八,成化八年九月甲午条,中国台北中央研究院历史语言研究所校印本,1962年。

② 《明宪宗实录》卷二七五,成化二十二年二月丁丑条,中国台北中央研究院历史语言研究所校印本,1962年。

③ [明]袁文新等纂修:天启《凤阳新书》卷五《武备篇第六》,明天启元年(1621)刻本。

④ [明]文秉撰:《烈皇小识》卷四,上海书店出版社1982年版,第101页。

⑤ 《烈皇小识》卷四,上海书店出版社1982年版,第102页。

⑥ [明]吴世济撰:《太和县御寇始末》卷下《书启四·复亳州叶发明书》,浙江人民出版社1985年版,第76页。

第二,朱元璋建皇陵的动机之一是为了神化皇权,而皇陵也在客观上起到了这样的作用。皇陵通过豪华宏伟的建筑昭示皇权的威严,又通过严肃的祭祀典礼让人们对其顶礼膜拜,实质上都在宣扬皇权的威力。礼部尚书王英《陪驾祀皇陵》诗云:"肃肃企灵宫,冥冥望神御,阴飙飒然来,泠泠启朱户。"作者在诗中描写的皇陵充满了神秘的气氛。洪武二十六年(1393),"申严皇陵禁令:凡车马过陵及守陵官民入陵者,百步外下马,违者以大不敬论。"①永乐七年(1409),山东道监察御史何晟过凤阳,"陪祀皇陵,直行寝殿御道,入殿狎玩,论大不敬,处死。命戮于市。"②这正是皇权通过皇陵在滥发淫威。

明代一些臣僚也利用皇陵灾变引出自己的主张,将皇陵作为政治筹码,在君臣之间寻求平衡。弘治内阁大学士刘健等奏:"比者各处灾异迭见,而南京孝陵、凤阳祖陵灾变尤甚。"随后,刘健提出了自己的政治主张,要求皇上"率循天道,勤励天事,关恤天民,爱惜天物"。能广开言路的明孝宗对其"嘉纳之"。③然而,在腐朽的明神宗统治后期,凤阳巡抚李三才从"皇陵陡起大风、雷雨、冰雹,伤殿脊及东南陪祀朝房,倾倒牌坊三座,拔桧柏甚多"的巨大灾变,批评神宗的诸如"矿税内使遍天下"等系列害民乱政行为,指出"激变招祸",规谏改变做法。对此,神宗以他惯用的留中不报的手法使李三才一筹莫展。④此时的皇陵筹码在至高无上的皇权面前显得微不足道。

第三,皇陵还是朱元璋用来教育朱家子孙后代的工具。为了培育自己的皇子,朱元璋除请名儒高师训导、自己亲自耳提面命训诫外,还命他们经常前往凤阳,"观祖宗肇基之地","俾知王业所由兴",接受大明王朝建国史的教育。自吴元年(1367)十月起,朱元璋几乎每年都

① 《明太祖实录》卷二二八,洪武二十六年六月乙亥条,中国台北中央研究院历史语言研究所校印本,1962 年。

② 《明太宗实录》卷八七,永乐七年正月甲辰条,中国台北中央研究院历史语言研究所校印本,1962年。

③ 《明孝宗实录》卷一九三,弘治十五年十一月丙申条,中国台北中央研究院历史语言研究所校印本,1962 年。

④ 《明神宗实录》卷三八六,明万历三十一年七月乙卯条,中国台北中央研究院历史语言研究所校印本,1962 年。

要派遣皇子前往凤阳祭祀皇陵。洪武三年，朱元璋分封诸皇子为王，同时规定：皇子们就藩之前，必须到凤阳生活几年。凤阳成了皇族子孙们抚今追昔、忆苦思甜的圣地。据《明太祖实录》记载，前往凤阳祭祀、生活的皇子们有：皇太子、秦王、晋王、燕王、吴王、楚王、齐王、蜀王等。燕王朱棣曾于洪武九年至十二年在凤阳生活了4年。对这段经历他一直不能忘怀。他登基后，经常对皇子们说："朕少时尝居凤阳，民间细事，无不究知。"①可见凤阳这段生活对他以后执政很有帮助。虽然我们不能把这些全归功于皇陵，但皇陵在明初对朱氏子孙的教育作用是可以肯定的。

第四，明代还在凤阳建有高墙，囚禁犯罪宗室。而高墙之所以建在凤阳，是要对罪宗"使亲近祖宗之墓，思创业之艰难，或知省改"。②至少，从名义上说，高墙建在凤阳就是因为这里有皇陵的缘故，而高墙又是明代强化皇权的有力工具，对有明一代政治产生重大影响。明代自建文帝削藩以降，藩禁越来越密。正德三年明令："此后诸王有私越关来者，幽之凤阳。"③常有宗室以"违例出城"、"越关赴奏"等罪名被禁在凤阳高墙。明统治者利用皇陵之侧囚禁宗室，是打击朱家内部危害皇权势力的有效手段。

凤阳皇陵对当地乃至全国经济也产生了重要的影响。

第一，修建规模庞大的皇陵势必要增加当地和全国的财政负担。凤阳皇陵究竟耗费多少民脂民膏，现在无从查考，但从其建筑规制之巨，兴工历时之久，完全可确认，其消耗的人力物力是相当可观的。明初朱元璋曾就修中都之事在祭天祝文中罪己："土木之既兴，役重伤人，当该有司，叠生奸弊，愈觉尤甚。此臣之罪有不可免者。"④皇陵的维修也耗资颇巨，成化二十三年大修，调动巨船就有百余艘，工师、匠民、役夫数千人。其中人力主要由凤阳地方军承担，每次大修皇陵都

---

① 《明太宗实录》卷二四，永乐元年十月己未条，中国台北中央研究院历史语言研究所校印本，1962年。

② 天启《凤阳新书》卷三《年表五卷》，明天启元年（1621）刻本。

③ 《明武宗实录》卷三七，正德三年四月戊辰条，中国台北中央研究院历史语言研究所校印本，1962年。

④ 《明太祖集》卷一五《习唐太宗圣教序》，黄山书社1991年版，第299页。

势必增加地方重负。

第二,皇陵一年无数次的祭祀活动全由地方承担,使当地人民苦不堪言。凤阳地处交通要冲,为明朝北京到南京的必经之地,来往官员、使者、商贾如云,车骑如流。这些官员路经凤阳,必须前往皇陵谒陵。这一来一往的差役,全落在凤阳老百姓的头上。按照规定,官员祭陵时须在夜间,需要灯夫照明;前往皇陵需杠夫服役,祭陵后返回船上,又需纤夫伺候。于是凤阳民众为了来往官员祭陵,"朝为轿夫矣,日为杠夫矣,暮为灯夫矣。三夫之候,劳而未止,而又为纤夫矣;肩方息而提随之,稍或失御,长鞭至焉。如此而民奔走之不暇,何暇耕乎?"①凤阳人无法承担繁重的皇陵差役,唯一的办法就是逃跑,皇陵成为制造苦难的源头。仅从农民逃亡的事实来看,天启时县令袁文新说:"旧志尚载丁口四万七千八百五十余口,万历六年则仅一万三千八百九十四口。历今四十余年,编民止存老幼四千七百口。"②这足以说明凤阳农业经济问题的严重性了。明朝末年有外地官到凤阳,无法相信自己看到的残破景象,作诗以志:"闻说钟离景物殊,如何南亩尽荒芜;室庐几见逃亡去,膏血都从雇役枯。"③诗人看到了问题的关键。当然,不能把明中后期凤阳县经济上的问题全都归结于皇陵,但皇陵是导致凤阳经济陷入困境的重要因素,这是可以确认的。

二、明中都的兴废

早在朱元璋渡长江时,手下谋士便对他说:"有天下者,非都中原不能控制奸顽。"④对此,朱元璋牢记不忘。明朝建立之初,朱元璋召开了一次群臣大会,讨论建都一事。群臣们依然把中原一带作为建都的最佳之地,分别提出了在关中、洛阳、汴梁、北平等地建都。于是,朱元璋于洪武元年五月亲往开封视察,并于当年八月初一下诏:以金陵为南京,以开封为北京。然而,就在朱元璋下诏的第二天,徐达、常遇春

---

① 天启《凤阳新书》卷七《奏议第五》,明天启元年(1621)刻本。
② 天启《凤阳新书》卷四《赋役篇第二》,明天启元年(1621)刻本。
③ 天启《凤阳新书》卷六《外篇第九》,明天启元年(1621)刻本。
④ 《明太祖集》卷一七《中都告祭天地祝文》,黄山书社1991年版,第399页。

率领的北伐大军攻克了元大都,元朝灭亡,这一急剧变化的政治形势动摇了朱元璋在开封建都的决定,他于下诏的 13 天后,再赴开封考察,做出了放弃建都开封的决定。经过一年多的反复斟酌,朱元璋再次召开群臣大会,最终决定:"以临濠(凤阳)为中都。"①对此《明实录》中有一段记载,反映了明初朱元璋和近臣们在建都这一问题上的思想转变过程:

> 初,上召诸老臣问以建都之地,或言关中险固,金城天府之国;或言洛阳天地之中,四方朝贡道里适均,汴梁亦宋之旧京;又或言北平,元之宫室完备,就之可省民力者。上曰:"所言皆善,惟时有不同耳。长安、洛阳、汴京,实周秦汉魏唐宋所建国,但平定之初,民未苏息,朕若建于彼,彼供给力役悉资江南,重劳其民。若就北平,要之宫室不能兼,更作亦未易也。临濠则前江后淮,以险可恃,以水可漕,朕欲以为中都,何如?"群臣皆言善。至是,始命有司建置城池宫阙,如京师之制焉。②

朱元璋以凤阳为中都,原因有三:一是贫苦农民出身的朱元璋,对家乡的深厚感情与狭隘的"衣锦还乡"观念,改变了原先儒臣们向他提出的建都方针。二是他手下的开国功臣们几乎是清一色的安徽籍淮西人,对回家乡建都,能荣宗耀祖,自然求之不得。由于他们人多位显,从而使建都临濠成为明初统治集团的主流意见。三是中国南北社会经济发展不平衡,中国的政治中心依然在北方,而经济文化重心已移至东南,从而使国家的政治中心与经济文化重心发生了偏离。正是这种偏离,使传统的建都思想发生了彷徨。如在北方建都,北方的经济将无法支撑庞大的中央政府与军队的消费,只有通过漕运,将南方

---

① 《明太祖实录》卷四五,洪武二年九月癸卯条,中国台北中央研究院历史语言研究所校印本,1962年。

② 《明太祖实录》卷四六,洪武二年十月壬戌条,中国台北中央研究院历史语言研究所校印本,1962年。

物资源源不断地运往北方,这对建国之初的明朝而言,无力承担。因此,诏令一下,虽遭到以刘基为代表的江南文人的反对,但无法改变"定都临濠"众口一词的决定。

自建都临濠的诏令下达之日起,一个举全国之力营建中都的工程在安徽凤阳土地上开始了。领导参加这一工程的官员有:刚从中书省左丞相位置上退下来的韩国公李善长、中山侯汤和、江阴侯吴良、荥阳侯郑遇春、金都督庄龄、江夏侯周德兴、东川侯胡海、都督金事丘广、永嘉侯朱亮祖、南安侯俞通源、蕲春侯康铎等。另外,明政府的工部、礼部、兵部、钦天监、翰林院等部门的官员以及科道官们,负责工程的各个环节与项目。营建中都需要从全国各地调集大批劳力,主要有工匠、军士、民夫、罪犯、移民,估计有 150 万人左右。营建中都需要大量物料,主要是建筑材料,其中以木、石、砖、琉璃构件、石灰、土等用量最多。以最普通的"土"为例,为了营建中都社稷坛,需五方土,为此朱元璋下令:"命工部取五方土筑之:直隶应天等府并河南省进黄土,浙江、福建、广东、广西等进赤土,江西、湖广、陕西进白土,北平进黑土。天下郡县计千三百余城,每以土百斤为率,仍命取之于名山高爽之地。"①营建中都正值建国之初,全国经济处于复苏阶段,国家的税收很低,据推测,投入中都工程的钱财,相当于当时数年全国收入的总和。

在明政府充足的人力、物力、财力的支持下,明中都工程进展很快:洪武三年,建宫殿、中书省、大都督府、御史台;四年,建圜丘、方丘、日坛、月坛、社稷坛、山川坛、太庙、太社坛;五年,建百万仓、钦天监、观象台、公侯第宅,定中都城址,筑皇城;六年,甓皇城,造军士营房,建中都城隍庙、功臣庙、历代帝王庙、会同馆;七年,筑中都土城;八年,中都土城砌砖,建中都国子学、鼓楼、钟楼。② 经过近 6 年的营建,一座豪华、壮丽的明中都,出现在江淮大地上,从而成为安徽古代史上唯一一座全国性的都城建筑。

在明中都营建的过程中,朱元璋于洪武四年二月、八年四月两次

① 《明太祖实录》卷六五,洪武四年五月丙寅条,中国台北中央研究院历史语言研究所校印本,1962年。

② 王剑英著:《明中都研究》,中国青年出版社 2005 年版,第 83—94 页。

前往凤阳视察明中都工程。就在朱元璋第二次视察明中都返回南京的当天，突然下诏："罢中都役作。"①"功将完成"的明中都，其罢建原因成了千古之谜。综合史家观点，原因有四：一是"风水不合"。淮河两岸从未成为"大一统"的中国政治、文化、经济中心，即使有在此建都者，均为名望不高的小国，楚国后期虽在此建都，但不久即灭亡。从中国大环境、大形势来看，地处淮河南岸的凤阳，并非是华夏大国的理想建都之地。二是"凤阳虽帝乡，非建都之地"。凤阳虽是朱元璋的家乡，也是众多开国功勋们的家乡，万一这些功勋们造反，可以利用当地浓厚的宗亲关系，在很短的时间内拉扯一支力量较强的私家军，大批功勋群住于家乡，容易对朱明王朝政权的安全形成威胁。三是"工程过度豪华，劳费过甚"。在"明初三都"（中都、南京、北京）中，凤阳明中都最为豪华、壮丽，这与朱元璋节俭勤政的性格相抵触。朱元璋深知，这些穷奢侈靡，只能给自己的子孙和大臣们带来腐化淫佚的结果。况且，明中都全部工程完工，尚需数年之久，仍需耗费大批人力、物力、财力。四是突发事件的发生。洪武八年四月，朱元璋赴凤阳视察明中都时，长年饱受工役折磨的工匠们，以"压镇法"来对付朱元璋，不料被朱元璋察觉，史载："帝（朱元璋）坐殿中，若有人持兵斗殿脊者。太师李善长奏诸工匠用压镇法，帝将尽杀之。（薛）祥为分别交替不在工者，并铁、石匠皆不预，活者千数。"②朱元璋在自己的家乡屠杀了大批工匠后，"百端于心弗宁"③，亲自撰写了《中都告祭天地祝文》，前往中都圜丘，向天宣读祭文："土木之工既兴，役重伤人；当该有司，叠生奸弊，愈觉尤甚。此臣之罪有不可免者。然今功将完成，戴罪谨告，惟上帝后土鉴之。"④这一突发事件成了朱元璋罢建中都的导火索。

朱元璋罢建中都后，于当年九月下诏改建南京大内宫殿，决定以

---

① 《明太祖实录》卷九九，洪武八年四月丁巳条，中国台北中央研究院历史语言研究所校印本，1962年。

② 《明史》卷一三八《薛祥传》，中华书局1974年版。

③ 《明太祖集》卷一七《奉迎社稷祝文》，黄山书社1991年版，第404页。

④ 《明太祖集》卷一七《中都告祭天地祝文》，黄山书社1991年版，第399页。

南京为京师。针对明中都建筑过于豪华，他对营建南京作了如下规定："朕今所作，但求安固，不事华丽，凡雕饰奇巧，一切不用，惟朴素坚壮，可传永久。吾后世子孙，守以为法。至于台榭苑囿之作，劳民费财之事，游观之乐，朕决不为之。"①

朱元璋驾崩后，其四子朱棣发动了"靖难之变"，从皇侄手中抢来皇位。按封建宗法制度，此举为篡位。所以底气不足的朱棣，在遵循祖制方面，不留破绽。他在营建北京时，"凡庙社、郊祀、坛场、宫殿、门阙，规制悉如南京"②，不敢越轨。由此可见，在明初三都中，明中都不仅是明清都城的首创者，而且其质量最为豪华，建筑最为壮丽。北京城虽然历经明清两代统治者的精心营建，但其规制和城市基调仍为永乐年间的产物，仍然没有达到明中都在明初时的水平。

中都城由内外三道城墙组成，最外为土城。罢建中都后，随着岁月的流逝，中都土城禁不住风雨侵蚀，逐渐倒塌，帝乡凤阳呈现出一幅衰落的景象。为此，凤阳的历届官员们多次要求明政府修复中都外城。而中都的罢废，无论对朱元璋还是接替其皇位的子孙们来说，都是一件并不光彩的事，再加上朱元璋去世多年，他的子孙们对凤阳的情感逐渐淡漠，所以对修复中都一事既无愿望又无措施，便以种种原因与理由作推托，迟迟未对明中都做任何修复。到了嘉靖年间以后，明中都土城几乎夷为平地，凤阳名为中都，实为村落。

三、凤阳府的设置

元朝的安徽，以江北、江南分属于两个行政区域：江北地属"河南江北等处行中书省"，江南地属"江浙等处行中书省"。元至正十六年三月，朱元璋攻占集庆，改集庆路为应天府。七月，置江南行中书省，朱元璋兼总省事，开始对元朝安徽的行政区划重新布局。洪武元年八月，诏建两京，罢行中书省，以应天等府直隶中书省。接着又诏建、罢

---

① 《明太祖实录》卷一〇一，洪武八年九月辛酉条，中国台北中央研究院历史语言研究所校印本，1962年。
② 《明太宗实录》卷二三二，永乐十八年十二月癸亥条，中国台北中央研究院历史语言研究所校印本，1962年。

建中都;洪武十一年正月改南京为京师。十三年正月罢中书省,以所领直隶六部。永乐十九年迁都北京,南京遂为南直隶。这一系列政治变革,使安徽的行政区划发生了重大变化。由于京师南京的出现,安徽全境归属于直隶(后称南直隶)区域。当今的安徽省虽正式设于清康熙年间,但它的雏形,却是在朱元璋的手中形成的。

在明初安徽区域中,凤阳府的行政区划变化最大。元朝称濠州,隶安丰路,属河南行省。自朱元璋于至正二十六年(1366)四月收复濠州后,即升濠州为临濠府。洪武二年(1369)九月,下诏"以临濠为中都"后,为了适应它的京都首府的显赫地位,洪武四年(1371),朱元璋向中书省下达了扩大临濠府辖区的决定:"临濠为朕兴王之地,今置中都,宜以傍近州县通水路漕运者隶之。于是省臣议以寿、邳、徐、宿、颍、息、光、六安、信阳九州,五河、怀远、中立(即钟离)、定远、蒙城、霍邱、英山、宿迁、睢宁、砀山、灵璧、颍上、泰(太)和、固始、光山、丰、沛、萧一十八县悉隶中都。"①这就是说,自东晋初年以来设立的钟离郡(后改为濠州),其辖区多至四县、少则二县,而到了明初,一跃成为直隶中都、领辖9州18县的临濠府。作为京都的地名——临濠,似乎不合适,明政府两次改名,先改为中立府,最终于洪武七年(1374)八月,"改中立府为凤阳府。"②与此同时,钟离县先后改为中立县、临淮县,又将临淮县一分为二:凤阳县、临淮县——二县均为凤阳府的"附郭"。不久,又将泗州并盱眙、天长、虹县,滁州并全椒、来安,以及和州并入,使得营建中都时的凤阳府,先后管辖12州24县,③其面积相当于今天的大半个安徽。由于中都的罢建,凤阳府的区域逐渐变小,到洪武二十二年(1389),凤阳府仅领4州14县:泗州、宿州、寿州、颍州,临淮、凤阳、定远、怀远、五河、虹县、盱眙、天长、灵璧、蒙城、霍邱、颍上、太和、亳县。弘治九年(1496)十月,亳县复升为州,凤阳府辖5州

---

① 《明太祖实录》卷六一,洪武四年二月癸酉条,中国台北中央研究院历史语言研究所校印本,1962年。

② 《明太祖实录》卷九二,洪武七年八月庚子条,中国台北中央研究院历史语言研究所校印本,1962年。

③ 夏玉润著:《朱元璋与凤阳》,黄山书社2003年版,第532—534页。

13 县。终明之世,成为定制,沿至清初,相因未改。在明朝,凤阳府成为安徽境内排名第一、面积最大的行政区域。

四、中都留守司的设立

都司卫所,是明朝创立的基本军事体制。都司,全称为都指挥使司,为地方上的最高军事机构。卫所,是明朝军队的一种编制,在军事上重要之地设卫,在次要之地设所。明朝制度,以 5600 人为一卫,以 1200 人为一千户所,以 120 人为一百户所。据《明史·兵志二》记载,洪武二十六年(1393)所定的全国都司卫所,共有 17 个都司,1 个留守司(即中都留守司),329 个内外卫,65 个守御千户所。

洪武十三年(1380)正月,朱元璋将全国最高军事机关大都督府一分为五,即左、右、中、前、后共五军都督府。今安徽境内的明初都司卫所,隶属中军都督府。据《明史·兵志二》记载,洪武二十六年以前,安徽境内的卫所大致分为如下三部分:1. 隶属直隶的卫所有:和州卫、滁州卫、泗州卫(泗州在明朝属凤阳府所辖)、新安卫、安庆卫、宿州千户所;2. 隶属河南都司的卫所有:武平卫、颍州(川)卫、颍上千户所;3. 隶属中都留守司的卫所有:皇陵卫、留守左卫、留守中卫、凤阳右卫、凤阳中卫、怀远卫、凤阳卫、长淮卫、洪塘千户所,这 8 卫 1 所,其中凤阳卫、洪塘千户所坐落于临淮县,剩下的 7 卫均在凤阳县。这就是说,在明初的安徽境内,只有一个都司级的军事单位——中都留守司,它管辖着 8 卫 1 所。而安徽境内其他的 7 卫 2 所,分属于直隶、河南都司管辖。凤阳一地(主要是凤阳县)的卫所数量,竟占安徽全部卫所的一半以上。从军卫的分布可以看出帝乡凤阳突出的政治、军事地位。

中都留守司于洪武十四年(1381)九月在凤阳设置。留守,指古代皇帝出巡或亲征,命重要大臣督守京城,便宜行事,谓之"京城留守"。明中都虽被朱元璋诏令罢建,但凤阳是朱元璋的家乡,是皇陵所在地,所以明政府把凤阳视为陪京看待,因此在这里设立了明初唯一一个留守司。中都留守司留守为正二品官员,与当时中央六部尚书的职务相同,再加上中都留守司有守护皇陵、守护帝乡的重要职责,所以对中都

留守司留守的资格要求很高:"国制,非勋戚不拜,后多以才略充之。"①"宗人府署印、内府管将军、宿卫、中都留守,旧规皆以国戚充之。勋臣非在戚里,不得与也"。②

中都留守司除管辖上述 8 卫 1 所外,还对设置于南直隶的部分卫所,有"提调"、"附领"的职责。"(中都留守司)提调卫所三十有六,曰泗州卫、宿州卫、寿州卫、武平卫以及归德等卫"③。"本(中都)留守司附领颖州卫、潼关卫、徐州卫、庐州卫、六安卫、寿州卫、滁州卫、淮安卫、大河卫、高邮卫、扬州卫、仪真卫、邳州卫、沂州卫、汝宁卫、蒲州卫、泰州卫、通州卫、盐城卫、兴化卫、海州卫、东海卫、莒州所等官军亦隶焉"④。所谓"提调",即管领、调度之意;"附领"为附带领管之意。可见在明代安徽卫所中,中都留守司占有极其重要的位置。

① 天启《凤阳新书》卷五《武备篇第六》,明天启元年(1621)刻本。
② [明]陆容撰:《菽园杂记》卷五,中华书局 1997 年版,第 52 页。
③ [清]耿继志等纂修:康熙《凤阳府志》卷七《兵御》,清康熙二十四年(1685)刻本。
④ 天启《凤阳新书》卷五《武备篇第六》,明天启元年(1621)刻本。

第二章

明初安徽经济的恢复和发展

元末明初的战乱，使安徽社会经济遭受了严重的破坏。明王朝建立后，统治者为了尽快恢复和发展安徽的社会经济，以巩固其政权的物质基础，采取了一系列倾斜政策和优惠政策。随着这些政策的逐步实施，饱受战争摧残的安徽社会经济很快得到了恢复和发展，人口和垦田面积显著增加，水利工程也逐渐兴建或修复，农副业生产水平得到提高。农业经济的恢复和发展，既为手工业的发展提供了剩余劳动力和充足的原料，又为商业的发展提供了更多的用以出售的产品，这又带动了明初安徽手工业和商业的迅速恢复和发展。

第一节　恢复和发展社会经济的措施

明王朝立国之初,安徽因长期战乱,疮痍满目,民多逃亡,城野空虚,家园残破,社会经济一片凋敝之状。为了巩固新兴的统治政权,明王朝以休养生息为中心,在全国推行了包括招徕逃亡、鼓励垦荒、移民屯垦、蠲免赋役、兴修水利、劝课农桑等一系列有利于恢复发展农业经济的政策和措施。

一、招徕逃亡,鼓励垦荒

土地是农业经济的根本,土地荒芜意味着农业的衰颓。元末明初,安徽是战争洗劫的重灾区,"淮甸沃壤尽为萧疏",[①]"长淮以北,鞠为茂草"。[②] 皖江的太平、滁州等地,也是"田多未辟,土有遗利"[③];"百姓稀少,田野荒芜"[④]。极目所见,全是残破景象。

要恢复残破的社会经济,必须先把逃亡散失的劳动力重新组合起来,从事土地的开发和农田的耕种。于是,招徕流亡,也就成了明初安徽地方官的首要职责。洪武年间,亳州知州张文弼勤于招抚流亡复业[⑤];颍州同知州事李添祐"招抚流亡,救养颠沛,遗民稍稍归复"[⑥];舒城县令邹原方"招徕流亡,抚恤凋敝,民赖以安"[⑦];庐江知县伍塾"开设县治,招抚流亡"[⑧];无为知州唐元"招抚士民,劳来有序,深得民

---

① 《明太祖宝训》卷四《仁政》,中国台北中央研究院历史语言研究所校印本,1962年。
② [清]冯煦等纂修:光绪《凤阳府志》卷五《帝语篇七》,清光绪三十四年(1908)木活字本。
③ 《明太祖宝训》卷四《仁政》,中国台北中央研究院历史语言研究所校印本,1962年。
④ 《明太祖实录》卷五三,洪武三年六月丁丑条,中国台北中央研究院历史语言研究所校印本,1962年。
⑤ 参见[明]闻人诠等纂修:嘉靖《南畿志》卷十《郡县志七·宦迹》,明嘉靖十三年(1534)刊本。
⑥ [明]刘节等纂修:正德《颍州志》卷四《名宦》,明正德六年(1511)刻本。
⑦ [清]张祥云等纂修:嘉庆《庐州府志》卷二五《名宦下》,清嘉庆八年(1803)刻本。
⑧ 嘉靖《南畿志》卷三八《郡县志三十五·宦迹》,明嘉靖十三年(1534)刊本。

心"①。各地地方官员都能采取各种措施招抚流亡,促使农民重新回归土地,这有利于荒地的开垦和农业的振兴。

不过,流民归业不等于土地一定会长期被开垦。若让刚刚被招抚的流民长期固着于土地,勤于耕作,还需要一整套的鼓励垦荒之策。

首先,明初统治者专门颁布法令,听民复垦,承认农民对复垦荒地的所有权。洪武元年(1368),诏谕天下:"州郡人民,因兵乱逃避地方,田产已归于有力之家,其耕垦成熟者,听为己业;若还乡复业者,有司于旁近荒田内如数给与耕种。其余荒田,亦许民垦辟为己业"②。洪武三年六月,将苏、松、嘉、湖、杭五府人民迁往临濠开种时,又再次明确了"以所种田为己业"③的规定,承认农民对复垦荒地的所有权,解除了农民开垦荒地的顾虑,激发了农民开垦荒地的积极性。据史料记载,明初的这一政策得到了安徽地方官的大力贯彻,如商宾以吏科给事中改知铜陵县,"疏请听民开垦荒田,民无不业者"④。现存的永乐四年(1406)徽州府祁门县谢能静、李胜舟垦荒帖文,即能说明这一点。

> 徽州府祁门县永乐四年四月十一日,据西都里长谢齐受申奉帖文,为开垦事,申乞得此,案照先为前事,已行体勘去后。今据见申,既已不系有额田土,拟合准令开耕,为此侯县令开前去,文书到日,仰照各人所告田亩,如法尽力开耕,永为己业。候三年后收科,仍将该科税粮依期送纳毋违。须至帖者。
>
> 一户谢能静、李胜舟开田肆亩,麦捌升伍合陆勺、米贰斗壹升肆合。
>
> 唐字四百六十八号,土名李家庄,内取田贰亩,东、西、南至山,北至田。

① 嘉庆《庐州府志》卷二五《名宦下》,清嘉庆八年(1803)刻本。

② 《明太祖实录》卷三四,洪武元年八月己卯条,中国台北中央研究院历史语言研究所校印本,1962年。

③ 《明太祖实录》卷五三,洪武三年六月辛巳条,中国台北中央研究院历史语言研究所校印本,1962年。

④ [明]李贤等纂修:《大明一统志》卷一六《池州府·名宦》,明天顺五年(1461)刊本。

唐字二百四十一号,土名清,内取田壹亩,东至山,西至坑,南北至田。

唐字二百四十二号,土名清,内取田一亩,东至山,西至坑,南北至田。

右帖下告人谢能静、李胜舟。准此。

永乐四年四月十一日

对同。开垦事。

帖(押)。①

这类土地垦荒文书在徽州文书中还有多件。从这份文书中可以看出,所垦的土地"永为己业","候三年后收科",说明明初对垦荒的奖励都落到实处。

其次,统治者给垦荒者以必要的资助。听民复垦,农民有了开垦荒地的动力,但战乱中元气大伤的贫苦农民显然无法购置开垦荒地所需要的生产资料,若不解决好这一问题,荒地复垦也就成了纸上谈兵。于是,明初王朝实行了由政府提供耕牛、种子、衣食的优惠措施,以奖励垦荒者。如明太祖"以北平、山东、河南累年经兵,民缺耕牛,特命工部于直隶凤阳、淮安等处以官牛给之。"②

再次,计亩授田,抑制兼并。明初荒土甚多,地方豪强多乘机肆意占田,这极不利于统治者鼓励垦荒政策的实施。因此,锄强扶弱,整顿农村秩序,就成了明统治者巩固复垦成果的重要一环。如洪武初,任庐州府推官的苏敏,"刑清政举,进知府八载,境内肃然"。③宣德十年(1435)以御史出知庐州的揭稽,刚正明决,任事果敢,"先是永乐中迁齐藩于庐,王素骄悍,卫士攫夺民物,为郡害,稽力奏移之建康,民乃宁"。④ 打击豪强,抑制兼并,政治清明,还需法律的保障。因此,在洪

---

① 《永乐四年祁门谢能静、李胜舟垦荒帖文》,王钰欣、周绍泉主编:《徽州千年契约文书·宋元明编》第1卷,石家庄:花山文艺出版社,1995年。

② 《明太宗实录》卷一一,洪武三十五年八月甲寅条,中国台北中央研究院历史语言研究所校印本,1962年。

③ 嘉庆《庐州府志》卷二四《名宦中》,清嘉庆八年(1803)刻本。

④ 嘉庆《庐州府志》卷二四《名宦中》,清嘉庆八年(1803)刻本。

武四年(1371),朱元璋虑及"兵革之后,中原民多流亡,临濠地多闲弃,有力者遂得兼并焉",特谕中书省臣:"古者井田之法,计口而授,故民无不授田之家。今临濠之田,连疆接壤,耕者亦宜量其丁力,计亩给之,使贫者有所资,富者不得兼并。若兼并之徒多占田以为己业,而转令贫民佃种者,罪之。"①这条谕旨的颁布,是一种计亩授田和打击豪强兼并的恩威并施之策,对于荒地的复垦有很大的保障和促进作用。

二、调配劳力,移民填实

元末明初的安徽是兵兴的主战场,战火连年导致安徽各地人丁丧亡。据史料记载,元末"山东西,河南北,淮左右皆为寇壤,城郭丘墟,积骸如山";元末的"青军","党众暴悍,专事剽劫,由含山、全椒转掠六合、天长,至扬州,人皆苦之"。②战争对社会的直接破坏是造成大量人口的或死或徙,劳动力锐减,社会生产能力也就急剧下降,农业经济几乎陷于崩溃的境地。如颍州属太和县自元末韩林儿、刘福通起兵后,"死亡殆尽,其存户不过二百"③,若以每户5口人计,太和遭战争屠戮后,人口仅存千人左右。州属颍上县民间流传有元军血洗颍上的种种传闻,如县东北有7里叶家,指7里路远仅叶姓幸免;县西有7户营,指县西境只有7户余生;县东有藕塘陈家,指陈姓遭屠戮后,只1人躲于藕塘荷叶下死里逃生,后繁衍为一族。④ 凤阳府,在洪武初年也仅有土著3342户、16710口。⑤ 滁州、和州一带,更因人户逃亡过甚,不得不省县并州,如来安"时兵戈之余,民无百户,较其所入,不能周官吏之俸",于是洪武初年任来安主簿的朱模,向朝廷建言以来安并入清流县,最后得到了朝廷的批准。⑥ 与淮南、淮北地广人稀局面形成鲜明对比的是遭受战乱影响较小的广大江南地区,劳力充足,人多地少的

---

① 《明太祖实录》卷六二,洪武三年四月壬寅条,中国台北中央研究院历史语言研究所校印本,1962年。

② 《明太祖实录》卷五,丁酉年十月甲申条,中国台北中央研究院历史语言研究所校印本,1962年。

③ 丁炳烺等纂修:民国《太和县志》卷七《秩官制》,民国十四年(1925)排印本。

④ 颍上县地方志编纂委员会编:《颍上县志》,黄山书社1995年版,第80页。

⑤ 天启《凤阳新书》卷三《年表五卷》,明天启元年(1621)刻本。

⑥ [明]李懋桧等纂修:万历《六安州志》卷六《列传·名宦》,明万历十二年(1584)刊本。

矛盾十分突出。

战争的摧残,人口的大量流失,造成劳力失衡和短缺,有必要对全国劳动人口进行组合,使之安于田亩。为调剂安徽劳力的不足,明初统治者采取了大规模移民填实的措施。明初安徽移民主要集中在凤阳府、安庆府、庐州府、和州、滁州。据今人研究,洪武间,凤阳府接受移民总数约为50万人,安庆府为33万人,庐州府为30万人,和州为1.5万人,滁州为2万人,滁州卫1.5万人。[1]

凤阳府是明初官府组织的大规模移民的重要流向地。早在元至正二十七年(1367),朱元璋为吴王时就曾"徙苏州富民实濠州"。[2] 同年十二月,"徙方氏官属刘庸等二百余人居濠州"。[3] 这时迁入的主要是张士诚和方国珍的支持者。洪武三年(1370)六月,朱元璋又谕中书省将苏、松、嘉、湖、杭五府人民无田产者迁往临濠,"徙者凡四千余户"。[4] 洪武四年至洪武十年(1371—1377)间,"复徙江南民十四万于凤阳"。[5] 洪武六年(1373)冬十月,朱元璋又命指挥江文迁移山西弘州、蔚州、定安、武朔、天城、白登、东胜、丰州、云内等州县之民居于中立府,共计8238户,39349口,"官给驴牛车辆,户赐钱三千六百及盐布衣衾有差。"[6]洪武九年(1376)十一月,又"徙山西及真定民无产业者于凤阳屯田。"[7]洪武十五年(1382)九月,复迁广东番禺、东莞、增城降民24400余人于泗州屯田。[8] 洪武十六年九月,广东清远县瑶族起

① 葛剑雄等著:《简明中国移民史》,福建人民出版社1993年版,第331—346页。
② 《明太祖实录》卷二六,吴元年冬十月条,中国台北中央研究院历史语言研究所校印本,1962年。
③ 《明太祖实录》卷二八,吴元年冬十二月条,中国台北中央研究院历史语言研究所校印本,1962年。
④ 《明太祖实录》卷五三,洪武三年六月辛巳条,中国台北中央研究院历史语言研究所校印本,1962年。
⑤ [清]张廷玉等修撰:《明史》卷七七《食货一·户口》;卷一二七《李善长传》,中华书局1974年版。
⑥ 《明太祖实录》卷八五,洪武六年冬十月丙子条,中国台北中央研究院历史语言研究所校印本,1962年。
⑦ 《明太祖实录》卷一一〇,洪武九年十一月戊子条,中国台北中央研究院历史语言研究所校印本,1962年。
⑧ 《明太祖实录》卷一四八,洪武十五年九月条,中国台北中央研究院历史语言研究所校印本,1962年。

义,都指挥使王臻率兵讨之,降民 1307 人"发泗州屯田"。① 洪武二十二年(1389)夏四月,"命杭、湖、温、台、苏、松诸郡民无田者许令往淮河迤南滁、和等处就耕。"②就以上几次移民统计,明初移往凤阳屯田的民户约有 20 多万,占洪武二十六年(1393)凤阳府总人口的一半左右。③ 据天启《凤书》记载,凤阳县在洪武初年共辖 3 坊 5 乡 31 图,其中 23 个图是外来之民,只有 8 个图是土著居民户,④移民是土著居民的将近 3 倍。

明初还创立了迁徙罪犯前往安徽凤阳地区屯田的制度。洪武五年春正月,明太祖诏曰:"今后犯罪当谪两广充军者,俱发临濠屯田。"⑤洪武八年二月,明太祖又谕刑部:"免杂犯死罪输作终身,徙流罪限年输作。吏犯赃,谪凤阳屯种,民犯流罪,凤阳输作一年,然后屯种。"⑥洪武九年,"时官吏有罪者,笞以上悉谪屯凤阳,至万数"。⑦

除了大规模的移民凤阳以外,安庆、池州地区由政府组织的或民间自发式移民也有不少。如洪武二年明太祖曾命将江西饶州府鄱阳、乐平诸县的民户移往宿松。⑧ 希拉里·J.比阿蒂在对安庆府桐城县的人口由来做了研究后,指出:元末战争"这种长期的动乱导致了长江两岸人口的再分配,尽管没有文献记载,然而,明代一场旨在开发的运动确确实实发生了。我们有可能追溯这个时期迁至桐城及周围县份的主要人口迁移,而且未必只根据某个孤证。"接着,他援引桐城近代学者马其昶的话说:"我们这个地区的大部分氏族都是元明之际从其他地方迁入的。"此外,他还根据对在日本和美国搜集到的 63 种桐城

① 《明太祖实录》卷一五六,洪武十六年九月己未条,中国台北中央研究院历史语言研究所校印本,1962 年。

② 《明太祖实录》卷一九六,洪武二十二年夏四月己亥条,中国台北中央研究院历史语言研究所校印本,1962 年。

③ [明]申时行等修撰:《明会典》卷一九《户部六·户口总数》,中华书局 1989 年版。

④ 天启《凤阳新书》卷四《赋役篇第二》,明天启元年(1621)刻本。

⑤ 《明太祖实录》卷七一,洪武五年春正月壬子条,中国台北中央研究院历史语言研究所校印本,1962 年。

⑥ 《国榷》卷六,洪武八年二月甲午条,中华书局 1958 年版,第 517 页。

⑦ 《明史》卷一三九《韩宜可传》,中华书局 1974 年版。

⑧ [清]陈梦雷编纂:《古今图书集成·方舆汇编·职方典》卷七八六《安庆府部纪事》,中华书局影印本,1934 年。

县族谱的研究,指出"20%以上的氏族始祖来自(鄱阳)瓦屑坝这个村庄,并且有差不多比例的氏族来自鄱阳县其他地方"。元末明初以前的桐城氏族只有两个,一为方氏,一为姚氏,他们的祖先分别于宋代和元代中期迁入。[1] 曹树基先生在此基础上,对搜集到的 36 种潜山、怀宁、桐城等安庆府属县的族谱进行了统计分析,认为迁自瓦屑坝和鄱阳的家族为 18 个,占 50%。这 36 个家族中,其中 27 族自元末明初迁来,占 75%。另外,他还对民国《宿松县志》卷七《氏族表》所记载的 256 个氏族的迁入情况作了细致梳理,确定有可查的迁入时间和原籍的有 213 个氏族,忽略明初以后迁入的氏族不论,还有 182 个氏族。在 182 个氏族中,来自江西饶州的达 82 个,占 45%,明初迁入的有 160 族,占明初家族总数的 87.9%。宿松明初迁来的移民除了饶州(治今波阳)以外,还有的来自九江、南康(治今星子县)和南昌市。也有少量的是由徽州和安徽其他地区迁来。据此,他还推知安庆府同期移民占总人口的 75% ~80%,移民总数约为 32.6 万人。其中,江西移民占 87%,约为 28.3 万;安徽移民仅占 6%,约 2 万,余为其他。安庆卫的军籍人口有可能来自江西或其他省,如是,江西籍的移民约为 27 万。可以说,洪武年间的外来移民重建了安庆府的人口。用类比的方法研究的结果是,与安庆隔江相对的池州府元末明初战后的人口补充也是多来自江西。[2]

移民填实政策的实施,促进了明初安徽各地人力资源的开发和重新调配,使安徽人口历经战乱后开始稳定增长,为地广人稀的皖北补充了足够的劳动力,进而为迁入地的农业生产恢复和发展奠定了基础。

三、蠲免赋役,休养生息

赋役负担过重,历来是农民逃亡、社会矛盾激化、经济衰退的一个

① Beattie, Hilary J. 1979. Land and Lineage in China: A Study of Tung – ch'ing County, Anhwei, in the Ming and Ch'ing Dynasties. Cambridge, Eng: Cambridge University Press.
② 曹树基:《元末明初安庆、池州移民资料汇编》,汪军主编:《皖江文化与近世中国——京剧、近代工业和新文化的源头》,合肥工业大学出版社 2004 年版,第 34 页。

重要因素。为迅速恢复和发展残破的安徽社会经济,明统治者在安徽各地采取了蠲免赋役、休养生息的政策。在有关明初安徽的正史、实录、地方志记载中,经常出现"薄赋省刑"、"轻徭薄赋"、"均定赋役"、"蠲宿赋,去横敛"之类的记载。明初统治者对安徽各地的赋役蠲免,主要有以下几个方面:

其一,为收买和稳定人心,对饱受元末明初战乱摧残或者对朱元璋集团的崛起和发展作出过牺牲和贡献的府州县人民,进行税粮徭役的蠲免。蠲免的主要地区是凤阳、临淮二县和太平、宁国、广德、滁州、和州等府州。

吴元年(1367),朱元璋说:"太平、应天、宣城诸郡乃吾渡江开创之地,供亿先劳之民,其有租赋,宜与量免,少苏民力。"于是,免除了太平府租赋二年,应天、宣城的租赋一年。① 洪武三年(1370),朱元璋又说:"其应天、太平、镇江、宁国、广德、滁州、和州,朕兴师渡江时资此数郡以充国用,致平定四方。朕念其勤劳,未尝忘之。仍免今年夏秋税粮。"②洪武五年(1372)"蠲免应天、太平、镇江、宁国、广德五府秋粮"。对此,朱元璋下诏说:"朕乘群雄鼎沸之时,率众渡江,定都建业,十有八年。其间高城垒、深壕堑、军需造作凡百供给,皆尔近京五府之民率先效力,济我时艰,民力烦甚,朕念不忘。天下一统今五年矣,虽尝蠲其四岁租税,然犹未足以报前劳。是用申饬有司,其应天、太平、镇江、宁国、广德五府今年合征秋粮,除粮长顽狡不盖仓及科敛困民者,本户之粮不免外,其余尽行蠲免。"③此后,洪武十一年(1378)、洪武十三年(1380)、洪武十七年(1384)、洪武十八年(1385)都对以上五府进行了恩蠲,而且,蠲免的理由相同。到了洪武二十四年(1391),朱元璋对应

---

① 《明太祖实录》卷二二,吴元年正月戊寅条,中国台北中央研究院历史语言研究所校印本,1962年。

② 《明太祖实录》卷五〇,洪武三年三月庚寅条,中国台北中央研究院历史语言研究所校印本,1962年。

③ 《明太祖实录》卷七六,洪武五年九月乙巳条,中国台北中央研究院历史语言研究所校印本,1962年。

天、太平、镇江、宁国、广德五府的税粮还是减半征之。① 洪武二十八年（1395）再次免五府秋粮。② 洪武二十九年（1396）再次免五府田租。其蠲免理由如以前一样。③ 从以上史实中可以看到，洪武年间对以上五府的税粮基本上未予征收，一概蠲免。之所以要蠲免，朱元璋的理由是：以上各府在朱元璋建国前，对其军事斗争给予了物质上的支持，对朱明王朝的建立做出了突出贡献。

明代的凤阳、临淮二县是"龙飞之地"，又是皇陵所在，被称为国家"根本重地"。明代又在凤阳建中都，凤阳、临淮长时间被作为中都附郭，种种原因使两县在有明一代受特殊对待。吴元年，朱元璋就下诏曰："予本布衣，因天下大乱，集众渡江。抚定江左十有三年。而中原之民流离颠沛，尚无所归。……今特命中书省：凡徐、宿、濠、泗、寿、邳、东海、安东、襄阳、安陆郡县，及今后新附土地人民桑麻谷粟税粮徭役，令有司尽行蠲免三年。"据史料记载，明初对凤阳、临淮二县土著居民的赋役予以全部蠲免。《明实录》洪武十六年三月丙寅条："上谓户部臣曰：凤阳，朕故乡，皇陵在焉，昔汉高帝生于丰，起于沛，既成帝业，而丰沛之民终汉受惠。朕今永免凤阳、临淮二县税粮徭役。宜榜谕其民，使知朕意。"④《凤书》卷五记洪武十六年三月十六日事：

> 户部尚书郁新等于奉天门早朝，钦奉圣旨：凤阳实朕乡里，陵寝在焉，昔汉高皇帝丰县生，沛县长，后得了天下，免其丰、沛二县之民粮差。今凤阳、临淮二县之民虽不同我乡社，同钟离一邑之民。朕起自临濠，以全乡曲。凤阳府有福的来做我父母官，那老的们生在我这块土上，永不课征。

① 《明太祖实录》卷二一〇，洪武二十四年七月丙戌条，中国台北中央研究院历史语言研究所校印本，1962年。
② 《明太祖实录》卷二四一，洪武二十八年九月壬辰条，中国台北中央研究院历史语言研究所校印本，1962年。
③ 《明太祖实录》卷二四六，洪武二十九年五月丁巳条，中国台北中央研究院历史语言研究所校印本，1962年。
④ 《明太祖实录》卷二三，吴元年夏四月条，中国台北中央研究院历史语言研究所校印本，1962年。

必须指出,朱元璋免赋役的对象并非整个凤阳府的百姓,而是仅指凤阳、临淮的土著居民,并不包括明初迁来的大量移民。

其二,为了鼓励皖北地区荒闲地的大量开垦,而对复垦之民进行有限度的赋役减免。明廷规定:凡军民屯田,无力自备耕牛农具的,由官资助,亩税十五(十分之五);有力自备的,亩税十三(十分之三)。① 又诏"陕西、河南、山东、北平等布政司,及凤阳、淮安、扬州、庐州等府民闲田土,许尽力开垦,有司毋得起科"。② 洪武十三年,"令各处荒闲田地,许诸人开垦,永为己业,俱免杂泛差徭,三年后并依民田起科"。又诏"陕西、河南、山东、北平等布政司,及凤阳、淮安、扬州、庐州等府民闲田土,许尽力开垦,有司毋得起科"。③ 洪武二十八年(1395),又宣布自洪武二十七年以后,所有新垦田地,不论多寡,俱不起科,"若有司增科扰害者,罪之。"④安徽凤阳、庐州、安庆、滁州、和州等地是明初移民屯垦、听民复垦的重点地区,这种奖励垦荒的赋役减免政策,无疑大大促进了农业经济的恢复,一定程度上也缓和了社会矛盾。

其三,针对赋役不均的现象,地方官勉力均定赋役,这对原先赋役负担过重之民来说,无疑也是一种减轻赋役的政策。如洪武初,赵好德任安庆知府,"时草创之初,修理公宇,均定赋役,民咸便之。"⑤孙衍知宿松县时,"田地多荒而出有常赋,衍奏免之。"⑥太平府知府李习,"均平徭役,民受其惠。"⑦洪武二十五年,孟常由石埭调至建德任知县,"时邑多逋租,累岁无征,为之樽节区划,以纾民力。赋法仍元旧,有重困者,力请于朝更定其制,减税额以万计。"⑧永乐年间,太平知府徐敬"不宽不猛,均徭役。"⑨成化九年(1473)为庐江县令的刘绅,"节

① 《明史》卷七七《食货志一·田制》,中国北京中华书局,1974 年。

② [明]申时行等修撰:《明会典》卷一七《户部四·田土》,中华书局 1989 年版。

③ 同上。

④ 《明太祖实录》卷二四三,洪武二十八年十一月壬辰条,中国台北中央研究院历史语言研究所校印本,1962 年。

⑤ [明]李贤等纂修:《大明一统志》卷一四《安庆府·名宦》,明天顺五年(1461)刊本。

⑥ 同上。

⑦ 《大明一统志》卷一五《太平府·名宦》,明天顺五年(1461)刊本。

⑧ [清]张赞巽等纂修:宣统《建德县志》卷一五《人物志五·循吏传》,清宣统二年(1910)铅印本。

⑨ 《大明一统志》卷一五《太平府·名宦》,明天顺五年(1461)刊本。

劳费,惠贫穷,薄赋省刑。"①成化十一年(1475)知天长县的李尚达,"廉明慈爱,轻徭薄赋,视百姓犹恐有伤"。② 弘治初,刘镒出任六安知州,"值岁饥流徙踵接,乃蠲宿负,去横敛,民产亡而税存者,悉去之,闻而复业者甚众"。③

其四,灾荒频仍直接威胁到农业再生产的顺利进行,对农业生产的危害极大,因此,明王朝每遇灾害之年都要进行赋役减免。所谓"水旱灾伤,是为急务"。④ 明太祖规定:"凡四方水旱,辄免税。丰年无灾伤,亦择地瘠民贫者优免之。凡岁灾,尽蠲二税,且贷以米,甚者赐米布。"⑤明初安徽的地方官对这一恤民惠民的政策,也多奉之唯谨。如成化十八年,程文出知舒城县,"练达吏治","灾伤为舒民恳免岁办"。⑥ 成化间,刘珩任望江知县,"遇有灾伤,辄便申奏,民咸感之"。⑦

自明初到成化十五年(1479),明代的灾蠲数额基本上处于随意性决定之中。这期间的灾蠲有时是将附着在土地上的赋税全部免除,有时对灾区的蠲免数额又少得可怜。只是到了成化十九年,《明会典》记"凤阳等府被灾,秋田粮以十分为率,减免三分",这才使灾蠲的具体数额有了一个确切的制度上的规定。万历《明会典》卷十七中弘治三年(1490)的"事例"如下:

> 灾伤应免粮草事例:全灾者免七分、九分者免六分、八分者免五分、七分者免四分、六分者免三分、五分者免二分、四分者免一分。

按照这个事例,弘治以后,即便是受灾最为严重的地区,也不可能

① 嘉庆《庐州府志》卷二五《名宦下》,清嘉庆八年(1803)刻本。
② [明]邵时敏等纂修:嘉靖《皇明天长志》卷二《人物志·皇明名宦列传》,明嘉靖二十九年(1550)刻本。
③ [明]李懋桧等纂修:万历《六安州志》卷六《列传·名宦》,明万历十二年(1584)刊本。
④ [明]朱元璋:《御制大诰·水灾不实第三十二》,张德信、毛佩琦主编:《洪武御制全书》,黄山书社1995年版,第763页。
⑤ 《明史》卷七八《食货志》,中华书局1974年版。
⑥ 嘉庆《庐州府志》卷二五《名宦下》,清嘉庆八年(1803)刻本。
⑦ [明]罗希益等纂修:万历《望江县志》卷三《职官志·名宦传》,明万历二十二年(1594)刻本。

得到赋税全免的恩遇。尽管如此,这个规定将应免的份额与受灾严重程度挂起钩来,根据受灾的具体情况,决定蠲免的比例,这是明代灾蠲由随意性向合理性转变的一个重要的转折点。这是中国古代荒政发展史上的一件大事。《明史·食货志》亦云:"洪武时勘灾既实,尽与蠲免。弘治中,始定全灾免七分,自九分灾以下递减。又止免存留,不免起运,后遂为永制云。"这也是明代灾蠲制度走向完善化过程中的一个标志。

四、兴修水利,防治灾害

在传统农业社会,水利是农业的命脉,水利建设是农业生产的一个重要组成部分,发达的水利事业是农业生产得以恢复和繁荣的基础。同时,水利还是有效防治水旱灾害的重要工程措施,"兴水利以备旱荒","岁事无常稔,旱荒居多。荒政非一端,水利为急",[①]"救荒不如讲水利"。[②]

鉴于此,明初朱元璋十分重视兴修水利。早在至正十八年(1358),朱元璋就任命康茂才为营田使,负责农田水利建设,"修筑堤防,专掌水利"。[③] 明王朝建立后,规定各地方官吏,"所在有司,民以水利条上者,即陈奏"。[④] 对那些不重视水利事业的官吏,则加以处罚。洪武二十六年(1393),"定凡各处闸、坝、陂、池引水可灌田亩以利农民者,务要时常整理疏浚;如有河水横流泛滥,损坏房屋、田地、禾稼者,须要设法堤防止遏,或所司呈禀,或人民告诉,即便定夺奏闻。"[⑤]洪武二十七年(1394),"遣国子生及人才,分诣天下郡县,督修水利",并谕之曰:"朕尝令天下修治水利,有司不以时奉行,致令民受其患。今遣尔等往各郡县,集吏民,乘农隙,相其宜。凡陂塘湖堰可潴畜以备旱

① [明]徐恪:《地方五事疏》,[明]陈子龙编:《明经世文编》卷八二,中华书局1962年版,第725页。

② [明]潘潢:《覆积谷疏》,[明]陈子龙编:《明经世文编》卷一九七,中华书局1962年版,第2037页。

③ 《明太祖实录》卷六,戊戌二月乙亥条,中国台北中央研究院历史语言研究所校印本,1962年。

④ 《明史》卷八八《河渠六·直省水利》,中华书局1974年版。

⑤ [明]徐学聚编纂:《国朝典汇》卷一九一《水利》,中国台北学生书局影印本,1965年。

暵、宜泄以防霖潦者,皆宜因其地势修治之。"①明太祖所采取的这些措施,掀起了明王朝开国后水利建设的一个新高潮,对于促进明初安徽的水利建设也有着十分重要的意义。

洪武一朝,安徽各地水利建设的成就极为显著。在颍州,洪武二十五年(1392),游坨出任颍州判官,"勤能爱民,修筑清波塘,民利之"。②在寿州霍邱县南 30 里处有枣林塘,俗呼为官塘,为洪武十七年修;③该县东 35 里处,还有一面无溪塘,周围 7 里,可灌田 100 亩,系洪武二十年修治。④在安庆府,所属 6 县在洪武二十七、二十八两年就兴修了许多水利工程。如怀宁,明洪武二十八年贺旭奉工部札子开有 3 塘 1 堰 1 陂;⑤桐城,洪武二十七年张敬先开挖有 10 塘 1 堰,洪武末知县故俨又开 1 陂,⑥"凿桐陂水,溉田为民利";⑦宿松,洪武二十八年孙勉开有沙陂等 13 塘;⑧太湖,洪武二十七年监生李顺开有清水等 5 塘 6 堰;⑨潜山,洪武二十八年(1395)监生姚敏就开有 7 塘 22 堰 6 陂,并重修旧有吴塘、乌石 2 陂;⑩望江,也是挖塘"以潴不足",洪武年间张文显、檀兴儿开有苏家等 26 塘 1 堰。⑪在和州,洪武元年李相出知和州,组织民众修浚铜城闸及东门石闸,"未几,二闸皆成,时其启闭,以禁旱涝。堰堤周回二百余里,田得常稔。"⑫在天长县,有高脊塘、万安塘等塘 12 面,皆洪武时期所凿,"以溉塘下之田,利近塘之民者"。⑬在池州府,贵池查村堰在城西南 150 里,受狮龙山泉及北山、西岩诸溪水,灌田 1300 余亩。洪武时,知府赵安巡行,古沟淤浅者,浚之;曲防者,

---

① [明]徐学聚编纂:《国朝典汇》卷一九一《水利》,中国台北学生书局影印本,1965 年。
② [明]刘节等纂修:正德《颍州志》卷四《名宦》,明正德六年(1511)刻本。
③ [明]栗永禄等纂修:嘉靖《寿州志》卷二《山川纪·陂塘》,明嘉靖二十九年(1550)刊本。
④ 嘉靖《寿州志》卷二《山川纪·陂塘》,明嘉靖二十九年(1550)刊本。
⑤ [明]胡缵宗等纂修:正德《安庆府志》卷一五《沟洫志第五上》,四库全书存目丛书本。
⑥ 同上。
⑦ [清]张廷玉等修撰:《明史》卷一四七《胡俨传》,中华书局 1974 年版。
⑧ 正德《安庆府志》卷一五《沟洫志第五上》,四库全书存目丛书本。
⑨ 同上。
⑩ 同上。
⑪ 同上。
⑫ 《明太祖实录》卷三二,洪武元年五月戊辰条,中国台北中央研究院历史语言研究所校印本,1962 年。
⑬ [明]邵时敏等纂修:嘉靖《皇明天长志》卷一《地舆志·山川》,明嘉靖二十九年(1550)刻本。

撤之。田分为上、中、下三段,灌则先下段,次中段,次上段,豪强专利者罚。岁赖以登";①青阳县有陂塘在县西南九华祠前,洪武朝知县张文昱修。② 宁国府在洪武"时水利未修,旱潦继作",知府陈灌"乃增筑圩岸,伐石为斗门,以时蓄泄,田得无患";③府所属宣城县玉粒塘,为洪武初年仲由隆所修筑,灌田可数顷;④宣城拆山有铜坑坝,引水入官坪,灌田可数十里,始筑于宋学谕徐光远,"河流寻湮,洪武间知府杨观令光远孙宗文别开新河,以通之。宗文复相地高卑,多筑小坝,以达下流,水利遂溥";张家湾有新埝坝,创始于洪武间,知县王文质命里人刘勉修之,上接铜坑坝,以通灌溉。⑤ 在广德州,明初陈让同知广德州事,"浚民塘三千亩,以利灌溉,民甚赖之"。⑥ 在徽州府,洪武初,蔡美知绩溪县,见县城南田千余亩,旱则无获,乃"召耆老相视水源,于上三里乳溪口筑堨凿渠,引水灌田,遂得常稔,民甚利之。"⑦另外,还有新田堨、荆堨、金竹堨、丰堨等在七都,于洪武元年(1368)洪庆仁开凿,"乡人德之,听其子孙取水灌溉,勿助工役,以示不忘"。⑧ 永丰新堨,洪武年间民人胡寿卿承檄凿,"溉田三千余亩"。⑨

明太祖重视水利兴修的政策为后继者所继承。如永乐二年(1404),太平府当涂县沿江一带因雨水浸淫,决堤伤稼,工部请求派人相度修筑,成祖不仅立即批复,赞同实施,并云:"沿江低洼之处,非止当涂一县,霖潦伤稼必多,宜分遣官乘船往视。"⑩宣德四年(1429),针对一些地方官员懈怠水利兴修,宣宗特谕工部尚书吴中说:"陂池堤堰,民赖其利。外无贤守令举其政,尔宜申饬郡县,务及时修浚,慢令

① [明]王崇等纂修:嘉靖《池州府志》卷一《舆地篇·水利》,明嘉靖二十四年(1545)刊本。
② 同上。
③ [明]黎晨等纂修:嘉靖《宁国府志》卷八《人文纪上》,明嘉靖十五年(1536)刊本。
④ 嘉靖《宁国府志》卷五《表镇纪》,明嘉靖十五年(1536)刊本。
⑤ 同上。
⑥ [明]闻人诠等纂修:嘉靖《南畿志》卷五八《郡县志五十五·宦迹》,明嘉靖十三年(1534)刊本。
⑦ [明]彭泽等纂修:弘治《徽州府志》卷四《名宦》,明弘治间(1488—1505)刻本。
⑧ 弘治《徽州府志》卷十《水利》,明弘治间(1488—1505)刻本。
⑨ 同上。
⑩ 《明太宗实录》卷二九,永乐二年五月戊辰条,中国台北中央研究院历史语言研究所校印本,1962年。

者罪之"。① 正统二年（1437）又根据南京户部的奏请，再次明确了洪武时期有关水利建设的一些规定。同年七月，"以秋成时月，命直隶并各布政使司所属府、州、县官修筑圩岸，疏浚陂塘，以便农作。仍具已修数目缴报，候考满日凭以黜陟。各按察司、巡按御史巡视，有怠事科害者治罪。"② 将水利治绩作为考核政绩的一个标准，无疑会大大激发广大地方官员兴修水利的积极性。

因此，从永乐登基（1403）到弘治朝（1488—1505），安徽各地水利建设依然不断。在凤阳府，成化年间凤阳县有塘8，临淮县有堰1塘31，定远县有塘20，怀远县有堰1塘8，泗州有塘18，天长县有塘12，霍邱县有塘4。③ 在凤阳府属寿州，陂塘建设的历史悠久，早在春秋时期，楚相孙叔敖就在此修过著名的安丰塘，亦称芍陂。自孙叔敖创始以后，历代皆有修筑。永乐年间户部尚书邝埜曾督夫2万修浚。④ 永乐十一年（1413）八月，因潦水坏寿州安丰塘堤岸，命趁农隙修之，⑤ 次年九月，复"修凤阳安丰塘水门十六座及牛角坝至新仓铺倾塌堤岸万三千五百余丈"。⑥ "正统以来，履有奸民辄截上流利己，陂流遂淤"，顽民占种日增，陂面迅速缩小。成化元年（1465）守备凤阳的白玉，"尝修复芍陂兴水，至今军民思慕"。⑦ 成化二年，修寿州安丰塘。⑧ 成化十九年（1483），巡按御史魏章委任指挥戈都修治芍陂，"修堤堰，浚其上流，疏其水门，甃石闸"。⑨ 在天长县，永乐十一年冬十月，"修凤

① 《明宣宗实录》卷五四，宣德四年五月乙丑条，中国台北中央研究院历史语言研究所校印本，1962年。

② 《明英宗实录》卷三二，正统二年七月戊申条，中国台北中央研究院历史语言研究所校印本，1962年。

③ ［明］柳瑛等纂修：成化《中都志》卷二《山川》，明成化间（1465—1487）刻本。

④ ［明］栗永禄等纂修：嘉靖《寿州志》卷二《山川纪·陂塘》，明嘉靖二十九年（1550）刊本。

⑤ 《明太宗实录》卷一四二，永乐十一年八月己巳条，中国台北中央研究院历史语言研究所校印本，1962年。

⑥ 《明太宗实录》卷一五五，永乐十二年九月辛巳条，中国台北中央研究院历史语言研究所校印本，1962年。

⑦ 成化《中都志》卷六《名宦》，明成化间（1465—1487）刻本。

⑧ 《明宪宗实录》卷二八，成化二年闰三月丁酉条，中国台北中央研究院历史语言研究所校印本，1962年。

⑨ ［清］曾道唯等纂修：光绪《寿州志》卷六《水利》，清光绪十六年（1890）活字本。

阳府天长县福胜、戚家庄二塘"。① 颍州州西 140 里有界沟湖,本黄河水道淤隔成湖,长 30 余里。湖之南 3 里又有一小湖,亦长二三里。成化中,同知刘节"尝督民两开渠泄水,各夷高漶下,多成腴田";州南 100 里有安舟塘,"延袤几六七里,环绕安舟岗东北,转挽以溉土田,民利甚溥",成化十三年(1477),"塘少坏",同知刘节"给饷督民筑之"。② 在安庆府,永乐元年(1403),修安庆府潜山、怀宁二县陂堰圩岸;③四年九月,修安庆府怀宁县斗潭河彭滩等处潦水所冲圩岸。④ 成化二十三年(1487),桐城知县陈勉开 9 塘 1 堰;⑤宿松知县陈恪,在成化七年访得当地父老之意见:"宿松为邑,土薄水浅,加以堤堰失防,十日晴则告旱,五日雨已相戒为溢,故民无盖藏,而贫瘠为甚",于是便"令民于农事之隙,淤者浚之,圮者筑之,总成堤堰共六百有奇。以故水有蓄泄,而旱涝不得为患";⑥弘治年间,宿松县令施博筑惠民堰、清同堰,"溉田甚多,居民立约,限时刻放水"。⑦ 在庐州府,永乐三年冬十月,修无为州周兴等乡及鹰扬卫乌江屯沿江圩岸;⑧宣德年间,刘显知舒城县,"增开水利,民甚德之"。⑨ 永乐元年八月,修和州保大等圩岸、斗门;⑩次年夏四月,修和州含山县崇义等堰;⑪十一月,在和州桃花

① 《明太宗实录》卷一四四,永乐十一年冬十月辛未条,中国台北中央研究院历史语言研究所校印本,1962 年。
② [明]刘节等纂修:正德《颍州志》卷一《山川·陂塘附》,明正德六年(1511)刻本。
③ 《明太宗实录》卷二五,永乐元年十一月丙子条,中国台北中央研究院历史语言研究所校印本,1962 年。
④ 《明太宗实录》卷五九,永乐四年九月庚辰条,中国台北中央研究院历史语言研究所校印本,1962 年。
⑤ [明]胡缵宗等纂修:正德《安庆府志》卷一五《沟洫志第五上》,四库全书存目丛书本。
⑥ [明]黄冀《宿松知县陈恪德政碑一通》,[明]胡缵宗等纂修:正德《安庆府志》卷一六《艺文志五十》,四库全书存目丛书本。
⑦ 张灿奎等纂修:民国《宿松县志》卷二〇《水利志》,民国十年(1921)铅印本。
⑧ 《明太宗实录》卷四七,永乐三年冬十月乙亥条,中国台北中央研究院历史语言研究所校印本,1962 年。
⑨ [明]闻人诠等纂修:嘉靖《南畿志》卷三八《郡县志三十五·宦迹》,明嘉靖十三年(1534)刊本。
⑩ 《明太宗实录》卷二二,永乐元年八月辛亥条,中国台北中央研究院历史语言研究所校印本,1962 年。
⑪ 《明太宗实录》卷三〇,永乐二年夏四月丙子条,中国台北中央研究院历史语言研究所校印本,1962 年。

桥至含山县界,增筑圩埂 30 余里,以防水涝;[①]又修和州铜城闸圩岸 70 余处。[②]宣德八年(1433)三月,因铜城闸年久闸坏,而量起民夫,备材修砌。[③]在池州府,成化二十三年(1487)府属石埭县知县萧环筑萧侯陂,"更筑二沟交流,民乐其业"。[④]在太平府,永乐十一年(1413)春正月,修太平府芜湖县陶辛、政和二圩;[⑤]次年五月,遣人修太平府当涂县慈湖等处濒江堤岸;[⑥]正统六年(1441)七月,因太平府芜湖县陶辛圩东埂边临山,河水深,不能填筑,于是在圩内别筑新埂,以备旱涝。[⑦]在宁国府,永乐四年二月,修筑宣城县境内 19 圩堤岸 2900 余丈;[⑧]八年四月,修宁国府南陵县野塘圩蚌荡坝。[⑨]在徽州府,正统间,张魁知绩溪县,规划筑堨,灌田千余亩;[⑩]天顺间,徽州知府龙晋"开良堨灌田三千余亩,利泽流于民"。[⑪]休宁县东南有尧山,有河自遂安而来,经过百余里而入浙江。此河至休宁县东南,其水甚急,而其河甚阔,其堨之筑始难为,筑成后也屡坏。里人汪志得好义而多才,乃向县府建言改筑程齐二堨。县令信之,委任其为堨长,正统十三年(1448)之秋,"乃帅其众,籍于官,计田亩出财力。先事齐堨,堨成,长四十丈",是冬,修筑程堨,此处其水益下,其流益急,工程难度加大,"始伐石筑之";开

①《明太宗实录》卷三六,永乐二年十一月丙寅条,中国台北中央研究院历史语言研究所校印本,1962 年。

②《明太宗实录》卷三六,永乐二年十一月戊申条,中国台北中央研究院历史语言研究所校印本,1962 年。

③《明宣宗实录》卷一〇〇,宣德八年三月丙子条,中国台北中央研究院历史语言研究所校印本,1962 年。

④ [明]王崇等纂修:嘉靖《池州府志》卷一《舆地篇·水利》,明嘉靖二十四年(1545)刊本。

⑤《明太宗实录》卷一三六,永乐十一年春正月壬辰条,中国台北中央研究院历史语言研究所校印本,1962 年。

⑥《明太宗实录》卷三一,永乐二年五月戊辰条,中国台北中央研究院历史语言研究所校印本,1962 年。

⑦《明英宗实录》卷八一,正统六年七月庚申条,中国台北中央研究院历史语言研究所校印本,1962 年。

⑧《明太宗实录》卷五一,永乐四年二月辛巳条,中国台北中央研究院历史语言研究所校印本,1962 年。

⑨《明太宗实录》卷一〇三,永乐八年夏四月丁巳条,中国台北中央研究院历史语言研究所校印本,1962 年。

⑩ [明]彭泽等纂修:弘治《徽州府志》卷四《名宦》,明弘治间(1488—1505)刻本。

⑪ [明]李贤等纂修:《大明一统志》卷一六《徽州府·名宦》,明天顺五年(1461)刊本。

始于天顺六年（1462）之秋，天顺八年之冬"堨成，长五十丈，广三丈"。"二堨既筑，凡溉田五十顷"。① 新塘，成化八年（1472）胡仕仪捐资开浚 30 余亩，溉田 500 余亩，"一方民受其利"。② 吕堨，成化二十一年（1485）建成，"高下适宜，至今利济"。③

明初统治者对兴修水利的高度重视及其在安徽各地的有力实践，对抗御和减免水旱灾害，推动安徽农业社会经济的恢复和持续发展，都产生了颇为深远的影响。

五、劝课农桑，发展副业

耕织结合，是传统农业社会的重要特征。农人安于田亩，耕不误时；妇女不习游惰，勤于纺绩，是历代王朝治国的重要目标。明初统治者把劝课农桑和兴学、修水利并列，定为地方官临民治民的三大职责。洪武五年（1372），明太祖敕有司"以农桑考课"。洪武八年，又"敕有司不以农桑、学校报者，以违制论。民有不奉天时，负地利者，依律究治"。④ 因此，我们在地方志中，常见明初任职安徽的地方官在劝课农桑方面是恪尽职守，不敢稍有懈怠。如明初贵池知县刘洁，"政暇，巡行郊野，劝课农桑"。⑤ 洪武初徽州知府胡善，"修学校，课农桑，民甚德之"。⑥ 永乐间望江知县马宾有政绩，其最著者是"兴学校，课农桑，筑西圩"；永乐二十二年（1424）知无为州的王仕锡"兴学劝农，修举废坠"，最后因其政绩突出而复任 9 年。⑧ 像这类例子所在多有。

明初统治者为迅速重构被元末战乱所打破的耕桑结合的社会秩序，不仅将劝课农桑纳入各级官吏考绩的目标，而且还对桑麻的种植与副业发展的数量和规模，做出了更为详细的规定。早在 1365 年，朱

① ［明］吴宽：《程齐二堨记》，［明］程敏政等纂修：弘治《休宁志》卷一九，明弘治四年（1491）刊本。
② ［明］汪尚宁等纂修：嘉靖《徽州府志》卷十《水利》，明嘉靖四十五年（1566）刊本。
③ 同上。
④ ［清］陈梦雷编纂：《古今图书集成·经济汇编·食货典》卷二六《农桑部》，中华书局影印本，1934 年。
⑤ 《大明一统志》卷一六《池州府·名宦》，明天顺五年（1461）刊本。
⑥ 同上。
⑦ ［明］罗希益等纂修：万历《望江县志》卷三《职官志·名宦传》，明万历二十二年（1594）刻本。
⑧ ［明］闻人诠等纂修：嘉靖《南畿志》卷三八《郡县志三十五·宦迹》，明嘉靖十三年（1534）刊本。

元璋就下令："凡农民田五亩至十亩者,栽桑、麻、木棉各半亩。十亩以上者,倍之。其田多者,率以是为差。有司亲临督劝惰,不如令者有罚。不种桑使出绢一匹,不种麻及木棉使出麻布、绵布各一匹。"①洪武二十五年(1392),明太祖还诏令:"凤阳、滁州、庐州、和州等处民户种桑、枣、柿各二百株"。② 为进一步发展农副业生产,明太祖命地方官"督民种植桑枣,且授以种植之法,又令益种棉花。率蠲其税,岁终具数以闻"③,并谕令工部行文,"教天下百姓务要多栽桑、枣,每一里种二亩,每一百户内共出人力挑运柴草,以之烧地,耕过再烧。耕烧三遍下种,待秧高三尺,然后分栽,每五尺润一垄"④,"每一户初年二百株,次年四百株,三年六百株。栽植过数目,造册回奏。违者全家发遣充军"⑤。为鼓励农民多栽植桑、枣、麻、柿等经济作物,明统治者在赋税征收方面予以优惠。起初规定:"麻亩征八两,木棉亩四两,栽桑以四年起科"⑥,至洪武二十六年(1393),则规定以后栽种的桑、枣和果树"俱不起科"。⑦

明初统治者所采取的上述养民政策,对安徽各地人力资源的开发和劳动力的合理调配,对巩固已有的垦田成果,防止田地的复荒,乃至减轻水旱灾害对农业的影响以及推动农副业生产的恢复和发展都起了重要的促进作用。

---

① 《明太祖实录》卷一六,乙巳六月乙卯条,中国台北中央研究院历史语言研究所校印本,1962 年。

② 《明太祖实录》卷二二二,洪武二十五年十一月壬寅条,中国台北中央研究院历史语言研究所校印本,1962 年。

③ 《明太祖实录》卷二三二,洪武二十七年三月庚戌条,中国台北中央研究院历史语言研究所校印本,1962 年。

④ [明]曾嘉诰等纂修:嘉靖《尉氏县志》卷二《官政类·仁政》,明嘉靖间(1522—1566)刻本。

⑤ [清]陈梦雷编纂:《古今图书集成·经济汇编·食货典》卷二六《农桑部》,中华书局影印本,1934 年。

⑥ 《明史》卷七八《食货二·赋役》,中华书局 1974 年版。

⑦ 《明太祖实录》卷二四三,洪武二十八年十一月壬辰条,中国台北中央研究院历史语言研究所校印本,1962 年。

第二节 农业生产的恢复和发展

明代前期,在统治者恢复与发展社会经济政策的激励下,经过广大人民的辛勤开垦,安徽各地的农业生产得到迅速的恢复与发展。人口数量上升,垦田面积扩大,粮食产量大幅度提高,农作物品种逐渐增多,生产力有了相当的发展和提高,形成经济暂时的繁荣和社会安定的局面。

一、人口数量的增长

明初官府的大规模的移民和地方官的勉力招徕人口,以及社会的相对安定,使得人口数量急剧增长。从全国来看,天下户口,洪武二十六年(1393)为户 16052860、口 60545812。① 比之元代极盛时,元世祖时的户口,户 11633281、口 53654337,②户增加了 440 多万,口增加了约 700 万。从安徽各地来看,也是人口繁阜,生齿日滋。

凤阳府是明初大规模移民迁入地,故人口增长最快。据统计,洪武时大规模的移民垦田就有 10 多次,军屯人口达 19.5 万人。而洪武时期的凤阳府还有大量的由官府有组织的从各地迁来的大量民屯编民(迁民)。其总人数约有 30 万,占凤阳民人总数的 70%。③ 洪武二十六年,凤阳府户口总数已达 79107 户,427303 口。④ 到成化年间,户数虽然有所下降,为 63040 户,但人口数却有很大的增长,为 464218口。⑤ 弘治四年(1491),户口总数为户 95010,口 931108,⑥与洪武二十六年相比,98 年间户增长 20.1%,新增 15903 户;口增长 117.9%,新

---

① 《明史》卷七七《食货一·户口》,中华书局 1974 年版。

② [明]宋濂等修撰:《元史》卷九三《食货一》,中华书局 1976 年版。

③ 葛剑雄等著:《简明中国移民史》,福建人民出版社 1993 年版,第 335 页。

④ [明]申时行等修撰:《明会典》卷一九《户部六·户口一》,中华书局 1989 年版。

⑤ 成化《中都志》卷一《户口》,明成化年间(1465—1487)刻本。

⑥ 《明会典》卷一九《户部六·户口一》,中华书局 1989 年版。

增 503805 口。据天启《凤书·道里》记载,洪武年间凤阳府附郭县凤阳县共有土民和编民 34 里,其中编民 26 里。而邻近的定远县在明初时也是"以县遭兵乱,民户消减,乃迁江南常、松、苏、杭、严、绍、金华、处八府民居之,名曰'填实'"。全县 33 里,19 里为土民,14 里为迁民。① 凤阳府宿州在明初是"土旷人稀,勤耕种之利,民淳性朴",洪武以来百余年"教化渐被,生齿日繁"②,至弘治年间已有 10829 户,112153 口,这还不包括宿州卫屯种旗军舍余 1537 口。③ 凤阳府属天长县,洪武二十四年(1391),官民匠户 1098,口 6216;永乐十年(1412),户 992,口 7815;成化十八年(1482),户 1698,口 14350。④ 其中户数虽有微小波折,但口数一直在稳步增长。从正德《颍州志》记载来看,凤阳府属的颍州,由于外地之民的大量迁入,户口增长也快。元末"汝颍兵兴,民之从龙者席卷而行",以致"及天下大定,故家旧人,寥寥村落",经过 10 余年,"遗民稍复",不久"又为黄河荡析"。经过百年的休养生息,以及随着水利工程的次第兴修,黄河相对长期安流,始"流民归聚"。同时境外之民也纷纷涌入,正统初年,凤阳、颍州一带有真定、保定和山东逃民数以万计,生齿日渐繁庶。⑤ 洪武十四年(1381),颍州土居主户有 1700 户;宣德七年(1432),土居主户减为 1680 户;正统七年(1442),土居主户未变,流移客户有 338 户。到成化十八年(1482),土居主户 2544 户,流移客户增至 6356 户,前者占 28.6%,后者占 71.4%。⑥ 也就是说,自宣德七年至成化十八年,颍州人户由 1680 户增加到 8900 户,50 年间增加了 5.3 倍,而其中土居主户一共只增加了 864 户,其余 6356 户都是流移客户。由于出现了大量新增人口,一些地方编户里数也不断增加(按,明制规定 110 户编为 1 里)。如颍州"宋有百社,则前代人民庶矣。而今地理不加少,以烟

---

① [明]高鹤等纂修:嘉靖《定远县志》卷一《风俗》,明嘉靖十四年(1535)刻本。
② [明]曾显等纂修:弘治《直隶凤阳府宿州志》卷上《风俗》,明弘治十二年(1499)刻本。
③ 弘治《直隶凤阳府宿州志》卷上《户口》,明弘治十二年(1499)刻本。
④ 嘉靖《皇明天长志》卷三《人事志·户口》,明嘉靖二十九年(1550)刻本。
⑤ 《明史》卷一六一《彭勖传》,中华书局 1974 年版;[明]刘节等纂修:正德《颍州志》卷三《版图》,明正德六年(1511)刻本。
⑥ [明]刘节等纂修:正德《颍州志》卷三《版图》,明正德六年(1511)刻本。

灶计，多至倍万，但其间偷生亡匿之徒，不知其几。正统以后，收附流移，听其自相结识，编入图籍"，景泰三年（1452）收编 8 里，天顺六年（1462）收编 7 里，成化十八年（1482）收编 15 里，接着又收附流移，添编 16 里，通旧里总为 75 里。① 又凤阳府属寿州蒙城县，原编户 18 里，后为 25 里。②

滁州、和州、庐州一带，明初也多移民迁入，人口逐渐繁盛。滁州"国初新离兵革，人甚少"，"至天顺来，人渐阜繁"。③ 州属全椒县，洪武十四年（1381），户 1466，口 10261；到弘治元年（1488），户 1787，口 15056。州属来安县，洪武二十九年（1396），户 970，口 6093；弘治元年户 1318，口 11903。④ 和州，洪武二十四年（1391），州户及所属含山县户共 9000 户，口 63650，到宣德七年（1432），共 7351 户，户比洪武时期有所减少，但口却一直在增长，共计 68648 口，41 年间新增 4998 口。⑤ 明初合肥户口数也一直平稳上升，永乐十六年，户 6923，口 64274；到景泰三年（1452），户 7960，口 102359。⑥

在明初的安徽其他地区，人口也有不同程度的增长。如徽州府，洪武四年，户 117110，口 536925，至洪武二十四年户增至 131662，口增至 581082。⑦ 在铜陵县，成化六年（1470）陈镠出任铜陵知县时，亦是户口增加，徭赋轻减。⑧ 在建平县，洪武二十四年，户 15198，口 81968，至永乐十年（1412），户达 16965，口增至 88043。⑨

明初安徽各地人口呈现稳步增长的势头，一方面，体现和反映了社会稳定和经济的快速恢复和发展；另一方面，又为农业的进一步开发，手工业和商业的恢复和发展，提供了充足的劳力资源。

---

① ［明］刘节等纂修：正德《颍州志》卷三《版图》，明正德六年（1511）刻本。
② ［明］吴一鸾等纂修：万历《蒙城县志》卷一《舆地志·沿革》，明万历十年（1582）刻本。
③ ［明］戴瑞卿等纂修：万历《滁阳志》卷五《风俗》，明万历四十二年（1614）刊本。
④ 万历《滁阳志》卷七《户口》，明万历四十二年（1614）刊本。
⑤ ［明］易鸾等纂修：嘉靖《和州志》卷七《食货志·户口》，明嘉靖七年（1528）刊本。
⑥ ［明］胡时化等纂修：万历《新修合肥县志》卷上《食货志·户口》，明万历元年（1573）刻本。
⑦ 弘治《徽州府志》卷二《食货一·户口》，明弘治间（1488—1505）刻本。
⑧ ［明］李士元等纂修：嘉靖《铜陵县志》卷七《人物篇·蛮荒》，明嘉靖四十二年（1563）刻本。
⑨ ［明］姚文华等纂修：嘉靖《建平县志》卷二《田赋志·户口》，明嘉靖十年（1531）刊本。

二、垦田面积的增加

明初招抚人口、劝课农桑、移民屯垦、鼓励垦荒等一系列与民休息政策的实施,极大地促进了全国垦田面积的增加。到洪武二十六年(1393),全国垦田 8507623 顷,[①]比洪武元年增加了 670 万顷,全国荒地大多垦成了熟田。直至洪武二十七年(1394)全国仍有许多地方田荒土废,"上以民间多荒芜田土",故一再下令开荒。[②] 安徽也不例外,垦田面积也在大量增加。明初安徽垦田数的增加,有赖于军屯和民垦政策的实施。

安徽是朱元璋龙飞之地,初又定都于南京,并在凤阳建立中都,故在安徽各地建立了许多卫所,进行屯田,以巩固明王朝的统治。早在元至正十八年(1358),朱元璋就立民兵万户府,秉承"寓兵于农,有事则战,无事则耕,暇则讲武"的古意,"俾农时则耕,闲时则练习,有事则用之。"[③]至正二十三年(1363),朱元璋又下令:"自今诸将宜督军士及时开垦,以收地利,庶几兵食充足,国有所赖。"[④]明王朝建立后,朱元璋下令实施凤阳军屯,"命诸将分军屯种于滁、和、庐、凤地方,开立屯所"[⑤],并在安徽陆续设有滁州卫、和州卫、六安卫、安庆卫、新安卫、泗州卫、寿州卫、宿州千户所,这些屯田卫所由五军都督府直接统领。在中都则设立由中都留守司统领的皇陵卫、陵垣卫、留守左卫、留守中卫、凤阳中卫、凤阳右卫、凤阳卫、长淮卫、洪塘湖千户所等 9 处屯田卫所,耕垦荒地近万顷。明统治者规定:"天下卫所州县军民皆事垦辟。"[⑥]其耕战比例,内地与边疆稍有不同,"边地,三分守城,七分屯种;内地,二分守城,八分屯种"[⑦];"腹里卫所,一分、二分守城,八分、

① 《明史》卷七七《食货一·田制》,中华书局 1974 年版。
② 《明太祖实录》卷二三一,洪武二七年正月癸未条,中国台北中央研究院历史语言研究所校印本,1962 年。
③ 《明太祖实录》卷六,戊午十一月辛丑条,中国台北中央研究院历史语言研究所校印本,1962 年。
④ 《明太祖实录》卷六,癸卯二月壬申朔条,中国台北中央研究院历史语言研究所校印本,1962 年。
⑤ 《明会典》卷一八《屯田》,中华书局 1989 年版。
⑥ 《明史》卷七七《食货一·田制》,中华书局 1974 年版。
⑦ 同上。

九分下屯,亦有中半屯守者"①。安徽地处明代内地、腹里,守城备战任务相对较轻,故官兵下屯者高于上述比例。如六安卫,"本卫存留守城军士不及九分之一,余皆屯田",后"存留守城者十之八"。在永乐元年(1403)四月,六安卫建言恢复守城军士不及九分之一的旧例,获得允准。② 明初军屯制的实施,对大量荒地的开垦,起了决定性的作用。如宿州卫屯种田地 910 顷 77 亩。③ 在滁州,"洪武间于滁州卫拨军屯田。永乐二年,户部差人将本州并所属原申及已报在官未曾覆勘抛荒田地,先尽本处丁多田少人民承种,其余田地拨与军卫屯军耕种"。④ 成化年间,凤阳府军屯就开垦了大量田土,包括凤阳皇陵卫屯田地塘 2470.68 顷,留守左卫屯田地塘 817.36 顷,留守中卫屯田地塘 512.572 顷,凤阳卫屯田地塘 730.8715 顷,凤阳中卫屯田地塘 293.218 顷,凤阳右卫屯田地塘 390.386 顷,怀远卫屯田地塘 694.347 顷,长淮卫屯田地塘 340.692 顷,洪塘湖屯田千户所屯田地 359.494 顷,泗州卫下屯旗军舍余 4330 名共种田地 2576.911 顷,宿州卫下屯旗军舍余 2928 名共种地 1774.6917 顷,寿州卫下屯旗军舍余 3026 名共种田地 1868.619 顷,武平卫下屯旗军舍余 4000 名共种地 1391.52 顷,颍川卫下屯旗军舍余 4480 名共种地 4480 顷,颍上守御千户所下屯旗军舍余 800 名共种地 800 顷。⑤

　　明初在大规模进行军屯的同时,还大力开展民屯民垦,"移民就宽乡,或召募或罪徙者为民屯"。⑥ 凤阳既为帝乡,又为中都所在,城垣广大,公署众多,守卫任务繁重,各卫所士卒不可能有较多时间和精力进行屯种。所以,洪武三年(1370)三月,朱元璋采纳郑州知府苏琦的建议:"若不设法招徕耕种以实中原,虑恐日久国用虚竭。为今之计,莫

　　① 《明宣宗实录》卷五一,宣德四年二月乙未条,中国台北中央研究院历史语言研究所校印本,1962年。

　　② 《明太宗实录》卷一九,永乐元年夏四月壬申条,中国台北中央研究院历史语言研究所校印本,1962 年。

　　③ [明]曾显等纂修:弘治《直隶凤阳府宿州志》卷上《贡税》,明弘治十二年(1499)刻本。

　　④ [明]戴瑞卿等纂修:万历《滁阳志》卷七《屯田》,明万历四十二年(1614)刊本。

　　⑤ 成化《中都志》卷三《屯田》,明成化间(1465—1487)刻本。

　　⑥ 《明史》卷七七《食货一·田制》,中华书局 1974 年版。

若计复业之民,垦田外,其余荒芜土田宜责之守令招诱流移未入籍之民,官给牛种,及时播种"①,在凤阳开展大规模的民垦活动。此外,明初在庐州、滁州、和州、安庆、池州等地也有地方官府组织或民间自发式的移民屯垦,这都促进了安徽垦田面积的逐步扩大。至洪武二十六年(1393),安徽垦田为 664119 顷 95 亩,其中庐州府垦田达 16223 顷99 亩,凤阳府 417493 顷 90 亩,徽州府 35349 顷 77 亩,宁国府 77516顷 11 亩,池州府 22844 顷 45 亩,太平府 36211 顷 79 亩,安庆府 21029顷 37 亩,广德州 30047 顷 84 亩,滁州 3150 顷 45 亩,和州 4252 顷 28亩。约占南直隶 1269274 顷 52 亩的 52.32%,约占当时全国垦田8507623 顷 68 亩的 7.81%。②

随着人口的不断增长,有些地方如和州,军民杂居,人口众多,在明初时人地矛盾已趋于突出,与水争地的围湖造田、排淤围田现象已经开始出现。洪武中,和州知州陈琦虽然治行较好,但"惟于幕僚涸湖开田,略无阻止,致郡失水利,并失险阻"③,因此揭开了永乐以后和州之大规模围湖造田的序幕。麻湖,在州西 30 里,又名历阳湖,因明太祖曾避难于此,所以又叫龙驻湖。湖环周百余里,由姥下河达长江。明永乐年间,吏目张良兴为得开田之功劳,乃浚河泄水以涸之,筑堰成田,名曰麻湖圩,凡田 31200 余亩。至景泰二年(1451),含山县令黄润玉经过一番治理,最终使之成为圩田。④ 沣湖,在州西 15 里,受麻湖水,由当利港入江。明永乐年间,与麻湖命运相同,被议置为田,得17500 余亩。⑤

三、粮食产量的提高和农作物品种的增多

明初耕地面积的增加,必然推动粮食总产量的上升。因资料记载的缺乏,迄今还很难得知明代前期安徽粮食总产量和亩产量的确切数

---

① 《明太祖实录》卷五〇,洪武三年三月条,中国台北中央研究院历史语言研究所校印本,1962 年。
② 《明会典》卷一七《户部四·田土》,中华书局 1989 年版。
③ 高照等纂修:光绪《直隶和州志》卷一二《职官志·名宦》,光绪二十七年(1901)活字本。
④ [清]陈廷柱等纂修:乾隆《历阳典录》卷一二《职官二》,清光绪十二年(1886)刻本。
⑤ 光绪《直隶和州志》卷四《舆地志·山川》,光绪二十七年(1901)活字本。

据,但从各府州县向官府缴纳的税粮总量不断增加的这一事实,可以大致断定,明初安徽的粮食总产量是在不断回升和提高的。从全国来看,本色税银收入,洪武二十六年(1393)为32789800石①和元代全国岁入粮数1211400余石相比,增加了1.7倍。就安徽而言,各地税粮总额也呈现急剧上升的势头。如洪武二十九年,滁州并所属来安、全椒县夏税小麦正耗3933石,秋粮正耗11743石,"先是人民稀少,听民各以所居占田无限,后稍稍集,至是定制户口有差,计亩科赋"。② 凤阳府在洪武时期的夏税小麦为93315石,秋粮为113580石,③到永乐十年(1412),夏税小麦和秋粮分别为132154石(尚有大麦130余石未计入)和117342石。④ 永乐四年(1406),凤阳府属的颍州税粮总额分别为夏税小麦4120石5升、秋粮粳粟等3112石2斗5升;宣德七年(1432),夏税和秋粮分别为4230石5斗7升、3180石6斗1升;正统七年(1442),夏税和秋粮分别增加到4315石2斗5升、3265石5斗1升;到景泰三年(1452),夏税和秋粮又分别增加到4744石1斗7升和3411石6斗。⑤

明初安徽农业生产的恢复和发展,还有一个重要标志,就是农作物品种的增加。就水稻种植来说,由于明初水利工程的大量兴修,一向是旱作农业区的淮河以北部分地区,如颍州南100里淮河北岸六百丈湖周围,农民也开始种植水稻。⑥ 由于水稻种植面积的扩大,颍州稻类作物品种也随之增多,正德年间已达17个品种。⑦ 在明代前期,皖中庐州府"所产多稻";"稻有二,有早稻,有晚稻。春种夏熟者,早稻也。夏种秋熟者,晚稻也"。⑧ 明初安徽的水稻早熟品种也获得了大发展,如徽州府有大白归生、小白归生、红归生、桃花红、冷水白、笔头白、

① 《明太祖实录》卷二三○,洪武二十六年冬十月癸酉条,中国台北中央研究院历史语言研究所校印本,1962年。
② 万历《滁阳志》卷七《税粮》,明万历四十二年(1614)刊本。
③ [明]张学颜等撰:《万历会计录》卷一六《南直隶·田赋》,续修四库全书本。
④ 成化《中都志》卷一《贡赋》,明成化间(1465—1487)刻本。
⑤ [明]刘节等纂修:正德《颍州志》卷八《食货》,明正德六年(1511)刻本。
⑥ 正德《颍州志》卷一《山川·陂塘附》,明正德六年(1511)刻本。
⑦ 正德《颍州志》卷三《土产》,明正德六年(1511)刻本。
⑧ [明]杨循吉纂修:《庐阳客记·物产》,齐鲁书社1996年版。

早十日等稻类 32 个品种。① 不过,徽州府宜籼不宜粳,如徽州府之红
归生,米粒呈红色,成熟最早,然亦"不广种,少莳以接粮耳";其珠子
稻、乌须稻、婺州青、斧秫白、赤芒稻,"并早而易成,皆号为六十日"②。
除了稻作外,安徽的其他粮食作物品种也有发展,如弘治年间的宿州
有大麦、小麦、荞麦、芝麻、豆等,豆有 10 余个品种。③ 正德年间颍州府
各种麦类、黍类、谷类、粟类和菽类也有很多品种。④ 庐州府除了稻以
外,"又有秫亦数种,以用酿酒。麦,来麰也。豆,尗也,高坂生焉"⑤。
"巢湖又有菱芡之实,可以充腹。茭芦菰米,莫不适用。芡则屑而作
饵,若常飨焉"⑥。池州除了粳稻、糯稻等有 10 多个品种外,芝麻、大
麦、小麦、荞麦、豆类也有数十个品种。⑦

四、经济作物的大量种植

明初安徽各地粮食产量的逐步提高,以及明太祖所采取的鼓励性
和强制性相结合的推广桑、枣、棉等经济作物种植政策,使得安徽各地
的经济作物的种植和生产得到了长足的发展。

首先,桑枣种植业由于得到官府的提倡而迅速恢复和发展。"洪
武正元之初,遣官于天下郡县,教民栽桑劝农,务底于成"。⑧《明史·
食货志》亦云:"太祖初立国,即下令,凡民田五亩至十亩者,栽桑麻木
棉各半亩,十亩以上倍之","栽桑以四年起科,不种桑,出绢一匹"。
洪武时所征收夏税和秋粮,都有绢一项。其中各直省普遍征收的为
"农桑丝折绢"(四川、云南、贵州不在内)。如明代颍州桑丝折绢,天
顺六年(1462)为 45 匹 2 丈 7 寸,⑨成化八年(1472)为 64 匹 7 尺 8 寸,
成化十八年为 72 匹 1 丈 2 寸。征收农桑丝绢的政策在洪武初年推行

---

① 弘治《徽州府志》卷四《食货一·土产》,明弘治间(1488—1505)刻本。
② 同上。
③ [明]曾显等纂修:弘治《直隶凤阳府宿州志》卷上《土产》,明弘治十二年(1499)刻本。
④ 正德《颍州志》卷三《土产》,明正德六年(1511)刻本。
⑤ 《庐阳客记·物产》,齐鲁书社 1996 年版。
⑥ 《庐阳客记·物产》,齐鲁书社 1996 年版。
⑦ [明]何绍正等纂修:正德《池州府志》卷三《食货·土产》,明正德十三年(1518)刻本。
⑧ [明]张湜等纂修:天顺《直隶安庆郡志》卷四《农桑》,明天顺六年(1462)木刻本。
⑨ 正德《颍州志》卷三《贡赋》,明正德六年(1511)刻本。

全国,有力地促进了安徽蚕桑种植业的发展。洪武二十五年(1392),明廷令凤阳、滁州、庐州、和州每户种桑200株。由此可知,凤、滁、庐、和一带植桑养蚕业较为发达。另外,还可从明王朝向安徽各地征课的桑株数量不断增加的事实,了解到明初安徽蚕桑种植业的盛况。如凤阳府,永乐十年(1412)农桑实征官民桑643057株;①府属蒙城县在正统年间共征官民地桑共36913株。② 宿州官民桑185957株,其中官桑8780株,民桑177177株。③ 滁州并所属来安、全椒两县,洪武二十九年(1396),共课官民桑154972株,弘治元年(1488)增至158404株。④ 明初,池州府贵池县课桑172044株,青阳县课桑56100株,铜陵县课桑117580株,石埭县课桑4584株,建德县课桑20132株,东流县课桑26748株。⑤ 而凤阳府军屯所种植的桑枣也十分可观,如凤阳皇陵卫屯种桑枣511400株,留守左卫屯种桑枣163040株,留守中卫屯种桑枣169200株,凤阳卫屯种桑枣109600株,凤阳中卫屯种桑枣153600株,凤阳右卫屯种桑枣101400株,怀远卫屯种桑枣160800株,长淮卫屯种桑枣101400株,洪塘湖屯田千户所屯种桑枣123520株。⑥ 定远县还富产圆枣。⑦

其次,棉花种植也逐渐得到推广。庐州太守杨循吉说庐州府"棉布,无山泽皆种花,农余辄谋卒岁","惟天旱花俭,则不免购诸市城,然后衣江南之缕"。⑧ 这表明庐州棉花种植在明前期已经达到自给。明初的颍州也有一定数量的棉花种植。⑨ 池州府贵池县、铜陵县也多种棉花。⑩

再次,明代前期,安徽茶叶种植也有很大的进步。明初,六安州岁

① 成化《中都志》卷一《贡赋》,明成化间(1465—1487)刻本。
② 万历《蒙城县志》卷三《食货志·田赋》,明万历十年(1582)刻本。
③ 弘治《直隶凤阳府宿州志》卷上《贡税》,明弘治十二年(1499)刻本。
④ 万历《滁阳志》卷七《农桑》,明万历四十二年(1614)刊本。
⑤ 正德《池州府志》卷三《食货·土贡》,明正德十三年(1518)刻本。
⑥ 成化《中都志》卷三《屯田》,明成化间(1465—1487)刻本。
⑦ 成化《中都志》卷一《土产》,明成化间(1465—1487)刻本。
⑧ 《庐阳客记·物产》,齐鲁书社1996年版。
⑨ 正德《颍州志》卷三《物产》,明正德六年(1511)刻本。
⑩ 正德《池州府志》卷三《食货·土产》,明正德十三年(1518)刻本。

贡芽茶200袋。自弘治年间霍山县设立,州贡芽茶25袋,县贡芽茶175袋。[①] 皖西的潜山县、太湖县、宿松县也多植茶。[②] 皖南植茶以池州、徽州等地为多。池州出芭茶,青阳县九华山出甜茶,石埭县出芽茶。[③] 徽州早在元至正二十五年(1365),就首次开征茶课,征课的原则是"于产茶府县点数株数而取其课"。据查点,徽州府当时共有茶19656102株,课茶共245441斤。弘治时期,徽州府共征茶课钞14075锭3贯750文,约折茶70000斤;同时期本府茶引由征钞380锭,合茶约190000斤;[④] 再加上岁办芽、叶茶9050斤,[⑤] 合计约270000斤,比明初增加了2万余斤。该地名茶甚多,明代前期,就有胜金、嫩桑、仙枝、来泉、先春、运合、华英等8种。[⑥]

最后,皖西、徽州的林木种植业的发展也较快。如皖西六安"多野兽林木"[⑦],"自六安以西皆深山大林,或穷日行无人迹。至于英霍山益深,材木之多,不可胜计"[⑧]。皖南"徽宁诸山种植杉木益众"[⑨]。"杉、漆、桐油,徽人树此为业",凡江浙南畿之境,油漆器皿屋料等"皆资于徽",而"休宁一县多产于西北乡,杉利尤大,凡种以三十年为期……动以数十万计"。[⑩]

此外,麻、桐油、芝麻等经济作物以及淮北的中药材种植业也有一定程度的发展。池州府贵池、青阳的苎麻有大量种植,府属各县还广泛种植黄麻、白麻、葛麻。[⑪] 徽州桐油"各县皆出,惟婺源、祁门为多"[⑫]。弘治《徽州府志》说:"凡菽、苎、菜、草子皆有膏油,但可照灼,

① [清]张孙振纂修:顺治《霍山县志》卷二《土产》,清顺治十八年(1661)刊本。
② [明]张涅等纂修:天顺《直隶安庆郡志》卷四《物产》,明天顺六年(1462)木刻本。
③ 正德《池州府志》卷三《食货·土产》,明正德十三年(1518)刻本。
④ 《明会典》卷三七《户部二十四·课程六·茶课》,中华书局1989年版。
⑤ 弘治《徽州府志》卷二《食货二·财赋》,明弘治间(1488—1505)刻本。
⑥ 同上。
⑦ 《庐阳客记·山》,齐鲁书社1996年版。
⑧ 《庐阳客记·物产》,齐鲁书社1996年版。
⑨ [清]张秉清:《芜湖榷司题名记》,[清]陈梦雷编纂:《古今图书集成·经济汇编·食货典》卷二三〇《杂税部》,中华书局影印本,1934年。
⑩ 弘治《休宁志》卷一《物产》,明弘治四年(1491)刊本。
⑪ 正德《池州府志》卷三《食货·土产》,明正德十三年(1518)刻本。
⑫ 弘治《徽州府志》卷二《食货一·物产》,明弘治间(1488—1505)刻本。

至服食须麻膏"①,这表明芝麻是该地唯一的食用油料作物。由于独特的自然条件,淮北地区中药材的种植业一直很兴盛。明初淮北农业经济趋于恢复与发展,中药材种植与加工也迈上一个台阶。据嘉靖《寿州志》、正德《颍州志》、弘治《中都志》记载,寿州、颍州、中都的中药材分别高达 43、40 和 36 种之多。

第三节　手工业的恢复和发展

明代前期,安徽农业生产水平的逐步提高和经济作物的大量种植,为手工业的发展提供了充足的人力和生产原料。在此背景下,明初安徽的丝棉纺织、造船、采矿、造纸等手工业都不同程度地有了恢复和发展。

一、丝织业和棉织业

明初统治者对蚕桑种植业的高度重视,为丝织业的进一步恢复和发展创造了条件。明初安徽的丝织业,有官办和民办之分。明初统治者除了在京城设官办织染机构外,还在京外设立官办织染局。安徽的徽州府、宁国府、广德州就设有官办的织染局,丝织规模都比较大。徽州府织染局在城内北隅,打线场在南关练溪东岸。元至正二十一年(1361)立局岁造生帛三色,土帛机 50 张,人匠 862 户,每月织造□丝42 匹。至正二十四年(1364),改造熟帛、丝绸六色。洪武元年(1368)添造宁国路丝绸。至洪武六年改造绸绢,每月额织造绢 292 匹,绸 25匹,共 317 匹。永乐元年(1403),奉工部之令,复设织染局。置立官堂作匠,官买荒丝颜料。以后每年额造深青、黑绿、丹礬红三色光素苎丝共 724 匹,深青 240 匹,黑绿 240 匹,丹礬红 241 匹,通共该荒丝颜料价

---

① 弘治《徽州府志》卷二《食货一·物产》,明弘治间(1488—1505)刻本。

银 2266 两 9 钱 7 分。合用荒丝颜料价银坐派六县里甲办纳。[①] 宁国织染局在府治西街东，岁织青红绿素缎 557 匹，织金熊罴、海马、犀角、胸背缎 139 匹，每闰年增织素缎 47 匹，织金缎 11 匹。织成解工部。[②] 广德州织染局，岁造□丝 240 匹，遇闰加 14 匹。[③]

除了徽州、宁国、广德以外，明初安徽其他地区的民间丝织业也有一些恢复和发展。如颍州有丝、绸、绢的出产，说明丝织业的兴盛。[④] 永乐十年(1412)，凤阳府农桑实征丝 1270.938 两。[⑤] 正统年间，蒙城县课丝 70 余斤。[⑥] 弘治元年(1488)，滁州并所属来安、全椒两县，就课丝 4348 两 8 钱 5 分。[⑦] 安庆府在洪武二十四年(1391)课丝 391 斤，永乐十年增加至 398 斤，此后到天顺六年(1462)征数基本未变。[⑧] 从这些地方向朝廷缴纳的丝课上，大致可以反映出明初安徽民间丝织业的恢复和发展概况。

明代前期，随着安徽一些地方棉花、苎麻、葛一类经济作物的大量种植，棉纺、麻纺业也有恢复和发展。如庐州太守杨循吉说庐州府种植棉花比较普遍，但"俗不工织，召侨工为之"；"三冬窭户亦足御寒，妇纺而已"；"绵丝亦常有余，传布出境"。[⑨] 正德《颍州志》物产类，列举了绵、棉花、棉布等物货，说明该地棉织业的发展。[⑩] 徽州府休宁县苎麻纺织是妇女补充家计的重要副业，"女未嫁之时，多缉麻织苎，以作衾资。既壮而老，皆不释手"，姑嫂"共勤女红，比屋皆然"。[⑪]

此外，六安州的英山、霍山一带的葛布也负有盛名，"葛布出英霍，

① 弘治《徽州府志》卷二《食货一·土贡·上供帛》，明弘治间(1488—1505)刻本；[明]汪尚宁等纂修：嘉靖《徽州府志》卷六《公署》，明嘉靖四十五年(1566)刊本。
② 嘉靖《宁国府志》卷六《职贡纪》，明嘉靖十五年(1536)刊本。
③ 《明会典》卷二〇一《工部二十一·段匹》，中华书局 1989 年版。
④ 正德《颍州志》卷三《物产》，明正德六年(1511)刻本。
⑤ 成化《中都志》卷一《贡赋》，明成化间(1465—1487)刻本。
⑥ 万历《蒙城县志》卷三《食货志·田赋》，明万历十年(1582)刻本。
⑦ 万历《滁阳志》卷七《农桑》，明万历四十二年(1614)刊本。
⑧ 天顺《直隶安庆郡志》卷四《农桑》，明天顺六年(1462)木刻本。
⑨ 《庐阳客记·物产》，齐鲁书社 1996 年版。
⑩ 正德《颍州志》卷三《物产》，明正德六年(1511)刻本。
⑪ 弘治《休宁志》卷一《物产》，明弘治四年(1491)刊本。

有绝细者,山所饶也"①。

二、采矿业和冶炼业

明初,随着社会的安定、大规模营造的展开,安徽采矿业也逐渐恢复。据《明太祖实录》记载:洪武二十八年(1395)十一月,明朝廷为解决军队打造器械之需,"命中都留守司属士卒,于洛河山(今在淮南矿区)采取煤炭。"这是目前所知明政府在淮南煤田开采煤炭的最早记录。怀远的煤在明初也恢复开采。②灵璧县磬石山(在县东北)的矿石也因为可以取之制造编磬,而被官府采之以供郊庙朝廷之用。③当涂县广济圩白云山出产一种白土,可以用作烧造琉璃瓦,也于洪武四年(1371)起"当涂县人夫掘取,拨江淮、济川二卫马船装运赴京应用"④。太湖县东15里曰铜冲,其冲有铜矿。⑤又据天顺年间李贤等人编撰的《明一统志》记载,池州府铜陵县出铜、铅、铁、锡;⑥宁国府宁国县产银,南陵县产铁;⑦徽州府绩溪县出产银、铅,歙县龙尾山武溪出砚,"其品有五,一曰眉子石,有七种;二曰外山罗纹,有十三种;三曰里山罗纹,有二种;四曰金星,有三种;五曰驴坑,有一种。世总谓之龙尾砚。大抵歙石之珍者,以青色绿以晕多金星者为上,然近深溪者尤佳"⑧。

值得一提的是铜陵的铜矿开采。铜陵铜矿开采,历史悠久。早在东汉时期,便开始了铜的生产,历经宋元,代有记载,时至明初又有很大的发展。《明一统志》载:"铜、铁、铅、锡皆铜陵县出。"《明太祖实录》卷七载:"洪武初年……池州府采铜十五万斤",可见当时采铜规模之大。

① 《庐阳客记·物产》,齐鲁书社1996年版。
② 成化《中都志》卷一《土产》,明成化间(1465—1487)刻本。
③ 同上。
④ [明]邹璧等纂修:嘉靖《太平府志》卷五《食货志·特产》,明嘉靖十年(1531)刻本。
⑤ 正德《安庆府志》卷七《地理志第一上》,四库全书存目丛书本。
⑥ 《大明一统志》卷一六《池州府·土产》,明天顺五年(1461)刊本。
⑦ 《大明一统志》卷一五《宁国府·土产》,明天顺五年(1461)刊本。
⑧ 《大明一统志》卷一六《徽州府·土产》,明天顺五年(1461)刊本。

由于明初统一战争和立国后稳定社会、发展经济的需要,冶炼业和军器制作业也得到了发展。如洪武十一年(1378),工部定天下岁造军器之数:甲胄之属13465、马步军刀21000、弓35010、矢1720000。其中,直隶太平府甲胄150、步军刀500、弓300、矢50000,徽州府甲胄200、步军刀1000、弓1000、矢110000,广德州甲胄100、步军刀400、矢30000,宁国府甲胄300、步军刀1000、弓700、矢110000,庐州府甲胄150、步军刀400、弓288、矢50000,安庆府甲胄145、步军刀600,池州府甲胄150。[①] 洪武十六年(1383)十一月,又命安庆、庐州等七府各造水磨明甲100。[②] 洪武二十年九月,令济南、济宁及直隶淮安、徐、邳、宿州分造战袄,"倍给其值"。[③] 宿州卫的官办军器工业规模也很大,还专设成造局,洪武元年宋御千户所开设于州治东南,永乐七年(1409)立卫时,基址仍旧,库房则增建之。官厅3间,军器库3座各9间,官料库1所3间,军需库1所3间,收贮军器库1所3间,造作房共24间,在官厅后还有金火元炉庙1所。[④] 有些地方的民营冶炼业也得到了发展,如宣德三年(1428)十月,诏令江西德兴、铅山铜场所需铁炭,由徽州等府办给,"铁炭之家免杂役之半,税粮则运输南京、淮安"[⑤]。

三、车船制造业及造纸、酿酒业

明初在安徽各地设有很多卫所,卫所守备用的车辆也非常多,这就推动了安徽的车辆制造业的发展。如永乐年间,就规定天下卫所制造车辆数目,其中凤阳府250辆,寿州卫、泗州卫、宿州卫各20辆,中

① 《明太祖实录》卷一一八,洪武十一年五月丙子条,中国台北中央研究院历史语言研究所校印本,1962年。
② 《明太祖实录》卷一五七,洪武十六年十一月己酉条,中国台北中央研究院历史语言研究所校印本,1962年。
③ 《明太祖实录》卷一八五,洪武二十年九月壬寅条,中国台北中央研究院历史语言研究所校印本,1962年。
④ [明]曾显等纂修:弘治《直隶凤阳府宿州志》卷上《卫署》,明弘治十二年(1499)刻本。
⑤ 《明宣宗实录》卷四七,宣德三年冬十月己丑条,中国台北中央研究院历史语言研究所校印本,1962年。

都留守司 150 辆。①

明初随着海运、漕运业的兴起,安徽的船舶制造业也得到了发展。洪武十年(1377),定江西、湖广二省并直隶安庆、宁国、太平三府造马船共 817 只,给江淮、济川两卫使用。② 永乐三年(1405)冬十月,命直隶安庆等府改造海运船 80 艘。③ 次年冬十月,命直隶徽州、安庆、太平、镇江、苏州等府卫造海运船 88 艘。④ 景泰二年(1451)十月,命江西等布政司及南直隶各府县造遮阳船 180 艘。⑤ 民间小型船的制造也有一定的发展,如贵池兴孝乡专造小船,成为当地很有特色的一种产品。⑥

此外,安庆府的太湖县,池州府的贵池县,徽州府的歙县、休宁县、绩溪县的造纸业也得到了发展。据弘治《徽州府志》记载,明初歙县每月解纳榜纸 4800 张,休宁县每月解纳榜纸 3800 张,绩溪县每月解纳榜纸 1000 张,"其余各色纸每年有用则以时估给价和买,无定额,无定色"⑦。庐州府的酿酒业也很有起色,太守杨循吉还详细记载了明初庐州府的酿酒技术、方法和特色。

第四节　商业的恢复和发展

明初安徽农业生产水平的提高,经济作物的大量种植,以及以淮河、皖江为主干的水陆交通业的恢复和发展,也拉动了商业和城市的进一步发展。

---

① ［明］申时行等修撰:《明会典》卷二〇〇《工部二十·河渠五·车辆》,中华书局 1989 年版。

② 《明会典》卷二〇〇《工部二十·河渠五·船只》,中华书局 1989 年版。

③ 《明太宗实录》卷四七,永乐三年冬十月戊寅条,中国台北中央研究院历史语言研究所校印本,1962 年。

④ 《明太宗实录》卷六〇,永乐四年冬十月乙未条,中国台北中央研究院历史语言研究所校印本,1962 年。

⑤ 《明英宗实录》卷二〇九,景泰二年十月壬午条,中国台北中央研究院历史语言研究所校印本,1962 年。

⑥ 正德《池州府志》卷三《食货·土产》,明正德十三年(1518)刻本。

⑦ 天顺《直隶安庆郡志》卷四《物产》,明天顺六年(1462)木刻本;正德《池州府志》卷三《食货·土产》,明正德十三年(1518)刻本;弘治《徽州府志》卷二《食货一·土贡·上供纸》,明弘治间(1488—1505)刻本。

一、商品种类的增多和商品贸易量的扩大

明初安徽农业生产由于官府的重视和休养生息的政策,粮食产量大幅度提高,经济作物也有一定的种植,这样投入市场的商品种类及其贸易量也随之增多和扩大,商业贸易渐趋活跃,初显繁荣景象。粮食产量的提高,供应本地有了剩余,于是转售于市场,大获其利。如庐州府的农民把生产的粮食"转输他售者,舟车不绝焉。盖吴楚间上下千里,皆资其利"。[①] 棉花、棉布自给以外,"绵丝亦常有余,传布出境"[②]。皖西霍山的茶叶名品甚多,所产之茶除了满足本地需要而外,还销往全国各地,不仅宿州一带"陆路不通江浙货,居民多尚六安茶"[③],而且"唯晋、赵、燕、楚需此日用,每隔岁,轻千里挟资裹粮,投牙预质"[④]。巢湖多鱼,每秋冬季节,鱼的交易量也很大。杨循吉说:巢湖之鱼,"其利常擅于滨湖之人",天寒时,鱼"相与潜伏于深渊之中,不食而处。渔人则求其迹而网之,一举或盈舠焉。操奇赢之术者,每交冬辄来,卤之以去,所售岁亦不赀"。[⑤]

商品贸易量不仅可从上面的事实得到反映,还可以从地方税课司开征的商税课钞、门摊税钞、集场课钞、房屋赁钞、基地赁钞、酒醋课钞等众多的收税名目及其税额,来得到证实。如永乐十年(1412),凤阳府商税课钞 79347 锭,[⑥]滁州,在永乐元年征收的酒课钞为 271 余锭,税课局商税课钞 4220 余锭,门摊课钞 546 锭;弘治元年(1488),滁州商税课钞、门摊钞与永乐元年的相比,皆有大幅度增长,分别为 4566 余锭和 2781 余锭。同时,此年还开征了新的税课,如户口盐钞 4651 余锭,房屋赁钞 142 余锭,基地赁钞 14 余锭,酒课钞 611 余锭。[⑦] 安庆府税

---

① 《庐阳客记·物产》,齐鲁书社 1996 年版。
② 同上。
③ [明]张茂:《宿道春行》,[明]曾显等纂修:弘治《直隶凤阳府宿州志》卷下,明弘治十二年(1499)刻本。
④ [清]张孙振纂修:顺治《霍山县志》卷二《土产》,清顺治十八年(1661)刊本。
⑤ 《庐阳客记·物产》,齐鲁书社 1996 年版。
⑥ 成化《中都志》卷一《贡赋》,明成化间(1465—1487)刻本。
⑦ 万历《滁阳志》卷七《课程》,明万历四十二年(1614)刊本。

课司岁办课钞9141余锭。① 池州府岁办茶课钞185余锭、商税钞3730余锭。② 当然,一些地方税课司征收大量税课,反映了当地商业的恢复和繁荣,但如果收税过重也会影响市面的正常交易,池州在明初曾设税课司于市门,因税负过重,贸易开始萧条,民怨极大。于是,正统间知府叶恩奏革池州税课司,"自是贸易交集,物价始平,民甚德之"③。

二、城镇商业的复苏

随着农业经济的恢复和发展,城乡互通有无,通商惠农的重要性便被统治阶层中一些有识之士所认识。所以,明初安徽的一些地方官到任后,便十分重视本地城镇的恢复和兴建工作。这固然有统治者对地方社会进行有效控制的重要目的,但也考虑到了城镇建设可以聚集人气,招徕人口,繁荣地方经济的社会功能。如洪武五年(1372),尹安知石埭县时,看到的是"城内因兵燹,守御官尽将街砖揭砌墙垣,人民离散"的残破局面,于是便开始"甃砌街衢,疏通沟道,建立坊巷",并"相继区划本城,大街者为二,小巷者十五,复有沿溪街市",其结果是"民始复业","货客贸易顿盛"。④ 与此相似的例子,是成化四年(1468)出任来安知县的赵礼,"为民置场起市,通商惠农"。⑤

正是地方官的重视,以及农业和手工业的逐渐恢复和发展,明初安徽的农村市场经济也日益活跃和繁荣起来。成化《中都志》详细记载了明初凤阳府各州县的市镇数量,见下表:

明初凤阳府市镇情况表⑥

州县名	市　镇　名	市镇数量
临淮县	南小市、北小市、牛市、黄家店、俞家店、小溪店	6
凤阳县	东市口、西市口、蚌埠店、遗碑店、西泉店、武店、谢家店、楼子店、十三家店	9

---

① 天顺《直隶安庆郡志》卷五《税课司局》,明天顺六年(1462)木刻本。
② 正德《池州府志》卷三《食货·土贡》,明正德十三年(1518)刻本。
③ 嘉靖《池州府志》卷三《建置篇·属治》,明嘉靖二十四年(1545)刊本。
④ 〔近〕陈惟壬等纂修:民国《石埭备志汇编》卷一《大事记稿》,民国二十七年(1938)活字本。
⑤ 万历《滁阳志》卷一二《列传》,明万历四十二年(1614)刊本。
⑥ 成化《中都志》卷四《坊市》,明成化间(1465—1487)刻本。

定远县	永康镇、北炉镇、长乐镇、藕塘镇	4
怀远县	洛河镇	1
五河县	无记载	无
虹县	睢陵镇、塔墟镇、通海店、长直沟集、界沟集	5
泗州	青阳镇、双沟镇、龙窝镇	3
盱眙县	旧县镇、龟山镇	2
天长县	汊涧镇、城门镇、铜城镇、秦兰镇	4
宿州	无记载	无
灵璧县	陵子集、三村集、双沟集、陵子镇、楼子镇	5
寿州	瓦埠镇、东正阳镇	2
蒙城县	内津镇、楚村镇	2
霍邱县	高塘市、开顺镇	2
颍州	北关市、椒陂镇	2
颍上	无记载	无
太和	时店、卢家冈店、界沟店、税子埠店、玄墙店、双浮屠店、旧县店、东良善店、西良善店、宋城店、张册店、斤沟店、龙窝店、柘店	14
亳州	福宁镇	1
合　　计		62

表中所列的州县除了虹县、盱眙县今天属于江苏外，其他均属于安徽，所以成化《中都志》中有关凤阳府市镇资料的记载，基本上还是可以反映出当时安徽淮北农村市场经济日趋繁荣的大致情形。淮北地区人口密度大，满足农业生产需要的各种生产资料和消费品的交易量也很大，因而集镇颇多，但总的来看，发展程度不及江南地区，多处于初级交易市场阶段。如正德《颍州志》所载的村店市集，大致反映了安徽淮北地区商业恢复和发展的初级市场交易水平：枣庄店，在东乡 60 里，"田家交易"；岳厢店，在北乡 120 里，"田家交易"；三塔店，在北乡 110 里，杂太和户住，"小市集耳"；车家店，在北乡 40 里，"集而未成"，等等。

第三章

明中后期安徽农业生产的进一步发展

进入明中后期，安徽农业生产在明初以来发展的基础上，继续向前发展，人口繁庶，耕地扩大，水利建设逐步完善，粮食产量提高，农作物品种增多，经济作物广泛种植。这些为手工业的发展和商业的繁荣，打下了坚实的基础。

第一节　人口的增加和耕地面积的扩大

人口与耕地在农业生产诸要素中占有重要地位。人口盈缩,是传统农业社会经济发展水平高低的晴雨表,"户口之登耗,物产之盈缩系焉,而赋役之征胥此焉",所以"出长民者使生齿日繁……民可使富国用可取盈也"。[①] 耕地是传统农业社会中最重要的劳动对象,而人口与耕地的消长又紧密相关,人口减少或增长过缓,会导致劳动力资源的枯竭,田地抛荒就会日益严重,乃至地广人稀,田不尽垦。人口增长过快,人多地少的矛盾就会日益突出。时至明中后期,安徽人口和耕地数量总的情况是有所增长,但局部地区却有较大的下降,人口和耕地资源的空间分布出现了不平衡。

一、人口的增加

洪武以来百余年,社会经济逐渐恢复,并持续稳定地向前发展,既没有出现大规模的社会动乱,基本上也没有发生大的毁灭性的农业自然灾害,人口迅速繁殖,数量越来越多,这一时期是明代安徽人口增长最快的时期。

正德直至嘉靖末年,安徽人口增长呈现良好的势头,如嘉靖年间,安徽各地户口都有很大的增长,凤阳府属各州县户 107679,口 1097524;庐州府户 38709,口 554048;安庆府户 46652,口 540363;太平府户 31316,口 164938;宁国府户 52077,口 368384;池州府户 15386,口 81690;徽州府户 96189,口 557355;广德州户 29295,口 188687;和州并属县户 7028,口 76356;滁州并属县户 4962,口 46658。[②] 亳州在洪武初至正统十四年(1449),户 3221,口 27763;景泰至弘治十五年

---

① [明]徐世用等纂修:嘉靖《宿州志》卷二《食货志・户口》,明嘉靖十六年(1537)刻本。
② [明]闻人诠等纂修:嘉靖《南畿志》卷三《总志三・志户口田赋》,明嘉靖十三年(1534)刊本。

（1502），户 5578，口 55073；嘉靖四十一年（1562），户 6817，口 78010。①

由于人口的增长，为了便于管理，编里也随之增加，洪武七年（1374）亳县治编民 7 里，弘治九年（1496）县改为州，共 46 里，正德八年（1513）又添 3 里，共 49 里。② 宿州的人口增长也很快，"民数之登，咸倍于昔，是固生养休息之所致也"③。其他不少地方都出现类似的情况。

由于人口的日益滋长，弘治以后一些地方还出现了人多地少的矛盾，乃至田价大涨。如宁国府的泾县，"明初兵革平息，地广人稀，地价便宜，上田不过亩一金，至成化、弘治年间，因生理滋殖，地价大涨，田或亩十金。"④与明初的地广人稀形成鲜明对比，表明当时的人口已较前期有了很大的增长。在寿州及其所属霍邱县、蒙城县，嘉靖年间亦已出现了"寿之土田犹昔也，而户口日增"⑤的局面。徽州府自洪武迄嘉靖年间，200 余年来，"户口登降，大都不下十二三万，与宋之盛时相垺，过隋唐远矣"，而其间土田"稍稍增至四五千顷，然地力已尽"，⑥耕地的增长远跟不上人口的增长，人多地少的矛盾也十分尖锐。

当然，我们还应该注意到，明代中后期，安徽人口一方面继续增长，另一方面有些地区户籍人口不但没有增加，反而有所下降，人口发展及空间分布呈现不平衡的特征（参见下表）。

表3—1　明代前后期安徽人口分布状况表

府州	面积（km²）	前 期		后 期	
		人口（人）	人口密度（人/km²）	人口（人）	人口密度（人/km²）
凤阳	54950	427303	5.78	1097524	19.97

① ［明］李先芳等纂修：嘉靖《亳州志》卷一《田赋考·户口》，明嘉靖四十三年（1564 年）刻本。
② 嘉靖《亳州志》卷一《田赋考·里甲》，明嘉靖四十三年（1564 年）刻本。
③ 嘉靖《宿州志》卷二《食货志·户口》，明嘉靖十六年（1537）刻本。
④ ［明］邱时庸等纂修：嘉靖《泾县志》卷二《舆地纪·风俗》，嘉靖三十一年（1552）刻本。
⑤ ［明］栗永禄等纂修：嘉靖《寿州志》卷四《食货纪》，明嘉靖二十九年（1550）刊本。
⑥ ［明］汪尚宁等纂修：嘉靖《徽州府志》卷八《食货下》，明嘉靖四十五年（1566）刊本。

庐州	23018	367200	15.95	554048	24.07
滁州	4869	24797	5.09	46658	9.58
和州	2556	66711	26.10	76356	29.87
安庆	13877	422800	30.47	540363	38.94
太平	3089	259937	84.15	164938	53.40
池州	9510	198574	20.88	81690	8.59
宁国	11313	532259	47.05	368384	32.56
徽州	11423	592364	51.86	557355	48.79
广德	3340	247979	74.25	188687	56.49

说明：①各府州面积据谭其骧主编：《中国历史地图集》第七册（地图出版社1982年版）；②前期人口数，为《明史》卷40所载洪武二十六年数；后期人口数，为嘉靖《南畿志》卷3所载嘉靖年间数；③此表参考王社教：《苏皖浙赣地区明代农业地理研究》（陕西师范大学出版社1999年版）第70—72页的表2—4改制而成。

明前后期安徽各地人口升降及分布不平衡的状况，因缺乏必要的参考数据，而无法做出准确的估量，但上表却能较为近似地反映出各地人口状况的相对变化。明前期的凤阳府、滁州，尽管明初有大量移民迁入，人口有着较快的增长，但到洪武二十六年（1393）时，人口密度还不是很高，依然是地广人稀，而其他地区人口发展都比较快。到明后期，凤阳府、庐州府、滁州、和州、安庆府、宁国府的户籍人口有稳步的增长，但太平府、池州府、徽州府、广德州4个府州的户籍人口反而有大幅度的下降。这种人口增长及分布不平衡的状况，是与各地社会经济的发展状况相一致的。

凤阳府、滁州、和州、庐州府、安庆府在明代前期接纳过大量的境外移民，许多府州县的移民户口甚至接近或超过土著户，人口的机械增长远较皖南地区快。不过，这些地区的人口增长也并不是直线上升，在嘉靖、万历年间有过很大的波动。至万历以后才又有上升的趋势，但增长的速度已远不能与明初洪武年间相比。主要原因在于：一是人口是在增长，但却并不富裕，人口流动频繁。史载："然庶而不富，

盖有数口之家,而无担石之储者,日就流移,去而为盗"①。二是因为多灾和赋役繁重,人口逃亡现象比较严重。徐光启说:"江淮岁罹灾祲,贫民糊口四方,逃窜境外,郊野几为一空"②。淮北蒙城县苦于各种徭役,"弃故土而奔他乡者十之八九",个别地方甚至到了"流离几尽"的地步。③ 凤阳本是个多灾的地区,嘉靖元年(1522)、二年连续发生水旱灾害之后,"民大饥,斗米五钱,人相食,凤阳自是而无民矣"。④ 据《凤书》记载,自万历十七年(1589)至泰昌二年(1621),凤阳共发生旱涝灾害 6 次,平均 5 年多 1 次,这还尚未将局部范围和损失较小的灾害计算在内,史称"凤阳十年九荒,非旱则涝,不然则盗贼兵蝗也",⑤至明末时更是"十余年来无岁不灾,无灾不重"⑥。而凤阳赋役之重,也是明代全国罕见的。明初永免赋役的优渥并没有维持多久,各种差役接踵而至,"坐庐、凤、淮、扬、徐、滁、和四府三州文宴、武场供役之费","凤民攒眉相向,谓之三年一剥皮"。⑦ 人户不堪重负,多流亡于外,造成该县人口在万历以后大幅度减少。据《凤书》记载,该县洪武时期编民有 14 万,"自时厥后,旧志尚在丁口四万七千八百五十余口,万历六年,则仅存一万三千八百九十四口","户耗者十之七计,口耗者十之九","有一里止存四五甲者,有一甲止存一二口者"。⑧ 明代的钱士升进入凤阳境内,见到"土地荒芜,庐舍寥落,岗陵灌莽,一望萧然"的景象后,曾仔细地究其原因,"皆言凤土确瘠,在江北诸郡为下下,民居皆涂茨。一遇水旱,弃如敝屣,挈妻担子,乞活四方。而户口既以流亡,逋赋因之岁积。催征则绝其反顾,招集又疑为空言。有司束于正额,不得不以逋户之丁粮派征于见在之赋长。于是赔累愈多,而见在者又转而之他矣。此田土所以日荒,户口所以日耗,正额所以

①　嘉靖《宿州志》卷二《食货志·户口》,明嘉靖十六年(1537)刻本。

②　[明]徐光启撰:《农政全书》卷八《农事·开垦上》,长沙:岳麓书社,2002 年。

③　[清]田本沛等纂修:顺治《蒙城县志》卷二《秩官》,清顺治刻本。

④　天启《凤阳新书》卷八《碑记第七》,明天启元年(1621)刻本。

⑤　天启《凤阳新书》卷四《星土篇第一》,明天启元年(1621)刻本。

⑥　天启《凤阳新书》卷四《星土篇第一》,明天启元年(1621)刻本。

⑦　天启《凤阳新书》卷四《赋役篇第二》,明天启元年(1621)刻本。

⑧　天启《凤阳新书》卷四《赋役篇第二》,明天启元年(1621)刻本。

日亏,宿逋所以日积也"。① 安庆府望江县洪武年户5124,口35930,至万历年间人户大量减少,户2481,口17981。万历《望江县志》作者对此发出了疑问:"我望在国初户计五千一百有奇,口计三万五千九百有奇,今户之数则减十之五,口之数则减三之二"。明初"招集流亡,犹繁庶若此","迨其后也,重熙累洽,培眷一二百年,乃反日寡日耗,岂尽花漏出于狡猾,均防之法不覆,黄册之数不实耶?"②正是这种人口增长和人户逃亡并存的现象,导致这些地区的户籍人口数在明后期时增时减,波动很大。

皖南的池州府、太平府、宁国府、徽州、广德州,除了宁国府户籍人口稍有增长外,其他地区户籍人口到明中后期已趋于下降。造成明中后期皖南户籍人口普遍下降这种现象的原因是多方面的,除了大户苞荫、豪匠冒合、船居浮荡、军囚牵引、屯营隐占、邻境敝匿、僧道招诱③诸种情形以外,还有两个重要方面:其一,是严重的荒歉,如太平府,洪武二十四年(1391),户37589,口232998;嘉靖元年,户29935,口175205,④"户口较之国初,虽分析子户之多,尚欠原数,盖因荒歉逃亡故也"。⑤ 其二,是由于人多地少,人口压力较大,外出谋生和从事他业者多。如万历时的徽州,山多地少,所产不足以供养本区人口,"以今邑之人众几于汉一大郡,所产谷粟不能供百分之一"。⑥ 而从全国来看,宣德年间以后,市场经济的繁荣程度进一步加强,从而给这些人多地少地区所产生的富余人口提供了向外发展的道路。如徽州居民"鲜田畴,以货殖为恒产"⑦,尤其是在正德末、嘉靖初,"出贾既多,土田不重","迨至嘉靖末、隆庆间则尤异矣,末富居多,本富居少"。⑧ 除上述一部分富余人口彻底脱离农业生产,外出经商作艺外,当然还有少部

---

① [清]钱士升撰:《赐余堂集》卷一《祭告礼成回奏因陈目击民瘼疏》,清乾隆四年(1793)刻本。
② [明]罗希益等纂修:万历《望江县志》卷四《食货志·户口》,明万历二十二年(1594)刻本。
③ [明]周忱:《与行在户部诸公书》,[清]黄宗羲编:《明文海》卷一八〇,中华书局1987年版。
④ 嘉靖《太平府志》卷四《政治志·户口》,明嘉靖十年(1531)刻本。
⑤ 同上。
⑥ [明]张涛等纂修:万历《歙志·货殖》,明万历三十七年(1609)刻本。
⑦ 嘉靖《徽州府志》卷二《风俗》,明嘉靖四十五年(1566)刊本。
⑧ 万历《歙志·风土》,明万历三十七年(1609)刻本。

分富余人口逃往附近及外省宽乡继续从事农耕活动。

二、耕地面积的扩大

进入明中叶,安徽出现了垦田继续扩大和大量熟地变为荒田两者并存的矛盾现象。一方面,由于人口的增长,人多地少的矛盾日益突出,许多人无地可耕,不得不流往外地,从事经商等行业以谋生,或去开垦山头地角、湖边荡地;另一方面,则因灾或赋役繁重而导致人户逃亡,从而造成劳动力的严重缺失,大面积的熟地抛弃不耕,任其荒芜。弘治年间礼部尚书丘浚说:"今承平日久,生齿日繁,天下田价比诸国初加数十倍,水田惟扬州最贱,陆田惟颍寿为轻……"①江淮是"地旷民稀,什九务农,承租占田,丰多不售"②。于慎行则认为江北"百里比肩,地瘠利鲜,民惰差烦";③陈全之亦曰:"若庐州,则民习游惰,地不尽利。凤阳习俗本同。"④凤阳一带"田地荒芜,千里萧条,鞠为茂草",在明代中后期是有目共睹的。凤阳是明初屯民的集中地,但到弘治以后,朝政日益腐败,官吏横征暴敛,赋役也更加繁重,"凤阳为太祖帝里,初原以逸其民,今乃一夫而十役,事之更变,扰乱成法"⑤,以致屯民苦不堪言,"人户相继逃亡,田地多成荒废……成熟田地不过七百余顷"⑥,不及明初1/3。定远县民"性习安惰,罔知稼穑。水无潴蓄,灌溉不继,一遇旱干,辄负担弃土而逃"⑦。故人稀地广、土地荒芜不治的状况没有多大改观。到嘉靖、万历年间,张瀚经过一番实地调查,还认为"若夫内地之民,不特汉、沔多旷土",江淮也是"土惰人稀,一夫耕近百亩"。在他出任庐州知府期间,"尝往来淮、凤,一望皆红蓼白茅,大抵多不耕之地。间有耕者,又苦天泽不时,非旱即涝。盖雨多则横

① [明]丘浚:《屯田》,[明]陈子龙编:《明经世文编》卷七二,中华书局1962年版,第609页。

② [明]葛守礼:《葛端肃公家训》卷下,转引自谢国桢编:《明代社会经济史料选编》(下),福建人民出版社1981年版,第202页。

③ [明]于慎行:《谷山笔麈》卷一二,转引自谢国桢编:《明代社会经济史料选编》(下),福建人民出版社1980年版,第338页。

④ [明]陈全之著:《蓬窗日录》卷一《寰宇一·南直隶》,上海书店出版社1985年版。

⑤ 天启《凤阳新书》卷四《赋役篇第二》,明天启元年(1621)刻本。

⑥ 天启《凤阳新书》卷六《外篇第九》,明天启元年(1621)刻本。

⑦ 嘉靖《定远县志》卷一《风俗》,明嘉靖十四年(1535)刻本。

潦弥漫,无处归束;无雨则任其焦萎,救济无资。饥馑频仍,窘迫流徙,地广人稀,坐此故也"①。

田地大量抛荒,给明王朝的财政带来了严重的威胁,所以,明初以来的招抚流亡、听民复垦、奖励垦荒的政策以及地方官的招徕流民垦荒的实践,直到明中后期也没有停止过。如正德六年(1511),孙聪由进士知合肥,"寇乱之后,悉意安辑,民渐复业"②。嘉靖四年(1525),刘德辉由进士授定远知县,"县承荒疫之后,民半逃移,乃给票免差,劝令亲邻收恤,或赈粮助牛,未及三年,流民孙演诸人复业,计口殆至五千"③。嘉靖六年,"令各处板荒、积荒、抛荒田地,下税粮,派民陪纳者,所在官司,出榜招募,不拘本府别府军民匠灶尽力垦种,给与由帖,永远管业,免税粮"。④ 在太平府,洪武二十四年(1391)太平府及所属当涂、芜湖、繁昌三县官民田地 36211 顷 79 亩,嘉靖元年(1522)官民田地只有 16432 顷 13 亩 5 分 2 厘,⑤"已上田地较之国初,减去一万九千七百八十顷"⑥,"苟不募民开垦,则田日荒,粮日重,民移将无日矣"⑦。嘉靖七年(1528),知府林钺查得当涂县原报抛荒田 1613 顷 99 亩,"给示募民开垦,每田一顷给与牛犁工本银十五两,先开过田一百九十八顷,续又加给每顷银二十两,开过田五百顷,其银系府库收贮纸赎,请于察院准给听民开熟,令其三年之内输谷还仓,官不费而民亦得利矣。其未开垦者尚俟后图"⑧。此次垦荒,成效显著,不少农民回来复业。⑨ 嘉靖十三年(1534),朝廷令"各处但有抛荒堪种之地,听召流移小民,或附近军民耕种,照例免税三年。官给牛具种子,不许科

---

① [明]张瀚著;盛冬铃点校:《松窗梦语》卷四《三农纪》,中华书局 1985 年版,第 72 页。

② 嘉庆《庐州府志》卷二五《名宦下》,清嘉庆八年(1803)刻本。

③ [明]吕楠:《定远知县刘侯去思碑》,[明]高鹤等纂修:嘉靖《定远县志》卷九,明嘉靖十四年(1535)刻本。

④ 《明会典》卷一七《户部四·田土》,中华书局 1989 年版。

⑤ 嘉靖《太平府志》卷四《政治志·田土》,明嘉靖十年(1531)刻本。

⑥ 同上。

⑦ 同上。

⑧ 同上。

⑨ 嘉靖《太平府志》卷四《政治志·户口》,明嘉靖十年(1531)刻本。

扰"①。嘉靖二十三年(1544),"添设凤阳府通判一员,治农","开治荒地,招抚逃民"。② 嘉靖三十六年(1557),"令抛荒田地,集招土著、寄住及原业人户开垦"。③ 万历六年(1578),明神宗命令凤阳等地"民年十五以上无产无田者,挨户从实开报到官,每名给牛一只及附近荒田五十亩,责以开垦,仍给印信执照为业。其田粮差役俱照三年以后认纳"④。万历九年(1581),蒙城县令吴一鸾"亲历各乡招抚流移,散给牛种,开垦荒田千百余顷,民有常业,逃亡尽复"⑤。正所谓"皇明上下晏安,井里环聚,荆棘芟而草莱辟,种植时而灌溉利,由是野无不耕之田,视宋元为特矣"⑥。建平县亦是"生齿浸繁,田莱日垦,地有常产,岁有常供"⑦。从这些历史事实中,可见当时安徽垦殖的盛况。

随着人口的增长,垦田的不断拓殖,至明中后期,围湖废塘为田便频频见诸记载。早在宣德时期,周忱就曾上奏说南直隶应天、镇江、太平、宁国诸府的一些湖泊被富豪之家筑成圩田,引发水患,请求统统撤除。⑧ 在安徽潜山县旧郡治南原有南湖、灵湖、南园三湖,"其湖三面倚城,多古木,其水浸",至正德年间已是"水竭,乃为耕稼地矣"。⑨ 而该县东曰黄里湖,旧县在万山中,"近地多湖",至正德时也是"俱为陆地矣"。⑩ 嘉靖以后,新地拓殖范围进一步扩展,速度也逐渐加快。如"宿(松县)之诸湖亦多淤而为地,军民杂耕有年矣。然潦则无收,故不尽征其赋"。⑪ 望江县,原无宽圩大陂,至万历时仅有的一点小湖小塘,"或刍藁场所,后变而为田;或为贪暴所专其利,不得又或掯民以共

---

① 《明会典》卷一七《户部四·田土》,中华书局 1989 年版。
② 《明会典》卷一七《户部四·农桑》,中华书局 1989 年版。
③ 《明会典》卷一七《户部四·田土》,中华书局 1989 年版。
④ 《明神宗实录》卷七七,明万历六年七月丙子条,中国台北中央研究院历史语言研究所校印本,1962 年。
⑤ 万历《蒙城县志》卷三《食货志·田赋》,明万历十年(1582)刻本。
⑥ 万历《滁阳志》卷七《田亩》,明万历四十二年(1614)刊本。
⑦ 嘉靖《建平县志》卷二《田赋志·叙》,明嘉靖十年(1531)刊本。
⑧ [明]周忱:《折收本色疏》,[明]陈子龙编:《明经世文编》卷二二,中华书局 1962 年版,第 173 页。
⑨ 正德《安庆府志》卷七《地理志五十二》,四库全书存目丛书本。
⑩ 正德《安庆府志》卷七《地理志五十三》,四库全书存目丛书本。
⑪ [明]徐世用等纂修:嘉靖《宿州志》卷一《地理志·山川》,明嘉靖十六年(1537)刻本。

之,故任其荒废,修筑不时,而塘几墟矣"①;在滁州,"国初设有官坝凤凰等塘四十二处,总以灌溉之用,兼并者将膏腴塘亩私垦为田,亦有盗卖而得高价者"②。到明代末年,南直隶江北一带的牧马草场也皆被垦为民业,而无尺寸空闲,以至有人称"南太仆牧地六十二万顷,可变价济边",徐光启大表怀疑。③ 含山一都环峰塘,周围 10 里,灌田 100 顷,"前明塘为别郡势宦佃种,故塘下之田壹拾叁坝皆废"④。随着皖江地带圩田的勃兴,对滨河、滨湖之地草滩的围垦也十分普遍。如庐江新丰、新兴圩,"系巢湖水滩。明嘉靖三十一年(1552)大旱,居民钱龙等见水涸滩出,告县开垦二圩,本年成熟。知县何汝璋踏验取租,次年申报巡抚起科秋粮米九十石",因属于蓄水区,"嗣后湖水仍旧,滩圩淹没,赔纳粮草,民甚病焉"⑤。

明代中后期,随着垦荒政策的实施和地方官的大力招抚垦荒,安徽垦田面积又有大量的增加。到弘治十五年(1502),全国垦田面积为 6228058 顷 81 亩,其中安徽庐州府为 25430 顷 45 亩 9 分,凤阳府为 61262 顷 66 亩 7 分,徽州府田土为 25277 顷 52 亩 9 厘,宁国府 60682 顷 91 亩 6 厘,池州府 8919 顷 63 亩 1 分 5 厘,太平府 16243 顷 83 亩 2 分,安庆府 21890 顷 66 亩 1 分,广德州 15404 顷 29 亩 8 分,滁州 2912 顷 83 亩 8 分,和州 1891 顷 69 亩 5 分。万历六年(1578)全国田土 7013976 顷 28 亩,其中庐州府 68389 顷 11 亩,凤阳府 60191 顷 96 亩 7 分,徽州府 25478 顷 27 亩 5 分,宁国府 30330 顷 78 亩 4 分,池州府 9089 顷 22 亩 7 分,太平府 12870 顷 53 亩 3 分,安庆府 21905 顷 30 亩 8 分,广德州 21672 顷 44 亩 5 分,滁州 2809 顷 96 亩 8 厘,和州 6215 顷 89 亩 6 分。⑥ 凤阳皇陵卫屯田地塘池在成化年间是 2470.68 顷,⑦

---

① [明]罗希益等纂修:万历《望江县志》卷一《舆地类·塘圩》,明万历二十二年(1594)刻本。
② 万历《滁阳志》卷三《山川·塘沛》,明万历四十二年(1614)刊本。
③ [明]徐光启:《与周子仪给谏》,[明]陈子龙编:《明经世文编》卷四九二,中华书局 1962 年版,第 5450 页。
④ [清]赵灿等纂修:康熙《含山县志》卷九《田赋·水利附》,清康熙二十三年(1684)刊本。
⑤ [清]吴宾彦等纂修:康熙《庐江县志》卷五《水利》,清康熙三十七年(1698)刊本。
⑥ 《明会典》卷一七《户部四·田土》,中华书局 1989 年版。
⑦ 成化《中都志》卷三《屯田》,明成化间(1465—1487)刻本。

到嘉靖年间已达 7953 顷 78 亩。①

明代中后期,安徽垦田的不断拓殖与熟地变荒田这种矛盾的统一,和安徽人口的迅速增长与人户的大量逃亡矛盾的统一,是相互对应的。洪武以来百余年社会经济安定,安徽人口自然迅速增长,这是一条基本规律。在传统农业社会,人口的增长推动了垦田的不断拓殖,垦田面积随之扩大。但随着自然灾害的频繁、百姓赋役的加重、屯田制度的破坏以及商品经济的恢复发展,又出现了人户的大量逃亡,而人户的流失必然导致田地的抛荒。在这矛盾统一体的变化发展过程中,安徽人口的增长和垦田面积的扩大无疑是主流,是普遍的,也是长期延续的。而人口数下降和田地抛荒则是局部的、个别的,也是暂时的。唯其如此,明代中后期皖江沿岸平原的池塘、河湖、滩涂才得以围垦,皖南、皖西偏僻山区才得以开荒耕种,皖中粮食才能源源不断地供应太湖流域缺粮地区。

第二节　水利灌溉工程的兴建

在以农业为主的传统社会经济体系中,因地制宜发展农田水利,是防治和减轻水旱灾害的重要一环,正所谓"稼穑,民之命也;旱涝,民之患也。有民命之寄者,可不思所以备其患哉!"②明统治者不仅深知水利对农业发展的重要性,而且在大多数情况下也能将之贯穿于官府实政当中。明初,即有皇帝发布的"陂塘湖堰可蓄泄以备旱潦者,皆因其地势修治之"的谕旨,也有遣使分赴各地"督修水利"的实政。至明正统年间,还把农田水利建设的实效纳入地方官的考成之中:"令有司于秋成时修筑堤岸,疏濬陂塘,以凭黜陟"③。在"荒政非一端,水利为

① 嘉靖《南畿志》卷三《总志三·志戎备》,明嘉靖十三年(1534)刊本。
② [明]易鸾等纂修:嘉靖《和州志》卷九《沟洫志》,明嘉靖七年(1528)刊本。
③ [清]邹正阶等纂修:道光《宿松县志》卷六《水利志·堤堰陂塘》,清道光八年(1828)刊本。

急"①、"救荒不如讲水利"②的传统农业社会荒政理念的影响下,明代安徽的地方官府和民间社会力量都非常重视水利建设,"田平用塘、陂,高用堰、坝,挡,低用圩"③,就地随形兴建了一批或灌溉或防洪或两者兼备的水利灌溉工程,这对于减少安徽的水旱灾害,促进农业生产的发展,都起到了重要的作用。

一、河道整治工程

安徽从北到南有淮河、长江、新安江水系穿过。这三江除了新安江河道较为安澜以外,安徽境内的淮河、长江及其支流河段,皆桀骜不驯,常常泛滥成灾。要防止河道漫溢或溃决成灾,就必须在河道中下游的两岸修建坚固的堤防。在安徽北部,黄河夺淮以前,淮河入海通畅,淮不为灾,因而沿淮筑堤捍御洪水便只是民间零星的行为。同治《霍邱县志》曰:"夫沿淮筑堤所以御水患也",④"其旧制:沿淮一带筑有堤防以御水患,土人谓之大河岭",这说明很早以前在江淮北部的淮河南岸就筑有堤防。⑤ 南宋以后,"黄河通淮以来,淮多水患",于是伴随着治淮、治黄保运措施的实施,沿淮一带堤防建设的步伐也大大加快。嘉靖末年,河南归德等处大筑堤防,"而淮患益甚"。万历元年(1573)、二年之间,漕运都御史王宗沐大兴工役,"沿淮筑堤,几二百里,然随筑随坏。淮水污潴,河身随堤而高,其下泥沙深不可量"⑥。这说明在沿淮筑堤难度非常大。万历时因黄河南趋,洪泽湖水位上涨,淮河泛滥也愈趋严重,故于万历二十五年(1597)至二十七年筑凤阳段滨淮石堤共长 310 余丈,以捍淮水,全城赖以无恙。⑦ 万历四十二年,

① [明]徐恪:《地方五事疏》,[明]陈子龙编:《明经世文编》卷二二,中华书局 1962 年版,第 72 页。
② [明]潘潢:《覆积谷疏》,[明]陈子龙编:《明经世文编》卷一九七,中华书局 1962 年版,第 2037 页。
③ 《庐阳客记·水利》,齐鲁书社 1996 年版。
④ [清]陆鼎敦等纂修:同治《霍邱县志》卷一《舆地志五·水利》,清同治九年(1870)活字本。
⑤ 同上。
⑥ [明]叶权等著;凌毅点校:《贤博编》,中华书局 1987 年版,第 39 页。
⑦ [清]尹继善等纂修:乾隆《江南通志》卷四九《河渠志》,清乾隆元年(1736)刊本。

王世荫知霍邱，又"筑沣河堤，障水捍患，功垂不朽，于今利赖"①。

在安徽中部，无为及和县境内有无为大堤，堤上自无为县合兴，下至和县黄山寺，长125公里，大段在无为境内，它是庐州、巢县、和州、含山四邑之屏蔽。无为、和县一带宋代筑圩垦殖，明代堤工渐多。明初大兴水利，"江滨浮涨，日就垦辟，遂于沿江二百余里筑长堤，以捍御江潮"，其中就有正德年间修筑的胥家坝，后被坍入江中。②此后百余年间，无为外筑堤防，内筑圩岸，旱涝有备，田土尽成沃壤。但是至嘉靖、隆庆以后，江中沙洲丛生，逼江主流北趋，无为滨江坍江严重。于是嘉靖间州守郑淳典在屯台筑长堤十数里，"潮患顿息，民德之"③，称之为郑公坝。万历十六年（1588）无为知州陈应龙目睹"州自土桥河青山圩，受江水冲突，民多筑堤为圩，大小凡三百六十有奇。盛夏江涨，内合黄、白二湖，则水势汹涌，膏壤俱虑沉没"的状况，于鲫鱼口筑堤5200余丈，"外捍江潮"，"后人乃得因势增补，水患以息"，是为陈公坝。④万历四十一年（1613）知州孙慈因一坝（即陈公坝）将坍，起夫兴筑二坝，自青山圩至韩官圩，计5700余丈。万历四十五年州守陈鸣鹤因二坝将坍，又起夫11200名补筑三坝。⑤

鉴于安徽境内淮河、长江及其支流泛溢或堤决成灾严重的情况，明代安徽的地方官都十分重视河道的开浚工作，以此达到避灾减灾的目的。安徽境内的淮河以北地区，由于南宋以来黄河夺淮破坏了原先的水系，沙河、颍河、涡河等主要支流被黄水淤垫而成灾。针对日益加剧的黄河泛滥问题，明代一些有识之士曾主张治理淮北水利，必须将治河与农田水利有机结合起来。明嘉靖年间周用提出"天下有沟洫，天下皆容水之地，黄河何所不容；天下皆修沟洫，天下皆治水之人，黄

①　[清]张侨：《江坝章程序》，[清]陆鼎敫等纂修：同治《霍邱县志》卷八《职官二》，清同治九年（1870）活字本。

②　[清]吴元庆等纂修：嘉庆《无为州志》卷二六《艺文志》，嘉庆八年（1803）刊本。

③　嘉庆《无为州志》卷六《水利志二·捍卫》，嘉庆八年（1803）刊本。

④　嘉庆《无为州志》卷一四《职官志·名宦》，嘉庆八年（1803）刊本。

⑤　嘉庆《无为州志》卷六《水利志二·捍卫》，嘉庆八年（1803）刊本。

河何所不治。水无不治,则荒田何所不垦"①的建议,即大力兴修沟洫,注意排涝。这种将水利与除害融为一体,把农田水利与治河防洪统一规划的治水思想是很有见地的。在实践中,明代安徽的地方官员也遵循了这一治水思路,在淮北广泛推行以河道疏浚、防洪排涝为主的水利建设。弘治年间,"宿州知州黎熙大修符离集永济桥下列五洞,以防潦水"②。正德五年(1510),明王朝开始通过疏浚贾鲁河与亳州河渠,以分消水势,并修筑长堤,阻止黄河南徙。正德十年,再次疏浚亳州河渠,分杀黄河水势。③ 嘉靖五年(1526)八月,礼部尚书吴一鹏给假展墓,回京路上,"及渡淮以北,则田庐淹没,渺然巨浸,千有余里","请遣使体勘,蠲租贷粟,而于涡河堙塞等处,或疏故道,或开支河"。④ 该年十二月,巡按御史穆相针对吴一鹏建议,上言:"兖南徐北,去东海不远,于此相逐地势,开一渠河,立以坝闸,设以守官,遇水发分流,以杀其势,小水锁闸,以截其流,庶几有所归,不为民患。且启闭有时,亦不伤运河也。"时提督漕运总兵官杨宏亦言:"徐州上流,若归德小坝河、丁家道口河、亳州涡河、宿迁小河等处,俱有黄沁分流支派故道,宜于此开浚,或有捷路可辟,亦从其便,庶可以分杀水势也。"⑤隆庆年间,"砀山知县戴伟凿城南新汇泽渠泄水","砀山知县王廷卿开城南新渠泄水"。⑥

在安徽东部的滁州、来安、全椒一带,因在滁河、襄河的干支流两岸及其下游多分布有地势低洼的圩田、屯田,而滁河发源于庐州府旧梁县,曲折400里,趋江苏六合瓜埠口入江。其所受诸水在全椒有襄河,在滁州有清流河,沿河南岸为含山、和县、江浦、六合交错之地,"众流辐辏集,不下百数,一遇淫潦,势难骤泄,往往以沿河圩田为壑,居民

　　① [明]周用:《理河事宜疏》,[明]陈子龙编:《明经世文编》卷一四六,中华书局1962年版,第1458页。
　　② 武同举纂述:《淮系年表全编》第2册《淮系年表九》,民国十七年(1928)铅印本。
　　③ 《淮系年表全编》第2册《淮系年表十》,民国十七年(1928)铅印本。
　　④ 《明世宗实录》卷六七,嘉靖五年八月癸酉条,中国台北中央研究院历史语言研究所校印本,1962年。
　　⑤ 《明世宗实录》卷七一,嘉靖五年十二月丙子条,中国台北中央研究院历史语言研究所校印本,1962年。
　　⑥ 《淮系年表全编》第2册《淮系年表十》,民国十七年(1928)铅印本。

苦之"①。因此,一方面,要大力疏浚干支流河道的下游,使之通畅,以达到避水减灾的目的。和州有姥下河上通麻、沣二湖,下接牛屯大河,长70里许,宽8丈,灌溉70余圩及南京诸卫屯田,由于连年河溃闸圮,以致河道淤塞,于是,正统十四年(1449)兴役疏浚,于姥镇丰山嘴叶公坡各建闸以备旱涝。② 正德十五年(1520),御史成英言:"应天等卫屯田在江北滁、和、六合者,地势低,屡为水败。从金城港抵河达乌江三十余里,因旧迹浚之,则水势泄而屯田利",诏可。③ 另一方面,滁河水患比较严重,主要是由于河道迂曲狭窄,下泄不畅所造成的,所以另辟滁河入江捷径,就成了治理滁河、襄河水患的关键。嘉靖五年(1526),巡屯御史曹某建言,欲改从和县分水岭,由赭乐山前达大江。后遭和州知州易鸾的反对而未果。④ 万历十一年(1583),巡按直隶御史徐金星鉴于"江北屯田自庐、滁抵六合,延袤七十二圩。一遇山水暴发,淹没不救",而又查得旧开浦口黑水河20里,未完工程仅2里余,故建议"拨军人开挖,工只一月,所救济则数万顷之沃壤也",此议得到"部复,如议"⑤。天启年间(1621—1627),操江御史丁某亲勘滁河水利,题准疏浚滁河之委(浦口的朱家山河道),工已完成大半,但遭六合县人阻止而中断。⑥ 尽管滁河截弯取直的入江水道由于人为因素干扰在明代没有凿成,但是却为后世治水者提供了一个有益的启示。

二、蓄灌工程

安徽降水丰富,但季节和地区分布不均衡;江河湖泊众多,可用灌溉的水资源潜力巨大,但能直接用作灌溉的水源却相对有限。因此,如何利用这些水资源为农业生产服务,兴利除害,是历代统治者都必

---

① 张其濬等纂修:民国《全椒县志》卷三《山川志》,民国九年(1920)年铅印本。
② 高照等纂修:光绪《直隶和州志》卷六《河渠志》,光绪二十七年(1901)活字本。
③ 《明史》卷八八《河渠六·直省水利》,中华书局 1974 年版。
④ 民国《全椒县志》卷三《山川志》,民国九年(1920)年铅印本。
⑤ 《明神宗实录》卷一三四,明万历十一年闰二月甲寅条,中国台北中央研究院历史语言研究所校印本,1962 年。
⑥ 民国《全椒县志》卷三《山川志》,民国九年(1920)年铅印本。

须考虑的问题。明代安徽的官民在治水实践中,主要在两方面作了很大努力,且富有成效。

1. 引水灌溉

即因地制宜地利用自然山水、湖泊、小河、溪流发展农田灌溉事业。如在安徽淮北,因黄河南下夺淮入海的影响,河道淤塞严重,水系极为紊乱,往往是河流故道附近地势较高,而各河之间,特别是干支流交汇处附近则形成洼地。一方面,由于黄河经常决溢泛滥,农田苦于淹没之患,而以堤防是赖;另一方面,高地水流不通,数日不雨则田土龟裂,禾苗枯死,又常饱受干旱之苦,而以引河导灌为重。嘉靖《颍州志》论曰:"颍之田土皆平原旷野,率多洼下,不能皆近河湾,必随地有沟以达于河,然后所谓湖塘陂堰者于天时无雨则可由沟以畜,而田可施灌溉之功;所谓河湾涧者于天时有雨则可由沟以泄,而地可无淹没之苦。生民斯享收成之利矣。"①正因为这种大平小不平的特殊地貌,才形成了淮北地区防洪排水与开渠引灌相兼的水利建设特征。如成化年间(1465—1487),颍州同知刘节开界沟小河泄水灌田,太和县令刘玠亦开五道沟引沙河水灌溉民田。② 据地方志记载,当时由于引灌的沟渠为数较多,蒙城县境内嘉靖年间共有沟 22 条,③颍州及其所属颍上、太和 2 县亦有沟 31 条。④ 这些沟洫条分缕析,具有宣泄河湾洪水和引水灌溉的双重作用,与本地的农业生产关系最为密切。

在皖中,万历年间胡若思任桐城县令时,"凿渠引桐溪水溉西郊民田数十顷,民至今利之,名曰'桐渠'"⑤。桐溪,位于桐城县北郭外,水源自龙眠、华屋诸山,南绕龙河资福寺等处,汇于练潭,至枞阳入江。其水由观音崖下,沿山分支流出西南溉田的这一段河渠,即是胡若思所凿,名曰:"桐渠"。潜山的尧年乡地势高亢,"其田五万余亩,小旱辄不收",于是明代的潜山县丞宋信"率其民凿河三十余里,引吴塘水

① 正德《颍州志》卷五《沟洫志》,明正德六年(1511)刻本。
② 乾隆《江南通志》卷六二《河渠志·水利》,清乾隆元年(1736)刊本。
③ [明]栗永禄等纂修:嘉靖《寿州志》卷二《山川纪·陂塘》,明嘉靖二十九年(1550)刊本。
④ 正德《颍州志》卷五《沟洫志》,明正德六年(1511)刻本。
⑤ [明]焦竑撰;顾思点校:《玉堂丛语》卷二《政事》,中华书局 1981 年版,第 35 页。

溉之,乃岁有秋,民德之,为立祠祀焉"①。在大别山地的溪流旁,农民利用山溪性河流落差大、水流湍急的特点,装上水轮和筒车,借水流自然动力而无庸人力来灌田,也不失为因地制宜的一项救旱良法。如明御史邢址游潜山时,就曾见"溪旁有轮著水左右,曰水轮也。山雨溪涨,缚竹为筒,水驱轮转,筒自挽以灌田,无庸人力也"②。

在皖南,苏大溪在建平县西南 25 里,"东接三峡水,西通小湖蒲,溉田可数百顷,民甚赖焉。"③在徽州,休宁县五城水出婺源五岭及颜公山,二水合,流于龙湾溪口,溉田 4000 余顷。南当水出南当山,东流 150 里,溉田 32 顷。祁门县赤溪水出鱼亭山,溉田 42 余顷。大共水出大共山,溉田 5 余顷。卢溪水出梅南山,溉田 80 余顷。大北港水出历山,溉田 17 余顷。

2. 蓄水灌溉

在山区,虽然可供农业灌溉的水资源比较丰富,但由于山地陡峻,河流湍急,可直接用于灌溉的条件却并不理想,较少有天然引水灌溉之利。在丘陵冈地,由于地势高亢,森林植被覆盖率低,地表蓄水功能薄弱,干旱就显得比较严重。因此在山地丘陵地带,最重要的是解决好农业灌溉用水的拦蓄问题。而能较好拦蓄水的水利形式便是陂塘堰坝。陂即野池,塘犹堰。陂必有塘,故陂和塘常连称。而单独称的塘,一般指水塘。堰、坝皆是一种较低的能挡水、溢流的水利工程,横截河中,用以抬高水位,以便引水灌溉。正是陂塘堰坝的水利形式适合山地丘陵岗地的地形和水文特点,所以明代安徽尤其是皖西大别山区、江淮丘陵、皖南山地一带的陂塘堰坝蓄水工程建设取得了较大的发展。

明代时淮北地区多为黄泛区,只是在沿淮的颍州、怀远等州县,兴修了一些小规模的沟塘,用于农田灌溉。颍州土陂,在州南 90 里,"土民筑陂障老军屯、栗林坡诸水,以溉黄花坡西之田";温家堰在州南 70 里,"土民筑堰以畜土陂下流之水,溉黄丘店西之田";土堰湾在州南

---

① [清]姚琅等纂修:康熙《安庆府志》卷一二《邑政绩传》,清康熙二十二年(1683)刊本。

② 康熙《安庆府志》卷二八《艺文志·记·游山谷记》,清康熙二十二年(1683)刊本。

③ [明]姚文华等纂修:嘉靖《建平县志》卷一《舆地志·山川》,明嘉靖十年(1531)刊本。

160 里龙颍湾东,"汝水落,则湾中皆膏腴,土民筑堰壅五汊沟泉水以溉湾田,为利甚溥。汝涨则淹没无遗";椒陂塘在州南 60 里,广 10 余顷,溉田万亩;清陂塘在州西南 160 里,塘自西至东 20 里,南北可七八里,"民乐其利"[①]。怀远境内郭陂塘在县治南 25 里,周围 40 里。受凤阳诸山水,经上盘塘入境,流归下盘塘,西入郭陂塘。两盘塘之间筑有龙王坝,坝南有沟设闸,"沟水盛至,则启闸泄盘塘之水,由闸沟北行,过莲花池,以归濠水。水小则闭闸,使悉由龙王坝西行查八店之南,以归郭陂塘焉"。设有东西 12 石门,以备蓄泄;有塘总、塘长司其启闭,灌溉田地达数千亩,"县之秋粮仰给于此"[②]。由于年久失修,闸门毁坏,龙王坝亦毁,水利失宜,于是万历三十二年(1604)知县王存敬委县丞许武城督修,"凡围堰水门悉皆坚实,旱涝不惊,民得安业"[③]。

在皖中的沿淮台地和西部、中东部山区和丘陵地带,陂塘堰坝建设在在有之。据嘉靖《寿州志》的记载,寿州境内其时共有陂塘 47 处,霍邱"县境南皆高阜冈原四达,水不停蓄",故"邑内不乏陂塘湖堰之属"以资灌溉,共有陂、塘、堰 15 处。[④] 其中以寿州境内的芍陂建筑规模最大,灌溉面积最广。正德十三年(1518)为寿州同知的袁经,"疏导芍陂水利,民便之"。同时期的寿州知州王鏊也兴修芍陂水利。[⑤] 嘉靖年间寿州知州栗永禄对芍陂进行了修治,史称他"历塘而观,度地量期","浚淤积,导上流,列堤而捍之。构官宇一所,杀水闸四,疏水门三十六,溉水桥一"。四杀水闸,即北堤文运闸、龙王庙闸、凤凰闸、皂口闸。经此修治后,一时"浩森迂回,波流万顷。启闭盈缩,各以其时",自此"泽卤之地"、"无歉岁"。[⑥] 万历三年(1575),寿州知州郑琉如奉按院舒公命浚治芍陂,搜币杂谷,以工代赈,督夫挑河,筑堤坝,百日而功成。[⑦] 凤阳府定远县的陂塘建设也颇为可观,嘉靖四年(1525)

---

① 正德《颍州志》卷一《山川·陂塘附》,明正德六年(1511)刻本。
② [清]孙让等纂修:嘉庆《怀远县志》卷八《水利志》,清嘉庆二十四年(1819 年)刻本。
③ [清]唐暄纂修:雍正《怀远县志》卷一《山川》,清雍正二年(1724)刻本。
④ [明]栗永禄等纂修:嘉靖《寿州志》卷二《山川纪·陂塘》,明嘉靖二十九年(1550)刊本。
⑤ 嘉靖《寿州志》卷五《官守纪》,明嘉靖二十九年(1550)刊本。
⑥ 嘉靖《寿州志》卷二《山川纪·陂塘》,明嘉靖二十九年(1550)刊本。
⑦ [清]曾道唯等纂修:光绪《寿州志》卷六《水利》,清光绪十六年(1890)活字本。

到任的定远知县刘德辉"当农隙时,设塘坝长,鼓率使水人众,修理塘坝,至三百有五座","其难耕洼处",又作陂塘数面,"灌溉咸足,因致富庶"。① 经刘德辉等地方官的建设,至嘉靖年间,定远县有汉泉堰、楚泉堰2座,小石塘、藕塘、白塘、新塘、小堰塘等55座,有白羊坝、蓝家坝、郭家坝等18座,有城子陂、辽西陂等7座。②

六安州"皆山田,故多塘堰而无圩"③,历来资湖塘堰以灌溉。明代万历时有73塘、25堰、9湖、3涧、1港。④ 其中霍山"县多山,其半为平田,有湖有堰有塘"⑤。

在庐州府,张瀚在出任知府时,"行阡陌间,相度地形,低洼处令开塘,高阜处令筑堤。遇雨堤可留止,满则泄于塘,塘中畜潴,可以备旱。富者独力,贫者并力,委官督之,两年开浚甚多"⑥。他的这一督促民间开塘筑堤之措施,不仅灌溉有收,而且还获鱼鳖之利,大大促进了江淮丘陵地带的蓄灌工程建设。如"合肥县前奠平陆,凡百里。左湖右山而后亦广野,故有塘有圩"⑦。万历年间,合肥有陈山、籼稻等陂24,石牛、苏陂、卢陂、龙谷等塘39。⑧ 舒城西南多山,东北近湖,前河贯其中,后河介其北。"以近山,故资堰。以地兼平衍,故有塘","有泉堰灌田万顷"⑨。七门山来自孟潜,孟潜距两河之间,山脉东迤,为大陆广袤数十里,七门斜贯其中。七门山下溪侧有石洞如门者七处,筑有七门堰,又有乌羊、槽牍堰,是古代著名的水利灌溉工程。舒城三堰传说为西汉淮南王刘长始建,又一说为羹颉侯刘信所建。县境有"三堰、十塘、九陂",以七门堰效益最大,原可"灌田八万余亩"。历代一再重

① [明]吕柟:《定远知县刘侯去思碑》,[明]高鹤等纂修:嘉靖《定远县志》卷九,明嘉靖十四年(1535)刻本。

② 嘉靖《定远县志》卷一《山川》,明嘉靖十四年(1535)刻本。

③ 《庐阳客记·水利》,齐鲁书社1996年版。

④ 万历《六安州志》卷三《食货志·水利》,明万历十二年(1584)刻本。

⑤ 《庐阳客记·物产》,齐鲁书社1996年版。

⑥ [明]张瀚著;盛冬铃点校:《松窗梦语》卷一《宦游纪》,中华书局1985年版,第9—10页。

⑦ 《庐阳客记·水利》,齐鲁书社1996年版。

⑧ [明]胡时化等纂修:万历《新修合肥县志》卷上《山川志·水利》,明万历元年(1573)刻本。

⑨ 《庐阳客记·水利产》,齐鲁书社1996年版。

修,明洪武初年,许荣曾"按地形修七门诸堰,劝重农桑,民赖以宁"。①明代舒城县令刘显曾对七门堰大加修治,开挖15荡,并于七门、乌羊两堰之间的龙王庙西作坝障水,"以灌诸堰";又"分闲忙定引水例,董以堰长"②,民遵行之。弘治十六年(1503),舒城大旱,民人请于太守马汝砺,要求开浚久已不治的七门堰。马汝砺借助义官濮钝之的策划,"征工发徒,疏土桥渠,以导其水之流,开侯家坝以顺其水之势","不一月间,源泉混混,盈科而进,其余若堰、荡、陂、塘、沟咸以次而治"③。万历三年(1575),舒城知县姚时邻、主簿赵应卿对"七门岭以至十丈等陂,则为修理,由柳杨鹿肉以至黄泥等垱,则为疏通,由含慈而路沛等处、洋萍陂而六冲等垱,则为还官。他若行水过沟,如新垱类难枚举者又皆悉为躬问而挑筑。但见高者平浅,深浸者复,泛滥者消除,淤填者浚沦,水由地中行,而岁见有秋矣"④。乌羊堰在七门堰以东,坐落新河口,原可灌田万余亩,明代河道南迁,"七里沟屡泛决,田尽淤,而堰随废"⑤。䲢𫚭堰坐落西关外,离城半里,水绕城而东,分为三沟,原可灌田20000余亩,后来河流南徙,堰半废,水涨时易淹城。至清初时,䲢𫚭堰因"与通衢接,房屋鳞如匝堰而构,水道淤塞,变为市阛"。⑥庐州府巢县,"其南多山,则亦有堰有坝,而塘之大小杂然相望。"⑦庐江县"南有山,东滨湖而平田居其七八,故有塘有堰有坝有荡,湖山并资以为灌溉,由是岁鲜不登"⑧。

正德、嘉靖年间,安庆府筑有塘73、堰41、陂14、堤5、隔5、涧4、泊

---

① [清]熊载升等纂修:嘉庆《舒城县志》卷二〇《名宦·乡官附》,清嘉庆十一年(1806)刻本。

② [清]吕林钟等纂修:光绪《续修舒城县志》卷一一《沟渠志·水利》,清光绪三十三年(1907)活字本。

③ [清]秦民悦:《重修七门堰记》,[清]陈守仁等纂修:雍正《舒城县志》卷三一《艺文志》,清雍正九年(1731)刻本。

④ [清]盛汝谦:《舒城县重修水利记》,[清]陈守仁等纂修:雍正《舒城县志》卷三一《艺文志》,清雍正九年(1731)刻本。

⑤ [清]吕林钟等纂修:光绪《续修舒城县志》卷一一《沟渠志·水利》,清光绪三十三年(1907)活字本。

⑥ 光绪《续修舒城县志》卷二八《职官志·名宦》,清光绪三十三年(1907)活字本。

⑦ 《庐阳客记·水利》,齐鲁书社1996年版。

⑧ 《庐阳客记·物产》,齐鲁书社1996年版。

2、塅3。[1] 宿松境内有方家塘、金家塘等 33 处塘,在明时有知县施溥、杨之屏踵修。[2] 望江县也多塘,共计塘 26 面。[3] 潜山县陂塘甚多,其中的吴塘堰是古代有名的水利灌溉工程。吴塘堰又名吴塘陂,坐落在今安徽省潜山县西 10 公里的潜水南岸,系东汉建安五年(200)扬州刺史刘馥所创。建安十九年,曹操派朱光为庐江太守,屯田皖县(即今潜山县),大修吴塘堰。后该地被孙权所夺,孙权遣吕蒙镇守其地。吕蒙"凿石通水,灌田三百顷"[4],"以吴名塘"[5],故曰吴塘堰。堰依山水势土筑,"居潜上游,横截河流,注之堰中,若建瓴",迤逦至薛家堰,分为 3 渠,"溉田三千七百余石,约万有一千余亩"。建成后,历经唐宋元,代有修辑,"以故他壤告饥,而堰以下独无恙"[6]。但是,到了明中叶,堰荒废已久,已经不能发挥应有的灌溉效益,"土疏善崩,渠壅水行弗利,则怒而啮其堤,堤岁苦决,有旱煤忧"[7]。为此,嘉靖元年(1522),安庆知府胡瓒宗奉巡抚李充嗣之命,重修吴塘、乌石二塘堰。他亲至吴塘相地宜,"乃筑于上流,佐尼山麓之石为渠,凡二百余尺,广十有六尺,深加广四之一,水入石渠顺其性,安流徐行,以达于土沟,以灌于田,岁乃大熟"。胡瓒宗此役颇得民心,民歌之曰:"郡有贤侯凿石渠,石坚渠深水平趋。工不再兴田常濡,私足粒食官无逋。昔为吴塘今姓胡,千秋万年名与俱。"[8]越二十年,潜水河变而高,陂渠尽废,仅存洞址。万历二十九年(1601),潜山知县于廷寀知"百姓之急,惟渠坝最重",亲到上下吴塘间,"迹所源流,审势察宜",定下了"倚山为洞,令岸厚而河远,遮几可障狂澜而垂永久"的方案。最后历经 3 月,成功地改建了吴塘堰。此次改建吴塘堰,主要是倚山垒石为洞,伐山凿石,于

① 正德《安庆府志》卷一五《沟洫志第五上》,四库全书存目丛书本。

② 张灿奎等纂修:民国《宿松县志》卷二〇《水利志》,民国十年(1921)铅印本。

③ [明]罗希益等纂修:万历《望江县志》卷一《舆地志·塘圩》,明万历二十二年(1594)刻本。

④ [清]顾祖禹:《读史方舆纪要》卷二六《江南八·安庆府·潜山县》,上海书店出版社,1998 年。

⑤ 徐尧莘:《重修吴塘堰记》,李载阳等纂修:民国《潜山县志》卷一《舆地志上》,民国四年(1915)木活字重印本。

⑥ 同上。

⑦ 汪伟新:《新开吴塘石渠记》,李载阳等纂修:民国《潜山县志》卷一《舆地志上》,民国四年(1915)木活字重印本。

⑧ 同上。

凿石处置堰，"带河阻山，避立为障"。同时，又改建引水渠，水流沿山脊而行，"不与石斗"，置巨石，张水门而肩以木，"视水大小闭纵之"，堤外又筑土堤，植树以固堤。① 自此之后，吴塘堰虽屡有修筑，但规模未改，民"犹赖其利"。②

和州也有很多塘面，共灌田 8000 多亩。滁州，多山地，"西北山水盈涸不常，惟因地之高下，潴以为塘、为沛，引以为沟，堵以为坝、为堰"③，所以在宋代时有塘沛 112 面，明时修有塘 31、堰 2、坝 10。④ 嘉靖四十五年（1566），刘正亨任来安县令后"诸圩尽固，诸塘水尽蓄，而龙尾一坝利赖尤多"⑤。

在皖南，池州府、太平府、宁国府、徽州府、广德州等府州县，是唐宋以来农业开发的重点地区之一，人口众多，耕地垦殖程度较高，凡是能够垦辟成田的缓平山坡俱已开垦完毕。除了休歙盆地因平地较多，池塘的数量占有较大比重外，其他地区均以拦河蓄水为主。正是由于水利事业较前发达，所以皖南的许多地方虽无平畴广野，却仍以饶沃称于当世。不过，皖南山地水利事业的发展也存在不平衡，大体休歙盆地及北部靠近沿江平原地区因地势较为平坦，兴修水利的自然条件较为优越，水利工程较多，灌溉面积较大。西部石埭、建德和东部广德各地则因山崇岭峻，流短溪急，易涨易枯，水利工程的兴修较为困难，水利设施甚少。如万历时期，石埭县各项水利设施只有 48 处，广德州只有 41 处，建德县和青阳县更少，分别只有 38 处和 18 处。⑥ 这样少的水利工程，自然满足不了农业生产的需要。

---

① 徐尧莘：《重修吴塘堰记》，李载阳等纂修：民国《潜山县志》卷一《舆地志上》，民国四年（1915）木活字重印本。

② 李载阳等纂修：民国《潜山县志》卷一《舆地志上·水利》，民国四年（1915）木活字重印本。

③ ［清］熊祖诒等纂修：光绪《滁州志》卷六《水利》，清光绪二十三年（1897）木活字本。

④ 万历《滁阳志》卷三《山川·塘沛》，明万历四十二年（1614）刊本。

⑤ ［清］郝孔昭：《刘公生祠记》，［清］刘廷槐等纂修：道光《来安县志》卷一三《艺文志》，道光十年（1830）刊本。

⑥ ［明］丁思恭等纂修：万历《池州府志》卷二《建置志·泉渠》，明万历四十年（1612）刻本；［明］李德中等纂修：万历《新修广德州志》卷一《舆地志·山川》，明万历四十年（1612）刊本。

三、圩田水利

圩田,亦叫围田,在两湖地区叫垸田,在珠江三角洲地区称基围或堤围。即在湖泊多水及河流三角洲地区,临水筑堤,将水与农田隔开,堤内密布灌排渠道,在堤下建闸,旱时开闸引水灌溉,涝时把堤内多余的水泄掉。安徽圩田滥觞于三国,宋代达到了相当的规模,据《宋史·食货志》、《宋会要辑稿》和有关地方志的记载,当时庐江、合肥、无为、历阳(即和州)、怀宁、枞阳以及皖南的太平府、宁国府等地均有圩田分布,数量以百计。①

明初对唐宋以来的旧圩也进行了不断的培修,使圩田的防洪抗涝能力大大提高,并兴修了许多新的圩田。明代中期,随着人口的迅速增加,人多地少的矛盾逐渐突出,于是占江围湖、与水争地的现象越来越多,沿江河地带的圩田建设又进入了一个新的高峰。如庐州府的庐江县在嘉靖时修筑有 86 圩,其中 84 圩修筑于嘉靖前,嘉靖年间修筑有新丰圩、新兴圩 2 圩,嘉靖以后至明末又新筑了天井圩、新圩、荒圩、白汤圩、南都圩、北都圩共 6 圩。② 在庐州府属巢县,万历三年(1575)二月,知县李世隆经画贾塘,躬履其地,"相地势水势之宜,而曲折以避其波涛搏击之处"以建圩,圩工"计高七尺五寸,阔二丈五尺,长六千武"。圩建成后,"昔时荒烟沮洳之区,绵亘逶迤,视之若长河焉",往岁"春涨冲啮,湖波泛溢,风涛震撼,溃决顷刻"的状况也得以改变,"江潮如故,圩卒无恙"。③ 安庆府桐城县也于嘉靖年间在江滨陈家洲一带筑围。④ 滁州来安县在明代有 19 圩,其中大雅圩等 16 圩皆是嘉靖四十五年(1566)知县刘正亨请发仓稻 1200 石助工修筑,用夫 20 余万,筑埂 23260.8 丈。⑤ 和州戈义圩本是水滩荒地,隆庆四年(1570)知州晋朝臣令民开垦。万历元年(1573),和州知州康诰筑埂,"丈量升

① 参见长江流域规划办公室编:《长江水利史略》第5章、第6章,水利电力出版社1979年版。
② [清]俞燮奎等纂修:光绪《庐江县志》卷三《赋役·田赋》,光绪十一年(1884)刻本。
③ [清]张承芳:《李公圩记》,[清]舒梦龄等纂修:道光《巢志》卷一五,清道光八年(1828)刻本。
④ 康熙《安庆府志》卷九《名宦》,清康熙二十二年(1683)刊本。
⑤ [清]刘廷槐等纂修:道光《来安县志》卷五《水利志》,清道光十年(1830)刊本。

科,士民赖之,因名永康,以志思云"①。万历四十年(1612)春三月,和州因滨江地带"江潮涨溢,湍激荡析","遂成沮洳,不障不陂,弃为薮泽",于是地方官府大兴工役,修辑永丰圩,"积岁,圩尽为沃壤"②。在池州府铜陵县,全县共 15 里,"而水之为害什居七八"。县有仁丰圩,分为上中下三圩,即壬子圩、新桥圩、刘潭圩,周围 84 里,田粮自占 2700 余石,"里分所莞者凡七里,一县田赋独居太半"。弘治、正德年间,"江西诸水泛滥,冲开小姑山口。每至春水暴涨,倾洞而下,仁丰诸水化为巨浸",原因在于"上既无萦迁之阻,以停蓄其势力,下又梁山东西并峙,以束其流",加上去铜陵不到 5 里的新沟,"日久壅淤,江水暴发则溢,而进山水通则汇而存仁丰诸圩,所以为壑者,凡以此也"。所以时人建议疏浚新沟,"自汤家沟而出以达狄港,取其土筑高塍,以障江水,则仁丰诸圩皆良田矣"③。在宁国府,有一罗公圩,原本是废滩,嘉靖四十三年(1564),庠生胡希瑗呈郡守罗汝芳发币金倡筑,推官李惟观督工修成。④ 在广德州,所属建平县有桐汭、临湖二乡,地势低洼,圩田 76 所,计 56388 余亩。宋绍兴年间"圩岸水圮,知县苏十能申常平司给钱米修筑,民赖其利"。后屡筑屡圮,明中期州判官邢寰、邹守益相继修筑。嘉靖八年(1529)秋大水,知县连镤重修。⑤

值得一提的是望江西圩的修筑。该圩位于望江县东北 60 里,周长 30 余里,岸长 3970 余丈,阔 10 丈,高 2 丈。包含西湖、小陂、后湖。圩中田 37000 余亩。圩不知始于何人,入明以后,屡得修葺。永乐间望江知县马宾,其政绩最著者是"筑西圩"。⑥ 原有上、中、下三板闸,为木闸,"通水出入易腐,而内外水涨,害禾病民",于是弘治间,圩民申诉官府,县府委教谕张燮等修葺之,并"作二石闸,增筑堤岸,民始免

① 光绪《直隶和州志》卷六《河渠志·水利》,清光绪二十七年(1901)活字本。
② 万历《和州志》卷二《田赋志·水利》,明万历三年(1575)刊本。
③ [明]王一槐:《开新沟便宜状》,[明]李士元等纂修:嘉靖《铜陵县志》卷八《艺文志》,明嘉靖四十二年(1563)刻本。
④ 万历《宁国府志》卷八《食货志》,明万历间(1573—1620)刻本。
⑤ 嘉靖《建平县志》卷一《舆地志·山川》,明嘉靖十年(1531)刊本。
⑥ 万历《望江县志》卷三《职官志·名宦传》,明万历二十二年(1594)刻本。

患"。① 因张夔"尽心筹画,西圩之人称之"。② 嘉靖十三年(1534),知县朱轼亦修茸之,后堤岸崩。嘉靖四十五年(1566),知县蔡几修筑,万历十五年(1587)安庆府推官张程重修,万历十九年(1591),洪水冲啮其堤,知县罗希益修筑。③ 天启年间,西圩遇涝为灾,县令方懋德"亲临圩堤,目击形势,始开闸泄水,下坂乃蒙利焉"。④

圩田的关键在于确保圩岸的坚固。但因圩田都建在地势低洼的河湖边地,圩岸易遭洪水侵蚀或溃决或圮坏。如正德五年(1510),宁国府大水,"圩岸破荡殆尽,人畜溺死不可胜计"。嘉靖八年(1529)秋八月,宣城诸山蛟水暴发,漂没民舍圩岸,水溢入城。⑤ 为此,明代皖江一带的地方官和民间乡绅力量都十分重视当地圩田的兴修和维护,尤其是遭遇洪水破圩后多能及时地进行抢修并加固圩岸。嘉靖四十年(1561),宁国府大水漂没圩岸,知府方逢时"发廪赈民,修筑诸圩,复其故"⑥。圩区人民在与洪水作斗争的过程中,总结出不少经验,在圩堤建筑方面做出了许多创举。在丹阳湖区,当涂县大官圩将圩堤分为四等:堤外无风浪冲击者为标工,外临大河者为次凶工,外临湖面者为凶工,外临湖面而风浪极大者为极凶工。极凶工堤高1丈5尺,底宽7丈;次凶工堤高1丈2尺,底宽五六丈。有的甚至还在正堤之外帮筑"子岸"或修筑防浪戗台。这样一来,不仅正堤的稳固性得到加强,而且形成了纵深防护体系,大大提高了防汛功效。⑦

圩田一般都外建圩堤,堤上筑有涵闸,内涝时开闸泄积水,外遇洪水侵袭时闭闸御水,旱时放水入沟溪,引水入田以灌溉禾苗,圩岸、涵闸、沟洫相互配合,使得圩田水利在小环境内系统化,蓄泄两利,基本达到旱涝保收的目的。所以除了圩堤坚固外,涵闸堰坝建设也十分重

① 万历《望江县志》卷一《舆地志·塘圩》,明万历二十二年(1594)刻本。
② 万历《望江县志》卷三《职官志·名宦传》,明万历二十二年(1594)刻本。
③ 万历《望江县志》卷一《舆地志·塘圩》,明万历二十二年(1594)刻本。
④ [清]龙燮:《邑令刘天维修筑西圩记》,[清]龙燮等纂修:康熙《望江县志》卷一二《艺文志》,清康熙十二年(1673)刻本。
⑤ 万历《宁国府志》卷一《郡纪》,明万历间(1573—1620)刻本。
⑥ 同上。
⑦ 汪家伦:《明清长江中下游圩田及其防汛工程技术》,《中国农史》1991年第2期,第6—8页。

要,它可以进行灌溉水资源的调节。如在无为州,"东南抵江潮,西北病湖涨,外筑坝堤以资捍卫,内开闸堰以为出纳"①,黄金城闸,又名黄金闸,后又名季家闸,距城75里,"外滨大河,内环七流,地方三十余里,有七十二圩、三百六十冲汉,全赖此闸蓄泄。旱则开通以救田禾,涝则闭塞,以堵江涨"。原来为木闸,屡坏,明正统年间州守王士仕锡令耆民季希文募资捐工,修造坚固,"启闭以时,由是旱涝无患"。高墩闸距城东40里,系洪溪厂、淳安、小谢3圩出入水道,旧为土坝,明隆庆年间改建石闸,"三圩蓄泄始便,居民利之"。大宝闸,又名叶家闸,距城南30里,明嘉靖年间州守方来崇建,"以资蓄泄"。② 铜陵县凤心闸、东门闸俱嘉靖十九年(1540)知府鲁仲魁重修。③ 在闸坝蓄泄工程中,以和州铜城闸最为著名。铜城闸坐落于今含山县东南,这一带"每江水涨,由牛屯河倒灌而入,或巢湖泛溢,又有濡须东注牛屯河,溢口狭,急不能泄,往往漂没田亩。历代皆如此筑堰设闸捍之,得免水患者田三千余顷。旱则启板通流,资其灌溉。厥田膏腴,赋入当本州十之三。④ 相传闸建于三国吴赤乌年间,到元末明初因为战争,闸毁而堰崩,⑤于是洪武元年(1368)知州李相重建之,这次修建的铜城闸,高22尺,广18尺,长200余尺,两端叠石为台,并补筑东西堰。⑥ 此后,在永乐二年(1404)、洪熙八年(1432)、正统初年、正德十二年(1517)、崇祯二年(1629)都分别对铜城闸进行了修复或增修。⑦ 经修整以后的铜城闸,"视岁之干涝而阖辟之,田得以常稔,环二百里间皆为沃壤"⑧。因为有了铜城闸这样一个水利工程,不仅保全了堰闸周围200里内72圩的安全和灌溉,而且使姥下镇以至乌江百里圩田免除了水患。

---

① [清]黄云等纂修:光绪《续修庐州府志》卷一三《水利志》,清光绪十一年(1885)刻本。
② 嘉庆《无为州志》卷六《水利志·蓄泄》,嘉庆八年(1803)刊本。
③ 嘉靖《池州府志》卷一《舆地篇·水利》,明嘉靖二十四年(1545)刊本。
④ 光绪《直隶和州志》卷六《河渠志·水利》,清光绪二十七年(1901)活字本。
⑤ [明]宋濂:《重修铜城闸记》,[明]易鸾等纂修:嘉靖《和州志》卷一六,明嘉靖七年(1528)刊本。
⑥ 同上。
⑦ 光绪《直隶和州志》卷六《河渠志·水利》,光绪二十七年(1901)活字本。
⑧ 《重修铜城闸记》,[明]易鸾等纂修:嘉靖《和州志》卷一六,明嘉靖七年(1528)刊本。

迄明中后期,安徽圩田的发展呈现出数量多、分布广的显著特点。从数量上看,圩田数量逐渐增多,且有些地方增加的速度还很快。从圩田的空间分布看,明以前,圩田主要集中在皖江及其巢湖流域,明时圩区向滁河流域扩展。乾隆年间韩梦周考察滁河流域的圩田情况时说:"来(安)邑圩田之设,唐以前莫可考,志载始于宋代,至明而益盛。与来安接壤者,其南则滁州、和州、全椒,东南则江浦,东则六合,皆有圩,绵绎罗布五百余里。"①可见明时安徽圩田分布区大大扩大,原有圩田的继续扩筑增修,没有圩田的地方也兴筑了圩田。安庆府的宿松、怀宁、望江、桐城、枞阳县,庐州府的合肥县、庐江县、无为州、巢县,和州及其含山县,凤阳府的天长县,滁州及其所属全椒县、来安县,池州府的铜陵等县,太平府的当涂县、芜湖县、繁昌县,宁国府的宣城县,广德州的建平县,皆是圩田的主要分布区。

明代安徽圩田的大量兴筑,在防洪、排涝、灌溉、降渍等方面,均起了积极作用。圩田水利的开发,也促进了安徽江湖滩涂资源的利用,以及耕地面积的扩大和农业的丰产。

当然,也要看到水利灌溉工程建设的不足。明时安徽大多数地方是朱元璋集团兴起的基地,立国后多受减免赋役的恩惠,因此地方财政普遍拮据。而洪武以后,尤其到了明中后期,王朝中央很少在地方组织大型水利灌溉工程的建设,安徽水利灌溉工程建设开始走向了小型化建设的道路,工程比较分散,工程资金的来源主要还是地方财政,以及少量的民间社会捐助和个人的自筹。但拮据的地方财政收入中除去发放官员俸禄,举办一些文化、慈善救济事业外,几乎匀不出资金进行水利灌溉工程的建设。所以,洪(武)永(乐)以后的各代皇帝虽然也一再重申地方官有主持兴修当地水利的职责,但我们从史料中经常看到安徽的一些州县官员,在上级要求兴修农田水利时,敷衍搪塞,有名无实。如嘉靖四十五年(1566)任来安知县的刘正亨就说:"向也

---

① [清]韩梦周:《开黑河议》,[清]贺长龄等辑:《清经世文编》卷一一六《工政二二·各省水利三》,中华书局 1992 年版,第 2814 页。

圩塘堰坝圮坏不修,每春和则暂揭示文,虚举故事而已"①。这样,明代中后期安徽水利灌溉工程的建设出现了让人似乎难以理解的现象,一方面在河道整治、蓄灌工程、圩田水利方面取得了很大的发展,另一方面水利工程的失修与破坏也极其严重,并一直没有得到多大改善。正如万历时工科给事中王道成说:"国初以来,一切圩岸、陂塘之属,尽皆荒圮。年复一年,水利大坏。一遇旱潦,坐而待毙。"②

第三节　农业生产水平的提高

明中后期,随着官府招抚流亡、鼓励垦荒政策的进一步实施,以及大量水利灌溉工程的兴修和维护,安徽的农业生产条件在明初的基础上有了很大的改善,农业生产水平显著提高,主要表现在农作物品种进一步增多,耕作技术和粮食产量皆有提升,粮食市场初步形成,经济作物广泛种植,区域分工日趋明显。

一、粮食种植业的发展

明代中后期,安徽主要粮食作物稻、麦的种植面积逐步扩大,产量也有所提高。水稻的种植范围进一步拓展,不仅皖江、新安江流域种植较广,淮河以北的洼地平原也有不少稻田。其中一些水资源条件较好的地方水稻生产还相当繁盛,如嘉靖时期凤阳府宿州东北乡多水稻,州属灵璧县亦"有稻田,种稻颇多";③位于淮河干流沿岸的寿州及所属霍邱县,嘉靖时期有稻田,"种稻颇多"。"蒙则差少",则说明蒙城县也有少量水稻种植。④ 沿淮的泗州,"秋收止于稻豆",说明也产

① ［清］郝孔昭:《刘公生祠记》,［清］刘廷槐等纂修:道光《来安县志》卷一三《艺文志》,清道光十年(1830)刊本。

② 《明神宗实录》卷七七,明万历六年七月丁卯条,中国台北中央研究院历史语言研究所校印本,1962年。

③ 嘉靖《宿州志》卷二《食货志·物产》,明嘉靖十六年(1537)刻本。

④ 嘉靖《寿州志》卷四《食货纪·物产》,明嘉靖二十九年(1550)刊本。

水稻。① 淮河以南地区多普遍植稻,且品种很多。如天长县"谷类宜稻,籼稻凡十种,糯稻凡七种,白稻凡二种,晚稻凡三种";②望江有稻,主要是籼、糯,其中的金成早,又名占城早,俗呼六十日,即栽种后只要两个月就可成熟。③

安徽麦的种植也非常的普遍。凤阳一带自然环境最为宜麦。④ 以致泗州境内"春收止于二麦","三城之民粮食皆仰给于此"⑤。嘉靖《宿州志》说:"地有高皋,平有平坡。平坡宜麦,为夏地;高皋宜麦,为秋地";并载本州共有夏地2711430亩,秋地2249790亩,州属灵璧县共有夏地516790亩,秋地126535亩,田67235亩。⑥ 据学者统计,宿州麦地占全部田地的54.65%,灵璧县麦地占全部用地的72.73%;淮北平原及沿淮一带地区麦地的种植面积约占全部耕地面积的50%以上。⑦ 在江淮、皖南山地盆地的一些地多田少的山区和平原地区的一些高地,麦类作物种植也不少,如安庆府望江县有大麦、小麦、荞麦种植,⑧太平府、庐州府所属六安州也皆称当地多大、小麦,⑨皖南山区的宁国县也是大麦、小麦、稷麦、荞麦俱有。⑩

明朝田赋分夏税和秋粮两项。夏税主要征麦、米、绢、钱钞等,秋粮主要征米、绢、布、钱钞等。这些税目大多是按照因地制宜原则制定的,米、麦等项更是如此。因此,根据各地米、麦的征收数量,可以略窥明代安徽主要粮食作物稻麦的主要产地。参见下表:

---

① [明]曾惟诚等纂修:万历《帝乡纪略》卷五《政治志·风俗》;卷三《舆地志·土产》,明万历二十七年(1599)刊本。

② 嘉靖《皇明天长志》卷四《人事志·物产》,明嘉靖二十九年(1550)刻本。

③ 万历《望江县志》卷四《食货志·物产》,明万历二十二年(1594)刻本。

④ 天启《凤阳新书》卷五《农政篇第五》,明天启元年(1621)刻本。

⑤ 万历《帝乡纪略》卷三《舆地志·土产》,明万历二十七年(1599)刊本。

⑥ 嘉靖《宿州志》卷一《地理志·土田》,明嘉靖十六年(1537)刻本。

⑦ 参见王社教著:《苏皖浙赣地区明代农业地理研究》,陕西师范大学出版社1999年版,第210页。

⑧ 万历《望江县志》卷四《食货志·物产》,明万历二十二年(1594)刻本。

⑨ 康熙《太平府志》卷一三《物产》,清康熙十二年(1673)修,四十六年续修,清光绪二十九年(1903)刊本;[明]李懋桧等纂修:万历《六安州志》卷三《食货志·土产》,明万历十二年(1584)刻本。

⑩ 嘉靖《宁国县志》卷一《地舆类·土产》,明嘉靖十五年(1536)刻本。

表3—2　明代安徽各县征米、麦数①　　　　　　　　单位:石

县名	征米数	征麦数	县名	征米数	征麦数
萧县	无	11827	巢县	(10155)	(1397)
砀山	无	3494	无为	(10155)	(1397)
临淮	(12510)	(8450)	滁州	1186	1077
凤阳	4956	2947	全椒	1722	852
怀远	9722	4955	来安	1943	645
定远	(12510)	(8450)	和州	7050	1190
五河	(12510)	(8450)	含山	2379	235
泗州	17140	15113	当涂	22871	12682
天长	2122	818	芜湖	8505	2615
宿州	无	20939	繁昌	3949	1449
灵璧	5459	12702	贵池	17516	1568
寿州	4753	4730	青阳	11881	692
蒙城	763	2457	铜陵	11447	1265
霍邱	3640	1361	石埭	4502	813
颍州	312	5720	建德	5412	1576
颍上	1239	1885	东流	4029	986
太和	无	2398	宣城	51417	10153
亳州	(12510)	(8450)	南陵	18220	5287
六安州	7974	2054	泾县	15181	6059
霍山	2424	629	宁国	8592	3231
怀宁	19702	2473	旌德	6416	2712
桐城	12131	3357	太平	7642	1616
潜山	16146	1706	歙县	17690	11152
太湖	20974	3771	休宁	24539	11217
宿松	20822	5184	祁门	8017	4854

---

①　此表系参考王社教的《苏皖浙赣地区明代农业地理研究》,第196—199、216—219页的有关数据改制而成。

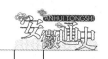

望江	13122	2462	黟县	10694	6162
合肥	(10155)	(1397)	绩溪	14302	6077
舒城	(10155)	(1387)	广德州	8562	1840
庐江	(10155)	(1397)	建平	5503	1791

资料来源：成化《中都志》、嘉靖《宿州志》、嘉靖《颍州志》、万历《六安州志》、嘉靖《安庆府志》、万历《滁阳志》、万历《和州志》、嘉靖《池州府志》、康熙《太平府志》、嘉靖《广德州志》、万历《宁国府志》、嘉靖《徽州府志》、嘉靖《寿州志》、万历《帝乡纪略》、天启《凤书》、嘉靖《南畿志》、嘉靖《怀远县志》。

说明：括号中数字为该府总数平均值。

　　由上表可知，明代安徽除了萧县、砀山、宿州（无征米，但其东北乡间种水稻）、太和县不合适种水稻外，其他各州县都有水稻种植。淮上平原以泗州、怀远、灵璧、凤阳、寿州、霍邱、颍上为多。江淮丘陵山地及沿江平原除了凤阳府的天长县、滁州及其所属的来安、全椒水稻种植面积较少外，其余各府州县水稻种植面积都很大。皖南山间盆地和沿江、沿河平原亦是水稻的主要产地。而安徽淮北平原的宿州、泗州、灵璧、萧县、怀远、寿州、砀山、五河、亳州等地麦的种植很广，是麦的主要产区。江淮之间的宿松、太湖、怀宁、桐城、望江以及皖南的当涂、芜湖、南陵、泾县、宁国、宣城、歙县、休宁、祁门、黟县、绩溪麦的种植量也很大，其他如江淮的潜山、和州、含山、滁州、全椒、来安以及皖南的青阳、石埭、东流、太平、广德州、建平等地，麦也有一定量的种植。

　　明代中后期，安徽的稻麦产量限于史料记载，难以做出精确的估计，但对留下的零星资料加以认真的梳理后，也能推算出个大概。从现存资料看，安徽水稻的产量是较高的。以凤阳县为例，天启年间袁文新任县令时，曾推行区田法，其具体办法是：先丈田地共 1000 亩，分为 20 号，招抚农户 20 家，每家各分 1 号，耕田 50 亩，内以 40 亩为私田，10 亩为公田。官田籽粒归官收。共计公田 200 亩，以 2/10 为稻田，8/10 为粟、穄、麦、豆之田。据当年统计，其中 40 亩种稻之田共收早、晚稻各约 30 余石，合计约有 60 余石。[①] 则每亩平均产稻 1 石 5 斗

---

① 天启《凤阳新书》卷七《书帖第六》，明天启元年（1621）刻本。

余。皖江安庆府一带，未见水稻产量的直接记载，嘉靖时期桐城县曾募得腴田 44 亩为学田，年收稻 110 石，平均计之，亩产稻约 2.5 石。府属还有义田共 157 亩，坐落怀宁县神子坂一带，年收租共 166 石，[①]平均亩产收租谷 1.06 石。以五五分成计之，则亩产稻约为 2.12 石，比桐城稍低，但桐城是腴田所收，以中田论之，当在两石一两斗。皖南山区一带，据《古今图书集成》记载，宁国府旌德县，"良田恶田约十余万亩，岁米十余万石"[②]，则平均亩产米 1 石，折合谷为 2 石。又据对万历初年歙县某姓祀祖簿的记载统计，平均每亩收租谷 167.6 斤，[③]以五五分成计之，则亩产稻谷应在 330 斤（每市石合稻谷 130 市斤，明代 1 斤约当 1.1936 市斤[④]）左右，与旌德县相近。[⑤]总的来说，宣歙盆地稻的亩产量高于江北，沿江稻的亩产量高于沿淮一带。麦类作物的主要产区是淮北平原，种植面积较广，但由于水利不修，耕作技术低下，"农家不知粪其田，种入土而望收，又无沟洫以蓄水潦。故颍之丰歉，天时七八，人力近一二耳"[⑥]，单产量却很低。袁文新在凤阳推广区田法，200 亩公田中约 160 亩用来种麦，预计能收麦 100 余石，[⑦]平均每亩还不到 0.7 石。安徽淮河以南地区的麦类作物种植面积在各类农作物中所占的比重虽然没有淮北地区高，但由于水利条件较好，耕作技术水平较高，所以单产量可能高于淮北地区。如皖南山区的宁国县，因"地多于田"，"民赖其成熟，同于谷熟，以为公私之需"。[⑧]麦熟地位等同于谷熟，足见麦的产量之高。

稻麦之外，明代安徽的主要农作物当推豆类。顺治时亳州成为"岁时丰稔，四境宁谧"之区，其农作物品种齐全，仅豆类"或赞象其

① 嘉靖《安庆府志》卷一六《艺文志上》，两淮盐政采进本。
② 《古今图书集成·方舆汇编·职方典》卷七九九《宁国府风俗考》，中华书局影印本，1934 年。
③ 章有义著：《明清徽州土地关系研究》，中国社会科学出版社 1984 年版，第 31—34 页。
④ 吴承洛著：《中国度量衡史》，上海书店影印本，1984 年，第 74 页。
⑤ 参见王社教著：《苏皖浙赣地区明代农业地理研究》，陕西师范大学出版社 1999 年版，第 212—213 页。
⑥ 正德《颍州志》卷八《食货》，明正德六年（1511）刻本。
⑦ 天启《凤阳新书》卷七《书帖第六》，明天启元年（1621）刻本。
⑧ 嘉靖《宁国县志》卷一《地舆类·土产》，明嘉靖十五年（1536）刻本。

形"、"或录其能",有 17 个品种。① 寿州豆类有黄、黑、绿、赤、青等凡
20 余种,黄、黑、绿三种为多。② 颍州等处,据嘉靖《颍州志》记载,豆种
多达 21 种,其中以大小黄豆、绿豆、满场白、大小黑豆、青豆为最多。③
宿州豆的种植较少,所谓"宿地止夏麦秋粟,豆黍间有"④。但其地位
却很高,居于本地粮食作物的第三位。据嘉靖《宿州志》记载,该地共
有黄豆、黑豆、绿豆、赤豆、青豆、豇豆、豌豆、茶豆、管豆、小豆、扁豆 11
种,但以黄豆为多,黑豆次之,绿豆又次之,其余各种皆少。⑤ 凤阳县的
豆类有青、黄、赤、白、黑五色,"种最蕃"。⑥ 而泗州之民"多磨豆为浆,
间以米参和,无米则采野菜或家菜杂于其中,煮之以食",以致"州县
人之多种豆也",豆成为当地最主要的粮食作物之一,"为泗民冬春日
常之需"。⑦ 在旱地所占比重较大的丘陵山地,豆类作物的种植也为数
不少,如六安、太平府多豆多菽(即豆类),⑧安庆府望江县也多赤豆、
刀豆、黄豆、扁豆、黑豆、绿豆、豇豆、豌豆、蚕豆,⑨宁国府泾县"高原则
有菽、麦、黄赤绿豆"⑩,徽州府"独宜菽、麦、红虾籼"。⑪

食用油料作物除了黄豆以外,还有芝麻。芝麻又作脂麻,即古之
胡麻,因其能榨油,故又称油麻。明代安徽芝麻种植较多的地方是皖
南山区和皖西山区等地。据嘉靖《宁国县志》载,该县芝麻有黑、白两
种,皆可榨油,因本县多坡地,故民间栽种颇盛。⑫ 皖西山区的六安州
及所属英、霍二县,据万历《六安州志》载,皆"多胡麻";⑬稍南的潜山、
太湖二县,芝麻种植也不少,嘉靖年间怀宁县以出产麻油而闻名,其原

① 顺治《亳州志》卷一《土产》,清顺治十三年(1656)刻本。
② 嘉靖《寿州志》卷四《食货纪·物产》,明嘉靖二十九年(1550)刊本。
③ 正德《颍州志》卷八《食货》,明正德六年(1511)刻本。
④ 万历《宿州志》卷四《食货》,明万历二十四年(1596)刊本。
⑤ 嘉靖《宿州志》卷二《食货志·物产》,明嘉靖十六年(1537)刻本。
⑥ 天启《凤阳新书》卷五《农政篇第五》,明天启元年(1621)刻本。
⑦ 万历《帝乡纪略》卷五《政治志·风俗》;卷三《舆地志·土产》,明万历二十七年(1599)刊本。
⑧ 万历《六安州志》卷三《食货志·物产》,明万历十二年(1584)刻本;[清]黄桂等纂修:康熙《太平府志》卷一三《物产》,清康熙十二年(1673)修,四十六年续修,清光绪二十九年(1903)刊本。
⑨ 万历《望江县志》卷四《食货志·物产》,明万历二十二年(1594)刻本。
⑩ 嘉靖《泾县志》卷五《田赋纪·物产》,明嘉靖三十一年(1552)刻本。
⑪ 嘉靖《徽州府志》卷八《食货下》,明嘉靖四十五年(1566)刊本。
⑫ 嘉靖《宁国县志》卷一《地舆类·土产》,明嘉靖十五年(1536)刻本。
⑬ 万历《六安州志》卷三《食货志·土产》,明万历十二年(1584)刻本。

料就主要来自这两县。① 安庆府望江县也有大量的芝麻出产。② 此外，定远县的芝麻种植也较多，县西50里有芝麻园，"径可十里，周围三十余里，地高土劲，不宜五谷，种芝麻则获"③。

稻是水田作物，麦、豆、粟、稷、芝麻等属于旱作，安徽各地的水资源及土壤条件有很大的差异，所以关键是因地制宜，选择恰当的农作物种植组合，发挥地域资源的优势。明代中后期，安徽各地的农作物组合和耕作技术都是富有地域特色的。淮北诸县旱地面积占有绝大比重，水田稀少，水稻只是在一些河洼地带才有零星分布，所占地位甚为微弱，而麦、粟、豆的种植则非常普遍，是一个以麦、粟生产为主导地位，豆类作物的生产也不可忽视的地区。沿淮一带诸县，地势低洼，水田较多，水稻种植比较普遍，而黍、粟等作物的种植则较为稀少，是一个麦、稻兼重，而豆类作物的生产也比较广泛的地区。如嘉靖时期颍州有籼稻、黑稻、乌芒、红芒、西天旱、山黄、火旱、望水白、挨天黄、青芒、龙骨早、七十日、飞上仓、虎皮糯、马鬃糯、红皮糯、鲫鱼糯等稻类17个品种，麦类、黍类、谷类、粟类也分别有5、3、4、6个品种，豆种更多达21种，其中以大小黄豆、绿豆、满场白、大小黑豆、青豆为最多。④ 嘉靖时定远县稻、谷达54个品种，此外盛产芝麻、粟等粮食作物。⑤ 安庆、庐州、和州、滁州、池州、太平各府州县是明代圩田建设获得迅速发展的时期，水稻种植面积占绝对优势。同时，在平原四周的丘陵地带，旱地面积也有一定的比重，麦类作物和豆类作物的种植也有不少，如和州"谷之属，稻麦豆麻"。⑥ 该地区是一个以水稻生产占主导地位，麦、豆的生产也比较重要的地区。皖南广德州及其所属建平县、宁国府北部诸县平原和丘陵面积都占有较大比重，水稻种植同样占有相当大的分量，麦类作物、豆类作物的种植也不少，是一个以稻为主，以麦、豆为辅的区域。徽州府所属各县、宁国府南部诸县以山地为主，盆地面积

---

① 嘉靖《安庆府志》卷一二《食货志》，两淮盐政采进本。
② 万历《望江县志》卷四《食货志·物产》，明万历二十二年（1594）刻本。
③ 嘉靖《定远县志》卷七《园池》，明嘉靖十四年（1535）刻本。
④ 正德《颍州志》卷八《食货》，明正德六年（1511）刻本。
⑤ 嘉靖《定远县志》卷一《土产》，明嘉靖十四年（1535）刻本。
⑥ 嘉靖《和州志》卷七《食货志·物产》，明嘉靖七年（1528）刊本。

也比较大。水稻在盆地地区种植很多,山坡缺水地带则以麦类作物和黍、稷、粟等作物的种植较为普遍,是一个以稻为主,以麦、粟为辅的区域。如宁国泾县因境内土地硗瘠,过去只种籼稻,后由于"人力渐勤而不懈,地土变恶为美"。故下湿则有粳黏、秫稻、早晚二稻,高原则有荍麦、黄赤绿豆,又有籼、粟、芝麻、黑黍之属,"凡与水陆所产者,殆与旧时不侔"①。这种因地制宜而形成的农作物种植结构,对当今安徽的农业发展还极具历史性的启示。

从历史发展的进程看,明代中后期安徽的农业生产水平确实有很大的提高,但这种发展水平若横向与邻近的经济较为发达的江、浙地区相比还是存在一定的差距的。主要表现在:其一,安徽多数地方种植业结构单一,主要是粮食种植业为主,经济作物普遍不占重要地位,这和江、浙地区的蚕桑、棉织业发达并形成明显的专业分工的发展水平形成了鲜明的对比。如凤阳"春收止于二麦,秋收止于稻豆,其他虽有而不多"②。地处安徽中部且濒临大江的安庆府,"地之所产,人倚为命,止一谷而已","无燕秦之枣梨,无吴越之蚕桑,无蜀汉之千树橘、渭川之千亩竹"。③ 其二,安徽农业的耕作水平相对还是比较落后的。如颍州"农家不知粪其田,种入土而望收"④。凤阳之民"习于怠惰,不勤农业,不尽地利,雨旸或有衍,辄便归罪于岁"⑤,"俗不积粪"⑥,"耕不知方,未识时地之要","豆麦之类又不知耨草以助生殖",⑦其结果是"遇旱遇涝,束手无备,以待田荒负赋,相率逃亡而已"⑧。全椒"地多旷土。其田又山与圩半,幸而雨旸无衍,蓄泄有备,农人沾体涂足,计五亩之入,不足当江南之一"⑨。就是在农业尚较为

---

① [明]邱时庸等纂修:嘉靖《泾县志》卷二《风俗》,明嘉靖三十一年(1552)刻本。
② 万历《帝乡纪略》卷三《舆地志·土产》,明万历二十七年(1599)刊本。
③ [清]方都韩:《枞川榷稻议》,[清]陈梦雷编纂:《古今图书集成·博物汇编·草木典》卷二八《稻部》,上海:中华书局影印本,1934年。
④ 正德《颍州志》卷八《食货》,明正德六年(1511)刻本。
⑤ 天启《凤阳新书》卷七《奏议第五》,明天启元年(1621)刻本。
⑥ 天启《凤阳新书》卷五《农政篇第五》,明天启元年(1621)刻本。
⑦ 万历《帝乡纪略》卷三《舆地志·土产》,明万历二十七年(1599)刊本。
⑧ 天启《凤阳新书》卷七《书帖第六》,明天启元年(1621)刻本。
⑨ [明]杨道臣等纂修:泰昌《全椒县志》卷二《田赋志》,明泰昌元年(1620)刻本。

发达的宁国府,耕作水平与江、浙也不能相提并论。高斯得在《宁国府劝农文》中就说:"其始种也,耕之不熟,地力不尽。苗既殖矣,不耨不耘,良莠并兴。陂塘不修,圩埂不固,旱不知备,涝不知防。则又斗狠嚣讼……心力既分,不得专一。是以虽号乐土,连岁不登。"[1]其三,明代中后期随着徽商的崛起,大量的徽人不断外出经商,足迹几遍禹内,也不乏赀财饶裕者,但外出经商富有之后很少有人再将所获投入到农业生产上,用来改善农业生产条件的。因此,徽州府属各县农业并没有多大的发展,农业生产水平依然不高。相反,明代中后期江、浙的农民虽然没有外出,但由于着重发展了农产品加工业,与当地的种植业形成相互促进的机制,出现了农业生产的良性循环,在增加农民经济收入的同时,也促进了当地农业生产向更高层次发展。

二、粮食市场的形成

明代中后期,安徽粮食种植业面积的扩大和产量的提高,以及农作物复种和轮作技术的进步,使一些地区的粮食除了自给外,有了大量的剩余,而另一些地区则由于土地瘠薄,经济作物种植和商业经济较为发达,粮食供应则形成了较大的缺口。这样,粮食的调剂余缺则有了内在驱动力,粮食交易日益活跃,粮食市场开始形成。

明代安徽淮北地区,虽是明初大量移民迁入地,但由于灾害频仍,社会动荡,赋役繁重,所以人口流亡现象严重,长期处于地广人稀,地不尽垦的局面。不过,平原地区最适宜麦、豆、粟、稷等耐旱作物的种植,故风调雨顺年景,粮食也有大量的剩余。如凤阳府颍州"夫颍地广而民稀,故食常有余"[2]。凤阳府沿淮一带,地势低洼,水资源条件较好,所以稻麦皆有较大比重的种植,故粮食也常有丰稔。如霍邱县"土地沃饶,稻粱价贱";[3]天长县粮食又主要只艺稻禾一种,[4]"惟知耕种,

---

① [宋]高斯得撰:《耻堂存稿》卷五《宁国府劝农文》,中华书局1985年版,第99页。
② 正德《颍州志》卷八《食货》,明正德六年(1511)刻本。
③ 嘉靖《寿州志》卷一《舆地纪·风俗》,明嘉靖二十九年(1550)刊本。
④ 嘉靖《皇明天长志》卷六《人事志·文章论议》,明嘉靖二十九年(1550)刻本。

少事贩鬻。衣食取足,不知富积。每年谷麦枭于外郡"①。

江淮之间的庐州府、安庆府、和州、滁州以及长江南岸平原和山间盆地的池州府、太平府、宁国府是稻米的主要生产地,而邻近的江南苏、松、杭、嘉、湖地区以桑棉为中心的商品经济的发展形成了对境外粮食的强劲需求,使得安徽这一带地区的粮食除了供应本地外,还向江南大量输出,形成了比较活跃的粮食市场。明末吴应箕曰:"江南地阻人稠,半仰食于江、楚、庐、安之粟"②。也就说明庐州府、安庆府是明代江南的粮食主要供应地。庐州府属的合肥县、舒城县、庐江县、无为州、巢县都是稻米之乡,粮食丰产之年甚多。安庆的余粮主要来自桐城、怀宁、潜山,宿松则以粮欠而称于世。③ 怀宁县在明代时是"年丰米谷上街贱",每担仅二三钱。④ 方都韩在《枞川榷稻议》中就指出:"六皖皆产谷,而桐之辐輶更广,所出更饶","本地谷可支本地三年","计籴枞阳口达于江者,桐居十之九,怀居十之六,潜居十之三"。⑤ 故明季张煌言喜作《枞阳谣》曰:"八尺风帆百丈牵,枞阳湖里去如烟。江南米价秋来长,喜杀桐艚卖稻船。"⑥"隔江迎雁汉,回首见桐城。楼阁千家起,帆樯五两轻"。⑦ 池州府的贵池县、东流县、铜陵县,太平府的当涂县、芜湖县、繁昌县以及宁国府的宣城县、南陵县,广德州的建平县多圩田,粮食也自给有余。明代顾起元说,南京各仓米样有花白米、花籼米、花红米,主要来自安庆、太平、宁国、池州四府以及滁、和二州。⑧

皖南徽州府、池州府的石埭、青阳、建德县以及宁国府的旌德县、太平县、泾县等地区,山多地少,土地瘠薄,是粮食比较短缺的地区。徽州府属六县皆严重缺粮,所谓"徽郡保界山谷,七田依原麓,田瘠确,

① 嘉靖《皇明天长志》卷三《人事志·风俗》,明嘉靖二十九年(1550)刻本。

② [明]吴应箕:《楼山堂集》卷十《兵事策第十·防江》,中华书局1985年版,第117页。

③ [明]章潢撰:《图书编》卷三六《南直隶图叙》,上海古籍出版社1992年版。

④ [清]段鼎臣等纂修:康熙《怀宁县志》卷六,清康熙二十五年(1686)刊本。

⑤ 《枞川榷稻议》,[清]陈梦雷编纂:《古今图书集成·博物汇编·草木典》卷二八《稻部》,中华书局影印本,1934年。

⑥ [明]张煌言撰:《张苍水集》第2编《枞阳谣二首》,上海古籍出版社1985年版,第143页。

⑦ [明]胡俨:《过安庆》,[明]胡缵宗等纂修:嘉靖《安庆府志》卷一七《艺文志》,两淮盐政采进本。

⑧ [明]顾起元撰;谭棣华、陈稼禾点校:《客座赘语》卷十《各仓米样》,中华书局1987年版,第334页。

所产至薄,独宜菽、麦、红虾籼,不宜稻粱。……又田皆仰高水,故丰年甚少,大都计一岁所入,不能支什之一",①正是这一带山区缺粮的真实写照。旌德则"良田恶田约十余万亩,岁米十余万石,常有二十余万口无食也"②。所以,徽州、池州等府的缺粮多仰赖临近盛产粮食的江西、湖广。徽州府属歙县"所出粮不足一月,十九需补给,远至江广数千里,近自苏、松、常、镇数百里而至"③。吴应箕亦曰:"夫徽、池之间,人多地少,大半取于江西、湖广之稻以足食者也"。④

粮食余缺的调剂,需要通过层级市场网络,才能把粮食供给地和消费地连接起来。而层级市场网络中的初级市场则尤显重要,只有初级市场的活跃,才能把农民手中零散的余粮聚集起来,然后再输送到中级市场或更高一级的都市市场或终极消费地。在明代安徽粮食盛产区,一些地区由于有区位的优势和便利的交通,开始形成了粮食的聚散市场。如凤阳府寿州正阳镇位于濉河、颍河和淮河交汇处,为皖北、皖西和豫南的米粮集散地,它"东接淮颍,西通关陕,商贩辐辏,利有鱼盐",为"淮南第一镇"。⑤ 太平府当涂县为宁国府米粮和上江粮食集散之处,"城郭内间有市秣陵丝、绢、彩线及纸、便面,苏、吴铜锡器与夫梨、枣、巾帻、书楮之类,张肆而有无之。即有贸迁,惟以五谷籴粜是务"。其所属黄池镇更因"承十字圩之枢轴,米谷转输","故多饶"。府属芜湖和繁昌二县交界处的鲁港,也是"临江贾集,故多眷坊,操舟楫为业",⑥米粮交易均较发达。

① [清]顾炎武撰:《天下郡国利病书》原编第9册《凤宁徽》,上海科学技术文献出版社2002年版。
② 《枞川榷稆议》,[清]陈梦雷编纂:《古今图书集成·方舆汇编·职方典》卷七九九《宁国府风俗考》,中华书局影印本,1934年。
③ 许承尧撰;李明回等校点:《歙事闲谭》卷六《明季县中运米情形》,黄山书社2001年版,第181页。
④ 《楼山堂集》卷一二《议·江南平物价议》,中华书局1985年版,第139—140页。
⑤ 嘉靖《寿州志》卷一《舆地纪·坊乡》,明嘉靖二十九年(1550)刊本。
⑥ [清]黄桂等纂修:康熙《太平府志》卷六《风俗》,清光绪二十九年(1903)刊本。

第四节　经济作物的广泛种植

　　明中后期的安徽,在洪武以来农业经济发展尤其是粮食生产水平大幅提高的基础上,在江南苏、松、杭、嘉、湖地区商品化生产和专业化分工扩大的驱动下,经济作物的种植进一步扩展,种类也显著增多,在棉、麻、葛及染料作物、蚕桑、茶叶、花卉、药材、果木等种植业方面,都取得了长足的发展。

一、棉、麻、葛及染料作物种植业

　　棉花(又作绵或木棉)早在宋元之际就有比较广泛的种植,至明时绝大部分州县都是有所种植的。李时珍说,棉花"出南番,宋末始入江南,今则遍及江北与中州矣"①,这充分展示了棉花种植在明代的盛况。迄明代中后期,安徽各地种植棉花也趋于普遍。亳州多木棉,②蒙城有绵和布的出产。③ 皖西六安州及其所属各县,在万历年间也有"多木棉"④的记载。安庆府所属 6 县,除了宿松县外,其余 5 县均种植木棉,⑤其中望江县"农家食藉稻,衣藉绵",到万历年间已达到棉、稻"两者并重,无绵亦非富岁"⑥的地步。池州府、太平府、宁国府的棉花种植也比较多。池州府铜陵县、贵池县出产棉花,⑦太平府棉花,山地多种之。⑧ 宁国府棉花主要产于宣城、南陵、宁国 3 县,宣城俗务耕织,棉麻二布多贩卖外境,南陵棉花产于县西南,也多出贩他境;⑨宁国俗称棉

<hr>

① ［明］李时珍撰:《本草纲目》木部卷三六《木绵》,人民卫生出版社 1978 年版,第 2134 页。
② 嘉靖《亳州志》卷一《田赋考·土产》,明嘉靖四十三年(1564 年)刻本。
③ 万历《蒙城县志》卷三《食货志·土产》,明万历十年(1582)刻本。
④ 万历《六安州志》卷三《食货志·土产》,明万历十二年(1584)刻本。
⑤ 嘉靖《安庆府志》卷一二《食货志》,两淮盐政采进本。
⑥ 万历《望江县志》卷四《食货志·物产》,明万历二十二年(1594)刻本。
⑦ 嘉靖《池州府志》卷二《风土篇·土产》,明嘉靖二十四年(1545)刊本。
⑧ 康熙《太平府志》卷一三《物产》,清光绪二十九年(1903)刊本。
⑨ 嘉靖《宁国府志》卷五《表镇纪》,明嘉靖十五年(1536)刊本。

花为吉贝,"山坡栽者多……春种秋收。秋日妇女竞采,用轮车绞出如鹅毪"。[1] 广德州属建平县也有棉花种植。[2] 与之相邻的徽州府所属黟、祁门2县,也有少量的木棉种植。[3] 不过,棉花种植需要合适的土壤条件,至明中后期,随着明初桑棉政策的淡出,原先种植棉花土不相宜的州县开始很少种植棉花。如徽州府黟县在洪武时期税粮除了存留官俸所支外,其余折收苎布缴纳,后又改征棉布。但由于"地土阴湿,不产棉花,民皆患之"。永乐七年(1409)只得又奏准重新折收苎布。[4] 此外,受人口的增加以及商品经济的发展、田赋征收的货币化等多种因素的影响,一些在明初棉花种植较多的地区,农民也开始因地制宜地改种其他更为有利可图的农作物,棉花种植在这些地区开始减少。嘉靖《寿州志》、嘉靖《颍州志》、天启《来安县志》等方志皆缺失了棉花这一物产的记载。在凤阳、泗州,棉花种植同样受到冷落。袁文新在《凤书》一书中记载了凤阳桑棉缺失的情况后,进而认为该地农民不种桑棉,最后导致"凤衣被冠履率以重直取之南北贾人"[5]局面的出现。万历《帝乡纪略》也说木棉只是天长县种植较多,而泗州种植很少,并批评了泗州及其所属天长县存在的不种棉麻、妇女不学纺织而宁愿"沾体涂足,与农夫并耕而语"的现象。[6]

明代中后期,安徽地区麻类作物种植也比较普遍,有麻、苎麻、黄麻、白麻、苘麻、蕉麻等名称。黄麻、白麻、络麻、苘麻较粗且坚硬,多制绳索、麻袋,故其种植并不普遍,只有太平府、和州、广德州以及沿淮的凤阳等少数地方种植。太平府白麻种植"自城以达于乡,无家不植,皆以织网制鞋,因妇女不攻蚕桑,不绩麻枲,而专于此也。他州为索绹之用"[7]。麻、苎麻则可以织为布,故种植较广。亳州在嘉靖时有麻的大

---

① 嘉靖《宁国府志》卷一《地舆类·物产》,明嘉靖十五年(1536)刊本。
② 嘉靖《建平县志》卷二《田赋志·物产》,明嘉靖十年(1531)刊本。
③ 嘉靖《徽州府志》卷二《风俗》,明嘉靖四十五年(1566)刊本。
④ 弘治《徽州府志》卷四《名宦》,明弘治间(1488—1505)刻本。
⑤ 天启《凤阳新书》卷五《农政篇第五》,明天启元年(1621)刻本。
⑥ 万历《帝乡纪略》卷五《政治志·风俗》;卷三《舆地志·土产》,明万历二十七年(1599)刊本。
⑦ 嘉靖《太平府志》卷五《食货志·间产》,明嘉靖十年(1531)刻本。

量种植，①蒙城在万历时也出产苎麻②。定远县在嘉靖时则产苎（色青白，可以为布）、黄麻（土人呼为火麻，可织为线布）。③安庆、庐州、六安州、滁州多种麻、苎麻，安庆府的苎麻多掘根分栽，为徐光启所提及，说明其种植规模之大与栽培技术之先进，④而其中又以潜山、太湖二县种植最多。⑤池州府苎麻出自贵池和青阳，⑥该府铜陵县也产麻。⑦太平府"郭外多种苎麻"。⑧宁国府宣城水东以南及华阳多产麻，⑨南陵西南产黄白麻、苎麻"多出贩他境，取厚利"⑩。广德州属建平县多产麻。⑪

葛、黄草皆为藤本植物，其茎可采纤维，用以织布。明代安徽葛的种植并不多，多出自太湖、潜山和六安州等地。⑫定远县则多产白葛，"土人以为粗布"⑬。黄草较脆，如同葛，天长多产。⑭

与棉、麻、葛纺织原料作物的种植紧密相关的是蓝靛、红花、栀子、槐花、茜草一类的染料作物的种植。安徽种植的染青碧作物主要是蓝靛，但种植较少，很少有大面积生产。亳州、蒙城有靛、红花的大量种植。⑮皖中的定远县产蓝，大小两种，俱可染青。⑯天长县境内种植有大蓝、小蓝，蓝靛产量之多非其周围地区可比。⑰六安州、安庆府太湖

①　嘉靖《亳州志》卷一《田赋考·土产》，明嘉靖四十三年（1564年）刻本。
②　万历《蒙城县志》卷三《食货志·土产》，明万历十年（1582）刻本。
③　嘉靖《定远县志》卷一《土产》，明嘉靖十四年（1535）刻本。
④　《农政全书》卷三六《蚕桑广类·麻》，岳麓书社2002年版。
⑤　嘉靖《安庆府志》卷一二《食货志》，两淮盐政采进本。
⑥　万历《池州府志》卷三《食货志·土产》，明万历四十年（1612）刻本。
⑦　嘉靖《铜陵县志》卷一《地理篇·物货》，明嘉靖四十二年（1563）刻本。
⑧　康熙《太平府志》卷六《风俗》，清光绪二十九年（1903）刊本。
⑨　嘉靖《宁国府志》卷五《表镇纪》，明嘉靖十五年（1536）刊本。
⑩　同上。
⑪　嘉靖《建平县志》卷二《田赋志·物产》，明嘉靖十年（1531）刊本。
⑫　嘉靖《安庆府志》卷一二《食货志》，两淮盐政采进本；[明]李懋桧等纂修：万历《六安州志》卷三《食货志·土产》，明万历十二年（1584）刻本。
⑬　嘉靖《定远县志》卷一《土产》，明嘉靖十四年（1535）刻本。
⑭　万历《帝乡纪略》卷三《舆地志·土产》，明万历二十七年（1599）刊本。
⑮　嘉靖《亳州志》卷一《田赋考·土产》，明嘉靖四十三年（1564年）刻本；[明]万历《蒙城县志》卷三《食货志·土产》，明万历十年（1582）刻本。
⑯　嘉靖《定远县志》卷一《土产》，明嘉靖十四年（1535）刻本。
⑰　嘉靖《皇明天长志》卷四《人事志·物产》，明嘉靖二十九年（1550）刻本；[明]曾惟诚等纂修：万历《帝乡纪略》卷三《舆地志·土产》，明万历二十七年（1599）刊本。

县、滁州及其所属全椒、来安,蓝靛的种植也不少。① 皖南池州府、太平府、宁国府、广德州的蓝靛生产也很著名。② 染红作物主要有红花、茜草。明中后期,安徽红花、茜草种植范围较小,分布范围也没有蓝靛广泛。红花主要分布于凤阳、庐州、太平、广德等地,而以太平府、颍州、六安州为多。③ 茜草惟安庆府有。④ 其他的染料植物还有槐花、栀子等,主要产于宁国府、徽州府和广德州。《明会典》云:"槐花、栀子、乌梅于所产令民采取,按岁差人进纳。"而徽州府、宁国府、广德州年上供槐花分别为 1000 斤、1500 斤、500 斤,徽州府、宁国府年上供栀子各500 斤,广德州年上供栀子 200 斤。⑤

二、蚕桑种植业

明太祖曾诏令凤阳、滁州、庐州、和州每户种桑 200 株,使得明初凤、滁、庐、和一带植桑养蚕业逐渐兴旺起来。至明中后期,上述地区仍有一些州县的蚕桑种植业继续向前发展。如嘉靖时,寿州官民田地共植桑 49026 株,寿州卫植桑共 995125 株。⑥ 定远县课桑 17034 株,至嘉靖时课桑达 166000 株。⑦ 嘉靖时,天长官民田地课桑达 8475株,⑧时人卢锦有"桑柘围墙草结亭,盍簪同此咏青青"的诗句,描述了天长县种桑情况。池州府石埭县虽未有蚕丝名产著称于世,但"妇女

① 万历《六安州志》卷三《食货志·土产》,明万历十二年(1584)刻本;顺治《太湖县志》卷五《物产》;[明]戴瑞卿等纂修:万历《滁阳志》卷五《物产》,明万历四十二年(1614)刊本。
② 参见:嘉靖《铜陵县志》卷一《地理篇·物货》,明嘉靖四十二年(1563)刻本;康熙《太平府志》卷一三《物产》,清光绪二十九年(1903)刊本;《明会典》卷二〇一《工部二十一·段四》,中华书局 1989 年版;《枞川榷稻议》,《古今图书集成·经济汇编·食货典》卷三一〇《币帛总部》,中华书局影印本 1934 年版;嘉靖《宁国府志》卷一《地舆类·土产》,明嘉靖十五年(1536)刊本;嘉靖《建平县志》卷二《田赋志·物产》,明嘉靖十年(1531)刊本。
③ 康熙《太平府志》卷一三《物产》,清光绪二十九年(1903)刊本;正德《颍州志》卷八《食货》,明正德六年(1511)刻本;[明]李懋桧等纂修:万历《六安州志》卷三《食货志·土产》,明万历十二年(1584)刻本。
④ 嘉靖《安庆府志》卷一二《食货志》,两淮盐政采进本。
⑤ 《明会典》卷二〇一《工部二十一·段四》,中华书局 1989 年版。
⑥ 嘉靖《寿州志》卷四《食货纪·田税》,明嘉靖二十九年(1550)刊本。
⑦ 嘉靖《定远县志》卷三《田赋》,明嘉靖十四年(1535)刻本。
⑧ 嘉靖《皇明天长志》卷三《人事志·田粮》,明嘉靖二十九年(1550)刻本。

亲蚕织"。① 宁国县之民虽然养蚕技术较低，但因多桑，还是"家蚕而户丝"②。广德州所属建平县，妇女"一意蚕织"，③所产之丝闻名于全国。④

与棉花种植业相同，明代中后期的安徽蚕桑业也存在一些地区兴盛，而另一些地区则趋于衰退的情况。如在宿州及其所属灵璧县一带"妇女不事蚕织"。⑤ 凤阳县也是"民不种桑，不畜蚕"⑥。在泗州，明初统治者为了推广种桑，曾在泗州辟有大桑园，以为种桑之榜样。但到明中期，泗州的蚕桑种植显然开始衰落，"土瘠民惰，不知农桑"。正德十四年（1519），汪应轸出任泗州知州时，不得不又费大力气"劝之耕，买桑植之。募江南女工，教以蚕缫织作"。⑦ 嘉靖初年，汪应轸又于浙西买小桑千万株教民种艺。但到万历年间，不仅明初作为榜样的大桑园已成废墟，就连汪应轸买来的桑株也被斩伐殆尽。此时的泗州之人，竟已不知植桑，其所课丝绢，或折绢征银，或"全由大众输值鬻买充数"，⑧蚕桑业呈现一片凋零之状。皖中、皖南一些地方的蚕桑业也日趋萎缩，安庆府望江县虽然有桑树分布，但却"无叶可饲蚕"。⑨ 滁州虽有官民桑税，但到万历时期已是"民又惰窳不多植"。⑩ 更有甚者，和州在万历年间竟然出现了"有桑株之数而不见有植桑之田，有丝绢之供而不闻有养蚕之户"⑪的怪现象。池州、太平、宁国、徽州诸府蚕桑业都比较零落，太平府棉麻业较盛，而"蟹筐蚕绩，间亦时作，而习者甚少"，⑫可谓棉麻业排挤了蚕桑业。宁国府宣城县与太平府一样，"妇

---

① 嘉靖《石埭县志》卷一《风土篇·俗尚》，明嘉靖三十五年（1556）刻本。
② 嘉靖《宁国县志》卷一《地舆类·土产》，明嘉靖十五年（1536）刻本。
③ 嘉靖《建平县志》卷一《舆地志·风俗》，明嘉靖十年（1531）刊本。
④ ［明］章潢撰：《图书编》卷八九《贡物》，上海古籍出版社1992年版。
⑤ 嘉靖《宿州志》卷一《地理志·风俗》，明嘉靖十六年（1537）刻本。
⑥ 天启《凤阳新书》卷四《星土篇第一》，明天启元年（1621）刻本。
⑦ 《明史》卷二〇八《汪应轸传》，中华书局1974年版。
⑧ 万历《帝乡纪略》卷三《舆地志·土产》；卷五《政治志·风俗》，明万历二十七年（1599）刊本。
⑨ 万历《望江县志》卷四《食货志·物产》，明万历二十二年（1594）刻本。
⑩ 万历《滁阳志》卷七《田亩》，明万历四十二年（1614）刊本。
⑪ 万历《和州志》卷六《食货志》，明万历三年（1575）刊本。
⑫ 康熙《太平府志》卷六《风俗》，清光绪二十九年（1903）刊本。

女惟执麻枲,鲜治丝茧",①徽州府歙县不产丝,因而顾炎武认为丝绢折补增科之麦是"舍所产之物而责有于无",②乃成为当地田赋制度的一大弊端。

三、茶叶种植业

明初,皖南、皖西的茶叶种植就已经得到迅速的恢复和发展。明中后期,安徽茶叶种植范围进一步拓展,皖西、皖南继续扩大茶叶种植,皖东丘陵的滁州也开始植茶。明末清初的谈迁说:国家岁贡六安州芽茶300斤。成化三年(1467)奏准,南京供用库岁用芽茶,坐派池州府2000斤,徽州府3000斤。叶茶,徽州府2000斤,滁州200斤,广德州300斤。③ 这段史料准确说明了明代安徽茶叶种植的区域范围。不过,皖西、皖南仍然是安徽茶叶的主产区。

皖西是安徽的著名茶叶种植区。其中的六安州是著名的老产茶区,霍山黄芽,六安州小岘春,自宋以来即为"茶之极品"。④ 明代六安州及其所属的霍山、英山二县多产茶,⑤明许然明《茶疏》曰:"天下名山,必产灵草。江南地暖,故独宜茶。大江以北,则称六安,然六安乃其郡名,其实产霍山县之大蜀山也。"霍山县每年采茶时,"男妇错杂,歌声满谷,日夜力作不休。校尉、寺僧、富商大贾,骑纵布野,倾囊以值,百货骈集,开市列肆,妖冶招摇,亦山中胜事"。⑥ 明末清初黄宗羲诗云:"檐溜松风方扫尽,轻阴正是采茶天。度涧穿云采茶去,日午归来不满筐。相邀直上孤峰顶,出市都争谷雨前。两笪东西分梗叶,一灯儿女共团圆。炒青已到更阑后,犹试新分瀑布泉",可谓植茶之盛。"六安茶为天下第一,有司包贡之余,例馈权贵与朝士之故旧者"。⑦

---

① 《古今图书集成·方舆汇编·职方典》卷七九九《宁国府风俗考》,中华书局影印本,1934年。

② [清]顾炎武撰:《天下郡国利病书》原编第9册《凤宁徽》,上海科学技术文献出版社2002年版。

③ [明]谈迁;罗仲辉、胡明校点校:《枣林杂俎》中集《荣植·茶》,中华书局2006年版,第474页。

④ [明]王象晋纂辑,伊钦恒诠释:《群芳谱诠释增补订正·茶谱》,农业出版社1985年版,第132页。

⑤ 万历《六安州志》卷三《食货志·土产》,明万历十二年(1584)刻本。

⑥ [明]许次纾著:《茶疏·产茶》,中华书局1985年版,第1页。

⑦ [明]陈霆著:《雨山墨谈》卷九,商务印书馆1936年版。

庐州府六安州额贡芽茶名目愈来愈多，"有宁王府之贡，有镇守太监之贡，是两贡者有芽茶之征，有细茶之征，始于方春，迄于首夏，官校临门，急如星火，农夫蚕妇或相对而泣，或困怨而怒，有不可胜言者。如镇守岁办千有余斤，不知实贡朝廷者几何？宁府正德十年取去芽茶一千二百斤，细茶六千斤，今岁取去芽茶一千斤，细茶八千斤，不知实贡朝廷者几何？"①陈霆在谪宦六安后，也"见频岁春冻，茶产不能广。而中贵镇守者，私征倍于官贡。有司督责头芽，一斤至卖白金一两，山谷窭民，有鬻产卖子以买充者。官司视之漠然，初不为异也。故茶在六安，始若利民，而今为民害则甚。"②明代六安之茶除了满足本地需要而外，还销往全国各地，不仅宿州一带"陆路不通江浙货，居民多尚六安茶"③，南京也是"五方至者茶品颇多"，其中有六安之先春。④ 六安茶是"河南山陕人皆用之"，甚至产茶较多的南方人也"谓其能消垢腻，支积滞，亦共宝爱"。⑤ 明中后期的皖西除了六安州产茶外，与之毗邻的安庆府潜山、太湖二县山区的茶叶种植业也开始兴盛，⑥明末的太湖县已是"其树茶所入，不减稼穑"。⑦

皖南茶叶种植区主要集中于太平府的繁昌县、池州的石埭县和青阳县、宁国府宣城县水东以南及华阳、广德州的建平县以及徽州府所属6县。⑧ 嘉靖时期，池州府还只有石埭县出茶，到万历时期，青阳县也以出芭茶和甜茶而闻名。⑨ 与此同时，池州府岁办南京供用库的芽茶也由明初的1000斤增加为2000斤，⑩翻了一番。嘉靖《宁国县志》

① 嘉庆《庐州府志》卷二五《名宦下》，清嘉庆八年（1803）刻本。

② 《雨山墨谈》卷九，商务印书馆1936年版。

③ ［明］张茂：《宿道春行》，［明］曾显等纂修：弘治《直隶凤阳府宿州志》卷下，明弘治十二年（1499）刻本。

④ ［明］顾起元撰；谭棣华、陈稼禾点校：《客座赘语》卷九《茶品》，中华书局1987年版，第305页。

⑤ ［明］许次纾著：《茶疏·产茶》，中华书局1985年版，第1页。

⑥ 嘉靖《安庆府志》卷一二《食货志》，两淮盐政采进本。

⑦ 顺治《太湖县志》卷五《物产》，清顺治十年（1653）刻本。

⑧ 嘉靖《太平府志》卷五《食货志》，明嘉靖十年（1531）刻本；嘉靖《池州府志》卷二《风土篇》，明嘉靖二十四年（1545）刊本；嘉靖《宁国府志》卷五《表镇纪》，明嘉靖十五年（1536）刊本；嘉靖《建平县志》卷二《田赋志》，明嘉靖十年（1531）刊本；弘治《徽州府志》卷二《食货二》，明弘治间（1488—1505）刻本。

⑨ 嘉靖《池州府志》卷二《风土篇·土产》，明嘉靖二十四年（1545）刊本；［明］丁绍轼等纂修：万历《池州府志》卷三《食货志·土产》，明万历四十年（1612）刻本。

⑩ 《明会典》卷四二《户部二十九·南京户部》，中华书局1989年版。

说:"宁国茶多出上山……山多谷深,民盛栽之,比他处货贱"①。广德州每年征茶课钞 503280 贯 960 文,②约折茶 50 万斤,足见茶的产量也很大。徽州早在元至正二十五年(1365),就首次开征茶课,征课的原则是"于产茶府县点数株数而取其课"。据查点,徽州府当时共有茶株 19656102 株,课茶共 245441 斤。弘治时期,徽州府共征茶课钞 14075 锭 3 贯 750 文,约折茶 70000 斤;同时期本府茶引由征钞 380 锭,合茶约 190000 斤;③再加上岁办芽、叶茶 9050 斤,④合计约 27 万斤,比明初增加了 2 万余斤。明代尽管茶税较轻,仅为 3.3%,然而明政府在皖南收到茶税仍达到过 57 万余贯。⑤它说明了明代皖南商品茶叶年产量和销售量之大。徽州是皖南最重要的产茶区,皖南茶税中相当一部分就是从徽属 6 县茶商身上收取的。

明代安徽茶叶种植之盛,还有一个重要表现是名茶不断增多,有徽州之松萝,霍山之黄芽,饶池之仙芝、福合、禄合、莲合、庆合。"其他名山所产,当不止此。或余未知,或名未著,故不及论。"⑥"寿州霍山黄芽,六安州小岘春,皆茶之极品"。⑦安庆府有桐城之龙山、潜山之闵山。⑧宁国府、广德州鸦山,又名阳坡横纹。⑨徽州府在明代前期就有胜金、嫩桑、仙枝、来泉、先春、运合、华英 7 个品种,明中期又出现了雀舌、莲心、金芽等新品种。⑩

四、花卉、药材、果木种植业

明中后期,安徽亳州的牡丹花卉种植之盛,名品之多,甲于天下。

---

① 嘉靖《宁国府志》卷一《地舆类·土产》,明嘉靖十五年(1536)刊本。

② 《明会典》卷三七《户部二十四·茶课》,中华书局 1989 年版。

③ 同上。

④ 弘治《徽州府志》卷二《食货二·财赋》,明弘治间(1488—1505)刻本。

⑤ 许正:《安徽茶叶史略》,《安徽史学》1960 年第 3 期,第 5 页。

⑥ 《茶疏·产茶》,中华书局 1985 年版,第 1 页。

⑦ 《农政全书》卷三九《种植·杂种上·茶》,岳麓书社 2002 年版。

⑧ 康熙《安庆府志》卷五《物产》,清康熙二十二年(1683)刊本。

⑨ 嘉靖《宁国府志》卷五《表镇纪》,明嘉靖十五年(1536)刊本;[明]李贤等纂修:《大明一统志》卷一七《广德州·土产》,明天顺五年(1461)刊本。

⑩ 弘治《徽州府志》卷二《食货二·财赋》,明弘治间(1488—1505)刻本。

薛凤翔说,宋时牡丹以河南洛阳、四川彭门为盛,欧阳修称洛阳牡丹为天下第一,"今亳州牡丹更甲洛阳,其他不足言也"。① 袁中道《牡丹史序》也道:"亳州之牡丹之盛于洛阳"②。焦竑《牡丹史序》云:"迨近世北之亳州,南之暨阳为独著"③。韩程愈曰:河南的鄢陵县在天启、崇祯年间,"诸大家日以种花为事。郊遂之间,栽植殆遍。其盛也不减洛、亳"。④ 说明亳州牡丹在河南鄢陵牡丹之上,与洛阳牡丹并驾齐驱。万历年间邓汝舟《牡丹史序》亦说:宋时欧阳修叙牡丹以洛阳为天下第一,而亳州薛凤翔"家园数十亩,花品以千百计,而二三名流相翼,是数区而收比屋之华,且神异之品不一而足。今洛阳在诸君家园,则天下第一今不归之亳耶?"⑤

亳州薛氏牡丹种植开始于正德、嘉靖年间,薛凤翔先祖西原、东郊二公最嗜此花,遍求他郡善本,移植亳州。当时,亳州牡丹种植处于初创阶段,"顾其名品仅能得欧之半"。隆庆、万历以来,亳州牡丹"足称极盛"。先是夏侍御"于此花尤所宝爱,辟地城南为园,延袤十余亩,而倡和益众矣"。宋时牡丹花师多植种子以观其变,欧阳修谓四十年间花百变,而隆庆、万历时的亳州花师颇知种子能变之法,已达到"不数年百变矣"的境界。当时著名的牡丹花园有贾、王、赵、方、任、李等,"尽丛聚于南里及凉暑两园,两园如花之武库"。⑥ 亳州牡丹名园有常乐园、南园、东园、桂林园、宋园、杨园、乐园、凉暑园、南里园、且适园、庚园、郭氏园、方氏园、单家庄等。其中的单家庄地处"长河迤南,故沃壤",单氏"以余力种牡丹,益获利。凡有所见,无论本土新生,别乡初至,辄改之,且能为花王护法","故牡丹尤备于诸园,凡远近市奇花者,必先单氏焉"。⑦

———————————

① 《亳州牡丹史》卷一《本纪》,上海古籍出版社影印本,1995 年。

② 同上。

③ 同上。

④ [明]韩程愈:《叙花》,政协鄢陵县委员会编:《鄢陵县文史资料第 7 辑·鄢陵花卉专辑》,2003 年,第 30 页。

⑤ 《亳州牡丹史》卷一《本纪》,上海古籍出版社影印本,1995 年。

⑥ 同上。

⑦ 《亳州牡丹史》卷二《别传·纪园》,上海古籍出版社影印本,1995 年。

亳州牡丹名园众多,名品亦多。万历六年(1578),亳州牡丹多至101 种,到薛凤翔谱牡丹时增加到 274 种。① 其中天香一品等神品 42种,胜娇容等名品 82 种,合欢娇等灵品 4 种,瓜穰黄等逸品 26 种,珊瑚楼等能品 41 种,王家红等具品 75 种。② 正是亳州牡丹名品甚多,誉满天下,所以经常出贩他境,明代南京市面上就常见有亳州牡丹。③

明代正德以来,亳州牡丹种植之风愈演愈盛,从而使当地风俗为之一变。牡丹花师种艺竞巧,赏花名家层出不穷,"有称大家者,有称名家者,有称赏鉴家者,有称作家者,有称羽翼家者"④。民间更以牡丹相尚,以竞赏牡丹为名,游乐文化十分繁荣。每当牡丹花期,历时一个月都是"名园古刹尤称,雅游若出","一国若狂","亦肩摩出入,虽负担之夫、村野之氓,辄务来观,入暮携花以归,无论醒醉,歌管填咽"⑤的盛况。牡丹的种植还带动了亳州园艺业的发展,"据今亳环城十里之内,百果杂植,翁蔚葱郁,名园四出,奇葩艳株,多所未观。春夏之交,灿如锦屏,周匝所最佳者,如牡丹之王家红、佛头青,芍药之莲香白、观音面,如杏之海东红、李之金刚拳,柿之金瓜镜面,竹之黄金碧玉,涡水之鳞,麻沟之瓜,皆足脍炙人口"⑥。

此外,明代中后期安徽少数地区的药材、果木种植也有一定的发展。如嘉靖时定远县土贡药材就达 194 斤 8 两。⑦ 万历年间庐州的药材市场甚为繁华,"尤多药物,江南、江右商贾咸集聚焉"⑧。宣城水东以南及华阳多产梨、栗、柿、蜜、木瓜。⑨ 乾隆《无为州志·物产志》引明万历志云,"木山乡种艺颇多。民贫不能自谋,率贩之外商",以济家用。"滁多石土荒地,民间止靠治田力穑,少种杂木",万历时知州

---

① 《亳州牡丹史》卷一《本纪》,上海古籍出版社影印本,1995 年。

② 《亳州牡丹史》卷一《表一·花之品》,上海古籍出版社影印本,1995 年。

③ [明]顾起元撰:谭棣华、陈稼禾点校:《客座赘语》卷一《花木二十二则》,中华书局 1987 年版,第14 页。

④ 《亳州牡丹史》卷一《本纪》,上海古籍出版社影印本,1995 年。

⑤ 《亳州牡丹史》卷三《风俗记》,上海古籍出版社影印本,1995 年。

⑥ 嘉靖《亳州志》卷一《田赋考·土产》,明嘉靖四十三年(1564 年)刻本。

⑦ 嘉靖《定远县志》卷三《土贡》,明嘉靖十四年(1535)刻本。

⑧ [明]张瀚著;盛冬铃点校:《松窗梦语》卷二《东游纪》,中华书局 1985 年版,第 37 页。

⑨ 嘉靖《宁国府志》卷五《表镇纪》,明嘉靖十五年(1536)刊本。

戴瑞卿谕令"每社里长总保查勘,凡荒地在官者责之里总,在民者责之业户,各于荒闲山野及路旁河涘等处,随便种植,渐已成长,冀十年后,资用不浅"。① 池州府石埭县,其民"多尚俭,稼穑之外,尤力植杉"②。宁国府"山之利几与田等,伧人浮户,盖多依焉"③。徽州府山地居民在宋元明初以来就善于植杉。明中叶以后,徽州林木种植业进一步扩大和繁盛。其主要原因在于:一是山林经济效益较高,种植林木远比种植粮食作物利润大,这刺激了徽人对林木的扩大种植。正如明代万历年间徽州善和里程氏《窦山公家议》中所说:"田之所出,效近而利微;山之所产,效远而利大。今治山者递年所需,不为无费,然后利甚大,有非田租可伧,所谓日计不足,岁计有余也"④;二是由于明代官府对徽州六县中的祁门、婺源两县林山采取了无论官山、民山一律不课税赋的政策。⑤ 这种赋税制度的倾斜和保护,使得经营山场林木更为有利可图,使得徽商更加热衷投资山场、发展林业经济。如万历、天启时,歙县富商吴养春就置有黄山山场2400余亩;⑥三是官府和民众通过订合约或立禁碑方式对山场林地进行积极保护。嘉靖年间祁门知县桂天祥就勤加督率,"荒山僻谷,尽令栽养木苗,复加禁止,失火者,枷号痛惩。盗木者,计赃重论,或计其家资量其给偿。则山木有养而民生有赖矣"⑦。又如《明天启二年(1622)三月歙县潜口按院禁约碑》,对黄山大木砍伐、盗葬等规定了具体的禁止措施,"敢有轻犯禁款,许议人获赃,据实首告,定依犯禁宪拟。其巡捕、保甲容隐不举者,罪决不姑贷,须至禁约"⑧。正是徽州地方官府、宗族、会社等组织的大力提倡种植以及长期实践中形成的一整套严格的山地林场经营管理、保护制度,使得徽州林木种植业在明代一直长盛不衰。徽州人民通过

---

① 万历《滁阳志》卷三《山川·滁土种植》,明万历四十二年(1614)刊本。

② [明]冯光浙等纂修:嘉靖《石埭县志》卷一《风土篇·俗尚》,明嘉靖三十五年(1556)刻本。

③ 嘉靖《宁国府志》卷五《表镇纪》,明嘉靖十五年(1536)刊本。

④ [明]程昌撰;周绍泉、赵亚光校注:《窦山公家议校注》,黄山书社1993年版,第70—94页。

⑤ 弘治《徽州府志》卷二《食货二·财赋》,明弘治间(1488—1505)刻本。

⑥ [明]程演生:《天启黄山大狱记》,沈云龙主编:《明清史料汇编》第7集第2册,中国台北文海出版社1971年版。

⑦ [清]汪韵珊等纂修:同治《祁门县志》卷一六《食货志·物产》,清同治十二年(1862)刻本。

⑧ 《明天启二年三月歙县潜口按院禁约碑》,原碑现嵌于安徽省歙县潜口新福桥上。

在实践中的摸索,在林木种植、扦插、嫁接、病虫害防治,以及山场林地土壤改良加工等方面形成了极丰富的经验技术。据徐光启《农政全书》卷28记载,明代徽州种植乌桕、插种松杉的技术和方法在全国已处于领先行列。

总的来说,明中后期安徽经济作物的种植取得了很大的发展,但在经济作物品种的选择以及总体发展水平上都呈现了区域发展不平衡的特点。正是这种不平衡,才导致了安徽境内经济作物种植的区域分工日趋明显。凤阳府地广人稀,农业生产水平较低,经济作物所占比重甚小。经济作物以棉、麻和红花、蓝靛为主。安庆、庐州、太平3府所属各县及池州府所属贵池、铜陵、东流、建德4县,宁国府所属宣城、南陵2县,因平原与丘陵相间,地貌类型齐全,与外界联系较为密切,故经济作物品种齐全,种植较多,尤其是棉、麻、茶和染色作物的生产较为著名,是一个以棉、麻、茶叶和染色作物种植为主,芝麻、葛等生产为辅的多种经济作物共同发展的地区。滁州、和州所属各县经济作物生产水平不高,除麻类作物种植较多外,其余类型经济作物种植较少,是一个以麻类作物生产为主,棉、靛等生产为辅的经济作物种植比较单一的地区。皖南的徽州、广德所属各县及池州府所属青阳、石埭2县,宁国府所属宁国、泾县、旌德、太平4县,由于山多田少,经济作物所占比重也较大,尤以茶叶生产最为著名,棉花、芝麻、蓝靛等均有分布,但受地形条件的限制,都没有形成较大的生产规模,是一个以茶叶生产为主,棉、麻、蓝靛等生产为辅的地区。

经济作物种植的区域分工日趋形成,从另一个侧面说,这又会导致区域间联系的逐步加强。淮北及沿淮一带,农业生产以粮食为主,作物结构单一,棉、麻、蚕桑业都很落后,这些物品主要靠从外地输入。如泗州所赋丝绢"全由大众输直鬻买充数",①从地理位置上看,其所买之丝绢应主要来自太湖流域。所需茶叶则来自就近的六安,宿州一带的居民即多饮六安茶。② 淮北许多地方都有江西葛布的买卖,泗州

---

① 万历《帝乡纪略》卷五《政治志·风俗·丝绢》,明万历二十七年(1599)刊本。
② [明]张茂:《宿道春行》,[明]曾显等纂修:弘治《直隶凤阳府宿州志》卷下,明弘治十二年(1499)刻本。

一带的葛麻、草布就完全来自江西。① 六安州的茶叶,除了销往南直隶江南各地外,绝大部分是通过北方商人销往河南、山西、陕西等地。② 区域联系的强化,导致了经济作物种植的进一步商品化,从而又促进了乡村集市市场和位于交通要道上的那些区域性市镇市场的兴起和发展,这对于加强安徽各区域间的经济联系,使之成为一个经济整体具有非常重要的作用。

① 万历《帝乡纪略》卷三《舆地志·土产,明万历二十七年(1599)刊本。
② [明]许次纾著:《茶疏·茶谱》,中华书局1985年版,第1页。

第四章

明中后期安徽手工业的显著进步

　　明代安徽的手工业历经元末战乱而衰退之后，在明代前期伴随着农业经济的恢复和发展，也开始缓慢的恢复。到明代中后期，由于农业生产水平进一步提高，经济作物在更广的范围内普遍种植，安徽手工业的发展获得了持续不断的生产原料和广阔的乡村市场，从而推动了安徽手工业在明前期的基础上又上了一个台阶，在采矿业和冶炼业、棉织业和丝织业、制茶业和造纸业以及民间传统工艺技术方面都有着显著的发展。

第一节　采矿业和冶炼业

一、采矿业

明代是我国煤炭开发利用明显发展的阶段。安徽从宋代开采煤炭以来,至明代煤炭的开采更加普遍,除萧县白土镇继续采煤外,淮南洛河山、宿州符离集一带、含山县牛头山、池州馒头山以及宣城等地均有煤炭开采。

据顾祖禹《读史方舆纪要》记载:"含山县牛头山在县北三十里。山产煤,明正德(1506—1521)中,居民采以为业。"万历年间,宣城一带的煤窑被"有身家者据为利薮,无籍之徒不招自集",业煤者"指煤井为银窖",可见获利甚丰,但由于所谓"龙脉"所在,地方官吏曾于万历十三年(1585)立碑禁采。贵池县馒头山一带,也于万历年间开采煤炭,后被禁止,复于崇祯年间"盗开",旋经史可法批准禁采。而发展最快、规模最大的煤矿,则在宿州符离集西北。

明代学者、宿州知州祁承业的《符离弭变纪事》中记载:当时宿州符离集一带薪禾匮乏,以致"民之艰薪更甚于艰食,故民间多并日而炊"。虽然地下蕴藏着丰富的煤炭,但是当地人"向不知采"。直到明万历乙卯丙辰年间(1615—1616),由于严重灾荒,许多破产逃难的流民,成群结伙沦落于宿州东北 30 里的徐溪(即今濉溪)、宋町白塔山(约在今淮北烈山煤矿)一带,他们在挖掘草根的过程中,发现这里有煤,又进一步凿挖,证明"遍山皆煤也",于是以挖煤为业,时称"煤工"。那些有山有地的当地豪民则争相趋利,纷纷投资采煤业,开办煤窑,称为"窑户"。开始时"取煤者仅数十人耳",不久则"行煤之地益广,取煤之地益多,而凿煤之人益众"。仅仅几年时间,到天启初年,"开窑已至七十有余","计众当不下三千人",可以想见当时的采煤业是相当兴旺的。窑主们为获厚利,对煤工们进行残酷剥削和压榨,迫

使煤工于天启二年（1622）初在这里爆发了我国历史上第一次大规模的矿工反抗斗争。

铜陵、广德州的煤炭开采也在挫折中发展。如嘉靖年间，铜陵开始有了石炭（煤）的开采，①到崇祯年间，太湖、望江等县农民来铜陵五峰山陈待冲（今董店乡）与当地江姓农民合股开采煤矿。② 广德州煤的开采并不顺利，在万历年间还出现了是否开放采煤的激烈争论。赞成者认为"因自然之利，以广民用，认辽饷之银，以稍减加派"，"无一害于民"；反对者认为"兴利不若除害"，开矿损伤地脉、盗伐林木不可免（以支撑矿坑）、矿工素质不良、易生治安问题、开矿必至蹂禾践稼、为收矿税吏役欺剋渔民图利，等等。最终于万历四十七年（1619）八月镌碑立石严禁，但禁而不止。③

明中后期，徽州、宁国府的矿山开采仍在大规模的发展。徽州府、宁国府多产银，嘉靖二十五年（1546），"处州、余姚等处不下数千人，咸集于宁国县何弄坞凿山冶银，土民与战，互有得失，后官设岳山巡检司防盗"④。到了万历二十七年（1599），朝廷为搜刮民财以供庞大的皇室成员消费，乃"命南京守备太监郝隆、刘朝用开矿于南直宁国、池州等处。仍令会同抚按查议铺税以闻。"⑤矿监税使郝隆等人开矿于徽、宁，主要是掠夺银矿，导致安徽银矿业发展受到了重创。万历二十八年，应天巡抚陈惟芝就上疏，以"泗州、南京、凤阳、湖广俱系附近皇陵山场，联络龙脉"为借口，要求照天寿山禁例，禁止郝隆、刘朝用在徽、宁地区的银矿开采。⑥ 同年五月，应天巡按牛应元甚至提出，南京守备内臣郝隆开采银矿是"得不偿费，徒伤孝陵龙脉"，而且还存在"索借宁国府县库备赈官银，假充样银；索借徽州府库备赈官银，假充

---

① 嘉靖《铜陵县志》卷一《地理篇·物货》，明嘉靖四十二年（1563）刻本。
② 安徽省铜陵县地方志编纂委员会编纂：《铜陵县志》，黄山书社 1993 年版，第 190 页。
③ ［清］丁宝书等纂修：光绪《广德州志》卷五二《谕禁》，清光绪七年（1881）刻本。
④ 宁国县地方志编纂委员会编：《宁国县志》，三联书店 1997 年版，第 272 页。
⑤ 《明神宗实录》卷三三七，明万历二十七年七月丁卯条，中国台北中央研究院历史语言研究所校印本，1962 年。
⑥ 《明神宗实录》卷三四三，明万历二十八年正月壬子条，中国台北中央研究院历史语言研究所校印本，1962 年。

正银进献,矿实无银"的舞弊现象。① 此外,安徽庐江县城东70里处的铅山,"其山出铅,麓之涧中,人多淘沙煎银"②。

徽州的陶土开采也比较发达,其中祁门最为突出。祁门瓷土是著名土产,从唐代起,就供应瓷都景德镇。祁门东乡上下程、胡坑和庄岭脚一带瓷土最多,俗称上脑,色纯白,带花纹,是石英斑岩风化而成。景德镇的瓷器虽然是"器成天下走",但并不产土。据明代科学家宋应星《天工开物》记载:景德镇"从古及今为烧器地,然不产白土。土出婺源、祁门两山,一名高粱山,出粳米土,其性坚硬;一名开化山,出糯米土,其性粢软。两土和合,瓷器方成"③。祁门自万历年间起,就在开化山(即祁山)开始生产瓷土,供应景德镇。

此外,天长的铅矿、铜陵的铜矿开采则规模较小,且发展趋于缓慢。如天长冶山"产铅但不多"④。而明初一度兴旺的铜陵铜矿开采,由于宣德十年(1435)罢各处金银铜铁等官矿,封闭坑冶,而趋于衰落。嘉靖《铜陵县志》云:"铜官山昔取铜赋,南唐封利国山,置监于下,后改为铜官场。岁久乏铜场废,有水名惠溪,东有铜精山,有桌铜遗坑见存"。可见,嘉靖时铜陵的铜官山已经是"乏铜场废"。

二、冶炼业

明初,安徽各卫所的军器制作业就有很大的规模,到明中后期,这种官办的军器冶炼业又取得了更大的发展。如太平府"卫军三民七",并设有军器局。嘉靖时,太平军器局"岁办料银五百两,额造军器,四季成造,解京"。包括明盔、青甲、腰刀、斩马刀、角弓、弓弦、箭、撒袋、圆牌、鼓等等。⑤ 宁国府宣州卫则岁造盔甲、腰刀、弓、撒袋等各

① 《明神宗实录》卷三四七,明万历二十八年五月壬戌条,中国台北中央研究院历史语言研究所校印本,1962年。

② 康熙《庐江县志》卷三《山川》,清康熙三十七年(1698)刻本。

③ [明]宋应星著;钟广言注释:《天工开物》卷中《陶埏第七卷·白瓷附青瓷》,中华书局1978年版,第196页。

④ 嘉靖《皇明天长志》卷四《人事志·物产》,明嘉靖二十九年(1550)刻本。

⑤ 嘉靖《太平府志》卷十《武备志·军器》,明嘉靖十年(1531)刻本。

种兵器,造成解工部。①

除了官办军器冶炼业外,民间冶炼业的规模也日趋扩大,冶炼技术亦日臻成熟。徽州府的矿产冶炼业规模极大,内部分工又非常细致化,"既得矿,先必烹炼,然后入炉。煽者、看者、上矿者、取钩沙者、炼生者,而各有其任,昼夜番换,约四五十人。若取矿之夫,造炭之夫,又不止是。故一炉之起,厥费亦重。或炉既起,而风路不通,不可镕冶,或风路虽通,而镕冶不成,而未免重起。其虽如此,所得不足以偿所费也"②。从这段史料看,人们采得矿以后,就开始烹冶,一冶炼一炉,有"煽者、看者、上矿者、取钩沙者、炼生者"四五十人,加上从事前段工作的采矿者和为冶炼提供薪炭的人,规模则更大,他们各负其任,任何一环节都不容差错,否则就会镕冶不成,从头再来。

安徽的民间铁冶业和炼钢业颇为发达。如淮北蒙城县就出产有大量的铁器。③ 在铜陵县铜官山明时设有熔铁炉以制铁,昔日冶铁所遗之滓,仍到处可见。芜湖的铁冶业到明中后期已经十分发达,富商巨贾竞相投资其业,其中徽商对芜湖的冶铁业贡献卓著。史载,嘉靖时,休宁人汪尚权商于湖阴(唐宋以来对芜湖的误称)数年,"复大募工,治铁冶。指挥百人,斩斩有序,工罔费效……资日丰于旧"。④ 徽商汪尚权的冶铁作坊拥有工匠百人,规模已相当可观。工匠是招募而来,其身份已是雇佣劳动者。冶炼作坊内还实行了分工,而且"斩斩有序",当然也就"工罔费效",劳动效率和产品质量大幅提高。由此可见,这种作坊很可能已具有资本主义性质。先进的经营方式,势必促进芜湖冶铁业的繁荣。

冶铁的进步,又带动了芜湖炼钢业的发展。芜湖的炼钢业历史悠久,据《图经》和《芜湖县志》所载,早在春秋战国时代,著名的冶剑师干将和他的妻子莫邪就在芜湖的赤铸山、神山一带铸造过钢剑。南宋初年,山东曲阜卜家七兄弟随军南迁,为宋军制造兵器。后来,兄弟六

---

① 嘉靖《宁国府志》卷六《职贡纪》,明嘉靖十五年(1536)刊本。

② 《天下郡国利病书》原编第 9 册《凤宁徽》,上海科学技术文献出版社,2002 年。

③ 万历《蒙城县志》卷三《食货志·土产》,明万历十年(1582)刻本。

④ 《汪氏统宗谱》卷一一六《汪尚权墓志铭》,明嘉靖间(1522—1566)刻本。

人分别在今天安徽的凤阳、和县、当涂和江苏的苏州、溧水及浙江的嘉兴等地安家落户,而小弟卜七则在芜湖百家店地方开设冶坊。由于卜氏家族世代在此炼钢,百家店后来就改称为"卜家店"。卜七及其子孙世代继承家传的炼钢技术,到明代中期已发展成为芜湖炼钢业中的首户。当时,卜家钢坊由郊区卜家店迁到了城区卜家院,后来,又在七更点建筑总作坊,以卜家院为东作坊。稍后,卜家又在芜湖二街永平里、花津桥等地开设钢坊,规模越来越大,炼钢技术也越来越高。卜家的后裔卜万伦还在实践中摸索出了一种"听钢"的本领,故卜家的钢铁产品式样美观,质地精良,闻名全国,远销江南七省。今天芜湖市区铁石墩、铁锁巷等地都是明代炼钢场所。嘉庆时芜湖道宋镕说:"钢为芜邑土产,贩运百有余年。"①由此可知,明万历年间,芜湖手工炼钢业已经颇具规模。从明代中期到清初,芜湖规模较大钢坊有 8 家,乾、嘉年间发展到 18 家。此外,还有一些小型的钢坊。那时的芜湖,正如县志记载的那样:"居市廛冶钢业者数十家,每日须工作不啻数百人","铿锵之声,终日不绝于耳",故有"铁到芜湖自成钢"的谚语。②

其他还有冶铜业也有所发展。如淮北蒙城县就有大量的铜器出产。③ 芜湖的冶铜业更是远近驰名,因此各地到此贩铜的商人很多。明末杨嗣昌奏疏中说:"芜湖铜商辐辏。"④其中,有的是把铜运到南京等地铸钱、铸钟,有的则是制成铜丝、铜器外销。

第二节　棉织业和丝织业

明代中后期,随着棉花、蚕桑的广泛种植,在前期已有的纺织技术

---

① 史州著:《安徽史志综述》,安徽教育出版社 2002 年版,第 76 页。

② 参见吴仁安:《明清时期芜湖的社会经济与市政建设》,《大同职业技术学院学报》2003 年第 2 期,第 27 页。

③ 万历《蒙城县志》卷三《食货志·土产》,明万历十年(1582)刻本。

④ [明]杨嗣昌著;梁颂成辑校:《杨嗣昌集》卷一《处置南京铸钱稿》,岳麓书社 2005 年版,第 20 页。

和经验积累的基础上,安徽的棉织业和丝织业又有了很大的进步。

一、棉织业

明中叶以来,江南棉织业已经形成专门化经营,出现了许多棉织市镇,其产品行销南北,占据了全国棉布市场的大半河山。在全国棉花、棉布市场扩大的基础上,安徽许多地方也开始普遍植棉。据民国《宿松县志》云:"吾松清初时烟草未入境以前,农民于种稻外,其他高阜地亩均种棉花,出产亦富。"①说明宿松县在明代时是高阜地亩普遍种棉,入清以后烟草才排挤了棉花。在棉纺织专业分工还比较低的情况下,棉、纺是为一体,有棉花种植自然就有家庭棉纺织。可以说,棉花的普遍种植,推动了一些地方家庭棉织业的发展,如亳州货有木棉、棉布。② 正德元年,庐州太守杨循吉说庐州府富产棉布,多有出境;至万历时,据方志记载,合肥还是多布多木棉。③ 这可以推定,庐州府的棉织业在明初基础上有所发展。宁国府的宣城县"棉麻二布,多出贩外境"④,足见明中后期当地棉麻纺织的兴盛。嘉靖《建平县志》亦载广德州属建平县也富产棉布。⑤ 徽州府"黟、祁之俗织木棉,同巷夜从相纺绩"⑥,万历《祁门志》云:"货有棉布"⑦,则说明万历年间祁门县产棉布的数量非常可观。

不过,明中后期淮北一带的棉麻纺织业已经开始衰退,许多地方已长久不闻机杼声。万历《帝乡纪略》的作者这样记载凤阳府的情况:"布收诸绵,纻取诸麻,而文绮则取诸丝,三者之为世利也尚矣。而泗人全不知生殖,以开布帛之源,业已失计。间有自(外境)来者,又不肯攻纺绩,习机杼,如蜀绵越罗","若夫梭布则来自松江,粗布则来自江阴,苎布则来自太仓,葛布草布则来自江西,纱罗绽丝绸绢丝线则

---

① 张灿奎等纂修:民国《宿松县志》卷一七《实业志》,民国十年(1921)铅印本。
② 嘉靖《亳州志》卷一《田赋考·土产》,明嘉靖四十三年(1564年)刻本。
③ [明]胡时化等纂修:万历《新修合肥县志》卷上《食货志·物产》,明万历元年(1573)刻本。
④ 嘉靖《宁国府志》卷五《表镇纪》,明嘉靖十五年(1536)刊本。
⑤ 嘉靖《建平县志》卷二《田赋志·物产》,明嘉靖十年(1531)刊本。
⑥ 嘉靖《徽州府志》卷二《风俗》,明嘉靖四十五年(1566)刊本。
⑦ 万历《祁门志》卷二《土产》,明万历二十八年(1600)刊本。

来自两浙,皆其物品之最下者"。①

与棉纺织密不可分的是浆染业。纺出的布,如果没有浆染这道程序,就基本不能投放市场以供人们直接消费。明代的芜湖开设有很多染局,其中一支重要力量是徽商。徽州人汪道昆曾记载徽商阮弼在芜湖立局治染,专门染布贩卖。"无庸灌输,费省而利兹倍"。由于他的资本庞大,又雇佣了大批有技术的"染人"为其效力,产品和技术都高人一筹,结果是"五方购者益集,其所转毂遍于吴、越、荆、梁、燕、鲁、齐、豫之间",产品已是行销全国各地了。为了扩大再生产,以牢固占据全国浆染业的大部分市场份额,阮弼则又开始"分局而贾要津"。②也就是说,阮弼不仅在芜湖设有"总局",而且在各要津又设立分局,规模之大,销行之远可想而知。宋应星所云:"浆染尚芜湖",可谓名不虚传,芜湖成了当时全国有名的染业中心。③

二、丝织业

明初丝织业恢复和发展比较快的宁国、徽州、广德、庐州、池州、太平、安庆等地,至明中后期,更加繁荣。《古今图书集成·经济汇编·食货典》卷310《币帛总部》引《明会典》:徽州府造纻丝721匹,闰加48匹,今加59匹;宁国府纻丝796匹,闰加47匹,今加58匹;池州府阔生绢211匹1丈6尺1寸5分,闰加24匹4尺8寸2分,今加19匹2丈8尺3寸9分;太平府阔生绢500匹,闰加42匹;安庆府阔生绢608匹,遇闰不加;广德州纻丝240匹,闰加14匹,今加30匹。这些织染局属于地方官办手工业,岁有常额。嘉靖四十年(1561),应南京户部尚书刘采的建议,自此年开始,将江西、应天、徽州、苏州、松江布、纻、丝、绢,暂解本色,待有余积再议改折。④ 隆庆间(1567—1572),"添织渐多","令浙江、福建、常、镇、徽、宁、扬、广德诸府州分造缯万

---

① 万历《帝乡纪略》卷三《舆地志·土产》,明万历二十七年(1599)刊本。

② [明]汪道昆撰;胡益民、余国庆点校:《太函集》卷三五《明赐级阮长公传》,黄山书社2004年版,第763页。

③ 《天工开物》卷上《乃服第二卷·布衣》,中华书局1978年版,第96页。

④ 《明世宗实录》卷四九四,嘉靖四十年三月己卯条,中国台北中央研究院历史语言研究所校印本,1962年。

余匹……相沿日久,遂以为常"①。泰昌元年(1620)八月,直隶巡按田生金言:"工部坐(派)应、徽、宁三府,广德一州改造缎匹三万二千九百匹,而岁造不与焉。"②可见,广德州丝织数量非常之大。

除了地方官办丝织业兴盛以外,这些府州县的民间丝织业获得了充分的发展。如万历时蒙城有丝出产,③同时期的庐州府合肥县原额桑丝276余斤,折绢221余匹,此后一直维持在这一水平。④ 太平府"妇女鲜亲蚕,多纺织"⑤,该府铜陵县则盛产丝。⑥ 广德州属建平县物产有丝、绢等,"妇女屏铅华,一意蚕织,以故衣食还给,不冻馁"⑦。

总而言之,皖南、皖中丝织业好于淮北,明初淮北普遍植桑的盛况至明中后期基本上已经成为往事,"妇女不事蚕织,富家大族多白丁,见利忘害,信巫诡神,所谓醇厚之风,礼让之俗,不无渐衰,州亦犹夫县也"⑧,这样的风俗图与皖南妇女一意蚕织的景象形成了巨大的反差。

第三节　制茶业和造纸业

安徽自古产茶,制茶历史也较悠久。但明代以前,制茶工艺不精,影响了茶叶的香味。到了明代,发明了炒青技术,而且这种技术也传到安徽境内。所谓炒青技术就是不对茶叶进行蒸煮,而是用入锅炒制的方法进行杀青,相比蒸青,更能保持茶叶的原生香味。到了明中叶,徽州僧人大方创制了松萝茶,闻名全国。罗康所著《茶解》载谓:"松萝茶出休宁松萝山,僧大方所创造。"松萝茶一问世就受到人们的好

① 《古今图书集成·经济汇编·食货典》卷三一〇《币帛总部》,中华书局影印本,1934年。
② 《明光宗实录》卷三,泰昌元年八月丁未条,中国台北中央研究院历史语言研究所校印本,1962年。
③ 万历《蒙城县志》卷三《食货志·土产》,明万历十年(1582)刻本。
④ 万历《新修合肥县志》卷上《食货志·田亩》,明万历元年(1573)刻本。
⑤ 嘉靖《太平府志》卷一《风俗》,明嘉靖十年(1531)刻本。
⑥ 嘉靖《铜陵县志》卷一《地理篇·物货》,明嘉靖四十二年(1563)刻本。
⑦ 嘉靖《建平县志》卷一《舆地志·风俗》,明嘉靖十年(1531)刊本。
⑧ 嘉靖《宿州志》卷一《地理志·风俗》,明嘉靖十六年(1537)刻本。

评。晚明才子袁宏道在《龙井》中写道："近日徽人有送松萝茶者,味在龙井之上,天池之下。"万历后期,谢肇淛的《五杂俎》也记道："今茶品之上者,松萝也、虎丘也、罗齐也、龙井也、阳羡也、天池也。"他们都对松萝茶给予了极高的评价。

松萝茶如何制作的呢? 方以智对此记录甚详:"松萝去尖与柄与筋,畏其先焦也。炒薪宜枝,不用干叶,文火武催急翻,半熟为度,生则黑矣。旁扇祛热,乃免黄褐。掀出磁盘,尤须急扇,乃重揉之,再以文炒,或三乃干,带润覆之,则气餐誉,更一焙也,待冷上霜。优劣定于始挡,清浊系于末火,确矣。"可见松萝茶的制作是很考究的。松萝茶问世后,其制作方法迅速传到外地。

六安也产茶,以前称"寿州黄芽",后来称"霍山黄芽"。明代,霍山黄芽首先是作为贡茶出名的。比起松萝茶,其制作工艺不精,比较落后、原始,后来吸收了松萝茶的制法,才创制了六安松萝,大大提高了六安茶的品味。

历史上皖南是造纸的著名地区。因为皖南山区可提供丰富的造纸原料,如麻类、树类、藤类、草类等等。造纸需要用水,皖南山区水源充足,水质优良,含杂质少,对提高纸质十分有利。造纸需要能源,皖南山区薪柴取之不尽。造纸还需要纸药(又称滑水),这是捞纸时往纸浆中掺和的一种以利分张的必不可少的材料,主要纸药有羊桃藤、黄蜀藤、毛冬青等,这些在皖南都有所产。

由于具备这些有利条件,皖南造纸业很早就发展起来,具体起于何时,目前尚难确考。但皖南造纸业在全国是较早的,这是没有疑义的。东晋初年起到隋代止,是皖南造纸业的初步形成、发展时期。这一时期主要产麻纸、桑皮纸和楮纸,造纸原料主要是麻、楮、桑、藤等。唐宋时期是皖南造纸业的大发展时期,造纸的原料和纸的种类大大增多,出现了以"澄心堂纸"为代表的许多优质纸。同时许多加工纸的出现,更使造纸业呈现光彩斑斓的局面。元代皖南造纸业出现萧条,趋于冷寂。而到了明代,尤其是明代中后期,皖南造纸业又出现了兴盛局面。

皖南造纸业分布较广,歙县、宣城、贵池、南陵、宁国均能造纸。纸

的品名很多,有麦光、白滑、冰翼、凝霜、澄心堂、仿澄心堂、金榜、画心、潞王、白鹿、卷帘、进札、殿札、玉版、白音、京帘、堂衣纸、表纸、青光纸、七色、于心、粟纸、水纸等。加工纸有:蜡黄经纸(又名粟笺)、碧云春树笺、龙凤印边三角内纸、印金团花、连四、卷棉纸、丈二匹纸、白棉纸等。

明代皖南造纸业的突出成就,就是创造了质地精良的宣纸。据有关资料推断,早在元明之际,皖南泾县小岭曹氏创制了宣纸,但工艺还不成熟,直到明宣德年间(1426—1435)出现了由皇家监制的宣纸加工纸——陈清款宣纸,才标志着宣纸工艺已达到炉火纯青的程度。明清之际方以智《物理小识》卷八云:"宣德陈清款,白楮皮厚,可揭三四张,声和而有穰。其桑皮者牙色,矾光者可书。今则棉推兴国、泾县。"清查慎行《人海记》又云:"宣德纸,有贡笺,有锦笺,边有'宣德五年造'素馨印。又有白笺、洒金笺、五色粉笺、金花五色笺,五色大帘纸、磁青纸,以陈清款为第一。"又再如清邹炳泰《午风堂丛谈》中卷八所记:"宣纸至薄能坚,至厚能腻,笺色古光,文藻精细。有贡笺,有棉料,式如榜纸,大小方幅,可揭至三四张。边有'宣德五年造'素馨印。白笺坚厚如板面,面砑光如玉,洒金笺、洒五色粉笺、五色大帘纸、磁青纸,坚纫如段素,可用书泥金。宣纸陈清款为第一。薛涛笺、高丽笺、新安仿宋藏金笺、松江潭笺,皆非近制所及。"以上诸家的记载,都说明了宣纸作为一种承载人类文明的工具,其制作工艺在明宣德年间已臻成熟,是一种颇受文人墨客们喜爱的书画用品,而且因其品质优良,还受到皇家的青睐。

宣纸最初产生于明代宣德年间,故又有"宣德纸"之称。宣纸产生后,随着生产技术的逐步外传,生产这种纸的地方扩大到以宣州为中心的数县范围,所以宣纸又可以认为是以宣州而得名。"纸之所造,首在用料。"宣纸的原料是以青檀皮为主要原料和以沙田稻草为主要配料按不同比例搭配而制成、以手工生产的高级纸张。①

宣纸质地纯白细密、纹理清晰、绵韧而坚、百折不损,有"轻似蝉翼

---

① 参阅曹天生著:《中国宣纸》(第二版)中国轻工业出版社2000年版,第18页。

白如雪,抖似细绸不闻声"之誉;光而不滑,吸水润墨,宜书宜画,防腐防蛀,有"纸寿千年"、"纸中之王"之称。

第四节　民间传统工艺的进步

明代的民间工艺也有长足的进步,主要表现在徽州三雕、墨、笔、砚、万安罗盘、界首彩陶等方面。

徽州三雕即木雕、石雕和砖雕,主要用于民居、祠庙、园林、屏联、笔筒、果盘等工艺雕刻,是我国民间艺术宝库中的一束奇葩。

徽州三雕,砖雕推为首。砖雕,是质地坚细的青灰砖经过精致的雕镂而形成的建筑装饰,广泛用于徽派风格的门楼、门套、门楣、屋檐、屋顶、屋瓴等处,使建筑物显得典雅、庄重。砖雕是由东周瓦片、空心砖和汉代画像砖发展而来的。而汉代画像砖是墓室预制构件的大型空心砖,它是先在湿的泥坯上用印模捺印各种图像然后烧制而成。北宋时形成砖雕,成为墓室壁面的装饰品。元代,墓室砖雕逐渐衰落。至明代,砖雕由墓室砖雕发展为建筑装饰砖雕。砖雕有平雕、浮雕、立体雕刻。题材包括翎毛花卉、龙虎狮象、林园山水、戏剧人物等,具有浓郁的民间色彩。徽州砖雕的用料与制作极为考究。歙县博物馆藏有一块灶神庙砖雕,见方仅尺的砖面上,雕刻着头戴金盔、身披甲胄、手握钢锏的圆雕菩萨,据考证这块精巧绝伦的砖雕花费了 1200 个匠工,堪称徽州砖雕艺术的经典作品。砖雕的制法大致有两种基本做法:一种是像古徽州的黟县,是先用泥土把东西雕好,再放到窑里去烧制而成。另一种则是歙县的砖雕制法,它是先选泥,再阴干,雕刻的图贴在泥坯上,用石灰水涮白,然后用图纸拓印,再用笔描画。

石雕在徽州城乡分布很广,类别亦多,主要用于寺宅的廊柱、门墙、牌坊、墓葬等处的装饰,属浮雕与圆雕艺术,享誉甚高。徽州石雕题材受雕刻材料本身限制,不及木雕与砖雕复杂,主要是动植物形象、博古纹样和书法,至于人物故事与山水则较为少见。著名的歙县许国

牌坊是颇能代表徽州石雕艺术水准的牌坊。许国牌坊是将两座四柱三间合并成一个立体的牌坊,成八角牌坊。坊上雕有虬龙、狮子等图案,无不栩栩如生,形神兼备,还有龙飞云天和瑞鹤翔云图案,寓天下太平之意;再有鱼跃龙门,寓意坊主许国科举入仕,金榜题名;又有凤凰与麒麟,寓太平盛世;再有飞舞的雄鹰,谐武英之意,意指坊主许国为明朝武英殿大学士;再有三只豹仰望一只喜鹊,谐三报喜,意指坊主许国仕途上三次升迁。整个牌坊的石雕精美绝伦,并且从图案寓意上看,处处显示出中国智慧的独特之处。徽州石雕在雕刻风格上,浮雕以浅层透雕与平面雕为主,圆雕整合趋势明显,刀法融精致于古朴大方,没有清代木雕与砖雕那样细腻烦琐。

　　木雕用于旧时建筑物和家庭用具上的装饰,遍及城乡,其分布之广在全国首屈一指。宅院内的屏风、窗櫺、栏柱,日常使用的床、桌、椅、案和文房用具上均可一睹木雕的风采。徽州木雕的题材广泛,有人物、山水、花卉、禽兽、虫鱼、云头、回纹、八宝博古、文字楹联,以及各种吉祥图案等。徽州木雕是根据建筑物体的部件需要与可能,采用圆雕、浮雕、透雕等表现手法。始建于宋、大修于明嘉靖年间的绩溪县龙川胡氏宗祠的木刻花雕艺术就是一个佐证。古祠木雕采用浮雕、镂空雕和线刻相结合的手法,除了梁勾、梁托和门楼的雕龙画凤、历史戏文之外,整个落地门窗的木雕布局有"荷花、花瓶、百鹿"三种图案。在题材上有千姿百态、亭亭玉立随风招展的各种荷花;有悠悠漫步、回眸引侣、幼鹿吮乳、母鹿抚舐等各种形态的梅花鹿在自如生活;有各俱形状、千刀细刻、精致美观的花瓶,等等。木雕寓意深刻,荷花图意味着和为贵,教育后人清清白白做人做事;荷花下面还雕有螃蟹,寓意和谐;百鹿图意在祝愿祖祖辈辈延年益寿;花瓶图象征着世世代代平安的生活憧憬。

　　墨。明代,徽州墨业有了很大的发展,主要表现在制墨专家的相继出现。呈坎人罗龙文是制墨专家,同时也是一个广泛结交豪杰的侠士,他制的墨"麋玉屑金珠,以为珍异",同时又"坚如石,纹如犀,黑如漆,一螺值万钱"。歙县岩镇人程大约,字君房,也是制墨高手,史载他"善制墨,竭桐膏之焰五石入漆,缩烟百两,寂光内韫,神采坚莹,时人喻为墨妖。"他还总结自己制墨的经验,"作《墨苑》十二卷,分元工、舆地、人官、物华、儒藏、缁黄六类,图绘出丁云鹏手,雕镂精绝。"他所制的墨,"坚而有光,黝而能润,舐笔不胶,入纸不晕",自诩"我墨百年可化黄金"。明代书法家董其昌赞道:"百年之后无君房而有君房之墨,千年之后无君房之墨而有君房之名。"与程大约齐名的还有方于鲁,《万历野获编》中记载:"新安人例工制墨,方于鲁名最著。汪太函司马(指汪道昆)与之联姻,奖饰稍过,名振宇内。所刻《墨谱》,穷极工巧。"明代休宁人吴去尘,也是制墨名家。康熙《徽州府志》中记载:"生平制墨及漆器精妙,人争宝之,其墨值视白金三倍。"墨的价格竟是白银价格的三倍,一定是墨中精品。可以想见,明代徽州的制墨业总体上具有极高的水准。

明代除了涌现出众多制墨高手外,还出现了几部制墨的理论著作,号称"四大墨谱"。所谓四大墨谱是指明万历年间的《方氏墨谱》、《程氏墨苑》、《方瑞生墨海》和《潘氏墨谱》。

《方氏墨谱》6卷,方于鲁辑,丁云鹏、吴廷羽、俞仲康绘图,共收录方于鲁所造名墨图案和造型385式,分国宝、国华、博古、法宝、洪宝、博物六类。雕刻精美,线条细如毫发,纤丽逼真。

《程氏墨苑》,程大约辑,丁云鹏绘图,共收录程大约所造名墨图案520式,有彩色图版,分玄工、舆地、人官、物华、儒藏、缁黄六类。此谱首创用五色,赋彩印刷,绘刻俱精,是徽派版画中的代表作。

《方瑞生墨海》12卷,方瑞生辑,郑重、魏之璜绘图,共收古代墨造型148式,方瑞生造墨图案234式。

《潘氏墨谱》2卷,宋李孝美辑,万历四十年(1612年),歙县潘膺祉如韦馆刊。此谱主要讲制墨工艺过程、插图8幅,另有李廷珪墨图案造型32式。

毛笔。毛笔是文人不可须臾或缺的书写工具。毛笔的制作在我国有悠久的历史。早在唐、宋时代,安徽宣州所制作的毛笔就驰名海内,受到李白、苏东坡等著名诗人的高度评价。到了元代,宣笔衰落,逐渐被湖州善琏镇所生产的湖笔所取代。原宣州的制笔工人一部分转移到徽州依附制墨业为生,一部分流落到江浙谋生。到了明代,徽

州的制笔工艺又重新兴起。故宫所藏的明代彩漆描金龙凤管笔精工巧制,尖、齐、圆、健四德完备,是传世文房四宝中的珍品。

砚。明代安徽制砚水平最高的是歙砚,歙砚因生产于歙县而得名,是砚中的上乘珍品。唐代开元年间,歙砚之名始传,并流行全国,历经唐、宋、元、明、清等朝而不衰。"石质坚韧、温润莹洁、纹理缜密,抚之如柔肤,扣之似金石"是歙砚的特点。歙砚雕刻精湛,造型浑朴,刀法挺秀有力,美观实用大方,历来被文人墨客誉之为罕世珍宝。歙砚石质美如碧玉,腻如肌肤,暗含锋芒,缜涩发墨,油润生辉,具有下墨快,不损笔锋,墨水不干等特点,因此有"龙尾歙砚天下冠"之说。歙砚雕刻具有徽派石雕的风格,即浑厚朴实,美观大方,刀法刚健,花式多变。它的图案,多取于黄山胜境、新安风光、小桥流水或神话传说、名人逸事等。

万安罗盘。罗盘是一种既能用于航海辨别方向又能用于城市乡村民居建筑风水占卜的传统工具,也是精美的工艺品。徽州万安制作罗盘始于元末明初,经过明代的发展,工艺渐趋成熟。万安罗盘继承了中国古代传统的罗盘制作技艺,在长期的生产过程中又形成了自己的工艺特点,对工艺流程和技艺手法均有严格的规范要求。罗盘的制成,需要各种不同工种的协作,一般要经过制坯、车圆磨光、分格、书写盘面、上油、安装磁针6道工序。根据罗盘的直径尺寸,其规格约有11种,2.8~5.2寸的为小型罗盘,6.2~8.6寸的属中型罗盘,8.6寸以上的属大型罗盘。按盘式分,主要有"三合盘"、"三元盘"和"综合盘"三种。三合盘的主要特征是由三层二十四方位组成,可以定向、消砂、纳水等。三元盘的主要特征是有易卦六十四卦圈层,一般只有一层二十四方位,可用元运推其方位之吉凶。三元盘又称"蒋公盘"或"易盘",因其易卦层为名师蒋大鸿所创立。综合盘是综合了三合盘和三元盘的一些主要圈层组成的,综合盘层数细密,内容庞杂,具有多种功能。

界首彩陶。界首位于安徽省西北部豫皖交界处,淮河的重要支流颍河穿境而过。因地处中原要冲,人杰地灵。这里自古为兵家必争之地,同时也是中原文化与江淮文化相互交流的地方,从而使当地的民间文化呈现出多元性。界首彩陶的制作工艺最晚出现在宋代。由于界首离"唐三彩"三大产地之一巩县相距不远,因此界首彩陶工艺可能通过颍河受到唐三彩工艺的影响。其后又吸收了中国剪纸、木版年画的艺术风格,在制陶工艺中自成流派。

界首彩陶采用的陶土是取自当地的黄胶泥,窑工又称之为"黄河淤",即黄河泛滥后沉积下来的黄色黏土。据《元史·河渠志》记载,黄河泛滥影响颍河是在元仁宗延祐年间(1314—1320)。据说,黄胶泥有大、小胶泥之分,黄河泛滥之前的黏土称为小胶泥,其性硬,只能做盆、盘、盏等造型简单的陶器;黄河泛滥以后波及的地方沉积的黏土称为大胶泥,其性软,可塑性较强,能制作造型较为复杂的陶器。

界首彩陶的制作工艺、题材选择和色彩运用趋于质朴、粗犷与厚重,为了适应这种风格的需要,在胎面的制作上,饰以两层化妆土;在刻画中表现赭、黄或赭、白两种基本对比色;在题材上除以生活中的花、鸟、鱼、虫为创作对象外,还着重吸取了传统戏剧中的艺术元素,以一幕幕场景的形式加以表现。界首彩陶体现了北方农民敦厚朴实的性格和大拙大巧的审美意趣,反映了民间艺术崇尚自然,追求和谐的审美趋向。

界首彩陶的制作工序分为练泥、制坯、刻画、烧制等。在烧制中,应先除潮,然后素烧,通过摄氏 700 度~800 度的高温,烧制成砖红色的刻画陶。素烧后可以釉烧,即涂以含铅、二氧化硅、粉土的釉料后,再通过摄氏 1000 度~1050 度的高温,烧制两天两夜,成为红底白花的界首彩陶。

第五章

明中后期安徽商业经济的繁荣和徽商的崛起

农业、手工业发展和商品化程度的提高，势必刺激商品流通。明中后期，安徽地域的水陆交通有所发展，徽商的崛起促进了商业的发展，城镇和农村集市渐次兴起，商品生产和商业贸易开始繁荣起来。

第一节　陆路和水路交通的扩大

有明一代,为了适应社会经济恢复和发展的需要,安徽境内的交通也有所发展,原有的道路得到修整,一些新的道路得到开辟,整个交通状况大大超过了前朝。

陆路交通干线还是以驿路为主。驿路是官方公文传送、物资运输、军队调遣、官员往来的主要通道,可以说是明朝统治的动脉。明王朝为了巩固自己的统治,在元朝的基础上又恢复并扩建了很多驿站,整修了驿路,保证了驿路的畅通。明初建都南京,明王朝必然建立起以南京为中心的全国驿路系统,南京与西、西南、北、西北的驿路交通都要经过安徽境内。加之,凤阳是明朝的中都,各地与凤阳的联系不断加强,也是通过驿路实现的。洪武二十七年(1394)九月,官修的《寰宇通衢》颁布全国,该书记载了全国各地的驿站和驿道里程。安徽境内的交通线路主要如下:

由南京出发到中都驿路干线:由会同馆出发,途经江东驿、江淮驿、东省城驿、滁阳驿、大柳树驿、池河驿、红心驿,最后到达凤阳东面的濠梁驿,总路程为 307 里。①

由南京出发到各布政司陆路干线:

①京城至陕西布政司并各府州卫途经安徽境内线路为:由滁阳驿入境,途经大柳树驿、池河驿、红心驿、濠梁驿、王庄驿、固镇驿,最后由宿州的大店驿出境。

②京城至山西布政司并各府州卫途经安徽境内线路为:由滁阳驿入境,途经大柳树驿、池河驿、红心驿、濠梁驿、王庄驿、固镇驿、大店驿,最后由宿州的睢阳驿出境。

---

① 以下道路里程均参见[明]《寰宇通衢》,《续修四库全书》第586册,上海古籍出版社,2002年版。下文中"口"表示原文缺漏或辨识不清,以待考证。

③京城至山东布政司并各府州卫途经安徽境内线路为:由滁阳驿入境,途经大柳树驿、池河驿、红心驿、濠梁驿、王庄驿、固镇驿、大店驿,最后由宿州的睢阳驿出境。

④京城至北京行部并各府州卫途经安徽境内线路为:由滁阳驿入境,途经大柳树驿、池河驿、红心驿、濠梁驿、王庄驿、固镇驿、大店驿,最后由宿州的睢阳驿出境。

⑤京城至四川布政司并各府州卫途经安徽境内线路为:由滁阳驿入境,途经滁阳驿、大柳树驿、池河驿、红心驿、濠梁驿、王庄驿、固镇驿、大店驿,最后由宿州的睢阳驿出境。

⑥京城至辽东都司途经安徽境内线路为:由滁阳驿入境,途经大柳树驿、池河驿、红心驿、濠梁驿、王庄驿、固镇驿,最后由宿州的大店驿出境。

⑦京城至云南布政司途经安徽境内线路为:由采石驿入境,途经当利驿、祈门驿、界首驿、西山驿、坡岗驿、派河驿、三港驿、梅心驿、吕亭驿、陶冲驿、青口驿、小池驿,最后由宿松县的枫香驿出境。

由南京出发到各布政司水路途经安徽境内线路为:

①京城至陕西布政司并各府州卫途经安徽境内线路为:由凤阳的临淮驿入境,途经濠梁驿、涂山驿、柳滩驿、寿春驿、新站驿、甘城驿、江口驿、刘龙驿、颍川驿、池河驿、和阳驿,最后由太和县的界沟驿出境。

②京城至山西布政司并各府州卫途经安徽境内线路为:由凤阳的临淮驿入境,途经濠梁驿、涂山驿、柳滩驿、寿春驿、新站驿、甘城驿、江口驿、刘龙驿、颍川驿、池河驿、和阳驿,最后由太和县的界沟驿出境。

③京城至广东布政司并各府州卫途经安徽境内线路为:由和州的采石水驿入境,途经橹港驿、荻港水驿、大通驿、池口驿、李阳河驿、同安驿,最后由望江县的雷港驿出境。

④京城至四川布政司并各府州卫途经安徽境内线路为:由和州的采石水驿入境,途经橹港驿、荻港水驿、大通驿、池口驿、李阳河驿、同安驿,最后由望江县的雷港驿出境。

⑤京城至云南布政司途经安徽境内线路为:由和州的采石水驿入境,途经橹港驿、荻港水驿、大通驿、池口驿、李阳河驿、同安驿,最后由

望江县的雷港驿出境。

由南京出发到安徽境内府县的交通线路：

①到徐州：由滁阳驿入境，途经大柳树驿、池河驿、红心驿、滚□驿、王庄驿、固镇驿、大店驿，最后由宿州的睢阳驿出境。

②到太平府：由水路、陆路出发的最终到达本府的采石驿。

③到和州：水路和陆路都从太平府的采石驿出发，陆路途经当利驿抵达境内，水路直达本州□家城驿。

④到庐州府：水陆两路均从太平府的采石驿出发，途经雍家城驿、镇□驿抵达本府金斗驿。而陆路则途经当利驿、祈门驿、界首驿、高井驿、西山驿、坡冈驿，到达本府。

⑤到池州府：水路，从太平府的采石驿出发，途经橹港驿、荻港驿、大通驿，至本府池口驿。

⑥到安庆府：水路，从太平府的采石驿出发，途经橹港驿、荻港驿、大通驿、池口驿、李阳河驿，至本府同安驿。

⑦到宁国府：水路，从太平府的采石驿出发，途经水阳驿，至本府宛陵驿。

⑧到徽州府：水路，从太平府的采石驿出发，途经水阳驿、宛陵驿，至本府。

⑨到广德州：水路，从太平府的采石驿出发，途经水阳驿、宛陵驿，至本州。

安徽境内各府州县交通线路：主要是围绕凤阳府和应天府之间的交通干线，以各府州县所属驿站为节点的驿道线路布局。

从以上的交通线路可以看出，由南京到达凤阳的干线成为当时全国最为重要的陆路干线，明政府由南京发送到西面和北面方向的人流和物资基本上从这条线路出发。此条线路途经的驿站主要如下：江东驿、江淮驿、东省城驿、滁阳驿、大柳树驿、池河驿、红心驿，最后到达凤阳东面的濠梁驿，总里程为 307 里。而此条线路同时担负了南京连接陕西、山西、河南、四川、北京等地的交通。

在这里特别值得一提的是，明代中后期，由于徽州商帮的崛起，大批徽商外出经商，因此开辟了很多商路，扩大了安徽境内的交通。据

《天下水陆路程》所载,徽州府有15条通往各地和各地通往徽州的路线:

江西由休宁县至浙江水;祁门县至湖口县水;饶州府至婺源县水陆;苏州由广德州至徽州府水陆;休宁县至杭州府水;杭州府至休宁县齐云山路;仪真县由宁国府至徽州府水陆;徽州府至崇安县路;徽州府至湖广城路;黟县至南京路;休宁县由几封至扬州水路;徽州府至婺源县路;弋阳县至休宁县路;芜湖县至徽州府;饶州府由景德镇至休宁县水陆。①

在明代安徽境内,除了陆路以外,还有四通八达的水路。境内的淮河、长江和新安江三大水系给沿河沿江各地带来了交通便捷。长江是黄金水道,安徽境内的长江水道416公里,汇入其中的支流达15条之多,每一条都是南北运输商品的重要通道。溯江而上可以和九江、湖广、四川相联系,顺江而下又可直达南京、扬州、镇江等地。安徽境内淮河及其大小支流颍河、涡河、沱河等流通所及可达河南、江苏等省,淮河下游经过洪泽湖接通大运河,又把东部诸省和长江、淮河、黄河及海河四大水系相连接,将安徽与淮河沿线发达的工商业城市有机地连在一起。同时淮河丰富的支线在省内皖北形成的内河航运网络又把广阔的北方地区连在一起,因此淮河也就成为安徽北方重要的商业水运航线。

皖南地区特别是徽州,由于万山丛集,道途梗阻,交通主要依靠新安江水系,包括率水、横江、练江、深渡河等大小支(源)流三十余条,流域面积达6751平方公里。徽州北境水阳江、青弋江、西境秋浦河均流入长江;南境阊江、婺水,南流折入鄱阳湖,东南境马金水流入浙江金兰盆地、联结闽粤之要冲;东境新安江、武强水东注钱塘、东海,以上支流形成一个放射性网络。这种放射性的水系,对徽州经济的交流非常有利,徽人东下苏杭,或西出饶州,或北上芜湖、池州,少则三五日,多则八九日就可到达。徽商就是通过这个水路网络挟资四出,把徽州

---

① 参见[明]黄汴:《天下水陆路程》卷七、卷八,杨正泰校注:《天下水陆路程·天下路程图引·客商一览醒迷》,山西人民出版社1992年版。

本地乃至整个皖南的茶、丝、竹、木等物资运到南京、芜湖、苏州、杭州等富饶的江南之地。明中叶之后徽州经济之所以日益发展，与其开放的水路交通网络是分不开的。

第二节　商品生产和商业贸易的发展

明清时期生产力有了进一步提高。农业的发展，使农产品增多，并进一步商品化；手工业的发展，直接为交换提供了商品，促进了商业的发展。明中叶徽商的兴起在一定程度上也促进了安徽本地商业的发展。在农业和手工业发展的基础上，商品生产和商业贸易繁荣起来。

一、商品生产的扩大

明代安徽商品生产的扩大首先表现在农产品的日益商品化。粮食尤其是水稻仍是农产品中最重要的商品。境内各地普遍种植水稻，水稻品种增加，双季稻也得到推广。泾县因境内土地硗瘠，过去只种籼稻，后由于"人力渐勤而不懈，地土变恶为美"，"故下湿则有粳黏、秫稻、早晚二稻"。江北一带，"六皖皆产谷，而桐〔城〕之辐辏更广，所出更饶。计繇（由）枞（川）阳口达于江者，桐者十之九，怀〔宁〕居十之六，潜〔山〕居十之三"。① 这两个地区都米谷丰饶。江淮之间"寿霍有稻田，种稻颇多"。大量的粮食进入市场成为商品，庐江、安庆所产粮食还销售到苏南。

经济作物也进一步商品化。棉、桑、麻为明代安徽最重要的经济作物。纺纱织布已经成了明代前期淮河流域农村极为重要的家庭副业。明清时，"布衣之人百倍于衣丝"。棉布、棉花的需求市场广大，

---

① 《枞川榷稻议》，《古今图书集成·博物汇编·草木典》卷二八《稻部·艺文一》，中华书局1934年影印本。

江淮地区因而普遍植棉。无为州"地颇产棉","民贫不暇自谋,率货之外商",棉花成了流通的商品。皖西大别山区的六安州及其所属各县,在万历年间也有"多木棉"的记载。安庆府所属6县,除宿松县外,其余5县也均普种木棉,其中望江县到万历年间已达到棉与稻"两者并重,无棉亦非富岁"的状况。太平府"郭外多种棉麻"。宁国府宣城与南陵一年所产麻和葛布,不仅能满足本地需要,还同棉花一样出贩他境,厚利一方。除棉、桑、麻外,其他经济作物还有蓝靛、烟草、茶等。蓝靛为染织业必需之原料,本区出产甚丰。霍山县有槐靛、蓼靛、猪耳靛三种,自染土布。无为州岁贡靛花青38万斤多。蓝靛作物种植较多的地区大多位于南直隶境内。其中又以天长、亳州、太和、蒙城等地为最多。天长县境内种植有大蓝、小蓝,蓝靛产量之多非其周围地区可比。亳州、太和、蒙城三州县蓝靛的生产在清代位居安徽全省之首,这种状况自然不是朝夕就能形成的,在明代后期就应当如此。皖西山区蓝靛种植也不少,万历《六安州志》就载本地多靛。

茶叶作为一种商品在安徽具有悠久的历史。明代,一方面茶叶的生产规模不断扩大,新的产区不断出现;另一方面茶叶制作技术有了较大提高,炒揉代替蒸碾,名茶日益增多。太湖县"其树茶所入,不减稼穑"[①]。潜山县多茶。六安、霍山产茶量多质佳,最为有名。明许次纾《茶疏》载:"天下名山,必产灵草。江南地暖,故独宜茶。大江以北,则称六安。"[②]清汪灏《广群芳谱》也称:"寿州霍山黄芽、六安州小岘春,皆茶之极品"[③]。在皖南,宁国府的泾县等地由于境内多高山,所以茶叶生产很旺。徽州府所辖六县更是如此。"徽属山多田少,居民恒藉养茶为生",茶叶成为当地的支柱性产业之一。[④]

明代前期,淮河流域极具特色的商品生产当推药材种植与加工了。如"义门集为药草荟萃之所,南北药商络绎不绝,亦土产之一大收

---

① [清]李世治纂修:顺治《太湖县志》卷八《风俗志》,清顺治十年(1653)刻本。

② 《茶疏·产茶》,民国景明宝颜堂秘笈本。

③ [清]汪灏等编:《广群芳谱》卷一八《茶谱·茶一》,清康熙刻本。

④ [清]周溶纂修:同治《祁门县志》卷一五《食货志·茶税》,《中国地方志集成·安徽府县志辑55》,江苏古籍出版社1998年版。

入也"①。这里记述的虽为清代的情况,但亳州在明代就已经是全国的四大药都之一了。

明代,皖南文房四宝的生产尤值得一提。纸墨笔砚是古代人们不可或缺的重要的文化用品。前述皖南所生产的文房四宝恰恰在全国有着重要影响。

二、各地商业流通的加强

农业、手工业商品化程度的提高,势必刺激商品流通,安徽各地之间乃至与全国的商业往来大大加强。

粮食贸易是明代安徽商品流通的大宗。粮食首先在安徽区域内流通,调剂余缺,满足缺粮地区的需要。太平府当涂县是当时长江沿岸米粮集散处,其中有相当部分要满足宁国、徽州诸府米粮的需要。池州府"山多田少,境内所产,无居民半岁之粮,日仰给楚、豫、皖、桐以为食。"②可见,皖(潜山)、桐城所产的粮食有相当部分要供应池州府的需要。但安徽的粮食更多的是流向安徽以外地区。如安徽中部地区所产粮食已能够稳定供应江南发达地区,明末吴应箕说:"江南地阻人稠,半仰食于江、楚、庐、安之粟。"③说明庐州府、安庆府所产粮食很多是供应江南一带。太平府黄池镇更因"承十字圩之枢轴,米谷转输,故多饶"④。芜湖和繁昌二县交界处的鲁港,也是"临江贾集,故多开营坊,操舟楫为业"。这里所集中的粮食也是通过长江水路供应长江下游的城市。⑤

除了安徽本区域的一些农产品和土特产品之外,安徽各地的手工业品也成为流通的大宗产品,诸如笔墨纸砚,随着徽商的足迹流通到国内外。

明中叶后,东西贸易发展加快,其中以竹木贸易增长最快。徽州

---

① [清]黄佩兰修,王佩箴纂:《涡阳县志》卷八《食货·物产》,民国十六年(1927)铅印本。

② [清]陆延龄修,桂迓衡等纂:光绪《贵池县志》卷五,清光绪九年(1883)活字本。

③ [明]吴应箕撰:《楼山堂集》卷十《策十·防江》,《续修四库全书》第1388册。

④ [清]陆纶纂修:《太平府志》卷五《地理志·风俗》,《中国地方志集成·安徽府县志辑37》,江苏古籍出版社1998年版。

⑤ 同上。

处万山中,每年木商于冬时砍伐,候至五六月,梅水泛涨时,将砍伐的木材编成木排,一是循新安江经严州,运往浙江;一是沿由绩溪顺流而下,抵达芜湖,然后运到南京、扬州等地。①

茶叶也是安徽当时贸易的大宗商品。徽州已经被《明史》列为全国重要的产茶区,徽州出产的茶叶行销全国。"歙之巨业,商盐而外,惟茶北达燕京,南极广粤,获利颇赊。"②徽州茶叶在屯溪集中包装后,一般循三条路线运往境外。一是顺新安江运往杭州销售,或进入大运河北上销售到京城。二是沿青弋江取道芜湖,或顺江而下运到南京销售。三是通过水陆路进入鄱阳湖,再翻过大庾岭运往广州。霍山的茶叶产量也很高,除了满足本地需要而外,还畅销河南、陕西。大量的茶叶销往外地,"河南山陕人皆用之"③。明末,霍山县每年采茶时,"富商大贾,骑纵布野,倾囊以质。百货骈集,开市列肆,妖冶招摇,亦山中盛事。"④由于茶叶市场的扩大,茶叶销售收入也很可观,所谓"茶芽细摘足充岁",当非虚语。

徽纸与宣纸是文人不可或缺的重要商品,不仅成品纸通过商人贩卖于其他各地,而且造纸的一些特殊器具也运销外地。明万历时期陆万垓云:"楮(纸)之所用,为构皮、为竹丝、为帘、为百结皮。其构皮出自湖广,竹丝产于福建,帘产于徽州、浙江,自皆属安吉(浙江安吉州)、徽州二府商贩,装运本府地方发卖。"⑤

第三节 商业城镇和集市的发展

明代安徽经济的发展和商品流通的加强,使得一些商业城市逐渐繁荣起来,也催生了不少市镇。

① 参见[清]赵吉士辑撰:《寄园寄所寄》卷一二,《续修四库全书》第 1197 册。
② 《歙事闲谭》卷一八《歙风俗礼教考》,黄山书社 2001 年版,第 603 页。
③ 《茶疏·产茶》,民国景明宝颜堂秘笈本。
④ [清]栾元魁修,张孙振纂:顺治《霍山县志》卷二《茶考》,清顺治十八年(1661)刻本。
⑤ [明]陆万垓增修:万历《江西省大志》卷八《楮书》,明万历二十五年(1597)刻本。

一、商业城镇的发展

首先必须提及的是芜湖和凤阳,他们代表了安徽明代商业城市发展的最高水平。

芜湖作为一个县城,经元末战乱后,仅余居民 83 户。但经过明初的休养生息,逐渐恢复了昔日的繁华。明初人黄礼说:"芜湖附河距麓,舟车之多,货殖之富,殆与州郡埒。今城中外,市廛鳞次,百货翔集,文彩布帛鱼盐襁至而辐辏,市声若潮,至夕不得休。"①可见明初芜湖就已经比较繁华了。景泰年间的胡棐说:"芜湖濒大江,据要冲,受廛而居者鳞攒星聚,舟车之辐,货贝之富,达官贵人之往来,悉倍他邑。"②之所以如此,就是因为芜湖地处大江和长河(青弋江)交汇之处,交通便利。所谓"鸠兹(芜湖古称)为四通五达之涂,此天所授转输地也。"③芜湖优越的地理位置,吸引了众多的商人,这里已成为商品集散中心。长江中上游的四川、湖北、江西,甚至湖南的木材、粮食,还有从皖南运来的木材、茶叶等都运到这里集散或中转,再运往浙江,江苏仪征、扬州、清江浦等处,转行北方五省销售。长江下游所产的盐、布绸运往上游销售的也在这里中转集散,所以芜湖集中了大批商人,如徽商、晋商、鲁商等。正因为如此,芜湖早在明代就兴建有山东会馆(清同治五年重修)、山陕会馆(秦晋会馆)。

各地的商人尤其是徽商大批来到芜湖,经营盐、茶、木材、粮食、布绸、药材、陶瓷等各种商品。如休宁人汪一龙万历时来到芜湖,在"西门外大街创正田药店,字号'永春',垂二百余年,凡九世皆同居。慎选药材,虔制丸散,四方争购之,对症取服,应效神速。"他的药材不仅驰名全国,而且远销海外。"每外藩入贡者,多取道于芜,市药而

---

① 〔清〕梁启让修,陈春华纂:嘉庆《芜湖县志》卷一《风俗》,清嘉庆十二年(1807)刻本。

② 〔清〕马汝骁修,葛天策等纂:康熙《芜湖县志》卷一四《艺文志下·县治记》,康熙十二年(1673)刊本。

③ 《休宁西门查氏祠记·明查灵川公暨配汪孺人合葬墓志铭》,引自张海鹏、王廷元主编:《明清徽商资料选编》第135条,黄山书社1985年版,第93页。

归。"①在芜湖经营木材生意的多为徽州商人和临清商人,故江边堆放木材的地方称为"徽临滩"。

芜湖的手工业当时很发达,是全国有名的手工业中心,如浆染业就驰名全国。著名历史学家翦伯赞认为:明代全国形成了五大手工业区域,即松江的棉纺织业、苏杭的丝织业、铅山的造纸业、景德镇的制瓷业和芜湖的浆染业。② 歙商阮弼就是浆染业的杰出代表。他从徽州来到芜湖经营浆染业。《天工开物》载:棉布质量的好坏,不仅取决于织机,也取决于浆染。而浆染的好坏则取决于碾石质量的优劣,优质碾石在浆染时不易发热,浆出的布缕紧而不松,芜湖大小荆山的石头是制作碾石的最佳材料,但开采困难,价格昂贵。而阮弼凭借雄厚的经济实力,购得大量佳石用于浆染,他的染坊所浆染的布帛、丝绸,质量高,颜色鲜,销售很好。后来他又改进技术,染出彩色布匹,并在芜湖立局,招募染匠生产,"费省而利滋倍,五方购者益集"。他所染成的布帛和丝绸行销于吴、越、荆、梁、燕、豫、齐、鲁之间。他又在各交通要道设立分局,雇佣大量人员浆染并销售,获得巨大成功。③

芜湖的炼钢业也闻名于世。早在南宋,就有濮氏在芜湖冶铁、炼钢。虽然在元代一度中断,但到了明代中叶濮氏家族又开始了炼钢。在他们的带动下,芜湖炼钢作坊不断增加,最多时有十八家。芜湖的炼钢技术高,有"铁到芜湖自成钢"之谚。芜湖的钢材质量好、产量大,销售到全国。

明中期,芜湖已经发展成为"辖五方而府万货"的颇为繁荣的工商业城市。据县志记载,当时县衙门大门前悬有"江左首邑"的大匾,足见芜湖在皖南的经济地位。由于芜湖工商业的发达,明成化年间和崇祯年间,朝廷在芜湖先后设立工关和户关,征收赋税,反映了当时芜湖作为商业城市的重要地位。

凤阳在明代由于是龙兴之地,得到明初统治者的特殊关照。明前

---

① 余谊密修,鲍实纂:民国《芜湖县志》卷五八《杂识·遗事》,《中国地方志集成·安徽府县志辑38》,江苏古籍出版社 1998 年版。
② 翦伯赞主编:《中国史纲要》(第3册),人民出版社 1963 年版,第 203 页。
③ 《太函集》卷三五《明赐级阮长公传》,黄山书社 2004 年版,第 764 页。

期政府在安徽的漕粮大多通过淮河航道向北运输,经商的船队也是循着这个航道北上逐利,所以这个淮上重镇具有特殊的地位,"向来河南货物,由颍河、涡河舟运至此岸,陆路至浦口,发往苏、杭。绸缎杂货,由浦口起岸,至长淮雇船,运赴颍、亳、河南等处"①。即使在漕粮运输改道之后,凤阳地区也因为商品种类繁多,贸易仍然繁荣。凤阳的临淮也就成为连接江南、中原的两大经济区商品交流的重要枢纽之一。明政府设立钞关于此地,与芜湖关并称南北两关。凤阳关的税收,在设立之初不断增长,后稳定在每年 10 万两左右,这反映了皖北城市经济一定的繁荣。一般而言,北方城市市场体系发展不甚充分,但仍有突出的县城,如亳州,"辑其水陆所至,固淮西一都会也"②。

除了这些比较繁荣的城市之外,安徽地域还点缀着大批繁荣的商业城镇。如徽州歙县的岩镇,唐朝初期只是一个拥有一百多户居民的村落;明代中期开始,岩镇的经济得到恢复;嘉靖、隆庆以后逐渐繁荣,成为商品集散中心。歙人经商较早,且多为盐商,他们致富较快,盐商致富后回到岩镇大量建造房屋,一批原来居住乡村的商人或地主也纷纷迁入岩镇,使得岩镇的人口迅速增长。"自嘉隆以来,巨室云集,百堵皆兴,比屋鳞次,无尺土之隙。"这里"鳞次万家,规方十里,阀阅蝉联,百昌辐辏"③。每年正月初九都举行一次庙会,人称"上九"。从正月八日到十日,参加庙会并赶集的群众摩肩接踵,进行百货的交易,可谓人山人海。徽州的屯溪,原本是休宁县的一个小镇,但由于它濒临新安江,徽州所产的木材都要在这里扎排外运,徽州茶叶也从各地集中到这里加工装箱,所以明代中后期屯溪已经发展成为"一邑总市",成为徽郡最大的水陆码头和商业中心。

一些交通便利的地方也随着商业的繁盛发展成繁华的商业城镇。如明嘉靖时宁国河沥溪,由于其地水陆交通便捷,商业发达,市井繁荣,市容之盛,人口之多,远远超过县城,成为宁国首镇,故有"大大河

① [清]冯煦等修,魏家骅等纂:光绪《凤阳府志》卷三《市集》,清光绪三四年(1908)活字本。

② [清]锺泰等纂修:光绪《亳州志》卷一《舆地志·郡邑》,清光绪二十年(1894)刊本。

③ [清]佘华瑞撰:《岩镇志草》,《中国地方志集成·乡镇志专辑27》,江苏古籍出版社1992年版。

沥溪,小小宁国县"①之说。明天启年间,原本偏居一方的太平府的黄池也是"阛匮相联,舟车四集,实姑孰一巨镇也"②;无为黄泥河镇,"在治北三十五里,当外河湍须水汇流之冲,东往含山,北入巢境必经之地,米之出多由是,故成市集"③;大通镇,"铜陵县南四十里,枕山面江,商旅鳞集"④;湾沚镇,芜湖"县北八十里,青弋江所运,盐艘鳞集,商贩辐辏"⑤;便民仓镇,宿松"县东南七十里,俯临长河,东通望江县吉水镇,商旅络绎"⑥;合肥三河镇,"为三邑犬牙之地,米谷凛盟,汇舒、庐、六水为河者三,河流宽阔,枝津回互,万艘可藏",该地慈善堂残碑也记载三河"水池环街,万商云集"。⑦

不仅南方如此,北方也是这样。寿县的东正阳镇在此时也因"东接淮颍,西通关陕,商贩辐辏,利有鱼盐",从而发展成为"淮南第一镇市"⑧;瓦埠镇更是"舟楫商贩,往来不绝"⑨,不可谓不繁荣。总的说来这些繁荣的商业城镇多分布在交通要道或者经济比较发达的区域,反映了在商品经济大潮推动下,安徽城乡经济有了显著的变化。

二、农村集市的渐次兴起

所谓农村集市,就是指在农村形成的规模较小的商品市场。周边的农民将自己多余的农副产品和手工产品拿到集市出售,再购买自己所需要的商品。随着商品经济的发展,到了明代中叶,安徽的农村集市也迅速发展起来,形成了一个初具规模的农村集市网络。

兹综合明代相关安徽方志的记载,统计成下表。

---

① 宁国县地方志编纂委员会编纂:《宁国县志·建置区划》,三联书店1997年版,第58页。

② [明]林钺:《新建黄池公馆记》,《古今图书集成·经济汇编·考工典》卷七〇《馆驿部·艺文一》,中华书局1934年影印本。

③ 民国《无为县小志》卷六《城镇略述》,石印本,1960年。

④ [清]尹继善等纂修:乾隆《江南通志》卷二七《舆地志·关津·铜陵县》,文渊阁四库全书本。

⑤ 乾隆《江南通志》卷二七《舆地志·关津·芜湖县》,文渊阁四库全书本。

⑥ 乾隆《江南通志》卷二七《舆地志·关津·宿松县》,文渊阁四库全书本。

⑦ [清]左辅纂修:嘉庆《合肥县志》卷三《疆域志·关口》,《中国地方志集成·安徽府县志辑5》,江苏古籍出版社1998年版。

⑧ 嘉靖《寿州志》卷一《舆地志·坊乡》,明嘉靖二十九年(1550)刻本。

⑨ 嘉靖《寿州志》卷一,《舆地纪志·集镇》,明嘉靖二十九年(1550)刻本。

表 5—1　明代安徽集市分布及其变化

时期 / 地名		成化	嘉靖	万历	时期 / 地名		正德	嘉靖	万历	天启
凤阳府	凤　阳		5		庐州府	合　肥		9	12	
	临　淮	3	3	11		舒　城	6	6		
	怀　远	4	8			庐　江		7	8	
	定　远		4			无　为		1	5	
	寿　州	2	14			巢　县		2	3	
	蒙　城	2	18			霍　山		5		
	霍　邱	2	16	48	安庆府	望　江		6		
	泗　州	3	22		池州府	贵　池	1	1	5	
	天　长	4	6			青　阳	4	4	4	
	宿　州	67	66			铜　陵	4	4	4	
	灵　璧	2	14			东　流	6	5	6	
	颖　州	10	16		滁州	滁　州		16	31	
	太　和	1	27			全　椒		2	26	
	亳　州	1	12			来　安		2	11	11
和州	和　州	6	6	9	徽州府	休　宁	4		9	
	含　山	2	3	3	宁国府	宁　国		5		

说明：此表根据韩大成《明代城市研究》附录所作，并参见有关明代方志：嘉靖《池州府志》；弘治《徽州府志》；嘉靖《建平县志》；嘉靖《寿州志》；嘉靖《宿州志》；嘉靖《天长县志》；嘉靖《铜陵县志》；正德《颖州志》；嘉靖《泾县志》；嘉靖《宁国县志》；嘉靖《怀远县志》；弘治《直隶凤阳府宿州志》；嘉靖《颖州志》；成化《中都志》；崇祯《砀山县志》；万历《太平府志》；天启《来安县志》；万历《帝乡纪略》；天启《凤书》。

　　从上表中可见，明嘉靖、万历年间，安徽集市在数量和规模上，都有了较大的发展，其境内已初步形成了一个覆盖全省的集市网络。即使是比较落后的北方地区，集市的增长也是十分明显的，这说明，明代是安徽集市发展的重要时期。

从表中我们可以清楚地看到①，如霍邱的集市在万历年间的数量是明初的 24 倍，是嘉靖年间的 3 倍。寿州的集市明末比明初增加了 6 倍，达到 14 个之多。其他地区集市发展普遍在 5 个上下。但不可忽视的是，虽然最先兴起的集市数量有限，但其作用却不可低估。这个时期的集市普遍具有中心市场的整合作用。如嘉靖《宁国府志》记载了港口市（县北三十里）、石口市（县东五十里）、东岸市（县西五十里）、河沥溪市（县东五里）、胡乐市（县西百里）5 个集市，此后尽管宁国集市在数量上有很大突破，但在规模和功能上具有核心作用的仍是这些集市，河沥溪市后来甚至成为超越县城的中心市场。休宁也是如此，弘治《休宁志》记载，镇市有四，即屯溪街、临溪街、万安街、五城镇四个②，之后万安成为超越县城的中心，屯溪街也一度成为皖南的中心市场，几乎辐射整个皖南腹地。

第四节　芜湖税关和凤阳税关的经济地位

税关又称榷关、钞关，是封建政府对过往的船只、车辆所载商品征税的一个专门机构，主要设在运河、长江、沿海等交通枢纽处，有户（部）关和工（部）关之分。户部关在明代时称钞关，工部关则是明代的工部抽分。明清时，榷关所征税收成为继田赋、盐税之后的第三大国家财政收入，其地位日显重要。

明中期之后，随着商品经济的不断发展，封建政权设置的榷关数量与税收也相应地不断增长。其中凤阳税关和芜湖税关与工关，由设置之初的蕞尔小关，迅速发展，税收跃居全国诸关前列，在全国的经济中占有举足轻重的地位。

---

①　该表根据我们统计，仅限于安徽境内有记载的情况，其实实际存在的集镇网络比我们的统计要丰富得多，如徽州，不仅仅是休宁一县发展，歙县岩镇在明代已经是巨镇，徽州的集镇的数量应该也是非常可观的，但是由于方志没有记载，只得付之阙如，这也是利用方志材料的局限之一。

②　弘治《休宁志》卷六《镇市》，明弘治四年（1491）刻本。

一、芜湖税关

芜湖工关与户关是在明朝中晚期先后建立起来的。芜湖,位于长江下游支流青弋江与长江的交汇口。由于这里交通便捷,长江中上游的物资以及徽州府、宁国府所产的物资都要经过这里运到长江下游各地或通过运河运往北方各大城市,长江下游的物资也要经过这里销往长江上游各地,这里成为各种物资的集散地。其中竹木是大宗商品之一。成化七年(1471),明朝政府设立芜湖工关,征收竹木税,获得税银千两,此后逐年增加。到弘治十五年(1502),税银达37000多两。崇祯三年(1630),明政府又在芜湖设立钞关,主要征收过往商船的货税,直属户部管辖,故又称"户关"。当时户部派定芜湖钞关的税额每年3万两。

明中叶后,东西贸易迅速增长,其中以竹木贸易增长最快。当时长江上来自川楚的巨筏"逶巡蜿蜒若无算者",而来自徽宁二府过境芜湖的杉木数量也非常多。

芜湖户、工二关相对全国诸榷关来讲,设置较晚但税收的增长却相当迅速,在明诸关中的地位也随之日渐重要,关于二关税收的记载非常零散,统计如下:

表5—2　芜湖榷关明代历朝税收增长表

时　间	项　目	工关岁入	户关岁入	资料来源
成化七年	实征不足	4000	/	《古今图书集成·食货典》卷230
成化二十一年	余本变实银	万余	/	《明宪宗实录》卷26
弘治十七年	实征	37000	/	《古今图书集成·食货典》卷230
正德后期平均	实征	29233	/	据《芜关榷志》(卷上)计算
嘉靖平均	实征	25479	/	据《芜关榷志》(卷上)计算
隆庆平均	实征	35615	/	据《芜关榷志》(卷上)计算
万历平均	实征	33568	/	据《芜关榷志》(卷上)计算
天启平均	实征	38071	/	据《芜关榷志》(卷上)计算
崇祯三年	实征	33000	30300	《明史·食货五》
崇祯平均	实征	43576	/	据《芜关榷志》(卷上)计算

从表中可以看出,芜湖工关岁入从成化七年至弘治十七年,30 年内工关抽分量增长了 9 倍左右。这是芜湖税收增长最快的时期。另外天启、崇祯时期是芜湖工关税收增长的另一个高峰,崇祯朝平均实征额比万历时增长了 3 成以上,崇祯后期,芜湖工关税收高达 6 万两,增长的幅度很大。这虽然与统治者急于筹饷有关,但在芜湖户关设置后分割了工关一部分税源的条件下,工关税收犹能有较大幅度增长,这在一定程度上反映了本地税源的充足。据明清《会典》等书所载,芜湖关在明末及清初的这段时期里税收一直居长江诸榷关之首。当时过境竹木物品之多,可见一斑。从正德初到万历末,芜湖工关税收虽未见明显增长,但其税额不仅为全国工关之冠,而且比九江、浒墅等著名户关的税收还要多。① 所以汪道昆说:"(芜湖)独以榷赋最天下。"②

如果把芜湖关榷税收入增长的情况同其他榷关联系起来加以考察,就会使我们对芜湖关的经济地位有了更明确的认识。明朝初期,关税收入的绝大部分来自运河一线的几个榷关,长江一线的关税收入十分有限。据《春明梦余录》记载,明中期以前长江一线的户工关税仅相当于运河一线关税的 28.5%,而明中后期随着运河的衰落,长江一线关税迅猛增长。可见长江沿岸的商品流通的发展是从明中后期开始的。

二、凤阳税关

明代中期之后,凤阳钞(榷)关是淮河沿线唯一的户部直属税关,它位于淮河中游,地处江淮商路的要道,历史地位相当重要。淮河是安徽北部地区重要的水上交通要道,自古以来就是北达中原、南下吴越的通道。淮河横贯凤阳府境内,较大的支流有洪河、颍河、涡河、濠河、东淝河等河流,将许多州县联系在一起,交通十分便利。这为明政府在凤阳设立钞关,征收过往商船的商税,提供了十分有利的条件。

---

① 〔清〕孙承泽纂:《天府广记》卷一三,北京古籍出版社 1982 年版。
② 《太函集》卷六八《芜湖县城碑记》,黄山书社 2004 年版。

明政府于成化元年(1465)设立凤阳钞关,包括正阳、临淮两税关。正阳关位于正阳镇,在寿州南3公里,方志评价其"东接淮颍,西通关陕,商贩辐辏,利有鱼盐,淮南第一镇也"①。正阳关为南北货物水运要道,水路沿西北方向可达河南周家口,沿淮河东下可以直接至江苏沿海一带,往南可到六安等州县,交通十分方便。临淮关设在凤阳府城,此两关口过往的商贾云集,帆樯林立。凤阳钞关直属明朝户部,具体事务则由凤阳府通判管理,规定"凡商贾欲赍货于四方者,必先赴所司起关卷"②。该关负责征收过往商船的"藻蓬、竹木、排炭及鱼、茶、酒、醋杂项诸税"③。随着税收的日益增多,凤阳关已经成为封建国家的财政支柱之一。

凤阳关作为户部关之一,有一套较为严密的管理措施:比较严格的税收报告制度和审计制度,以及完善的征税制度。在明中后期凤阳关的商品流通量不断增加,关税收入也稳定增长,一度达到10万两。到清朝初期随着海路的开通以及整个淮河流域经济的衰退,来往淮河的商船大幅度减少,江淮商路的实际地位不断减弱,凤阳关税额也在下降。可见明中后期是凤阳关最辉煌的时期,也是安徽江淮区域经济发展的顶峰时期。

第五节 徽州商帮的崛起和宁国商帮的出现

商人是市场活动的主体,是商业发展中最活跃的因素。商帮的出现和崛起是商业经济繁荣的一个重要标志。明代中后期,在皖南的徽州府和宁国府分别出现了徽州商帮和宁国商帮,并不断发展壮大。这

① [明]栗永禄纂修:嘉靖《寿州志》卷一《舆地志·坊乡》,明嘉靖二十九年(1550)刻本。
② [明]丘濬:《大学衍义补》卷三〇《征榷之税》,转引自彭泽益主编:《中国社会经济变迁》,中国财政经济出版社1990年版,第746页。原书附注:另见雍正《北新关志》卷五《法制》引明许天增曰:"商货行必赴司,起关卷。"
③ 乾隆《江南通志》卷七九《食货志·关税》,文渊阁四库全书本。

无疑是当时安徽商业经济发展、繁荣的一个重要表现。

一、徽州商帮的崛起

所谓徽商,是指明清时期徽州府籍的商帮集团。明清时期的徽州府下辖歙县、黟县、祁门、休宁、绩溪、婺源六个县。徽人经商,源远流长,早在东晋就有新安商人活动的记载,以后代有发展。但形成一个商帮集团,则应是在明成化、弘治之际。这时徽州商帮形成的标志主要表现在四个方面:徽人从商风习的形成;徽人结伙经商的现象已很普遍;"徽"、"商"(或"徽"、"贾")二字已经相联成词,成为表达一个特定概念的名词而被时人广泛应用;作为徽商骨干力量的徽州盐商已在两淮盐业中取得优势地位。

从明代成化、弘治之际到万历中叶的百余年间,是徽州商帮的崛起阶段。这主要表现在以下几个方面:

1. 从商人数众

徽州从商人数的增多是与徽州从商风习的形成、发展同步的。从一些族谱记载来看,早在明初就有不少人率先冲破传统观念的束缚,走出家门,搏击商海了。

在明代成化、弘治年间,整个徽州从商风习已经形成。而当越来越多的人通过经商致富后,就会吸引更多的人走上经商之路。大约从明代嘉靖(1522—1566)、万历(1573—1619)以后,直到清代乾隆(1736—1795)中叶,徽人经商达到高潮,其人数之多,使徽州成为"商贾之乡"。

歙县:是徽州的首邑,这里人们经商的时间最早,人数也最多。据明代歙人汪道昆说:"吾乡业贾者十家而七。"[1]有些乡则更多,如溪西南"贾者什九(即十分之九)",歙县《虬川黄氏宗谱》也载:"予邑(歙县)编氓(即户口册上的百姓),贾居什九。"[2]从这些记载来看,简直是举邑从商了。

---

① 《太函集》卷一四《兖山汪长公六十寿序》,黄山书社 2004 年版。
② [清]黄开族修:歙县《虬川黄氏宗谱》,转引自:张海鹏、王廷元主编:《明清徽商资料选编》第144条,黄山书社 1985 年版,第 48 页。

休宁:因"邑中土不给食,大多以货殖为恒产,因地有无以通贸易,视时丰歉以计屈伸"。① 宗谱也这样记载:"徽歙俗多业商,在休宁者居半。"②

婺源:也因为山多田少,耕种为艰,而苦志读书,走科举之路又十分艰难,以致人们大多"挟谋生之策,成远游之风",从而形成"喜远商异地"③的习俗。

祁门:据万历《祁门县志》载:此时已是"服田者十三(即十分之三),贾十七(即十分之七)"④。

绩溪:从总的情况来说,经商人数虽然赶不上歙县和休宁县,但从大量的宗谱中可以看到,绩溪人外出经商也很普遍,而且他们的足迹遍布各地,形成了无形的大绩溪。⑤

黟县:向来被视为古朴之地。"黟山古四塞,人情乐古丘"⑥。正德(1506—1521)以前,这里的人们"读书力田,无出贾者",一听到有人劝说挟薄资、游都会去做生意时,则"相戒摇手",认为这是千万干不得的事。但到了明后期乃至清代,风俗为之大变,已经开始重视贸易了;男子成童(15 岁)以后即服贾四方,经商已成为被普遍接受的行业了。⑦

徽州人从商人数所占人口比例很大,其中一个重要原因就是徽州人大多从小就出去经商。清人艾衲居士所著的小说《豆棚闲话》第三回就写道:"徽州俗例,人到十六就要出门做生意。"⑧确非虚语,而且

① [清]汪晋征等纂修:康熙《休宁县志》卷一《方舆·风俗》,清康熙三十二年(1693)刻本。

② 《许氏统宗世谱·许存斋墓表》,转引自张海鹏、王廷元主编:《明清徽商资料选编》第159条,黄山书社1985年版,第52页。

③ 婺源《碴煌洪氏统宗谱》卷五九,转引自张海鹏、王廷元主编:《明清徽商资料选编》第163条,黄山书社1985年版,第53页。

④ 万历《祁门志》卷四《风俗》,明万历二十八年(1600)刻清顺治九年(1652)补刻本。

⑤ 参见《绩溪县志馆第一次报告书·胡适之先生致胡编纂函》,转引自张海鹏、王廷元主编:《明清徽商资料选编》第643条,黄山书社1985年版,第215页。

⑥ [清]吴甸华修,程汝翼等纂:嘉庆《黟县志》卷一六《艺文·纪邑中风土·商》,清嘉庆十七年(1812)刻本。

⑦ [清]窦士范纂修:康熙《黟县志》卷一《风俗》,清康熙二十二年(1683)刻本。

⑧ [清]艾衲居士编:《豆棚闲话》第3则,转引自张海鹏、王廷元主编:《明清徽商资料选编》第136条,黄山书社1985年版,第46页。

很多人不到16岁就在商场上谋生了,更有十一二岁就去经商的。大量的宗谱就反映了这方面的情况。

徽州之所以有很多人童年就涉足商海,究其原因不外乎有以下几点:一是徽州人多田少,少年无力种田,也无田可耕,留在家中,徒费粮食,不得不让他们走出家门,求食四方,以减轻家中的生活压力。二是商贾之业并非一学就会的简单农活,它需要多种知识的结合,更需要实践经验的积累,让少年早一点接触商务,哪怕在商家"惟供洒扫",经过耳濡目染,也能早一点学到一些经商知识,为今后独自经商打下基础。出于这种考虑,不少父母很早就将孩子遣出家门。三是尽管十一二岁乃至十五六岁的少年生活上还难以自立,社会经验更是缺乏,但这些"少小离家"的孩童一般都是或依父兄,或伴亲戚,或随父执,所以父母多少也可以放下心来。由于上述原因,"十三四岁,往外一丢;包袱雨伞,夹着就走",这种现象也就可以理解了。

徽州经商人数多,也与血缘与地缘有关系。徽人经商本是凭借血缘和地缘关系结帮而行,而当这些先行者一旦致富,或者在某地立足打开局面以后,同一血缘、地缘的乡亲就会前赴后继,蜂拥而来,于是就像滚雪球一样,越滚越大,经商人数也就越来越多。徽州商帮中像这样的"雪球"不计其数。一个雪球就能带动几家、几十家乃至几百家、上千家,所以徽商人数就越来越多,全国首屈一指。正是由于众多的徽州商人共同努力,艰苦奋斗,才创造了徽商几百年的辉煌历史。

2.经营行业多

明代中期学者归有光在讲到徽商的经营行业时说过:"猗顿之盐,乌倮之畜,竹木之饶,珠玑、犀象、玳瑁、果布之珍,下至卖浆、贩脂之业,天下都会所在,连屋列肆,乘坚策肥,被绮縠,拥赵女,鸣琴跕屣,多新安之人也。"[①]这话是符合实际的。徽商经营的行业非常多,但主要从事盐业、典业、茶业、木业、粮食业、布绸业、渔业等。

盐业是徽商首先介入的行业。明初,全国内陆省份虽已统一,但北方广袤的边疆地区战火未熄。元王朝的残余势力以及新兴的蒙古

---

① [明]归有光撰:《震川先生集》卷一三《白庵程翁八十寿序》,四部丛刊本。

瓦剌、鞑靼诸部时时入犯边境。为了保卫新生的政权，明王朝不得不在北方沿边设立辽东、宣府、大同、太原、延绥（一称榆林）、固原、宁夏、甘肃、蓟州等9个军事重镇，称为"九边"，驻扎重兵。大量军队的集结，造成军需供应的短缺。于是洪武三年（1370），明政府实行了重要的盐法——开中法。即政府召商输粮到北方边境，政府根据运粮数量给予一定的盐引（盐业经营权），商人凭盐引去内地盐场买盐销售。这种"召商输粮而与之盐"[①]的办法，就叫开中法。

由于业盐的高额利润，开中法实行伊始，徽商中的少数先行者，不顾艰辛，长途跋涉，跻身其中。歙商汪玄仪在家中拮据"亡资斧"的情况下，"聚三月粮，客燕代，遂起盐策，客东海诸郡中"。[②] 歙人程金吾，"父老倦游，夺之儒而命之贾……君既捆载入河西，赢得过当，遂都河西（泛指今陕西），主转毂浸（渐）起不赀，诸程鱼贯从之，人人起富"[③]。但应该指出，由于输粮边区，路途遥远，非常不便，所以这一时期徽商中从事盐业的人数，从总体上看还是不多的，山、陕商人应占绝对优势。

开中法实行初期，大见成效。甘肃、宁夏这些素来缺粮的地区，由于商人大量输粟中盐，缓解了缺粮的危机。一些商人鉴于长途运米至边仓换取盐引，耗费太大，故采用新的方式："富商大贾悉于三边，自出财力，自招游民，自垦边地，自艺（种植）菽粟，自筑墩台，自立保伍。岁时屡丰，菽粟屡盈。至天顺、成化年间，甘肃、宁夏粟一石，易银二钱。"[④]这就是所谓的商屯。总之，开中法实行后，"自宣德至弘治，边以大裕，士马饱腾"。

从事商屯的那些商人，有的安于本土，他们缴粮获取盐引后，不愿远涉南方盐场支盐，就在边地出售盐引，南方的一些商人也乐于赴边地购买盐引。这样，开中商人逐渐分化成两类：一为边商，一为内商。在当时，从事盐业的徽商不少成了内商，而边商则大多是占有地利之

① 《明史》卷八〇《食货志五》，中华书局1974年版，第1936页。
② 《太函集》卷四三《先大父状》，黄山书社2004年版。
③ 《太函集》卷五八《明故南京金吾卫指挥佥事歙程次公墓志铭》，黄山书社2004年版。
④ ［明］陈子龙等编：《皇明经世文编》卷一八六《哈密疏（霍韬）》，中华书局1962年版。

便的山、陕商人。

弘治末年,户部尚书叶淇鉴于开中法已经败坏,乃实行开中折色。就是将原来商人赴边输粮,换取盐引,再南下支盐销售的办法,改为商人直接赴盐运司纳银买引,就地支盐销售。开中折色的实行,给徽州盐商的崛起提供了极好的契机。他们无需千里迢迢赴边输粮换取盐引,然后再风尘仆仆南下支盐,只要到两淮或两浙盐运司纳银买引,即可在当地支盐了。两淮盐运司设在扬州,两浙盐运司设在杭州,这两处都离徽州很近。在开中制下徽州盐商地利方面的劣势,一下转为开中折色下的优势。开中折色后,虽然山陕商人也纷纷南下,但他们过去在地利方面的优势,已不复存在了。

开中折色后,徽州商人迅速发现了自己的优势,他们成批地投入到业盐行列中来。由于两淮盐场盐质好,盐利高,而且距徽州较近,故徽州盐商进入两淮时间最早。由于两淮盐运司设在扬州,所以徽商又主要集中在扬州,故《五石脂》指出:"徽人在扬州最早,考其时代,当在明中叶。故扬州之盛实徽商开之,扬盖徽商殖民地也。"①这里所谓的明中叶,就是开中折色以后,大批徽商进入扬州业盐,这与徽州宗谱的记载也是一致的。两浙盐运司设在杭州,徽州进入杭州经营两浙盐业的也很多。从事盐业的高额利润,使不少徽商很快得以致富。

开中折色给徽商带来发展的契机,但随着明代盐法的败坏,势豪通过各种手段获取盐引,支取现盐,而盐商虽有盐引却支不到现盐,造成新、旧盐引壅积不畅,边商、内商皆困,国课也受到极大的影响,为了从根本上扭转这种局面,两淮巡盐御史袁世振和户部尚书李汝华于万历四十五年(1617)共同创立纲运制度,受到了盐商的热烈拥护。所谓纲运法,就是将持有旧引的商人分为十纲,编入纲册,每年以九纲行新引,一纲行旧引。十年之内积引可以全部疏销完毕,而纲册编定后,永留与众商,永永百年,据为"窝本"。此后每年派行新引时,都以纲册所载各商原有引额为依据,册上无名者不得参加。

---

① 陈去病著:《五石脂》,转引自张海鹏、王廷元主编:《明清徽商资料选编》第322条,黄山书社1985年版,第109页。

　　纲法给盐商带来了巨大的利益，可以说，明代只有在这一段时期，徽州盐商才发展到第一个黄金时期，大部分盐商也是在获得垄断销售权后才迅速发迹起来。

　　盐商为了便于与官府沟通，往往推举出自己的代表负责与盐政大臣交涉，维护商人的利益。盐政大臣也通过这种代表向盐商传达政府的政策、法令，催征盐课。这种代表在明代称为祭酒或纲首。由于徽州盐商大多有文化、有才干，他们往往被众商推为祭酒（总商）。在两浙盐场，徽商也多被推为领袖。从徽商出任祭酒来看，可知明代徽商在两淮和两浙盐业中已占据重要地位。

　　典当业也是徽商从事的重要行业，而且形成了自己的特点。

　　一是从业人数多。徽商经营典业，早在明中叶就开始了。据《此木轩杂著》卷8载："弘治间，江阴汤沐知石门时，徽人至邑货殖……徽人所为货殖者，典铺也。"①此后徽州业典者有增无减。南京城内就有当铺500家，主要是徽商和闽商所开。近代徽人许承尧说："典商大多休人……治典者，亦惟休称能。凡典肆无不有休人者，以业专易精也。"②而且出现不少业典世家。如歙县许翁，有"十数世之积，数百万之赀"③，显然是个十几代业典的典商世家。

　　二是典铺分布广。近人陈去病在《五石脂》中说："徽郡商业，盐、茶、木、质铺四者为大宗。……质铺几遍郡国。"④此话大体反映了徽州典铺的实际情况。明清时期徽州典铺确实分布很广。从南北两京到各省省会，从繁华都市到县城集镇，到处都飘扬着徽典的招幌，以致社会竟流传着"无典不徽"的谚语。如《明季北略》卷23载："汪箕，徽州人也，居京师，家赀数十万。（李）自成入城，箕自认家产不保，即奏一疏，乃下江南策，愿为先锋，率兵前进，以效犬马之劳。自成喜，问宋献策云：'汪箕可遣否？'宋曰：'此人家赀数百万，典铺数十处，婢妾颇

①　[清]焦袁熹撰：《此木轩杂著》卷八《货殖》，清嘉庆九年（1804）刻本。
②　《歙事闲谭》卷一八《歙风俗礼教考》，黄山书社2001年版，第604页。
③　[清]俞樾撰：《右台仙馆笔记》卷一三，《续修四库全书》第1270册。
④　《五石脂》，转引自张海鹏、王廷元主编：《明清徽商资料选编》第322条，黄山书社1985年版，第109页。

多,今托言领兵前导,是金蝉脱壳之计也。'自成悟,发伪刑官追赃十万,三夹一脑箍。箕不胜刑,命家人取水,饮三碗而死。"①可见汪箕是京师一个著名大典商,在京城开有几十处典铺。清人潘水因《续书堂明稗类钞》卷16也谈到了明末一个北京土豪挟嫌设计陷害一徽州典商致死的情况:

> 北京城外某街,有土豪张姓者,能以财致人死力,凡京中无赖皆归之……尝以小嫌怒一徽人开质者。张遣人伪以龙袍数事质银,意似匆遽。嘱云:"有急用,故且不索票,为我姑留外架,晚即来取也。"别使人首之法司,指为违禁,袍尚存架,而籍无质银者姓名,遂不能直,立枷而死。逾年,张坐他事系狱。徽人子讼父冤,尽发其奸状,且大出金钱为费,张亦问立枷。而所取枷,即上年所用以杀徽人者,封识姓名尚存,人咸异之。张竟死。②

我们这里姑且不论徽州典商的冤屈,就说史籍中能够一再提到北京的徽州典商,说明明代在京城徽典之多。南京作为明代留都,人口众多,又离徽州较近,故自明代就是徽典聚集之处。乃至到了明后期,金陵当铺有 500 家之多,其中大部分是徽商所开。万历三十五年(1607)六月河南巡抚沈季文言:"今徽商开当,遍于江北……见在河南者,计汪充等二百十三家。"③

扬州也是徽州典商集中之地。早在明中后期,徽州典商已在这里独擅其利了:"质库,无土著人。土著人为之,即十年不赎,不许易质物。乃令新安(指徽州)诸贾擅其利,坐得子钱,诚不可解。"④明代嘉

---

① 〔清〕计六奇撰:《明季北略》卷二三《富户汪箕》,清活字印本。
② 引自曲彦斌主编:《中国典当手册(副编)——典当研究文献选汇》,辽宁人民出版社 1998 年版,第 1034 页。
③ 《明神宗实录》卷四三三,万历三十五年五月癸亥明条。中国台北中央研究院历史语言研究所影印本,1962 年。
④ 〔明〕杨洵、陆君弼等纂修:万历《扬州府志》卷二〇《风俗志》,转引自张海鹏、王廷元主编:《明清徽商资料选编》第 455 条,黄山书社 1985 年版,第 157 页。

靖年间,倭寇骚扰武林(今杭州),负责抗倭的朝廷命官徽州籍的胡宗宪,"椎牛酒悉召城外居民、市户及新安之贾于质库者,皆其乡人也,醵金募士兵,可数百人",①说明在杭州的徽州典商是不少的。

在江浙一带的县城也布满了徽州的典铺。尤为值得一提的是,徽州典商的足迹已深入到江浙的一些乡镇。据万历年间李乐《见闻杂记》所记:

> 荒镇建馆之地,一河相距,其东曰青镇,隶桐乡;西曰乌镇,隶乌程,不佞目击万历十六年,斗米卖银一钱六分,饥殍塞路,正怀所以豫后之计,而何公祖下车,亦蒙转念商及。故不佞浼医士方时吉对渠同乡典铺商人劝谕,幸商人凡九典,仗义乐施,各捐中白米二十石,共得一百八十石。青镇八典,计一百六十石;乌镇一典止二十石尔。不佞又同舍亲夏冲寰各出米三石,以风青镇居民,共得一百石,其乌镇居民央耆老唐国宪、王汉龄亦行劝谕,竟乏好义者,升合未之有也。②

文中医士方时吉虽未言明何地人,但可以推断其为徽州人,原因有三:一为方姓是徽州大姓。二为在明清时期新安医学十分发达,去各地行医者很多。三为方医士向同乡典铺劝谕捐赈,联系到江浙一带土著人一般不开典铺,而徽州典铺又极多的情况,可知这里的典铺定为徽州人所开。两个小镇竟有徽典9座之多,想必其他乡镇,徽州典商也会涉足的。

三是典业规模大。徽州典商不少是世代经营,故资本多、规模大。明徽州人汪通保在上海所开典铺,四面开门,接待顾客,可见其典业规模是很大的。而且他还在其他县开有多座典铺。休宁孙从理在浙江吴兴业典,"什一取赢,矜取予必以道,以质及门者,踵相及,趋之也如从流。慎择掌计若干曹,分部而治"。他很会扩大典业,"岁会则析数

---

① ［清］丁元荐撰:《西山日记》,《续修四库全书》第1172册。
② 谢国桢编著《明清笔记谈丛》,上海古籍出版社1981年版,第12—13页。

岁之赢增置一部,迭更数多,又复迭增。"①即每隔几年将典铺利润集中起来又增开一典,过几年又复采取此法增开一典。所以他一人开设了不少典铺,成为休宁巨富。最著名的恐怕要算前述歙县许翁了,他的典铺有40余座,遍及江浙各地,遗憾的是竟毁在不肖子弟手中。

茶业:徽州是茶叶的故乡。徽州商人经营茶叶也有悠久的历史。明代前期,徽人业茶虽不普遍,但也能见到一些零散茶商活动的记载。据《新安毕氏族谱》载谓:歙人毕仁"迨年十六,贸迁有无,以货茶往淮之庐州东阳镇设肆坐贾焉。每岁天祥翁运茶以引计者数百,俾寓于其所,终年而鬻,获利恒数倍于本。以故得尽交淮海之豪杰,遂知名于时"②。据族谱载,毕仁是元末明初人。可知他很早就在庐州设店卖茶。明代政府曾规定:"官给条引付产茶府州县。凡商人买茶,具数赴官纳钱给引,方许出境货卖。每引照茶一百斤。"③毕仁卖茶,"以引计者数百",每年出售几万斤茶叶,显然是个大茶商。

明代中期以后,社会经济得到持续发展,徽州茶商逐渐活跃,不少人积极参加边境茶马贸易。一些徽商不远万里去西北和西南,从事茶马贸易,并因此成为巨富。前述近人许承尧曾回忆自己的先祖于正统时(1436—1449)已出居庸关运茶行贾,显然是与北方蒙古族进行茶马贸易。也有深入到四川与藏族和其他少数民族进行茶马贸易的,歙商汪伯龄就是其中典型一例。据《太函集》卷53载:"翁(汪伯龄)始胜冠,辄从父兄入蜀,称贷以益资斧,榷茶雅州。"④当然,明代中后期,更多的徽州茶商是在内地经营,其中前往北京业茶者尤多。当时京城饮茶成风,茶馆林立,茶叶有着广阔的市场,不少徽商在北京经营茶业。据《歙县会馆录》载:"隆庆中,歙人聚都下者已以千万计。"⑤如果加上其他五县商人,徽商在京人数更为可观。徽商在京经营各种行业,但茶业无疑是其中强项,经营人数也最多。北京歙县义庄在北京永定门

---

① 《太函集》卷五二《南石孙处士墓志铭》,黄山书社2004年版。
② 叶显恩著:《明清徽州农村社会与佃仆制》,安徽人民出版社1983年版,第105页。
③ 《大明会典》卷三七《茶课》,《续修四库全书》第789册。
④ 《太函集》卷五三《处士汪隐翁配袁氏合葬墓志铭》,黄山书社2004年版。
⑤ 《歙事闲谭》卷一一《北京歙县义庄》,黄山书社2001年版。

外石榴庄,旧名下马社,规制宏伟。初建于明嘉靖年间,后经隆庆、万历两朝扩建。兴建、扩建费用主要来源于在京歙商以及在朝徽籍官员的捐助,而其中取于茶商为多。① 歙县茶商能够大量捐款,说明在京茶商人数多,资本大。

其他各地也有徽商踪迹。南京作为一个大都市,也是徽州茶商的重要经营地,而且,随着饮茶风气的普及,竟有徽商在南京开起茶坊(茶馆),成为引人注目的新鲜事。据《续金陵琐事》卷上《茶坊》载:"万历癸丑年(1613),新都人(按即徽州)开一茶坊于钞库街,此从来未有之事,今开者数处。"②想必这数处茶坊也是徽人所开。明代歙南柯氏、马氏到江苏如皋经营茶叶,后定居该地。

木业是徽商经营的重要行业。徽州木商经营时间很长,它如同茶商一样,在盐商、典商衰落后,仍然活跃于国内市场,一直持续到解放前夕。

徽州丰富的林木资源为木商提供了取之不尽的货源。江南木材市场的扩大为徽州木商崛起提供了空前的机遇。

徽州木商真正的大发展,是在明中期以后。如前所述,历史再次给徽州木商提供了空前的机遇。这次机遇由于是建立在经济持续发展的基础上,所以徽州木商崛起后,一是发展成帮;二是几乎垄断了江南广阔的木材市场;三是持续几百年,直到解放前夕徽州木商仍然活跃在江南各地。

徽州木商以婺源人为多,所谓"婺源贾者率贩木"③。近人许承尧也说:"又徽多木商……然皆婺人,近惟歙北乡村偶有托业者,不若婺之盛也。"④因此,木商与盐商、典商一样,也形成了鲜明的地域特色。

徽州木商的经营方式,可分为三种:内采内销、内采外销和外采外销。

内采内销:即在徽州山上采伐的木材,也在徽州境内销售。徽商

---

① 同上。
② [清]周晖撰:《续金陵琐事》卷上《茶坊》,南京出版社 2007 年版。
③ [清]刘光宿修:康熙《婺源县志》卷四《风俗》,清康熙八年(1669)刻本。
④ 《歙事闲谭》卷一八《歙风俗礼教考》,黄山书社 2001 年版,第 604 页。

在外地发财致富后以及徽籍士人在官场发迹后,一般都回乡大兴土木。一是建筑祠堂,二是修建宅第。所以徽州境内祠堂林立,而且规模宏伟。这一切无不需要大量的木材,有的还需要珍贵木材,这些木材当然要取决于市场的供给。

内采外销:这是众多木商采取的主要经营方式,即将徽州境内的木材运到外地销售。当某山林木成材后,木商乃将其买下,谓之买青山,再雇人采伐,称为拼山。一般是秋天采伐,冬天集材,然后利用春季梅雨多水季节放运。时人指出:"徽处万山中,每年木商于冬时砍倒,候至五、六月,梅水泛涨,出浙江者,由严州……"①。

第一条路线是由新安江放运至杭州,这是一条主要的外销路线。

第二条路线是绩溪→青弋江→长江→江南沿江城市。徽人赵吉士指出:徽州所产木材,"出江南者,由绩溪顺流而下,为力甚易"②。芜湖由于是徽州木材和采自长江上游木材的重要集散地,所以明政府早在成化十五年(1479)即在芜湖设置工关,抽分过往木商。史称"芜湖关工税,向以木排为大宗"③。

第三条路线是阊江→鄱阳湖→江西。徽州境内黄山山脉南坡有流向鄱阳湖流域的两条水系,即流经祁门的阊江水系和流经休宁的乐安江水系,因此祁门、休宁两县有部分木材由阊江经景德镇到鄱阳湖边的饶州府发卖。

第四条路线是由婺源循婺水→乐安江→饶州府。部分婺源木商将本县所产木材经此运道转运至江西发卖。

外采外销:这也是徽州木商主要的经营方式。由于明代中期以后,木材市场不断扩大,尤其是对一些名贵木材需求日多,所以不少徽州木商深入到外省外地,开辟更多的木材货源。概而言之,他们一般到四川、湖南、江西、福建等地采购木材,主要沿长江运道以及海路转运到长江中下游的江南各大城市。

为了采购更珍贵的巨木,获得更多的利润,不少徽商不畏艰难险

---

① [清]赵吉士辑撰:《寄园寄所寄》卷一二,《续修四库全书》第1197册。
② 同上。
③ 彭泽益编:《中国近代手工业史资料》第1卷,中华书局1962年版,第594页。

阻,深入到湘、川、云、贵的一些深山老林。

深山伐木,再设法运至长江边,往往周期较长,如果再运到长江下游城市,则更耗时耗力。所以有的徽州木商只专从深山丛林中采木,然后运出或至长江上游或至长江中游汉口一带再转售其他木商。这样采木的商人就留居山中,往往十数年、数十年不归。如歙商许尚质,明嘉靖间人,"浮越江南,至于荆,遂西入蜀。翁既居蜀,数往来荆湘,又西涉夜郎、牂牁、邛笮之境"①。这里虽未言明他经营何业,但从他的活动范围来看,可判断他经营的是木业。婺源詹文锡的父亲在西南诸省经营木业,多年未归。詹文锡年十七,誓欲寻亲,于是他"历楚蜀,入滇南,终年不遇,哀号震天……经济渡处,有往黔商船,附之,兀坐长吁。商疑问锡,告之故。商曰:'汝吾子也。'相持哭,自是偕眷属归。后承父命往蜀……"②

通过以上分析,我们可以知道,长江下游江南一带市场上的木材,基本上是通过三条路线运来的:一是通过长江汇集从湘、川、赣、云、贵等省的木材以及绩溪沿青弋江进入长江的木材;二是通过新安江从徽州运来的木材;三是通过海运从福建运来的木材。徽州木商不辞风餐露宿之苦,不避狂涛巨浪之险,源源不断地将各地木材运到江南,为江南社会经济的发展作出了重要的贡献。

经营木材和经营其他商品不同,从买山到拼山再转运,既需要大批劳力,而且买卖周期又较长,必须有雄厚的资本。徽州木商按其资本形式而言,可分为以下几种类型:独资、合资(又称合股、合贾)。

徽商中经营木业的之所以很多,其原因之一,就是业木利润丰厚。如果善于经营,多能发家致富。南宋范成大曾说:"盖一木出山,或不值百钱,至浙江乃卖两千。"③除去关税、运力,其利润也是可观的。明清时期亦然。徽州木商发迹致富者很多,所以徽郡习惯把盐商木客同等看待,以致流传这样的谚语:"盐商木客,财大气粗。"

---

① 歙县《许氏世谱·朴翁传》,引自王世华:《富甲一方的徽商》,浙江人民出版社1997年版,第127页。

② [清]吴鹗等纂修:光绪《婺源县志》卷二八《人物·孝友》,光绪九年(1883)刊本。

③ [宋]范成大撰:《骖鸾录》,《丛书集成新编》第九四册,中国台北新文丰出版公司1986年。

粮业:是徽州商人经营最久的行业之一。早在盐商、典商还未兴起时,徽州粮商就已活跃在四方了。

徽商的粮业发展经历了两个阶段。第一阶段:外采内销,即从境外邻近州县采买粮食,在境内销售。这是短距离贩运,主要解决境内人口的食粮不足问题。第二阶段:外采外销,即在境外产粮区采购粮食,长途贩运至缺粮区销售,投身国内大市场,从而把徽商经营的粮业推向鼎盛阶段。

"徽处万山中,绝无农桑利"①。这里山多田少,本来粮食就不多,随着历史上几次移民高潮,徽州人口越来越多,加上它的自然增殖,人口与土地的矛盾越来越突出。因此,徽州粮商不辞劳苦,奔赴周边各地,把粮食源源不断地运到境内,以解决百姓粮食短缺问题。

当时采粮区域一是江西,一是浙江,一是安徽,所谓"转他郡粟给老幼,自桐江、自饶河、自宣池者,舰相接肩相摩也"②。贩运路线主要依靠水路。采自桐江者,粮船溯新安江而上,进入歙县。采自饶河者,循昌江北上达祁门;循乐安江和婺水东上达婺源。采自宣池者,即自宁国府沿水阳江而上达绩溪;自池州府沿池口河而上达祁门。当然,从江西运米最多。应该说,正是由于徽州粮商的不懈努力,艰苦转输,才使缺粮的徽州1000年来未发生大的粮食恐慌,支撑了社会生产的正常发展,维护了社会的稳定。

明中叶以后,随着社会经济的发展和国内大市场的形成,徽商的粮业又发展到第二阶段,即外采外销阶段。他们根据国内粮食生产形势的变化,主动适应市场需求,投身到国内大市场中,参与竞争,谱写了新的篇章。

明中叶以后,国内粮食生产形势最重要的变化,就是从原来的"苏湖熟,天下足"变为"湖广熟,天下足"。

南宋时期,长江三角洲的农业发展到前所未有的水平。由于先进稻种占城稻的引进和早熟品种的进一步开发,水稻生产中出现了两熟

---

① 《寄园寄所寄》卷一二引《云谷卧余》,《续修四库全书》第1197册。
② 《天下郡国利病书》卷二〇,上海科学技术文献出版社2002年版。

制,使这里的农业产量大增,尤其是苏州、湖州一带,一跃成为全国的粮仓,以至出现"苏湖熟,天下足"的谚语。

然而苏湖的这种全国粮仓地位到了明中叶却发生了戏剧性的变化。明代中叶,随着商品经济的高度发展,经济作物的种植,极大地冲击了长江三角洲一带的粮食业。由于丝绸和棉布消费市场的扩大,这里原有的丝织业和棉织业受到强烈刺激,迅速发展。随之而来的就是桑、棉种植业的不断扩大,稻田的不断缩小。

当长江三角洲成为缺粮区的时候,我国的产粮重心也开始由东向西转移。当代学者林金树研究员经过深入细致的研究,指出:"明中叶以后,大批流民拥入荆襄,开山垦田,对当地的农业生产起了积极的影响。至清康、雍年间,在原有的基础上,经过较长时间的发展,特别是一岁之入可视平常田地二三倍的洞庭湖流域垸田以及江汉平原的进一步开发,在东南沿海工商业发达地区粮食需求量日大,粮价不时腾涌的刺激下,整个湖广地区才得到了较快的发展,真正成为'天下第一出米处'。"①湖广这种全国粮仓地位的确立,为江浙缺粮区提供了源源不断的粮食。

正是在这种"湖广熟、天下足"的新形势下,西粮东运成了令人瞩目的经济现象,每年都有大批粮商从湖广、江西、四川采买大量的粮食源源不断地运往江浙,江浙人民一方面自己食用,一方面买米完漕,江浙成为当时全国最大的粮食消费市场。

西粮东运的路线主要是利用长江这条黄金水道,而汉口又是四川、湖广之米东下的主要集中地。粮食在这里启运后,沿江东下,再折入运河南下,直抵苏州近旁的枫桥,从而枫桥成了当时全国闻名的米市。乾隆《江南通志》卷二五写道:"(枫桥)为南北冲要,地介吴、长二县,各省商米豆麦屯集于此。"②运至枫桥之米,不仅转销江浙两省,而且还有一部分经由上海、乍浦海道运往福建。

当然,枫桥只是西米东运的重要集散地之一,除此之外,还有苏州

① 林金树:《明中叶以后我国粮食生产形势的新变化》,《郑州大学学报》1989年第6期,第41页。
② 乾隆《江南通志》卷二五《舆地志·关津·苏州府》,文渊阁四库全书本。

近旁的平望镇,也是湖广、江西米谷的集中地。杭州府海宁县的长安(旧名修川)镇也是"江南、川楚之米无不毕集"①的重要米市,运到这里的大米,一部分就近销往浙西杭、嘉、湖一带,一部分转销浙东绍兴、宁波等府。

在这支粮商队伍中,徽州粮商十分活跃。他们一方面继续把粮食运往家乡徽州销售,另一方面更多地参与沿江粮食贸易,从四川、湖广、江西乃至安徽沿江区域采购大米运至江浙销售。有的从四川采买大米运至汉口再转售他商运往江浙,如《桐下听然》载:"万历己丑,新安商人自楚贩米至吴。"②

也有的徽州粮商从江西贩米到江浙,"(万历年间)南畿、浙江大祲,诏禁邻境闭籴,商舟皆集江西,徽人尤众。"③说明到江西采粮转输江浙的主要是徽州粮商。万历四十八年(1620),苏州因江西、湖广遏籴,造成米价腾贵,一些饥民强借徽商之米,受到官府弹压,致使万人"屯聚府门,毁牌殴役,几致大变"④。说明苏州的粮商主要是徽商,就是一些小市镇也有不少徽州粮商。

布绸业也是徽商青睐的一个重要行业。明代中叶以后,在商品经济的刺激下,江浙一带广种桑、棉,从而使棉织业、丝织业获得了长足的发展。明清江南地区棉织生产较为发达的州县多达 30 个。江南除了湖州府以及苏州府的西部、嘉兴、杭州两府的部分地区生产丝绸外,几乎都产棉布,而主要集中在松江一府和苏、常两府的大部分地区。仅松江一府,每当秋季棉布上市,每天交易达 5 万匹,号称"衣被天下",从而形成了广阔的棉布市场。

江南的丝织业也十分发达。湖州一府,杭州、嘉兴两府的大部,苏州府的西部以及环绕太湖周围方圆千里都盛产丝绸,如湖州境内"隆、

---

① [清]邹存淦纂修:同治《修川小志》卷下《物产》,同治十三年(1874)刻本。
② [清]褚人获撰:《坚瓠集》卷一,柏香书屋民国十五年(1926)校印本影印。
③ 《明史》卷二二四《陈有年列传》,中华书局 1974 年版,第 5899 页。
④ 《明熹宗实录》卷四六,天启四年九月庚辰条,中国台北中央研究院历史语言研究所影印本,1962年。

万以来,机杼之家相沿此业,巧变百出"①。苏州"郡城之东,皆习机业"②,"大户张机为生,小户趁织为活"③。据台湾学者刘石吉先生统计,江南市镇以生产丝绸著名的至少有 25 个,以生产棉布著称的则达 53 个。④ 如万历年间,机杼渐盛的桐乡濮院镇,以濮院绸闻名遐迩。吴江盛泽镇,"环镇四五十里间,居民皆以丝绸为业……天下衣被赖之"⑤。

棉布和丝绸在国内有着广阔的市场。早在明中叶,这里就吸引着众多的商人趋之若鹜。生产棉布、丝绸的各个府、州(县)甚至小市镇都聚集着四面八方的商人前来争利。如嘉定县的南翔、娄塘、纪王等集镇是当时著名的棉布集聚地,"布商莫盛于南翔、娄塘、纪王镇"。嘉定西乡的外冈由于以所产外冈布闻名,故"明万历间,人烟繁庶,四方商贾之贸贩花布者,群集于此,遂成雄镇"⑥。南京、苏州、杭州是江南丝绸业生产和丝织品集散的中心,东西南北的大商人更是不远千里而来。

在这熙熙攘攘的商人队伍中,徽商尤为引人注目,表现出鲜明的特色:

一是介入早。可以说徽商最先投身到布绸业中来。《云间杂识》载:"成化(1465—1487)末,有显宦满载归,一老人踵门拜不已,宦骇问故,对曰:'松民之财多被徽商搬去,今赖君返之,敢不称谢!'宦惭不能答。"老人的这段话本意是讽刺这位贪婪的"显宦"在任期间搜刮了不少钱财,但却无意中透露出徽商的信息。云间(松江别称)是棉布业生产中心,老人认为"松民之财多被徽商搬去",其实就是说棉布贩售之利都被徽商垄断了。这正反映了早在成化年间徽商就占领了

---

① 〔清〕胡承谋纂修:乾隆《湖州府志》卷四一《物产》,清乾隆四年(1739)刻本。

② 《苏州府部·风俗考》,《古今图书集成·方舆汇编·职方典》卷六七六,中华书局 1934 年影印本。

③ 〔明〕蒋以化撰:《西台漫纪》卷四《纪葛贤》,《续修四库全书》第 1172 册。

④ 刘石吉著:《明清时代江南市镇研究》,中国北京中国社会科学出版社 1987 年版,第 141—158 页。

⑤ 〔清〕沈云:《盛湖杂录》,转引自王世华:《富甲一方的徽商》,浙江人民出版社 1997 年版,第 143 页。

⑥ 〔清〕殷聘尹纂修:崇祯《外冈志》卷二,《中国地方志集成·乡镇志专辑2》,江苏古籍出版社 1992 年版。

松江棉布市场,已将松江棉布贩运四方并获得丰厚利润了。这在徽州的方志谱牒中也有佐证。据载:歙人吴良友的曾祖父吴有贵、祖父吴继善"以布贾燕齐间",良友之父自宁公又"蒙故业而息之,赀益大饶,累巨万"①。吴良友生于嘉靖二年(1523),如以30年为一代,其曾祖父最晚也在成化年间就开始经营布业了。歙人郑富伟"东游吴淞,北寓临清,逾四十年,累资甚巨"②。吴淞也是棉织业中心,而当时的棉布主要通过运河销往北方,临清作为运河沿线的重要枢纽,也是销往北方棉布的主要集散地。郑富伟往来吴淞、临清间,显然也是经营棉布业。郑富伟生于正统十三年(1448),他经商时间也当在成化年间。

二是人数多。如前所述,像南京、苏州、杭州这样的中心城市,固然有众多的徽商,就是在各县新兴的市镇,到处都有徽商的足迹。嘉定南翔镇是著名的棉布业市镇,这里"众多徽商侨寓,百货填集,甲于诸镇"③。该县罗店镇,是又一棉布集散地,"今徽商凑集,贸易之盛,几埒南翔矣"④。外冈镇"因徽商僦居钱鸣塘收买,遂名钱鸣塘布"⑤。明末平湖县新带镇"饶鱼米花布之属,徽商麇至"⑥。在上海县经营布业的也是"宣歙人尤多"⑦。无锡虽然不产棉花,但棉织业却非常发达。这里每年从外地购进大量棉花,然后纺纱织布,加上无锡濒临大运河,境内又是河道纵横,物流畅通,所以成为重要的棉布集散地:"布有三等……坐贾收之,捆载而贸于淮、扬、高、宝等处,一岁所交易不下数十百万,尝有徽人言:'汉口为船马(码)头,镇江为银马(码)头,无锡为布马(码)头。'"⑧徽商能够这样概括,也反映了无锡徽商之多。在

① 吴吉祜撰:《丰南志》卷五《良友公状》,《中国地方志集成·乡镇志专辑17》,江苏古籍出版社1992年版。

② 歙县《郑氏宗谱·明故耆士郑君偕汪氏圹志》,转引自张海鹏、王廷元主编:《徽商资料选编》第252条,黄山书社1985年版,第84页。

③ 万历《嘉定县志》卷一《市镇》,《四库全书存目丛书·史部》第208册,齐鲁书社1996年版。

④ 同上。

⑤ 崇祯《外冈志》卷一《市镇》,《中国地方志集成·乡镇志专辑2》,江苏古籍出版社1992年版。

⑥ 天启《平湖县志》卷一《市镇》,天一阁藏明代方志选刊续编27。

⑦ 上海博物馆图书资料室编:《上海碑刻资料选辑》一〇七《上海徽宁思恭堂缘起碑(碑原在上海市斜土路徽宁会馆旧址)》,上海人民出版社1980年版,第231—232页。

⑧ 〔清〕黄昂辑:《锡金识小录》卷一,转引自张海鹏、王廷元主编:《明清徽商资料选编》第601条,黄山书社1985年版,第199页。

其他盛产丝绸的名镇,如南浔镇、濮院镇、姜湖镇、新市镇、双林镇,由于徽商云集,都分别建有会馆和同乡同族慈善机构。徽商在这里收购丝绸,再转到各地发卖。早在嘉靖中,徽人许谷就"贩缯航海而贾岛中,赢得百倍"①。祁门张元涣经商"始来游吴,筐厥绮纨,通于豫章;惟勤与俭……遂赀雄旅辈"②。他把丝绸转运到江西,遂发家致富。冯梦龙的《石点头》第八回也描述了徽商王某在苏杭买了几千两银子的绫罗绸缎前往四川发卖的故事。由于西南诸省如川滇山区交通不便之处常有徽商尤其是徽州木商活跃其间,他们极有可能将苏杭的丝绸带去销售,故"虽僻远万里,然苏杭新织种种文绮,吴中贵介未被,而彼处先得"③。

三是徽商控制棉布加工业。一般农户所织的棉布往往都要经过进一步的染踹加工,质量方为上乘。染即染色,踹即踹布。清褚华《木棉谱》记载:"有踹布坊,下置磨光石板为承,取五色布卷木轴上,上压大石如凹字形者,重可千斤,一人足踏其两端,往来旋转运之,是布质紧薄而有光。"④这样的布做成的衣服在西北风高日燥之地,很难沾上风沙,运到北方十分畅销。经营染踹业者通常称为棉布字号,简称布号,专门从事棉布的趸购、加工及批发贩运贸易。布号往往集中在棉布业中心城镇。明清时期,江南的布号基本上控制在徽商手中。徽商字号很会经营,据《三异笔谈》卷3记载:

> 新安汪氏,设益美字号于吴阊,巧为居奇。密嘱衣工,有以布号机头缴者给银二分。缝人贪得小利,遂群誉布美,用者竞市,计一年销布以百万匹。论匹赢利百文,如派机头多二万两,而增息二十万贯矣。十年富甲诸商,而布更遍行天下……二百年间,滇南、漠北无地不以益美为美也。

① [清]许登瀛纂修:《重修古歙东门许氏宗谱》卷九,清乾隆十年(1745)刻本。
② [明]张敦仁等纂修:祁门《张氏统宗世谱》卷三,明万历四十三年(1615)刻本。
③ [明]王士性撰:《广志绎》卷五《西南诸省》,《四库全书存目丛书·史部》第251册,齐鲁书社1996年版。
④ [清]褚华纂:《木棉谱》,清光绪农学丛书本。

　　汪氏徽商能够年销百万匹布,可见其经营规模之大,堪称徽州布商的典型。徽商开设字号,也说明商业资本已由单纯的流通领域进入到生产领域,这是值得注意的新现象。

　　渔业也是徽商在明代经营的重要行业。明代苏北曾有一个面积很大的湖泊——涟湖。经考证,明代"涟湖"是一个地跨安东(今江苏涟水县)、沭阳和海州(今连云港)三地的湖泊,即桑墟湖和硕项湖。这里渔业资源非常丰富。早在明中叶,大批徽商在这里"贾鱼"。明人方承训《复初集》记载:"歙邑渔贾多矣,上饶者五六千金,次饶者千金,又次百金,又其下者数十金,或数金,皆贾鱼。"①说明这里很多歙县商人从事渔业贸易,他们的资本也相当雄厚,而且经营渔业已有百年以上的历史,出现了世代经营并伴有举家迁徙"贾所"的现象,说明徽州渔商在当时的规模和影响应是很大的。②

　　徽商经营的行业当然不仅仅是上述这些,还有不少行业徽商也涉足其间。如瓷器业、中药业、墨业、刻书业、饭店旅馆服务业,等等。总而言之,举凡一切有关衣食住行用的商品,只要市场需要,有利可图,都有徽商插足其间,"相机而行,随我活变"。所以,说徽商"其货无所不居",是完全符合事实的。

　　3. 活动范围广

　　"钻天洞庭(商)遍地徽(商)",这句谚语形象地说明了徽商的活动范围。胡适说过:"徽州人正如英伦三岛上的苏格兰人一样,四出经商,足迹遍于全国。"③

　　徽商在全国的活动范围,从黄汴所著《天下水陆路程》和憺漪子所辑《天下路程图引》两书中可以清楚地反映出来。这两部商业用书都出自徽人之手。《天下水陆路程》卷1、卷2详细记载了北京和南京到十三布政司的水陆路程;卷3分别记载了两京和十三布政司到所属府州的路程;卷4记载了北京至东北、西北和北方沿边一带的主要路程;卷5至卷8记载了若干州府和重要城镇之间的路程。全书共记载

---

　　① [明]方承训撰:《复初集》,《四库全书存目丛书·集部》第188册,齐鲁书社1997年版。

　　② 参见朱小阳:《一篇新发现的明代徽州鱼商材料》,《中国史研究》2008年第2期。

　　③ 陈金淦编:《胡适研究资料》,十月文艺出版社1989年版,第158页。

路程 143 条。

值得注意的是,此书专门记载了以徽州(或徽州属县)为起讫点的路线 14 条,即:

祁门县至湖口县水路;

休宁县至杭州府水路;

休宁县由几村至扬州水路;

徽州府至婺源县路;

徽州府至崇安县路;

徽州府至湖广城路;

黟县至南京路;

苏州由广德州至徽州府水陆路;

杭州府至休宁县齐云山路;

仪真县由宁国府至徽州府水陆路;

弋阳县至休宁县路;

芜湖县至徽州府路;

饶州府至婺源县水陆路;

饶州府由景德镇至休宁县水陆路。

《天下路程图引》记载了全国交通路线 100 条,第 1 条至第 53 条皆江南水陆路程;第 54 条至第 100 条皆江北水陆路程,其中也专门记载了以徽州为起讫点的路线 15 条,即:

徽州府由徐州至北京陆路;

徽州府由严州至杭州水路;

徽州府由景德镇至武当山路;

徽州府由金华至温州府路;

徽州府由开化县至常山陆路;

徽州府由青阳县至池州府陆路;

徽州由玉山县至崇安县陆路;

徽州府由常山县至建宁府路;

苏州由四安至徽州府陆路;

丹阳县由梅渚至徽州陆路;

南京由芜湖至徽州府陆路；

芜湖由太平县至徽州府路；

饶州由乐平县至徽州府路；

湖广由安庆至徽州陆路；

仪真县由宁国府至徽州府水陆路。

这两部书记载了近30条以徽州府(包括下属县)为起讫点的水陆路线,一是说明这些路线都是众多徽商来往所走的路线;二是说明徽商走出深山不是循着一条路线,而是呈四散辐射状向四面八方奔去。

至于徽商在全国的活动范围,在这两部书中也可反映出来。既然这两部书是出自徽商或徽人之手,又是为经营而编的商业用书,那么这两部书所记载的243条路线以及涉及的无数的城镇,应该都是徽商曾经驻足或活跃的地方。

徽商主要是从事长途贩运贸易的。明代中期以后,由于国内市场已经形成,南北贸易日益加强,"燕、赵、秦、晋、齐、梁、江、淮之货,日夜商贩而南;蛮海、闽、广、豫章、楚、瓯越、新安之货,日夜商贩而北"①。除南北贸易外,东西贸易也更加频繁。四川、湖广、江西的米粮和木材源源不断地沿长江和其他水路运到东部长江中下游的江南一带,江南一带的棉布、丝绸也日夜不绝地运到西部。在这南北贸易和东西贸易中,我们几乎到处都可看到徽商活跃的身影。这一点在徽州的方志和谱牒中也得到印证。

在国内的各大都市以及交通枢纽之地,都有徽商活跃其间。

北京。这里是明清两代都会,既是政治中心,又是经济中心,自然是徽商集中的地方。仅以歙县为例,明代隆庆中,歙县商人聚于京城者已以数千上万计。如果再加上其他各县商人,在北京的徽商人数之多,更为惊人。

南京。据明代《金陵琐事剩录》卷3记载,当时南京当铺共有500家,主要是徽州人和福建人经营,仅从事典业的就有几百家,从事其他

---

① [明]李鼎:《李长卿集》卷一九,转引自张海鹏、王廷元主编:《明清徽商资料选编》第10条,黄山书社1985年版,第5页。

行业的徽商想必更多。

扬州。两淮盐运司所在地。两淮盐场是全国最大的盐场,徽州盐商最早进入扬州,以后拥入的徽商更多。所以近人陈去病在《五石脂》中写道:"故扬州之盛,实徽商开之,扬盖徽商殖民地也。"[1]

杭州。两浙盐运司所在地,这里也是徽州盐商的主要聚集地。翻开《两浙盐法志》,我们可以看到,凡是志中所提到的人物,绝大多数是徽州商人。此外,徽州的茶商、木商、典商、粮商、丝绸商集于此地者更多。钱塘江畔有一个地方是徽商在此登岸之处,久而久之,这个地方就叫做"徽州塘"。

苏州。这里是棉织业的中心,徽商在苏州棉布市场上十分活跃,他们开设字号,收买布匹,发交染坊和踹坊工人染踹。

武汉。作为黄金水道长江中游的重镇,是全国东西南北贸易的枢纽,尤其是汉口,"不特为楚省咽喉,而云贵、四川、湖南、广西、陕西、河南、江西之货,皆于此焉转输"[2]。自然这块宝地也吸引了大批徽商前来角逐,他们在汉口从事盐、粮、木、茶、棉布、丝绸、墨、典当、药、杂货、酒楼、银楼以及珠宝等行业。

临清。由于这里是大运河的重要枢纽、南北交通要道,所以从事南北贸易的徽商不少人在此聚集。这从一件事上就可反映出来:明清科举考试,士人必须在本籍报名,由于徽商在各地经营,子弟也往往随之读书,如果回原籍报考,甚为不便。故商人恳请政府设立商籍,让商人子弟就地入试,后获得允准。由于贾于临清的徽商很多,其子弟以"商籍"身份应考者也很多。据《五杂俎》卷14载:"山东临清,十九皆徽商占籍。"从中也可看到,临清可谓很多徽商子弟的第二故乡。

广州。从明代开始,这里就是海外贸易的重要港口之一,政府在宁波、泉州、广州设立市舶司,"宁波通日本,泉州通琉球,广州通占城、暹罗、西洋诸国"[3]。集中于广州的徽商尤其多。明政府改革对外贸易

---

[1] 《五石脂》,转引自张海鹏、王廷元主编:《明清徽商资料选编》第322条,黄山书社1985年版,第109页。

[2] 〔清〕刘献廷撰:《广阳杂记》,《续修四库全书》第1176册,上海古籍出版社2002年版。

[3] 《明史》卷八一《食货志五·马市条》,中华书局1974年版,第1981页。

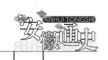

制度,乃立客纲、客纪。所谓客纲、客纪,实际上就是牙行组织中牙人的称号,客纲、客纪虽然还带有官商性质,但已不再受市舶司的控制,而成为独立的商业性团体了。嘉靖三十五年(1556),广东海道副使汪柏"乃立客纲、客纪,以广人及徽、泉等商为之"①。徽商能够担任客纲、客纪,可见徽商在对外贸易中势力之大。

由于徽商长期在一些城市经商,不少人索性将家属接去,有的甚至就在当地落籍定居。康熙《徽州府志》卷2《风俗》载:

> 徽之富民尽家于仪(真)、扬(州)、苏(州)、松(江)、淮安、芜湖、杭(州)、湖(州)诸郡,以及江西之南昌、湖广之汉口,远如北京,亦复挈其家属而去。②

《海阳纪略》卷下谈及休宁的情况也说:"休宁巨族大姓,今多挈家存匿各省,如上元(南京)、淮安、维扬(扬州)、松江、浙江杭州、绍兴,江西饶州、浒湾等处。"③

在一些经济发达地区,如江南的苏、松、杭、嘉、湖五府地区,徽商的足迹已深入到下属的各个县、镇、庄。万历《嘉定县志》载:该县的南翔镇"往多徽商侨寓,百货填集,甲于诸镇"。罗店镇也是"徽商凑集,贸易之盛,几埒南翔矣"④。杭州府的塘栖镇,也是"徽杭大贾,视为利之渊薮,开典顿米,贸丝开车者,骈臻辐辏"⑤。南翔镇附近的钱门塘乡也因"徽商僦居里中,收买(丁村布)出贩"⑥,因而"俨然若小都市,几与南翔埒"⑦。

---

① [明]郭棐纂修:万历《广东通志》卷七〇,《四库全书存目丛书·史部》第197册,齐鲁书社1996年版。

② 康熙《徽州府志》卷二《风俗》,康熙三十八年(1699)刊本。

③ [清]廖腾煃撰:《海阳纪略》卷下,清康熙浴云楼刻本。

④ 万历《嘉定县志》卷一《市镇》,《四库全书存目丛书·史部》第208册,齐鲁书社1996年版。

⑤ [清]王同纂修:光绪《唐栖志》卷一八《事纪·栖溪风土记(胡元敬)》,《中国地方志集成·乡镇志专辑18》,江苏古籍出版社1992年版。

⑥ [清]童世高纂修:《钱门塘乡志》,《中国地方志集成·乡镇志专辑4》,江苏古籍出版社1992年版。

⑦ 崇祯《外冈志》卷一,《中国地方志集成·乡镇志专辑2》,江苏古籍出版社1992年版。

值得注意的是,不少徽商还不畏艰难险阻,深入到祖国边疆地区进行商业贸易。《天下水陆路程》和《天下路程图引》两书中以边远省份和边疆地区为终点的路程竟多达18条,可见在这些地方经商的徽商绝非少数。谱牒记载也证实了这一点。明祁门商人程神保怀揣30两银子走出家门,"贾峡江(今属江西)……贾闽……贾楚……而走南海,市海错往来清源(今泉州)维扬间,复如楚,资用复饶"①。明歙人洪仁辅的祖父"两都八闽,走无宁日"②。上述两人都曾在福建经商。明代歙商许尚质继承父业,"东走吴门,浮越江南,至于荆,遂西入蜀。翁既居蜀,数往来荆湖,又涉夜郎、牂牁、邛笮之境"③。说明该商长期在四川、贵州等地与少数民族贸易。至于去东北关外经商者也大有人在。如明许仁公"客辽阳",④歙人程岩注"以太学生操盐策,贾辽阳外"⑤。

尤其应指出的是,徽商还有涉足国外的。据有关材料记载,徽商的足迹远至日本、暹罗(泰国)、东南亚各国以及葡萄牙。歙人汪直曾于嘉靖十九年(1540)与乡人叶宗满等人到广州造巨舰,收购硝石、硫黄、生丝及棉布运往暹罗、南洋诸国贸易。嘉靖二十一年(1542)首航日本,用中国的湖丝与日本人交易,换取银钱。后来逐渐沦为海盗并勾结倭寇骚扰、掠夺我国沿海地区。明崇祯时歙商程正吾、吴光福由福建货运销高丽。

总之,正如康熙《休宁县志》卷1所说:"邑中土不给食,大都以货殖为恒产,因地有无以通贸易,视时丰歉以计屈伸。居贾则息微,于是走吴、越、楚、蜀、闽、粤、燕、齐之郊,甚则逊而边陲,险而海岛,足迹几遍禹内。"这虽说的是休宁商,整个徽商的情况也完全如此。

---

① [明]李维桢撰:《大泌山房集》卷七三《程神保传》,明万历三十九年(1611)刊本。

② 歙县《江村洪氏家谱》卷九《明敕赠修职郎提举松山公墓志铭》,转引自张海鹏、王廷元主编:《明清徽商资料选编》第483条,黄山书社1985年版,第170页。

③ 歙县《许氏世谱·朴翁传》,转引自张海鹏、王廷元主编:《明清徽商资料选编》第760条,黄山书社1985年版,第244页。

④ 《歙事闲谭》卷一一《程仁义行》,黄山书社2001年版,第376页。

⑤ 《歙事闲谭》卷二九《程孝子》,黄山书社2001年版,第1043页。

4. 商业资本大

徽商作为一个大商帮,不仅以从商人数众、活动范围广而驰誉四海,而且以商业资本之大雄踞商界。

说到徽商资本之大,拥资之富,谢肇淛在《五杂俎》中曾指出:"富室之称雄者,江南则推新安,江北则推山右。"明清时期,全国先后兴起了山西商帮、山东商帮、陕西商帮、洞庭商帮、江右商帮、宁波商帮、龙游商帮、福建商帮、广东商帮以及徽州商帮等10余个大商帮,他们竞相驰骋在国内外商界。谢肇淛在比较了各大商帮之后,认定在江南"富室称雄"者非徽商莫属。这是符合实际情况的。

早在弘治年间,歙县就出现了不少富商大贾,他们"饰冠剑,连车骑,交守相,扬扬然,诩诩然,卑下仆役其乡人"[①]。明中后期,歙县西溪南木商吴养春就拥有数千亩黄山山场。万历年间,由于朝廷大兴土木,鸠工征材,费用不足,吴养春父子兄弟一次捐助10万两银(一说吴养春父输金30万两佐国),皇帝大喜,一日钦赐吴养春父子兄弟五人为中书,可见其资本之雄厚。

由于明清时期出现了数世甚至十数世经商的商人世家,资本的积累自然越来越雄厚。这里姑举一例:

俞樾《右台仙馆笔记》中有"许翁散财"一则故事:

> 许翁,歙县人。余尝见之于故人汪镜轩坐上,盖即汪之妻父也。家故巨富,启质物之肆四十余所,江浙间多有之,至翁犹然。翁为人极厚悫,其言呐呐然如不出口。而其子弟中,则有三四辈,以豪侈自喜,浆酒藿肉,奉养逾王侯。家僮百数十人,马数十匹,青骊彤白,无色不具,腹鞯背韄,亦与相称,每出则前后导从,炫耀于闾巷间。一日忽郡吏持官文书来,太守以其豪横欲逮问之,乃凶惧,上下行赂求免,所费无算,始寝不问。于是此三四辈者相与谋曰:"家乡不可居矣,盍出游乎?"各具舟车出游江浙间。凡其家设肆之处,无远不

---

① 歙县《竦塘黄氏宗谱》卷五《明故处士黄公豹行状》,嘉靖四十一年(1562)刊本。

至。至则日以片纸至肆中，取银钱无厌足。主者或靳之，辄怒曰："此故吾家物，何预公事。"使所善倡（娼）家，自至肆中，恣所取。主者大惧，皆以书白许翁。许翁自度不能要束其子弟，乃曰："今吾悉闭诸肆，彼无所取，则已矣。"为书遍告诸肆，使同日而闭。已而，肆中之客皆大哗："主人所不足者，非财也，何为悉罢诸肆？主人自为计，则得矣，如吾曹何？"许翁闻之曰："诚如公等言。"乃命自管事者以下，悉有所赠。管事者或与之千金，或二千金，视肆之大小，自是递降，至厮役廪养皆有分也，最下亦与钱十万。方许翁定此议时，初未尝辜较其人数，及此议出，主者按籍而计之，则四十余肆，其人几及二千，各如数拜赐而去，而许翁之钱罄矣。十数世之积，数百万之赀，一朝而尽，亦可骇也。余见许翁时，其冠犹戴青金石顶，缀锴羽兰翎。镜轩语余曰："翁所存惟此矣。"按：曲园少时，曾馆休宁汪氏，故记此事特详。①

许翁"十数世之积，数百万之资，一朝而尽"。通过这一事例，我们可以看出，作为一介典商，竟能达到数百万之资，其资本之雄厚，实在惊人。

如果从行业上划分，徽商资本最雄厚者应数徽州盐商。由于食盐是人们生活的必需品，消费量随着人口的增加，只增不减。明清时期实行官督商销政策，盐商实际上进行的是垄断贸易，高额垄断利润使盐商财富迅速增殖。从明后期开始，徽州盐商作为世袭贸易集团，已经积累了大量财富。那时，人们曾把商贾按资本大小分为下贾、中贾、上贾。下贾有资本二三十万两，中贾四五十万，上贾乃"藏镪百万"者。正如谢肇淛所说："新安大贾，鱼盐为业，藏镪有至百万者，其它二三十万，则中贾耳。"②实际上，二三十万资本只能算下贾。仅以歙县盐商为例，据万历《歙志》记载："《传》（按：指《史记·货殖列传》）之所

---

①　[清]俞樾撰：《右台仙馆笔记》卷一三，光绪二十五年（1899）刻春在堂全书本。
②　[明]谢肇淛撰：《五杂俎》卷四，中华书局 1959 年版。

谓大贾者……皆燕齐秦晋之人,而今之所谓大贾者,莫有甚于吾邑。虽秦晋间有来贾维扬者,亦苦朋比而无多。"歙县盐商"以盐筴祭酒而甲天下者,初则黄氏,后则汪氏、吴氏,相递而起,皆以数十万以汰百万者"。这说明此时已出现资本在数十万乃至百万的盐商,而且已不是一个两个了。如嘉靖年间歙县黄长寿,"少业儒,以独子当户。父老,去之贾。以儒术饬贾事,远近慕悦,不数年赀大起。驻维扬理盐策,积著益浩博"①。从"赀大起"、"益浩博"等记载来看,其资本是非常可观的。歙县竦塘黄鉴,字国明,在扬州业盐,"公之父子相授以为大贾","声称籍籍于淮海间",已成为远近闻名的大盐商。也是竦塘人的黄国礼,在扬州业盐,"致赀巨万"。他死后,其子黄濡继其业,"赀益大殖"。像这样的大盐商,竦塘黄氏就有不少。据《竦塘黄氏宗谱》卷5载,明中期后,"是时海内平义(指社会安定)久,江淮为京南北中,天下所辐辏,擅赢利其间,号素封者林积,氏二世尝甲乙焉。"②意思是说在当时号称"素封"者中,黄氏两代盐商都数一数二。《史记·货殖列传》载:"今无秩禄之奉,爵邑之入,而乐与之比者,命曰'素封'。"③可知"素封"是指无官爵封邑而拥有巨资的富人。当时黄氏盐商中已出现了一批号称"素封"的富商大贾。歙商吴无逸继承先业在扬州业盐,同时也在南京开典,还进行米布的长途贩运,也"致富百万"。不仅歙县如此,休宁在明代中后期也出现了不少以"素封"驰名的大商人。"凤湖汪氏,世以诗礼承家,文人高士,抱节明经,代不乏人。有以计然致富者,有以盐筴起家者,连檐比屋,皆称素封"。明末休宁人吴天衢,"以信义交易,运筹数载,贾业大振,遂称素封"④。

总之,明代万历时期,徽州盐商可谓发展到鼎盛,以其资本雄厚在国内商界崭露头角,并与早先崛起的秦晋商人并驾齐驱。《野议·盐政议》载谓:"商之有本者,大抵属秦、晋与徽郡三方之人。万历盛时,

① 歙县《潭渡黄氏族谱》卷九《望云翁传》,转引自张海鹏、王廷元主编:《明清徽商资料选编》第1364条,黄山书社1985年版,第449页。

② 歙县《竦塘黄氏宗谱》卷五《黄母吴氏孺人行状》,嘉靖四十一年(1562)刊本。

③ [汉]司马迁撰:《史记》卷一二九《货殖列传》,中华书局1959年版,第3272页。

④ [明]曹嗣轩纂修:《休宁名族志》卷一,转引自张海鹏、王廷元主编:《明清徽商资料选编》第268条,黄山书社1985年版,第73页。

资本在广陵(扬州)者不啻三千万,每年子息可生九百万两,只以百万输帑(指上缴国库),而以三百万充无妄费,公私俱足,波及僧、道、丐、佣、桥梁、楼宇。当余五百万,各商肥家自润,使之不尽,而用之不竭。"①

二、宁国商帮的出现

这里所说的宁国商帮,是指明清时期安徽宁国府籍的商人团体。明清时期的宁国府下辖宣城、宁国、泾县、旌德、南陵、太平六个县。因宁国府历史上系古宣州地,故宁国商人通常又被称为宣州商人。明中后期起,随着社会生产力的发展、商品种类和商品总量的增加,以及商品流通范围的扩大,全国各地兴起了大大小小的商帮,从而促进了商品流通的发展和当时商业经济的繁荣。

宁国商帮是明代中后期在皖南出现的一个商帮,它与当时的徽商等大商帮一起,构成了明清商业史的重要篇章。宁国商帮的出现,有着特殊的条件和因素,主要表现在下述几个方面:

1. 人地矛盾的尖锐

宁国府地处皖东南丘陵地带,这里不乏清澈河流,但更多的是崇山峻岭,致使可耕地很少。明代宁国府与徽州府毗邻,二者具有极为相似的地理环境与经商风俗。据《上海徽宁思恭堂记》载:"宣歙多山,荦确而少田。"②如宁国县,属皖东南山区县,山多田少,本地所产自然不能满足本地人民所需。旌德县,在明代吕养中的《义粮碑记》中有载:"旌德地不满百里,山溪十有八九焉。居民万家垦山为田,昼佃宵纤,莫赡其家。""民食朝夕饘粥不免于饥,红女终岁纺织不免于寒"。③ 泾县也是"缘江带河,在万山中"。当地人朱琦说:"我邑率山居,土壤硗确,统计岁收仅给三月粮,非贸迁则衣食何由赡?"④宣城县

---

① [明]宋应星:《野议·盐政议》,转引自叶显恩:《徽商利润的封建化与资本主义萌芽》,《中山大学学报》1983 年第 1 期,第 56 页。

② 上海博物馆图书资料室编:《上海碑刻资料选辑》一零七《上海徽宁思恭堂缘起碑(碑原在上海市斜土路徽宁会馆旧址)》,上海人民出版社 1980 年版,第 231—232 页。

③ 转引自《旌德县志》第三章《人口》,黄山书社 1992 年版,第 102 页。

④ [清]朱琦撰:《小万卷斋文稿》卷一八《溧阳新设泾县义冢碑记》,清光绪十一年(1885)刻本。

"三面皆山,惟北为水"①。太平县"土薄石肥,耕不以牛以锄,山居无田者艺麻、穄、粟、石稗、茨之属,用火耕法,三年一易"②,可见其自然条件恶劣,耕作方法落后,土地所产更难以解决人们的粮食之需。六县中惟有南陵县"(多)平原沃壤,农事最勤"。

2.谋生观念的转变

在中国古代社会,商居"四民"之末,历代封建统治者都奉行重农抑商的政策。在这样的社会大环境下,加上农民又具有务本保守的思想,所以,宁国人外出经商必然要经历谋生观念的转变过程。

据宁国地方文献记载,明代成化、弘治年间以前,宁国人还是多"以农为重",很少有外出经商者。当时,宁国的风气是"力耕织,薄商贩,敦俭朴","鲜有百里之游,拥沃饶以为利,侈露积以为富,挟膏腴以傲刀锥"。③明代弘治、正德以后,随着封建社会商品经济的发展、全社会风气习俗的改变和人们重农轻商观念的微妙变化,宁国人也纷纷走出家门,贸迁有无,融入当时已由徽商、晋商、江西商、闽粤商、洞庭商等激烈竞争的商界之中。这在宁国府的地方文献中也有很多的记载,反映了宁国人谋生观念的转变及其经商成风的过程。如旌德县的情况为:"弘治以前,人心甚古,乡里之老有垂白不识县官者。以后渐变渐靡,舍本而务末,于是百工技艺之人,商贩行游之徒,皆衣食于外郡,逐利于绝徼,亦势使然也。"④《泾县志》称,泾县人在弘治时还是"男勤于耕,女勤于织,鲜事商贾,尤贱工作",但到嘉靖时则"商贾亦远出他境"⑤。这些记载表明,在明代中后期,宁国人结伙外出经商已蔚成风气,作为地域性商帮在此时也已大体形成。所以明代人张瀚说宣、歙一带,"其民多仰机利,舍本逐末,唱棹转毂,以游帝王之所都,而

① [清]洪亮吉等纂修:嘉庆《宁国府志》卷九《风俗》,清嘉庆二十年(1815)刻本。
② 嘉庆《宁国府志》卷一八《食货志·物产》,清嘉庆二十年(1815)刻本。
③ 嘉庆《宁国府志》卷九《风俗》,清嘉庆二十年(1815)刻本。
④ 同上。
⑤ [明]丘时庸、王廷干纂修:嘉靖《泾县志》卷二《风俗》,《天一阁明代方志选刊》,上海古籍书店,1964年版。

握其奇赢"①。于是在众多的各地域著名大商帮中,我们看到了一个兴起于徽州邻府的宁国商帮。当然,这时的宁国商帮还刚刚起步,而且被徽商的光焰和声势所掩盖,其获得较大发展则是清代康、乾时期的事。

3.徽州商帮的影响

宁国人外出经商成风,除了因为本府人地矛盾尖锐及当地人谋生观念转变之外,自然也受到富甲一方的徽商之强烈影响。

明代,宁国府与徽州府是皖南相毗邻的两个府,其中旌德县与绩溪县相连,太平县与歙县相交,江南和芜湖都是徽商活动的重要地区。徽商到江南的苏州、湖州、南京和镇江等地区经商,都要经过宁国府的宁国县和旌德县;到芜湖要经过宁国府的太平、旌德、泾县和南陵等县。据《天下水陆路程》记载,徽州府到苏州的商路依次经过宁国县、广德州、湖州府、严家坟、南浔、震泽、平望、吴江县;书中还标明徽州府到芜湖的商路,依次经过太平铺、旌德县、泾县、南陵县。所以,徽商取道和往返于宁国地区经商,就不可能不对宁国人产生潜移默化的影响。

另外,由于徽宁两府在地理上相连,两地居民有着长时间的互相迁徙的历史,彼此在方言和风俗习惯上也有了较多的共同点。这使得两府居民很容易相互沟通、相互影响,从而为徽宁人"共同外出经商"准备了必要的条件。从已有研究可知,自明朝中叶开始,徽州商帮以一大批富商大贾为中坚力量而蓬勃发展起来。徽商当时那种成群结帮、从商如流的风气,不可能不影响、刺激宁国人从而外出经商,以求得生存和发展。正是在这种情形下,宁国人开始走上了弃农经商、弃儒经商的道路,并逐渐形成地域商帮。

宁国府六县中,旌德县经商人数最多。因为旌德与徽州山水毗连、唇齿相依,旌德人长期受徽州文化的熏陶,同徽州有着千丝万缕的联系,在徽商的影响下,旌德的"百工技艺之人,商贩行游之徒,皆衣食

---

① [明]张瀚撰:《松窗梦语》卷四《商贾纪》,《续修四库全书》第1171册,上海古籍出版社2002年版。

于外郡,逐利于绝徼。"①粮食、布匹、食盐、杂货,源源不断地运进旌德,而旌德木材、毛竹、山货、土产也大量流出,旌德商业的发展也因此推向高潮,仅西乡江村江氏一族,"设质库于外埠者,六十余家,商店则如恒河沙数,自京师以至各行省,而以大江南北为最多。"②旌德通往四邻各县的旌绩、旌太、旌宁、旌泾四条古驿道上人来车往、川流不息,榔村(今双河)汤氏还曾在旌太驿道的霍家桥头"夜设路灯以照商贾行人"③,可见当时商旅之多。以上都反映了宁国人在徽商的影响之下,纷纷外出经营,不仅取得了良好的商业效益,也为经商地区的经济发展做出了贡献。

---

① 嘉庆《宁国府志》卷九《风俗》,清嘉庆二十年(1815)刻本。

② [明]江德汗、江廷藻纂修:《金鳌江氏宗谱》第 21 册《艺文三·旌川杂志节录》,明嘉靖刻本。

③ 政协旌德县第四届文史资料委员会编:《旌德县文史资料》(第 2 辑),内部发行,1993 年,第 98 页。

第六章

明中后期安徽社会矛盾的激化

宦官专权和地方官吏的贪赃枉法，使安徽的地方吏治更加败坏，农民和商人的负担进一步加重，加上皖北自然灾害频发、流民问题的出现，导致了明中后期安徽各种社会矛盾的迅速激化。以农民起义和"奴变"为代表的安徽各地人民的反抗斗争风起云涌，以朱宸濠叛乱为代表的统治阶级内部矛盾日益突出，明朝的统治出现严重危机。安庆保卫战的胜利显示了安徽人民强烈的大局意识，皖南人民的抗倭战争则凸显了安徽人民保卫家园的坚定决心。

第一节　政治的腐败和贪官污吏对农民、商人的盘剥

一、宦官专权及其在安徽的肆虐

清代史家赵翼曾说："东汉及唐、明三代，宦官之祸最烈。"①朱元璋从起兵濠右、扫灭群雄到推翻元朝，建立明王朝，戎马倥偬十数年，深知天下得来不易，子孙守业更难，于是一面屡兴大狱诛戮功臣，清除功臣篡位的威胁；一面实行最彻底的君主集权制度。他看到宰相统率百官，总理机务，权柄太大，便于洪武十三年（1380），借口宰相胡惟庸谋反，趁机废除中书省，"罢丞相不设"，将中书省之政分给六部，由皇帝亲领六部，这样一来皇帝就得事必躬亲。但无论朱元璋如何敏捷果断、精力过人，都不可能一人任天下事，加上其生性多疑，对大臣不够信任，就只好选用身边的宦官。因此，朱元璋时期，就扩大宫中宦官的人数，虽然朱元璋接受历代的教训，没有把权力交给宦官，而且规定"内侍毋许识字。洪武十七年铸铁牌，文曰'内臣不得干预政事，犯者斩'，置宫门中。又敕诸司毋得与内官监文移往来。"但这些禁令很快就被他本人所破坏，洪武二十五年（1392），朱元璋"命聂庆童往河州敕谕茶马，中官奉使行事已自此始"②。正如孟森先生所言："明历世患阉，要不得不谓由太祖之作俑，其变迁自见后。"③

靖难之役，明成祖朱棣因得到皇宫太监内应，燕王旧邸的太监王彦等也屡立战功，因此，朱棣称帝后格外优宠宦官，给他们出使、专征、监军、分镇等军政大权，开启了明朝重用宦官的先例。④ 然而，在明英宗朱祁镇以前，由于皇帝均能亲政，个人能力也较强，因此宦官所受约

---

① ［清］赵翼撰：《廿二史札记》卷五《后汉书·宦官之害民》，中国书店1987年版，第67页。
② ［清］张廷玉等修撰：《明史》卷七四《职官志三·宦官条》，中华书局1974年版。
③ 孟森著：《明史讲义》，上海古籍出版社2002年版，第80页。
④ 《明史》卷七四《职官志三·宦官条》，中华书局1974年版。

束颇严,无法专政。明中后期,设立了司礼监、御马监、内官监、司设监、御用监、神宫监、尚膳监、尚宝监、印绶监、直殿监、尚衣监、都知监等十二监,惜薪司、钟鼓司、宝钞司、混堂司等四司,兵仗局、银作局、浣衣局、巾帽局、针工局、内织染局、酒醋面局、司苑局等八局,这十二监、四司、八局合称"二十四衙门",均由宦官掌握,专门秉承皇帝的旨意处理政务。其中的司礼监负责批答奏章,传宣谕旨,总管所有宦官事务,还兼顾南京守备,司礼监总管大太监更兼任东厂提督一职,人称"无宰相之名,有宰相之实",宦官权力空前膨胀。加之诸帝长期不问朝政,如宪宗在位12年,只接见过一次大臣,朝中大事放任宦官汪直处置,以致当时人们"只知道有汪太监,不知道还有皇帝"。熹宗在位时也是成天摆弄斧锯,大权听由权阉魏忠贤总理。这使得宦官趁机窃夺了权柄,挟制朝官,他们再与不法官吏相互勾结,通过任意加重赋税和巧立名目等种种手段,对百姓进行肆意的搜刮和压榨。

宦官在安徽的专权肆虐始于正德初年。明朝建立后,由于凤阳作为中都的特殊地位,政府在凤阳专门派有宦官任守备之职,负责护卫皇陵,并兼管宫城,监督卫所军事,但此时的宦官并不理民政。正德初年,大太监刘瑾专权,开始让凤阳守备太监兼管庐州、滁州、和州等地民政,这些守备太监自恃权重,对朝官横加压迫。正德七年(1512),凤阳知府罗玹上任,以礼谒见当时的守备太监阎宣,阎宣对他傲慢无礼,罗玹忍无可忍而据理力争,反遭阎宣诬陷。后虽真相大白,朝廷却将罗玹调走,而不问阎宣之罪,这无疑进一步助长了宦官的嚣张气焰。正德十五年正月,司礼监太监杨秀斋经过临淮时,敲诈不成,便诬陷知县吴鼎怠慢自己,明武宗于是下令将吴鼎"逮至京师鞫讯"。[1] 嘉靖四年(1525),太监王德连任凤阳守备,仍旧兼管庐、滁、和三州,继续肆意压榨,危害地方。

万历中期以后,明政府先后用兵宁夏、朝鲜、播州,宫城又连遭大火,国库大空,入不敷出。明神宗为了敛财,竟不择手段,于万历二十

---

① 《明武宗实录》卷一八二,正德十五年春正月庚寅条,中国台北中央研究院历史语言研究所校印本,1962年。

四年(1596)派太监担任矿监税使,这些矿监,名为监督开采、收取矿税,实则敲诈勒索。他们诬陷富厚之家盗矿,指良田美宅之下有矿藏,违命者立即围捕,辱及妻女。税使则在城镇和水陆交通沿线任意设卡征税。矿监税使在神宗的指使和纵容之下,如狼似虎,"吞噬群黎"。全国"如沸鼎同煎,无一片安乐之地。贫富尽倾,农商交困"①,民不聊生。这些矿监税使在安徽也是肆意掠夺,如万历二十七年(1599)三月,歙县监生吴养晦"投税监鲁保言,大父守礼逋盐课二十五万,乞追入给占产。从之。"②同年十月,"南京守备太监郝隆、刘朝用,采宁国、池州等矿。"③针对这些情况,凤阳巡抚李三才曾上疏指出:

> 自矿税繁兴,万民失业。陛下为斯民主,不惟不衣之,且并其衣而夺之;不惟不食之,且并其食而夺之。征榷之使,急于星火,搜括之令,密如牛毛。今日某矿得银若干,明日又加银若干;今日某处税若干,明日又加税若干;今日某官阻挠矿税拿解,明日某官怠玩矿税罢职。上下相争,惟利是闻。如臣境内:抽税徐州则陈增,仪真则暨禄,理盐扬州则鲁保,芦政沿江则邢隆。千里之区,中使四布。加以无赖亡命,附翼虎狼。如中书程守训尤为无忌,假旨诈财,动以万数。昨运同陶允明自楚来云:"彼中内使,沿途掘坟,得财方止。"圣心安乎不安乎?且一人之心,千万人之心也。皇上爱珠玉,人亦爱温饱;皇上爱万世,人亦恋妻孥。奈何皇上欲黄金高于北斗,而不使百姓有糠秕升斗之储?皇上欲为子孙千万年,而不使百姓有一朝一夕?试观往籍,朝廷有如此政令,天下有如此景象,而不乱者哉!④

---

① 《明神宗实录》卷三七六,明万历三十年九月己未条,中国台北中央研究院历史语言研究所校印本,1962年。
② [清]谷应泰撰:《明史纪事本末》卷六五《矿税之弊》,中华书局1977年版。
③ 同上。
④ 同上。

然而神宗并不理睬这些词语恳切的奏章,"数月以来,章奏但系矿税,即束高阁。"①万历二十八年二月,神宗又"命太监暨禄兼征凤阳、安庆、徽、庐、常、镇税","南京守备太监郝隆税沿江洲田";另"锦衣卫百户王体仁奏征长江船税。从之。"②统治阶级的纵容使得太监在安徽更加飞扬跋扈,安徽的百姓遭受了前所未有的沉重盘剥。

二、地方吏治的败坏

在宦官肆虐的同时,明中后期安徽官吏贪赃枉法的现象也随处可见,吏治的败坏达到了无以复加的程度。正统十年(1445),时任宁国府知府的袁旭贪污聚敛,后事情败露,被削职为民。就是这样一个贪官,刚刚还得到朝廷吏部的褒奖。③ 景泰六年(1455),南直隶府州县、卫所的司法官问刑不问犯人的"罪之轻重,一概监禁,有一年不决者,有半年不理者"④。弘治二年(1489)九月,巡抚南直隶都御史王克复上奏孝宗朱祐樘:"广德州知州何宗贤纵酒肆暴,民不堪命。顷者臣劾奏其罪,宗贤乃肆为丑诋,冀饰己非。"因此,"乞容致仕,以避贤路"。这样孝宗才令巡按御史将何宗贤"逮治之"。⑤ 弘治十五年(1502),凤阳知府孟俊残忍刻薄,以致民怨沸腾。嘉靖三十七年(1558),凤阳巡抚李遂因贪污被劾,第三年,李遂将白兔作为祥瑞之物献于嘉靖帝,竟又重新获得任命。⑥ 嘉靖四十五年(1566),凤阳知府宿应麟"贪黩不职",不仅未受责罚,还升了官。万历元年(1573),中都留守司领班都司丙继光贪污、勒索军银7300多两,被革职查办。万历二年,余姚人胡膏先任光禄寺寺丞,冒领官银被劾,他反诬劾奏者,竟得逞升了徽州府同知,不久又犯贿赂罪,才被削官回籍。万历八年,南京工部主事丁

---

① 《明史纪事本末》卷六五《矿税之弊》,中华书局1977年版。
② 同上。
③ 《明史》卷二八一《李骥列传》,中华书局1974年版。
④ [明]余继登撰:《典故纪闻》卷一二,中华书局1981年版第228页。
⑤ 《明孝宗实录》卷三○,弘治三年九月丙辰条,中国台北中央研究院历史语言研究所校印本,1962年。
⑥ 《弇州史料后集》卷三五《抚按献祥瑞》,明万历四十二年(1614)刊本。

惟诚往芜湖公干,贪求财货,声名狼藉。① 十五年,太和知县潘应期因贪赃,被革职为民。② 这些官吏在任上巧取豪夺,残酷剥削当地的百姓和商人。

三、农民和商人的负担加重

明朝初年,由于统治者意识到"天下初定,百姓财力俱困,譬犹初飞之鸟,不可拔其羽;新植之木,不可摇其根"③,实行了"休养生息"政策,加之宫中用度节俭,吏治清明,屯田收益很大,漕运的负担也较轻,所以当时农民的徭役等负担相对较轻。但到了正统以后,由于宦官专权,政治腐败,内外各级官员大肆聚敛,农民负担开始日渐加重。特别是从成化年间开始,以梁芳、钱能、李广等为代表的一批佞臣和太监,在宪宗、孝宗等的支持下,大肆招权纳贿,导致田赋浮收严重。据陈洪谟《治世余闻》载,弘治年间,农民每交纳一石粮食,落入私人腰包者竟然达到七八斗之多,而入官的只有一二斗。时任广东右布政使刘大夏就对明孝宗说:"祖宗时民出一文,公家得一文之用。今取诸民者数倍,而实入官者或仅二三。"④农民负担因此成倍增加,皖北农民当然不能例外,甚至帝乡凤阳也不能幸免。

明朝建立伊始,朱元璋为优待家乡,宣布减免凤阳税赋。但是,实际上受惠减免税赋政策的并非整个凤阳府的百姓,也非当时的凤阳、临淮二县的百姓,而是历史上同属钟离的凤阳、临淮二县的土著居民,并不包括明初迁来的大量移民。对此,朱元璋在洪武二十九年(1396)的一段话就说得非常明白:

> 朕思父母之英灵葬钟离之西乡,其钟离也,朕昔寒微乃

---

① 《明神宗实录》卷一〇三,明万历八年八月戊戌条,中国台北中央研究院历史语言研究所校印本,1962 年。
② 《明神宗实录》卷二〇六,明万历十六年十二月己卯条,中国台北中央研究院历史语言研究所校印本,1962 年。
③ 《明太祖实录》卷一九,洪武元年春正月壬申条,中国台北中央研究院历史语言研究所校印本,1962 年。
④ [明]陈洪谟撰:《治世余闻》,中华书局 1985 年版第 28 页。

父母之邦,况陵于是土,思父母之恩无以上报,故将钟离土著旧民全免粮差,其四乡之民虽不同乡社,同钟离一邑之民。意在望民人皆喜色,以妥我父母之英灵,所以免其粮差为此。……今命户部差人着落凤阳府精清土民,非土民者,许里甲乡人出首到官,赏钞五十锭,诈称土民治以重罪,能自首者,与免本罪。若土民既清,尽编为陵户,祠祭署提调洒扫洁净,均派四时节令、大小祭祀。除祭祀之外,粮差尽免。①

天启以后,凤阳、临淮两县的赋税负担日趋沉重,人民不堪重负。据《凤阳新书》载:"凤之赋,有田则有租,有身则有编。田地陆者,赋麦;水者,赋米。……最苦者役于官与役于官府,营缮者如宋雇役之法,一切取办于编银,虽云嘉隆前徭里甲法不均,其时有粮长、马头、库子等色,坊里之长操权横甚,户民一不当意,指名定役,富民立破产,小民立碎。然自条鞭法行,而此属肆其大害未尝减也。名曰一条而四差依然存也。……田地,地每亩麦一升九合有余……田每亩米二升四合有余。"②以致"民苦不能负租税,故逋逃。"③明人欧阳灿说:"临淮旧为汤沐邑,以附郭故,疲于奔命,迄今极矣。"④清初人魏宗衡亦云:"临淮为明初汤沐邑……附郭按亩起科,差役视他邑为重。田地荒芜,钱粮缺额,民多轻去其乡。"⑤相较于赋税负担,天启以后,由于地方宦官和官吏的压榨和勒索,凤阳、临淮两县的徭役尤为沉重,以致凤阳"山间之愚民竭力一年之耕而见役者,虎嗜至也……民欲不逋而不可得也。"⑥

明代的商税分为两种,一是"钞关船料",为商品通过税;二是狭义的商税,即经营税。钞关始设于宣德四年(1429),这一年在长江、运河沿岸设关七处,主要征船只通过税(临清、北新二关兼征货物税)。

① [明]袁文新等纂修:天启《凤阳新书》卷五《帝语篇第七》,明天启元年(1621)刻本。
② 天启《凤阳新书》卷四《赋役篇第二》,明天启元年(1621)刻本。
③ 天启《凤阳新书》卷五《农政篇第五》,明天启元年(1621)刻本。
④ [清]于万培等纂修:光绪《凤阳县志》卷一《舆地志·疆域沿革》,清光绪十三年(1887)刻本。
⑤ 光绪《凤阳县志》卷九《人物志·名宦》,清光绪十三年(1887)刻本。
⑥ 天启《凤阳新书》卷四《赋役篇第二》,明天启元年(1621)刻本。

到了万历时税使遍天下,不仅征货物税,连行李也在搜括之中,而且不限水路,陆路也设关征税。至于经营税,早在朱元璋建国以前便已征收,到了宣德年间征税 5 倍于前。由于各地税课司局大量征税,致使商民交困。① 弘治时期明廷岁入商税合银 13.85 余万两,嘉靖中期商税银为 15.4 余万两。其中钞关,嘉靖时为 4 万两,万历二十九年(1601)实征 26.6 万两②。这些商税极大地加重了安徽商人的负担。

与此同时,万历年间的矿监税使也使安徽商人受到沉重的盘剥。如当时的大太监陈增派爪牙程守训到徽州府、宁国府等地,大肆搜刮,程守训以接受告发富商违法致富名义,械击富人,用酷刑逼人献金,以致商人破产者数百家,更逼死多人,而地方官员则无人敢问。程守训却中饱私囊,大发横财。后由于程守训的胡作非为引起民愤,经凤阳巡抚李三才、经理两淮盐务的太监鲁保数次上奏弹劾,朝廷才予以处理。抄家时,仅程守训宅中就搜出金银 40 余万两,珍宝更是不计其数。这些矿监税使所到之处大多是商品经济较为发达的地方,也是徽商比较集中和比较活跃的地方,所以对徽商的侵害尤其严重。在南直隶,矿监税使对富户、富商的敲诈,"不罄不休,盖多者万金,少者亦不下数千金。如仪征之监生李良林,南京之盐商王懋吉,淮扬之高、汪、方、金诸盐商,皆立见倾荡,多至丧身"③。其中提到的倾家丧身的淮扬高、汪、方、金诸盐商,虽姓名不详,但极可能都是徽州盐商,而且受害的也绝不止这几家盐商。再如休宁商人朱承甫佐父业盐淮楚间,"中涓(宦官)衔命奉榷,以大贾为奇货,鱼肉之。"④也充分说明了宦官对商人的盘剥。

---

① [明]龙文彬纂:《明会要》卷五七《食货五·商税》,中华书局 1956 年版,第 1085—1092 页。
② [明]王圻纂辑:《续文献通考》卷二二《征榷考·征商》,现代出版社 1986 年版。
③ [明]董其昌辑:《神庙留中奏疏汇要》刑部卷四,上海古籍出版社 1996 年版。
④ [明]李维桢撰:《大泌山房集》卷七二《朱承甫家传》,齐鲁书社 1997 年版。

第二节　皖北的自然灾害、流民问题和农民起义

一、皖北自然灾害的频发

说起皖北，人民常会想起一句广为流传的凤阳花鼓词："十年倒有九年荒"。这句话是历史上皖北灾害多发的真实写照。明代更是皖北自然灾害频发的时期，明神宗万历九年（1581）四月，时任辅臣的张居正上奏神宗："今江北淮、凤，及江南苏、松等府，连被灾伤，民多乏食，徐、宿之间，至以树皮充饥，或相聚为盗，大有可忧。"神宗问道："淮、凤频年告灾，何也？"张居正对答曰："此地从来多荒少熟，即如训录中所载，元末之乱亦起于此。今当大破常格，急发赈济以安之。臣等拟令户部议处动支各该州、县库银仓谷，不足，则南京见贮银米，尽有赢余，可以协济。民惟邦本，愿特加圣心。"①灾害频发直接导致明代皖北的多荒少熟，给当时皖北人民的生活带来极大的困难。据陈业新对《明实录》及方志等的统计，在明朝 277 年的历史中，皖北地区有 203 个年份发生了水旱灾害，水旱灾害年次占到明朝统治时间的 73%，其中水灾 149 次、旱灾 115 次，且从时间上看，无论是水灾，还是旱灾，主要都集中在明朝中后期。② 这一时期皖北地区的自然灾害还呈现出以下特点：

一是范围广，即灾害同时大面积发生。如正统二年（1437），凤阳、和州、滁州等地，"阴雨连绵，河淮泛涨"③。正统十一年（1446），庐州、

---

① 《明神宗实录》卷———，明万历九年四月辛亥条，中国台北中央研究院历史语言研究所校印本，1962 年。

② 陈业新著：《明至民国时期皖北地区灾害环境与社会应对研究》，上海人民出版社 2008 年版，第 11 页。

③ 《明英宗实录》卷三一，正统二年六月己未条，中国台北中央研究院历史语言研究所校印本，1962 年。

宿州、凤阳,"夏秋大水"①。景泰六年(1455),凤阳、宁国、太平、安庆、庐州、徽州、池州诸府,广德、滁、和诸州,"雨雹交下,连日不止"②。正德五年(1510),凤阳、池州、太平、徽州、安庆、宁国、和州、广德州等地,都发生过水旱灾害。

二是连续性,即在几年甚至十几年之内,不间断地发生灾害。我们根据中央气象局气象科学研究院《中国近五百年旱涝分布图集》及张秉伦《淮河和长江中下游旱涝灾害年表与旱涝规律研究》③两书的统计,明时期皖北连续3年以上的水灾多达25次、旱灾也多达12次。如从永乐十九年(1421)经洪熙到宣德九年(1434),接连14年南直隶都有水灾。从正统九年(1444)至十三年(1448),连续5年,南直隶也是年年水灾。成化六年(1470)至十一年(1475),6年间南直隶水患不断。仅隔一年,即从成化十三年(1477)至十八年(1482),又是连继五年,都有水旱灾害。成化二十二年(1486)二月,凤阳知府章锐奏称:"自成化十四年以来,屡遭水旱,民困已甚。"④弘治四年(1491)至正德元年(1506)计16年,南直隶不是"水旱相仍",就是"暴风雨雹"。正德十二年(1517)至嘉靖十三年(1534)的18年间,凤阳、庐州、滁州连年水灾异常。从万历十三年(1585)至二十三年(1595),连续11年有灾荒,滁州、舒城"小雷雨"。太平、泗州、庐州、凤阳、临淮水灾特甚。与此同时,江北凤阳等处,四十五州县大水。又万历三十九年(1611)至四十七年(1619),除蝗、旱之外,其中6年都是大水。

三是群发性,即多种自然灾害交叉降临。如正统十年(1445)八月,王弼称:凤阳"自正统九年至正统十年以来,旱、蝗、风雹、蒸气等天灾流行。"⑤景泰六年(1455),凤阳"今夏亢旱,(不久)狂风骤作,雨雹

① 《明英宗实录》卷一四七,正统十一年十一月乙丑条,中国台北中央研究院历史语言研究所校印本,1962年。
② 《明英宗实录》卷二五八,景泰六年九月癸酉条,中国台北中央研究院历史语言研究所校印本,1962年。
③ 合肥:安徽教育出版社,1998年。
④ 《明宪宗实录》卷二七五,成化二十二年二月庚子条,中国台北中央研究院历史语言研究所校印本,1962年。
⑤ 《明英宗实录》卷一三二,正统十年八月壬寅条,中国台北中央研究院历史语言研究所校印本,1962年。

交下,连日不止。"①弘治七年(1494),凤阳等府,滁、和等州,轰雷掣电,雨雪交作,或阴雾四塞;同年,南直隶蝗灾。弘治十四年(1501),南直隶大水,并有蝗灾。颖州等处有水、旱灾害。嘉靖三年(1524)七月,凤阳诸郡县有瘟疫流行;同年十一月,庐州、凤阳、滁州、和州等地,先旱后水,河水泛滥。②嘉靖八年(1529),凤阳所属州县发生旱、蝗,不久水灾。③二十九年(1550)六月,凤阳府旱灾,十月,有旱、蝗之灾。万历四十年(1612),凤阳、泗州等处,"先是蝗旱,后遭淫雨。江北之灾,甚于七省"。④四十二年(1614),凤阳诸郡"或旱或潦"⑤,江北旱涝频仍。四十五年(1617)七月,大学士方从哲称:"自直隶大江南北,或大旱,或大水,或蝗蛹。又或水而复旱,旱而复蝗。应天所属,群鼠渡江,食民间田禾殆尽。"⑥天启六年(1626),庐州、凤阳各府属,春夏旱蝗为灾,入秋淫雨连旬,河溢海啸。次年凤阳等地,"一岁而水、旱、蝗蛹,三灾叠至,禾稼尽伤"⑦。

在灾害爆发之后,政府也采取了一定的救荒措施,但由于皖北地方官吏的贪污腐化,致使"所赈贫民,贫民未必有粮"的情形普遍发生。正德时,巡按直隶监察御史陈杰因凤阳等地大水奏:"污吏日兹,侵冒无禁。穷乡父老,闻朝廷赈贷,携扶入城,守伺月余,反鬻及儿女,恸哭以归。此赈贷之弊!"⑧明人林希元的《荒政丛言》一书记载了作

① 《明英宗实录》卷二五三,景泰六年五月乙巳条,中国台北中央研究院历史语言研究所校印本,1962年。

② 《明世宗实录》卷四五一,嘉靖三十六年九月辛亥条,中国台北中央研究院历史语言研究所校印本,1962年。

③ 《明世宗实录》卷一〇二,嘉靖八年六月甲子条,中国台北中央研究院历史语言研究所校印本,1962年。

④ 《明神宗实录》卷四九三,明万历四十年三月乙未条,中国台北中央研究院历史语言研究所校印本,1962年。

⑤ 《明神宗实录》卷五二二,明万历四十二年七月辛亥条,中国台北中央研究院历史语言研究所校印本,1962年。

⑥ 《明神宗实录》卷五五九,明万历四十五年七月癸亥条,中国台北中央研究院历史语言研究所校印本,1962年。

⑦ 《明熹宗实录》卷八〇,天启七年正月己巳条,中国台北中央研究院历史语言研究所校印本,1962年。

⑧ 《明武宗实录》卷一六八,正德十三年十一月丁酉条,中国台北中央研究院历史语言研究所校印本,1962年。

者在凤阳赈灾的亲身经历：

> 臣昔时待罪泗州，适江北大饥。臣始至，稽其簿籍，本州已赈济两月，仓库钱粮已竭矣。而民父子相食者不能救，盗兵横驰者日炽，臣深求未得其故。既而见民有投子于淮河者，问其赈济，则曰无钱与里书，不得报名也。又审贼犯于狱，问其赈济，则曰未也。而稽其簿籍，已支两月粮，盖里书之冒支也。又收饿殍于野，问其赈济，则曰无有。何以不济？曰：户有四口，二口支粮，月支三斗，道途往复，已费其半；一口支粮，四口分之，每口止得六七升，是以不济。此按籍之弊也，此里正之不足任也。

二、皖北流民问题的严重

早在元末明初，由于几十年战乱，皖北地区的流民便开始出现。两淮地区"沃壤尽为萧疏"，"人民死亡或流徙他郡，不得以归乡里"。[①]元至正二十六年（1366），朱元璋返回老家凤阳，目睹的也是"地瘠民稀，萧萧数房楹，仅同村落，不足以供一郡"[②]，"骨肉离散，生业荡尽"[③]的惨败景象。迫于"民急则乱"的历史教训，明朝建立后，朱元璋在经济上采取了一系列措施，招归流民、减免徭役赋税，大力发展农业生产。洪武五年（1372）朱元璋下旨，要求"流民复业者各就丁力耕种，毋以旧田为限"[④]。但随着明中后期宦官专权、官吏腐败、土地兼并和严重的自然灾害，皖北地区的流民问题又趋严重。正统年间（1436—1449），陈、颍二州逃户不下万余。天启年间，凤阳"户耗者十之七，计口耗者十之九。苟民逋而征存，则户存者赋重，口在者役繁，此又其必

---

①　《明太祖实录》卷五〇，洪武三年夏正月己未条，中国台北中央研究院历史语言研究所校印本，1962 年。

②　［清］邢仕诚等纂修：康熙《临淮县志》卷七《艺文》，清康熙十二年（1673）刊本。

③　《明太祖宝训》卷四《仁政》，中国台北中央研究院历史语言研究所校印本，1962 年。

④　《明史》卷二《太祖二》，中华书局 1974 年版。

散之势也"①。天启年间成书的《凤阳新书》中就有这样的描述：

> 以渐减之人户而供顿增之税粮，以屡耗之户丁而取足额
> 之徭役，此必不得之数也，更何所惮而不逃？相戒曰："他处
> 差粮轻便，我等日且弃坟墓，寄籍、当差，人莫我何？若回家，
> 所欠差粮，里长官府饶我不过。"此民间郁迫必至之情也。②

除了赋税、徭役之外，广大农民还承担着许多额外的负担，如凤阳县人民，"江北乡试，中试之士会宴于中都"及武举考试，"搭盖棚厂帘房，置办一应供应，佥定各色人役，更备各处公馆"，以致"每至其年，凤民攒眉相向，避之不啻汤火。是以物力萎耗，市肆萧条。"③这些盘剥导致凤阳县农民大量逃亡，据《凤阳新书》载：

> 国初调江南人户四万七千余口，编为二十六里，编民授
> 田二千四百余顷，只缘土瘠粮重，人户相继逃亡，田地多成荒
> 废。至于今日，在册人丁仅存四千七百余丁，成熟田地不过
> 七百余顷，然而地亩虽荒，钱粮犹在，分毫未减。年累里排赔
> 纳虚粮，里排日困日甚，死亡逃窜，毋怪其然。④

正统八年（1443）三月，直隶巡按彭勖在凤阳、颍州一带看到数以万计的逃户"扶老携幼，风栖露宿"⑤。代宗登基后，更是"比年饥馑荐臻，人民重困"。淮河两岸"抵海冰冻四十余里，人畜僵死万余，弱者鬻妻子，强者肆劫夺，衣食路绝，流离载途"。凤阳等地大水，"道殣相

---

① 天启《凤阳新书》卷四《赋役篇第二》，明天启元年（1621）刻本。
② 天启《凤阳新书》卷七《书帖第六》，明天启元年（1621）刻本。
③ 同上。
④ 天启《凤阳新书》卷六《外篇第九》，明天启元年（1621）刻本。
⑤ 《明英宗实录》卷一〇二，正统八年三月丙辰条，中国台北中央研究院历史语言研究所校印本，1962年。

望"。① 据景泰时王文的报告，南直隶六府的饥民，达到一百零三万五千多户，男妇大小有三百六十二万余口之多。② 景泰六年（1455），"凤阳流民甚众"。③ 南直隶的流民有一部分流向荆襄地区，另一部分则向浙闽或海外移动。嘉靖之后，皖北的社会矛盾进一步激化，土地兼并空前严重，农民负担进一步加剧，流民潮再次涌现。万历初年（1573），凤阳、砀山等地河决，灾民四处流亡，就食京师者不在少数。万历二十八年（1600），凤阳巡抚李三才上言：

> 所在饥荒，流民千百成群，攘窃剽劫日闻，久而不散，恐酿揭竿之祸；徐、砀、丰、沛，壤接河南、山东，白莲妖术盛行；近有赵抚民、孟化鲸、赵天民等，招合亡命，布散流言，大骇听闻。榷使左右奸人程守训等，大行吓诈，鱼肉富室，动摇民心，可为隐忧。④

到崇祯帝即位，皖北更是连年水旱，"流殍载道"。⑤ 流民潮的涌现导致了一系列社会问题的出现。

三、皖北农民起义的繁多

残酷的剥削和压迫，严重的自然灾害，使得皖北人民无以为生，纷纷起来反抗明朝的腐朽统治。与以往朝代及其他地区的农民起义一样，皖北地区的农民起义也常以宗教的形式相号召。

景泰六年四月，霍邱人赵玉山自称宋代皇帝之后，以"妖术"鼓动流民造反，"凤阳流民甚众，多为玉山所煽惑"。成化二年（1466）三

---

① 《明英宗实录》卷一八一，正统十四年八月戊申条，中国台北中央研究院历史语言研究所校印本，1962 年。

② 《明英宗实录》卷四六，正统三年九月壬午条，中国台北中央研究院历史语言研究所校印本，1962年。

③ 《明英宗实录》卷二五二，景泰六年夏四月丙子条，中国台北中央研究院历史语言研究所校印本，1962 年。

④ 《明神宗实录》卷三四四，明万历二十八年二月乙亥条，中国台北中央研究院历史语言研究所校印本，1962 年。

⑤ ［清］张廷玉等修撰：《明史》卷三〇《五行志》，中华书局 1974 年版。

月,凤阳流民甚众,公开抢夺官府粮饷。成化二十二年(1486)二月,凤阳、庐州、滁州、和州一带,连年荒旱,居民流亡,村落城墟,饥民走投无路,到处聚众抢劫。弘治十一年(1498)正月,定远人杨潮以"妖书"号召,组织义军攻打县城。

正德五年(1510)十月,北直隶霸州文安县(今河北霸县)的贫苦农民刘六(刘宠)、刘七(刘宸)兄弟二人,因无力交纳租赋,被官府诬称为盗贼,遭到四处追捕。刘六、刘七便联络杨虎夫妇和刘惠等人,揭竿而起。不到数月,农民起义军就发展到10余万人。起义军高举"直抵幽燕之地"、"重开混沌之天"的革命战旗,显示了坚决推翻明王朝的决心。刘六、刘七派杨虎率领农民起义军,经山东直入南直隶,于十一月攻入安徽灵璧,俘知县陈伯安,再下虹县(在今泗县)、蒙城、亳州,大破所部官军。杨虎战死后,刘惠接任统帅,先败总兵白玉于太和,再下霍邱,毙都指挥王保,然后转入河南。这时,淮河南北官吏,望风遁逃。明王朝派人招抚,义军首领赵燧复信说:"群奸在朝,浊乱海内,诛杀谏臣,屏斥元老",要求"枭群奸之首以谢天下"。次年,官兵云集河南围堵农民军,刘惠率部又入安徽颍州、六安。为摆脱追兵,刘惠与赵燧将队伍一分为二,各领一军。刘惠率部转战河南,后战败自杀;赵燧领众向东北,攻凤阳、泗州、宿州、定远等地,后经皖西入湖广应山,兵败被俘。刘六、刘七率一支队伍,经河南攻入湖广,势力渐衰。刘六死后,刘七等乘船自黄州下九江,经安庆、太平、南京,到达镇江,据瓜洲。最后在通州狼山被官军围歼。嘉靖四年(1525)三月,李鸾、武惠等率流民在宿州一带杀官造反。嘉靖六年(1527)十一月,洪继、洪辅等率流民200余人起事,转战凤阳、宿州、亳州间。

万历十六年(1588),蕲黄农民梅堂起义,匠人刘汝国(又名刘少溪)前来参加。梅堂在宿松古车岭被官府逮捕,刘汝国逃脱,继续领导起义者作战,自称"顺天安民王"。树立旗帜,上写"铲富济贫替天元帅"。起义军出没于英山、潜山、太湖、宿松、蕲州、黄梅、广济之间,在各处没收富豪谷米财产,招徕饥民就食,从者数万人。官府派人招降,刘汝国回信说:"豪家不法,吾取其财以济贫,此替天行道。"起义者多次打败前来镇压的官军,明安庆指挥陈越及蕲州州判陈策败死。安庆、宿松诸府县的地方官，慑于起义军的压力，纷纷借故离任而去。万历十七（1589）年二月，明廷命应天巡抚周继、湖广巡抚邵陛、江西巡抚庄国祯、提督操江王用汲等大员，督率领属，协力剿捕。[①] 起义惨遭镇压，刘汝国被俘。

万历三十四年（1606），安徽凤阳的刘天绪聚集无为教的徒众准备起义，后因有人告密而未能如愿。[②] 天启四年（1624）九月，安徽颍州、砀山及河南永城一带，有杨桓、杨从儒的密谋起义。他们"啸聚徒众，私相部署，伪称招德元年"。[③]

第三节　安庆保卫战与皖南军民的抗倭战争

一、朱宸濠叛乱和安庆保卫战

在农民起义如火如荼的同时，明朝统治集团内部也发生了分裂。明正德年间，分封在江西的宁王朱宸濠发动了叛乱。按照朱宸濠叛军的计划，他们是想由江西过鄱阳湖，进而攻占安庆，然后顺江而下，占领南京，以南京为据点，取得与中央政权抗衡的资本。因而，安庆是当时叛军想要夺取的一个有着重要战略意义的目标。

朱宸濠叛军在江西的行动一帆风顺，他们很快就拿下了各个军事据点。随后，叛军出鄱阳湖，直抵安庆。正德十四年（1519）六月己丑，叛军围安庆城。

朱宸濠叛乱的消息很快就报告到朝廷，七月甲辰，朝廷传旨："宁王宸濠悖逆天道，谋为不法，杀巡抚等官，烧毁府县，荼毒生灵，传闻已

---

① [清]吴坤修等纂修：光绪《重修安徽通志》卷一〇一《武备志·兵事三》，清光绪七年（1881）刻本。

② [明]沈德符撰：《万历野获编》卷二九《叛贼·妖人刘天绪》，文化艺术出版社1998年版，第755—756页。

③ [清]李复庆等纂修：道光《阜阳县志》卷二三《杂志·掫史》，清道光九年（1829）刻本。

至湖口,将犯南京。即令总督军务威武大将军总兵官后军都督府、太师、镇国公朱寿,亲领各镇边兵征剿。"①其实,这个威武大将军朱寿不是别人,就是明武宗自己。明武宗一心想到全国各地玩上一圈,但苦于没有理由。现在好不容易有了这样一个叛乱,自己正可以借平叛为名,离开北京那个令人窒息的皇宫,到南方地区巡游一番。

群臣也都知道明武宗的心思,他们想出各种办法阻止明武宗的出行。当时南京兵部尚书乔宇报告说:"叛贼词语凶悖,罪大恶极,实国法之所诛。伏望速发京边官军,兼程进剿,无致滋蔓。"远在南京的乔尚书不知皇帝的心思,所以据实奏报。而在北京的官员们就不这样想了,他们意识到,如果明武宗亲自带着一队人马去南方征剿,那么造成的浩劫可能比叛军还要大。所以他们想尽一切办法阻止明武宗的南行。吏部尚书说:"濠素贤,恐未必反。"而兵部尚书王琼也说:"安庆之报止具揭帖,而非印信文移,欲核实乃议兴兵。"②而事实上,就在朝廷中讨论朱宸濠叛乱的真实性的同时,朱宸濠的叛军已经开始了对安庆城的围攻。

正德十四年七月初,朱宸濠的叛军就向安庆城杀来。叛军先后攻下彭泽、湖口、望江。很快,50多艘叛军战船兵临安庆城下。

安庆本来也有一个卫的军事编制,如果是一个满员的军卫,应当有5600人的军队,但明中叶,这种军卫大多数因为军士逃亡或其他原因,军伍严重缺额。当时的安庆"军卫卒不满百余人,乘城皆民兵,阖户调发,老弱妇女亦令馈饷"。也就是说,安庆城内军人数量很少,只能依靠民兵或平民百姓们抗击叛军。

守卫安庆城的武官有守备指挥杨锐、指挥崔文,文官有安庆知府张文锦、州同知林有禄、州通判何景旸、安庆知县王诰。安庆作为一个府治、安庆卫所在地,当地的主要军政官员都在城中。

安庆保卫战首先从安庆城外的江边打响。叛军到安庆后,与守城

---

① 《明武宗实录》卷一七六,正德十四年秋七月壬辰条,中国台北中央研究院历史语言研究所校印本,1962年。

② 《明武宗实录》卷一七六,正德十四年秋七月壬辰条,中国台北中央研究院历史语言研究所校印本,1962年。

的军队在江边开始激战。只是,随着战事展开,随后麇集来的叛军战船越来越多,很快就汇集到 200 多艘。守城的军队寡不敌众,被迫退回城中坚守。为了表示坚决抵抗的决心,城中守军在城墙四个角上分别竖起一面很大的旗帜,上面写着"剿逆贼"。城外的叛军看到旗帜,也激起心头愤恨,于是开始挥兵攻城。城中杨锐和崔文两员武官负责城西防卫,张文锦和林有禄负责城北防卫,何景旸和王诰负责东南防卫。从六月己丑到七月己酉,短短的 10 天时间,守军打退了叛军一次次昼夜不停的攻城,叛军死伤 200 余人。守军不仅要面对正面的敌人,而且要防范偷偷入城的间谍。几天之内,守军连续捕杀 4 名入城的间谍,使叛军的偷袭也未能成功。

七月己酉,叛军集聚到安庆的越来越多,"舳舻蔽江凡千余艘,相连六十余里,众号十万",安庆城面临着更大的危机。叛军大多集中在正观和集贤两个城门下,朱宸濠也意识到安庆城的战略地位,乘一艘黄色的战舰,停泊在安庆江边的黄石矶,亲自督战。而且,朱宸濠还派出了叛军中的安庆人潘鹏到城下招降。潘鹏到了城下,城中的许多人都认识他。部分守城的人们在潘鹏的劝说下有些动摇。潘鹏又要求张文锦和杨锐出来相见,张文锦和杨锐拒不见他。城中一个名叫黄州的吏员站了出来,对着来劝降的潘鹏,"以大义责数之",最终让潘鹏感到惭愧而退。但不久,潘鹏又拿着叛军的檄文来到城下,他的家僮见到了昔日的主人,在城上呼叫着主人,杨锐见了,一刀砍死了潘鹏的家僮,又取出一支箭,准备射杀城外的潘鹏,潘鹏落荒而逃。城外叛军更加恼怒,攻城决心更大。城中人也断绝了向叛军投降的想法,守城的意志更加坚定。

叛军将安庆城围了数层,攻城更加猛烈,炮矢密集,"四面拥梯而上者数十"。而城中张文锦、杨锐等人殊死抵抗。城内城外展开了一场勇气与智慧的较量。城外的叛军造出数十座"云楼",准备用来登上城墙。而城中针锋相对地造出"飞楼"数十座,从更高的空中射杀城外的叛军。城中守军又乘着夜色,派人缒城,焚毁云楼。城外叛军又造出数十辆"天梯",每辆天梯两丈宽,一丈高,四周用木板围合,前后有门,梯底下装上轮子,梯内可伏有数十名士兵。叛军推着天梯攻

到城下,梯中伏兵可迅速登城。城上的守军用大堆的草蘸上油,等叛军的天梯一到城下,城上就把草堆推向城下的天梯,再点燃火把投向草堆。草堆先着火,天梯干燥的木头遇火很快烧着,"须臾而尽,贼多焚死"。城内守军又用石头和沸水打击攻城的叛军,叛军不敢靠近城墙。杨锐等人又不失时机再对叛军展开攻心战,他们用箭将劝降信射往叛军营中,向叛军们晓以大义。叛军中有的人开始逃跑。杨锐又招募敢死队,夜袭叛军大营,叛军大乱,直到天亮才安定下来。

停泊在黄石矶督战的朱宸濠因为安庆久攻不下,心中焦急,就问撑船的篙工:"地何名?"篙工如实回答说:"黄石矶也。"因为"黄"与"王"、"石"与"失"音相近,朱宸濠听到非常不快,就杀了这个无辜的撑船篙工以解心头之恨。他对手下悲叹:"安庆且不克,安望金陵哉!只为两京二三人误却我。"可见,因为安庆之战,朱宸濠对自己铤而走险产生了后悔之意,再加上他又得知老巢南昌被朝廷官员王守仁率兵占领,只得引兵退去。城内守军乘势出城追击,"斩首三十六级,俘二十余人,获器仗三百余"。安庆保卫战宣告胜利。安庆城"被围十有八日,随机应变,所向摧败,卒能以寡敌众,完守城池"。而且,安庆保卫战是一场彻底的胜利,不仅保住了城池,还大量杀伤敌人,叛军退去后,"环城四五十里,白骨相望,臭闻数月"[1]。

就在安庆城外激战正酣之时,朝廷也获悉朱宸濠叛乱的确切情报,正德十四年七月戊申,明武宗诏谕兵部:"宸濠大逆不道,神人共怒……安庆守备、知府及江西各郡县官,或遏其先锋,或闻警设备,皆推诚体国,以讨贼为急,朕心嘉悦。其即移文,令各相机战守,务保无虞,尤宜抚恤贫穷,安固邦本,待事宁之日,令各巡按御史具实陈奏,死节阵亡及运谋设策、保城杀贼有功者,俱旌表褒赠升赏;其怀奸不忠、退缩偾事者,则从重治罪。"几天过后,明武宗"命安边伯朱泰以八月三日启行,急征诸路兵悉会,以贼围安庆报至也"[2]。说明叛军围攻安庆也引起了朝廷重视,但等不到朱泰的到来,安庆之围已解。

---

① 《明武宗实录》卷一七六,正德十四年七月戊申条,中国台北中央研究院历史语言研究所校印本,1962年。

② 同上。

平定了朱宸濠的叛乱之后，正德十四年的八月辛未，兵部奏报"安庆之捷"，皇帝对有功人员升官奖赏，下诏："升守备安庆署都指挥佥事杨锐为都指挥佥事，充参将，分守安庆、池州、太平、徽州、宁国及九江、饶州、黄州、蕲州等处地方；安庆知府张文锦升为太仆寺少卿，提督以上九府；其保城拒贼功绩及有功之人，俟贼平查勘升赏。"①

安庆保卫战的胜利首先得益于战前充分的准备。安庆城因为是战略要地，本来就有坚城深池。早在元朝，安庆就有完整的城防。洪武年间，重修城墙，"高二丈有六尺，周九里一十有三步，池深一丈"。在朱宸濠叛乱之前，杨锐就察觉到朱宸濠有异图，于是就暗中与张文锦组织修城墙，浚城河，还集聚粮食，修缮武器。也只有在这种充分准备的前提下，才有可能取得以少胜多的军事战绩。

安庆保卫战的胜利更得益于守军成功的临阵指挥。叛军有千艘战船，而且还有火炮之类的先进武器，更能造出云楼、天梯这些专门用来攻城的器具，还能利用心理战瓦解守军士气，说明叛军是有备而来，并非乌合之众，而是拥有一些有很高军事素养的人在其中出谋划策。但守军面对强敌能临危不乱，如同战国时墨子化解公输盘的攻城术一样，逐个化解叛军的攻势。他们用飞楼扼制了叛军的云楼，又用火攻化解了云楼和天梯的威胁，用射箭传书的方式对敌展开心理战，以少量兵守城还能乘夜多次出城，夜袭敌营，军事上始终掌握着主动权。

安庆保卫战的胜利更重要的因素是人心所向。安庆当时虽然没有多少正规军，但所有的安庆百姓都能同仇敌忾，誓死保卫家园。当时的安庆城"阖户调发，老弱妇女亦令馈饷，每期晡登城，人运石一二，数日积如山"。安庆保卫战正值炎夏之时，百姓们不仅送粮运石，"暑渴，乃置釜鬻于城上，煮茶以饮士"。在守卫战中，他们聚集城上，"贼攻城，城上或投石，或以沸汤沃之，贼多伤，不敢近"②。正是这样一些包括妇女老弱在内的平民百姓们的冒死支持，才使安庆城能在 10 万

---

① 《明武宗实录》卷一七七，正德十四年八月辛未条，中国台北中央研究院历史语言研究所校印本，1962 年。

② 《明武宗实录》卷一七六，正德十四年七月戊申条，中国台北中央研究院历史语言研究所校印本，1962 年。

叛军的围困下得以保全。而宁王朱宸濠发动的这场完全为谋取自己个人私利的战争是不得人心的,他们虽然人多势众,而且也有先进的武器,但面对一座外无援兵的孤城却久攻不下,也说明叛军所表现出来的战斗意志力非常薄弱。

安庆保卫战的胜利是军事史上一次以少胜多的典型战例,所产生的影响是深远的。安庆历来是南京上游的门户,在军事上具有极高的战略地位。首先,这场胜利粉碎了宁王朱宸濠夺取南京与中央政权相抗衡的企图,迫使叛军不得不停止顺江而下、直捣金陵的计划。如果考虑到南京及其周边地区作为当时中国北方军队和百官及皇室消费的主要财富供应地,那么,一旦朱宸濠的战略目标实现,其后果不堪设想。其次,安庆保卫战的胜利,极大地打击了叛军的嚣张气焰,朱宸濠在安庆久攻不下的情况下,气急败坏。不仅朱宸濠本人丧失了信心,其部下也完全丧失了信心,正如史书所记载的:"宸濠之还自安庆也,乘风溯流而上,甲寅抵樵舍,其党溃散过半"①。再次,从军事角度来看,安庆保卫战的胜利,为朝廷调兵遣将赢得了宝贵的时间。后来王守仁采用围魏救赵的策略,没有直接去解安庆之围,而是直捣叛军的江西老巢南昌。果然,在王守仁占领了叛军老巢后,安庆之围不援自解,叛军撤离安庆,退回江西,最后被全歼,朱宸濠本人也被王守仁俘获。

二、皖南军民的抗倭战争

明代的倭寇多数是袭扰中国沿海一带,但也有不少次侵入我国内陆的,其中嘉靖年间倭寇侵扰徽州、芜湖一事,给长江以南的多个府县带来了一场浩劫。

嘉靖三十四年(1555),一支100多人的倭寇队伍从浙江上虞登岸,进犯会稽高埠,占据一处民居,与明朝军队对抗。明朝军队将其团团围困,但倭寇最终还是趁着夜色,从水路逃遁。此后,这一批倭寇自

---

① 《明武宗实录》卷一七六,正德十四年七月戊申条,中国台北中央研究院历史语言研究所校印本,1962年。

杭州向西,经过处州府,再历严州府淳安县(今浙江淳安县),于这一年的七月突入徽州府歙县。歙县知县史桂芳率领全县驻军与民壮500余人迎战,但这支庞大的武装竟然"见贼悉奔溃"。①

所幸的是,倭寇并没有攻入歙县城内,歙县城之所以能够得以保全,完全依赖一些商人们的努力。当时有个叫许谷的歙县商人,自告奋勇守城。知府惊惶失措,竟然下令全部夷平城外的房屋,说是"毋延火攻"。对这样荒唐的命令,许谷说:"还未拒守,就先折城外房屋,这不是明显向敌人示弱吗?"知府的命令被否定。随后,知府又以城东门首当要冲,守东门是关键,就问许谷:"若能为我守东门乎?"许谷坚定地回答:"能!"随后,"擐短兵操长兵,先登以为民望"。恰好那个兵败的史县令带着老母要进城,许谷坚闭城门,说:"今日之事军事也,即君命有所不受,何有令君。"史县令急了,说:"有母且老死,则何辜?"许谷批评了史县令备战不力,直到史桂芳最终承认错误,才打开城门放县令进城。而倭寇也"闻先声而退二舍"。②

这支倭寇军队随后向绩溪流窜而去,然后又从绩溪转向旌德,旌德县典史蔡尧佐率领千人抵挡,但仍未能阻止这小股倭寇的进犯。倭寇在县城南门纵火,又是屠杀又是抢劫而去。再到泾县,知县丘时庸亲自领兵追击,但最终又是以失败而告终。倭寇又转向南陵,县丞莫呈带300人守分界山。但这支倭寇部队的强悍可能已令人胆寒,300人的守卫部队,"见贼悉奔窜"。失去了防御的县城让倭寇如入无人之境,倭寇们在县城内除杀人抢劫外,还放了一把火,烧毁了大量的民居。

窜入内陆地区的这小股倭寇虽然人数不多,但危害极大,引起了各方的关注。太平府周围的军政方面要员,共同组织围剿这股倭寇。建阳卫指挥缪印、当涂县丞郭暎郊、芜湖县丞陈一道、太平府知事郭樟各自领兵前来增援。各路大军与倭寇在南陵县东门外相遇,缪印等人取出弓箭,向远处的倭寇射去。可是,这群倭寇竟然一个个都能伸手

---

①　《明世宗实录》卷四二四,嘉靖三十四年七月癸巳条,中国台北中央研究院历史语言研究所校印本,1962年。

②　[清]许登瀛修:《重修古歙东门许氏宗谱》卷九《许本善传》,乾隆二年(1737)刊本。

接住中国军队射来的箭。远在一箭之外的中国官吏和军人以及临时招募的民兵们被惊得目瞪口呆,他们面面相觑,纷纷临阵脱逃。大多数的官兵与民兵四散而逃,只有芜湖县丞陈一道带来的人没有逃走。陈一道带着芜湖的兵卒,"麾众独进",但结果是兵败身死。在激烈的肉搏中,陈一道的义子为了保护义父的安全,用自己的身体挡住了倭寇的利刃,英勇战死。

几天后,这小股倭寇从南陵一路杀到芜湖,又在街上纵火。芜湖是当时长江以南的商业中心,街头店铺林立。芜湖的商人、市民与倭寇展开了激烈的巷战。他们登上屋顶,用瓦石灰罐击打窜入街头的倭寇,倭寇中多人受伤,被迫撤退。商人、市民又随后追击,"生缚二倭,斩首十级"①,这是这小股倭寇部队自窜上岸以来受到的最大损失。

值得注意的是,这次芜湖抗倭的胜利并不是在官府正规军队的参与或领导下进行的,史书中记载此次抗倭的主角是商民义勇。② 当时"芜湖故无城,守土者束手无策",歙县商人阮弼挺身而出,召集青年有力的商人并城中壮丁共数千人,刑牲宣誓,要与敌人决一死战。③ 在徽商阮弼的领导下,市民们英勇参战,终于给了这股倭寇以沉重的打击。④ 当时的人也看到了普通平民中蕴藏的抗倭力量,"乡村之人,手执农器,亦能杀截贼船,男妇上屋,徒手掷瓦,亦能驱走强寇"。⑤

在芜湖县受挫的倭寇转而趋向太平府(治所今安徽当涂县)。江都御史褒善驻太平府,他派千户领着乡兵义勇去抵挡这支精悍的倭寇部队,但在与倭寇的较量中失败了。倭寇进逼太平府城,太平府城中的人出于无奈,只有将护城河上的吊桥砍断,这股倭寇只得向东而去。很快,倭寇就到了江宁镇,当地驻军指挥朱襄和蒋陞引领一支军队准

---

① 《明世宗实录》卷四二四,嘉靖三十四年七月癸巳条,中国台北中央研究院历史语言研究所校印本,1962 年。

② 同上。

③ [明]汪道昆撰;胡益民、余国庆点校:《太函集》卷三五《明赐级阮长公传》,黄山书社 2004 年版,第 764 页。

④ 参见王世华:《论徽商的抗倭斗争》,《安徽师范大学学报》(人文社会科学版)1986 年第 1 期,第 55—56 页。

⑤ [明]冯恩:《复华亭尹书》,[明]陈子龙编:《明经世文编》卷二百,中华书局 1962 年版,第 2089 页。

备迎敌。当倭寇已经逼近江宁时,朱襄还和自己的部下袒露着衣服,纵情地饮酒。倭寇的突然袭击让朱襄等人猝不及防,这一仗又是一败涂地。朱襄本人被杀死,蒋陞坠马受伤,官兵战死300余人。①

在南京外围取胜的这一股倭寇部队开始向大明王朝的留都南京进发。他们人数虽少,但因为一路都能以少胜多,连战连捷,所以气焰嚣张。他们的首领穿着红色的衣服,骑着马,还打着一张只有中国皇帝才可以用的黄色盖伞,毫无畏惧地来到南京城下。南京城内的守军们也不敢出城迎敌,只能在高高的城墙上用火铳射击。倭寇在南京城外的城门之间来回走动,寻找着进入南京的机会。但最终没有机会进城,他们就奔秣陵关而去。当时的秣陵关也是有重兵防守的重要关口,应天推官罗节卿、指挥徐承宗率兵千人守关,但这样多的守兵在几十个倭寇面前竟然"望风奔溃",②倭寇很顺利地不战越关而去。

此后,这批倭寇洗劫了溧水、溧阳、宜兴、无锡等地,又曾一昼夜狂奔180里,到了杭州外浒墅关。而此时,另一支300多人的倭寇势力也在附近活动,苏松巡抚曹邦辅意识到,如果两支倭寇势力合到一起,就更难剿灭了。于是,曹邦辅组织各部兵马对这股倭寇进行更严密的围剿。在围剿过程中,太仓卫指挥张大纲被杀,部下也伤亡惨重。但最终这股倭寇还是在杭州外围被歼灭。

这一小股倭寇转战中国腹地,在没有外援、没有后勤保障的情况下,创造了军事史上一个匪夷所思的奇迹。中国的史籍也并不隐晦这一段不光彩的历史,《明实录》等书都真实客观地记载了这一段历史。《明实录》还加评论说:"此贼自绍兴高埠奔窜,不过六七十人,流劫杭、严、徽、宁、太平,至犯留都,经行数千里,杀戮及战伤无虑四五千人,凡杀一御史、一县丞、二指挥、二把总,入二县,历八十八日始灭。"③由此可见当时统治阶级的腐败无能。

---

① 《明世宗实录》卷四二四,嘉靖三十四年七月癸巳条,中国台北中央研究院历史语言研究所校印本,1962年。

② [清]谷应泰撰:《明倭寇始末》,中华书局1985年版。

③ 《明世宗实录》卷四二五,嘉靖三十四年八月癸亥条,中国台北中央研究院历史语言研究所校印本,1962年。

第四节　皖南的佃仆制与明末徽州的"奴变"

一、皖南的佃仆制

明代皖南的徽州、宁国、池州三府佃仆制颇为流行。乾隆年间的安徽按察使贤善在一个奏折中写道：

> 安徽省徽州、宁国、池州府属地方，自宋元明以来缙绅有力之家，召募贫民佃种田亩，给予工本，遇有婚丧等事，呼之应役，其初尚不能附于豪强奴仆之列，累世相承，称为佃仆，遂不得自齿于齐民。①

佃仆在明代的历史文献及民间契约文书上又称地仆、庄仆、庄人、住佃、庄佃、火（或作伙）佃、细民、伴档等。按皖南风俗，凡"葬主之山，佃主之田，住主之屋"，皆为佃仆。② 从这个界定来看，明代皖南佃仆的数量当属不少。嘉靖二十四年（1545）成书的《窦山公家议》中说："计议佃仆，昔称繁庶，今渐落落，殊可慨也。"但是，就在祁门善和里程氏地主自叹为佃仆"落落"之时，该书所罗列的庄佃，据统计还有24处，佃仆47户③，可见，"昔称繁庶"的年代，佃仆的数量是相当多的。

关于皖南地区佃仆制的由来，从徽州的家谱及地方志来看，明初佃仆制已经繁庶、流行。《明实录》载：永乐时李增枝"于各处多立庄

---

① 乾隆三十四年（1769）六月二十六日安徽按察使贤善《案奏佃户分别种田确据以定主仆名分》，卷号1—5[2]，藏中央档案馆。

② [清]高廷瑶撰：《宦游纪略》卷上，清同治十二年（1873）重刻本。

③ [明]程昌撰；周绍泉、赵亚光校注：《窦山公家议校注》，黄山书社，1993年版，第95—98页。

田,每庄蓄佃仆无虑千百户。"①《窦山公家议》一书的记载证明了这一点。此书已透露出徽属祁门善和里程氏地主早在元代以前已经采用佃仆制的租佃形式②。道光《徽州府志》上也说:"家多故旧,自唐宋来数百年世系比比皆是,重宗义,讲世好,上下六亲之施,无不秩然有序……其主仆名分尤极严肃而分别。"③嘉靖朝的官僚歙县人方弘静在《素园存稿》中说:"以千人之家,其仆佃之数不啻如之矣! 咸臂指相使非一朝一夕也,有事则各为其主,主则饮食之,以为恒,此皆子弟父兄之兵也。"④明代徽州的佃仆在唐宋以前即已出现,且并不限于徽州一地。有明一代,由于商品经济的发展,特别是明中叶出现资本主义萌芽之后,从全国范围看,严格隶属关系的租佃制逐步让位于依附关系相对松弛的契约租佃制,地主对农民的人身任意奴役逐步转为以高额地租的榨取为主,这是主佃关系历史发展的总趋势。但是,在徽州地区,由于残留的奴隶制的影响,封建理学的影响,加之唐宋到太平天国革命前,徽州的豪绅地主很少受到农民起义的打击,使得严格隶属关系的佃仆制能够历经宋元,到了明代依然顽固地延续下来。

明代皖南佃仆的来源主要有以下几种途径:

一是由于佃种地主或祠堂的田地而沦为佃仆。徽属六邑"山大抵居十之五,民鲜田畴"。豪绅地主每当开辟成一片田地,往往视田地的多寡相应在田头建置庄屋,招诱农民居住佃种,勒迫为佃仆。因有庄屋可供居住,有田可供佃种,故称之为"庄佃"。地主还在村旁路口、关隘墓边建置房舍,以便在此居住的佃仆担负巡夜、守卫和报警等劳役。住庄、佃田一般是联系在一起的。豪绅地主利用口碑相传的习俗,凡"佃主之田,住主之屋"者,勒迫为佃仆。据《祁门诉讼档案》记载:许文多的祖父和长兄于嘉靖、隆庆年间先后将屋地尽行卖出,然后

① 《明太宗实录》卷三三,永乐二年七月丙戌条,中国台北中央研究院历史语言研究所校印本,1962年。

② 叶显恩:《从祁门善和里程氏家乘谱牒所见的徽州佃仆制度》,《学术研究》1978 年第 4 期,第92—93 页。

③ [清]夏銮等纂修:道光《徽州府志》卷二《舆地志·风俗》,清道光七年(1827)刊本。

④ [明]方弘静撰:《素园存稿》卷一七《郡语下》,明万历间(1573—1620)刊本。

租回居住耕种,佃仆与田主"徽俗即截然有主仆之分也"①。

二是由于无栖身之所,被迫投到地主庄屋居住而沦为佃仆。据徽州文书载,单"住主屋"也勒迫为佃仆。如隆庆六年(1572)四月,汪什给张姓地主立还文书中写道:

> 今因本身无房住歇,父子商议自愿投东主张名下土名社屋巷口房屋一所抨披撰,是身父子住歇。日后递年上工五日,且遇婚姻丧祭,听从叫唤使用,毋得拦阻,每年新正贺庆无失。②

同年,还有汪付保、汪三保兄弟投到这一家地主庄屋居住,也同样立还文约,写明上工日数和承役项目。③

三是由于葬在地主山场,死者的后人沦为佃仆。田地山场已尽为地主所霸占,那些无立锥之地的农民,自然死无葬身之所。他们一旦将先人葬入地主的山场,便要立还文约,承担劳役,对地主有主仆名分。例如,胡乞、胡进童等由于将祖父安葬在地主洪瀚的山脚地,便沦为洪家佃仆。凡洪家"祖坟山地一应事务并婚姻丧葬应付使唤"。正德九年(1514),胡乞、胡进童又将其父及叔父夫妇葬在该地主山场。此后,"洪家于黄岗一应事务听自使唤,以准山租"。④ 这一例子说明,沦为佃仆的农民,在地主山场入葬增多,服役范围也随之扩大。有的地主担心误给风水之地与农民纳葬,只允"暂借浮殡丧柩",以便日后随时责令"将柩另移"。即使如此,仍然算属"葬主山"定例的范围,是要勒迫其为佃仆的,同样要服役,"应付使唤"。

四是由于入赘、婚配佃仆的妻女而沦为佃仆。徽俗"婚姻论门第,

---

① 编号003799,原件藏中国社科院历史研究所。

② 《汪什立还文书》,编号003957,原件藏中国社科院历史研究所。

③ 隆庆六年(1572)十一月二十一日《汪付保、汪三保立还文约》载:"为因无房住歇,兄弟商议自愿投到东主张名下土名申明亭房屋三间并出入门垣后地披撰,是身住歇。日后每人递年自行上工三日,但遇主家婚姻丧祭之事,听从叫唤使用,不敢推拒,新正贺庆无失"。又在此约上批道:"当领主文银二钱作买农具之用"。文约编号:03958,原件藏中国社科院历史研究所。

④ 《葬山应役文约》,见《明代仆人应主文书》,原件藏中国社科院经济研究所。

辨别上中下等甚严"。① 名宗大族的族人尽管已经破落成贫苦农民,但仍然禁止和佃仆通婚。违者,除族,划入贱民,与族人有良贱之别。一入赘佃仆的妻女,便沦为佃仆。嘉靖四十三年(1564),祁门县农民方勇入赘佃仆汪六遗婿张六仙为夫妇,他在文书中被迫写明:日后"生有男女并本身,永远居住房东谢求三大房庄屋,逐年照例应主毋词。"②有的入赘佃仆要改从仆姓。崇祯十一年(1638),胡天得入赘休宁渠口地主汪承恩的地仆陈六郎媳七佺为夫妇后,便改名为陈学寿③。来自远地的入赘人,还需要有介绍人立约担保。

五是因生活所迫而卖身充当佃仆。有一张于万历己酉年(三十七年,1609)十月立下的文约写道:

> 洪三元同妻李氏、男国胜,今因欠少食用,自愿挽中出卖
> 与洪相公名下为仆,得财礼银十五两正,住居潭渡祠屋看守
> 坟墓,每年正月初二上门叩岁,清明拜扫,中元节及送寒衣。
> 主人上坟,务要在祠伺候。所种田园纳租每年麦豆粟各一石
> 三斗,干洁送纳,不致短少。以上如有违失,以凭任责治
> 无辞。④

大族豪绅对佃仆采取实物地租和劳役地租相结合的剥削形式。佃仆租种田地,既要交租,又要供地主驱使奴役。正如《窦山公家议》一书所说:"前人置立庄佃,不惟耕种田地,且以备预役使。"⑤

佃仆的境遇最为悲惨。他们像牛马般劳累终年,妇女白天在田间劳动,夜间还得从事纺织,而一年所得,除交租纳税外,剩下来的,食不足以果腹,衣不足以蔽寒。他们只好冬天上山挖掘蔗根充饥;夏麦登场时,则用糠屑来掺杂米,名之曰干粮。他们披星戴月,负薪走市,换

① ［清］汪韵珊等纂修:同治《祁门县志》卷五《风俗》,清同治十二年(1862)刻本。

② 《方勇立还入赘文约》,编号005087,原件藏中国社科院历史研究所。

③ 《胡天得立还入赘文约》,编号004902,原件藏中国社科院历史研究所。

④ 《徽州文约》,转引自叶显恩:《明清徽州佃仆制试探》,《中山大学学报》(哲学社会科学版)1979年第2期,第67页。

⑤ 《窦山公家议校注》,黄山书社1993年版,第95—98页。

得一升半合之米,但往往为债主之家抢走,以致无米果腹。有的佃仆揭其敝衣残褥,投到短押小铺去换升合之米,以作晨炊。他们连盐也买不起,往往淡食。歙县石步坑一带流传的一首民谣:"稻房竖起,家无口粮,寒冬腊月,冻得筛糠。"这正是他们穷苦生活的写照。生时既无快乐之日,死后也往往得不到安葬。地主往往只许他们暂时浮殡停柩。由于买不起棺材,多用茅茨掩盖尸体,遇洪水时骸骨被冲散于四野。

豪绅地主对佃仆在经济方面的剥削,是通过田租、山租、高利贷及额外农副产品的勒索。田租多取定额租(或称硬租),"不论风旱包交"。明中叶一般是亩交 10 秤左右(一秤 18—20 斤),约折 200 斤。高的达 16 秤。也有少量的取分成制,即稻谷成熟收割时,地主派人登场察看,依约定的成数交纳。

地租基本上是以地上所产的实物交纳。定额租由于租额是固定的,容易向货币地租转化。明代已经出现从实物地租转向货币地租的过渡形态——折银租。例如,嘉靖三十八年(1559),黄毛、黄保给地主洪寿公立还文约中写道:"每年交硬谷租三秤半,计定价纹银二钱正,其银约定十二月尽送还付匣明白,不致短少。"[1]又如崇祯四年(1631),胡社龙等给洪氏六大房立还佃约中写道:"早租一百三十八秤三斤六两,晚租二十七秤。其早晚(租)不论年早晚熟,价目贵贱,额定早租每秤价银七分,晚租价银八分,其银递年冬至日交钱一半,次年初一日交足,如过期每两每月加利三分。"[2]

逾期的地租按高利贷交利息,这一点值得注意。佃仆在这种折银租和高利贷结合起来的剥削形式面前所遭到的厄运是不难想象的。一些种经济作物的园地、山场,则直接以银租的形式出现。明中叶,祁门善和程氏地主就把园地纳银租的数额写在《家议》上[3],可见园地交银租在程氏地主那里已成定例。折银租和银租,迫使佃仆必须出售农产品,以换取银两,因而对市场的依赖日强。佃仆又增加了受商业、高

<hr />

① 《黄毛、黄保立还文约》,编号 1—38,原件藏中国社科院经济研究所。
② 《胡社龙等立还文书》,登记号 18,原件藏中国社科院经济研究所。
③ 参见[明]程昌撰;周绍泉、赵亚光校注:《窦山公家议校注》,黄山书社 1993 年版,第 28—69 页。

利贷资本的居间剥削。但它毕竟是一种比实物地租较为进步的地租形态,因为以银纳租使农民有较多的经营土地的自由。为什么极端落后的生产关系却出现稍微进步的地租形态呢? 这同徽州地区内部是一个封闭顽固的封建堡垒,同时对外行贾遍及天下、商业资本发达的历史特点有关。

佃仆除向地主交纳地租、山租之外,还要服劳役。这种劳役一般不是用于生产,而是用来满足地主生活上的需要。所以,劳役量和范围都很不固定,往往因地主贪欲的不同而有所差别。明代及清中叶前,佃仆的服役范围见之于文字的多限于守坟、元旦拜节、婚冠丧祭、神社、应考各役,以及其他的急务。但实际上,服役的范围远不止此,佃仆往往根据地主的需要,随时听从呼唤使用的。

佃仆还因地主的分籍蕃衍而扩大服役对象。如万历年间,祁门的板石胡村康姓地主有 7 分 2 厘 2 毛 3 丝的地基为佃仆胡法所居住,后因"房东各分买受分籍"的缘故,该地共分成多寡不均的 14 分,为 10 户和四个祠堂所有。要按占地的多寡给各房东和各祠堂服役诸多不便。经请里长出面召集各房主会议,商定以交晚租一秤 16 斤代替一部分劳役。各房东和各祠堂依占地的多寡分摊这些租谷。衙公祠分得最多,即得该地 2 分 2 厘 2 毛 7 丝 8 忽,分得租谷 12 斤一两半。胡长孙、法孙、金保、显爵、应有等 5 户分得最少,各分得地 6 毛零 2 忽,租谷四两八钱。此外,凡房东有"婚姻、丧葬竖造",佃仆胡法要"听主差使一日"。胡法便从原来只有一个主人增加到 14 个主人,对他们都要交租和供役。[1]

二、明末徽州的"奴变"

豪绅地主对佃仆残酷的压榨和奴役,势必引起他们的反抗斗争。明初,佃仆反抗斗争的形式,或抗交田租、拒绝服役,或则盗砍树木变卖,有的干脆携妻并男,全家背主逃走[2],武装斗争的形式比较罕见。

---

[1] 《胡法给十四房主人立还租约》,编号 1.29,原件藏中国社会科学院经济研究所。

[2] 《万历火佃立还限约》,编号 20,原件藏中国社科院经济研究所。

但明嘉靖、隆庆以后，佃仆的武装斗争趋向高涨，"冠履之分素明"的徽州，此时"俗渐漓矣，圭窦雕梁，纨绔敝绔……于是有主仆之狱矣"。歙县官僚地主方弘静面对这种形势，痛心疾首地说："纪纲弛矣！"①歙县县令姚某则对反抗的佃仆进行血腥的镇压②。但是佃仆的反抗斗争是封建政府的屠刀所不能平息的。

到了明末清初，在李自成农民大起义的影响、推动下，趁新旧王朝更迭的大动荡时机，佃仆们反抗封建压迫、求得人身解放的武装起义风起云涌。

南明弘光二年（1645，清顺治二年），清兵渡江下金陵，极端腐朽的南明王朝不堪一击，朝臣宿将望风而逃，福王被捕，弘光政权灭亡。南京陷落的消息传到徽州，衣冠之族惊惶万状。值此时，黟县万村人万黑九为主仆名分事与其田主韩氏发生冲突。官府对田主的袒护，激起黑九等的义愤，连夜围攻韩氏地主家，焚其屋，杀其一家老小，然后拉队伍上山结寨，揭开了佃仆起义的序幕。③

黟县附郭蔡村佃仆宋七，趁万黑九起事之机，在佃仆中进行发动组织工作。宋对他们说："以吾辈祖父为役，子孙隶其籍，终不能自脱，天之授我，此其时矣。"还指出这些豪绅地主"皆孱弱不胜干戈"④，地方官则疲于对付清军，无暇顾及，发动起义正是大好时机。在宋的鼓动下，数千名佃仆于1645年7月发难于奇墅屏山⑤。他们共推宋七为首，皆听他亲自指挥的东郊寨的号令。他们列营立寨36处，各设首领统帅一寨部众。各寨之间"呼吸相通，捷于影响"。义军勒令豪绅地主交出其先世及其本身的投主卖身文契，输纳粮饷。对一般的地主则

① ［明］方弘静撰：《素园存稿》卷一九《谕里文》、卷一七《郡语》下，明万历间（1573—1620）刊本。

② 明嘉靖朝官僚、歙人汪道昆在《太函集》卷六九《姚令君生祠碑记》中说："歙俗故以家世相役仆，而逆节渐萌，令君谓阊右：藉是以庇其家长民者，藉是以保其土，分定故也。渐不可长，卒诛跋扈，以正名。"

③ ［清］程功：《乙酉纪事》，［清］程汝翼等纂修：嘉庆《黟县志》卷一五《艺文志》，清同治十年（1871）刻本。

④ ［清］江碧：《义烈江伯升雷传》，［清］程汝翼等纂修：嘉庆《黟县志》卷一五《艺文志》，清同治十年（1871）刻本。

⑤ ［清］江同文辑：《思豫述略》，转引自叶显恩：《明清徽州农村社会与佃仆制》，安徽人民出版社1983年版，第285页。

警告说:"尔今归顺我,保汝妻子无他也";对恶贯满盈的豪绅地主如江完卿之流,坚决处以极刑,对敢于负隅顽抗的强宗大族如九都舒氏,则集中兵力拔除之。他们责令名宗大姓"改姓合族","共居婚姻",填平了主仆、良贱的鸿沟。要地主"司茶行酒"①,并训诫说:"皇帝已换,家主亦应作仆事我辈矣"②;"主仆俱兄弟相称。时有嫁娶者,新人皆步行,竟无一人为僮仆。"③慑于义军的威力,一时间"主家惶恐,争致牛酒,诣辕门为谢"④。这同往日"惟大声呼曰'来',堂上一呼,堂下百诺"⑤的情景相比,真是另一番气象了。地主威风扫地,"不敢自言衣冠之族,壮者逃散于外,老弱任挫折而莫敢谁何。"⑥有的也曾奔报当地府台镇官,但官府无能为力,只得装聋作哑,甚至县令"知无如何,亦往贺焉"⑦。

宋七在黟县领导的佃仆起义,声势浩大,很快波及徽属诸县。休宁、歙县、祁门等县佃仆纷起响应。豪绅地主在无力镇压义军的情况下,便改换策略,企图以暗杀义军首领来达到瓦解起义队伍的目的。先是唆使黟县五都南屏亡命之徒叶万四潜匿厕所,出其不意地刺杀宋七,未遂。后来又利用暴徒江雷、汪日俞施计诱杀了宋七。宋七的遇难,固然给义军带来重大损失,使他们失去了杰出的领导人,但是激起了义军将士的更大义愤。他们共推朱太为首领,继续坚持斗争。清军进入徽境后,为了笼络人心,收买义军,授朱太以都司之职。

清顺治三年(1646)一月举行乡饮酒礼时,特命举朱太之父朱满及

---

① 黟县庞村《江氏宗谱》,转引自叶显恩:《明清徽州农村社会与佃仆制》,安徽人民出版社 1983 年版,第 285 页。

② [清]计六奇撰;任道斌、魏得良点校:《明季南略》卷九《黟县仆变》,中华书局 1984 年版,第 270 页。

③ [清]江同文辑:《思豫述略》,转引自叶显恩:《明清徽州农村社会与佃仆制》,安徽人民出版社 1983 年版,第 285 页。

④ [清]江碧:《义烈江伯升雷传》,[清]程汝翼等纂修:嘉庆《黟县志》卷一五《艺文》,清同治十年(1871)刻本。

⑤ [清]徐珂编撰:《清稗类钞》第 11 册《奴婢类·主人召仆呼来》,中华书局 1986 年版,第 5265 页。

⑥ [清]程功:《乙酉纪事》,[清]程汝翼等纂修:嘉庆《黟县志》卷一五《艺文志》,清同治十年(1871)刻本。

⑦ 《义烈江伯升雷传》,嘉庆《黟县志》卷一五《艺文》,清同治十年(1871)刻本。

九都之仆金奶为宾,并让各寨子弟得以参加童子试①。但是,义军并没有受骗上当。同年三月,义军围攻黟县城池,攻势很猛,县官连忙发羽书告急。后因清政府派来援军才被击败,朱太、林老和查万起等义军首领被俘。徽属其他各县也纷纷组织地主武装与起义军对抗。如"休宁诸巨室闻之大悖,遂立 72 社,富者输饷以给军,知县欧阳铁邀邑绅痛饮,倡议严为之备"。歙县的豪绅地主也组织队伍,"设备守卫"②。金声、江天一等也起兵守绩溪。由于清军和地主武装的残酷镇压,这次佃仆起义终于遭到了失败。但是起义军的余部,仍然出没山林,不时出动,截杀大户之人,数年不靖③。甚至经过近 30 年后即康熙十三年(1674),他们还在安徽江西边界"蟠据徽饶三百里"的张公山中举着义旗,坚持斗争。

第五节 "黄山大狱案"与徽州士民的反抗斗争

一、"黄山大狱案"的爆发

明嘉靖前后,徽州歙县的歙西溪南吴氏出了不少有名的大商人,在徽商中很有名望。据史料载:"扬州聚海内上贾,诸吴盖州"④;"歙诸吴望溪南,陶猗代起"⑤;"歙之西,故以贾起富,其倾县者称三吴。三吴出溪南。"⑥。可见,歙西溪南吴氏之富在明中叶就已经闻名遐迩了。其中的吴守礼是隆庆、万历间"雄资两淮"的著名徽商。万历二

① 依当地定例,佃仆子弟是不得报捐考试的。
② [清]江同文辑:《思豫述略》,转引自叶显恩:《明清徽州农村社会与佃仆制》,安徽人民出版社1983 年版,第 285 页。
③ [清]程功:《乙酉纪事》,[清]程汝翼等纂修:嘉庆《黟县志》卷一五《艺文志》,清同治十年(1871)刻本。
④ 《太函集》卷一五《赠吴伯举序》,黄山书社 2004 年版,第 327 页。
⑤ 《太函集》卷五三《处士吴君重墓志铭》,黄山书社 2004 年版,第 1119 页。
⑥ 《太函集》卷五四《明故处士溪阳吴长公墓志铭》,黄山书社 2004 年版,第 1142 页。

十年（1592），日本丰臣秀吉派兵侵略朝鲜，明朝出兵援朝，吴守礼输银三十万两助饷，获赠征仕郎光禄寺署正，其子时俸，孙养都、养京、养春等俱授文华殿或武英殿中书舍人，时有"一日五中书"之称。

吴养春是吴守礼的长孙，在其同辈兄弟中颇称经商有术，名气最大。万历、天启间，养春经商北到天津，南达两浙，许多商埠都有其店铺或经营点。其经营范围包括盐、典当、钱庄、珠宝、木材、绸缎等，财名四播，独步一时。正因其富名太盛，以致引起魏忠贤的注意。天启五年，三殿（皇极、中极、建极）工程动工，魏忠贤借助工之名，便制造了"黄山大狱案"这一大冤案。

养春之父时佐在黄山拥有山地二千多亩，种植木材，获利丰厚。时佐死后，吴氏兄弟构讼，当时曾有一半入官之议，但后来并未执行。魏忠贤借机旧案重提，诱骗吴氏家仆吴荣指控吴养春侵占黄山木植，以及创办崇文书院招聚朋党两大罪状。据《癸巳存稿》所录明代天启《京报》载：

> 天启六年闰六月东厂奏，据告人吴荣，告直隶徽州府歙县人吴养春家资数百万，为富不仁，一向结交搢绅，霸占黄山，砍伐树木货卖，年久获利何止数十万两。……近因大工肇兴，采取黄山木植应用，养春胆敢遣家丁文节到京打点，停寝采木旨意。……又，前于天启五年八月内，奉旨拆毁书院，养春不遵明旨，巧立名色创崇文书院，招朋聚党。

吴养春作为钦犯被锦衣卫拿送镇抚司。八月，北镇抚司奉旨："吴养春赃银六十余万两，著行抚按照数作速追解。其山场木植银三十余万两，工部即差官会同抚按估计变价解进，以助大工。山场地二千四百余亩，并隐匿山地、抛荒地土未收册者查出升科，尽归朝廷，不得仍前隐瞒。厂臣魏忠贤报国赤心，发奸巨手，搜剔黄山大弊，克襄紫极之浩繁，省金钱而工愈饶，不加赋而财用足，种种勋劳，兹功更懋。著荫弟侄一人，与作锦衣卫指挥使，世袭，给与应得诰命，仍赐敕奖励，以示

优异……"①吴养春被捕至京后,不久即在狱中被拷掠身死,其家入狱者八人,只有三人生还。吴妻汪氏亦因此自杀。吴家从此倾家荡产,家破人亡。

黄山大狱之后,魏忠贤即派其爪牙工部主事吕下问专敕驻歙查追"赃银"。天启六年(1626)九月,工部奉旨:"黄山木植久为奸宄盘踞,主事吕下问给以专敕,以重事权。抚按道府务与同心协力,遵照原题上紧追解,毋得彼此推诿,责有所归。"②吕下问于天启六年十二月达徽州,随即以专敕驻歙大员身份,查追黄山山场木植银三十余万两和"赃银"六十余万两,以及外加两万余两,明令通邑富户科派,勒逼承买山木、山地,限期缴纳。吴养春之亲、族、邻无一不被连累。

其实,吴养春被投入狱后,徽州士、商已经愤愤不平。吕到徽后,科派勒索,株连者众,如同火上加油。当时有商人吴献吉,被科派山价银一万两,违限逃匿,吕即拘其家属,家属交代有至亲监生潘谟家住岩镇。吕旋命差快黄文前往拘捕,而黄文及所带白捕巴社良、程观贵素知其邻户潘家彦富有,意欲借机勒索,遂黄夜劈门突入,潘外出不在,室尽妇女,见状惊喊,乱成一团。邻里闻声,丛聚救护,睹景无不切齿,在众怒之下,两白捕当场即被群众打死,并焚尸灭迹。这件事迅速引起了徽州声势浩大的民变。

二、徽州士民的反抗斗争

潘谟所在的岩镇(今岩寺)乃歙县、休宁间交通要道,商业繁盛,"巨室云集,百堵皆兴,比屋鳞次,无尺土之隙,谚所谓寸金之地也"。据《岩镇志草》载:"岩镇,居六邑之都会,为九达之通逵,鳞次万家,规方十里,阀阅蝉联,百昌辐辏,则自有明嘉、隆之际始也。"③可见,岩镇也是徽商聚居之地。在两个白捕被杀后的第二日,岩镇百姓开始愈聚愈多,群情激愤。《岩镇志草》说:

---

① [明]陈建著:《皇明通纪》,中华书局2008年版。
② 同上。
③ [清]佘华瑞纂修:《岩镇志草·序》,清抄本。

乡城之人无不切齿部差者，乘机而起，都欲得吕而一甘心，众遂群拥至府城，大书"杀部安民"四字，遍贴街道通衢，观者云集，声势更盛。歙县知事倪元珙见事态扩大，揭衢中贴入见吕，告以舆情可悯，众怒难犯，宜思善策以弹变。吕刚愎弗纳。[①]

当晚，群众聚集，并冲到吕下问公署，毁门而入。吕仓皇破后垣墙逃遁，其家属、从人也纷纷逾墙避于同知衙门。愤怒的群众见吕已遁，遂放火焚吕所居屋，并将其公署物件尽行打毁。事已至此，徽州的官员便出面安抚群众，所以后面的事态也没有进一步扩大。与此同时，徽州地方官员还上疏熹宗，要求免除吕下问之职。此疏上后，魏忠贤不得已将吕下问免职，但参与上疏的官员杨春茂、倪元珙及徽州知府石万程旋亦被魏忠贤罢官、削籍。

吕下问被免职后，魏忠贤并不甘心，又派大理寺副许志吉继任。许志吉原系歙人，为万历间礼部尚书、文渊阁大学士许国之孙，时亦攀附魏阉，为其党羽。天启七年（1627）四月，许志吉抵徽，以黄山一案专敕大员身份严追滥诈，罗织富户，纳贿自肥，其肆虐不减于吕下问。徽民复哄哄然，大有再起之势。八月，熹宗病死，崇祯即位，魏忠贤倒台。许志吉附庸阉党，自知难保，不得不销声匿迹。徽郡士商如释重负。十二月，监生王之鼎劾许借黄山一案荼毒徽民，许遂被撤职，并银铛入狱。崇祯元年正月，有旨许志吉著抚按提问正罪，追赃助饷。五月，许以"矫旨派赃，附逆流毒，黄山一案，重辟何辞"的罪名，被处死。[②]

在这次徽州士民的反抗事件中，参加暴动的商人和百姓无一人被捕，也无一人受惩。应当说，徽州地方官是做出了很大努力的。据《岩镇志草》记载，由于"居民得以脱然罪罟之外"，镇民感于"怀保之德"，而设杨、倪等牌位于祠内供奉，一直到清乾隆时尚祭祀不绝。

---

① 《岩镇志草·元集·尸祝三大夫纪事》，清抄本。
② ［清］俞正燮撰：《癸巳存稿》卷一四《书芦城平话后》，商务印书馆 1983 年版。

天启七年徽州士民反抗魏忠贤的斗争,是明朝整个士民阶层反抗封建掠夺、压迫斗争的一部分。

第六节　李自成、张献忠的农民军在安徽的活动

一、直取凤阳城

崇祯七年(1634)底,明政府将洪承畴提升为兵部尚书,统一指挥陕西、山西、河南、四川和湖广各路官军。又调集南、北兵72000余名,饷银百余万两,企图在6个月内消灭农民军。面临如此严峻的形势,诸路义军向实力较强的高迎祥靠拢,准备联合抗明。为了适应形势的发展需要,崇祯八年(1635)正月,高迎祥在攻占了河南荥阳后,随即召开了有各农民军首领参加的"荥阳大会"①,共商农民军联合作战的大计。这次大会同意了李自成提出的"宜分兵各随所向"②的意见,并作了分工。高迎祥、李自成、张献忠等部主力向东进发,目的是攻占明中都凤阳,沉重地打击敌人。

凤阳原名临濠府,是明太祖朱元璋的出生地。因此,明政府在明洪武二年(1369),以临濠府为中都,使其成为江淮重镇。洪武七年(1374),又改为凤阳府。朱元璋为其父修建的皇陵是神圣不可侵犯的。为了防备农民军自荥阳东下凤阳,明南京兵部尚书吕维祺曾请调兵到凤阳设防。崇祯八年(1635)正月初,高迎祥、李自成、张献忠等自荥阳出发,直取凤阳。沿途于初七日围攻颍州(今安徽阜阳),初八日围固始。同时分兵前进,八日夜攻克霍邱。初十日,攻克颍州,俘获知县尹梦鳌,将其处决。搜获并处死了为霸一方的乡居明兵部尚书张鹤鸣。先头部队也于初十日夜攻下寿州(今寿县)正阳关。寿州是淮河

---

① 目前学术界对"荥阳大会"究竟有无尚有争论。参见王兴亚:《荥阳大会、永宁大会考异》,《李自成起义史事研究》,中州古籍出版社1984年版,第32—47页。

② [清]冯苏撰:《见闻随笔》卷上,齐鲁书社1996年版。

南岸的水陆码头,万商云集。高迎祥等部赶到,在这里休息两天,于十五日凌晨,乘大雾弥漫,挑选一部精骑直趋凤阳,大军随之前进。农民军的先头部队首先在上窰山与明中都留守朱国相、指挥袁瑞征等所领部队作战。不久,数万农民军主力部队赶到,"矢聚如猬",全歼守敌。朱国相战败,畏罪自杀。当时正是元宵节的晚上,伪装成商人、车夫、和尚、乞丐等先期进入凤阳城的 300 名农民军战士,突然四处放火。凤阳城内秩序大乱,官兵狂奔逃命。首先攻破凤阳的,是八大王张献忠与扫地王、太平王等部。明驻军指挥官陈永龄、留守司将领朱国正,仓促之间率领 4 个卫所的将校陈宏祖、陈其忠等和士卒四五千名,迎击农民军。明朝腐朽的残军,简直不堪一击。农民军不到半日便将他们扫除殆尽。陈永龄、朱国正等全被击毙,4000 多名士卒,半被击毙,半被俘获。农民军胜利攻占凤阳,焚毁了皇陵,惩杀了敢于抗拒的明驻守凤阳的官吏和诸生 66 人、太监 60 余人,并且从监狱里查出了穿着囚服、装成囚犯的明凤阳知府颜容暄。

高迎祥、李自成、张献忠所部到达凤阳,经过一度会商,下令治理市面,建立秩序,保护人民。敌人留下的武器、马匹、物资等,由三大部队分头没收。库里的军粮,大部分拨给贫民。凡是皇陵周围的建筑物如享殿、楼台等等以及朱元璋出家为僧的龙兴寺(原名皇觉寺),号召人民迅予拆毁。皇陵周围的数十万株松柏,也被农民们砍伐,作为器材。

农民军攻克凤阳、焚毁皇陵,表明农民起义的目标所向,已不再停留在杀一些贪官污吏,夺点钱粮,解救饥困贫民的斗争阶段了,而是把矛头直接指向了明朝的最高统治者——朱家皇朝。张献忠在攻克凤阳后,"列帜,自标'古元真龙皇帝'"[①],更说明了农民军把夺取全国政权的任务,开始提到日程上来了。

农民军攻克凤阳,焚毁皇陵,是自发动起义以来给明王朝第一次沉重的打击,大长了革命农民的志气,大灭了明朝统治阶级的威风。据《明史》记载,崇祯帝闻讯,"素服哭,遣官告庙,逮漕运都御史杨一

---

① ［清］计六奇撰;魏得良等点校:《明季北略》卷——《贼陷凤阳》,中华书局 1984 年版,第 173 页。

鹏弃市"。巡按凤阳御史吴振缨亦被逮下狱,后被遣戍。明总督漕运兼巡抚朱大典和阁部史可法等,由于害怕被农民军歼灭,也只是象征性"率兵援剿",没有一个敢与张献忠正面交锋。而各州县官,更无什么守御之策。据时人梅之焕在他所写的《与洪制台书》中说,由于农民军政治影响的进一步扩大,所到之处,"从者如市。其辎重之多,供奉之侈,皆未可名状。"①由此可见,张献忠农民军得到了人民群众的广泛拥护。

高迎祥、李自成、张献忠三大部,在凤阳取得空前胜利后,军心振奋,胜利信心更为加强。他们立即分头进军,各谋新的发展。三部分做三路出发:张献忠部自凤阳南下;高迎祥部转向西北,回师河南,直取永城等县;李自成部向西南,回师河南,直取鹿邑等县。

二、张献忠南下

张献忠部自凤阳南下后直逼庐州(今安徽合肥)。因明军早有准备,遂弃之继续向南,于同年(1635)正月二十一日至巢县北面的柘皋。

二十二日攻克巢县以后,张献忠继续率部于二十四日攻克舒城,二十六日攻克庐江,二十八日攻克无为州,含山、和州亦相继为农民军攻下。二月,进攻安庆,接着又西克潜山、太湖、宿松,经霍山等地,进入湖北东部地区作战。

与此同时,高迎祥部由皖北沿西北边境返回河南。李自成部则出皖北沿蒙城、涡阳县境直入河南,和留守河南的罗汝才、惠登相等部会师。次年正月,高迎祥、李自成又由河南入安徽,准备攻打南京。他们先破含山、和州,再攻滁州时受挫,于是又北返河南。

三、酆家店之战

崇祯十年(1637)三月,张献忠农民军在攻克应城、随州等地之后,自湖北东进,间道攻安庆,直逼南京。在安庆酆家店打了一次干净利落的歼灭战。

---

① [清]陆佑勤等纂修:光绪《麻城县志》卷四四,清光绪八年(1882)刻本。

三月下旬,农民军先头部队约 3000 人到达安庆宿松之酆家店一带,与明官军发生小规模战斗。明安庆兵备史可法侦察到农民军士气旺盛,作战力强,主张退守要害,以避锋芒。这时,率领苏州兵 3000 的副将程龙、守备陈于王和率领安庆兵九百驻于酆家店的参将潘可大,则妄图顽抗。四月初,农民军主力接连攻克安庆以西之太湖、潜山等城后,于二十七日七个营数万人到达酆家店,将酆家店 6000 官军包围,"分屯四山,围数重"。敌援兵刘昌祚害怕被歼,逗留不至。崇祯帝朱由检也感到形势紧张,下令左良玉、马扩、刘良佐联合救援安庆。然而,左良玉却率军向北而去。已经将湖北东部之蕲州、黄州所属州县和安徽西部之潜山、太湖等地连成一片的农民军,不仅士气高昂,而且由于入英山阻险种田,后勤支援上也有了保障。被围官军已成瓮中之鳖。史可法与总兵许自强还想以兵驰救,然而,兵至不敢击,只好鸣大炮遥为声援。被包围的程龙、潘可大寻机突围,立即被挡了回去,雨淋甲重,狼狈不堪。第二天中午,一万多农民军骑兵从四面八方向官军发起了冲击,迅速攻入敌阵,把官军砍杀得七零八落。副将程龙畏罪自焚而死,守备陈于王亦自杀,参将潘可大、武举陆王漱等皆被农民军毙杀。

这次酆家店歼灭战,时间不过一天,即干净利落地全歼官军 6000 多人。至此,安徽、江苏的反动统治阶级再也拿不出什么像样的军队与农民军作战了。

酆家店之战,是张献忠农民军打击官军有生力量最大的一次歼灭战。这不仅表现了农民军将士们高昂的作战士气,在战斗中向官军勇猛冲杀,而且还说明了农民军运用包围战术的成功。

张献忠在取得酆家店歼灭战的重大胜利后,乘胜继续东进。其先头部队曾到达南京与镇江之间的六合、仪征一带,"扬州告急,命督理太监刘元斌、卢九德选勇卫营万人往援"[①],南京大震。

---

① 《国榷》卷九六,崇祯十年九月丁卯条,中华书局 1958 年版,第 5789 页。

四、智取铁庐州

庐州(今合肥)在明末城坚池深,易守难攻,历史上早有"铁庐州"①之称。张献忠曾先后三次进攻庐州,直到崇祯十五年(1642)第三次进攻庐州时,才以巧取制胜。

崇祯八年(1635)正月二十二日,张献忠自凤阳南下抵达庐州城下,会同混天王等包围庐州,发起进攻。在激烈的战斗中,农民军将领二大王张进嘉不幸中炮弹牺牲。"至二十八日解围去"②。同年十二月,张献忠自鄂东的光山、固始东进,第二次进攻庐州。因守城官军早有防备,又侦知敌援兵分路将到,未作久攻,即分兵转战,攻克巢县、含山、和州等地。

崇祯十五年(1642)五月四日,张献忠第三次进攻庐州。他率领部队由皖西之太湖、潜山、桐城、六安州等地进驻舒城七里河、汪家滩一线。"三河寨民刲羊豕",以欢迎农民军。农民军侦察部队到达离庐州八十里之白露寺时,发现明参将廖应登的部队设防于庐州郊区,阻挡农民军的去路。根据前两次进攻庐州的经验,张献忠一改过去硬攻的战术,决定采用巧取。他选派了英山、霍山一带路熟可靠的群众,伪装成商贾先期进入城内,进行侦察和准备内应。明庐州兵备道蔡如衡一贯贪污暴虐,百姓极端痛恨。正在这时,农民军侦知督学御史徐之垣要到庐州来主持对生员的考试的消息。张献忠一方面派遣农民军伪装成诸生,预先进入城内,分宿各旅舍,侦察城内敌人动静,积极准备配合攻城;另一方面又选派精壮的农民军战士,伪装成迎接督学御史的书役,在途中刺死徐之垣,另使人假扮徐,坐着高车,由农民军战士扮成的书生,簇拥着向庐州城内走去。庐州知府郑履祥见较士御史到来,立即命令打开城门迎接。直到见面言谈时,他才发现这些随来的文士身上都佩着短刀,吓得屁滚尿流。欢迎者立即如鸟兽散,城内顿时大乱。经小路由小蜀山到达庐州城下的农民军先头部队,自将军

---

① 《明季北略》卷一八《张献忠袭庐州》,中华书局1984年版,第328页。
② [清]郑达:《野史无文》卷三《烈皇帝遗事上》,中华书局1960年版。

庙攀堞入城,打开西门。恰好农民军大部队赶到城下。先头进入城内的"商贾"、"学士"们,立即四处放火响应。农民军迅速占领庐州全城。除庐州兵备道蔡如衡、合肥知县汤登贵等乘乱翻城逃跑外,庐州知府郑履祥、通判赵兴基、经历郑元绶等皆未逃脱农民军的惩处。明官军参将廖应登后来亦仓皇向巢湖方向逃去。至此,铁庐州攻不破的神话破灭了。

农民军攻克庐州后,张献忠在城内鼓楼南街富户孙辉的家里,接见了表示愿意归顺农民军的原明庐州卫百户李禺花等四人,并每人赏银千两,叫他们协助农民军安抚百姓,并封李禺花为都指挥使,为愿意投向农民革命军的明朝地方官吏和官军指明了出路。农民军在庐州还特别注意争取录用知识分子。其部众对士人们说:"天下大乱,我老爷应运而生,相公可同我共成大事。"读书人均由张献忠亲自考试,并赏给银两。[①]

农民军在庐州地区作战,十分注意纪律,对老百姓客气,杀人少。据余瑞紫《流贼张献忠陷庐州记》说,农民军凡遇金银首饰皆掷之,只以绸衣放驴背上驮去。宿营时,在树林中以绸被铺草堆上休息。对俘获的男女,要报告张献忠查点。愿意回家的另立一边,妇女愿意从军的,经媒人说合,由张献忠批准可以结婚。行军前,下令搜查金银,凡私带金银者,投于河中,有违抗者杀之。

张献忠在安徽期间,招纳了一批知识分子,并给予一定的优待。如在驻地中,拱卫张献忠的营帐有五层,最里面的一层不是武装护卫的营帐,而是文士住的"相公营"。相公营中有安徽桐城的汪公子,六安的邵官吾,舒城的胡玄浦,庐州的林子素,霍山的彭大年、金大来、金大烈等文人。

五、巢湖练水师

崇祯十五年(1642)七月六日,张献忠堕毁庐州城。八月,农民军在陶冲分营为三:一走六安,一趋庐州,一往庐江。八月十五日,再克

---

① 参见郭影秋编著:《李定国纪年》,中华书局1960年版,第44—45页。

六安后①，又连克庐江、黄安，再回舒城，屯驻于舒城的白马、金牛诸地，控制着桐城、芜湖、英山、含山、巢湖一带地方。农民军连营数十里。在巢湖以西的三河，农民军缴获了双樯巨舟300多艘。这时，张献忠部"于巢湖习水师（这是农民军第一支水师营），因合回、革诸贼老哨三十二营、小哨二十四营，水陆俱集于皖口，声言渡江出芜湖，犯南都"②。

农民军水师营在安徽巢湖的建立，具有重要意义和作用。首先，它适应了农民军由主要转战山区而发展到河湖纵横的水战的需要。它培养了大批能够进行水上作战的农民军，为在以后的水战中更好地打击官军创造了条件。从这以后所进行的岳州水战、入川作战等获得的一系列胜利可以看出，水师营所发挥的作用是很大的。

第二，农民军水师营的建立，给官军以直接打击和严重威胁。明兵部侍郎冯元飙向崇祯帝朱由检报告说："巢湖环八百里，经两濡口达大江。孙吴所置坞屯兵争衡曹魏。今舍之以资寇盗，俾收馀艎窥天堑，南都危矣！"③明朝政府害怕农民起义军以水师之便，顺流直下南京，不得不把左良玉等部队集中于九江一带待命。

第三，在战术上收到了声东击西的效果。张献忠在巢湖练水师，也正如李自成在襄阳大治舟舰一样，使官军无法捉摸农民军的行动计划，从而麻痹了官军，牵制了官军的兵力。张献忠如果借水师的力量，出芜湖，东下南京，确实易如反掌。然而，完全出于官军预料，农民军偏偏于崇祯十六年（1643）底，沿长江泝流而上，向四川进军。这时，四川设防已来不及了。张献忠相继于崇祯十七年（1644）攻克重庆、成都，迅速占领四川全境。《明季北略》的作者计六奇说："张献忠欲入蜀，先于巢湖习水师。李自成谋取秦，并于荆、襄造舟舰，俱欲止南兵不上，且使秦蜀不戒也。二贼声东击西，诡计略同。"这段分析，看来不无道理。

---

① 张献忠再克六安的时间，有关史书各说不一。现据《明史纪事末末》、《明季北略》、《国榷》、《蜀龟鉴》等书，定为"八月"。

② ［清］彭孙贻辑：《平寇志》卷五，上海古籍出版社1984年版。

③ 同上。

张献忠早在崇祯八年（1635）正月攻克凤阳时，即称"古元真龙皇帝"。于崇祯十五年（1642）四月攻入舒城，改舒城为得胜州，并且在这里建立了最初的农民政权。设立丞相，分设各官，并设立了吏、刑两个部，由张献忠亲自掌管。八月十五日，攻克六安州，也建立了政权。我们从《平寇志》、《明季北略》和《石匮书后集》等书的记载中可以看出，农民政权的口号是："一统齐天"。这个政权的国号为"天命"，另有建元年号，并刻有国宝，还在军队中建立了总兵、参将、游击等官职。

张献忠在安徽舒城、六安所建立的政权，虽不甚完善，但其意义是重大的。它标志着义军已经将建立政权的任务，提到日程上来。

同年九月七日，张献忠南下枞阳，设四大营：一曰老营，献忠居之，二曰中营，三曰前营，四曰后营。后三营环护老营为鼎足。农民军又夺得敌船百余艘，招收了熟习水性的水手，使水师营进一步扩大。之后，向西北进军包围桐城。九月下旬，队伍进一步扩大，步骑九十哨[1]。由于部队接连打胜仗，麻痹轻敌，以致遭到明总兵黄得功、刘良佐的偷袭。张献忠部在潜山的天井湖一带与官军激战后，经太湖、黄梅等地西入鄂东地区，结束了在安徽地区的作战。

总之，张献忠农民军在安徽地区的战绩，是出色的，在明末农民战争中作出了独特的贡献，为彻底摧垮反动的朱明皇朝立下了不可磨灭的功勋。

张献忠在安徽的农民起义军中还有两支特殊的部队，一是由妇女组成的婆子营，一是由少年组成的童子军。[2] 明末农民起义初期，"各携其妻孥、亲戚置营中"，持刀弓乘马。[3] 这不是妇女兵，而是农民军的家属，她们一般不参加打仗。后来妇女加入农民军的渐多，精通武艺的妇女同男子一样，拿起武器打击敌人。张献忠把妇女兵编为婆子营，集体训练，从事战斗。山东兖州、曲阜一带的妇女参加农民军，"蒙

① ［清］查继佐撰：《罪惟录》列传卷八下《启运诸臣列传下·蓝玉》，浙江古籍出版社1986年版，第1440页。

② ［清］戴笠撰、吴殳同辑：《怀陵流寇始终录》卷一六，辽沈书社1993年版。

③ ［清］阎尔梅撰、张相文辑：《阎古古全集》卷六《流寇议》，中国地学会1922年版。

以甲胄,拟刀伪为男子守营"①,而男兵则集中力量打击官军。李自成、张献忠反明失败以后,农民军的余部在北方还很活跃,也有不少妇女兵打击清兵。

在明末农民起义的队伍里,还有许多少年兵,当时称之为"孩子兵"、"孩儿军"、"童子兵"或"健儿营"等,封建文人则诬称为"剪毛贼"、"小卒"。邹漪所撰《明季遗闻》、冯梦龙所撰《甲申纪闻》称:"孩儿军者,贼中少年童子。"据《甲申传信录》载:"厮养小儿三十,或四十有差。"②在攻城打仗时,孩儿兵不畏艰险,奋勇争先。当张献忠攻打桐城时,就有几万童子参加战斗,他们与主力军协同作战,密切配合,为起义军作出了自己的贡献。

① 《怀陵流寇始终录》卷一四,辽沈书社 1993 年版。
② [明]钱职:《甲申传信录》卷六,上海书店出版社 1982 年版。

第七章

明代安徽的宗教、民俗与社会生活

由于统治者的大力提倡和扶持，明代安徽的道教、佛教及伊斯兰教、天主教等各种宗教得到了持续的发展，宗教建筑大量兴建、僧道人口大幅增加，普通百姓的信教热情持续高涨。与此同时，以祖先和各种神灵崇拜为特征的民间信仰，以及以各种传统节日为主要载体的民俗文化，也多姿多彩，既充分展现了江淮文化的特色，也蕴涵了中国传统文化的因子。由于特殊的地域环境和人文背景，明代安徽的宗族制度、会社组织也呈现出了强烈的地域色彩，构成了民间社会生活的重要组成部分。

第一节 宗教的发展

一、明代的宗教政策

朱元璋与道教颇有渊源。据《明史》载:朱元璋"母陈氏,方娠,梦神授药一丸,置掌中有光,吞之,寤,口余香气。及产,红光满室。自是夜数有光起,邻里望见,惊以为火,辄奔救,至则无有。"①朱元璋不仅把自己的出生与道教神仙、丹药联系在一起,而且宣扬自己处处受到道教神仙的庇护。朱元璋曾出家为僧,"逾月,游食合肥。道病,二紫衣人与俱,护视甚至。"②朱元璋参加红巾军后,在政治军事斗争中不断扩张自己的势力,也征召、任用不少道士为自己改朝换代制造舆论,给天下民众一种自己得到天神相助的印象,其中最典型的是利用疯癫道士周颠。《明史》载:"周颠,建昌人,无名字。年十四,得狂疾,走南昌市中乞食,语言无恒,皆呼之曰颠。……一日,驾出,颠来谒。问'何为',曰'告太平'。自是屡以告。"朱元璋借周颠之口"告太平",向天下民众暗示自己得到上天的庇佑,得天下是天命所归。当时,天下群雄割据,朱元璋与陈友谅等人相比较并不占优势,因此,每次与陈友谅决战,朱元璋都要利用道士为他制造政治谶言,稳定军心,鼓舞士气。《明史》载:"太祖将征友谅,问曰:'此行可乎?'对曰:'可。'曰:'彼已称帝,克之不亦难乎?'颠仰首视天,正容曰:'天上无他座。'"③元末,正一教在江南势力强大,早在攻克南昌之后,朱元璋就派人前往征召正一教教主张正常,"正常遣使上谒,已而两入朝。"洪武元年,张正常

---

① [清]张廷玉等修撰:《明史》卷一《本纪第一·太祖一》,中华书局 1974 年版。
② 同上。
③ 《明史》卷二九九《周颠列传》,中华书局 1974 年版。

入朝庆贺朱元璋。朱元璋"乃改授正一嗣教真人,赐银印,秩视二品。"①

朱元璋与佛教关系也颇为密切。朱元璋幼年多病,其父母曾到庙里烧香许愿,祈求神佛保其平安无事,并答应等他长大,送他来当和尚。元顺帝至正四年(1344),江淮大旱,继而发生瘟疫,朱元璋的父母与长兄相继病故,"太祖孤无所依,乃入皇觉寺为僧。"②但该寺在灾情严重时,也无法解决僧众的生计问题,只好遣散他们,朱元璋入寺刚五十天,就背上破包袱,离寺云游。这种云游生活持续了数年之久,直到至正八年(1348)年底才又回到皇觉寺中。之后,他又在皇觉寺住了三年多。至正十二年(1352),朱元璋从皇觉寺出发投奔起义军队伍。朱元璋的为僧经历,多达八年之久。

朱元璋与道教、佛教的渊源对他的宗教思想产生了深刻影响。一方面,这种宗教体验使得朱元璋对道教、佛教均有亲切感;另一方面,这种宗教体验也使得朱元璋逐渐懂得了道教与佛教的社会作用,它们虽与儒家学术有一定的冲突,但都是控制人民、巩固封建秩序的精神武器。因此,朱元璋宣称:

> 于斯三教(即儒、佛、道),除仲尼之道祖尧舜,率三王,删《诗》制典,万世永赖,其佛仙之幽灵,暗助王纲,益世无穷,惟常是吉。尝闻天下无二道,圣人无两心。三教之立,虽持身荣俭之不同,其所济给之理一。然于斯世之愚人,于斯三教,有不可缺者。③

正是在这种认识下,朱元璋对道教、佛教采取了积极支持的态度,如正一教就受到了朱元璋的支持和大力扶植,让其统领全国道教。洪武七年(1374),朱元璋在《御制斋醮仪文序》中说:"禅与全真务以修身养性,独为自己而已;教与正一专以超脱,特为孝子慈亲之设,益人伦,厚

---

① 《明史》卷二九九《张正常列传》,中华书局 1974 年版。
② 《明史》卷一《本纪第一·太祖一》,中华书局 1974 年版。
③ 钱伯城等主编:《全明文》,上海古籍出版社 1992 年版,第 146 页。

风俗,其功大矣哉!"①朱元璋给予了正一教很高的评价:"利济群生,功著历代",并敕命其弟子张宇初嗣其位,要求其"领道教事","阐祖光范"。同时对于佛教,朱元璋也积极扶持,他在《招善世禅师诏》中云:"佛教肇兴西土,流传遍被华夷,善世凶顽,佐王纲而理道,今古崇瞻,由慈心而顾重。是故出三界而脱沉沦,永彰不灭。"②他登基伊始,便在南京蒋山召集江南名僧40余人,启建"广荐法会",超度战争亡灵,并为新王朝祈福。《明史·李仕鲁传》载,太祖对高僧"应对称旨者辄赐金襕袈裟衣,召入禁中,赐坐与讲论。……时时寄与耳目"③,虔诚之情溢于言表。太祖在位几十年,曾组织刻藏,命全国僧尼抄写《心经》、《金刚》、《楞伽》三经,并亲自为《心经》作序。他一生所写有关佛教的文章、诗、偈都收入御制《护法集》中,共36篇。他在事实上也采取了许多"护法"行动,免除了寺院所有的田赋徭役,并给予僧人种种特权,设置僧官,"皆高其品秩"④。

但作为一个封建王朝的统治者,朱元璋也深知儒家学术才是治国根本,因此,他在重视和扶持道教、佛教的同时,也对它们采取了一定的限制措施。洪武六年(1373)十一月,朱元璋说:"(释、道二教)近日崇尚太过,徒众日盛,安坐而食,蠹财耗民,莫甚于此。"⑤诏令州、县裁并寺院,严格剃度。他认为僧道素质下降是由于宋、元以来滥售度牒造成的,故从根本上加以改革,废止计僧售牒,度牒改为三年免费发放一次,同时进行严格的考试。洪武十年(1377)诏令由翰林学士宋濂等人考校僧徒,若"皆通《般若心经》、《金刚般若经》、《楞伽经》"者,准许继续为僧,"不通者,令还俗"。洪武二十四年(1391)诏令对全国寺观进行清点,命各州府只许保留大寺观一所,僧众集中居住,各府不得超过40人,州30人、县20人,令僧官严格监督。明律对私度僧尼和私建寺院限制甚严。《明会典》规定:"凡寺观庭院除见在处所外,不

---

① 转引自陈兵著:《道教之道》,今日中国出版社1995年版,第103页。
② [明]释幻轮撰:《释氏稽古略续集》卷二,江苏广陵古籍刻印社1992年版。
③ 《明史》卷一三九《李仕鲁列传》,中华书局1974年版。
④ 同上。
⑤ 《明太祖实录》卷八六,洪武六年十一月戊戌条,中国台北中央研究院历史语言研究所校印本,1962年。

许私自创建增置。违者杖一百,还俗。僧道发边远充军,尼僧女冠入官为奴。"①"凡僧道不给度牒,私自簪剃者,杖八十。若由家长,家长当罪。寺观主持及受业师私度者同罪,并还俗。"②

太祖以后,诸帝基本沿用了他对佛、道教推崇、扶植、利用、控制的政策。成祖朱棣以僧人姚广孝为军师,夺了建文帝的皇位,随即废除了建文帝"限僧、道田,人无过十亩"的规定,"僧、道限田制竟罢",寺院经济获得了较快的发展。为了表现自己的虔诚,朱棣还亲自"雠校"重刻《法华经》《金刚经》,并为之作序,在序文中赞扬佛教"阴翳王度"的"善世"之功。他还亲自撰写《神僧传》9卷,记载了自东汉迦叶摩腾至元代胆巴共208位"神僧"的事迹。为了巩固对西藏的统治,他继续大封"法王"。明武宗崇尚佛教学经典,通梵语,大兴土木建寺院。正德二年(1507)五月间,一月之内"度僧道四万人",乃至"自号大庆法王"。明代诸帝中崇道排佛的有世宗,他先拆毁宫中佛像196座,后悉除禁中佛殿,"刮正德所铸佛镀金一千三百两。晚年,用真人陶仲文等议,至焚佛骨万二千斤。"③世宗排佛,就全国范围讲,对佛教发展的影响并不大。

二、安徽道教的发展

道教在安徽的发展很早。相传黄帝时就有仙人浮丘在黄山炼丹,④这是安徽现存最早的关于道教神仙的传说。周朝时,隐士匡续"尝乘云入关,师事老子,还庐山受业刘越真人门,积功累行,周成王时遐举,尝于潜山(今天柱山)栖隐,至今有遗迹。"⑤周灵王太子乔,"游伊、洛之间,道士浮邱公接以上嵩山。尝游巢,爱金庭(今巢湖金庭山)紫微之胜,炼丹洞日,拔剑刺地,至今遗迹尚存"⑥。《楚辞》也说:

---

① 《明会典》卷一六三《律例四》,中华书局1989年版。
② 同上。
③ 《万历野获编》卷二七《释道·释教盛衰》,文化艺术出版社1998年版,第728页。
④ 〔汉〕刘向撰:《列仙传》,上海古籍出版社1990年版,第58页。
⑤ 〔清〕姚琅等纂修:康熙《安庆府志》卷一三《公署》,清康熙二十二年(1683)刊本。
⑥ 〔清〕舒梦龄等纂修:道光《巢县志》卷二三《仙释》,清道光八年(1828)刻本。

"轩辕不可追兮,吾将从王乔而娱戏;顺凯风以从游兮,至南巢而一息。"①东吴赤乌二年(239),芜湖建成了我国最早的城隍庙。这是道教传入安徽的实证,说明当时道教在安徽的影响已经很大。

元至正二年(1342),道教始传入凤阳。第一位道士王永模首先在临淮关东创建了通真观,元末毁于兵火。明洪武六年(1373),道士王兰谷重建通真观,规模超前,明末战乱焚毁。观内存石碑,刻有蓝采和像及《踏踏歌》。当时道观52座,道士(包括道姑)225人。较有名的道观有碧云观、会仙观、真洞观、翊真观、玄妙观。据传,会仙观在临淮观广运桥西南,临濠水面奕坛,世传有仙人会奕于此,均毁于明末战火。此时滁州的"天妃顶"被更名为"碧霞元君殿",为众道人祭坛的场所。滁州的黄草洼有幻空道人结草居之。龙蟠山有"槐花洞仙"修炼,玉皇殿得以重新筑建,玄帝行宫有众道士捐俸修建的石屋焚香炉。

城隍庙为道教供奉守护城池的城隍神之所在,唐以后郡、县皆祭城隍,明以后府县城所在地一般皆建有城隍庙。如凤阳临淮关以南的城隍庙即为明代所建,占地60亩,殿宇房舍52间。自明代以来,太和的道教也以城隍庙(在今黉学街路北)为活动中心。庙内旧有花戏楼一座,建于明朝,工艺精湛。据史载,每年清明节,该庙逢香火大会、抬城隍神像出巡,喧闹数日,赶会烧香者达10余万人。可见,明代安徽道教的普通信众相当多,同时安徽也兴建或重修了一些道教宫观,如下表:

表7—1 明代修建或重建的主要道教宫观一览表

宫观名	创建或重修时间	修建者	地 点	备 注
金庭山	洪武二年		巢湖市北十里	迁入卧牛山,道教七十二福地之第十八福地
鸡笼山	洪武七年		和县西十里	重建,道教七十二福地之第四十三福地
白衣楼	正德甲戌		阜南县西南	尊奉白衣大士,另供有地藏王菩萨,今废
双河道观	嘉靖间		金寨县双河区	以后历朝皆有修建

① [战国]屈原著:《楚辞·远游》,辽宁教育出版社1997年版,第97页。

续表

禹王宫	正德九年始建 万历四年重建	僧知原	怀远县郊涂山顶	两次大修
庄子祠	万历九年	吴一鸾	蒙城县涡河北	重建,崇祯五年李时芳重建逍遥堂,新建五笑亭
道德中宫	万历间	马呈鼎	亳州城北问礼巷	重修,为祭祀老子的著名道观
佐圣观	崇祯间	赵显明	六安儒林冈左	遭火灾,黄鼎募为建庙,道士赵显明重修,今废

资料来源:参见安徽省宗教局编:《安徽省宗教志》,1992年,内部资料。

为了管理好遍布各地的道教,明代历朝设专门机构管理,京师为道录司,府为道正司,县为道会司(道纪司),安徽境内之府县亦然。明洪武十五年(1382),凤阳县设道纪司掌管道教事务。随后滁州设立道正司管理当地的道教事务,地址在古梓潼观。

明代安徽涌现出了一批闻名遐迩的道教名胜和著名道士。如位于安徽省金寨县双河镇北500米处的双河山上的双河道观,明朝三度重修,并增设玉皇、三清、城隍等殿,塑有西天佛祖、南海观音、火德真君、四海龙王等供奉之。

明朝齐云山道教开始兴盛,嘉靖、万历年间发展到鼎盛时期,兴建宫、观、道院、祠、殿及神仙洞府百余处,真武圣殿被重修,增建配殿及钟鼓二楼,宫阙壮丽,嘉靖帝敕命为"玄天太素宫",并亲题"齐云山"匾额。为解决众香客遇洪水被阻于横江对岸的问题,万历十六年(1588)建成石拱"登封桥",代替了易被冲垮的木桥,便利了游人登山。

道士张古山,明代颍州人,生而端重,父母欲为娶妻,不从而入道观为道士,武当山道长张三丰游颍,张古山曾师事之,后召为武当山提点。邋遢仙,寄迹休宁。相传酷暑衣裘曝日中,冬则裸体跣足而蹈冰雪,不事涣濯,近之无污秽气,人称邋遢仙。年百余岁,羽化于齐云山。

明代安徽人撰述了不少道教典籍:

《逍遥游注》,万历年间宣城释法通撰;

《道德经测》二卷,明万历年间歙县洪应绍撰;

《南华真经旁注》五卷,明歙县人方虚名撰;

《方外游》、《采真稿》,明桐城吴应宾撰;

《药地炮庄》九卷，明桐城方以智撰；

《道德经颂》、《南华质》、《庄通》，明歙县汪沐日撰；

《老子旁训》，明休宁朱升撰；

《论元编》，明金人龙撰；

《淮南鸿烈解注》、《淮南鸿烈补注》，明休宁仙作舟撰；

《读参同契志》，明旌德梅鹗撰；

《老子集解》二卷，明亳州薛蕙撰；

《阴符经解》、《南华经解》，明庐州熊应降撰；

《混元肇判集》二卷、《乐道两歌》，明太清道士王大庆著；

《庚辛玉册》八卷、《造化钳锤》一卷、《运化元枢》一卷、《神隐志》二卷，明凤阳宁献王朱权撰；

《老庄影响论》、《道德经解》，明全椒释德清撰，其书多引佛经以证老庄，欲援道入佛。

三、安徽佛教的繁盛

皖北邻近佛教初传之地洛阳，在东汉末期即受洛阳影响，此时"淮水以北，佛教已有流传"①。《后汉书·楚王英传》载，治淮河之南北的楚王刘英尝"为浮屠斋戒祭祀"、"尚浮屠之仁祠"（"浮屠"为早期对佛教的一种译称）。东汉永平十三年（70），楚王英因罪废徙丹阳郡泾县，随从南徙者数千人，佛教或由此而流播江南。受其影响，不久后的丹阳（今宣城）人笮融在徐州、扬州间"大起浮图祠，以铜为人，黄金涂身，衣以锦采，垂铜槃九重，下为重楼阁道，可容三千余人，悉课读佛经，令界内及旁郡人有好佛者听受道，复其他役以招致之，由此远近前后至者五千余人户。"②如此规模，对邻近的安徽东北部大有影响。但佛教真正传入安徽的时间，则一般皆以三国东吴大帝在当涂为安置西域僧人而建化城寺为标志。③

明代安徽佛教日趋繁盛。这主要体现在四个方面：

① 汤用彤著：《汉魏两晋南北朝佛教史》，北京大学出版社 1997 年版，第 58 页。

② ［晋］陈寿修撰：《三国志·吴书》卷四九《吴书第四》，中华书局 1963 年版。

③ 张轼：《佛教与安徽》，安庆市政协文史资料委员会编印，1997 年，第 29 页。

　　一是佛教寺院的大量兴建。其中尤以朱元璋在其家乡凤阳所建的龙兴寺最为引人注目。龙兴寺前身就是朱元璋早年出家礼佛的皇觉寺,原寺于元末毁于战火。洪武十六年(1383),朱元璋自凤阳县西南6公里的甘郢将其移至今址重建,赐名"大龙兴寺",朱元璋亲撰"龙兴寺碑"文,设僧录官住持,颁赐"龙兴寺印"。寺由中都名匠营建,雕刻精细,规制宏伟,等级甚高,是中都城的重要建筑之一。据《大明洪武实录》记载:龙兴寺佛殿、法堂、僧舍之属凡381间,主要建筑有天王殿、大雄宝殿、禅堂、伽蓝殿、祖师殿和御碑亭等,至今尚存殿阁20余间。该寺占地1282亩,庙宇房舍381间,盛时有僧侣400多人。寺庙分为5层。前门有6米高的四大金刚守卫,二门为弥勒佛铜像,最后为大雄宝殿,正中为9米高的如来佛的涂金佛像,佛像上方为大鹏展翅以及各路神仙雕像,正堂两侧为18罗汉。寺院内有铜鼓、铜镁,寺后钟亭内存放高2米、直径1.4米的铜钟,每日午时敲钟12次,钟声传至30公里开外,显得佛门格外庄重。寺内和尚分为住持、长志、僧人等。诵经学佛事、习拳练武均有严格的规定。对此事,朱元璋还专门写了一篇文章加以叙述①。在朱元璋大修龙兴寺的带动下,安徽佛教各界纷纷创建或修复寺院,元末战火造成的安徽寺观残破的局面,由此而得到迅速改观。如洪武年间,安徽建平县共有寺观20所,当时重修的就有9所②。与此同时或稍后,许多毁废的历代寺院也得到重建或扩建,如阜阳资福寺,蒙城慈氏寺,滁州琅琊山开化寺,以淮河南北地区朱元璋兴起之地为多。其他如安庆地区,皖东、皖南也有不少寺庙被修复。明朝还新建了一些寺庙,主要有:安庆迎江寺,天柱山佛光寺等。据《泗县志》载,泗县的佛教寺庙也都多为明代所建。建于宋治平四年(1067)的寿圣寺在明洪武年间重建,改名释迦寺,距今已有900余年的历史,是泗县著名的古刹。其中藏经楼建于明正德年间。天宝观(又名玉皇观、习称老山庙)也重建于明嘉靖年间。关于明代修建或重建的寺院情况,可参见下表:

①　《明太祖实录》卷一五六《龙兴寺碑》,中国台北中央研究院历史语言研究所校印本,1962年。
②　[明]姚文华等纂修:嘉靖《建平县志》卷一《舆地志·风俗》,明嘉靖十年(1531)刊本。

表7—2　明代修建或重建的主要佛教寺院一览表

寺庵名	创建或重修时间	修建者	地　点	备　　　　注
宝胜寺	洪武初	僧宗泐	泾县城西水西山	上重建法堂廊庑
崇庆寺	洪武辛未		宝胜寺左	立为丛林,今不存
白云院	正统年间	僧知原	崇庆寺左	重建,改为"西方院",嘉靖壬寅又重建,崇祯间改称"水西首寺",今不存
镇国寺	万历初	僧无垢	石台县杉山顶上	复营寺宇,今不存
慈光寺	万历间	僧惟安	黄山朱砂峰下	初名"法海禅院",后改今名
文殊院	万历前	普门大师	今黄山玉屏楼处	
迎江寺	万历四十七年	阮自华	安庆城东江滨	明光宗御书"护国永昌禅寺"
三祖寺	嘉靖四十三年	僧了莹	天柱山风景区	重建觉寂塔及塔院
天柱寺	明初		潜山县	明初重修,明末焚毁
佛光寺马祖庵	万历间	吴应宾阮自华	天柱山入门两侧	建国初尚存,旧址今为天柱山园林管理处
华严寺	洪武间	僧静康	枞阳县浮山	重建,成化间毁于火,神宗时修复
观音寺	嘉靖癸卯	僧昌满	六安城西南隅	重修,增置拜殿
响山寺	正德间	僧道兴	金寨县	重建
冶父寺	永乐、正统间	僧兴智	庐江县东北冶父山	重修,弘治间僧方珍、明善续修
伏虎寺	正统十四年	僧大安	庐江县东北冶父山	重建
太湖寺	洪武三年	僧行庆	含山县太湖山	又称"普明禅寺"
褒禅寺	永乐中		含山县北十五里	郑和下西洋归来后兴建殿堂等
龙兴寺	洪武十六年	朱元璋	凤阳凤凰山前	原为于觉寺(称皇觉寺)
报恩寺	洪武间		寿县	原名东禅寺,洪武间改名报恩寺
洞山庙	明代		淮南上窑镇	
白衣律院	始建于明		亳州市	
翠云庵	始建于明末		宣城市敬亭山	1987年由市内观音庵迁建
蒙山寺	明		金寨面冲乡	
善庆庵	明		枞阳县官桥乡	

续表

地母阁	明		
放生庵	明末	枞阳县白石乡	
宝莲庵	明	枞阳县石矶乡	
百寺庵	明	枞阳县浮山乡	
三贞庵	万历间	枞阳县阳和乡	
天峰寺	明	枞阳县官桥乡	
白云禅寺	明	青阳县杜村乡	
关帝庙	明	青阳县庙前	
关帝庙	神宗间	怀宁县金拱乡	
严峰禅寺	万历间	怀宁县育儿乡	

资料来源:参见安徽省宗教局编:《安徽省宗教志》,1992 年,内部资料。

二是佛教管理机构的完善。明朝立国伊始,朱元璋就设立善世院,管理佛教之事。洪武十五年(1382),又亲自确定了各级佛教管理机构的名称和官吏人数、品位。中央设僧录司,各府设僧纲司,设都纲、副都纲各一人。此制一直延续至明亡。安徽各地寺院的明代碑刻中,大多数都有真定府僧纲司都纲、副都纲的署名。明代凤阳县设"僧会司"负责管理全县的僧侣事务。① 天长县,"僧会司在县东,洪武十五年僧得岩于罗汉寺开设,正统十年,僧会本隆修,正德间僧会如晟重修。道会司旧设在至道观,废迁于玄帝祠,后失其印,遂不承选。"②

三是信徒众多。明万历年间,凤阳县共有男僧 700 余人,女尼 210人。③ 而信众则远远多于出家的僧侣和女尼。如龙兴寺,每逢香期,数百里外的香客前来龙兴寺进香朝觐。直至八月中秋,龙兴寺内香火不断,有时一日香客多达数千人。有的官绅富户常出资或出面集资修建寺庙,装点金身,乐为佛门出力。有的虔诚的老年佛门信徒,则在家中坚持早晚诵读佛经,有的定期举行"五戒"和"吃斋"(吃素)活动,以修养身心。灵泉寺,位于凤阳县武店镇东 2.5 公里燕山西,占地 100 亩,

---

① 龚庞等主编:《凤阳县志》,方志出版社 1999 年版,第 728 页。
② 嘉靖《皇明天长志》卷三《人事志·风俗》,明嘉靖二十九年(1550)刻本。
③ 龚庞等主编:《凤阳县志》,方志出版社 1999 年版,第 728 页。

殿宇19间,观音殿堂宏伟壮观。其始建于汉代,到了明代香火最盛,方圆百里,善男信女均到此寺朝拜。① 明代太和境内也佛教寺庙林立,僧侣众多。如玉禅寺(在今庙集乡)据寺庙碑记载,明洪武年间,该寺有僧众500余人。

四是九华山佛教至明代达到鼎盛。明洪武二十四年(1391)、宣德二年(1427)两次赐金修建化城寺,万历十一年(1583)、三十一年(1603)又屡次赐金重修。据《九华山志》载,万历十四年(1586)、二十七年(1599),万历帝更是接连两次给九华山化城寺颁赐《藏经》,其在《万历十四年颁经谕》上说:

> 朕惟佛氏之教,具在经典。用以化导善类,觉悟群迷。于护国佑民,不为无助。兹者圣母慈圣宣文明肃皇太后,命工刊印绩入藏经四十一函,并售刻藏经六百三十七函,通行颁布本寺。尔等务须庄严持诵,尊奉珍藏。不许诸色人等,故行亵玩,致有遗失损坏。特赐护持,以垂永久。②

万历帝对佛教的认识和重视由此可见一斑。

明代九华山还有三位僧人受到朝廷敕封:永乐年间妙峰寺住持妙广和尚被敕封为护国瑜伽上师,景泰年间净居寺住持圆慧被敕封为大度禅师,崇祯年间万年禅寺无暇和尚被敕封为应身菩萨。由于朝廷重视,九华山日益兴旺,佛教寺庵大量新建,参见下表:

表7—3 明代九华山修建或重建的主要寺庵一览表

寺庵名	创建或重修时间	修建者	备 注
化城寺	明	福庆	明宣德间,福庆重建。万历朝,赐帑再建。又敕赐藏经,供于寺后藏经楼
万年禅寺	万历间	海玉	即百岁宫,原名摘星庵

① 龚庞等主编:《凤阳县志》,方志出版社1999年版,第729页。
② 释印光重修:《九华山志》卷五《檀施门》,杜洁祥主编:《中国佛寺史志汇刊》第2辑第22册,中国台北明文书局,1980年版,第217页。

续表

东岩禅寺	万历间		僧将旧有环奇亭改建佛殿
中常住	天启间	离知	又名招隐庵
正常住	万历间	明惠	又名德云庵
真如庵	万历末	明预	
黄金庵	万历间	果能	原名黄家庵
会龙庵	万历间	僧道经	重建
广胜寺	洪武末		原名广修院,洪武末重建时改今名。嘉靖间又徙建
净信寺	成化间	僧觉信	重建石屋三间,三门一座
利众院	万历五年	苏万民	又名四峰庵
莲华庵	正德初		重建
平坦寺	成宏间	显玉	
扑云庵	万历间	祖安	
白云庵	万历间	本觉	
慕仙庵	永乐间	陈道荣	
观音堂	隆万间		改建
准提庵	崇祯十二年	明如	

资料来源:《九华山志》卷3《梵刹门》,台北:明文书局,1980 年,第 140—171 页。

明代安徽还涌现出一批佛教高僧,举例如下:

宗泐:俗姓李,字季深,临安府(今杭州市)人。住持泾县水西宝胜寺,有诗集《全室集》等。明洪武年间召为右善世(明初中央立善世院领释教事),为朱元璋所宠信。后辞归水西宝胜寺,晚年归凤阳之槎峰。

性莲:俗姓王,字无垢,太平县(今黄山市黄山区)人。22 岁时散家财,弃妻子,赴南京摄山栖霞寺出家为僧,专心讲席,习诸经论,后外出游方 7 年之久。因治己精苦,忘身为重,远近倾心,九华道场迎为住持。明万历二十四年(1596)仲春应请至皖山(天柱山),不数月便使之百废俱兴,三祖道场灿然复盛。于是复归九华山。第二年九月三日终。弟子查汝定持其行实乞憨山大师为之撰塔铭。

本智:俗姓李,字慧光,号朗目和尚,曲靖人(今云南曲靖)。父白斋出家于邑之郎目山,本智12岁时往依之,以父为师。父逝后北游中原,遍历名山,足迹半天下,所参皆一时名僧。然后立禅12年,始得心光。曾居六安新中峰华严寺,后往浮山。明万历十七年(1589)至三十年(1602)的13年间,致力于浮山华严寺道场的恢弘事宜,使之巍然一新。丛林就绪即付其徒圆白、圆空等。万历三十三年(1605)十二月二十四日,仙然而逝,起塔于浮山妙高南峰麓。

广寄:俗姓余,字寓安,开化人。明净土宗高僧。幼即出家,好学多能,往来于休、婺之间。24岁时始决志参方,单瓢只杖,径造云栖大师,受具足戒。8年后辞归故山,闭关3年。明万历三十八年(1610)入黄山,居掷钵禅院,僧俗归信者日众。

憨山:俗姓蔡,名德清,字澄应,号憨山。全椒人。19岁到南京栖霞山从法会受禅法,后又从法会受净土念佛法门,此后云游各地,明万历元年(1573)住青岛崂山。十四年(1586)神宗敕将《大藏经》315部颁天下名山。太后送崂山一部,建海印寺,请憨山住持。主张禅、华严二宗融合,释、道、儒三教一致。生平著述颇丰。与智旭、莲池、紫柏并称为明代四大高僧。

智旭:俗姓钟,字素华,晚称蕅益老人,苏州吴县人。20岁时居父丧,读《地藏本愿经》,动出世心。明天启二年(1622),从憨山大师高徒雪岭剃度出家。主张诸教融合,佛、道、儒三教一致,曾住九华山华严庵,历游泉州、漳州、南京、晟溪长水、黄山等地,晚年移居浙江孝丰(今安吉)灵峰寺。生平著述众多。生平行事多实践。为明代四大高僧之一。

惟安:俗姓奚,字云亭,自号普门,陕西郿县人。10岁投入空门,年近20剃发受具足戒,遍叩宗匠。万历三十三年(1605)行至徽州,僧俗皆重其行。游历黄山,并开创法海禅院(今慈光阁),来者日众,声达禁苑,遂敕赐慈光寺额及佛像藏经紫衣金钵等。天启五年(1625)六月十二日示寂,有说偈曰:"处处西方地,我无西方心;满目皆莲花,惟不见我身。"

四、安徽的其他宗教

1. 伊斯兰教

元末，朱元璋崛起于皖北，军中多伊斯兰教人物，且屡立战功。怀远人常遇春，平生笃守清真教规，南京净觉寺即其所建。定远人沐英，屡从征讨有功，后镇守云南；丁德兴，健捷善战，战事急时朱元璋每以"黑丁"呼之；蓝玉，常遇春妻弟，佐太祖定天下。又有回族人平安，家于滁，为太祖养子，也善战。由于以上的影响，明初伊斯兰教有较高的地位。据回民柏、米、沙、陶四大家族《宗谱》所载，其族祖早在元、明两代就已先后迁居合肥，明永乐十七年（1419）在沙家巷始建清真寺。

据新修的《全椒县志》载，全椒的伊斯兰教明代由陕西传入。伊斯兰教传入太和则始于明朝初年。洪武十年（1377），太和12家回民集资兴建清真寺（今北寺），以后又建南清真寺和旧县清真寺。寺内有专职阿訇，负责掌管教规、守时、礼拜和住持三大节日。伊斯兰教传入来安则在明崇祯十年（1637）前后。①

明末清初，随着北方回民的大量内迁，滁县、来安、全椒、天长等县境内也先后建起了清真寺。在定远县，范围也相应扩大，清真寺随之增建。仅二龙乡就建有街南、街北、后汤、张圩、小岗、西寺、大安等7座清真寺。此外，定城南关内外及藕糖、池河、三和、高塘、青岗、果园岗、石门浅、仓镇、天河等地各建寺1所，全县合计有清真寺18座（亦称十八坊）。18座清真寺均系砖瓦结构，屏门格扇，规格讲究、布局合理。殿内雕刻精美，气宇轩昂。大门前均有青石台阶，殿前墙壁均立石碑，正面刻有阿拉伯文记述伊斯兰教义，背面刻有寺史和回民、回族官员捐款银两，监工、木、泥、石工姓名等。每寺均有讲堂、水房、阿訇住所和停置葬具处。还有回民公有田产，以备为阿訇生活、维修寺院及添置葬具之用，由地方回民选任管理人员负责收支事项并定期向回民公布。

---

① 严希总纂、安徽省来安县地方志编纂委员会编纂：《来安县志》，中国城市经济社会出版社1990年版，第470页。

2. 天主教

据余阙《青阳集·合肥修城记》载,元时,也里可温教(即天主教)教徒马世德在合肥做官,主持合肥城的修建。据认为,这是天主教在安徽出现的最初记载。万历二十九年(1601),意大利天主教传教士利玛窦,西班牙天主教传教士庞迪我来到北京。天主教再次传入中国。罗马教廷在华设江南教区,负责江苏、安徽等地的传教事业,从此,天主教在苏皖地区迅速传播。

明代一些安徽人与西方传教士交往甚密,并成为天主教徒。如曾任湖广监察御史,后被革职下狱的泗州人冯应京,在读过利玛窦所著《天主实义》一书后,皈依天主教,并将该书润色、作序、出版,使之在中国广为流传,进一步推动了天主教在安徽的传播。法国人高龙鞶在《江南传教史》中称:"文士中因利玛窦而皈依基督的,首推冯应京。"明末清初,徽州人程大约、宁国人焦勖等皖籍士大夫,也与利玛窦、汤若望等西方传教士关系密切,并在他们的著述中,介绍近代西方的科学、技术、文化、艺术,为中西文化交流作出了贡献。

第二节　民间信仰

一、祖先崇拜

中国古代的人们普遍认为万物皆有神灵,且加以崇奉、信仰与祭祀,以期求达天人相感应,驱祸免灾。在此类祭祀活动中,民众普遍多以自己祖先和自然界的天神、地神、日神、月神、雷神、电神、火神、水神、山神、河神、风神、雨神、谷神、灶神等为供祭与祈祝对象。每当有灾异(如旱灾、水灾、涝灾、雹灾、蝗灾、虫灾、火灾、震灾)发生时,民众多普遍敬奉这些神灵,以求消除灾患。明代对万物神灵的祭祀活动,多在年节进行。而这其中,祭祖往往都是最重要的活动。据嘉靖《铜陵县志》载,元旦时,"长幼男女夙兴,列拜天地、神祇并祖先,次拜尊

长,乃出。"清明时,则"具酒肴扫墓,以竹悬纸钱而插焉。"在中元节(农历七月十五日)时也不忘"以新米饭荐祖先,若古之尝祭焉",而除夕子夜更是不忘"具酒肴以祀祖先。"① 在和州(今和县、含山),中元节时,均要祭享祖先,冬至时也要祭祖先。② 在六安,中元节也要设祭荐先;除夕之夜则设馔祭先。③ 在来安,"正旦五夜,遥拜天地……随祀祖先";腊月二十三日小年也要祀祖先。在徽州,冬至时,"郡人设酒馔,焚楮币以祀祖先。""十二月八日调粥,杂以米果,和以五味,熟之祀其祖先,长幼颁食。二十四夜祀灶,荐祖先,俗云辞年。"④ 石埭冬至时,"民士于是日设酒馔,焚楮币,礼祖先,盖迎长至意也。"⑤而无论是皖北还是皖南,清明节扫墓祭祖均是最为重要的活动。

二、社神信仰

古人常以皇天后土并称,皇天即天神,后土即社神,故社神也称土地神。社神中,以社稷为首。社是土地,稷是五谷之长。稷非土无以为生,土非社稷无以见生生之效,因此有社必有稷,有稷必有社。社与稷为人类生活衣食之源。我国以农立国,重农贵粟是历代的既定政策,对社稷十分重视,《论语·八佾》即曰:"凡建邦立国,必立社也。"以社稷为国家的代称。后来祭祀社神就成为祈求国家兴盛,种族繁衍,五谷丰收,无水旱之灾的极为重要的活动。

明代安徽祭祀社神活动极为讲究,分为春秋两社。以立春、立秋后第五个戊日为社日。逢社日,乡邻在土地庙集会,准备酒肉祭神,然后宴饮。据嘉靖《铜陵县志》卷1《地理志·风俗》载,"二月社日,民家同社者具牲醴以祈年,祭毕馂其余而还。"在和州,"二月社日,为牲醴祭乡社。"⑥在池州,二月社日,祀社神,乡市同社者,偕社众送社神于轮社者之庭,祭以祈年。祭毕,馂其余而返";"八月祀社,社日,诸乡各

---

① 嘉靖《铜陵县志》卷一《地理志·风俗》,明嘉靖四十二年(1563)刻本。
② 万历《六安州志》卷一《舆地志·风俗》,明万历十二年(1584)刻本。
③ 天启《新修来安县志》卷一《风俗》,明天启元年(1621)刊本。
④ 嘉靖《徽州府志》卷二《风俗》,明嘉靖四十五年(1566)刊本。
⑤ 嘉靖《石埭县志》卷二《风土志·风俗》,嘉靖三十五年(1556)刻本。
⑥ 万历《和州志》卷六《食货志》,明万历三年(1575)刊本。

祀其社,盖报赛遗意。礼与春社同。"①安徽各地的祭社风俗大致相同。在祭祀社神的同时,人们还祭祀田神,如嘉靖《池州府志》载,"六月六日,祀田神,农人延僧道诵经于家,祀蜡神以禳苗害,祈有年。标楮于田,俗云'安苗'。"

三、佛教信仰

明代安徽民间普通群众的佛教信仰不同于皈依佛教的教徒的信仰,而是完全民间化和民俗化的大众信仰,其主要体现在"浴佛节"上。浴佛节也称浴佛会。俗传夏历四月初八为佛祖释迦牟尼的生日。是日,诸寺各设会坛,作"龙华会",用各种名香浸水灌洗佛像,谓之浴佛,僧尼云集寺院参拜,士庶妇女扶老携幼至寺庙拈香敬佛。民间则有祭祖、舍缘豆之俗。还有采梧桐叶染饭,青色有光,谓之乌饭,除全家聚食外,还馈赠亲友,意为分享佛的赐予,能祛病延年。更有以乌饭加鸡雏馈婿家。故民间又称乌饭节。如铜陵,"浮屠是日浴佛,人家有采乌桐叶染为乌饭以相馈遗者。"②六安,"四月八日作浴佛会,蒸乌饭以相馈食。"③池州,"四月八日浴佛,僧人以是日为释迦诞辰。置小佛于盆,以香水浴之。造青精饭,取南烛木叶捣汁和水渍米成绀色,蒸以食,且各相馈。"④

四、灶神信仰

灶神也称灶王、灶君、灶王爷等,为汉族及部分少数民族民间信仰的神祇,流行于汉族及与汉族杂居的回、满、仡佬、白等族中。早在周代,灶神就被列为五神之一,最初的职司仅为守灶。自汉代始,遂成为天帝派往人间伺察人们功过的神祇,并有了赐福降灾的职司。此后在民间,灶神也就普遍被作为可以为各家赐福免祸的主要神祇而为人们信奉。灶神信仰俗称祭灶、纪灶,即祭祀、纪念灶神的意思,在明代安

---

① 嘉靖《池州府志》卷二《风土篇》,明嘉靖二十四年(1545)刊本。
② 嘉靖《铜陵县志》卷一《地理志·风俗》,明嘉靖四十二年(1563)刻本。
③ 万历《六安州志》卷一《舆地志·风俗》,明万历十二年(1584)刻本。
④ 嘉靖《池州府志》卷二《风土篇》,明嘉靖二十四年(1545)刊本。

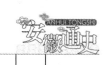

徽民间广为流传。据嘉靖《石埭县志》载，"十二月二十四夜，具酒果、饼糖、楮币祀灶神；至'除夕'具礼如初，云是'接灶'。"在铜陵，腊月二十四日也要"祀灶"①。和州腊月二十四日的祀灶则称之为送灶②。在皖北，二十四祀灶时还有扫尘的习俗。据万历《滁阳志》载，腊月二十四日，滁州家家户户须"扫除屋尘祀灶"；据天启《来安县志》载，来安在腊月二十四日也要"祀灶，扫舍宇"。

五、土牛神信仰

中国自古以农业立国。一年之计在于春，春季是耕种的季节，而牛是耕种的象征，故有于立春日敬芒神、出土牛的习俗。古代立春节迎春时还要举行鞭春的活动，即出土牛时要推举一人手拿鞭子鞭打土牛。鞭打土牛的人所站立的方位也有讲究：立春在元旦前则站在土牛前，立春在元旦后则站在土牛后，元旦逢立春则站在其中。鞭春人所站的方位，象征着该年季节到来的早晚，以便让人们耕作时早作准备。天启《来安县志》载，"正月迎春日，市民为傀儡诸戏，远近竞官，争取春牛土□育鸡雏。"万历《和州志》载："正月春日，先迎青帝、土牛于东郊，散春花、春杖，为傩戏、撒春豆，茹春饼，田家击长秧鼓。"明代皖北还认为春牛之土有辟虫蚁的作用，因此，鞭春礼打碎的土牛是人们争抢的对象，以此求得吉利。万历安徽《滁阳志》载："迎春日，农人村妇竞上城观春。又取春牛土涂灶，辟虫蚁。四时甲子皆喜晴忌雨。"这种节日与其他节日还有一点不同在于，它往往是由官府倡导的，在每年立春节以前，各县州府都须事先制作好泥塑的芒神和土牛。节日当天，官员还必须亲临现场，如嘉靖《铜陵县志》载，"立春，邑宰率官属迎春于东郊，邑人装故事迎春，观土牛色以占灾祥。"③

① 嘉靖《铜陵县志》卷一《地理志·风俗》，明嘉靖四十二年（1563）刻本。
② ［明］唐诰等纂修：万历《和州志》卷六《食货志》，明万历三年（1575）刊本。
③ 嘉靖《铜陵县志》卷一《地理志·风俗》，明嘉靖四十二年（1563）刻本。

第三节 南北风俗

一、婚姻丧葬风俗

1. 婚姻风俗

明朝对皇室、官员、庶民百姓的婚礼都做了详尽的规定,对庶民百姓的婚礼仪式主要依据《朱子家礼》而定,只用纳采、纳币、请期的仪礼。凡庶人娶妇,男子年在 16 岁,女子年在 14 岁以上者,均可听任婚娶。在结婚迎娶时,新郎可服常服,或借用九品官服,新娘准穿花钗大袖。其纳采、纳币、请期之礼,略仿品官诸礼仪,但仅有媒人而无傧相。在娶亲的前一天,新娘家可派人到男方家陈设新房,俗称为铺房。其余的告词、醮戒、奠雁、合卺诸礼仪,均如官制。此外拜见祖祢舅姑、舅姑醴妇之礼,也大体与品官诸礼相同。虽然明代的统治阶级对庶民百姓的婚姻作了明确的规定,但各地民间的婚嫁之礼均有其各自的特点,并不完全接受《朱子家礼》的约束。如明代初期,安徽地区的婚姻往往并不特别重视财产,如六安地区,"婚礼,纳采仪节各随贫富"[①],并无强制要求。同时人们更加看重对于伴侣的选择,如寿州(今寿县),"缙绅行亲迎,尤重与择婚"[②]。关于婚礼之具体步骤,万历《帝乡纪略》对明代凤阳地区的婚俗有详细的描写:

> 婚礼惟论门阀及所交游,然州卫人民亦有互相择而不为婚者。男家请媒妁,如有成言,则初行问名礼,谓之"讨帖";继行纳采礼,谓之"下定"。此后,岁时或有馈遗,谓之"追节"。及至婚期亦行一礼,谓之"通信"。请得吉期,则行纳

---

① 〔明〕李懋桧等纂修:万历《六安州志》卷一《舆地志·风俗》,明万历十二年(1584)刻本。
② 〔明〕栗永禄等纂修:嘉靖《寿州志》卷一《舆地纪·风俗》,明嘉靖二十九年(1550)刊本。

币礼,谓之"下大礼"。至期,或婿亲迎,或男家女眷往迎之。六礼亦略备矣。礼视人家富贫以为丰俭,然女家绝不论财,男家亦无过侈者。女家嫁女资妆,亦视其家何如,亦未有过厚者。近亦从省,颇有古风。成婚之明日,则婿盛服乘车,用币帛、羊酒,鼓乐前导,往拜于妇之父母家,谓之"拜门"。妇家召其族眷胥来与婿宴,婿为上客,各赠以币或金钱,妇家仍被花彩于婿身,而用乐导归之。越三日,则妇归庙见,遍拜舅姑以下,赞用女红。数日后,婿家择吉期为妇具礼往拜父母,谓之"回门"。是日,妇家亦招婿饮于其家。自后,妇之归宁,婿之往来,则惟妇家之疏密是视。盱眙颇同,天长则二姓或论财求备矣。

在来安,婚礼之时,"亲迎时即拜女父母,次日又拜谢,曰谢亲。新妇越三日庙见,拜舅姑。大率于《家礼》不尽合。然结亲以家世清白,子弟读书为上,务本力农为次,窭子豚酒可娶贫女,朋□□好不论财。初男求女,媒氏往来。女家发庚帖□□,无有悔婚者"①。

明中后期,在商品经济发展的影响下,人们择婚的标准发生了很大的变化。谢肇淛《五杂俎》中说:"今世流品,可谓混淆之极。婚嫁之家,惟论财势耳,有起自奴隶,骤得富贵,无不结姻高门,缔眷华胄者。"这种情况说明,当时的婚姻关系已突破了门第观念,不论出身如何低贱,一旦骤得富贵,就可与名门大姓结亲联姻,名门大姓看中这些新暴发户的财富,也就不再死抱着门当户对的陈腐观念,唯论财势了。另外,缔结婚姻索取财礼的现象也越来越多,婚姻中的买卖关系进一步发展,传统的门第观受到了商品经济的冲击。

针对这种"专论聘财,习染奢侈"的不良风气,明代统治阶级对庶民百姓的婚姻进一步作了具体的规定:"凡男女定婚之初……务两家明确通知,各从所愿,写立婚书,依礼聘嫁。"但就安徽地区来说,这个政策收效甚微。

---

① [明]周之冕等纂修:天启《新修来安县志》卷一《风俗》,明天启元年(1621)刊本。

同时,由于特殊的人文环境,在明代徽州还存在着较为特殊的婚姻习俗,如幼男娶长妻的早婚习俗,这是因为徽州人主要从事商业活动,他们娶亲之后,往往要到各地经商,希望有长妇在家操持一家事务,照顾父母。同时还存在着一些婚姻陋俗,如徽州在娶新妇入门时,亲戚都要百般调弄,称为"弄新妇"。为了防止新娘被捉弄,她们的衣服鞋履都用线缝缀,"恐有疏脱,但不及于乱耳"[①]。

2.丧葬风俗

明代汉族地区的丧葬礼仪,基本上是有一定格式的。葬法上主要是土葬和火葬两种。葬礼在南方与北方大致相同,只是局部的细节上有些差异。过去的丧服制度,是子为父斩衰三年,为母齐衰三年,明代改为子为父母、庶子为所生母,皆斩衰三年,于是齐衰三年之制遂绝。父在为母、出妻之子为母、父卒继母嫁而己从之者,及夫为妻子均服齐衰之服。在居丧礼仪方面,明代取消了"凡有丧葬,设宴会亲友,作乐娱尸,惟较酒肴厚薄,无哀戚之情"的元代旧俗。《大明律》还删除了"居丧生子"的规定。

在明代凤阳地区,丧葬仪式颇为复杂,据万历《帝乡纪略》载:

> 丧礼惟士大夫家能行之,余则送终之具颇苟简,居丧之节甚疏略。死者用佛法,数七为设奠之期,至六七则亲戚往行祭礼,谓之"送饭"。虽士大夫家不免焉。近日始重卜地,缘是多致停丧。出殡日,好备丧仪,如幡花、纸人、纸马之类,或不能备,则以为耻,而夜出其殡。亲友厚者则盛行路祭之礼,摆列数十张桌,物品甚多,而丧家亦少答之。如贫不能备丧仪,亲邻各出幡彩装故事相助。及至葬,多备炭屑,间用石灰椁。又,前志曰:齐民之家,大抵有棺而无椁,今则多有椁者,亦有灰椁。吊丧之礼,非服亲,虽甚厚未尝举哀。贫家遭丧,不闻有人赙恤,惟贤者间或行之。富家既不能多致客送丧、会葬,客亦不以送丧、会葬为重,初丧、临葬之日,乃有携

---

① ［明］田艺蘅撰:《留青日札》卷二一《弄新妇》,上海古籍出版社 1985 年版,第 702 页。

酒肴导孝子以饮食者。在盱眙则亲邻送丧、会葬之礼过于泗,在天长则孝子执丧之文视泗、盱皆有加矣。

但各地风俗也有所不同。六安地区,"殡殓及葬,多循古礼,用浮屠、风水之习未尽革。至于作乐娱尸……则俗人之不知礼者也,宜革之。"①寿州丧礼时,"缙绅每循《家礼》,多庐墓"②。"《泗州志》曰:丧葬亲族亦相为助,但葬不甚厚。齐民之家大抵有棺而无椁。"来安地区,"丧礼,丧则棺衾随力……厥明,筵司宾,以三日为期。殡吊,楮烛外赙钱数十或满百,盖邻党相恤之义。往滁用纸果,近仿此。行朝夕哭奠。至殡,一遵《家礼》。荐绅学士绝不用浮屠,无愧赙儒先云。"③"歙休丧葬遵文公仪礼,不用释氏。然祭奠顾侈设层台,祖道饰以文绣。富者欲过,贫者欲及,一祭费中家之产。亲殁不即营宅,兆富者为屋以殡,贫者菫覆茅茨至暴露不忍见者。由俗溺阴阳择地择日拘忌以故。至屡世不能复土举葬。"④据嘉靖《皇明天长志》卷3《人事志·学校风俗》载:"冠礼虽士大夫家亦不行。丧礼多杂浮屠,祭先用俗节。惟婚嫁称家有无。"

关于丧葬的方式,皖北多用土葬,但皖南山区由于土地较少,往往采用火葬,如建平,"死则聚薪而焚焉"⑤。同时,在丧葬的墓地选择上,明代安徽尤其是徽州地区还颇讲风水堪舆之术。史载,徽州人其亲死后,一定要求得风水好的地方才下葬。在无好风水葬地以前,就先将棺材放到别室,或者郊外的道左建一厝所,暂时安放棺材,有些一放甚至就是几十年。等到家庭致富,或者求得一块风水宝地,才将先人入土为安。⑥ 在明代,更有许多关于堪舆方面的著作。徽州人整理并出版了《地理四书》。⑦ 而明代很大一部分方士,如从事堪舆、星相、

① 万历《六安州志》卷一《舆地志·风俗》,明万历十二年(1584)刻本。
② 嘉靖《寿州志》卷一《舆地纪·风俗》,明嘉靖二十九年(1550)刊本。
③ 天启《新修来安县志》卷一《风俗》,明天启元年(1621)刊本。
④ 嘉靖《徽州府志》卷二《风俗》,明嘉靖四十五年(1566)刊本。
⑤ [明]姚文华等纂修:嘉靖《建平县志》卷一《舆地志·风俗》,明嘉靖十年(1531)刊本。
⑥ 参见陈宝良、王熹著:《中国风俗通史·明代卷》,上海文艺出版社 2005 年版,第 681 页。
⑦ 《中国风俗通史·明代卷》,上海文艺出版社 2001 年版,第 956 页。

医卜之类,除江西人之外,多为徽州人。

二、岁时节令风俗

元旦:又称元日,是岁时节日中一个重要的年节,也是明代年节中活动最为隆重丰富的节日。在明代安徽民间,通行元旦晨起设奠于祠堂祭祀祖先风俗。如在铜陵,"长幼男女夙兴,列拜天地、神祇并祖先,次拜尊长,乃出。乡党宗族、邻里故旧,往互拜。有设酒肴以为新年之庆者。妻父母则次日拜之。"①六安地区,元旦时则"祀神、祀先,里人相庆"②。

元宵节:又名正月十五、上元节、元夕节、灯节。明代无论宫廷还是民间,除了以各自的方式方法,如祭祀太一神、观灯赏火等习俗外,还要举行各种文体活动,如舞龙、舞狮、踩高跷、踢球、跑旱船、跳火、剪纸及其他百戏活动的内容,娱乐宴享是其主要风尚。据嘉靖《铜陵县志》载,铜陵乡民在元宵节时"张灯于市,结灯堂,放花筒。造面茧,和元宵丸荐先,更相贺食"③。六安则"市棚张灯,十三日至十七日乃罢"。④ 凤阳的元宵节也颇为热闹,据万历《帝乡纪略》载,凤阳"元宵张灯,多于栏街植灯坊,或装故事嬉游。自初十至十五,锣鼓绝不停声,是为'闹元宵',又号为'小金会'。灯盛仍携酒于灯坊下会饮,此亦乐景也。"在池州,"上元观灯,门各跨街张灯,群童迎巧灯,扮杂戏,以恣观赏。爆竹放花,箫鼓之声彻于闾巷;度厄,夜分妇女过桥,以除灾咎,投瓦桥下返,俗云走百病;问卜,处女夜分邀厕姑叩凶吉;逐疫,凡乡落自十三至十六夜,同社者轮迎社神于家,或踹竹马,或肖狮像,或滚球灯,妆神像,扮杂戏,震以锣鼓,和以喧号。群饮毕,返社神于庙。盖《周礼》逐疫遗意。"⑤

立春:又名打春、正月节,是古代的二十四节气之一。由于它标志

---

① 嘉靖《铜陵县志》卷一《地理志·风俗》,明嘉靖四十二年(1563)刻本。
② 万历《六安州志》卷一《舆地志·风俗》,明万历十二年(1584)刻本。
③ 嘉靖《铜陵县志》卷一《地理志·风俗》,明嘉靖四十二年(1563)刻本。
④ 万历《六安州志》卷一《舆地志·风俗》,明万历十二年(1584)刻本。
⑤ 嘉靖《池州府志》卷二《风土篇》,明嘉靖二十四年(1545)刊本。

着一年之中春天的开始,因此朝廷官府民间都把立春作为节日来过,并有竞技(跑马)、欢宴(咬春)、应景(戴闹蛾)等一系列庆祝活动。节日期间,宫廷民间除要祭记太阳神和土地神外,还有吃太阳糕、煎饼和熏虫的习尚。铜陵,"邑宰率官属迎春于东郊,邑人装故事迎春,观土牛色以占灾祥。"①在皖南的石埭,"立春春饼,富家各备饵饼、椒盘,以为迎春之胜"。

清明节:又名鬼节、死人节、聪明节。在明代,无论是皖北还是皖南,家家户户均要在这一天去扫墓,并有插柳的习惯。如铜陵,"插柳于门,具酒肴扫墓,以竹悬纸钱而插焉"②。六安"插柳展墓"③。据嘉靖《石埭县志》载:"清明扫墓,季春朔日后,各家士女诣墓所祭扫。祭毕加土于冢,挂楮钱墓树之枝,馂余而返;插柳,清明日士女鬟插柳枝,复插门壁左右,俗云辟邪;祀蚕姑,妇女制米茧祀蚕姑以祈蚕。布谷,各家将所浸谷种,温水浴成谷芽,撒布田内成秧。"池州、徽州、来安等地风俗则大体相同,同时,徽州还有在清明"淘新泉,洁湛喜,酿酒浆"的习俗。

端午节:端午节又称女儿节和天中节。在明代安徽各地区均有端午插艾的习俗,但皖北、皖南各地又有不同。如铜陵,"插艾,饮菖蒲酒,为黍角以相馈遗。龙舟竞渡,以吊屈原焉"④。六安则"角黍、蒲筋,系小儿百索,采百草以备药物"⑤。池州地区在端午时"竞龙舟,小民乘楚俗吊屈原余意,划龙舟为竞渡之戏。悬艾,饮菖蒲酒,啖角黍,采药物,日正午采百草,捉蟆以备药物。"⑥

中秋节:又名月节、月夕、端正月、八月半、仲秋节、团圆节。届时家家户户赏月、拜月、祭月,彼此馈赠瓜果、月饼,这是明代中秋节的主要风俗。拜月的方式很多,或者向月亮跪拜,或供月光神祃,还有以木雕月姑为偶像者,但均将神像供或挂在月出的方向,设供案、摆供品。

---

① 嘉靖《铜陵县志》卷一《地理志·风俗》,明嘉靖四十二年(1563)刻本。
② 同上。
③ 万历《六安州志》卷一《舆地志·风俗》,明万历十二年(1584)刻本。
④ 嘉靖《铜陵县志》卷一《地理志·风俗》,明嘉靖四十二年(1563)刻本。
⑤ 万历《六安州志》卷一《舆地志·风俗》,明万历十二年(1584)刻本。
⑥ 嘉靖《池州府志》卷二《风土篇》,明嘉靖二十四年(1545)刊本。

祭月多由妇女主祭,谚语:"男不拜月,女不祭灶。"在铜陵,"罗樽揖,或煮豆角以观月华"①。六安则"菱豆赏月"②。

重阳节:又名九月九、重九、荣萸节等。明代重阳节有插荣萸、饮重阳酒、吃重阳糕(又名花糕),并以花糕供祭家堂、祖先的习尚。此外还有登高、赏菊、围猎、射柳、放风筝等娱乐活动。铜陵,"炊糍饼荐先"③。六安"煮秫术为饼,登高、泛萸"④。

冬至节:又名冬节、大冬、亚岁、小岁。明代冬至节的主要活动内容是祭天、送寒衣、绘制九九消寒图等。但明代安徽各地对冬至节的重视程度不一,据嘉靖《铜陵县志》载,铜陵地区"祭先祖,间亦称贺"。这是比较重视的。而六安地区则"民俗不重,惟士夫称贺"⑤。凤阳府"冬至日彼此相庆贺,会酒,天长尤重此节,余者州县相同"⑥。

除夕:是一年之中最末的一天,又称年三十、除夜、岁除。它是我国古代民间传统节日中最为隆重的节日之一。吃年夜饭、换门神、贴春联、挂年画、挂签、贴窗花、驱疫、拜年、守岁熬夜是其主要社会风俗。此外,还有饮宴游戏娱乐活动。铜陵,"设桃符,贴春联,设粥祭野鬼。接灶,烧爆竹"⑦。六安除夕"设馔祭先,爆竹辟疫"⑧。寿州除夕时"更桃符,作春帖,男女胥饯岁"⑨。滁州,除夕更桃符,贴宜于春字,杂取桃、榆、松、柳诸柴燔爇之,名"烧松盆"。喜放楮炮,比屋之声相应。老少相聚"守岁",一名"分岁"。凡门户、窗牖、书笥、衣筐、斗斛、刀剑之属,皆封楮钱,超三日乃发爇。⑩ 来安,除夕易门神、桃符、春联,拜天地,祀祖先。爆竹,取松桃爇之,老稚围饮,曰"守岁"。士夫妇女不观

---

① 嘉靖《铜陵县志》卷一《地理志·风俗》,明嘉靖四十二年(1563)刻本。
② 万历《六安州志》卷一《舆地志·风俗》,明万历十二年(1584)刻本。
③ 嘉靖《铜陵县志》卷一《地理志·风俗》,明嘉靖四十二年(1563)刻本。
④ 万历《六安州志》卷一《舆地志·风俗》,明万历十二年(1584)刻本。
⑤ 同上。
⑥ 万历《帝乡纪略》卷五《政治志·风俗》,明万历二十七年(1599)刊本。
⑦ 嘉靖《铜陵县志》卷一《地理志·风俗》,明嘉靖四十二年(1563)刻本。
⑧ 万历《六安州志》卷一《舆地志·风俗》,明万历十二年(1584)刻本。
⑨ 嘉靖《寿州志》卷一《舆地纪·风俗》,明嘉靖二十九年(1550)刊本。
⑩ 万历《滁阳志》卷五《风俗》,明万历四十二年(1614)刊本。

灯市里，不烧香寺观，不冶游山水，尤为近古。① 池州除夕爆竹，荆楚山猱恶鬼犯人辄病，惟畏爆竹声，后人因以火爆代之。贴门神、春帖。守岁时，尊卑罗列于庭，张筵作乐，以序为长者寿，竟夕欢宴不寐，俗云饮合家欢乐酒。②

第四节　宗族制度

一、宗族的形成

何为宗族？《尔雅》的解释是："父之党为宗族"，这说明宗族是父系分支结成的集团。东汉许慎在《说文解字》中说："宗，尊祖庙也"；班固在《白虎通·宗族》中说："宗者，何谓也？宗者，尊也。为祖先主者，宗人之所尊也。"③他们一致认为宗族制度是与祖先崇拜紧密联系在一起的。我们认为，宗族制度就是指以血缘关系为基础，以父系家长制为核心，以大宗小宗为准则，按尊卑长幼关系制定的封建伦理体制。它脱胎于氏族社会，逐渐形成于西汉，发展于东汉至唐，完善于唐末至民国，一直到现在仍有着一定的影响。从这个角度来说，宗族制度几乎贯穿了整个中国社会发展的始终。

安徽地区自古就是一个宗族聚集之区，如宁国，"城乡多聚族而居"④，桐城姚氏"自宋元间居于桐城之麻溪，至今（乾隆）五百余年，凡千七百余口"⑤；庐江章氏赡族的"义田"，多至三千亩。⑥ 其中尤以皖

---

① 天启《新修来安县志》卷一《风俗》，明天启元年（1621）刊本。
② 嘉靖《池州府志》卷二《风土篇》，明嘉靖二十四年（1545）刊本。
③ ［清］陈立撰；吴则虞点校：《白虎通疏证》卷八，中华书局 1994 年版，第 393 页。
④ ［清］洪亮吉等纂修；宣城市地方志办公室主持标点、校勘：嘉庆《宁国府志》卷三《职官表》，黄山书社 2006 年版。
⑤ 姚国桢纂修：《桐城麻溪姚氏族谱》卷一《乾隆乙卯修谱旧序》，民国十年（1921）木活字本。
⑥ ［清］魏源：《庐江章氏义庄记》，［清］贺长龄辑：《皇朝经世文编》卷五八《礼政》，近代中国史料丛刊73。

南为典型。据嘉靖《徽州府志》载：皖南徽州"家多故旧，自唐宋来数百年世系比比皆是。重宗义，讲世好，上下六亲之施，无不秩然有序。所在村落，家构祠宇，岁时俎豆"①。关于徽州宗族的来源，一是山越人，一是中原衣冠。②山越人是徽州最早的土著居民，在秦汉时期，山越人"犹未尽从"③。建安十三年（208），孙吴派威武中郎将贺齐统率大军展开了镇压黟、歙山越人的反抗，"黟贼平定"④。但此时的山越人并没有完全屈服，反抗斗争此伏彼起。从东汉到隋唐，大约经过了6个多世纪，山越人才被彻底征服。随着山越人被征服，徽州也逐渐从一个"俗不好学，嫁娶礼仪，衰于中国"⑤的落后地区走上了"起学校，习礼容，春秋乡饮，选用明经"的封建化之路。⑥

中原衣冠迁到徽州，首先是为了躲避战乱。徽州多山，"东有大鄣山之固，西有浙岭之塞，南有江滩之险，北有黄山之阨"⑦，"其险阻四塞几类蜀之剑阁矣，而僻在一隅，用武者莫之顾，中世以来兵燹鲜焉"⑧，于是群山环绕、与外界隔绝的徽州就成为避乱的理想场所。据《新安名族志》载，最早迁入徽州的是方、汪两姓。方氏迁徙是避西汉末年的社会动乱。时任西汉司马长史的方纮"因王莽篡乱，避居江左，遂家丹阳，丹阳者为歙之东乡，今属严州，是为徽、严二州之共祖也"。汪氏迁徙则是避东汉末的社会动乱。"汉灵帝中平间，（汪）文和以破黄巾功为龙骧将军。建安二年，因中原大乱南渡江，孙策表授会稽令，遂家于歙，是为新安汪氏始迁之祖。"⑨此后中原衣冠迁徽主要因为三次战乱：一是"永嘉之乱"，造成人口南迁的高潮。中原士族跨江南下后，又因东晋小朝廷内部动乱连绵不断，江南残破，庐舍为墟，因此中原士人纷纷迁入徽州。二是黄巢起义，中原动荡，四海沸腾，迫使更多

① 嘉靖《徽州府志》卷二《风俗》，明嘉靖四十五年（1566）刊本。
② 赵华富著：《徽州宗族研究》，安徽大学出版社 2004 年版，第 7 页。
③ ［宋］司马光编：《资治通鉴》卷六三《汉纪五十五》，北岳文艺出版社 1995 年版。
④ ［晋］陈寿撰：《三国志》卷五七《吴书·吾粲传》，中华书局 1964 年版，第 1339 页。
⑤ ［南朝宋］范晔撰：《后汉书》卷二一《李忠传》，中华书局 1965 年版，第 756 页。
⑥ 同上。
⑦ ［清］夏銮等纂修：道光《徽州府志》卷一《地理·形势》，清道光七年（1827）刻本。
⑧ ［明］方弘静：《方氏家谱·序》，明万历二十二年（1594）刻本。
⑨ ［明］戴廷明等撰；朱万曙等点校：《新安名族志》前卷，黄山书社 2004 年版。

的士族南迁避难。三是"靖康之乱",金兵南侵,大批士族涌入江南,形成第三次人口南迁的高潮。

再就是官于徽州,爱其山水清淑定居下来。如鲍氏,其先居于青州(今属山东),晋"永嘉末,青州大乱,子孙避兵江南"。东晋"咸和间,(鲍)弘任新安郡守,因占籍郡城西门"。任氏,其先居于乐安博昌(今属山东)。梁天监中,任昉"出守新安。尝行春,爱富资山水之胜,遂家焉。后名其居曰昉村、昉溪。"①

迁徽的中原衣冠为了维系和巩固血缘群体的凝聚力,他们结合徽州本地情况,在继承周代和中原地区宗法制某些因素的基础上,逐渐建立了一种新的宗法制度。所以,在徽州的历史文献中,一方面大讲"周衰而宗法废","封建之制熄而宗法亡"②;另一方面又说"邑俗,旧重宗法,聚族而居"③。

二、宗族的特点

1. 有同一始祖。皖南宗族大都以始迁祖作为始祖。这是采纳周代始封君为始祖之遗意。如《新安黄氏大宗谱》载:"士庶人始其迁祖,崇始迁也。祠而祀之,准古别子之义而起为礼者也。"④绩溪《华阳邵氏宗谱·新增祠规》也说,徽州"士大夫家皆以始迁及有功德者为始祖,其嫡长世世继之为大宗,以准古之别子"。如为避王莽之乱,方纮从河南迁至歙县东乡。东汉时期,方纮之孙方储精研《周易》,举孝廉,"对策天下第一,拜洛阳令"。"汉明帝尝祠以太宰,追封龙骧将军、黟县侯"。歙县方氏宗族即奉方储为始祖。一个宗族的子弟全部是该宗族始祖的后裔,并以父系血缘关系为纽带结合在一起,歙县《托山程氏家谱》说:"子孙千亿,其初兄弟也,又其初一人也。犹水之千溪万壑而源同,木之千枝万干而根同。观水不绎其源,观木不寻其根,

① [明]戴廷明等撰;朱万曙等点校:《新安名族志》前卷,黄山书社2004年版。
② [明]李贽:《序》,[明]吴元满纂修:《新安歙西溪南吴氏世谱》,明万历三十年(1602)刻本。
③ 民国《歙县志》卷一《风土》,民国二十六年(1937)铅印本。
④ [清]黄世恕等纂修:《新安黄氏大宗谱》卷二《横槎洞堂记》,清乾隆十七年(1752)刻本。

非达本者也。"①

2.有公共财产。《重修古歙城东许氏家谱》中说:"祭之有田,业可久也。传曰:'无田不祭',盖谓此尔。吾宗祭社、祭墓、祭于春秋,俱有田矣。"②祭田是宗族集体占有的公有财产,所以称为族田。徽州宗族祠堂一般均有数量很大的祭田。祭田的地租收入往往是宗族祭祀、集体活动经费的最主要来源。许多宗族还有公共山地、林场等公共财产。

3.多聚族而居。聚族而居是皖南宗族的一个显著特点。歙县《棠樾鲍氏宣忠堂支谱》就说:"吾邑万山中,风俗最近古。村墟霭相望,往往聚族处。"③这一方面与中原衣冠聚族迁徽后定居一处有关,另一方面也是徽州人安土重迁的结果。徽州人"其怀土重迁之风有自来矣"④。《新安黄氏大宗谱》载:"安土重迁,吾徽之常;不忘其本,吾族之奕。"⑤黟县《明经胡氏存仁堂支祠》说:"自来民不土著则生息不长。吾徽古姓旧族,皆土著数千年者。君子爱松榆,小人敬桑梓,井里可不重乎?"明代虽外出经商者日益增多,但绝大多数都是"壮则服贾,老则归田"⑥。

4.有组织管理。皖南宗族有着严密的组织管理体系。宗子或族长是宗族的最高首领,所谓"究始祖自来之嫡长,而立为大宗子,以统通族之众,而通族之纪纲法度皆其所总理焉。则各族各支得统于小宗,而通族各族得统于大宗,群情合而庶事理,若众指之合于一臂,四体合于一身。"⑦宗子乃"谱系之骨干也","上奉祖考,下一宗族"。⑧ 宗子不仅主持宗族祭祀,而且集宗族立法、司法、行政、财务等一切权力于一身。他有权制定和修改族规家法。宗族成员违犯族规家法,宗子

---

① [明]程沨修:《歙托山程氏族谱》卷二,明万历元年(1573)刻本。

② [清]许登瀛修:《重修古歙东门许氏宗谱》卷七《许氏家规》,清乾隆十年(1745)刻本。

③ [清]鲍琮修:《歙县棠樾鲍氏宣忠堂支谱》卷二二《文翰·同老会诗》,清嘉庆十年(1805)刻本。

④ [明]程一枝纂修:《程典》卷二〇《风俗志第四》,明万历二十七年(1599)刻本。

⑤ [清]黄世恕等纂修:《新安黄氏大宗谱》卷首,清乾隆十七年(1752)刻本。

⑥ [清]鲍光存等纂修:《重修歙邑棠樾鲍氏三族宗谱》卷七五《文庆公派》,清乾隆二十五年(1760)刻本。

⑦ [明]方时照修:《歙县方氏族谱》卷七《家训注》,清抄本。

⑧ [清]吴翟撰;刘梦芙点校:《茗州吴氏家典》卷一《家规八十条》,黄山书社2006年版,第17页。

有权处理和惩罚。宗子有权处理宗族大小事务。宗族财务,最终归宗子掌管。一些宗族因宗子年事已高,或年幼无知,或疾病等,恐难胜任管理宗族之责,因此都设有族长。据《重修古歙东门许氏家谱》载:"古者宗法立而事统于宗。今宗法不行,而事不可无统也。一族之人有长者焉,分莫逾而年莫加,年弥高则德弥邵,合族尊敬而推崇之,有事必禀命焉。此宗法之遗意也。有司父母斯民,势分相离,而情或不通。族长统率一族,恩义相继,无不可通之情。凡我族人知所敬信,庶今推行而人莫之敢犯也。其有抗违放犯者,执而笞之。"①

5.有族规家法。以宗子或族长为核心的宗族统治者,均利用族规家法对宗族成员进行管理和统治。徽州《汪氏统宗正脉》载:"君子惧其族之将圮也,思有以维持安全之,于是作为家规,以垂范于厥宗。"②徽州宗族族规家法的主要内容有:一是圣谕当遵。徽人认为圣谕中,"包尽作人道理。凡为忠臣,为孝子,为顺孙,为圣世良民,皆由此出"③。二是和睦乡里。如歙县环山《余氏家规》规定:"邻里乡党,贵尚和睦,不可恃挟尚气,以启衅端。"三是孝顺父母。绩溪《武口王氏统宗世谱·庭训八则》第一则"孝"说:"生我者谁?育我者谁?择师而教我者谁?虽生事葬祭,殚力无遗,未克酬其万一。苟其或缺,滔天之罪,尚何可言"。四是尊敬长上。徽州宗族族规家法规定,对长上要"尊敬而推崇之",要"恭顺退逊,不敢触犯"。凡是以少犯上、以卑凌尊者,"执而笞之"。④ 五是名分当正。休宁宣仁王氏宗族《宗规·名分当正》规定:"同族者实有名分,兄弟叔侄,彼此称呼,自有定序。……不论近宗远宗,但照名分序列,情实亲洽,心更相安。"⑤

6.有集体活动。皖南宗族的集体活动非常繁多,如各种宗族祭祀仪式、节日庆典等。农历正月初一的团拜是徽州宗族的重大集体活动,宗族想以此达到"叙昭穆,秩名分,重本慎始"的目的。歙县新馆

---

① 《重修古歙东门许氏宗谱》卷七《许氏家规》,清乾隆十年(1745)刻本。
② [明]汪鸿儒等修:《休宁汪氏统宗正脉》卷一《汪氏族规》,明隆庆四年(1570)刻本。
③ [明]王宗本修:《休宁宣仁王氏族谱·宗规》,明万历三十八年(1610)刻本。
④ 《重修古歙东门许氏宗谱》卷七《许氏家规》,清乾隆十年(1745)刻本。
⑤ 《休宁宣仁王氏族谱·宗规》,明万历三十八年(1610)刻本。

鲍氏宗族《祠规》对团拜庆贺仪节有详尽的规定：

> 黎明，管年者令人满街鸣锣一次。凡老、少、冠者，俱着吉服诣祠。到齐，祠内鸣钟三次。礼生二人，一东一西，唱序立，行谒庙礼。四拜毕，行团拜礼。循世次名分列东西，排班序立，行二拜……至巳时，各家妇人止许髻簪尾冠青布衫，齐赴祠行谒庙礼。四拜毕，行团拜礼，二拜……①

祠堂祭祖是皖南宗族最隆重的活动。如祭祀之日，皖南徽州宗族大都鸣锣齐集，人人俱着礼服。祭时，钟鼓齐鸣，香烟缭绕，庄严肃穆，至诚至敬。在这种庄严肃穆的气氛中，可以激发宗族成员对祖先的崇拜和敬畏之情。清明扫墓是徽州宗族又一种重要的集体活动。徽州人认为，祖墓"系祖宗藏魄之所"②，或者说，是"祖宗体魄所在"。墓祭"属展亲大礼，必加敬谨"③。宗族子弟清明必须上祖墓扫墓，这是尊祖敬宗的重要表现。

第五节　安徽的会社

一、会社的含义

中国传统的社与会由来已久，黄宾虹认为："结社立会，昉于晋唐。明代士大夫，遭际衰微，特重声气，论者谓复社废兴，几与国运相始终。"④陈宝良对中国社与会的含义及渊源作了深入研究，认为其源于

---

① ［清］鲍存良等修：《歙新馆著存堂鲍氏宗谱·祠规》，清同治二年（1875）刊本。
② ［清］余攀荣等修：《古黟环山余氏宗谱》卷一《余氏家规》，民国六年（1917）木活字本。
③ 《重修古歙东门许氏宗谱》卷八《许氏家规》，清乾隆十年（1745）刻本。
④ 上海书画出版社、浙江省博物馆编：《黄宾虹文集·杂著编·籀庼摭谈》，上海书画出版社1996年版，第336页。

传统春祈秋报的乡饮社会,滥觞于民间的结会互助,大张于士大夫的聚会讲学,至明末复社这种文人士子的结社,已是洋洋大观,可谓全盛矣。清兵入关,这种盛况一度中断。但到了清末,由于西方各种社会思潮的涌入,会社团体再度兴盛。① 实际上,社的产生与中国传统农业社会中祭祀土地之神密切相关,自古以来,"封土立社,示有土也",作为中国农耕文明特定的信仰相延而下,因此社的起源当早于会。会作为一种团体,据陈宝良的研究,至迟在北朝北魏初年即已出现。社与会虽然起源不同,二者含义差别不大。从某种意义上说,社与会自可并称。②

安徽的会社组织早在宋元时期即已见诸文献记载。早在北宋,苏辙为绩溪县令时,就"与民相从为社,民甚乐之"。③ 歙县《岩镇志草》中有南宋咸淳六年(1270),邱龙友等请地立社的奏疏。④ 又如歙县丰南吴氏早在宋元间,即有仁德社、宜男会。⑤ 但从《橙阳散志》记载看,又有"祭祀首重社事,元天历己巳创行之,旋止"之谓。可见徽州的社在宋元间屡有兴废,这一时期,徽州祠堂未兴之先,族祭依附社祭成为重要方式,徽州宗族包括祭祖在内的种种共同性活动即是在社中进行,或以社的名义举办,兴社成为宋元时期聚族而居的徽州地方村族祭祖祀神的重要形式。

明季,民间立社有"始于洪武,成于嘉靖"之说。⑥ 明初洪武三年(1370),朱元璋"诏天下乡民立社"。所谓"洪武礼制,每里建立里社坛场一所,就查本处淫祠寺观毁改为之,不必劳民伤财,仍行令各乡图遵行"。后于嘉靖五年(1526),明朝政府又重新申令地方立社,要求将各处立社处所等情况"备造文册,各另径自申报,以凭查核",并以此作为衡量"有司之贤否"的依据。在官方的鼓励下,安徽各地会社的兴立在明代中期以后更加普遍。如歙县江村即于嘉靖五年兴立社祀,"里外村

① 陈宝良著:《中国的社与会》,浙江人民出版社1996年版,第455页。
② 同上书,第6页。
③ [宋]罗愿等纂修:淳熙《新安志》卷一《风俗》,清光绪十四年(1888)黟县李宗煜刻本。
④ [清]佘华瑞纂修:《岩镇志草·利集·艺文上》,清抄本。
⑤ 吴吉祐纂修:《丰南志》卷一《风土》,安徽省图书馆1981年抄稿本。
⑥ [清]江登云纂修:《橙阳散志》卷十《艺文志上·重建慈化西社记碑》,清乾隆四十年(1775)刻本。

介塘分二十四股,后并为十六股,轮司祀事,岁于正月上元前三日,设祭演剧,陈列方物,广张灯彩,曰'朝献'"。江村的这种社祭的朝献礼仪十分讲究,"备极丰腆,奇珍异玩,弗惮千里,采购以供享祀"①。

陈宝良将会社分为政治型、经济型、军事型、文化生活型四个大类。② 这是比较妥当的。就明代安徽的会社类型而言,主要集中在经济型、文化生活型两类,也有少量军事型会社。经济型会社主要有钱会、会馆等组织;文化生活型会社则主要有书院讲会、文会、各种与迷信相关的迎神赛会等;政治型则很少见。

二、钱会

在封建社会,由于缺乏政府主导的融资渠道和社会保障,民间产生了各种各样的经济互助组织。钱会(一般称合会)就是中国传统社会中比较普遍的民间经济组织,在民间社会的生活和生产中发挥着融资与互助的双重功能。各个阶层和各个阶级的人都可参与其中,通过钱会进行融资借贷和解困救急。因此,钱会的广泛存在,对民间经济生活的正常运转产生了积极的作用。据王宗培先生的研究,钱会最早即始于唐宋之间安徽徽州的新安会。③ 在《徽州千年契约文书》就收有一份明代徽州关于钱会的会约文书,其原文如下:

> 龙潭汪于祐,今会到十人名下会纹银伍拾两整,其银照依盘旋会每两加利贰分,约至本年候杉木出水发卖之日,将银照依同数本利一并算还,不致少欠。所有十人名数并银数开具于后,今恐无凭,立此会约为照。
>
> 万历五年二月二十五日立会约人:汪于祐④

---

① 《橙阳散志》卷六《礼仪志·祭祀》,清乾隆四十年(1775)刻本。
② 陈宝良著:《中国的社与会》,浙江人民出版社 1996 年版,第 14 页。
③ 王宗培:《中国之合会》,中国合作学社 1931 年版,第 5—6 页。
④ 王钰欣、周绍泉主编:《徽州千年契约文书·宋元明编》第 3 卷,石家庄:花山文艺出版社,1995年,第 31 页。

这是一份钱会会约,所不同的是,参会者几乎全是汪姓人氏,他们是否具有同族关系不能确定,这种由同姓乃至由同族者组成的钱会在聚族而居的徽州当亦存在。当然,钱会组织更大程度上属于游离宗族关系网络之外,以个体之间自由结合的形式组成,在安徽各地应是普遍存在的。

三、书院讲会与文会

1. 书院讲会

书院自创设之初,就与讲会密切相关。王阳明在《万松书院记》中指出,书院创设的本意在于"匡翼夫学校之不逮也"。明人时偕行在《明德书院记》中也认为书院的作用,"凡以萃俊而专业也。业专则理明,理明则士习端,而民知向方。是书院者,辅学以成俊者也。"①学不讲不明,学不明士习就不端。所以,理学家大多是在书院中设讲会,砥砺学问,传道讲业。安徽书院的讲会发端于南宋歙县紫阳书院。元明之际,皖地朱(熹)门后学甚众,或为山长,或任主讲,常举行讲会。明中叶以后随着安徽地区学术的繁荣,书院讲会更加兴盛。明中叶由于王(阳明)学提倡的"致良知"和"知行合一"的理论非常简明易懂,并且使士人孜孜以求的"人人有个作圣之路"成为可能,王学得到了绝大多数士商的认同和拥护。当然王学的发展还与明代中后期的社会经济和社会风气出现的新特点有很大关联,正如有学者指出:"在嘉靖以后,民间社会渐渐拥有较大的空间,市民生活风气也趋向多样化,伦理同一性的约束越来越小,而官方控制力也越来越松弛。随着城市、商业、交通以及印刷技术和造纸技术的发达,知识传播更加容易,也越来越超出官方意识形态所划定的底线,士绅与市民所拥有的财富资源,也使得另外开辟思想表达和知识传播的管道成为可能。"②当时皖地风行王学,王门弟子遍布宣歙等地,同时湛若水学也很盛行;而朱学虽呈现衰落趋势,但仍还具有较强的势力。三派门人为了昌明师

① [明]韩浚等纂修:万历《嘉定县志》卷三《营建上·书院》,明万历三十年(1602)刊本。

② 葛兆光著:《中国思想史》第2卷,复旦大学出版社2000年版,第409—410页。

旨,阐扬理学,竞相创书院、开讲会、立联会,于是讲会盛极一时。诸如:讲王学的有泾县水西会、宁国同善会、贵池光岳会、太平九龙会、广德复初会、全椒南谯会;讲朱学的有徽州紫阳讲会、休宁还古讲会(初讲王学,后讲朱学),讲湛学的有休宁天泉讲会,等等。这些讲会先一院或数院举行,后发展为一县或数县众多书院联合举行,与会者由数十、数百人发展至数千人,成为书院和社会学术活动的广泛而重要的阵地。讲会组织严密,宗旨明确,规章完备,订有会旨、会规、会约,由名儒任会宗、会长或主讲,会友有一定规格要求,会期多为固定,开会有一定仪式,并且每次讲会都坚持自由讨论、质疑问难、论辩互学等。明代安徽规模较大、影响较广的讲会有:

宣城同仁会馆讲会。明万历年间邑人施宏猷等率六邑(宣城、南陵、泾县、宁国、旌德、太平)学者建馆。因避书院之名而改称会馆,实为会讲式的书院。会馆每月中举行一次会讲,讲学歌诗;每年四月举行大会会讲一次,为期 3 天。每次大会,六邑学者齐集,多达 800 人。史载"月率一会,郡邑官及荐绅、父老、子弟讲学歌诗,或具馆谷。每岁四月朔,大会三日,六邑咸集,兴起者众"。① 同仁会馆学宗程朱,阐扬朱学,与紫阳、还古书院讲会应和,成为皖南宣扬朱学的重要阵地和学术中心之一。

宁国同善会与志学书院会。明嘉靖间,宣城王门弟子贡安国为追念其师遗教,阐扬王学,在宣州泾县组织讲会。与会者主要是宣州六邑之士,主讲王学,成为皖南传播王学的学术中心之一。此外,贡氏还参与泾县水西六邑之会,立水西精舍,举行会讲。后又主讲宣城志学书院,聚徒甚众。这两处均成为传播王学的中心。志学书院在宁国府宣城县北,《盱坛直诠》卷下:"师(此处指罗汝芳)之宁国……且联合士民,各兴讲会。……建志学书院。堂事稍毕,即集郡瑹绅周潭汪公、受轩贡公、都峰周公、坪石屠公、毅斋查公辈,相与讨论。郡邑庠生侍坐听之,人各感动其中,奋发兴起者,如沈子懋学、徐子大任、萧子彦、

---

① [清]洪亮吉等纂修,宣城市地方志办公室主持标点、校勘:嘉庆《宁国府志》卷一九《学校志》,黄山书社 2006 年版。

詹子沂、赵子士登、郭子忠信等百余人。"①

滁州南谯会。南谯为滁州之古称，南谯书院在滁州全椒县，后为阳明弟子戚南玄的讲学之地，并成为王门讲学活动的一个重要书院。据民国《全椒县志》载，"南谯书院，在县东二里，为明戚贤聚徒讲学之地。"②戚贤（1492—1553）字秀夫，号南山，晚更号南玄，全椒人。嘉靖五年进士，授归安知县。师事王守仁，政治清明，贤声大著。③ 戚南玄与另外两位王门弟子罗念庵和王龙溪的关系甚好。嘉靖十八年（1539），罗念庵曾访戚南玄于南谯书院，并与诸生讲学。④ 据《龙溪王先生全集》卷19《祭戚南玄文》，龙溪自称每岁必至南谯，其云："兄（即戚南玄）既入山，聚友讲学之志益切，每岁必期余一往南谯，与诸同志为旬日之处；或相期出游东南，与檗谷、绪山、念庵、荆川、鹿园、一庵、石山诸君为浃旬之会。"

歙县紫阳讲会。紫阳讲会肇端于南宋，尊朱学，祀朱熹。元明之际，朱门后学主持或主讲书院，仍坚持讲会，倡明朱学。明中叶以后，王学风行，一度王门高弟钱德洪、邹守益、王畿、刘邦采等主讲紫阳书院。"正德壬辰，郡守熊公迁废寺以都形胜，增置堂庑斋舍，凡若干楹，为台为池，莫不备具。乃简七校之士讲业其中，一时人文盖彬彬矣。"⑤"嘉靖中，南海、东越、西江言学六七君子结辙而入新都（即新安）。过海阳，递式阙里，六邑之士，多就之者。紫阳讲诵之风，视洙泗河汾埒矣。"⑥明万历三十八年（1610），尊朱名儒方学渐主持新安六邑（歙县、休宁、祁门、绩溪、黟县、婺源）大会，辟王尊朱，扭转了紫阳讲会的学术方向，对紫阳及皖地书院讲会影响颇大。

休宁还古讲会。还古书院建于明万历二十年（1592），"还古书

① ［明］罗汝芳：《盱坛直诠》卷下，中国台北广文书局，1996年版。

② ［清］张其濬等纂修：民国《全椒县志》卷七《学校志》，民国九年（1920）年铅印本。

③ 中国台北中央图书馆编：《明人传记资料索引》，中华书局1987年版，第503页。

④ ［明］罗洪先撰：《念庵罗先生集》卷七《南谯书院记》，明嘉靖癸亥（1563）抚州刊本。

⑤ ［明］汪道昆：《重修紫阳书院记》，引自许承尧等纂修：民国《歙县志》卷一五《艺文志》，民国二十六年（1937）铅印本。

⑥ ［清］邵庶：《还古书院碑记》，［清］汪紫沧等纂修：康熙《休宁县志》卷七《艺文志》，清康熙三十二年（1693）刊本。

院,在古城万安山。明万历二十年,知县祝世禄、邑人邵庶倡建,为讲学之所。"①《新安大会讲学还古会纪》中记载:明万历二十五年(1597)十月大会,"听讲数百人";万历三十一年(1603)十月大会,"听讲几千人";万历四十三年(1615)九月大会,"诸友各邑共百五十余人,外府外省共三十余人、司事程熙明、程又新共二十七人"。②

　　除了上述地区著名的讲会外,明代安徽书院中,还出现了影响颇大的联合性质的讲会。如宁国的水西会等。据《泾县志》载:"水西精舍在水西宝胜寺右……嘉靖壬子,督学御史黄洪昆、知府刘起宗、知县邱时庸建。"③水西精舍后来改为书院,是阳明门下讲学活动的重要基地之一,也是宁国府六邑大会的所在地。水西讲会不仅对当地书院的建设影响极大,如史载"自姚江之学盛于水西,而吾泾各乡慕而兴起,莫不各建书院,以为延纳友朋,启迪族党之所。其在台泉则有云龙书屋,麻溪则有考溪书屋,赤山则有赤麓书院,蓝岭则有蓝山书院。一时讲学水西诸前辈会讲之暇,地主延之,更互往来,聚族开讲"④,并且在当时闻名天下,"首创时,每会逾三百人,僧房无所容",其盛时"直欲与仲晦之白鹿、子渊之石鼓以迄岳麓、睢阳媲美焉。"⑤

　　总之,明代安徽书院的讲会极为发达,它既是书院教学的重要组织形式,又是其教学内容向深层发展和高层推进的重要标志;既是学界研究、探讨和交流的学术中心,又是传播学术思想的重要基地。对于提高教育教学质量,推动明代安徽学术的传播和发展,以及在培养学术人才、开启一代士风学风等方面,都起过重大作用。

　　2. 文会

　　文会之名源于《论语》中的"君子以文会友",乃文人聚会之意。中国的文人聚会历史悠久,如南朝人顾越,"以世路未平,无心仕进,因

---

①　[清]夏銮等纂修:道光《徽州府志》卷三《营建志·学校》,清道光七年(1827)刻本。

②　[清]施璜纂修:《还古书院志》卷一一《新安大会讲学还古会纪》,清乾隆间(1736—1795)刻本。

③　[清]李德淦、周鹤立等纂修:嘉庆《泾县志》卷八《书院·水西精舍》,清嘉庆十一年(1806)刊本。

④　[清]赵绍祖:《赤山会约·跋》,转引自陈谷嘉、邓洪波主编:《中国书院史资料》,浙江教育出版社1998年版,第730页。

⑤　嘉庆《泾县志》卷八《书院·水西精舍》,清嘉庆十一年(1806)刊本。

归乡,栖隐于武丘山,与吴兴沈炯、同郡张种、会稽孔奂等,每为文会。"①隋唐以后,士子们为了应付科举,时常在文会中揣摩时文,使文会从单纯的文人聚会发展为专为应付科举的文人团体。明代,徽州文人立会之风日甚,"歙城市乡镇,各立文会"②,但文会作为一种制度化的特殊的社会组织形式,并广为设立,则始于明代中后期。徽州是明代全国文会最为发达的地区。根据其创立者的不同,明代徽州文会大致分为以下四种类型:

一是文人自发结成的文会。这是文会的传统类型。如道存书院,明末建,为五都士子会文之所。③ 这种类型的文会还有文会所和慕川书屋等。但其在明代徽州,不仅数量少,而且影响小。

二是官僚士大夫、地方士绅创建的文会。这是徽籍官僚和地方士绅为提高地方科举水平而竭力兴建的文会。南山文会,"明唐殿撰皋、郑大参所建,萃里士会文于此"④;北园文会,由名士凌庆四创建;郡城文会(即斗山书院),"嘉靖十年,知府冯世雍葺为精舍,万历间改为书院,邑人大学士许国、按察使凌琯重建。"⑤

三是家族文会。明代徽州地区,由家族创办的著名文会有:阜山文会、檀干园、南溪别墅、兴贤会馆、川上草堂、双溪书屋和云门书屋等。此类文会,一是由家族中的官僚或富商斥资创建。如川上草堂,"尚书游应乾为族人会艺所建"⑥。一是以合族之力共建。如兴贤会馆,济溪游应乾、游朋孚,率族人共建;⑦双溪书屋,"余氏建为会文之所"⑧。

四是文会堂。为了便于学子们相互切磋,众多书院中还附设文会堂,作为他们的会文场所。如著名的紫阳书院,中间为堂,旁为求忘、怀德两斋,其后为文会堂;⑨环谷书院,"中构堂三楹,以祀环谷先生,右

① [唐]李延寿修撰:《南史》卷七一《顾越传》,中华书局1975年版,第1753页。
② 《橙阳散志》卷一一《艺文志下》,清乾隆四十年(1775)刻本。
③ 民国《歙县志》卷一《舆地志·古迹》,民国二十六年(1937)铅印本。
④ [清]夏銮等纂修:道光《徽州府志》卷三《营建志·学校》,清道光七年(1827)刻本。
⑤ 民国《歙县志》卷一《舆地志·古迹》,民国二十六年(1937)铅印本。
⑥ [清]张图南等纂修:乾隆《婺源县志》卷九《宫室》,清乾隆五十二年(1787)刊本。
⑦ 同上。
⑧ [清]程汝翼等纂修:嘉庆《黟县志》卷十《义学》,清同治十年(1871)刻本。
⑨ [明]汪尚宁等纂修:嘉靖《徽州府志》卷九《学校》,明嘉靖四十五年(1566)刊本。

构一堂为名宦祠,其左则文会堂及膳堂,以资诸生讲业。"①有的县,则直接以书院为会所,"婺源则以书院为会所,学者时集焉。"②

明代徽州文会均有固定的场所,所谓"文会以会文事也,正其名,宜有其地。"③除有固定的会所之外,明清徽州的文会还制定有会例、会规、规条等,如南山文会的会例规定,"凡本籍新文学入会则用彩旗鼓吹前导至南山亭,祝史执香作乐迎于道左。"④建于万历之季的友善会馆的会规还规定其为"明经胄监会业之所","而文学不与也。"同时,文会还设有专门人员管理日常事务,以保证文会的正常运作。如黟县江光裕,"经理文会多年"。婺源紫阳书院则由大司成邹守益负责会文事。这些人员只管理日常事务,会文之事则另有专人,这反映在江学海的《重兴聚星文社序》中:

> 问谁执耳挥麈,则有别驾广文二公;问谁主席刑鸡,则有
>
> 司丞从事;问谁执铎镇喧,则区区鄙吝愿奉周旋所不辞焉。

文会创立以后,定期相聚。会文活动经费从何而来呢? 这主要有两处,一是来自公共积金。文会一般都置有会田,以其收入作为会文的经费。如婺源县的紫阳书院,甲寅,知县郑国宾,购田二十亩;壬戌,知县张授又购田四十亩作为会田,"为生儒讲学会文之费,县给印信出纳簿,儒学收贮。"⑤二是由富者捐赠。如贡生王廷鉴为双杉书院"捐腴田七十余亩,以赡族中读书会课膏火之费"⑥,萃升文会;曹雅范首先捐田入会,后曹天治又开垦"书田"数十亩,作为会文费⑦;方尚锦等同仁专门负责南山文会的"劳费"⑧。

---

① [清]王让等纂修:道光《祁门县志》卷一八《学校志·书院》,清道光七年(1827)刊本。
② [清]张图南等纂修:乾隆《婺源县志》卷三四《艺文志》,清乾隆五十二年(1787)刊本。
③ [清]凌应秋纂修:《沙溪集略》卷七《艺文》,清乾隆二十四年(1759)抄本。
④ [清]佘华瑞纂修:《岩镇志草·逸草》,清抄本。
⑤ 乾隆《婺源县志》卷八《建置志》,清乾隆五十二年(1787)刊本。
⑥ 乾隆《婺源县志》卷九《宫室》,清乾隆五十二年(1787)刊本。
⑦ 嘉庆《黟县志》卷一五《艺文志》,清同治十年(1871)刻本。
⑧ [清]夏銮等纂修:道光《徽州府志》卷三《营建志·学校》,清道光七年(1827)刻本。

文会的功能主要体现在三个方面：一是教育功能。明代徽州文会的主要教育功能是集一乡、一族之士"偕攻制义"，通过"同类相求、同朋相照、同美相成"①，共同提高，以增强在科举考试中的竞争力。崇祯八年(1635)歙县江村人江道振在《聚星会馆告成序》中对此讲得非常清楚：

> 明兴，沿赵宋贡举法，以文取士。生斯世，匪藉制义为羔雁，即欲颉颃青云，道无由也。吾乡先哲应运而起者，代不乏人，文章经济彪炳宇内，至今犹可考见。然学多独证。嘉(靖)隆(庆)以上，萃一乡之彦而课制艺者未之前闻，聚星文社肇自万历癸未(1583)，则程中宪、江大中丞二公共创之，以兴起斯文者也。②

聚星文社于万历十一年(1583)冬建成后，以"金、宗二老为斯文主，二老慨然以造就来学为己任，命题秉笔，寒燠靡倦"，学子们"欣欣乐就正焉。"③文会是为应付科举而设，文会兴盛与否往往事关徽州科举的盛衰。明天启元年(1621)歙人江学海说，江村聚星文社创设后，"一时人心鼓舞，争自淬磨，(万历)乙酉(1585)之役，社中荐贤书者两人，廪学宫者若而人、入胶庠者若而人，文社之益彰彰矣。频年来，士之获俊者稍不及昔"；崇祯八年(1635)江道振也认为近些年来江村"甲第无闻，求其所以，缘会馆未建而会事萃涣无常也"④。从文会的主要教学活动上看，有理由认为，明代徽州科举人才的兴盛与其文会的广泛设立存在有某种程度上的因果关联。

二是娱乐功能。"文会以会文事也，正其名，宜有其地。"⑤为了给学子们创造一个良好的会文环境，徽州文会会所都建造得崇丽宏敞，内部环境优雅。学子们在会课制艺之余，时常约三五好友，在文会中

---

① 《橙阳散志》卷一一《艺文志下》，清乾隆四十年(1775)刻本。
② 同上。
③ ［清］程鸿诏等纂修：同治《黟县三志》卷七《人物·文苑》，清同治十年(1871)刻本。
④ 《橙阳散志》卷一一《艺文志下》，清乾隆四十年(1775)刻本。
⑤ ［清］凌应秋纂修：《沙溪集略》卷七《艺文》，清乾隆二十四年(1759)抄本。

宴集会饮。凌应秋的《沙溪集略》和程文翰的《善和乡志》中保存了大量的有关文会的诗作。这些诗作有的就描写了明代文会的活动情况，如许国的《春日北园文会即事》等。

三是仲裁功能。在封建社会，民众对官府普遍存在一种畏惧心理，而"惊官动府"打官司，也被认为是一件不光彩的事，许多宗族明确规定发生纠纷不得报官。"族中互相争竞田土大小等事，不许竟自赴官陈告，务要投明族众，会议是否"[①]。"产业相干，口角相仇，祠正副会同门尊，公道处分，或毕情劝释，不许竟烦官府，力逞刁奸"[②]。因此，家族内部的纠纷，多在族内私下解决，但对族中不能解决的纠纷及不同家族之间的矛盾，往往不是由里长、乡长来裁决，而是求助于文会进行仲裁。近代徽人许承尧在《歙事闲谭》中说：

> 乡有争竞，始则鸣族，不能决则诉于文会，听约束焉。再不决，然后讼于官，比经文会公论者，而官藉以得其款要过半矣。故其讼易解。若里约坊保，绝无权焉，不若他处把持唆使之纷纷也。[③]

徽州人方西畴在《新安竹枝词》中说："雀角何须强斗争，是非曲直有乡评。不投保长投文会，省却官差免下城。"[④]明天启年间，江世济还提出通过建立文会保护山脉的主张，据江著《议建瑞金文会保龙序》载，休宁县境内的瑞金山，矿产资源丰富，被一些奸民盘踞开采，造成水土流失，使山麓的居民深受其害，生齿凋残。乡中的贤达之士虽曾请求县令张涛、戴东旻先后示禁，但无奈山民"奸顽无知法度，巡缉偶踩不无见猎之喜"，没有取得预期效果。为了切实保护山脉，同时兴举人才，他提议在山后平旷之处建立会馆，"选八乡之俊彦，肄业其中，置田以为膏火。春秋节日，乡先达群集于此，评其文艺工拙，为之督课

---

① [清]罗懋试修：《休宁云山洪氏家乘》，清乾隆七年（1742）刻本。
② [明]江玲修：《溪南江氏族谱·祠规》，明隆庆间（1537—1572）刊本。
③ 《歙事闲谭》卷七《歙风俗礼教考》，黄山书社2001年版，第602页。
④ 《歙事闲谭》卷七《新安竹枝词》，黄山书社2001年版，第207页。

讲学焉"。文会的建立,则可使"庶几奸顽者闻而裹足"。

四、其他会社

明代安徽地区还出现了许多专为某一具体目的而建立的专门性会社组织,如护林乡约会、御寇乡约会、御倭乡约会等。如祁门县三、四都侯潭、桃墅、灵山口、楚溪、柯里等村,在弘治年间就成立过护林乡约会。嘉靖二十六年(1547),由于近来山木"节被无籍之徒……望青砍斫,斩掘笋苗,或为屋料,或为柴挑,或作东瓜芦棚",致山林遭到破坏。为保护山林,各村人众遂合集一处,重新订立规约,将各村人户共编为十二甲,甲立一总,置立簿约十二扇,付各处约总收掌,一年四季,月相聚一会,通报本季犯规之人及处罚标准。同时还将这些议约规条,由众人联名具状,赴县陈告,由县衙告示印钤,四处张挂,俾人人知晓,自觉遵守。① 嘉靖二十三年(1544),致仕乡居的歙县人郑佐以"今者,天时亢旱,人心忧危,奸党乘机,邪谋窃发。假称借贷,敢拥众于孤村;倚恃强梁,辄□臂于单弱。白昼公行而无忌,昏夜不言而可知。"于是"预为桑土之谋",倡导组成了"御寇"性质的会社组织——岩镇乡约。"一镇分为十八管,有纪有纲。每管各集数十人,一心一德……理直气壮,强暴知所警而潜消。力协心乎,良善有所恃而无恐。庶患难相恤之义复敦,而仁厚相成之俗益振。"②嘉靖三十四年(1555),歙县岩镇乡民以倭寇"势甚陆梁,零落孤踪,辄奔溃而四出;偷生余孽,益草窃而蔓延",遂"规约模仿,甲辰荒岁御寇之条;事款益损,大参双溪郑公(佐)之旧",③成立了岩镇备倭乡约。

---

① 《嘉靖祁门三四都护林乡约会议合同》,原件藏中国社科院历史所。
② [明]郑佐:《岩镇乡约叙》,[清]佘华瑞纂修;吴之兴校点:《岩镇志草·贞集》,黄山市徽州区人民政府办公室、地方志编纂委员会办公室编印,2004 年,第 215 页。
③ [明]方元桢:《题岩镇备倭乡约》,[清]佘华瑞纂修;吴之兴校点:《岩镇志草·贞集》,黄山市徽州区人民政府办公室、地方志编纂委员会办公室编印,2004 年,第 216 页。

第八章

明代安徽的教育与科举

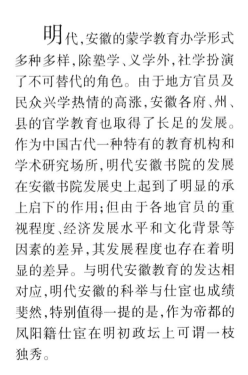

明代,安徽的蒙学教育办学形式多种多样,除塾学、义学外,社学扮演了不可替代的角色。由于地方官员及民众兴学热情的高涨,安徽各府、州、县的官学教育也取得了长足的发展。作为中国古代一种特有的教育机构和学术研究场所,明代安徽书院的发展在安徽书院发展史上起到了明显的承上启下的作用;但由于各地官员的重视程度、经济发展水平和文化背景等因素的差异,其发展程度也存在着明显的差异。与明代安徽教育的发达相对应,明代安徽的科举与仕宦也成绩斐然,特别值得一提的是,作为帝都的凤阳籍仕宦在明初政坛上可谓一枝独秀。

第一节 蒙学与官学教育

一、蒙学教育

蒙学,作为对儿童进行启蒙教育的专门机构,西周时已有设置。但长期以来,蒙学发展缓慢,无论就其办学规模还是受到的重视程度而言,都不能与官学和书院等同日而语。西周以降的两千多年时间里,尽管人们(包括皇帝及各级官僚)对启蒙教育的重要性都有较为深刻的认识,但这种认识一直停留于一个较低的层面,未能上升为国家的意志,理所当然就没能转化为政府行为,且长期以来,对儿童的启蒙教育多被看作是父母的职责和家庭的事务,从而决定了其活动空间只能在家庭和宗族之间,并始终游离于官学系统之外,难以融入国家教育体系之中。唐代以后,历宋元至明,社会经济、政治、教育和科举的发展以及人口的增长,使蒙学教育的发展进入一个新时期。

明朝,平民皇帝朱元璋出于强化封建专制统治的需要,在大力办好各级各类官学的同时,对农村乡民子弟的蒙学教育给予了前所未有的关注。蒙学在皇帝诏令的指引和地方官吏的倡导下,取得了长足发展。蒙学教育逐步由家庭行为向政府行为转化,并在与官学系统接轨的过程中,最终成为国家教育体系中的有机组成部分。

有明一代,蒙学教育的办学形式是多种多样的。除塾学、义学外,社学在蒙学教育中扮演着不可替代的角色。社学起于元而盛于明。明朝建立伊始,为改变"学校之教,至元其弊极矣。上下之间,波颓风靡,学校虽设,名存实亡。兵变以来,人习战争,惟知干戈,莫识俎豆"的局面,确立了"治国以教化为先,教化以学校为本"[①]的指导思想,把教育纳入优先发展战略。朱元璋除大力兴办太学和府、州、县学外,又

① [清]张廷玉等修撰:《明史》卷六七《选举志一》,中华书局 1974 年版。

于洪武八年(1375),在全国城乡推行元朝的社学之制。诏书言:"昔成周之世,家有塾,党有庠,故民无不知学,是以教化行而风俗美。今京师及郡县皆有学,而乡社之民未睹教化,宜令有司更置社学,延师儒,以教民间子弟,庶可导民善俗也。"①

朝廷政令颁布后,安徽各级官员也积极行动起来,在所管辖之地推行社学之制。如:徽州府六县"于邑之坊都,居民辏集之处",共设立社学462所②;太平府仅府城就设有社学12所③,庐州府合肥县设有"社学六十四所:在城九、在乡五十有五"④,就连经济文化相对落后的皖北地区亦有社学的设置,如定远县"在城四方各一所,在乡二十九里北炉镇一所"⑤;五河县"社学旧志云十五,图各有一所"⑥。

社学之设,其目的是方便"乡社之民"就学,以"导民善俗",本为朝廷之德政,然而在推行的过程中,各级地方官则阳奉阴违,甚至"以为营生",对人民进行敲诈勒索,反而造成民怨沸腾,成了害民之政。诚如朱元璋所言:"好事难成。且如社学之设,本以导民为善,乐天之乐,奈何府州县官不才,酷吏害民无厌。社学一设,官吏以为营生。有愿读书者无钱不许入学,有三丁四丁不愿读书者受财卖放,纵其愚顽,不令读书。有父子两人,或稼或商,本无读书之暇,却乃逼令入学。有钱者又纵之,无钱者虽不暇读书亦不肯放,将此凑生员之数,欺诳朝廷。"⑦对此,明太祖朱元璋不得不于洪武十三年(1380)曾一度下令废止社学。三年之后,即洪武十六年(1383)十月,朱元璋又"复诏民间自立社学,延师儒以教子弟,有司不得干预。"⑧

① 《明太祖实录》卷九六,洪武八年春正月辛酉条,中国台北中央研究院历史语言研究所校印本,1962年。

② [明]彭泽等纂修:弘治《徽州府志》卷五《学校》,明弘治间(1488—1505)刻本。

③ [清]朱肇基等纂修:乾隆《太平府志》卷八《学校》,清乾隆二十三年(1758)刻本。

④ [清]张祥云等纂修:嘉庆《庐州府志》卷一七《学校下》,清嘉庆八年(1803)刻本。

⑤ [清]冯煦等纂修:光绪《凤阳府志》卷一三《学校志》,清光绪三十四年(1908)木活字本。

⑥ [清]俞宗诚等纂修:光绪《重修五河县志》卷四《建置志·学校》,清光绪二十年(1894)刻本。

⑦ [明]朱元璋:《御制大诰·社学第四十四》,张德信、毛佩琦主编:《洪武御制全书》,黄山书社1995年版,第768—769页。

⑧ 《明太祖实录》卷一五七,洪武十六年冬十月辛未条,中国台北中央研究院历史语言研究所校印本,1962年。

朱元璋复设社学的诏令颁布后,安徽所属地方的社学是否立即得以复设,不得而知,但是从徽州府的情况来看,社学的恢复当在天顺、成化年间。弘治《徽州府志·学校》在"本府儒学"条下说:"天顺七年(1463)以后,臣僚建言兴复(社学),往往属提督学校御史带管"。该志同时在"婺源县儒学"条下记载:"成化三年(1467),知县韩俨修举(社学);弘治三年(1490),知县方溥重立(社学)";在"绩溪县儒学"条下亦记载:"成化丁亥(1467),提学御史陈选令知县窦道原重修(社学),在坊、都。"成化以后,徽州的地方官似乎对社学给予相当的重视。如成化十七年(1481)至成化二十三年(1487)任休宁知县的欧阳旦在其颁布的《教民条约》中说道:

> 社学之设,所以教乡之子弟,古人家塾党庠之意也。除已出给条教外,合仰晓谕,凡子弟八岁以上者,悉令送入社学教之,诵读诗书,俾知孝弟忠信礼义廉耻。每季询社师进益如何,果有成效者,开注前件,以凭转送儒学肄业。①

嘉靖五年(1526)四月,歙县知县孟镇等根据提督学校御史的指令在江村勒石申明:"遵照洪武礼制,每里建立里社坛场一所,就查本处淫祠寺观改为之,不必劳民伤财,仍行令各乡图遵行。"并指出,"乡社既定,然后立社学,设教读以训童蒙,建社仓积谷以备凶荒,而古人教养之良法美意率于此乎寓焉"②。同年二月,黟县知县林文炳亦在际村立下了同样的碑文。③ 据明人王世贞记载,嘉靖间,四岁的休宁人程策,因年龄太小,"欲从兄入里社学,父禁之"④。说明当时徽州的社学还相当普遍。虽然明中叶徽州的社学似有复兴的迹象,但此后则逐步走向衰落。如休宁县,洪武八年建有社学 140 所;弘治初年,"社学在县治西,各乡俱有之";而到万历年间,社学则仅存 6 所。⑤ 再如祁门

① [明]吴宗尧等纂修:嘉靖《休宁县志》卷七,明嘉靖二十七年(1548)刻本。
② [清]江登云纂修:《橙阳散志》卷十《艺文志上·建立社坛示碑》,清乾隆四十年(1775)刻本。
③ 吴克俊等纂修:民国《黟县四志》卷一四《杂志·际村忠孝社碑》,民国十二年(1923)刻本。
④ [明]王世贞撰:《弇州山人四部续稿》卷一一八《明中顺大夫辰州府知府石峯程公墓志铭》,两江总督采进本。
⑤ [明]李乔岱等纂修:万历《休宁县志》卷三《食货志》,明万历三十五年(1607)刻本。

县,洪武八年(1375)有社学27所,而到万历时,社学则仅存2所。① 正如《明史》卷69《选举一》所说:"然其法久废,寝不举行。"

明初,太祖曾不遗余力地倡导各地方设置社学,突破了前朝官办社学的框架,实行官民并举、以官为主的设置方式。但是,有明一代,社学之制的执行情况仍不尽如人意,其间有曲折与反复。那么,安徽各地区社学设置的具体情况又是如何呢? 根据相关方志的记载,现将明代安徽七府三直隶州的社学设置情况制成下表:

表8—1　明代安徽社学的数量及区域分布情况一览表

地　区	所辖州县数	社学总数	各州县平均社学数
庐州府	8	128	16
宁国府	6	18	3.0
太平府	3	19	6.3
凤阳府	18	63	3.5
安庆府	6	48	8.0
池州府	6	9	1.5
徽州府	6	462	77
和　州	2	11	5.5
广德州	2	6	3.0
滁　州	3	1	0.3

资料来源:弘治《徽州府志》卷五《学校》、万历《滁阳志》、康熙《安庆府志》卷七《学宫》、雍正《建平县志》卷一二《学校》、乾隆《太平府志》卷八《学校》、乾隆《颍州府志》卷四《学校志·书院》、乾隆《泗州志》卷六《学校·义学》、乾隆《灵璧县志略》卷二《学校》、乾隆《颍州府志》卷四《学校志·书院》、乾隆《池州府志》卷一七《书院》、乾隆《铜陵县志》卷三《学宫》、嘉庆《庐州府志》卷一七《学校下》、嘉庆《宁国府志》卷一九《学校志·庙学下》、嘉庆《怀远县志》卷三《学校》、同治《六安州志》卷一五《书院》、光绪《庐江县志》卷四《学校》、光绪《凤阳府志》卷一三《学校志》、光绪《重修五河县志》卷四《建置志·学校》、光绪《寿州志》卷九《学校志》、光绪《亳州志》卷七《学宫》、光绪《直隶和州志》卷八《学校志·书院》、光绪《广德州志》卷一〇《学校》。

通过上表我们发现,明代安徽社学的区域分布存在着明显的不平衡性,从社学总数来看,徽州府属六县共有社学462所,而池州府属六县则仅有9所,尚不及徽州府的1/50。滁州则仅有1所。再从府属及直隶州属各州县的平均社学数来看,10所以上仅有庐州、徽州两府;5~10所者有太平府、安庆府、直隶和州三地;5所以下则有宁国府、凤

---

① [清]汪韵珊等纂修:同治《祁门县志》卷一一《舆地志·古迹》,清同治十二年(1862)刻本。

阳府、池州府、直隶广德州、滁州等五个地区。

那么这种不平衡性出现的原因何在呢？通过检索方志可以看出，地方官员的重视程度在很大程度上决定了一地社学的兴衰。虽然洪武十六年（1383）有"民间自立社学，延师儒以教子弟，有司不得干预"的诏令，但安徽各府州县所立社学仍以知府、知县等倡设为主，民间自设者极少。如宁国府的宣城县，"社学凡六所……明万历中知县姜奇方重建"[①]；旌德县，"社学凡四所……俱明洪武中知县赵约礼建"[②]。直隶广德州的广德，"东社学……弘治十五年（1502）知州范昌龄迁建于庙左。西社学……南社学……北社学，四学俱成化四年知州陆凤建，弘治中知州杨朴，同知杨庆重建。正德十二年（1517），知州周时望，嘉靖七年判官邹守益各加修葺。万历间知州吴同喜、段猷显相继葺而新之。"[③]颍州府的蒙城县有社学3所，"景泰二年（1451）知县孙震建于儒学东，今废。万历九年（1581），知县吴一鸾建于东门内，十一年又建于县西街。"[④]再以庐州府为例，明代的庐州还不能算是人文鼎盛之地，然而庐州府的社学无论是在总数还是在平均数上都居当时安徽各地区的前列，这其中很大程度上就是由人为因素促成的。从《庐州府志》看，庐州府社学的设置高峰固然在洪武时期，此后有所废弛。到了弘治年间，得到全面恢复，尤其是府治所在地合肥县。府志载，弘治十四年（1501），知府马金"有志于礼乐之化。檄所属州县，各新社学如制"。时任合肥县知县的孙纮勤"慎而才，授之以规，而属以专督"，对前朝县所辖的64所旧社学加以整顿，对那些"屋皆废，而豪右因夺其废者"，"乃循其址之犹存而新其馆社，缭以周垣，固以重门"；同时又"清拓其所夺而创造之"[⑤]。这样，64所社学得以再新。由此可见，明代地方社学的兴废，与地方官员的重视与否有相当大的关系。当然，一地的经济状况对一地教育盛衰的影响无疑是非常大的，徽州

---

① ［清］洪亮吉等纂修；宣城市地方志办公室主持标点、校勘：嘉庆《宁国府志》卷一九《学校志·庙学下》，黄山书社，2006年版。

② 同上。

③ ［清］丁宝书等纂修：光绪《广德州志》十《学校》，清光绪七年（1881）刻本。

④ ［清］王敛福等纂修：乾隆《颍州府志》卷四《学校志·书院》，清乾隆十七年（1752）刻本。

⑤ ［明］汪尚宁等纂修：嘉靖《徽州府志》卷九《学校》，明嘉靖四十五年（1566）刊本。

府就是一个鲜明的例子。

需要指出的是,以往的研究者似乎过于强调经济对教育的影响力,从明代安徽社学的实际情况来看,这显然是不妥的。首先,庐州府社学的发达显然与其经济实力关系不是很大,其根源主要在于地方官的重视;其次,皖南的宁国府也是一个商贾之乡,宁国商人堪与徽商并称,富商大贾比比皆是,经济更是富庶一方,从经济上看与徽州极为相似,但其下辖六县社学总数却仅为 18 所,各州县平均社学数只有 3 所,比"十年倒有九年荒"的凤阳府的州县平均社学数还要低。

二、官学教育

所谓官学,是指由官府举办,学官由官府委派,经费由官府提供,教育目的与内容由官府规定的学校系统。地方官学与中央官学,共同构成中国古代社会最主要的官学教育系统。

明王朝的建立者朱元璋出身贫寒,虽没读过书,但对文化教育却十分重视。早在称帝立国之前他就留意文教,重用文士,关心人才的选拔和培养。据《明史·太祖本纪》载,至正十五年(1355)朱元璋率军从采石渡江,破太平,召陶安参幕府事;十六年(1356)克集庆,在入城时公开宣布:"贤士吾礼用之"。十九年(1359)春正月,他又戒诸将说:"克城以武,戡乱以仁",命宁越知府王宗显立郡学。明王朝建立之后,朱元璋对人才的培养更加重视,措施也更得力。洪武二年(1369)谕中书省臣:"朕惟治国以教化为先,教化以学校为本。京师虽有太学,而天下学校未兴。宜令郡县皆立学校。延师儒,授生徒,讲论圣道,使人日渐开化,以复先王之旧。"①根据朱元璋的旨意,全国"大建学校,府设教授,州设学正,县设教谕,各一。俱设训导,府四,州三,县二。生员之数,府学四十人,州、县以次减十。师生月廪食米,人六斗,有司给以鱼肉。学官月俸有差。生员专治一经,以礼、乐、射、御、书、数设科分教。务求实才,顽不率者黜之。"②所以《明史·选举

---

① [清]张廷玉等修撰:《明史》卷六九《选举志一》,中华书局 1974 年版。
② 同上。

志一》说："盖无地而不设之学,无人而不纳之教。庠声序音,重规叠矩,无间于下邑荒徼,山陬海涯。此明代学校之盛,唐、宋以来所不及也";"迄明,天下府、州、县、卫所,皆建儒学,教官四千二百余员,弟子无算,教养之法备矣。"

在政府政策的规定和引导下,明代安徽地区的官学教育也曾一度得以发展和繁荣,集中表现在中都国子监的建立和各府、州、县增修官学的热情上。洪武八年(1375),朱元璋又下令在安徽凤阳建设中都国子监。国子监不仅是全国最高学府,而且是全国最高教育管理机构。据《凤书》卷3记载:中都国子监的正中是一座大成殿,殿内供有孔子等人的圣贤像。此外还有彝伦堂、率心堂、修道堂、诚心堂、正义堂、崇志堂、博士厅、典籍厅、掌馔厅、厨库等建筑。它的四周围墙外栽种了松柏,戟门外还树立着大成、兴贤、育秀等牌坊。可见当时的中都国子监的建筑十分宏伟,其规模、质量实属全国第一。朱元璋把全国最好的老师派到凤阳任教。元末著名教育家、文人贝琼,就在中都国子学执教。而获得洪武四年浙江省乡试第一名的郑真,就在临淮县当教谕。据《明太祖实录》记载,洪武十九年(1386),考入中都国子监的监生有270人,洪武二十一年(1388)考入132人。在并入南京国子监之前,中都国子监的监生总数在1000人左右。

明代安徽的府、州、县兴修官学的热情也十分高涨。如休宁县学,"明初重建,万历中复辟地九之一,宫室拓三之一,钜丽甲于他邑"[1];徽州府学,明成化十八年(1482),提学御史娄谦"见府学损坏,檄郡守王哲等重修",于是王哲率佐贰"庀材鸠工,以后为戒,而奔走执役之人,亦皆晨夜展力,不以倦告。不数月而徽学大治,且为南畿诸学之冠"[2]。再如嘉靖《池州府志》记载:府儒学"明伦堂在文庙北,嘉靖十一年知府侯缄建";建德县儒学"宣德八年知县吴祯,成化十八年知县蒯贤俱重建";东流县儒学"国初县丞祝文贵重修,弘治九年知县萧佩捐俸为邑民倡迁县之西"[3]。又如光绪《凤阳府志》载:凤阳县学宫"在

① ［清］何应松等纂修:道光《休宁县志》卷三《学校》,清道光三年(1823)刻本。
② ［清］赵吉士等纂修:康熙《徽州府志》卷七《学校》,清康熙三十八年(1699)刊本。
③ ［明］王崇等纂修:嘉靖《池州府志》卷三《学校》,明嘉靖二十四年(1545)刊本。

县治西偏……明洪武十一年建于县治东门外。正统十四年大加修建；景泰中知县刘诚重修，县臣赵进建文昌祠；宏（弘）治间知县潘永嘉重修；万历五年署县事通判李光前开云路玉带水，二十五年知县李存信新建尊经阁、敬一亭，四十二年知县万嗣达浚泮池"；定远县学宫"在县治东南……明洪武二年知县朱玉即旧址重建。正统二年知县沈安复修。宏（弘）治间知县朱恭、曾大有、章泽相继修葺，各有记。嘉靖三十七年知县高鹤捐修。万历、崇祯年间知县赵伯里、李彬等屡修"。①再如嘉庆《庐州府志》载：合肥县学"旧在威武门外。……明洪武初知县张义撤而新之。永乐中李肃，正统中方伟历有增修。……成化知县陆渊、周玑，宏（弘）治、嘉靖知县董执中，天启知府张正学、知县陈管、教谕江大魁皆相继有事于学者也"；舒城县学"创始未详。……明洪武初知县员□移县署西。宣德中刘显，成化中杨缙，宏（弘）治中张宝，嘉靖中魏宝、何偶雷、孟冬、黄诰，隆庆中徐成位，万历中王桢、陈魁士、钱允灿，教谕封锡类、雷芳增修"；无为州的州学宋皇祐中建，后毁于兵，"明洪武初知州王奉训新之。其后宣德中王仕锡，天顺中熊恕，成化中杨上悰、刘绍元，宏（弘）治中辛文渊，嘉靖中同知许用中，隆庆中知州洪邦光，万历中同知查志文，知州赵范、陈嘉宾相继恢拓，视昔有加。崇祯中知州李春华重修"；巢县县学旧在县治右，元末兵毁，"明洪武初桂廷用重建。成化教谕陈瑞、训导桂琏请建尊经阁，知府李仑成之。嘉靖间迁学于慈氏寺。万历中巡抚吴桂芳过巢以旧址胜新，捐金倡州县协助复迁故处。府同知孙化龙，知县陶九韶、马如麟、邹得鲁，教谕徐宏泰、王彝章前后增葺。"嘉靖《寿州志》载："（州学）国朝洪武二年知州夏侯显修，正统七年知州惠理、景泰间王长福继修，成化间知府陈镒建尊经阁五间，弘治间同知董豫开学前地为贤路，题其坊曰泮宫，正德间知州林喜大新之。嘉靖乙酉府同知何东莱易柱以石，庙东北建启圣祠，知州栗永禄建庙。"乾隆《太平府志》载："明洪武六年知县王俊乃始建（儒学）。正统七年知府杨仕敏，知县张器广拓基址，修葺堂庑和射圃。成化四年知县韩恭迁建正殿棂星门，七年知府施

---

① ［清］冯煦等纂修：光绪《凤阳府志》卷一三《学校考》，清光绪三十四年（1908）木活字本。

奇、周凤,知县张镛奉巡按御史张学命重修,建碑亭二。弘治三年知县亢霖请于府建号舍二十楹,立科目题名碑于明伦堂。正德六年巡按洗光发造师生学舍,十一年御史张仲贤重造戟门,二十一年知县周居岐重修,二十四年巡按御史张云路重修。隆庆四年御史刘世曾嘱知府王玺,知县周守愚重修。万历二十六年知县经世文、王思任相继修葺。天启元年知府李若纳捐建大成坊。崇祯十三年知府郑瑜,知县黄昌能各捐俸重修"。①

明太祖立国之初即诏令全国设州、府、县学,又在防区卫所设卫学,到最盛时全国有学校1700余所。明代对元末毁于兵的州、府、县学都给予重修,未建立学宫的,进行建造,据《天一阁明代方志选刊》的记载,安徽境内地方学宫为明代新建的有潜山、贵池、当涂、凤阳府、凤阳县、临淮乡、霍邱、太和、霍山等10处,如下表:

表8—2　明初安徽新建的府学、县学一览表

名　称	始建地点	始建时间
潜山县学	不详	明洪武建
贵池县府	久废,不详	明初建
当涂郡学	县治东	明洪武六年(1373)建
凤阳府学	府治东	明洪武十八年(1385)建
凤阳县学	县治西	明洪武十一年(1378)建
临淮乡学	县治西	明洪武初建
霍邱县学	县治东	明洪武五年(1372)始建
霍山县学	县治东	明洪武八年(1375)建
虹县儒学	州治东	明洪武三年(1370)建
太平府儒学	城北	明洪武六年建

明代安徽地方官学中的府学、州学的规模相差无几,县学规模较小。例如嘉庆《庐州府志》载:"府学在府治东,唐会昌间肇建,宋时毁于兵戎,明宣德中府同知谢庸创建。自正统至正德知府揭稽、史濡、孟

① [清]朱肇基等纂修:乾隆《太平府志》卷八《学校》,清乾隆二十三年(1758)刻本。

玘、李仑、马金、徐钰,前后增置斋舍、亭廨、庚库、庖湢之属,规制始备。文庙中为大成殿,嘉靖九年更名曰先师庙。庙两翼为庑,东西各十三楹束,庑右隅为乐器库三楹。庙前为戟门。门之前为泮池、为桥。池制旧狭,嘉靖四十六年知府吕鸣珂增广一丈二尺。……明伦堂之西为教授宅,宅南号房二十楹,又南为训导宅。二宅前仓六。……又前训导宅,宅南号房亦二十楹。……万历三年知府吴道明建兴文楼,高二丈四尺。"①又如凤阳府府学的建置为"中为大成殿,两庑有圣贤像于内,外设棂星门、戟门、泮池、厨库,绕垣植以松柏。列大成、兴贤、育材坊牌于戟门外,跨云济街。景泰间知府仲闵重修,成化间知府章锐开大成路,改置生员内号房,建尊经阁,徙教授训导房、射圃于明伦堂之北。宏(弘)治间知府孟俊再修。正德间知府张麒饰圣贤像。凡遇春秋释奠,先于明伦堂演习礼乐,至期供祀如仪。其祭器等件,知府章锐重修;知府李师儒延师工教演音乐。嘉靖十年诏增启圣祠,建敬一亭,贮六箴碑。崇祯四年毁于火,六年知府徐世荫建大成殿五楹,尊经阁三楹,戟门三楹,东西坐房各一楹,名宦祠三楹,乡贤祠三楹,泮池、大成门一座。东北为启圣祠、敬一亭、土地祠、射圃,西北为魁星楼。教官宅在东大门三楹,内东角门一楹。外棂墙一围,东西门楼各一座。"②相比之下,县学的规模普遍较小。如凤阳县学"建于洪武十一年,修于正统十四年。正殿七间,东西庑各七间,戟门三间,棂星门三座,学大门三间,明伦堂三间,东西斋各五间,堂东西斋房各五间,启圣祠三间,教谕训导衙舍三所。景泰中县丞赵进建文昌祠;万历五年署县事本府通判李光前辟地为青云路;二十五年知县李存信新建尊经阁二间,敬一亭一座,名宦祠三间,乡贤祠三间;四十二年知县万嗣达开泮池。"③

① [清]张祥云等纂修:嘉庆《庐州府志》卷一六《学校上》,清嘉庆八年(1803)刻本。
② [清]于万培等纂修:光绪《凤阳县志》卷八《经制志·学校》,清光绪十三年(1887)刻本。
③ 同上。

第二节 书院教育

一、书院的数量

书院是中国古代一种特有的教育机构和学术研究场所,在教育史上占据着重要地位,发挥过重要作用。安徽书院经历了宋元时期的初步发展到清代的全面繁荣,明代是其发展的承上启下的重要过渡时期。时间上,明代安徽书院的发展经历了"沉寂—勃兴—禁毁"等三个阶段,其中,嘉靖、万历两朝是其发展的两个高峰期。地域上,明代安徽书院的建置大多集中于皖南各府,南北差距甚大。

对明代安徽书院的数量统计,学术界已有的研究成果为:丁益吾、朱汉民统计为99所[1],曹松叶统计为73所[2],白新良统计为144所[3],季啸风统计为106所[4],邓洪波统计为144所[5]。而通过仔细检阅《大明一统志》、《古今图书集成·职方典》、乾隆《江南通志》、光绪《重修安徽通志》、民国《安徽通志稿·教育考》等各种古籍史料和安徽部分府、州县明代方志(主要为《天一阁明代方志选刊》),以及一些碑刻、笔记等,系统搜集明代安徽书院的资料,而后进行统计,发现明代安徽地区共建有书院139所,其具体情况列表如下:

① 李国钧主编:《中国书院史》附录三《历代书院名录》,湖南教育出版社,1998年,第1048—1450页。

② 邓洪波主编:《中国书院史》,东方出版社2004年版,第263页。

③ 白新良著:《中国古代书院发展史》,天津大学出版社1995年版,第107页。

④ 季啸风主编:《中国书院辞典》,浙江教育出版社1994年版,第789—800页。

⑤ 邓洪波主编:《中国书院史》,东方出版社2004年版,第263页。

表8—3　明代安徽书院建置一览表

坐落府州县		书院名称	创办及重修时间
凤阳府（15所）	凤阳县	西山书院	嘉靖十三年建,嘉靖三十年重修
		独山书院	不详
	怀远县	西山书院	嘉靖十三年建,嘉靖三十年重修
		文昌书院	嘉靖十三年建
		真儒书院	嘉靖十三年建
	定远县	青云书院①	正德十二年建
	灵璧县	正学书院	万历间建
	天长县	始兴书院	成化五年建
		同人书院	嘉靖间建
	盱眙县	敬一书院	万历六年重建②
	寿州	循理书院	天启二年建
		安丰书院	不详
		涌泉书院	不详
		淮肥书院	不详
		淮南书院③	嘉靖初建

---

①　光绪《凤阳府志》卷一三《学校考》,清光绪三十四年(1908)木活字本,青云书院旧名贞蒙书院。

②　据安徽通志馆:民国《安徽通志稿·教育考》卷三,民国二十三年(1934)铅印本,明万历六年知县沈梦斗就遗址重建登瀛书院;乾隆九年知县郭起元改名为敬一书院。

③　据[明]栗永禄等纂修:嘉靖《寿州志》卷三《建置·书院》,明嘉靖二十九年(1550)刊本,淮南书院为知州刘天民建;又据卷五《官守志·秩官列传》,刘天民"嘉靖四年谪知寿州……增新书院……"故考得该书院建为嘉靖初。

		敬亭书院①	万历十七年建,万历二十六年、崇祯八年重修
		志学书院	嘉靖间建,万历间重修
	宣城县	宛陵书院	嘉靖间建
		同仁会馆	万历间建
		谢侯书院	崇祯八年建
		凤山书院②	正德间建
	南陵县	籍山书院	万历十三年建
宁国府(18所)		水西书院③	嘉靖三十一年建,万历间重建
		云龙书屋④	嘉靖间建
		考溪书屋	不详
		赤麓书屋	万历间建
	泾县	蓝山书院	万历间建
		喻义书院	隆庆元年建
		龙溪书舍	万历间建
		正蒙书舍	隆庆间建
	旌德县	太学书院	不详
	太平县	天都书院⑤	嘉靖间建,万历五年重建
	宁国县	凤山书院⑥	正德间建,嘉靖中、隆庆年间重修

---

① 据[清]洪亮吉等纂修;宣城市地方志办公室主持标点、校勘:嘉庆《宁国府志》卷一九《学校志·庙学下》,黄山书社2006年版,敬亭书院万历十七年初名待学书院,明万历二十六年改为正学书院,崇祯八年重修;乾隆八年改名敬亭书院。

② 又名西津书院、明德书院。

③ 据嘉庆《宁国府志》卷一九《学校志·庙学下》,黄山书社2006年版,水西书院又名水西精舍,明万历初毁,明万历丁亥重建。

④ 据嘉庆《宁国府志》卷一九《学校志·庙学下》,黄山书社2006年版,云龙书屋岁久圮县,后重建。

⑤ 据嘉庆《太平县志》卷四《学校志》,天都书院初名文峯书院,嘉靖二十二年更名为天都书院,后圮,明万历五年重建,明万历七年改名迎恩公馆,明末废。

⑥ 又名明德书院。

续表

		二良书院	嘉靖间建
安庆府(11所)①	怀宁县	近思书院	嘉靖间建,崇祯重修
		山谷书院	嘉靖间建
		龙山书院	不详
	桐城县	桐溪书院	嘉靖间建
		桐阳书院	万历间建
	潜山县	皖山书院	嘉靖间建
		山谷书院	嘉靖间建
	太湖县	同春书院	不详
		正学书院	不详
	宿松县	禹江书院	不详
徽州府(49所)	歙县	紫阳书院	正德间改建,嘉靖四十三年、万历间均重修
		北园书院	明初建
		白云书院	明初建
		凤池书院	明初建
		枫林书院	元末明初建
		斗山书院	嘉靖十年建
		崇正书院	嘉靖间建
		南山书院	嘉靖间建
		崇文书院	万历间建
		天都书院	崇祯十六年建
		道存书院	不详
	休宁县	心远楼	明初建
		柳溪书院	成化间建
		率溪书院	成化五年建

① 据[清]姚琅等纂修:康熙《安庆府志》卷七《学校志》,清康熙二十二年(1683)刊,怀宁的二良书院、山谷书院、近思书院,桐城的桐溪书院、潜山的皖山书院、山谷书院均为知府胡缵宗创建。胡为明正德戊辰进士,其为官主要在嘉靖年间,故这六所书院该为嘉靖年间建造。

徽州府(49 所)	休宁县	新溪书院	明初建
		天泉书院	嘉靖间建
		还古书院	万历二十年建,崇祯元年重修
		明善书院	万历间建
		海阳书院	崇祯八年建
	祁门县	东野书院	明初建
		窦山书院	明初建
		李源书院	弘治间建
		东山书院	正德末建,嘉靖九年重建
		少潭书院	嘉靖间建
		神交精舍	嘉靖三十一年建
		石龙精舍	嘉靖间建
		曙戒山房	不详
	黟县	碧阳书院	嘉靖四十二年建,崇祯时修复
		中天书院	不详
		淋沥书院	不详,天启间毁
		集成书院	明末清初建
	绩溪县	羣阳书院	弘治初建
		龙峰书院	洪武九年建
		颍滨书院	嘉靖间建
		谦如书院	崇祯间建
		石丈斋	万历间建
		鹿苹书馆	万历四年建

		东湖精舍	嘉靖间建
		霞源书院	明中叶建
		福山书院	嘉靖间建,万历三十六年重造
		虹东精舍	嘉靖四十二年建
		中心精舍	嘉靖间建
徽州府(49所)	婺源县	富教堂	明末建
		紫阳书院	嘉靖九年建,万历四十三年复建
		世贤书院	嘉靖间建
		尊罗书院	嘉靖间建
		明德书院	明末建
		山雾书院	明中叶建
		正经堂	明末建

	东流县	喻义书院	万历间建
池州府(17所)	贵池县	齐山书院	正德九年重建
		绣春书院	正德十年建
		翠微书院	正德十四年建
		会华书院①	嘉靖十四年建
		储材书院②	嘉靖二十年建
		兰台书院	万历间建
	青阳县	阳明书院	嘉靖七年建
		甘泉书院	嘉靖七年建
		临城书院③	万历四年建
		李白书堂④	成化间建
	石埭县	长林书院⑤	嘉靖二十年建
		紫潭书院⑥	成化二十三年建
	铜陵县	紫阳书院	不详,明末毁于兵
		李白书堂⑦	唐李白自建,弘治重建
	建德县	兰台书院	万历间建

---

① 据[明]王崇等纂修:嘉靖《池州府志》卷三《学校》,明嘉靖二十四年(1545)刊本,会华书院嘉靖十四年建,初欲为三状元祠,值甘泉湛先生讲学其中遂易该名。

② 据嘉靖《池州府志》卷三《学校志》,储材书院嘉靖二十年建,初名五经书院,隆庆间改名实学书院,明万历十六年改名储材书院。

③ 据[清]张士范等纂修:乾隆《池州府志》卷一七《书院志》,乾隆四十四年(1779)刻本,临城书院又名蓉城书院,明万历初知县苏万民建。

④ 据[明]王崇等纂修:嘉靖《池州府志》卷三《学校志》,明嘉靖二十四年(1545)刊本,李白书堂宋嘉熙初知县蔡元龙作草堂,本朝成化间始建。

⑤ 据嘉靖《池州府志》卷三《学校志》,明嘉靖二十四年(1545)刊本,又名广阳书院,嘉靖二十年知府曾仲魁建社学,后知府柯实卿易今名。

⑥ 据陈惟壬等纂修:民国《石埭备志汇编》卷一《大事记稿·明代》,民国二十七年(1938)活字本,紫潭书院为吴必显登进士,是年创建。

⑦ 据嘉靖《池州府志》卷三《学校》,明嘉靖二十四年(1545)刊本,铜陵亦有李白书堂,唐至德中白自建,弘治庚戌袁思瑶复建。

庐州府(12所)	合肥县	孝肃书院	弘治间建
		正学书院	嘉靖间建
	舒城县	龙眠书院	元建,明重建
		明德书院	万历间建
		独山书院	不详
	庐江县	毛公书院	嘉靖五年建
		水濂书院	嘉靖三十年建
		杨林书院	嘉靖三十四年建
	霍山县	东书院①	弘治间建
		西书院②	弘治间建
	英山县	志学书院	不详
		湖山书院	不详
太平府(6所)	当涂县	青山书院	万历八年建
		当仁会馆	不详
		采石书院	宣德三年重修
	芜湖县	阳明书院	隆庆间建
		求仁书院	万历间建
	繁昌县	同仁书院	万历二十五年建
广德直隶州(2所)	广德县	复初书院	嘉靖四年建
		复初书院	嘉靖三十五年建
和州直隶州(3所)	和县	历阳书院	嘉靖初建
		峨嵋书院	不详,隆庆时改为古和书院
		云兴书院	明焦竑建

---

① 据安徽通志馆纂修:民国《安徽通志稿·教育考》卷三,民国二十三年(1934)铅印本,东书院又名会胜书院、南岳书院。

② 据民国《安徽通志稿·教育考》卷三,民国二十三年(1934)铅印本,西书院又名潜台书院。

滁州直隶州（6所）	来安县	连龙书院	万历二十四年建
		景濂书院	万历四十六年建
	全椒县	南谯书院	嘉靖十三年建
		襄水书院	万历间建
		双岩书院	崇祯十五年建
		大观书院	不详

二、书院的空间分布

明代安徽地区分属 7 个府、3 个直隶州（以弘治九年即 1496 年为准），其中有 8 个府（州）完全在今安徽省境内，分别是庐州府、安庆府、太平府、宁国府、池州府、广德州、和州、滁州；有 2 个府跨今江苏、江西、河南部分地区，即凤阳府跨今江苏盱眙县、河南省部分地区，徽州府跨今江西上饶市婺源县部分地区。为了更加直观地展示明代安徽书院的空间分布情况，特列表如下：

表 8—4 明代安徽书院空间分布一览表

地 区	新建	重建	总计	占全省百分比	名次	府（州）所属县平均书院数
徽州府	45	4	49	35.25%	1	8.2
宁国府	16	2	18	12.95%	2	3.0
池州府	15	2	17	12.23%	3	2.8
凤阳府	14	1	15	10.79%	4	1.2
庐州府	11	1	12	8.63%	5	2.0
安庆府	10	1	11	7.91%	6	1.7
滁州直隶州	6	0	6	4.32%	7	3.0
太平府	5	1	6	4.32%	7	1.7
和州直隶州	3	0	3	2.16%	9	3.0
广德直隶州	2	0	2	1.44%	10	2.0

说明：因为明代凤阳府的行政建置数次更改，直到弘治九年（1496）才固定下来，为了比较方便，故采用弘治九年的行政设置为准。凤阳县下辖 13 个县，徽州府、宁国府、池州府、庐州府、安庆府均下辖 6 个县，太平府下辖 3 个县，滁州直隶州下辖 2 个县，和州直隶州和广德直隶州均下辖 1 个县。

根据表8—4中内容,我们把明代安徽书院的地域分布情况分为三个等级:

一级——20所以上的区,有徽州府(49所);

二级——10～20所的地区,有宁国府(18所)、池州府(17所)、凤阳府(15所)、庐州府(12所)、安庆府(11所);

三级——10所以下地区,有滁州(6所)、太平府(6所)、和州(3所)、广德州(2所)。

通过对上表的仔细分析可知:

①明代安徽书院的分布已经普及全省的各府(州),由宋元时期的点状分布发展为明代的片状分布。

②地处皖南的徽、宁、池三府的书院总数84所,占全省书院总数的60.43%,很明显成为一大分布区。这也显示出明代安徽书院在建置上的南北差异甚大。

③从最后一列"府(州)所属县平均书院数"中,我们可以发现地处皖北的凤阳府显然排在全省的最后,其平均书院数仅为1.2所。在搜集资料时发现,凤阳府下辖的五河县、临淮县、颍上县、太和县、霍邱县、蒙城县这6个县在明代的书院建置数为零。虽然凤阳府的书院总数位居全省第四,共15所,但这些书院几乎全集中于凤阳府治中心及附近,书院的分布极不均衡。

为了印证表8—4的内容,我们又根据民国《安徽通志稿·教育考》的记载制成下表:

表8—5 民国《安徽通志稿·教育考》所载明代安徽书院空间分布一览表

地 区	新建	重建	总计	占全省百分比	名次	府(州)所属县平均书院数
徽州府	26	1	27	27.55%	1	4.5
凤阳府	12	2	14	14.29	2	1.1
宁国府	13	0	13	13.27%	2	2.2
安庆府	11	0	11	11.22%	4	1.8
庐州府	10	0	10	10.20%	5	1.7
池州府	9	1	10	10.20%	5	1.7

续表

滁州直隶州	6	0	6	6.12%	7	3.0
太平府	3	1	4	4.08%	8	1.3
和州直隶州	2	0	2	2.04%	9	2.0
广德直隶州	1	0	1	1.02%	10	1.0

从表8—5可见,虽然民国《安徽通志稿·教育考》中对明代安徽书院的数量记载与表8—4中的数字有很大的出入,但是从两表的对比中,我们仍可看出明代安徽书院的总体分布趋势还是相当一致的。

为了进一步说明其分布情况,需要分析其地理密度和人口密度。古代人口统计数字十分不准确,流动人口,漏报、隐瞒人口情况使得各地人口误差极大。本文采取里密度的计算方法,因为地方行政区划中的乡里制度,是以人口多寡而定,多少户算一里,多少里算一乡,全国都有一个相对统一的标准,与面积关系不大。因此可以说,里密度是书院人口密度的另外一种反映形式,故列下表:

表8—6 明代安徽各地区书院里密度一览表

地 区	里数	书院数	密度①(里/所)
凤阳府	609	15	41
庐州府	220	12	18
安庆府	245	11	22
太平府	184	6	31
宁国府	481	18	27
池州府	83	17	5
徽州府	691	49	14
广德州	127	2	64
和 州	41	3	14
滁 州	33	6	6

资料来源:《大明一统志》卷七、卷一四至卷一八,清文渊阁四库全书本

---

① 此处密度意为每多少里一所书院(取整数),数字越大,表示书院密度越小。

从表8—6可见，池州府书院密度最为稠密，平均每5里1所书院；广德州书院密度最为稀疏，整个广德州64里只有1所书院。除了池州府之外，滁州、徽州府、和州、庐州府的书院分布，也属于较为稠密之列，其余的各府书院分布较为平均，大致介于每20~30里1所书院。

三、书院的时间分布

明代安徽书院的数量有时段可考的共115所，分布在明代17朝中的10朝内。详见下表：

表8—7　明代安徽书院设置时间一览表

朝代	府别/书院数	凤阳府	庐州府	徽州府	宁国府	池州府	安庆府	太平府	滁州	广德	和州	总计
前期	洪武			1								1
	建文											
	永乐											13 + 8 = 21 所
	宣德							1				1
	正统											
	景泰											
	天顺											
	成化	1		2		2						5
	弘治		3	2		1						6
后期	正德	1		2	2	3						8
	嘉靖	6	4	16	5	5	6		1	2	1	46
	隆庆			2				1				3
	万历	2	1	5	4	4	1	3	3			25
	天启	1										1
	崇祯			4	1				1			6
未　详		4	4	17	2	2	4	1	1	0	2	37 - 13 = 24 所
总　计		15	12	49	18	17	11	6	6	2	3	139 所

注：1.以弘治十八年(1505)为界，将明代分为前期137年和后期139年，时间略等，方便

比较。洪熙、泰昌两朝时间较短，未有建置，省去。2.徽州府的书院中有八所(北园书院、白云书院、凤池书院、枫林书院、心远楼、新溪书院、东野书院、窦山书院)虽不详年代，但为明初建置，故统计时算作前期建置的书院。3.婺源县的书院中虽有五所(霞源书院、山雾书院、富教堂、明德书院、正经堂)建置不详，但有两所确知为明代中叶建置，三所确知为明末建置，都相应算入明中叶和明末。

从上表我们可以直观地看到，明代安徽书院在时间上的分布特征反映出其发展经历了"沉寂—勃兴—禁毁"的历程。从总的时间分布特点来看，有史可考的书院中，前期137年共设置21所，后期139年共设置94所，分别占有时段可考的115所的18.3%和81.7%。后期明显多于前期，是其四倍有余。在有书院建置的10朝里，嘉靖朝明显最多，有46所；其次是万历朝有25所。其余8朝的建置均在10所以下。嘉靖和万历两朝的书院占10朝书院总数的61.7%，是明代安徽书院发展的两个高峰期。

我们知道，朱明政权建立之初，为了收揽人心，曾下令修复曲阜尼山、洙泗两所书院。受此影响，安徽也重修了个别前代书院，如歙县紫阳书院，并新建了绩溪龙峰书院、歙县枫林书院。但这只是明政府开国时尊崇儒学的一种表示，且尼山、洙泗两所书院只具有祭祀功能，而非一般意义上的书院，因此不能代表明政府真正重视书院建设。待政权稍稍稳定之后，明政府大力发展官学教育，禁绝各地书院的建设，下令"改天下山长为训导，弟子员归于邑学"，使"书院因以不治，而祀亦废"。[①] 这样，从洪武至天顺八朝的一个世纪里，和全国一样，安徽书院废而不举，沉寂无闻。明代安徽地区在这八朝里仅新建书院10所左右。与此同时，明朝的官学却得以极大发展，一时形成"明天下府、州、县、卫、所，皆建儒学……此明代学校之盛，唐宋以来所不及"[②]之盛况。

成化以后，随着社会经济、文化的发展，官学的规模无法满足广大士子求学的需求，如正德间，祁门县"邑儒学子员凡二百，而学舍仅百之十，无从卒业久矣"[③]。加之官学日渐衰落和科举的日益腐败，书院开始逐渐复兴。据《明史·选举志》载，成化二年(1466)礼部尚书姚

① ［清］张廷玉等修撰：《明史》卷六九《选举志一》，中华书局1974年版。
② 同上
③ ［清］汪韵珊等纂修：同治《祁门县志》卷一八《学校志》，清同治十二年(1862)刻本。

夔说:"太学乃育才之地,近者直省起送四十岁生员,及纳草纳马者动以万计,不胜其滥,且使天下以货为贤,士风日陋。"沈德符在《万历野获编》中详细罗列了自永乐二年(1404)甲申科至嘉靖四十四年(1565)乙丑科之间,通过舞弊实现金榜题名的进士名单。如嘉靖三十八年(1559)己未科,吏部尚书吴鹏之子登二甲进士,"则倩人入试,途人皆知,而言路无敢言者"。① 中央和地方各级官学生员中普遍存在年老体衰、纳财捐取等现象。为了补偏救弊,书院重新引起了学者们和一些官员的重视,至正德末,安徽新建书院8所。正如盛朗西先生所言:"宋元之间,书院最盛,至明而浸衰,盖国家网罗人才,士之散处书院者,皆聚之于两雍,虽有书院,其风不盛。其后国学之制渐隳,科举之弊孔炽,士大夫复倡讲学之法,而书院又因之以兴"。②

嘉靖、万历年间,安徽省内新建书院数量激增,书院设置达到高潮。嘉靖年间,两位王门泰州学派弟子耿定向、罗汝芳在安徽为官,加上安庆知府胡缵宗,他们都精通理学,而又当权地方,故倡建书院甚多。此时,另一位学术大师湛若水也先后讲学于徽州各大书院,形成较大影响。一时之间,安徽书院出现了阳明③、甘泉、程朱三足鼎立的局面。心学和程朱理学在安徽的门户对立不但促进了学术文化繁荣局面的形成,同时对安徽书院的发展起了重大的推动作用。但是,与之相关的却是嘉靖、万历两朝正是明代打击、禁毁书院最厉害的时期。众所周知,嘉靖十六年(1537)、嘉靖十七年(1538)和万历七年(1579)先后大规模地禁毁全国的书院。为何安徽书院的发展恰在这两朝出现高峰期?仔细考察这三次禁毁书院的背景即知,这三次禁毁不是与政治斗争有关就是与当权者的好恶有关。随着政治斗争的复杂化和当权者的变更,书院又得以恢复。嘉靖十六年和十七年的两次禁毁书

---

① [明]沈德符撰:《万历野获编》卷一五《现任大臣子弟登第》,文化艺术出版社1998年版,第426页。

② [近]盛朗西编:《中国书院制度》,杨家骆主编:《古今图书集成续编初稿·典25续·选举典三》,中国台北鼎文书局1977年版,第1611页。

③ 王守仁(1472—1529),明代哲学家、教育家。字伯安,余姚(今属浙江)人,曾筑室故乡阳明洞中,世称阳明先生。他是历代心学的集大成者。王学以反传统的姿态出现,与程朱理学背驰,对明代中后期的学术思想发展产生了很大影响。

院,《明史》为了掩盖,未予记载。我们在《续文献通考·学校考》和《皇明大政记》①中可以找到有关这两次禁毁书院的记载。当时在朝执政的人,有许多反对王阳明、湛甘泉之学,他们对于王、湛的广建书院,聚徒讲学、妄加罪名,实际上是为了在政治上和学术上进行压制。先是以"倡其邪学,广收无赖"的罪名毁闭王、湛私立的书院,随后又以"废坏不修,别立书院","动费万金,供亿科扰"②为借口,禁毁所有书院。但是书院在当时的影响很大,声望甚高,禁是禁不住的。正如《万历野获编》中所说:"虽世宗力禁,而终不能止。"不仅如此,官方越禁,民间越办,所以明代的书院反以嘉靖时期最多。"王学"在安徽很有影响,并且王守仁的弟子耿定向和罗汝芳即在安徽为官,他们在两次禁毁书院后都积极创建新书院,且宣城的志学书院还是耿、罗二人在嘉靖三十五年(1556)合作创办。明代第三次禁毁书院是万历七年(1579)张居正执政时,他虽为徐阶的弟子,却最厌恶书院聚徒讲学。《万历野获编》卷8载:"张居正最憎讲学,言之切齿。"他的禁毁书院比嘉靖间禁毁的规模更大,措施也更加严厉。然而,当时国学衰微,地方官学名存实亡,但书院讲学制度已深入士人之心,社会影响较大,加之张居正于万历十年(1582)卒去,其推行的禁毁书院的措施也就烟消云散了。

　　但是,与此同时由于嘉靖、万历时期书院的作用已由教育士子、学术传递渗透到政治斗争中,因此书院的兴衰不可避免地受政治斗争的影响,这也为以后书院的悲剧性命运埋下伏笔。天启年间,魏忠贤当道,东林党人大肆对其恶行进行抨击。东林书院是反魏的中心,同时也就成了政治斗争的牺牲品。为了排除异己,魏忠贤矫旨禁毁天下书院。因尚书婺源人余懋衡是不附魏忠贤的东林党人,徽州书院在此次政治大清洗中颇受影响。据徐开任《明名臣言行录》载:"初,公(余懋衡)于新安之紫阳书院创兴理学,及令永新,善邹元标建明新书院;按陕西,引冯从吾阐明圣学。熹庙初年,邹为总宪,公与冯同为中丞,复

---

① [明]朱国祯辑:《皇明大政记》卷二九,《皇明史概》,广陵古籍刻印社1992年版,第441页。
② [明]王圻纂辑:《续文献通考》卷六一《学校考·书院义学》,现代出版社1986年版,第910页。

开首善书院于都门。谗者业有烦言,至是魏珰驱除。正学御史张讷请毁首善,且言海内书院最盛者四:东林、江右、关中、紫阳,南北主盟,互相雄长。余懋衡、冯从吾、邹元标、孙慎行为四大头目,并宜处分。遂俱削夺一切。书院皆毁,买以助殿工。"①终天启年间,安徽仅有"龙兴之地"凤阳府建有一所书院,其他地区不仅没有书院的建置,反而大量书院遭到焚毁。

四、书院对文化的促进

明代安徽书院数量之多、种类之繁、分布之广都超越了以往各个朝代。其中有很多是曾经留下多位学者足迹的著名书院。这些书院无疑都促进了学术的繁荣,文化的发展。但是通过考察明代安徽书院的建置,我们可以发现为数众多的书院是位于基层,或官办,或民办,其目的是为了推行儒学教化,培养区域人才。

明代安徽的书院"济学校之不足",在扩大受教育的范围、提高教育质量、促进区域人才的培养方面作出了重要贡献。李国钧等学者就认为"书院以其相对灵活的办学方式,既起到了弥补官方正规教育不足的作用,也适度发挥了对正规教育质量进行微调的作用"②。由地方官员兴办的书院,大多是为了弥补官学的衰败,帮助士子准备科考。如史料记载,安徽舒城刘作垣在《创建龙眠书院碑记》中云:"考之县志人物,昔称极盛,乃至于今浸以微矣!非士气之不振,抑学校之未兴也……余乃自出俸钱购室延师,择生童之秀者数十人,饮食而教诲之。"又如万历初知县沈梦斗来守盱眙,"既至,则诸生咸集,济如肃如。及询科目于往牒,则嘉靖辛卯后寥乎无人",因在崇圣书院旧址建登瀛书院。③ 此外,明代的官学教育在很大程度上仍是精英教育,普通民众接受教育的机会很少。我们可以想象,偌大的一个县,只有一所官学,入学人数又有限制,其作用是非常有限的。因此,明代安徽书院

① [清]徐开任辑:《明名臣言行录》卷八三《尚书余公懋衡》,清康熙刻本。
② 李国钧、王炳照总主编,吴宣德著:《中国教育制度通史·总序》,山东教育出版社1999年版,第13页。
③ [清]王锡元等纂修:光绪《盱眙县志稿》卷三《建置》,民国二十九年(1940)重校本。

有不少是为了满足更多士子的求学需要而建造的。这其中有为了弥补对儒学教育的需求而建造的,如同治《祁门县志》卷18《邑人李汛东山书院记略》载,祁门"儒学弟子员凡二百,而学舍仅百之十,无所卒业久矣",于是郡守留志淑与知县洪晰"作学舍五十间、文会所三间、抑止亭一间、庖四间,以居诸生讲肄其中,榜曰东山书院"①。也有为弥补蒙学教育的不足而建造的,如嘉靖《宁国县志》记载:"学校之设既群国之俊彦而甄陶之。然菁莪乐育之地所以广师儒之讲习,童蒙之厘正又不能无赖于院社者,是院社所以济学校之不及也。是故观于院社之兴废可以卜教化之隆替、人才之盛衰。宁国原无书院,正德间知县王时正建凤山书院,正堂三间,扁曰养正,后改为社学,后又改为书院,知县范镐题名增建穿堂于后,以便士子讲学。"②明代安徽书院很好地将精英化的高等教育与普及化的基础教育结合起来,对发展安徽地方教育、促进安徽人才培养发挥了重要作用。

教育是文化的一部分,又是文化得以传承的载体。教育离不开文化,总是在一定的文化环境中进行的,总是受到一定文化传统的影响。同时,文化又需要依靠教育来传递和创造,因此,教育有传播和创造文化的功能。书院教育以其特有的教育方式、教学内容,并且作为一种相对开放式的教育体系,对文化的发展起到了积极的促进作用。纵观明代安徽区域文化的发展,凡是书院教育比较发达的地区,该地的文化相对也较为兴盛。明代安徽的皖中、皖南地区书院教育比较发达,与之相应的,这两个区域的文化发展也比较兴盛,分别出现了声名赫赫的桐城文派和徽州文化。

作为中国历史上一段重要的文学现象,桐城派有着自己特殊的历史地位和价值。它是我国文学发展史上持续时间最长,作家人数最多,影响最大的散文流派。因其主要作家,如先驱者戴名世、创始者方苞、发展者刘大櫆、集大成者姚鼐均为安徽桐城人,因而得名"桐城派"。桐城派在散文创作和文论方面,"是全面继承,众美兼收,集我

---

① [清]汪韵珊等纂修:同治《祁门县志》卷一八《学校志·书院·邑人李汛东山书院记略》,清同治十二年(1873)刻本。

② [明]黎晨等纂修:嘉靖《宁国府志》卷三《政事类·书院》,明嘉靖十五年(1536)刊本。

国古代散文和文论之大成"①。为什么从明末到清初,桐城境内会涌现出一大批饮誉海内外的文人呢? 张海鹏先生认为,如果从"具体层面"上来回答这个问题,就应追溯到明末的桐城重教之风。也正是因为有了明末的"桐城人才独盛",才有清代桐城派的崛起。② 可以说,桐城文派在清代的勃兴绝非偶然,而是源于桐城文化自北宋至明代的发展基奠,源于桐城地区重教尚文的优良传统。从明代开始,尊师重教的风气在桐城逐渐形成,读书风气之盛使得该地产生了类似"穷不丢书,富不丢猪"③这样一些家喻户晓的民间谚语;使得该地出现了"通衢曲巷,夜半诵书声不绝"④的好学景象。明代桐城讲学之风盛行和书院的发达促进了教育的发展,也为文化的繁荣创造了良好的条件。清代桐城文派兴起之后,其倡导者也秉承了重教兴学、讲学授徒之传统,并且躬行力践,极力倡导教育,热心讲学。戴名世先祖及本人均以教馆营生,设帐授徒;刘大櫆三世以教馆为业,自己一生授徒数十年;姚鼐先后主讲扬州梅花书院、安庆敬敷书院、歙县紫阳书院、南京钟山书院,弟子遍及各地;方东树毕生诲迪后进,孜孜不倦,年八十卒于馆中;吴汝纶兴办书院,亲临讲坛,以振兴家乡教育为己任。⑤ 吴孟复认为桐城派的作者"最突出的一点,还是他们几乎无一不是以教书为职业。"⑥徐寿凯也指出:"知识分子和教师这一职业是结有不解之缘的,桐城派尤是如此。"⑦桐城文派之所以名噪一时,享有"天下高文归一县"、"声名冠天下"之美誉,⑧归根到底还是得益于明代以来该区域教育传统的优良和讲会风气的炽热所引发的文化兴盛、人文荟萃的社会历史环境。

徽州文化博大精深、底蕴深厚,是中华传统文化的重要组成部分。

---

① 周中明著:《桐城派研究》,辽宁大学出版社1999年版,第1页。
② 张海鹏:《徽商与明清徽州教育·序》,湖北教育出版社2001年版,第17页。
③ 汪福来主编:《桐城文化志》,安徽人民出版社1992年版,第52页。
④ [清]马其昶著;毛伯舟点注:《桐城耆旧传》,黄山书社1990年版,第400页。
⑤ 李昌志:《"文章甲天下冠盖满京华"——从新编〈桐城县志〉看桐城文化的兴起、影响及其成就》,《中国地方志》1997年第4期,第52页。
⑥ 吴孟复著:《桐城文派述论》,安徽教育出版社1992年版,第18页。
⑦ 徐寿凯:《桐城文派绵延久远原因蠡测》,《桐城派研究论文选》,黄山书社1986年版,第92页。
⑧ 《桐城派研究》,辽宁大学出版社1999年版,第1页。

学者们认为徽州文化主要是指宋、元、明、清以来植根于徽州本土,并经由徽州商帮和徽州士人向外传播和辐射,进而影响其他地域文化进程的一种区域性历史文化。① 徽州文化在明清时期达到了鼎盛,其内容丰富、体系庞大,主要包括徽州商帮、徽州宗族、新安理学、徽州教育、徽州刻书、徽派建筑、徽州三雕、徽州村落、徽州历史人物、徽州民俗、徽州方言、徽菜等。徽州文化的长盛不衰直接得益于徽州自古以来重教兴文的悠久传统。教育在徽州人的内心深处是极为神圣的事情,他们将"天下第一等好事只是读书"这样的句子刻在房门左右,时刻警醒着子孙。徽州谚语中有"三代不读书,好比一窝猪"、"娇子不娇书,娇书变养猪"的说法②。在重教尚文的传统下,明清徽州出现了"虽十户之村,不废诵读"③,"连科三殿撰,十里四翰林"④的文化现象。徽州书院教育十分发达,不仅在数量上位居安徽各地区之鳌头,而且在全国亦具有重要影响,明末即有"海内书院最盛者四,东林、江右、关中、徽州,南北主盟,互相雄长"⑤之说。李琳琦认为明清徽州的传统教育中呈现出一些新的特色,其中之一就是教育的相对平等性和相对开放性。教育平等性的重要体现是明清时期徽州出现了"虽远山深谷,居民之处,莫不有学有师"的教育高度普及的局面;而教育开放性的一个重要表现即是学者及其学术交流的频繁性。⑥ 徽商是徽州文化发达的"酵母",而徽州优良的教育传统特别是明清时期书院教育和书院讲学的兴盛则是徽州文化得以广泛传播和发扬光大的重要力量。

明代徽州人程泰曾作名为《梧冈书院》的诗,描绘书院群英会聚、灯火通明、书声绕梁的情景。诗曰:"雅爱高岗屋数楹,碧梧深处集群英。通宵灯火连鸡唱,盈耳弦歌杂凤鸣。白鹿儒风宜并驾,紫阳教铎好齐名。当时已作鳌头客,接踵联芳属后生。"虽然我们现在无法感受到古时书院的辉煌,但是从诗中的意境里,我们可以体味到一丝当年

---

① 卞利著:《明清徽州社会研究》,安徽大学出版社 2004 年版,第 21 页。
② 绩溪县地方志编纂委员会编:《绩溪县志》,黄山书社 1998 年版,第 1073 页。
③ [清]吴鹗等纂修:光绪《婺源县志》卷三《风俗》,光绪八年(1882)刊本。
④ 《歙事闲谭》卷一一《科举故事一》,黄山书社 2001 年版,第 355 页。
⑤ [清]赵吉士等纂修:康熙《徽州府志》卷一二《人物志上》,清康熙三十八年(1699)刊本。
⑥ 李琳琦著:《徽商与明清徽州教育》,湖北教育出版社 2001 年版,第 265 页。

徽州书院学子们潜心问学的动人情景。

总之,明代安徽书院的快速发展及其对文化的积极影响,在安徽古代教育和文化发展史上占据着很重要的位置。

第三节 科举与仕宦

一、明代安徽的进士

明代是科举制度发展的成熟期,明廷规定"科举必由学校"①和"中外文臣皆由科举而进,非科举毋得与官"②,因此,科举与仕宦的关系在明代尤为密切,官学教育也完全是围绕应举入仕而展开。既然科举及第是绝大多数知识分子的人生目标,因此地方士子的及第人数尤其是进士人数的多寡就成为衡量一个地区教育发展和文化水准高低的重要标准。有很多学者认为,进士的地理分布是科举人才分布乃至历史人文地理研究的最佳资料。根据朱保炯、谢沛霖编《明清进士题名碑录索引》统计,明代安徽进士数量为 1307 人(包括寄籍和占籍);根据光绪《重修安徽通志》统计,明代安徽进士数量为 1361 人。现将上述两种文献中统计出来的明代安徽进士数量与地理分布情况列表如下:

---

① [清]张廷玉等修撰:《明史》卷六九《选举志一》,中华书局 1974 年版。
② 同上。

表 8—8 《明清进士题名碑录索引》所载
明代安徽进士数量与地理分布一览表

府、州、县、卫所		进士数			合计	州县进士平均数
		占籍	原籍	寄籍		
凤阳府176名	凤阳	7	8	0	15	9.8
	临淮	8	6	0	14	
	怀远	6	2	0	8	
	定远	14	14	1	29	
	五河	7	1	0	8	
	虹县	2	1	0	3	
	寿州	7	1	0	8	
	霍邱	4	0	2	6	
	蒙城	4	1	1	6	
	泗州	9	1	0	10	
	盱眙	5	7	1	13	
	天长	5	1	0	6	
	宿州	2	3	0	5	
	灵璧	9	2	0	11	
	颍州	5	10	0	15	
	颍上	4	1	0	5	
	太和	2	0	0	2	
	亳州	5	3	0	8	
	凤阳府	0	4	0	4	

续表

庐州府148名	合肥	32	16	4	52	18.5
	舒城	19	6	0	25	
	庐江	9	0	0	9	
	无为州	20	5	1	26	
	巢县	7	4	0	11	
	六安州	17	2	0	19	
	英山	2	1	0	3	
	霍山	2	0	1	3	
安庆府167名	怀宁	40	2	1	43	27.8
	桐城	78	4	1	83	
	潜山	12	3	0	15	
	太湖	11	0	0	11	
	宿松	4	4	0	8	
	望江	5	1	0	6	
	安庆府	0	0	1	1	
太平府95名	当涂	54	10	0	64	31.6
	芜湖	15	0	0	15	
	繁昌	16	0	0	16	
池州府71名	贵池	21	0	0	21	11.8
	青阳	21	2	0	23	
	铜陵	4	0	0	4	
	石埭	6	0	0	6	
	建德	12	1	0	13	
	东流	3	0	0	3	
	池州府	1	0	0	1	

宁国府147名	宣城	62	6	0	68	24.5
	南陵	8	0	0	8	
	泾县	40	0	0	40	
	宁国	7	1	0	8	
	旌德	8	1	0	9	
	太平	13	1	0	14	
徽州府388名	歙县	141	20	2	163	64.7
	休宁	40	19	0	59	
	婺源	87	3	0	90	
	祁门	41	6	0	47	
	黟县	10	1	0	11	
	绩溪	17	1	0	18	
滁州直隶州36名	滁州	12	3	0	15	18.0
	全椒	10	2	0	12	
	来安	6	2	1	9	
和州直隶州19名	和州	12	2	0	14	19.0
	含山	3	2	0	5	
广德直隶州34名	广德州	22	3	0	25	34.0
	建平	9	0	0	9	

续表

卫所26名	中都长淮卫	0	0	2	2
	寿州卫	2	0	1	3
	寿州卫中所	1	0	0	1
	宿州卫	1	0	0	1
	六安卫	0	0	2	2
	泗州卫	5	0	1	6
	武平卫	0	0	1	1
	滁州卫	2	0	1	3
	庐州卫	1	0	1	2
	凤阳卫	0	0	1	1
	怀远卫	0	0	2	2
	安庆卫	0	0	1	1
	建阳卫	0	0	1	1

卫所26名 对应 2.0

总　计	1076	200	31	1307	22.5（不包括卫所）

表8—9 光绪《重修安徽通志》所载
明代安徽进士数量与地理分布一览表

府 州 县		进士数		合计	州县进士平均数
		寄籍	原籍		
凤阳府201名	凤阳	18	0	18	11.2
	临淮	16	1	17	
	怀远	9	0	9	
	定远	13	0	13	
	五河	7	0	7	
	虹县	2	0	2	
	寿州	14	0	14	
	霍邱	10	0	10	
	蒙城	8	0	8	
	泗州	16	0	16	
	盱眙	13	0	13	
	天长	9	1	10	
	宿州	5	3	8	
	灵璧	12	0	12	
	颍州	27	0	27	
	颍上	5	0	5	
	太和	5	0	5	
	亳州	7	0	7	

续表

庐州府160名	合肥	50	1	51	20.0
	舒城	26	1	27	
	庐江	10	0	10	
	无为州	24	5	29	
	巢县	14	0	14	
	六安州	20	0	20	
	英山	2	3	5	
	霍山	3	1	4	
安庆府177名	怀宁	46	1	47	29.5
	桐城	84	1	85	
	潜山	16	0	16	
	太湖	12	0	12	
	宿松	5	5	10	
	望江	7	0	7	
太平府91名	当涂	59	0	59	30.3
	芜湖	16	0	16	
	繁昌	16	0	16	
池州府76名	贵池	24	0	24	12.7
	青阳	23	0	23	
	铜陵	4	0	4	
	石埭	6	0	6	
	建德	15	1	16	
	东流	3	0	3	

宁国府151名	宣城	63	1	64	25.2
	南陵	11	0	11	
	泾县	43	0	43	
	宁国	9	0	9	
	旌德	9	0	9	
	太平	15	0	15	
徽州府411名	歙县	159	22	181	68.5
	休宁	44	17	61	
	婺源	89	3	92	
	祁门	44	3	47	
	黟县	13	0	13	
	绩溪	17	0	17	
滁州直隶州39名	滁州	16	0	16	19.5
	全椒	12	1	13	
	来安	10	0	10	
和州直隶州21名	和州	15	0	15	21.0
	含山	6	0	6	
广德直隶州34名	广德州	25	0	25	34.0
	建平	9	0	9	
总　计		1290	71	1361	23.9

《明清进士题名碑录索引》和光绪《重修安徽通志》对明代安徽进

士的记载虽有一些出入,但从两表的比较中,仍可以看出明代安徽进士地理分布的总体趋势是基本一致的。全省各府、直隶州进士总数的排名依次为:徽州府、凤阳府、安庆府、庐州府、宁国府、太平府、池州府、滁州直隶州、广德直隶州、和州直隶州;但全省各府、直隶州所辖州、县的平均进士数则依次为:徽州府、广德直隶州、太平府、安庆府、宁国府、和州直隶州、庐州府、滁州直隶州、池州府、凤阳府。另外,皖南地区的进士数明显高于皖中和皖北地区,特别是徽州府无论是进士总数,还是所辖各县进士的平均数,均排在全省首位,其进士总数约占全省的30%。

明代安徽各县的进士数量的分布也极不均衡,根据光绪《重修安徽通志》的统计,排名前三位的是歙县、婺源县与桐城县,三县的进士总数约占全省的26%;其次为宣城、休宁、当涂、合肥、怀宁、祁门、泾县等县,而其余各县进士人数则较少。据有关学者的统计,明代全国各州县进士平均数在15人以上。依此,根据光绪《重修安徽通志》的统计,明代安徽地区有28个县的进士数超过平均水平,还有不少县进士数目接近平均数。可见,明代安徽是科举比较发达的地区,尤其是歙县一地,进士数竟然有180余人。

二、明代安徽的仕宦

明代,安徽人居官历政者人数众多,其中有许多人官位显赫、政绩卓著。据《明史》所载,安徽籍仕宦共240人。这些仕宦的地理分布及比例情况列表如下:

表8—10 《明史》所载安徽籍仕宦的地理分布情况一览表

地 区 名	仕宦人数	所占比例	名 次
凤阳府	86人	35.8%	1
徽州府	45人	18.8%	2
庐州府	32人	13.3%	3
安庆府	18人	7.5%	4
滁 州	17人	7.1%	5

宁国府	14 人	5.8%	6
徐 州	5 人	2.1%	7
太平府	8 人	3.3%	8
池州府	8 人	3.3%	9
和 州	5 人	2.1%	10
广 德	2 人	0.8%	11
合 计	240 人	100%	12

　　从地理分布上看,通过上表可知,明代安徽籍仕宦人物数量占据前三名的是凤阳府86人、徽州府45人、庐州府32人,均在30人以上,占总数的67.9%。安庆府、滁州、宁国府均在15人左右,居其次。其余都在10人以下。通过前面的研究我们知道,明代凤阳府的进士比例在全省中的排名是很低的,据《明清进士题名碑录索引》的统计,凤阳府州县进士平均数仅为9.8,除卫所外,在全省居于垫底的位置;据光绪《重修安徽通志》,其州县进士平均数为11.2,仍旧居于垫底的位置,与排名第一的徽州府(据《明清进士题名碑录索引》的统计,其进士平均数仅为64.7,据光绪《重修安徽通志》的统计,其进士平均数68.5,均位居第一)相比,更是相差甚远。那么为何其仕宦数却居于遥遥领先的位置呢?众所周知,朱元璋出身凤阳,在其打天下、建立明王朝的过程中,其基本的依靠力量便是以凤阳及其周边地区的老乡为核心的淮西武人集团,这个集团既是朱元璋夺取天下的骨干力量,也是征战沙场的元勋。朱元璋登基伊始即大封功臣,满朝公侯、盈廷权贵多是以凤阳府人为主的淮人,淮人威势在明初显赫一时,正如贝琼诗曰:"马上短衣多楚客,城中高髻半淮人。"也因此,凤阳府的仕宦几乎皆以军功起家,如明初"淮西集团"的开国功臣们大多如此。

　　与江北相对应,皖南的太平府、池州府、宁国府、徽州府、广德直隶州等府州的仕宦则主要以科举为进身之途。宁国府的14人中,几乎都有科举经历,且进士出身者就有6人。如宁国府宣城县人秦逵,洪

武十八年进士,历事都察院,擢工部侍郎,二十二年进尚书①;宁国府泾县人董杰,成化末进士,授沔阳知州,后谪四川行都司知事,历迁河南左布政使。正德六年,擢为右副都御史②;萧彦,隆庆五年进士,除杭州推官。万历三年,擢兵部给事中,以工科左给事中阅视陕西四镇边务。后擢太常少卿,以右金都御史巡抚贵州,改抚云南。寻以副都御史抚治郧阳。进兵部右侍郎,总制两广军务。③ 徽州府的45名仕宦中竟有30名进士出身。究其原因是因为徽州有深厚的崇儒重教、科举仕进的传统。明初,在朱元璋"兴学校"的诏令下,徽州府遍设官学且有长足发展;到明中后期,徽州人又大力兴办书院、义学、塾学和文会。教育的发达,培养出一大批饱学之士,他们往往能通过科举而进入仕途。因此徽州仕宦的地域特点是,仕宦多为进士出身。

从时间分布上看,由于凤阳府等江北皖籍仕宦多以军功起家,在朱元璋建立明帝国的过程中居功至伟,在明朝建立后恃功自傲的现象屡有出现,这显然与朱元璋力图巩固自身统治的初衷相违背,加上朱元璋生性多疑,于是在其地位日益巩固后,便展开了对以淮西武人集团为主的功臣大肆清算和杀戮。洪武十三年(1380),朱元璋以擅权枉法罪状杀胡惟庸及其同党。洪武二十六年(1393),朱元璋又借口定远人凉国公蓝玉谋反,株连杀戮功臣宿将。通过胡惟庸案和蓝玉案,朱元璋几乎将明初的开国功臣诛杀殆尽,受株连被杀者有近5万人。凤阳府的仕宦们在明初的风光无限后,至此一蹶不振。明中后期以后,活跃在政坛上的安徽籍仕宦中,凤阳府人已不多见,科第繁盛的皖南徽州等府后来居上,如徽州府的45名仕宦中仅有朱升一人为洪武年间任职翰林学士,其余44名几乎皆为宣德(1426—1435)以后才入仕于朝。这也反映了科举制度在明朝的人才选拔途径中地位日益重要。

---

① [清]张廷玉等修撰:《明史》卷一三八《薛祥列传附秦逵列传》,中华书局1974年版。
② 《明史》卷一八〇《汤鼐列传附董杰列传》,中华书局1974年版。
③ 《明史》卷二二七《萧彦列传》,中华书局1974年版。

第九章

明代安徽的科技成就

纵观整个明代，虽然科学技术在传统的科技发展模式下，仍有所进步，但总的来说，这些科技成就主要表现在对传统科技中的一些领域进行了较大规模的总结。

相对于全国科学技术发展缓慢的局面，明代安徽的科学技术领域，却是人才辈出，成果丰富，学术思想活跃，呈现出繁荣的景象。这一时期安徽的科技学者们在科技发展上做出很大的贡献，较为突出的有朱橚、程大位、朱载堉、汪机、孙一奎、汪昂、方以智、喻仁、喻杰等人，他们的影响及于全国，有的还享有国际声誉。

这一时期安徽的科技成就，遍及数学、物理学、植物学、声律学、医药学以及机械制作、冶金、建筑、印刷、染织等领域。科技著作大量问世，特别是医学著作在当时的医学界具有举足轻重地位。

第一节　农业科技

一、汪应蛟、左光斗对农田水利建设的贡献

明朝建立以后,随着战乱的平息、经济的发展和人们生活趋于稳定,因元末战乱而锐减的人口得到了较快的恢复与增长。到了明中叶以后,人口与耕地的矛盾日益突出。当时在北京的东部和东南部存在着大量盐碱化的荒地,其中处于海河、滦河和潮白河水系下游的河北东部滨海平原,由于地势平缓、排水不畅,历史上出现过土壤有不同程度的盐碱化现象。元人虞集曾建议修筑海塘对这一地区的滨海荒地进行拓垦,但未能实现。到了明中叶,这里已成为碱草丛生的荒地,京畿东南、两河以北,也是荒原一片,"高者为茂草,洼者为沮洳"。于是不少有识之士,纷纷提出了对这些地区荒地进行农田改造的建议和方法,两位安徽籍学者汪应蛟和左光斗,就是其中的佼佼者。汪应蛟对于当地土地盐碱化进行了有效的改造,左光斗则提出了系统的屯田水利理论。

1. 汪应蛟对盐碱地改造的贡献

汪应蛟,字潜夫,徽州婺源(今江西省婺源县)人,万历二年(1574)进士,授南京兵部主事、南京礼部郎中等职。在他代任天津巡抚时,"见葛沽、白塘诸田尽为污莱,询之土人,咸言斥卤不可耕"[①]。为了对这里的盐碱田地进行有效的改造,汪应蛟经过调查和分析,认为"地无水则碱,得水则润。若营作水田,当必然有利"。于是募集人民垦田五千亩,其中十分之四为水田,亩产可达四五石,取得了很好的经济效益,这也是天津附近较大规模地改造盐碱地种植水稻的开始。天启年间,屯田都御史董应举到天津时,见汪应蛟开浚的河渠旧迹尚

---

① 《明史》卷二四一《汪应蛟传》,中华书局1974年版,第6267页。

存,可耕水田甚多,荒芜不久,开垦甚易,主张恢复汪应蛟过去经营的水利,足见汪氏之功绩。

汪应蛟后官保定,发现这里也是"荒土连封,蒿莱弥望",因此向神宗建议在此地区进行大规模的水利改造和农田垦殖。具体规划是通过一系列渠、堰的建设,开垦出七千顷左右的水田,按每顷收谷三百石计算,所获之利,不但可以解决天津卫四千屯兵的军饷问题,而且还有盈余支援附近各镇的年例。这个规划得到了神宗认可,下旨允行。万历三十年(1602),汪应蛟又进一步设想根本解决河北水利问题,具体的方法是:"易水可以溉金台,滱水可以灌恒山,塘水可以溉中山,滏水可以溉襄国,漳水来自邺下,西门豹尝用之,瀛海当诸河下流,视江南泽国不异;其他山下之泉,地中之水所在而有,咸得以溉田。"因此建议:"通渠筑防,量发军夫,一准南方水田之法行之,所部六府,可得田数万顷,岁益谷千万石,畿民从此饶给,无旱潦之患,即使不幸漕河有梗,亦可改折于南,取籴于北。"①这一建议得到工部尚书的支持和神宗的称许。后因神宗去世,明王朝走向衰落,而未能实现。但是汪应蛟这种利用众多水源、变河北为江南的设想,不失为一个有关民生的宏远规划。

2. 左光斗和他的屯田水利理论

左光斗(1575—1625),字遗直,又字共之,桐城人。万历三十五年(1607)进士,授中书舍人,万历四十七年(1619)升任浙江道监察御史。熹宗天启元年(1621)官至左佥都御史,时值宦官魏忠贤乱政,明王朝黑暗到了极点。光斗大义凛然,不顾个人安危,与宦官势力进行了坚决的斗争,最终献出了生命。他高尚的道德品质和人格魅力对于他的学生、明末著名民族英雄史可法产生了极其深远的影响。

左光斗不仅在政治上勇于与邪恶势力进行坚决斗争,而且在经济上能够大胆探索,为民谋利。他在处理直隶屯田事务时,通过调查发现在京以东、畿以南、山以西、两河以北的广大地区,"荒原一望,率数十里,高者为茂草,洼者为沮洳","苦旱兼苦涝也"。左光斗认为其原

---

① 《明史》卷二四一《汪应蛟传》,中华书局 1974 年版,第 6266—6267 页。

因,就在于为官者"不知有水利也,以致一年而地荒,二年而民徙,三年而地与民尽矣。"①为使旱不为灾、涝不为害,唯有兴水利一法。经过深思熟虑并吸取前人的经验,他向明王朝呈交了《足饷无过屯田疏》②,提出了"三因"、"十四议"的条陈,为该地区兴修水利提供了具体方案,获准允行后,水利大兴。

所谓三因,实际上就是兴修水利的总原则。即一因天时,二因地利,三因人情。也就是要根据当地的自然条件和民情等客观情况因势利导,才能搞好水利工作。

而所谓的十四议就是具体的操作方案:

一、议浚川:要疏浚黄河支流,"支流既分,而全流自刹;下流既泄,而上流自安。无昏垫之害,而有灌溉之利,此浚川之议也。"

二、议疏渠:除保证运输的运河不可开泄外,其余河流、陂塘、堤堰,或寻故迹疏导,或视方便增设,费工多者,官府酌量给予费用;费工少者,听民自办。

三、议引疏:指出"东南地高水下,车而溉之,上农不能十亩,北方水与地平,数十亩直移时,而事半功倍,难易悬殊",当引流灌溉。

四、议设坝:在河流渐下、地势稍高的情况下,"远引不能,平引不可","盖不能俯地以就水,而惟升水以就地",只有拦河设坝以壅之,才能引水灌溉。尤其是支流浅河,最宜用此法。

五、议建闸:虽然有了河流、陂塘、堤堰,若不及时蓄水或泄水,仍然会造成灾害,加以秋天雨季百川灌河,往往"坏民禾稼,荡民庐舍"。因此必须在入水和出水处设置斗门,以时启闭,旱时则开入水斗门,涝则闭之;涝时开出水斗门,旱则闭之。

六、议设陂:"沿山带溪,最易导引",为防止山洪暴发、砂石压冲,则需要顺水设陂以障之。

七、议相地:随其地势高下,听其物宜,不必一律种稻,粱、菽、薏、芋、蔬,任其所宜而种之。

① 《明史》卷二四四《左光斗列传》,中华书局 1974 年版,第 6329 页。
② [明]左光斗撰:《左忠毅公集》卷二《奏疏·足饷无过屯田疏》,《续修四库全书》第 1370 册。

八、议筑池塘:春夏之季,需水浇溉,常苦水少;冬秋之季,农田不需要灌溉,又苦于水多,宜用池塘滨淀储有余而待不足,这样既可以储水御旱,又能养鱼植莲。

九、议招徕:招南方农夫到河北传授耕种之法。

十、议力田之科:即仿汉代"力田科",使那些没有能够中进士的读书人,"垦田若干亩,许令占籍,而又不碍地方本额,且令官司与之讲明水学",重视农田水利。

十一、议募富开爵:仿效元代曾经实行过的"听富民欲得官者,能以万夫耕,则为万夫长"之制,令各屯卫所之官军依垦多寡计功晋级,鼓励勋戚商贾经营垦田。

十二、议择人:即慎重选择地方官,要他们既不扰民,又能劝农,"稂人成功,田畯至喜"。

十三、议择将:农田水利事业,"兴废由人",因此屯田之举,必须将领得人,方能做到"且屯且练","用备不虞"。

十四、议兵屯:实行兵屯,练其老弱之兵,使其尽力南亩,死且不憾,又计田行赏,比于得级。

左光斗关于兴水利、行屯田的一整套理论和具体措施,为在北方兴修水利、开垦农田提供了可靠的办法。这与他生长在江淮之间,比较熟悉水利事业,了解河北地区农田水利的实际情况,并吸收了前人和同时代其他人的经验是分不开的。他的建议获得批准后,朝廷专门委派通判卢象观到天津附近主持农田水利,经过当地军民的艰苦劳动,使这一地区的水利大兴。① 后来御史邹元标到天津,目睹这一事实感慨道:"三十年前,都人不知稻草为何物;今所在皆稻,种水田利也。"②足见左光斗在屯田水利方面所做出的重要贡献。

二、畜牧业的兴盛与兽医学的成就

明王朝初都金陵,为巩固封建统治,在都城周围的安徽、江苏一带

---

① 《明史》卷八八《河渠志六·直省水利条》,中华书局 1974 年版,第 2173 页。
② 《明史》卷二四四《左光斗列传》,中华书局 1974 年版,第 6330 页;

发展养马业，"令应天、太平、镇江、庐州、凤阳、扬州六府，滁、和二州民牧马。洪武六年(1373)设太仆寺于滁州，统于兵部，后增滁阳五牧监，领四十八群，已为四十监。旋罢，唯存天长、大兴、舒城三监，置草场于汤泉、滁州等地。"①当时，安徽养马业出现了空前发展的局面。史载明朝在内地养马业共有14个监所，其中安徽境内就有5监33群。现在可以查到的明代安徽牧马故址就有舒城、合肥、定远、凤阳、滁县、和县、当涂、宁国、广德等9处之多。可见当时牧马范围之广。

关于当时养马情况，很多地方志中都有记载。如康熙《太平府志》载："当涂牧马场有孟村、余阜……五十一所，地八百四十顷"；"芜湖县有牧马场二十所，地一百八十二顷"；"繁昌有牧马场9所，地66顷又5亩。"就养马数量而言，仅官马一项，凤阳、庐州、宁国、太平、滁州、和州、广德7个州府的养马数量，就约占当时全国军马数量的六分之一。②

在集中饲养官马的同时，明朝政府为了适应已经安定的政治经济形势，还鼓励发展民牧，实行官民牧相结合，并逐渐过渡到以民牧为主，为此明政府还设置了专职官员掌管牧马事宜。到了明朝末年民牧已占绝大多数。史载："我太祖定鼎金陵，以郊坼之内不可缺马，大江之南不便养马，故以太仆寺设在滁阳，总领牧事，而应天等府每十一户养马一定。初无今日种马之多，养马之家给有牧地，免其差徭，亦无今日挈养之累。自永乐十五年，每十丁养马一匹。成化二十三年，官收地租，以归太仆寺。弘治八年，偶因淮扬水荒，以江北之马寄养江南。于是应天府属八县，共养种马四千六百四十匹；镇江府属三县，共养种马二千三百四十匹；太平府属三县，共养种马一千四百六十五匹；宁国府属南陵县，共养种马七百五十匹；广德州属建平县，共养种马八百匹。民之被害日渐极矣。"③

① 《明史》卷九二《兵志四·马政条》，中华书局1974年版，第2271页。
② 转引自《安徽文化史》编纂工作委员会编：《安徽文化史》（中卷），南京大学出版社2000年版，第1064页；
③ ［明］孙旬辑：《皇明疏钞》卷六三《革种马以助军需以祛民害疏（翁大立）》，《续修四库全书》第464册。

无论是饲养官马，还是发展民牧，都需要选育良种。明朝为了发展民牧，曾专设种马免征田。如《历阳典录》载：当时和州民间就有种儿马牛共计 683 只，"本州仓米有种马免征田，每顷养儿马二匹，三顷养骒马一匹。"

除养马业外，其他牲畜的饲养也有相应发展，这在各地地方志中多有记载。如《太平府志》载，当地"毛物多马牛羊猪狗驴"，由于土产淮猪味不佳，"民多从江北购入喂养"。《全椒县志》亦云本县"各种家畜家禽全备"。尤其值得指出的是，《凤阳府志》载：成化以后，马陆续兑与京卫官军，乞屯种牛 5000 只，在我国第一次提出了集中饲养种牛的要求。（嘉靖）《宿州志》卷上《孳牧》："儿马，一百四十三匹，骒马五百七十二匹，牸牛三十只，母牛三百三十只。"可见宿州早在明代即有繁殖种牛的养殖场，场内除有一定比例的公牛和母牛外，还喂有后备牸牛，这在当时来说是非常先进的繁育良种的方法，反映了当时养牛业的进步。

为畜牧业的发展，客观需要有先进的兽医学知识作为理论基础，而兴旺发达的畜牧业又为兽医学理论的发展提供了有利的条件。喻仁、喻杰兄弟二人合著的《元亨疗马集》正是在这种背景下应运而生。①

喻仁，字本元，号曲川；喻杰，字本亨，号月川，均为六安人。他们兄弟二人大约生活于明嘉靖至万历年间，幼业时科，锲而不舍，后来长期以兽医为业，活动于当时养马业发达的江淮一带。他们既不因为兽医是小事而不为，也不因为别人轻视此业而不钻研。正如喻仁所说："不可以小而弗居，不可以贱而弗究。"当时江淮地区牛马经常发生瘟

---

① 六安县地方志编纂委员会编：《六安县志》："《新刻注释马牛驼经大全集》（以下简称《大全集》），书中多处落款证明该书是清乾隆五十年（公元 1785 年）六安州西关山岭郭怀西（字守庵）对明代著名兽医喻本元、喻本亨兄弟合著的《元亨疗马集》的注释本。1979 年 12 月，经省农业厅、农科院、农学院和本县畜牧兽医站协作调查考证，至今尚未找到其姐妹版卷，其他史料亦未见著录，因此认定《大全集》已属孤本。《大全集》10 卷约 40 万字，是我国现存《元亨疗马集》同类版本中篇幅最大，内容最丰富的版本之一。该本由马经、牛经和驼经 3 部分组成：1 至 7 卷为马经，题名为《新刻注释马经大全集》；8 至 9 卷为牛经，题名为《新刻注释牛经大全集》；第 10 卷为驼经，题名为《新刻注释驼经大全集》。"黄山书社 1993 年版，第 146 页。

疫,由于得不到及时治疗,死亡率很高。自喻氏兄弟医术问世后,生病的马牛经他们"针砭治疗,应手而瘳",而且"不矜其功,不计其利,滋滋树德",终于成了江淮地区德高望重的名兽医。

他们在长期临床实践的基础上,广泛收集民间兽医技术,综合前人研究成果,结合自己的心得体会,著成总结性的兽医典籍《元亨疗马集》(附《牛经》、《驼经》)于万历三十六年(1608)印行。喻仁在"七十二症序"中说:这部书的撰写是"祖述诸人推明七十二症之源,间从己意自得之妙,亦并录之,在知者之取去也,庸敢以自恃哉"。书中引用兽医书有《师皇秘集》、《伯乐遗书》、《王良御车集》、《发蒙纂要》、《疗骥方》、《渊源论》、《胡卜经》、《玉照集》、《穆公论》、《贾公集》、《李陵坐观经》、《赵氏集》、《田猎集》、《孙阳集》、《明验方》、《岐伯对症》、《金朝论》、《伯乐新尝》等数十种,多不经见,大约都出自民间各地兽医之手,而被喻氏兄弟采得。甚至早已散佚的中兽医典籍内容,在《疗马集》中亦有记载,诸如《贾公相牛经》和《宁戚相牛经》等。附《牛经》中还载有《贾公图像黄牛经》和《贾公图像水黄牛经宁戚相法合并大全》等。

《元亨疗马集》分春、夏、秋、冬四卷,另附《牛经》、《驼经》各一卷,共约30万字。全书以阴阳学说为基础,注重整体观念,强调防重于治,把局部症状与全身症状归纳为表、里、虚、实、寒、热、正、邪八证,辨证施治,把阴阳学说贯穿于病理、诊断和治疗等方面,自成体系,颇具独到见解。在诊断方面,"凡查兽病,先以色脉为主,再令其步行听其喘息,观其肥瘦……然后定阴阳"。在治疗中主张"阴疴阳治阳方疗,阳症阴医阴药施"。《马经》部分,论述了饲养管理、五脏六腑的生理病理特点,其中论色脉、八症论、疮黄论、起卧入手论、点痛论、明堂论等医理精深,各具独特见地。《素问碎金四十七论》对一些疑难问题和治疗方法,以精炼的文字解释得极为明确;《七十二症》则进一步引经据典详细论述了病源、病状、预后、转归、治疗和调养的方法,理明义精,是指导临床实践的重要部分。至于书中的针灸、烧烙技术,药性摘要和经验良方,更是作者临床实践的精华。

此书实用价值极高,加之作者精通业务,又有较高的文化素养,能

够取精用宏,后来居上,使其他同类书籍不免相形见绌。因此,本书问世以后,深受民间广大中兽医欢迎,书商一再翻刻,版本达数十种之多。书名亦多种多样,诸如《牛马驼经》、《元亨牛马驼集》,所附治牛部分题作《牛经大全》或《水黄牛经大全》。内容有的只附《牛经》,有的只附《驼经》,有的只录治马部分,其实都出自这一部书,可见此书无论是全部还是其中某一部分都有很大的参考价值。三百多年来,时至今日,《元亨疗马集》仍为中兽医重要参考书籍。1958 年,《元亨疗马集》付梓 350 周年时,中国兽医协会召开了纪念会,《中国兽医杂志》还出了纪念专号,人们称赞这部著作是"祖国兽医遗著中流传最广,而最被人珍视的一本不朽之作"。

此后,中国农业科学院中兽医研究所,根据明清两种较好的版本对全书进行了整理,并将马三十六起卧、七十二症、五十六牛病、四十八驼病分类重排,插图也按古本一一校正,对原文又进行了标点、改错和补遗等工作,使之臻于完善,定名为《重编校正元亨疗牛马驼经全集》,于 1963 年出版。喻氏兄弟的著作,又在社会主义阳光下重放异彩。

三、野生食用植物的研究和植物谱志的涌现

1. 朱橚及其《救荒本草》

安徽地跨江淮,南北方地理差异很大,水、旱、虫等各种灾害的发生频率一直较高,加之战争破坏和苛捐杂税的勒索,民间饥馑不断,人们不得不以野菜、树皮等果腹。由于老百姓不能正确辨认有毒的野菜,因此中毒现象时有发生。为了老百姓的生命安全,对于野生食用植物的研究和利用也就显得格外迫切。一些知识分子长期从事这方面的研究,出了一些成果。据初步统计,有朱橚的《救荒本草》、鲍山的《野草博录》、汪颖的《食物本草》,以及明末清初汪昂的《日食菜物》等四种书。其中在国内外影响最大的是朱橚的《救荒本草》。

朱橚,字诚斋,原籍濠州(今安徽凤阳县),是明太祖朱元璋的第五子。他约生于元朝至正二十一年(1361)或二十二年(1362),明洪武三年(1370)封为吴王,驻守凤阳,十一年封为周王,十四年(1381)

就藩于开封。以后曾两次被流放云南，洪熙元年（1425）卒于开封。

据《明史》记载，朱橚好学多才，素有大志，政治上也比较开明。在开封推行恢复农业的经济政策，兴修水利，减租减税，发放种子，做了些有益于人民的事。由于他在争夺帝位的斗争中屡遭失利，促使他专心于学术。他擅长诗词，撰有《元宫词》百章。他热爱科学，青年时代对医学就很有兴趣，曾组织人撰写《保生余录》方书两卷，另有《袖珍方》四卷，《普济方》一百六十八卷。①

朱橚在植物学上的贡献，就是他编撰了《救荒本草》。朱橚一面广泛搜集各种图书资料；一面广采博访民间各种可食植物，查明它们的分布和生长环境，然后组织人力将四百多种植物"植于一圃"，亲自栽种试验，开创了"实验生物园"的先河。美国科学史家萨顿（C. Sarton）在谈到中世纪植物园时说："杰出的成就产生在中国。"②他所指的就是朱橚。朱橚正是有了这种研究植物的条件，才能不断地选择"滋长成熟"的植物，命画工为图，编著成图谱式的野生植物著作《救荒本草》两卷，并于永乐四年（1406）刊行于世。该书收集草类、木类、米谷类、果类、菜类等各类植物共 414 种。不仅绘以图形，而且附以说明，详细说明每种植物的产地、形态、性味及可食部分和食用方法。在此以前，我国本草以医药为主、兼及服食，而专为救灾目的写成的本草专著，此书是第一部。

《救荒本草》的图文都抓住了植物的一些典型特征，进行科学而准确的描述，从而脱离了前人的窠臼。它沿用并创新了一整套植物学术语描述植物，摆脱了过去使用类比法的模糊性和不准确性，加之书中每页附一插图，描绘一种植物，图文配合相当紧凑，生动逼真，人们可直接按图索骥，从而增加了它的实用价值。

《救荒本草》不仅在救荒方面产生了巨大作用，而且开创了对野生食用植物的研究。后来不少学者纷纷仿效，形成了一个研究野生可食植物的流派，出现了一批有关的著作。如王磐的《野菜谱》、周履靖

① 《明史》卷一一六《周王橚列传》，中华书局 1974 年版，第 3565—3566 页。
② 罗桂环：《朱橚和他的救荒本草》，《自然科学史研究》，1985 年第 2 期。

的《茹草编》、高濂的《野蔬品》、鲍山的《野菜博录》、姚可成的《救荒野谱》、顾景星的《野菜赞》等,都直接或间接地受到朱橚的影响。李时珍在《本草纲目》中称其"颇详明可据",不仅从中引录了三种植物,而且吸收了其中描述植物的先进方法。清代吴其濬《植物名实图考》,也仿效朱橚用实际调查和收集植物标本的方法来获取第一手资料,并直接引用了《救荒本草》中的许多图文,可见该书在明清时期对学术界的影响。

《救荒本草》的辉煌成就,也赢得了国际学术界的高度重视和评价。17世纪末,《救荒本草》东传到日本后,曾多次予以翻刻补订,产生了深远的影响。1881年俄国植物学家布莱特施耐德(E. Bretschneider)在《中国植物志》中,为《救荒本草》所列的176种植物作了学名鉴定,并指出其书刻图早于西方近70年。美国植物学家里德(H. S. Reed)指出朱橚的《救荒本草》"是东方植物认识和驯化史上一个重要的来源"。近代国际学术界一致公认,这是十五世纪植物学界调查研究最忠实的科学记录。①

2.亳州牡丹及其著作

牡丹是我国古代特种观赏花卉,原为野生植物,汉魏时已作药用。隋炀帝在洛阳营造西苑时,易州(今河北省易县)应诏进贡了18个牡丹品种,可见人工栽培牡丹的历史应在此之前。唐代牡丹盛极一时,身价百倍,被誉为国色天香。至宋代,牡丹栽培中心从长安东移洛阳。北宋末年洛阳牡丹开始衰败,由陈州取而代之。南宋时四川天彭栽培的牡丹曾为蜀中第一。至明朝,牡丹栽培中心移到了安徽亳州。当时亳州牡丹甲天下,居民嗜花成习,"一岁中鲜不以花为事"。四郊私人园圃多至20余所,每至春暮,名园古刹,灿然若锦,为观察研究牡丹提供了极为有利的条件,因此,出现了一批牡丹专著。《千顷堂书目》著录的就有周宪王朱有燉的《诚斋牡丹谱并百咏》一卷,朱安侃的《丛桂牡丹谱》一卷等,均已亡佚。今能见到的有明代薛凤翔的《亳州牡丹史》4卷,夏之臣的《评亳州牡丹》等。

---

① 参见罗桂环:《中国古代科学家传记(下集)》,科学出版社1993年版,第767—772页。

薛凤翔,字公仪,安徽亳州人,生于明中叶,任过鸿胪寺少卿,祖父和父亲都是当时的名士,在亳县城郊筑常乐园、南园,博访名种,广植牡丹。据说亳州牡丹是从薛氏常乐园发展起来的。薛凤翔退隐后,继承遗业,以莳花艺圃自娱,于万历年间著成《亳州牡丹史》4 卷,内分纪、表、书、传、外传、别传、花考、神异、艺文等目。该书总结了牡丹的栽培管理技术,记述了有关牡丹的佚闻掌故,汇集了唐宋一些著名诗人咏牡丹的诗词歌赋,尤其是书中对 267 种牡丹进行了分类,细微而又形象地描述了 152 个品种的性状和颜色,非常引人入胜,确实是"每一展阅,不绘而色态宛然,不圃而品伦错植,虽赤暑玄霜,群芳凋后,亦复香气袭人,不春而春也",是一部颇有影响的牡丹专著。该书除有万历刻本外,还有薛氏的《牡丹八书》、《亳州牡丹表》和《亳州牡丹史》(仅是原著的《传六》部分)三书收入《古今图书集成》,其实都是原著的组成部分。毋庸讳言,由于作者所处时代的局限性,书中仍有一些荒诞不经的传说。不过,瑕不掩瑜,《亳州牡丹史》无论从资料价值来看,还是对今天栽培牡丹的参考意义而言,都是有价值的,安徽人民出版社已于 1983 年重新点校出版,取名《牡丹史》。①

另一部专论亳州牡丹的著作是夏之臣的《评亳州牡丹》。夏之臣,字一无,明亳州人,万历十一年(1583)进士,做过三年县令,官至湖广监察御史。不知何故入罪,放还后,拒绝再度出仕,以花木自娱。自正德至万历年间的一个世纪中,亳州牡丹品种变化多端,层出不穷,"奇奇怪怪,变变化化,故者新,新者又故",品种多达 247 个。夏之臣建造的南里园广袤 10 余亩,也是当时以牡丹著称的亳州三大名园之一。大约在十六世纪末到十七世纪初,他写成《评亳州牡丹》,文虽不满 400 字,却对亳州牡丹的种类和变种的繁盛进行了卓越的理论探讨,总结出两条原因:"牡丹其种类异者,其种子之忽变也;其种类繁者,其栽接之捷径者也,此其所以盛也。"②这就是说,种类之所以各不相同,主要是由于种子忽然变异(突变),而栽培和嫁接则是获得种类

---

① (日)天野元之助:《牡丹史》,彭世奖、林广信译,农业出版社 1992 年版,第 213—214 页。
② [清]汪瀚辑:《广群芳谱》卷三三,文渊阁四库全书本。

繁盛的捷径。这是很有科学道理的,在生物学史上闪耀着灿烂的光辉。夏之臣的理论虽然不如十九世纪中叶到二十世纪初的达尔文、卡尔托斯基和戴·弗里斯的突变理论那样系统和缜密,但他作为近代科学初创阶段进化思想的杰出代表和现代突变学说的先驱者却是当之无愧的。

第二节　印刷技术

明代印刷术的一个突出成就是套版印刷,这是安徽人的一大贡献。早在宋代,"交子"和"关子"已开多色印刷之先河,而套版印书的产生,首先是因长期对图书评点的需要,继之是需要用不同颜色来区别经文与注释或文字与插图,以便达到便于阅读、赏心悦目的目的。其技术先是在一版上根据需要涂上不同颜色的颜料,再捺纸印,后来才发展到以色分版套印。早在元代至元六年(1340),我国就出现了中兴路(治今湖北江陵县)以朱墨二色合印的《金刚般若波罗蜜经注解》,其经文大字朱色,注解为双行墨印,卷首的灵芝图为朱墨双色。据研究,这只是用一版涂上两种颜色印成的,而印本的本身显示不出套印的痕迹,所以它只是套版印刷的先声,还不是真正的分色分版的套版印刷,而且也未被广泛采用。直到十七世纪初,名副其实的套版印刷才在徽州试验成功。这就是明万历三十至三十五年(1602—1607)歙县人程渭等人用朱墨套版印刷的《闺范》10集16卷,其墨版就是程启龙绘、黄应瑞刻的《女范编》原版,而有批语和圈点的朱版则是新刻的。另有万历三十三年(1605)的程氏《墨苑》、万历三十四年(1606)黄一明刻的《风流绝唱图》,都是套版印刷的。后者在套版印刷技术上已表现出更纯熟、更优美的技巧。套版印刷在徽州发明以后,很快就传到了湖州的吴兴,吴兴的凌、闵二家出版了大量的套版印刷书籍,风行全国。他们曾雇用过徽州的印刷工人,培养了新的刻工,使套版印刷的方法得到了进一步的改进。后来套版印刷法又传到南京,由休宁人胡正言把它推向一个新的阶段。

胡正言(约 1570—1671),字曰从,徽州休宁人,寓居南京鸡笼山侧,因其庭院种竹 10 余竿,故以"十竹斋"名其居,自号"十竹主人"。他自幼聪颖,精于六书,篆、隶、真、行一时独步。曾游六安、霍山,以医为业,擅长篆刻绘画,又能造好纸好墨,著有《印存玄览初集》、《胡氏篆草》、《十竹斋画谱》、《十竹斋笺谱》等,官至弘光朝中书舍人。明亡后,隐居三十年,约卒于康熙十年(1671)。

胡正言在印刷史上的贡献,是他在前人套版印刷的基础上以"饾版"和"拱花"编印了《十竹斋画谱》和《十竹斋笺谱》。二书刊版之精良,施墨着色之娴熟雅妍,使套版印刷在技术上达到了新的高峰。

所谓"饾版",就是套版印刷的进一步发展。其方法是先将一幅画分色,每色又分轻重浓淡,雕成一块块小板,一幅版画的设色,分别先后多达数十版,一版之工,分别轻重数十次;然后按一定次序印刷到同一张纸上,同一花瓣都要分出颜色深浅、阴阳向背。胡正言印造的《十竹斋画谱》和《十竹斋笺谱》做到了画、刻、印三绝,无论花卉还是羽虫,神韵生动,色彩逼真,栩栩如生,可谓饾版印刷的最杰出代表作品,而且胡氏又创造了拱花的方法与之配合使用。所谓"拱花"是一种无色印刷,就是用不着色的雕版压印在纸上,把白纸压出凸出的花纹,名曰"拱花",后来发展成凹凸印刷。用无色拱花来衬托画中的流水、白云、花叶脉纹,更显得素雅大方,精彩动人。

饾版和拱花的发明和完善,使中国印刷术别开生面。至此,中国雕版印刷术发展到又一新的高峰。

第三节　医学与数学

明代是安徽古代医学史上的鼎盛时期,可谓人才济济,标新立异,著作宏富,学术繁荣。医学理论和临床各科的诸多发明,为丰富和发展祖国医学做出了重要贡献,尤其是新安医学在全国更加令人瞩目。

一、医家与医学著作

明代安徽的民间医学教育十分发达,学医风气甚浓,以致许多儒生因考场失利或其他原因,也纷纷弃儒习医。他们有的继世代家学,形成众多的"家族链",少则几代,多则达 20 余代。新安汪、徐、吴、王、郑诸姓所出医家尤多,余午亭、程敬通等后世亦不乏名医,巢县杨澍起自明代起 20 余代以妇科为业,名震江淮。有的承名师嫡传,形成庞大的"师承链",弟子布游四方,如汪机有弟子陈桷、黄古谭等 8 人,黄古谭弟子孙一奎又传弟子多人。有的以祖传为主兼及师承,如歙县郑氏世代业医,自郑于丰、郑于藩师承闽人喉科名医黄明生后,分别传于其子郑宏纲(梅涧)、郑宏绩,郑宏纲又师承陈飞霞,其后郑氏历代不乏喉科名医。这种无数的家族链和师承链纵横交错,代代相传,名医辈出,人才济济。仅《古今图书集成·医部全录》就列有安徽明清时期医学名流 140 多位,近乎该书所列全国同期总数六分之一。《中国医学人名志》中共列安徽名医 250 多位,属明清两代者约占 87.5%。据初步统计,明清时期安徽医家和名医约 1382 人,约占清以前有名可考的安徽医家总数的 92%,其中不少医家在全国颇有影响,如明代的汪机、汪昂、孙一奎等。

就医学著作而言,初步统计明清两代安徽医著计约 600 多种,约占清以前安徽医籍总数 87.7%,仅新安一府就有 400 余种,居全省之首。其内容涉及医学理论、临床实践、方书、本草、医案、丛书等各个方面,从通论到分科,从提高到普及几乎应有尽有。仅安徽医家撰著或刊刻的大型医学全书和丛书,就有明代徐春甫于嘉靖三十五年(1556)辑录的《古今医统大全》100 卷。《古今医统大全》是一部大型综合性医书,内容系辑明以前历代医籍和经史百家文献中的医学内容,既引录古说,亦有徐氏阐发;既统集异同,又井然区别,对于理论研究和临床应用,均有较高的参考价值。

1. 徐春甫与宅仁医会

明代安徽医家徐春甫率先发起并组织了我国第一个医学学术团体——宅仁医会,为医家们相互切磋、共同提高创造了条件。

徐春甫（1520—1596），字汝元，号东皋，又号思鹤，祁门县人，幼师汪宦，博览医籍，明嘉靖时医名甚著，曾任太医院医官，居京邸，活人甚众，著有《古今医统大全》、《内经要旨》、《医学入门捷径六书》。

据《医学入门捷径六书》记载：徐春甫进入太医院以后，于隆庆二年（1568）春在顺天府（今北京）发起了"一体堂宅仁医会"，入会会友46人，其中福建1人，江苏9人，应天府（今南京）2人，浙江6人，湖北1人，河北1人，安徽22人，还有3人籍贯不详，他们都是在京都游学，或是供职太医院的名医。

据《一体堂宅仁医会录》记载，该会宗旨是："穷探《内经》'四子'（指张仲景、刘完素、李东垣、朱震亨四大医家）之奥，精益求精；深戒徇私谋利之弊"，会友之间"善相劝，过相规，患难相济"。另有"会款"22则，强调学医应该诚意、力学，而且要持之以恒，不秘其长，不掩其短，若有一得之见，应公开于众，传之于世；自己不足应当不耻下问，提倡师生、会友之间，共同讲习，相互切磋，以广博识，大力倡导医德等。这些表明"宅仁医会"确实是我国最早的医学家自己的学术组织，在端正学风、促进交流、取长补短、相互切磋、共同提高等方面发挥了积极的作用，在世界医学史上亦属医学会之嚆矢。

2. 中医基础理论研究

深入研究中医经典著作，探讨中医理论基础，阐发古典医籍深义要旨，在明清两代医家中蔚然成风，也是这一时期安徽医学发展的特点之一。据初步统计，明清时期安徽有关《内经》、《难经》、《伤寒论》和《金匮要略》四部经典医著的注疏、考释、集解、辨误之作，多达70余种，主要的有祁门汪机的《内经补义》、《续素问钞》，祁门徐春甫的《内经要旨》，歙县吴昆的《黄帝内经素问吴注》，休宁汪昂的《素问灵枢类纂约注》，绩溪胡澍的《素问校义》，歙县江有浩的《素问韵读》、罗美的《内经博义》，休宁程林的《难经注疏》，和县姚九鼎的《难经考误》、休宁汪钰的《难经析义》，歙县方有执的《伤寒论条辨》、汪机的《伤寒选录》，泾县包诚的《伤寒审证表》、程林的《伤寒论集》、《伤寒抉微》，休宁汪广期的《伤寒辟误真经》、汪宏的《伤寒论集解》、《金匮要略集解》，程林的《金匮要略直解》等。不仅种类繁多，而且各具特色，对中

医理论的普及和发展,发挥了应有的作用。其中在国内影响最大的除将在后面论述的方有执的《伤寒论条辨》外,还有吴昆的《黄帝内经素问吴注》和汪昂的《素问灵枢类纂约注》。

《黄帝内经素问吴注》24卷,歙县医家吴昆著。作者将《素问》79篇原文,逐篇分段注解,朴实简明,均有所阐发。每篇篇首简述该篇大意,是一部较好的《素问》全注本,也是国内《素问》主要注本之一。《素问灵枢类纂约注》,作者汪昂,更是一反过去多数医家注释《内经》愈注愈多、愈释愈繁的做法,"或节其繁芜,或辨其谬误,或畅其文义,或详其未悉,或置为阙疑,务令语简义明"(该书《凡例》),对《素问》、《灵枢》除针灸以外的主要内容,分类编纂,详加注解。由于内容精简,条理清楚,极大地方便了后世医家对《内经》的学习,是国内影响较大的《内经》节注本之一,流传很广。

在诊断思想方面,自晋代王叔和《脉经》问世以后,医家往往独重切诊而略望、闻、问三诊。安徽许多医家在著作中已注意并强调望、闻、问、切四诊合参的重要性,纠正了长期以来诊断上的偏颇。汪机在《补订脉诀刊误》中明确指出:"古人治病不专用脉,而必兼于审证",批评了有些医生忽视望、闻、问诊的错误倾向。吴昆《脉语》书末还附有病案格式,目的也是要医生认真进行四诊合参。

在探讨中医基础理论中,出现了一些突破传统旧说的可贵见解。方以智、金正希、汪昂在探讨人的思维器官时,就能一反《内经》等经典著作中关于"心主思维"的错误观点。《内经》曾指出:"心者,君主之官,神明出焉。"孟子更说:"心之官则思。"自此以后直到明中叶以前的经典医著谈到人的思维器官时,几乎都持"心主思维"之说,直到李时珍《本草纲目》才改为"脑为元神之府",但意思仍较模糊。方以智在《物理小识》中则明确指出:"至于我之灵台,包括贤愚,记忆今古,安实此者果在何处,质而稽之,有生之后,资脑髓以藏受也。"这是我国古籍中关于脑主思维的明确记载。另外,明末抗清英雄休宁金正希在《尚志堂文集》中也说:"人之记性皆在脑中,小儿善忘者,脑未满也。老人健忘者,脑渐空也。凡见一形,必有一形留于脑中,人每记忆往事,必闭目上瞪而思索之,此即凝神于脑之意也。"①此后,程杏轩在《医述》卷11《健忘》一文中引用了金正希的论述;汪昂在《本草备要》"辛夷"条也引用了金正希的话,并说"人之记忆皆在脑中"。这些都是我国古代医籍中关于脑主思维的早期记载。安徽学者这种不因袭《内经》等经典著作中的错误,力主脑主思维的观点,在国内是很有影响的。

3. 中医学术思想的活跃

有明一代,中国医学不同流派之间的争鸣或斗争,仍然是比较激烈的。安徽医学界的学术空气相当活跃,无论在金元四大家学说基础上发展起来的温补派与反温补派之争,还是反映复古与反复古斗争的伤寒与温病之争,"经方"与"肘方"之争,或是关于命门和相火的争论、关于三焦的争论,以及关于《内经》、《伤寒论》注释和整理方面的争论等,在安徽多有不同程度的反应。汪机、方有执、孙一奎、陈修园、吴昆等人更是这些全国性学术争鸣中引人瞩目的医家。这些学术争鸣或斗争,虽然有些人各执一端,失之偏颇,但总的来说,对于穷究古典医籍的深奥义理,对于中医理论的发展、综合及体系化,都起了很大的促进作用。

(1)汪机和他的学术思想

汪机(1463—1539),字省之,号石山,祁门人。初为诸生,后弃儒学医,经二十年,终以医名当世。他秉性耿直,不阿权贵,医德高尚,医术高明,医理精深,"行医数十年,活人数万计"。著有《续素问钞》、《补订脉诀刊误》、《运气易览》、《伤寒选录》、《医学原理》、《内经补注》、《医续》、《推求师意》、《针灸问对》、《外科理例》、《痘治理辨》、《本草汇编》,以及其门人陈桷汇编的《石山医案》等13部76卷,可谓著作等身,是我国明代著名医家之一。

仅就中医学术思想而言,汪机虽遵古而不泥古,其所著《推求师意》即由戴原礼推溯到朱丹溪,故其立论多主丹溪之法,但决不限于朱丹溪一家,上述13部著作涉及范围之广、学识之宏博,足为证明。甚

---

① ［明］方以智:《物理小识》卷三,"人身类·人身营魄变化",清光绪宁静堂刻本。

至对王伦著《明医杂著》株守丹溪之法,汪氏也加以辩驳,极言多用寒苦之弊。这种遵古而不泥古的精神,使他能够兼取众家之长,弃其所短,参以己见,提出"调补气血,固本培元"的医学思想。他不单纯强调滋阴、专以调补气血为主,而是认为阴不足便是血不足,阳不足则是气不足,补阴以益血,温阳以养气,使气血无所偏倚,则气血调和,邪不为害。如果单纯强调以寒苦之剂滋阴,而忽视温阳,则弊端多焉,所以他主张以参芪兼补阴阳,因为阴不足者,补之以味,参芪味甘,甘能生血,故能补阴;阳不足者,温之以气,参芪气温,又能补阳,可见参芪不惟补阳,而亦补阴。善用参芪又是汪机在医学史上的一大成就。因此汪机在外科治疗中,大旨主于调理元气,先固根柢,不轻用寒凉攻利之剂,同时强调分别阴阳,戒滥用刀针,要求随证变通,不拘成俗,为外科立法指明了方向。

汪机遵古而不泥古的思想,还表现在他对针灸的独特看法上:他认为针灸能治有余之病,不能治不足之病,古人充实,病中于外,故针灸有功;今人虚耗,病多在内,针灸不如汤液;说明针灸、汤药的使用,应在辨证论治的原则下,该针、该灸、该药,各随病情而施用,提醒人们不能一途而取。这种看法,虽为一家之言,但他这种遵古而不泥古的精神,则是十分可贵的,对以后的医学理论的探讨,也是大有裨益。

(2)孙一奎及其与"命门"和"三焦"问题的争论

孙一奎(1520—1600),字文垣,号东宿,又号生生子,休宁县人。师承汪机弟子——歙县黄古谭之学,为汪机再传弟子。曾挟方术游庐山、三吴之地,游走公卿间,凡三十年。治病多验,晚年名震三吴。著有《赤水玄珠》、《医旨绪余》、《痘疹心印》、《三吴医案》,后汇为《赤水玄珠全集》,凡四种三十七卷。

休宁齐云山为道家圣地,新安又是宋代理学家朱熹的故乡,孙一奎在思想上受此影响颇深。他通《周易》,精医术,倡"易医同源",宗"理气合一";学术上虽承汪机学说,但又不以门户自立,而能兼取汪机和薛己等家之所长,结合亲身临证体会,融益气温补于一身,善用参芪,慎用苦寒,形成扶真阳抑温补的学术思想。在明末有关"命门"和"三焦"问题的争论中,他引"太极"阐"命门",以"无形"述"三焦",颇有影响。

　　"命门"出自《内经》和《难经》。《难经·三十九难》中记载:"肾有两脏也。其左为肾,右为命门。命门者,精神之所舍也,男子以藏精,女子以系胞,其气与肾通。"此后历代医家多宗《难经》"左为肾,右为命门"之说,或以命门属相火,或以命门为心包络等,莫衷一是。至于命门的作用,大致本《难经》"精神之所舍也,男子以藏精,女子以系胞"之说。晚明时期,在理学影响下,医界对命门实质的讨论极为活跃。孙一奎兼通易医,他引进太极对命门学说作了阐发:认为人的两肾中间所生根蒂,内含一点真气,名曰动气,"禀于有生之初,从无而有,此原气者,即太极之本体也。名动气者,盖动者生,亦阳之动也,此太极之用所以行也。两肾,静物也,静则化,亦阴之静也,此太极之体所以立也。动静无间,阳变阴合,而生水、火、木、金、土也,其斯命门之谓欤!"他既反对"命门属相火",又不同意"右肾为命门"之说,并引《黄庭经》以证朱丹溪相火属右肾之非,首倡"观铜人图命门穴不在右肾,而在两肾俞之中可见也"。"命门乃两肾中间之动气,非水非火,乃造化之枢纽,阴阳之根蒂,即先天之太极"①。后来鄞县(今浙江宁波)赵献可、山阴(今浙江绍兴)张介宾,都以太极述命门,反对右肾为命门,持命门在两肾中间之说;区别仅在于孙一奎强调肾间动气,赵献可重命门真火,张介宾倡命门兼具先天水火,三家并存,为后世治疗虚损和研究肾阴肾阳问题的重要依据。可见孙一奎引太极阐发命门学说,在医学史上和中医理论体系完善化过程中的作用。

　　在"三焦"问题的争论中,孙一奎也是有一定影响的。"三焦"在《内经》中多次出现,但说法不一,而且带有一定的神秘色彩,因此是中医学界争论最多的一个问题。明代关于三焦问题的争论,集中在有形无形问题上,持有形论者大抵本南宋青田(今浙江青田)人陈言(字无择)三焦有脂膜之说,认为三焦是体内有一定形状的实体;持无形论者,大抵和命门相火与肾间动气联系起来,孙一奎则宗"三焦无形"之说,把三焦与肾间动气相联系,并引元代金陵戴起宗《脉诀刊误》驳陈

<hr />

① ［明］孙一奎:《医旨绪余》卷上,"命门图说",明万历刻本。

无择《三因方》中三焦有形如脂膜之说。认为三焦虽分上、中、下，只是分其功能，亦无形质。从人体解剖生理学的观点来看，孙一奎反对三焦为脂膜，主张"三焦无形"，而以人体功能进行探讨是卓有见地的，在明末关于三焦问题的争论中，也有一定的影响。

（3）方有执与《伤寒论》错简派

明代关于《伤寒论》研究方面的不同流派的争论，不仅是当时医界的大事，而且影响及今。其中方有执首倡"错简说"，创"三纲鼎立"学说，和著四起，遂成错简派，影响最大。

方有执（1523—1594），字中行，歙县人。初习儒学，后因伤寒病连遭丧妻失子之祸，自己亦罹九死一生之灾，便悉心钻研医学，撰有《伤寒论条辨》、《本草钞》、《痓书》、《或问》等书，影响最大的是《伤寒论条辨》。

方有执认为东汉张仲景《伤寒杂病论》代远年湮，由晋王叔和编撰的《伤寒论》，不但言简文奥，意义难明，而且编次混乱，眉目不清。他认为这是王叔和多所篡乱之故，遂以"错简"为言，并刻意钻研，本着"心仲景之心，志仲景之志，以求合仲景之道"的精神，竭二十年之力，寻求端绪，排比成编，逐条辨析，名曰《伤寒论条辨》，共为 8 卷。该书先以图说叙明六经分治和表里病位关系，删去王叔和编进的"伤寒例"原文；次将太阳病归纳为风伤卫、寒伤营、风寒两感营卫俱伤三种，以有关条文予以类归，创"三纲鼎立"学说，并照此辨明阳明病、少阳病和太阴病等，以及痓、湿、喝等各种病症的主次症和治疗问题，分类明确，重点突出。后附《本草钞》1 卷，将《伤寒论》中 113 方所用 91 种药具钞而附说，以便核对；《或问》1 卷，凡 46 则，设问答以发挥"条辨"未尽之义；《痓书》一卷，以辨痓与风惊之疑似。纵观全书，不愧为《伤寒论》注释著作中的一部佳作。

方有执以"错简"为言，重新编次《伤寒论》，实为大胆创举，但独尊张仲景，诋毁王叔和、成无己，未免失之偏激；首倡"三纲鼎立"学说，亦未免后人訾议。不过江西喻昌却对他倍加推崇，接受"三纲鼎立"学说，编成《尚论篇》8 卷（初刊于 1648 年），明末流传日本，甚受名古屋玄医推崇，颇有影响。另外，自方氏《伤寒论条辨》以后，研究《伤寒论》的医家之间逐渐形成了不同的流派,除江西喻昌外,清代吴县张璐、海盐吴仪洛、歙县程应旄和郑重光等均宗错简说,后被称为"错简派";与之相对应的是明末仁和县张遂辰、钱塘张志聪为代表的,认为王叔和没有错乱张仲景原著,成无己注《伤寒论》亦未歪曲原意,主张维护旧论,被称为"维护旧论派";还有浙江人后居常熟的柯琴、吴县徐大椿、虞山钱璜、泾县包诚等人既不赞成"错简"说,又不同意守旧论,而被称之为"辩证学派"等。不同流派之间的争鸣,无疑活跃了学术气氛,促进了医学的繁荣。

4.药物学和方剂学的成就

自明朝中叶起,研究药物学和方剂学的风气盛行。明清两代安徽医家编著的药物学著作见于著录和存世的达 50 余种之多,较著名的有汪机的《本草汇编》、吴昆的《药纂》、陈嘉谟的《本草蒙荃》、汪昂的《本草备要》、戴光华的《本草述要》和《六十四方药性分类》等;在方剂学方面,有朱橚等人共同编著的《普济方》、吴昆的《医方考》、汪昂的《医方集解》、朱权的《寿域神方》、李恒的《袖珍方》、程汝清的《医方图说》、罗美的《古今名医方论》、程汝春的《简易方论》、程伊的《释方》、方以智的《古方解》、朱日辉的《加减十三方》等。其中在全国影响较大的为《普济方》、《医方考》、《本草蒙荃》、《本草备要》、《医方集解》。

(1)《普济方》与《医方考》

中国古代最大的一部方书,就是明初的《普济方》。此书由朱橚主纂、教授滕硕、长史刘醇协助编集而成,收集资料极为广泛,除博引明以前各家方书外,还兼收其他传记、杂说及道藏、佛经等有关资料汇集而成,于明永乐四年(1406)付梓。但原刻本早已散佚,几百年来少数藏书家只藏有残刻或残钞本。唯《四库全书》收录全书。原著 168 卷,《四库全书》改为 426 卷,凡 1960 论、2175 类、778 法、61739 方、239 图,1959 年人民卫生出版社以《四库全书》本为主本,参照明永乐刻本残卷和明朝本残卷,进行校勘排印,分《方脉运气腑脏》、《身形》各一册;《诸疾》四册;《诸疮肿》、《妇人》、《婴孩》、《针灸》各一册,共 10 册,426 卷。从内容来看,书中有总论、腑脏身形、伤寒杂病、外科、妇科、儿科、针灸等,并且各种疾病的治法十分丰富,包括汤药、罨敷、按

摩、针灸等项。

《四库全书总目》对此书的评价是："采摭繁复，编次详析，自古经方无更赅备于是者……今以《永乐大典》所载诸秘方，勘验是书，往往多相出入。是古之专门秘方，实籍此以有传，后人能参其异同，而推求其正变，博收约取，应用不穷。"①所以本书不仅在我国医方史上占有重要地位，而且在保存古代医药文献方面也有杰出的贡献，不失为一部医学研究和临床参考的重要文献。

另一部方书是歙县吴昆的《医方考》。吴昆，字山甫，考进士不售，遂改学岐黄，15岁从本县余午亭学医。除前述著有《黄帝内经素问吴注》、《脉语》外，还有《医方考》、《十三科证治》、《参黄编》、《砭满考》、《药纂》、《针灸六集》、《素问语》等书。《医方考》共6卷，刊于明万历十二年（1584）。全书选历代常用方700余首，按病证分为中风、伤寒、感冒、暑湿、瘟疫等44类，每类下集同类方若干首，"揆之于经，酌以己见，订之于证，发起微义"，予以论议，各方"考其方药，考其见证，考其名义，考其事迹，考其变通，考其得失"，阐述其组成、方义、功用、适应证等。吴昆首创医方注解，《医方考》是我国第一部注解医方书，在方剂学中颇有影响。书中依症分门，每症先述病因，次辨诸家治法，再集名方，条理清晰，因症致用，确为医书巨著。不但深受国内医家欢迎，而且在短短两年内就流传朝鲜，并重刻刊行；以后日本亦有多种《医方考》刊行于世。

（2）陈嘉谟的《本草蒙荃》

陈嘉谟，字廷采，祁门人，明嘉靖（1522—1566）时名医，著有《本草蒙荃》和《医学指南》。

《本草蒙荃》共12卷，论述药物447种，附录药名295种，计742种药，是一部偏重于生药研究的本草书籍。据自序云：此书创自嘉靖己未（1559），"取诸旧本，会通而折衷之。先之气味升降，有毒无毒；次之地产优劣，采早采迟；又次之诸经所行，七情所具，其制度，其藏

①　［清］永瑢等撰：《四库全书总目》卷一〇四《子部14·医家类2·普济方四百二十六卷》，中华书局1965年版。

留,与夫治疗之宜,及诸各贤方书应验者,靡不殚述。间亦旁掇旧文,窃附臆见,以扩未尽之旨",历时七年,五易其稿,嘉靖四十四年(1565)完成此书时,年已八十岁。此书在药效上虽无特殊贡献,但很讲究道地药材,如白术分浙术、歙术,芎藭分京(关中)芎、抚(抚州)芎、台(台州)芎;更严分药材性质,如黄芩,疏松者为宿芩,坚实者为子芩,甚至一药之中又分身梢之别,如防风等。此外对药物的保管、气味、炮制方法等论述也较为详细。李时珍在《本草纲目》中评说:"(《本草蒙荃》)书凡十二卷……每品具气味、产、采、治疗方法,创成对语,以便记诵,间附己意于后,颇有发明,便于初学,名曰'蒙荃',诚称其实。"①此书对初学医者,确是一本较好的启蒙教材。

(3)汪昂在药物方剂学上的贡献

汪昂,字讱庵,休宁人,生于明万历四十三年(1615),卒于清康熙年间,具体年代不详,康熙三十三年(1694)仍健在。他原以文学见长,著有《讱庵诗文集》。1644年,清兵入关,汪昂时年三十岁,颇有明末遗民之恨,毅然弃举子业,笃志方书。除著有前述《素问灵枢类纂约注》外,在药物方剂学方面还有《本草备要》、《医方集解》、《汤头歌诀》等名著,也是继陈嘉谟以后又一杰出的医学普及家。

《本草纲目》既博且广,但卷帙浩繁,不便医家携带随时检阅,汪昂集诸家本草,由博返约,取适用药四百品,汇为《本草备要》。该书"列归经、气味、主治之由","间附古人最恶兼施、制防互剂、用药深远意义。而以土产、修治、畏恶附于后,以十剂宣通补泻冠于前。既著其功,亦明其过,使人开卷瞭然。"②10年后又增补药物61品,更名《增订本草备要》,于1694年重新刊印。由于此书具有由博返约、既备且要的特点,很受临床医生的欢迎,流传很广。但因汪昂并非临床医生,杂糅诸说,无所折中,难免有承袭前人错误之失,后由吴洛仪重订、增改,参以本人涉历,名以《本草从新》。现今两书均较流行。

汪氏《医方集解》和《汤头歌诀》也是近日通行之书。他继吴昆注

---

① [明]李时珍撰:《本草纲目》卷一上,"序例上·历代诸家本草·本草蒙荃",文渊阁四库全书本。
② [明]汪昂编:《本草备要》,"自序"。中国中医药出版社2009年版。

解医方之后,又作《医方集解》3卷,"博采广搜,网罗群书,精穷蕴奥,或同或异,各存所见,以备参稽"(《医方集解》序)。书中共收正方300余,附方过之,分列21门。即:补养、涌吐、发表、攻里、表里、和解、理气、理血、祛风、祛寒、清暑、利湿、润燥、泻火、楚炎、消导、收涩、杀虫、明目、痈疡、经产等,最后还附有急救良方,以便居处穷乡僻壤之人检方寻药。总之,此书不但常用方收集略备,而且分类精当,切于适用,所以影响很大。至于《汤头歌诀》,则以诗歌、韵语体裁,将300多首方剂编成歌谣,由于它简明扼要、便于记诵,更为初学者所欢迎,至今习中医者,仍多以此书为入门阶梯。

二、人痘接种法的发明及其影响

天花大约在汉代由战争中的俘虏传入我国,故又名"虏疮"。唐代以前一直采取消极治疗,宋以后有人开始探索预防天花的方法。我国种痘术发明于何时,至今尚无定论,相传宋真宗时(998—1022)有峨眉山为丞相王旦之子接种过人痘,但据确凿记载,至迟在十六世纪,安徽已经发明了人痘接种法。俞茂鲲在《痘科金镜赋集解》(1727)中记载:"闻种痘法起于明朝隆庆年间(1567—1572)宁国府太平县,姓氏失考,得之异人丹传之家,由此蔓延天下。至今种花者,宁国人居多。"又董含《三冈识略》(1663)记有安庆张氏三世以来以痘浆染衣,让小儿穿着,可发轻症,以预防天花。至于具体方法,在歙县吴谦主编的《医宗金鉴》和张璐的《张氏医通》中均记有痘衣法、痘浆法、旱苗法、水苗法。其中痘衣法,是用天花患儿的衬衣,给被接种的儿童穿上,使后者也染上天花,此法最原始,效果亦不太好。痘浆法,是用棉花蘸染痘疮的疮浆,塞入被接种儿童的鼻孔里,使其感染,危险性较大,一般不用。旱苗法,是把痘痂阴干研细,用银管吹入被接种儿童的鼻孔内。水苗法,是把阴干研细的痘痂用水调匀后,再用棉花蘸染塞入被接种儿童的鼻孔里。后两种方法较为进步。后来接种部位逐渐也由鼻孔改为上臂外侧,又将天花患者的痘痂("时苗")逐渐改为种痘后出痘的痘痂("熟苗"),减轻了疫苗的毒性。清代朱奕梁的《种痘心法》中还说:"其苗传种愈久,则药力提拔愈清,人工之选炼愈熟,火毒汰尽,精气独存,所以万全而无害也。"这种对人痘苗的选育方法,完全符合现代制备疫苗的科学原理。人痘接种法发明以后,逐渐从安徽推广开来,到清康熙时,已是南北风行了,而且传到俄罗斯、日本、朝鲜、土耳其和欧洲,在世界上产生了广泛的影响。

今天人们在庆幸全球消灭天花的时候,不会忘记安徽医家发明的人痘接种法揭开了免疫学最早篇章的杰出成就。

三、医案盛行和临床各科的发展

临床实践是医学理论提高的基础,而理论水平的提高必然推动临床各科的发展。在明代,安徽临床各科都获得较大的发展,其表现一是临床各科的专著应有尽有,二是医案的大量增加。

1.《名医类案》和《石山医案》

医案是中医临床实践的记录,它体现了理、法、方、药的具体运用。《史记·扁鹊仓公列传》所载"诊籍"被中医学界认为是医案的起源。明清时期,我国医案之作大盛,仅安徽就有医案60余种,明代在全国影响最大的有《名医类案》和《石山医案》。

(1)江瓘的《名医类案》

江瓘,字民莹,歙县人,初为诸生,因患呕血症,求医无效,遂习医学,自治而愈,在当地颇有声望。嘉靖二十八年(1549)编成《名医类案》12卷。此书上采《史记》和《三国志》所载扁鹊、淳于意、华佗诸人,下迄元明诸医治验,捃摭殆遍,分205门,包括内、外、妇、儿、五官等科;病案甚多,各详其病情、方药,大多病例治法具体、疗效较好。有些重要案例,还有编者按语,提示本案要点,多驳正发明,颇为精审,可供研究和临床参考,为我国第一部总结历代医案的专著。可是,江瓘集20年心血编成的《名医类案》,未及刊刻,他已去世,后由长子应元校正原著,次子应宿进行分类、补增,并将应宿医案附在诸条之后,于万历十九年(1591)刊行于世。后来此书曾多次刊行,人民卫生出版社于1959年影印出版了清代魏之琇等重订本,可见其影响之大。

(2)汪机的《石山医案》

石山为汪机之号。此书由明代祁门良医陈桷所编。陈桷受业于

同邑汪机,因取汪机诸弟子所记汪机治疗效验,编为《石山医案》三卷。

宋、金、元以来,宋《太平惠民和剂局方》行于南方,刘完素《原病式》、《宣明论方》行于北方。前者多温燥之药,后者偏于寒凉之剂,各有偏颇。而汪机宗奉丹溪之学,却不株守丹溪,临床诊治不拘一格,善取众家之长,在《石山医案》中多有体现。因此本医案的流行对上述两种偏向的纠正起到了积极的作用。

2.临床各科的全面发展

临床各科的发展是与医学理论水平的提高相辅相成的。有明一代,随着医学理论水平的提高,安徽内、妇、儿、眼、喉等科的临床医学获得了全面的发展。

(1)内科学的主要成就

内科学的发展,除了前述对伤寒和温病诊治水平的提高和著作的增多外,还表现在这一时期出现了许多就某一内科杂病进行深入研究的专著。如阜阳张鹤腾的《伤暑全书》(1623),全面汇集了各种伤暑病和与伤暑有关的疾病及其主治方剂,是一部极有特色的伤暑专书,对于伤暑病的诊治颇有临床指导意义。

此外,孙一奎的《赤水玄珠》中有内科杂病67门,每证之下所列方药,条分缕析,对辨证施治,大有助益;歙县程玠的《松崖医径》中对伤寒辨证治疗非常透彻;余午亭的《诸症析疑》共载66症、875方,提纲挈领,繁约得当,颇为适用,以至未刊以前,四方辗转传抄;汪绮石的《理虚元鉴》集作者多年治疗虚劳经验,他提出的阴虚和阳虚两种类型的理论,颇多个人见地,证治也多临床经验总结,深受后世医家推崇。

(2)外科学的主要成就

明代安徽外科学的主要成就是汪机的《外科理例》,影响较大。

《外科理例》7卷,附方1卷,明汪机撰,成书于嘉靖十年(1531)。书中以154节全面地叙述了外科病的证治,并附作者的临床验案和附方256首。汪机主张治疗外科疾病,不能单凭手术,而应从整体出发,提出"外科必本诸内,知乎内以求乎外"。在临床治疗上,一方面反对滥用刀针,另一方面对适宜手术者,强调早期手术。如对乳痈,强调如脓成不治,则"攻溃诸囊矣";已成脓不切开,"蚀良肉延溃无休"。内治以调理元气为先,不轻用寒凉之剂,提倡以消为贵,以托为畏。持论独特,随证变通,不拘成法,备受推崇。

四、珠算术的发展与程大位的《算法统宗》

明代的商品经济,比之前任何一个朝代都发达。由于商业的空前发展,商业数学随之得到发展,与商业有关的应用问题在数学著作中有了较多的出现。这和十五世纪欧洲商业数学发展的情况颇为相似。

我国数学的计算方法,随着商业的发展和算法本身由繁到简发展条件的成熟,到了明代,珠算术普遍得到推广,逐渐取代了筹算。

珠算术是用珠算盘演算,比筹算术用算筹演算方便得多,因此,在商业发展需要的条件下,珠算盘作为数学计算的一种简便工具,很快受到人们的重视和欢迎。

珠算术至迟在元末已经产生。1366年在陶宗仪所著《南村辍耕录》中,有关于珠算盘的明确记载。书中卷29讲到一条俗谚,用搠盘珠和算盘珠打比喻时指出:"搠盘珠……不拨自动","算盘珠……拨之则动"。陶宗仪原籍浙江黄岩,常在江苏松江居住,他所说的俗谚,当是松江一带的情况。又《元曲选》"庞居士误放来生债"一折中有"去那算盘里拨了我的岁数"一句唱词,可见,那时珠算盘已是一件比较常见的工具,已被反映到文艺作品中去了。

珠算盘发明之后,珠算术的四则方法逐渐代替了筹算的加减乘除运算方法。珠算术的加、减法口诀相当重要。在明代的珠算术中称加法口诀为"上法诀",如"一,上一;一,下五除四;一,退九进一十",等等。称减法口诀为"退法诀",即"一,退一;一,退十还九;一,上四退五"等,很是简便。而宋、元的筹算书中却不记录加减法口诀。乘法和除法口诀,即九九口诀和九归口诀,则珠算与元代的筹算术完全相同。但元代的筹算术没有一归口诀,因为在筹算术中,除数的第一位数码是一的,一般是用减法代除。明代珠算术中才有一归口诀,即"见一无除作九一,起一下还一"。

明代的珠算术著作,现在流传下来的已经不多,其中最重要、影响

最大的是程大位所著《算法统宗》。程大位(1533—1606)字汝思,号宾渠,安徽休宁人。少年时代就很喜爱数学。后来一面经商,一面从事数学研究。1592年写成《算法统宗》17卷,这是一部流传极广的数学著作。明清两代不断翻刻、改编,"风行宇内",凡学习计算的人,"莫不家藏一编",影响之大,在中国数学史上是少有的。

《算法统宗》在体例和内容上与《九章算法比类大全》有不少共同的地方,例如对于大数、小数、度量衡单位和数学词汇的解释,应用问题按九章章名分类,部分题目用诗词形式表达等都基本相同。而《算法统宗》的特点和它的贡献在于:第一,全书595个应用题的数字计算,都不用筹算方法,而是用珠算盘演算的。第二,最早使用珠算方法开平方和开立方。第三,记他自己创造的测量田地用的丈量步车并绘有图。这种丈量步车是用竹篾做的,可以卷绳,就像现在测量用的卷尺。第四,附录北宋元丰七年(1084)以来的刻本数学著作51种,可惜现在仅存15种了。当然书中难免也有某些缺点,不过总的看来,它还是一部比较完备的应用算术书。明末李之藻编译《同文算指》时,发现西方著作有不足之处,就从程大位的《算法统宗》中摘录了不少应用问题补充进去。

我国珠算术还曾传到日本、朝鲜等东亚各国,并被延续使用到今日。在我国,直至现在珠算也仍然是被广泛使用和较为方便的计算工具。

第四节　物理与天文

一、方以智和《物理小识》

1. 方以智和他的科学思想

方以智(1611—1671),桐城浮山(今属枞阳)人,字密之,号曼公,又号鹿起,逃禅以后名行通、无可、五老、弦智、愚者、墨历、木立、药地、极丸、浮庐等。方以智出身士大夫家庭,他祖父方大镇,曾任江西道监察御史,父方孔炤是崇祯时的湖广巡抚,都是明朝晚期的名士,政治上倾向"东林党",学术上喜谈"物理"(事物变化发展的道理),对方以智颇有一些影响。青年时代的方以智,热情奔放,曾"接武东林"、"主盟复社",积极参加政治活动,和陈贞慧、吴应箕、侯方域,并称为"明季四公子"。崇祯十三年(1640)考取进士,任翰林院检讨。明亡后,他在战乱中过着颠沛流离的生活。为了逃避清兵的追捕和表示对清政府的不合作态度,他易服为僧。晚年定居江西青原山,从事著述和讲学。康熙十年(1671),方以智被清廷逮捕,押赴岭南时,死于途中,终年 61 岁。

方以智一生大部分时间是在极其艰难的环境中度过的,然而他那种追求社会进步、锲而不舍的钻研精神,从来未被困难所折服。他的不少著作是在逃难中,躲在苗人的山洞里写成的。主要著作有:《通雅》、《物理小识》、《东西均》、《药地炮庄》、《医学会通》、《切韵源流》、《学易纲宗》、《诸子燔痏》、《浮山集》等。

方以智生当明末清初,这时唯心主义"理学"、"心学"的泛滥已经受到早期启蒙思想的挑战,唯物主义思想开始进一步发展,同时又是西学经过传教士传入我国的第一阶段,既有精华,又有糟粕。在这样的历史背景下,方以智思想的主流是:继承和发展我国古代唯物主义思想,重视"质测"之学,批判地吸收西方科学知识。

在唯物主义思想方面,他认为世界是物质的,宇宙万物是可知的,可以"征其端几"。他继承了我国古代的气为万物本原和阴阳学说,而且提出了火是气的运动、"凡物运动皆火之为也"的新思想,并进一步指出"气凝为形,蕴发为光,窍激为声,皆气也。而未凝未发未激之气尚多,故概举气、形、光、声为四几焉"[①],并据此解释了许多自然现象。他接受管子的"宙合",并赋予新解:"管子曰:'宙合',谓宙合宇也。灼然宙轮于宇,则宇中有宙、宙中有宇也。"[②]这种把时间比作轮子

---

① ［明］方以智:《物理小识》卷一,"天类·光论",清光绪宁静堂刻本。
② 《物理小识》卷二,"占候类·藏智于物",清光绪宁静堂刻本。

在空间旋转,空间里有时间、时间里有空间的时空合一观,既深刻又形象。

方以智与同时代的其他思想家相比,更加重视自然科学的研究,他不但把"通几"、"数度"、"质测"引为家学而自豪,而且"贵质测,然其镐然者"。所谓"质测",即"物有其故,实考究之,大而元会,小而草木蠡蠕,类其性情,征其好恶,推其常变,是曰质测"①。这显然类似于近代的自然科学。

在对待西学的问题上,他曾说要"借泰西为擅自郊子",但又指出:"万历年间,远西学入,详于质测而拙于言通几,然智士推之,彼之质测犹未备也。"②因此他有鉴别、有选择地吸收了不少西方正确的科学思想和科学知识,如地圆说、金星、水星绕日而动、脑主思维等。《物理小识》中约有百分之五的篇幅,引自传教士的资料;而对传教士传入的一些错误观点,不但不引录(如"全能的上帝创造世界"之类),甚至还指出他们的错误,予以纠正。方以智这种取其精华、弃其糟粕,批判地吸收外来文化的思想,是他在自然科学上有所建树的重要原因之一。

毋庸讳言,方以智易服为僧后受到禅学的影响,又脱离自然科学的研究,思想上唯心主义的糟粕也就多了起来。他在《物理小识》卷12"神鬼方术类"中,记录了大量荒诞不经的内容,因此有人说他的无神论表现得拖泥带水,但这毕竟不是他的思想主流。纵观方以智的一生,他的思想主流表明他不愧为我国早期启蒙思想家之一。

2.《物理小识》

方以智在自然科学上的成就,集中体现在他所著的《物理小识》中。该书原附《通雅》之后,后来他的次子方中通和学生揭暄将其分出,单独编排,并加很多按语,印行于世。

《物理小识》写作时间大致在1631—1652年,前后经过了22年。该书内容十分广泛,内分天、历、风雷雨旸、地、占候、人身、医药、饮食、

---

① 《物理小识》,"自序",清光绪宁静堂刻本。
② 同上。

衣服、金石、器用、草木、鸟兽、鬼神方术、异事等 15 类,共 12 卷,是一部关于自然科学方面的百科全书式的著作。其中涉及物理学知识,有光学、电学、磁学、声学、力学等诸多方面。它不仅总结了我国古代许多科学成就,批判地吸收了当时西欧传来的科学知识,而且对其中不少问题提出了自己独特见解,尤其在光学方面成就更为突出。

方以智认为,一切物皆气所为,光也是气的运动。他说:"气凝为形,发为声光,犹有未凝形之气与之摩荡嘘吸,故形之用,止于其分,而光声之用,常溢于其余。气无空隙,互相转应也。"[①]意思是说,光声都是气激发的结果,它与充满空间的未凝形之气摩荡嘘吸,相互转应,溢出其外。李志超等据此提出这是"气光波动说"。方以智在此基础上进一步提出了"光肥影瘦"的概念。他在评论西学测算日径的方法时指出:

> 皆因西学不一家,各以术取捷算,于理尚膜,讵可据乎?细考则以圭角长直线夹地于中,而取日影之尽处,故日大如此耳。不知日光常肥、地影自瘦,不可以圭角直线取也。何也? 物为形碍,其影易尽,声与光常溢于物之数,声不可见矣,光可见、测,而测不准也。[②]

主要意思是说传教士以圭角直线法测太阳直径,由于没有考虑到日光常肥、地影自瘦的因素,所以测算结果总是大于太阳实际直径。所谓光肥影瘦,就是光常溢于几何学阴影范围内,使光区扩大,阴影区缩小。这一现象颇类似于今天所说的衍射现象,而且与西方发现衍射现象在时间上大体相当,确实难能可贵的。

为了验证光肥影瘦,方以智还做了实验,他说:

> 屋漏小罅,日影如拜。尝以纸征之,刺一小孔,使日穿照

---

① 《物理小识》卷一,"天类·光论",清光绪宁静堂刻本。
② 《物理小识》卷一,"历类·光肥影瘦之论可以破日大于地百十六余倍之疑",清光绪宁静堂刻本。

一石,适如其分也。手渐移高,光渐大于石矣;刺四、五穴,就地照之,四五各为光影也;手渐移高,光合为一,而四、五穴之影,不可复得矣。光常肥而影瘦也。①

方以智这一实验观察到的现象是客观存在的,但造成"四、五穴之影,不可复得"的原因,根据现代光学知识来看,既有几何投影光斑叠加的影响,也与衍射有关,何者为主,是由孔径与距离之比决定的,所以很难说这个实验是否使他真正观察到了衍射现象,而且这也不是证明光肥影瘦的理想实验。不过方以智在提出光肥影瘦理论以后,力图以实验加以验证的精神是值得称赞的。他还用光肥影瘦的理论,指出了利玛窦等人的错误。据《物理小识》记载:利氏认为地周九万里,径二万八千六百六十六余里,日径大于地一百六十五又八分之三倍,距地心一千六百零五万五千六百九十余里。方以智据此算出太阳中心到地球中心的距离,仅是太阳直径的三倍多一点,这显然是错误的。方以智举例指出:"如以寸火离三寸之空,而以掌当其焰,煿何如耶?"意思是说,太阳的火焰照射到离它只有自己直径三倍多的地球上,岂不是要把人烫坏了吗?方以智认为这是由于光肥影瘦的关系,人眼所见的太阳圆面要比实际的发光体大,他们没有考虑到这一点,所以测出的数据是错误的。方以智提出的光肥影瘦理论及其指出利氏的错误,后来被清代学者梅珏成等收入到《历象考成》一书中,并用光分的名称对太阳半径做了经验性的修正。

方以智对光的色散现象的认识也是很深刻的。他在《物理小识》中写道:"凡宝石面凸,则光成一条,有数棱则必有一面五色,如蛾眉放光石六面也,水晶压纸三面也,烧料三面水晶亦五色;峡日射飞泉成五色;人于回墙间向日喷水,亦成五色。故知虹霓之彩,星月之晕,五色之云,皆同此理。"②这样,不但把自然晶体、人造晶体和液滴的色散现象联系起来了,而且认为自然界的虹霓、人造虹、星月晕、五色云⋯⋯

---

① 《物理小识》卷一,"历类·光肥影瘦之论可以破日大于地百十六余倍之疑",清光绪宁静堂刻本。
② 《物理小识》卷八,"器用类·阳燧倒影",清光绪宁静堂刻本。

皆同此理。这可以说是对我国古代色散知识做了一次极其精彩的总结。

方以智对海市蜃楼的记载和认识也是很有价值的。他在《物理小识》卷二"海市山市"条说：

> 泰山之市，因雾而成，或月一见。尝于雾中见城阙旌旗弦吹之声，最为奇。海市或以为蜃气，非也。张瑶星曰：登州镇城署后太平楼，其下即海也。楼前对数岛，海市之起，必由于此……又一次，则中岛化为莲座，左岛立竿县幡，右岛化为平台，稍焉三岛为城堞，而幡为赤帜。①

这里否定了海市蜃楼是蜃吐之气造成的，而是楼前对海中数岛的自然现象。所记海市蜃楼的变幻，也是十分宝贵的记录。他的学生揭暄在注解这一条时说得更清楚："气映而物见，雾气白涌，即水气上升也。水能照物，故其气清明上升者，亦能照物。气变幻，则所照之形亦变幻。"用"气映"、"照物"和"气变幻，则所照之形亦变幻"来解释海市蜃楼及其变幻，显然是我国古代解释这一自然现象的重要进展。

在声学方面，方以智对声音的产生、传播、隔音、共振等都进行了研究。其中"隔声"条记载："以瓮为甃，累而墙之，其口向内，则外过者不闻其声。何也？声为瓮所吸也。"②这可能是我国最早的关于吸音室的记载。

在天文学方面，他不但能在利玛窦宣扬地心说的情况下，通过鉴别，及时地选择了穆尼阁传入的关于金星、水星绕日运行的正确理论，而且《物理小识》中还有一些西方远未出现的新思想。如该书卷1《宿天》所载："二十八宿为恒星天，向以为与老天贴定，今因岁躔冬至之经星渐差，而乃知其自迻也。"③这里所说的恒星运动，实质是指地球自转轴的进动所造成的恒星整体视运动。方中通注解说："经星久亦移

---

① 《物理小识》卷二，"地类·海市山市"，清光绪宁静堂刻本。
② 《物理小识》卷一，"天类·隔声"，清光绪宁静堂刻本。
③ 《物理小识》卷一，"历类·宿天"，清光绪宁静堂刻本。

动……太阳行有迟速,经星之行亦有迟速。"这种用恒星自行来解释岁差固然不符合现代天文学知识,但恒星自行的思想显然比当时传教士带进来的水晶球体系认为恒星不动的观点要高明些。揭暄在注解岁差时更说:"岁何尝有差?但仰视诸星,稍移分许耳,是可谓之差。实是经星周天,百十年移一度而迟速不等也";"经星跳跃不一,甚远甚微……是经星之测亦难也。天周大轮,诸星频激小轮,种种有差算,亦种种有定算。"从方以智的恒星整体视运动到揭暄的恒星运动"跳跃不一"、"频激小轮",显然是一个重要的进展,它意味着恒星也有视向运动,而视向运动的概念在欧洲也是从 1868 年起才开始有的。虽然揭暄的"频激小轮"受到西方本轮均轮说的影响,但他据此与恒星自行"跳跃不一"结合起来,产生了恒星视运动概念的萌芽,而且早于西方 200 多年,确实难能可贵。

此外《物理小识》卷 7 还记载了炼焦和焦炭的作用:"煤则各处产之,臭者烧熔而闭之成石,再凿而入炉曰焦,可五日不绝火,煎矿煮石,殊为省力"[①],说明了焦炭的生产过程和作用。用煤炼焦,是我国古代煤炭加工利用的重要成就之一,考古资料证明,早在唐宋时期我国已能炼焦,但《物理小识》中的这段明确记载,却是我国也是世界上炼焦和用焦的最早文字记录,比欧洲要早一个多世纪。

当然,由于当时中国科学技术水平等历史条件的限制以及方以智本人的局限性,《物理小识》中也有一些形而上学和迷信的记述,但与其科学成就相比是次要的。所以《四库全书总目》称其"考证奥博,明代罕与伦比。"日本学者认为此书是"当奈端(牛顿)之前,中国诚可以自豪的"著作。

二、声学知识的新发展——十二平均律的发明

音律学在我国历代都受到极大重视。二十四史"律历志"中的"律"或"音乐",是为历代音律学知识的记录,它为音律学的发展留下了宝贵史料。

---

① 《物理小识》卷七,"金石类·煤炭石墨一种而异类也",清光绪宁静堂刻本。

在约公元前一千年的西周初期,已经有十二律和七声音阶的认识了。十二律一般地说,就是 12 个半音。它们的名称是:黄钟、大吕、太簇、夹钟、姑洗、仲吕、蕤宾、林钟、夷则、南吕、无射和应钟。但严格地说,12 个半音中的 6 个单数的半音,即黄钟、太簇、姑洗等,成为六律,其余六个双数的半音称为六吕,因此 12 个半音也统称为律吕。七个音阶是:宫、商、角、徵、羽、变宫和变徵。七声音阶出现之后,五声音阶(宫、商、角、徵、羽)仍然使用。

大约在春秋时候开始使用三分损益法来确定管或弦的长短和发音高低之间的关系,其记载见于《管子·地员篇》,这种方法为后世长期沿用。三分损益法是以一条被定为基音的弦(或管)的长度为准,把它三等分,然后再去一分(损一,即乘以三分之二),或加一分(益一,即乘以三分之四),以定另一个律的长度。依此类推,直到在弦(或管)上得出比基音略高一倍或略低一倍的音为止。

按三分损益法计算的结果,12 个律中相邻两律间的频率比不完全相等,所以称为十二不平均律。同时,比基音高(或低)八度的音,不能得到比基音高(或低)一倍的频程,只能略高(或低)一倍。如基音"哆"的相对频率是一,高八度的"哆"音的相对频率不是二,而是略高于二,其间存在一定的差数。这种情况不适宜进行变调,也不便于演奏和声。所以三分损益法是有缺点的。

为了消除这个缺点,人们曾进行了不同的尝试。汉代京房(公元前 77—前 37 年)把律数的推算增加到 53 律(名为 60 律),南北朝时期的钱乐之和沈重又进一步推算到 360 律。虽然律数的增加,可以缩小上面提到的差数,却不可能使倍频程的音,具有真正的倍频程的高度。而晋朝的荀勖(?—289)和刘宋的何承天又从别的方向上作出了努力。荀勖在以三分损益律计算管乐器各音时,发明了管口校正的方法。加上管口校正数,三分损益律才在管上得到正确的应用。何承天把三分损益法计算后出现的差数按长度平均分为 12 分,然后累加到 12 个律管上。他这种平均分配差数的方法,为十二平均律的发明提供了很好的思想方法。

到了明代,朱载堉在前人不断探索和自己努力试验的基础上,发

明了十二平均律,解决了长期存在的难题,为音律学的发展做出了划时代的贡献。

朱载堉(1536—1610)字伯勤,号句曲山人,是明仁宗庶子郑靖王的后代。虽然他是王室世子,却能专心于乐律、历算等的研究,晚年还努力著述。他的主要著作是《乐律全书》,全书包括13部著作,其中11部是关于乐律方面的,另外两部著作,一是论算学的,称《算学新说》;一部是论历法的,称《历学新说》。在关于乐律方面的论著中,重要的有《律学新说》和《律吕精义》等。十二平均律的理论最早见于《律学新说》,写《律吕精义》时又做了进一步的阐述。关于十二平均律的数学演算,更详细地记载在他的数学著作《嘉量算经》中。

《律学新说》成书于明万历十二年(1584)。朱载堉用等比级数的方法平均分配倍频程的距离,取公比为$\sqrt[12]{2}$,使得十二律中相邻两律间的频率比完全相等,所以称为十二平均律。十二平均律的发明彻底解决了"旋相为宫"的问题,是音乐史上的一件了不起的大事。现代的乐器制造都是用十二平均律来定音的。朱载堉的发明约比欧洲的音乐理论家梅尔生(Marie Mersenne,1588—1648)的同样发明早半个世纪。朱载堉和他的发现在十九世纪得到德国物理学家赫姆霍兹(H. L. F. Helmholtz,1821—1894)的高度评价。

朱载堉在研究乐律时,很重视科学试验的检验,他说要分辨新律(指十二平均律)与旧律(指三分损益法)孰真孰伪,只要通过试验就一清二楚了。试验的方法:一是依尺造律,吹之试验,一是吹笙定琴,用琴定瑟,弹之试验。足见他的治学方法是很科学的。

三、焦勖的《火攻挈要》

《火攻挈要》上、中、下三卷,图一卷,成书于明崇祯癸未年(1643)。内容是讲述各种火药武器——铳(炮)、弹、火箭、地雷等制造、装配、使用的方法,把西方先进的武器制造技术介绍到中国来。

该书题为"泰西汤若望授、宁国焦勖述",但焦勖在"自序"中说,这部书的写作是由于他"究心于将略,博访于奇人,就教于西师,更潜度彼己之情形,事机之利弊,时势之变更,朝夕讲究,再四研求";"就名书之要旨,师友之秘传,及苦心之偶得,去繁就简,删浮采实,释奥注明,聊述成帙,公诸同志"①。可见,这部书的内容并不完全是汤若望口授的记录,而是焦勖综合了多方面的材料,并和师友共同讨论,努力钻研,融会贯通之后写出的。

该书以绘图加图说的形式介绍各种火器的结构、形状、零部件、制造方法。卷上着重讲解各种铳的制造和装配。卷中介绍各种火药的配方、贮存,以及奇弹、火箭、地雷等制造方法。卷下则说明火器的用法,制造过程中的注意事项等。

火药是中国古代重大发明之一,两宋时期我国已发明了火药武器。但火药西传以后,在中亚和西欧被广泛用于军事目的,制造出的枪炮和弹头,威力大增。到了明末,中国火药武器制造水平已不如西方。《火攻挈要》一书及时将西方先进的火药武器介绍到中国来,对于提高我国武器制造技术水平、增强军事力量是很有价值的。

四、詹希元创制五轮沙漏

詹希元,字孟举,新安人,洪武初为铸印副使,后卒官中书舍人。解缙《春雨杂述》曾以书法家为其作传。据《明史·天文志》记载:"明初,詹希元以水漏置严寒水冻辄不能行,故以沙代水。然沙行太疾,未协天运,乃以斗轮之外,复加四轮,轮皆三十六齿。"游潜《博物志补》中也有记载:"五轮沙漏:北方水善冰,壶漏不下。新安詹希元以沙代水,人以为古未有之。有五轮以机运之,四轮皆侧旋,中轮平旋。"与詹希元同时代的宋濂(1310—1381)曾为此作用《五轮沙漏铭》一篇,铭称:"挈壶建漏测以水,用沙易之自詹起,水泽腹坚沙复止,一日一周与天仪……"可见詹希元为克服水漏在北方寒冷气候条件下漏壶不下的缺点,创造了一种新的机械计时器——五轮沙漏。

有关五轮沙漏的结构与原理,宋濂在《五轮沙漏铭》序文中的记述颇为详细:

---

① [清]焦勖述:《火攻挈要》,"序",清海山仙馆丛书本。

沙漏之制,贮细沙于池而注于斗,凡运五轮焉。其初轮轴长二尺有三寸,围寸有五分,衡奠之。轴端有轮,轮围尺有二寸八分,上环十六斗,斗广八分,深如之。轴杪傅六齿。沙倾斗运,其齿钩二轮旋之。二轴之轴长尺,围如初轮,从奠之,轮之围尺有五寸,轮齿三十六,轴杪亦傅六齿,钩三轮旋之。三轮之围轴与二轮同,其奠如初轮,轴杪亦傅六齿,钩中轮旋之。中轮如四轮。余轮侧旋,中轮独平旋。轴崇尺有六寸,其杪不设齿,挺然上出,贯于测景盘。盘列十二时,分刻盈百。断木为日形,承以云丽于轴中。五轮犬牙相入,次第运益迟。中轮日行盘一周,云脚至处则知为何时何刻也……轮与沙地皆藏机腹,盘露机面。旁刻黄衣童子二,一击鼓,二鸣钲。[①]

从以上记载来看,五轮沙漏中的"衡奠之",可能是控制初轮等时转动的"天衡"机构;从齿轮系的组织安排、显时盘及其指针来看,它极似后来的机械钟表。

五、朱载□的天文学成就

由于明代一直严禁民间私习天文,因此造成明代的天文学水平较元代有了明显的下降,整个明代也没有按照以前改朝换代的惯例重新制定一部新的历法,而是将元代郭守敬的《授时历》改个名,一直沿用到明后期。由于《授时历》从 1281 年颁行到了明末,已经沿用了约 300 年,各种误差的累积已经比较显著,出现了多次日、月食预报不准的情况,因此朝野各界要求改历的呼声强烈。但是现实的状况却又非常的尴尬,一方面历法确有革新之必要,而另一方面,官方天文机构又明确表示无力承担此项重任,"二百六十年来,历官按法推步,一毫未尝增损,非惟不敢,亦不能,若妄有窜易,则失之益远矣"[②]。于是一些

---

① [明]陈子龙等编:《皇明经世文编》卷二,《宋学士文集·铭·五轮沙漏铭》,中华书局 1962 年版。
② [明]徐光启撰;王重民辑校:《徐光启集》,中华书局 1963 年版,第 319 页。

非专业的天文学家或毛遂自荐，或经人推荐，纷纷提出自己的修历计划，朱载堉就是其中一位较为突出的人物，万历二十三年（1595），他上书皇帝，进献《圣寿万年历》、《律历融通》二书，提请改历。其见解精辟，深得识者称许。《明史·历志》曾大段摘引他的议论。礼部尚书范谦向皇帝建议说："其书应发钦天监参订测验。世子留心历学，博通今古，宜赐敕奖谕。"①得到皇帝允许。邢云路是明末一位著名天文学家，著有《古今律历考》一书，朱载堉为之作序，序文中称，他曾和邢"面讲古今历事，夜深忘倦"，邢"摘历史紧要处问难"，朱"于灯下步算以答"，二人"携手散步中庭，仰窥玄象"，生动地描写出了他们协力钻研天文的情形。

　　但是囿于客观条件和自身的学术水平的限制，朱载堉和邢云路虽然都提出了各自改历的建议，最终都没有能够重新制定一部较《授时历》更为精确的实用历法。明末的改历工作实际上是徐光启等人在采用传教士带来的西方天文学方法之后才得以实现的。

---

① ［清］张廷玉等修撰：《明史》卷三一《历志一》，中华书局1974年版，第527页。

第十章

明代安徽的文化和艺术

明代以前,程朱理学一统天下,而明代是其盛而复衰的时期。从明中后期起王守仁心学风行一时,成为主流,并产生了深远影响。它不仅打破了程朱理学在思想文化中的一统局面,还由此揭开了文化论争的帷幔。

有明一代,安徽的史学著作较为丰富,尤其在方志和族谱的编纂上取得了突出的成就;刻书与印书的数量和质量到明清之际达到高峰;戏曲与音乐也步入辉煌的时代。

第一节　哲学与文学

一、明代安徽的哲学

明代前期，由于封建统治者的提倡，是程朱理学一统天下时期。从中央国子学到乡村的社学，无不进行程朱理学的教育，科举考试也都以程朱理学为准绳，程朱理学的影响渗透于思想文化的各个领域。随着时间的推移，程朱理学已经僵化，严重禁锢了人们的思想，于是，社会上出现了反理学的思潮。同时，社会经济的发展也需要人们的思想更新。在这种情况下，从明中期起王守仁心学兴起，风行一时，成为主流，产生了深远影响。不仅打破了明初以来程朱理学在思想文化中的一统局面，还由此揭开了文化论争的帷幔。但是，王守仁的心学体系也存在着矛盾之处，加上他死后，弟子们对心学体系理解的不同，王学发生分化，并向极端化发展。王学又渗入佛禅成分，东林、复社学士对此不满。另外，欧洲传教士又传来西方科学与宗教知识，于是，思想界异说纷呈，形势复杂。反映在哲学领域，则出现一种儒、释合流的倾向。明代后期政治腐败，社会动乱；到了晚明时期，实学兴起。

1. 新安理学的衰落

明代是新安理学的衰落时期。此期主要代表人物有朱升（字允升，休宁人）、赵汸（字子常，休宁人）、郑玉（字子美，歙县人）、程瞳（字启曒，休宁人）、谢复（字一阳，祁门人）、洪垣（字峻之，婺源人）、金声（字正希，休宁人）、程文德（字舜敷，婺源人）、潘士藻（字去华，婺源人）等人。根据这一时期新安理学发展的不同特色，大致以明代正德（1506—1521）年间为界，可分为前后两个时期：前期——"求真知"指导思想的提出及其实践；后期——新安理学的分化和萎缩。

针对元代学者研习朱子之学盲目守其成说的积弊，明初新安理学三大家朱升、郑玉、赵汸先后提出了新的治经指导思想，这就是朱升的

"真知"之说、郑玉的"本领"主张以及赵汸的"实理"之见。三者辞异而意同,其基本点是反对盲从,跳出"推究文义"的末流功夫,研习朱子之学不仅要知其然,而且要知其所以然。这种观点的提出,表明明初新安理学的为学指导思想已发生了变化,它比较起元代新安理学家一味在低层次上解析文义,无疑要高出一筹,对学派以后的发展,起着极其重要的作用。

在新的治经思想指导下,三大家的学术实践活动分别循着两条途径进行。

第一条途径是朱升"旁注诸经"之路。朱升早年受学于新安理学前辈大师陈栎,曾在资中黄楚望门下游学一年。元至正十七年(1357)以后,应朱元璋之召,"备顾问于内庭,参密命于翰苑",成为明朝的开国功勋。朱氏阐发经义有三大特点:其一,在经注方法上,改革积弊,形成了旁注诸经的学术特色。其二,朱氏注经,非一味承袭先儒之说,而以求真知为指导,通过自己思考,力求阐发《六经》本旨。虽然他的旁注内容最终回归朱子之学而不取"异说",但他对诸家学说不是简单的承袭或排斥,而是尊有所归,黜有所据,正所谓"不雷同而是是,不崖异而非非。"其三,为便于学者入门,朱氏尽量以通俗语言注经,因而其书有"辞约义精"之誉,学童诵习"不惮其繁"。

第二条途径是郑玉、赵汸"和会朱陆"之路。朱熹和陆九渊都是南宋著名的哲学家、思想家,由于治学方法不同,二人或通过书信,或面对面地进行多次论辩。"鹅湖之会"便是二人论辩中最著名的一次。会议主要围绕治学方法进行论争。朱熹主张先泛观博览而后归之简约,陆九渊则主张先发明本心而后博览群书。朱熹责陆九渊教人过简,陆九渊责朱熹教人过于支离。此后开启了"朱陆异同"的争辩,由是"两家门人遂以成隙","以相訾毁"(《宋元学案》卷57《梭山复斋学案》黄百家按语)。针对"朱陆异同"的争辩,郑玉、赵汸在博采众家之说、比较各派长短的基础上,提出了"和会朱陆"的思想,在明初学术界产生了重要影响。

郑玉的师承,当属陆学。但他主张"潜心圣贤之书,进退仰俯,一随其节",没有墨守师教,反而在"和会朱陆"中多"右朱",成为此期新安理学最重要的代表人物之一。他自觉融会朱陆二家学说，受陆学"心本论"影响，主张"理以心觉"，即用心去体验、获取"天理"。同时又接受朱学笃实致知的功夫，主张读书尊经，认为《六经》是载道之具，并把《春秋》推为体道治世的大典。赵汸是此期新安理学中又一位"和会朱陆"的大家。赵氏主张"澄心默坐，涵养本源，以为致思之地"深受陆学遗风影响。同时他也注重读书，认为"古之圣人亦必由学而至"。凡有疑问，"质诸师而不得者，卒求之程朱遗言而有见焉"。在"和会朱陆"中也体现了"右朱"的特点。郑、陆二氏避免朱子之学中支离的短处，吸收陆学中精于"默思"的长处，通过"和会朱陆"来光大朱子之学，最终仍然体现了新安理学以尊奉朱子之学为宗旨的学派特色。

约在正德年间，新安理学开始出现分化和萎缩，明代的新安理学发展进入后期。在这一阶段中，一部分新安理学家因受铺天盖地而来的王学影响，学术背离了新安理学固守朱子之学的宗旨，滑向王学阵营。这部分学者以嘉靖时人程文德和万历时人潘士藻为代表。程氏是王阳明高足王畿的学生，著有《论学书》，"以真心为学之要"；潘士藻是王阳明另一高足王艮的弟子，著有《闇然堂日录》。讲究"默识"二字，终身味之不尽。这部分分化出去的学者，其实已无力光大新安理学。留在新安理学阵营中的理学家则以正德、嘉靖年间的休宁人程瞳为代表。程瞳著有《新安学系录》、《闲辟录》、《新安经籍志》等书，学术以"力排异见"为特色。他抱定朱门注重读书的传统，主张从典籍入手探究理学的"精微曲折"，反对"忽然知之，兀然得之"的陆学功夫。《方志》曾褒扬程氏在正、嘉之际，禅陆盛行时，能"独立狂澜，抵排攘斥，崇正道，辟邪说"，抱守新安理学的宗旨。但他借鉴元代新安理学家大刀阔斧式的治学方法，虽能达到固守朱子之学的目的，但于义理之学的发展则无大建树。较之明初新安诸儒，则逊色不少。

综观明代后期的新安理学家，或限于识见而无大建树，或旁依他派而背离了本门的宗旨。其他如谢复、洪垣、金声等人，虽亦以理学名世，但未形成有鲜明个性的学术思想，于学派振兴，亦无功可言。至

此,新安理学人才凋零,阵容萎缩,出现了衰落的景象。①

  2. 明中后期:王学流行

对于明代理学的发展,乃至整个文化发展来说,王守仁(1472—1528)心学的崛起以及随后在社会中广泛传播,无疑是最重要、最深远的事件。他不仅打破了明初以来程朱理学在思想文化中的一统局面,还由此揭开了一个时代文化论争的帷幔。王守仁进一步发展了陆九渊的主观唯心主义理学,对朱熹等宋儒进行了抨击,形成阳明学派。至明中期,王学在安徽已取得优势,一时成为哲学的主流,安徽学者也深受影响。

徽(州)宣(城)哲学思潮,在明代由于王守仁心学兴起,而渐生转折。早在南宋中叶,与朱熹同时的陆九渊心学,已在徽州发生影响。明初,休宁赵汸、歙县郑玉,已开始折中于朱、陆之间。明代王守仁发扬陆学,高标"心即理"之宗旨,以"直寻本心"为功夫,而益之以"致良知"之说,以与朱学"性即理"、"格物穷理"相对立。王曾居官滁州、南京,其流嗣南中派、江右派、泰州派均密迩安徽,一时流行于安徽长江南北。全椒戚贤,于滁州亲受王守仁之教,与王心斋、黄五岳等同为当时宣扬阳明心学的著名人物。戚贤"为会于安定书院,语学者:'千圣之学,不外于心。惟梏于意见,蔽于嗜欲,始有所失。一念自反,即得本心'。"②休宁程敏政著《道一编》,与王守仁关于朱陆异同之论相唱和。亳州薛蕙倡述心学,亦为早期王学人物。

王守仁死后,弟子钱德洪、王畿等多次来皖讲学,王学于是广为流行。黄宗羲《明儒学案》云:"阳明殁后,绪山(即钱德洪)、龙溪(王畿)所在讲学。于是泾县有水西会,宁国有同善会,江阴有君山会,贵池有光岳会,太平有九龙会,广德有复初会,江北有南谯精舍,新安有程氏世庙会,泰州复有心斋讲堂。几乎比户可封矣!"③上文所列书院,除江阴、泰州外,均在安徽。由此可见,明代成化至万历年间,王学在安徽已有取代朱学之势,一时成为哲学之主流。休宁程默"负笈千里,从学

① 参阅周晓光:《宋元明清时期的新安理学》,《中国典籍与文化》1993 年第 4 期,第 117—118 页。
② [清]黄宗羲著:《明儒学案》卷二五《南中王门学案一》,中华书局 1985 年版。
③ 同上。

阳明"。① 歙县程大宾、郑烛，泾县查铎、肖彦、肖良乾、张紫，宣城沈宠、梅守德、贡安国、戚兖，青阳张时高，太平周怡，全椒田鳌，桐城赵釴、方孔照、方大镇，怀宁颜素，太湖尚之誾等，或有著作，或有名字可稽，均为王学人物。

王学与朱学活动方式有所不同。朱学注重读书，多在书院传授。王学重在心悟，多结社开会，以讲学形式进行宣传，因此在劳动群众中亦颇有信从者。繁昌农人夏廷美，学有心得，四出讲学。他批评士大夫读书不过为"荣肥"，"吾人须是自心作得主宰，凡事只依本心而行，便是士大夫。"又云："天理、人欲，谁氏作此分别？俶反身细求，只在迷、悟间。悟，则人欲即天理；迷，则天理亦人欲也。"②以阳明心学，抨击程朱天理、人欲之说。

3. 明末："实学"思潮兴起

王守仁的心学，以批判传统和追求自我的精神而取得了数十年的辉煌。到了晚明，王学末流们将王学的批判精神丢弃殆尽，而日益流于空谈，王学开始走向没落。一些王学的传人和进步的学者则以更加求实的精神去探寻学术发展的新途径，他们对王学末流所代表的空洞无物的理学思想进行了无情的批判，出现了"由虚返实"的历史转变，形成了一股"崇实黜虚"的实学思潮。

明末，安徽的实学思潮开始兴起。明清之际是实学思潮的兴盛时期，实学表现为一股具有忧患意识、批判意识、经世意识、启蒙和改良意识、实证科学意识和哲学唯物论意识的思想潮流，这些内容在当时实学思想家的言论和著作中，有着较集中的反映。在安徽，明末清初当以方以智为实学思想的代表。

方以智学有渊源，贯通三教百家及西学。早年著有《通雅》52卷，《四库全书总目提要》称其书博洽精核，"一扫悬揣之空谈"，迥出明代诸考证家之上，清初考证学于是"沿波而起"。方以智具有一定的批判意识，如在新故的问题上，他在《通雅》卷首中认为，"日新其故，其

---

① 《明儒学案》卷二五《南中王门学案一》，中华书局1985年版。

② 《明儒学案》卷三二《泰州学案一》，中华书局1985年版。

故愈新"，主张学习和了解西学，并对其进行有批判的吸取。其所著《物理小识》12卷，于自然科学特详，且多吸收明末欧洲传入的科学知识，并在此基础上形成其科学哲学思想。他对西学进行了研究和批判，认为其说详于"质测"（即实验科学）而略于"通几"（即哲学）。关于质测和通几的关系，方以智深刻地提出了两个合理观点：其一，"质测即藏通几"。即质测之学的具体知识中蕴含了通几之学所探求的原理，通几不能离开质测而应以质测为基础。其二，"通几护质测之穷"。即通几之学又可以帮助克服各门实验科学的局限和片面，科学应以哲学为指导，探求自然规律，才能达到"合外内，贯一多"的全面认识。方以智以"寓通几于质测"的科学哲学观为指导，倡导求实学风，对宋明以来"蹈虚空谈"的学风是一个否定，对中世纪的愚昧是一个启蒙。

方以智曾针对宋明以来"禅宗之汩没于机锋"，"理学之汩没于语录"的虚华学风，提出"欲挽虚窃，必重实学"的疾呼。此处"实"，就是"物有其故，实考究之"。（《物理小识·自序》）他对天文、地理、经史、典章、时势、风俗等，无不主张进行实地考察。他盛倡"深求其故"的怀疑、实证精神，尝说"物理无可疑者，吾疑之，而必欲深求其故也"（《通雅》钱序引方以智语）。方以智试图以试验、实证的方法来著书立说，他的《通雅》和《物理小识》就是这样写成的，可谓是当时实学的代表作。

二、明代安徽的文学

明代文学的发展以正德（1506—1521）年间为界，大致可分为前后两个时期。前期自明朝建立至正德年间，文学创作表现为相对沉寂，但在诗词、文赋方面也有一些成就，这一时期的优秀作品主要集中于明代初期。正德以后，明代文坛开始繁盛起来，诗词、小说等通俗文学的创作取得了一些成就，诗歌方面出现了众多的文学流派。明代文学总体倾向，显现出的是一种世俗性的特征。明中期正德、嘉靖以后，明代文学思想出现了变革。此时，由于朝廷对政治、经济、文化等各方面的控制渐渐削弱，统治趋于松弛，这为明代文学复兴创造了有利的社会环境。阳明心学的崛起,就是思想文化变革的一个标志性事件。到了晚明,文学创作又回归于传统。

1. 诗词的创作

明代安徽的诗词创作,虽然比金元时期略有起色,但是成就并不突出,且主要作家、作品都集中在明后期,就这一点而言,明代安徽的诗词创作可以说是整个明代诗词创作萧条局面的缩影。

（1）明前期:诗词创作的萧条

明代前期的诗词创作,除了一些经历元末社会动乱的明初作家的作品有一定现实内容外,在以后相当长的时期内,由于理学、科举对文人思想的严重桎梏,以及历次文字狱的影响,基本上陷入了毫无生气的沉寂局面。这一时期的安徽诗词作家有朱升、郑潜、陶安、吴斌、唐桂芳、汤允勣等人。他们或者由元入明,受社会动荡的局限,久疏于文学创作;或者受到了"台阁体"空泛颓靡诗风的消极影响,总体创作成就并不突出,但是也不乏一些清新自然、有较高现实意义和艺术价值的优秀作品。吴斌(生卒年不详),字蕴中,安徽休宁人,明太祖洪武年间做过主簿。他的古体诗《量田谣》是一首较有现实意义的优秀作品:"朝量水田雪,暮量山田月。青山白水人如云,朝暮量田几时歇。尺田寸地须尽量,丝毫增入毋留藏。时旸时雨欣是康,我民欲报心未央。年年增赋输太仓,但愿山积垂无疆。安得长风天外起,吹倒昆仑填海水,更出桑田千万里。"[①]全诗质朴流畅,结尾部分更是充分运用想象和夸张手法,既表现了作者对广大劳动人民的深切同情,又寄寓了对统治者的深婉讽劝。像《量田谣》这样质朴自然且有一定的社会现实意义的优秀作品,在明代前期朱升、郑潜、陶安等安徽诗人中是不多见的,他们的作品多为唱和酬赠之作,不是为明王朝歌功颂德、粉饰太平,就是抒写一些个人生活情趣,没有多少现实意义。[②]

与诗创作相比,明代前期安徽词创作自限于婉约一派,要么抒写个人闲适情趣,要么吟咏花草鸟虫,很少触及矛盾尖锐的现实生活。

---

① ［明］程敏政辑撰;何庆善、于石点校:《新安文献志》卷五〇《诗·四言》,黄山书社 2004 年版,第 1091 页。

② 参阅《安徽文化史》编纂工作委员会编:《安徽文化史》,南京大学出版社 2000 年版,第 1207 页。

然而个别篇章在艺术上还是有一定特色的,如这一时期比较具有代表性的词人是汤允勋。汤允勋(约 1467 年在世),字公让,安徽濠州(今安徽凤阳)人。著有《东谷集》10 卷。汤允勋的词在技法上有擅胜之处,在艺术形式方面尤见功力。他的词虽然有一部分涉及现实生活的某些内容,但是广度和深度不够,思想意义也不很深刻。汤允勋的词在艺术上的得与在内容上的失,很具有代表性,反映了明前期安徽词坛那种忽视作品的思想内容而着意于艺术形式的创作倾向,这一点在明代前期鲍深、方叔诚、程信等人的词作中表现得更为明显。这种创作倾向的出现,就诗词创作本身的规律而言,无疑是元末明初以来形式主义文风消极影响的结果,这也是造成明代前期安徽诗词创作的凋敝局面的一个重要原因。①

(2)明中后期:文会、诗坛的兴盛

在当时复杂纷纭的社会形势和此起彼伏的文学思潮影响下,明代中期以后的安徽文坛,与明代前期相比,发生了巨大的变化。这种变化的积极面主要表现在两个方面:其一,明中期以后的安徽诗词创作,受阶级矛盾和民族矛盾激化的影响,在反映现实社会生活的深度、广度上都有了显著进步,尤其在明末清初的一些诗词作品中,凝聚了较多的爱国主义思想情感。特别值得一提的是,明末清初的不少安徽作家,原本就是抗清烈士或反清义士,他们作品中的爱国主义思想就更为丰富了。如歙县寒江人江天一(? —1645),在清兵南下时,帮助其师金声起兵抗清,后来兵败被捕,慷慨就义。他的作品,后人集为《江上庵遗书》,其中《山中月夜听猿》、《朱砂庵》、《代黄山寄远方士大夫书》等作品,不仅赞美了祖国的锦绣河山,也抒发了积极抗清的爱国主义思想感情。类似的安徽诗词作家还有沈寿民、吴应箕、罗逸、方文等人,他们的作品在当时有着较大的影响。其二,明代中期以后,由于阶级矛盾和民族矛盾激化,安徽文人结社风气日益盛行,其中有的出于共同的文学爱好和理论主张,有的出于相近的思想倾向和政治态度,安徽文人结社遍及大江南北。当时一些著名的社团如复社、惊隐诗社

---

① 参阅《安徽文化史》,南京大学出版社 2000 年版,第 1209 页。

等,都有安徽文人的加盟。这些社团是文人士子发表文学主张和政治主张的场所,在当时有着较大影响。明中期以后安徽文人结社风气之盛行,是安徽文学史上一种较为特殊的文学现象,它与当时风起云涌的社会运动、文学思潮交相辉映,对明中期以后安徽文学的发展、繁荣,发挥了很大的促进作用。①

①桐城的文会与文坛。明代中期以后,政治腐败,宦官专权,许多文人或失意官场,或欲对时政有所匡正,于是纷纷集结文社,倡导讲学。桐城讲学之风始于何唐,他是正德十六年(1521)进士,嘉靖初年,愤而辞官归故里,在旗岭下招徒讲学,门人甚众。其后,又有布衣方学渐弘扬桐城讲学风气。他学问精深,筑桐川会馆,将何唐配祭孔子,与志同道合者一面论学著书,一面招徒讲学,领袖桐城文坛20余年,还曾多次赴无锡等地讲学。在他的言行影响下,桐城文人竞相成立"社"、"会"之类的学术团体。与方学渐同时的姚希颜亦讲学多年,子弟很多。稍后又有童自澄,也以布衣建辅仁会馆,讲学30年,子弟众多。赵钺,嘉靖二十三年(1544)进士,文辞典丽,先任给事中,是嘉靖文坛四杰之一。辞官后,在家乡聚众讲学,影响甚大,所著《古今原始》一书,颇有考证功力。其子赵鸿赐,与众文士组织"陋巷会",研讨王阳明的"致良知"学说。

明代末期,结社讲学风气更为盛行。著名的文士团体"复社"兴起时,沈眉生在宣城主持宁国府分支,吴次尾在贵池主持池州府分支,桐城则有著名文士钱澄之、方余山、方密之诸人主持;钱澄之又与陈卧子、夏彝仲等人结"云龙社",宗旨略同东林党人;方学渐的后人大学问家方以智曾结"泽园社"。结社、讲学之风有力地推动了桐城的文化繁荣与教育的发展。

桐城文人结社讲学,起初好谈人性、天理的"性命之学"。内忧外患交织之时,有志之士多讲求救国济民之术。如蒋臣、周岐、姚康、胡如珵等人,不仅擅长辞章,还精研济世之术。②

---

① 参阅《安徽文化史》,南京大学出版社2000年版,第1210页。
② 参阅张南等著:《简明安徽通史》,安徽人民出版社1994年版,第235—236页。

②明代中后期安徽的诗坛。明代中后期的诗坛上,诗歌创作富有成就者,要首推陈子龙和程嘉燧,后者是著名的安徽诗人。程嘉燧(1565—1643),字孟阳,号松园、偈庵,安徽休宁人,初寓杭州后居嘉定(今属上海市),晚居虞山(今江苏常熟),崇祯十四年(1641)还乡休宁,归老于歙。少不羁,弃举子业,后读古书,为诗歌,殚精音律之学,复工书画,尤以诗名世,与当时的唐时升、李流芳、娄坚合称"嘉定四先生"。崇祯中期,他曾读书隐居于常熟钱谦益之耦耕堂,被称为"松园诗老"。晚年皈依佛教,法名海能。著有《松园浪淘集》、《松园偈庵集》、《耦耕堂集》等诗文作品。程嘉燧论诗,主张先立人格而后立诗格,反对前后七子摹拟之风,当时被人称为一代宗主、晚明一大家。他的诗歌创作基本上贯彻了他的论诗主张,颇为时人所推许。

与程嘉燧大约同时期的安徽诗人,有吴伯与、汤宾尹、罗逸、黄奂、吴廷简、汪康运、左光斗等,他们的诗歌在反映现实社会生活的广度和深度上均有所拓展,但是成就与影响皆不及程嘉燧,其中左光斗的诗歌比较能够反映斗争激烈的社会现实。左光斗(1575—1625),字遗直,号浮左,又号沧屿,安徽桐城人。万历三十五年(1607)进士,官至都察院左佥都御史。为人刚直敢言,曾与左副都御史杨涟力主清除魏忠贤阉党。天启五年(1625),与杨涟一同被诬陷下狱,备受酷刑,惨死狱中。追赠太子少保,谥号忠毅。其诗《狱中同杨大洪、魏廓园、顾尘客、周衡台、袁熙宇夜话》云:"噫嘻哀哉! 当今之事不可问,谁信慷慨回气运。长安猛虎昼食人,雾盖燕云十六郡。我欲呼天天高不可呼,我欲告人人心毒于荼……噫嘻,吁嗟乎! 明月蚀于天,高山崩入渊,如何长夜如长年? 安得魂去飞翩翩,上与二祖列宗诉其缘,肯教鸾凤独死,枭獍乘权。"①此诗朴实无华,确是一首激昂悲愤、肝胆相照的优秀诗篇。

吴应箕(1594—1645),字次尾,号楼山,安徽贵池人,是当时复社中最为著名的安徽诗人。他一生著述丰赡,在政治、经济、军事、哲学、

---

① 〔明〕左光斗撰:《左忠毅公集》卷三《狱中同杨大洪、魏廓园、顾尘客、周衡台、袁熙宇夜话》,清康熙刻本。

文学、艺术等方面均有研究,著述汇编为《楼山堂集》和《吴次尾先生遗书》。在诗歌创作上,吴应箕认为:"诗者言志也,有其类矣,有其时矣,有其素矣。"(《池阳郡邸分韵序》)他强调诗歌创作应面向现实生活,要有所为而发:"其所以蓄积也,悯时伤事。"(《刘宗伯癸未诗序》)吴应箕的诗歌创作实践了他的论诗主张,有着较为丰富的社会现实内容。如其诗反映阶级矛盾和农村悲苦生活的有《耕田苦》、《大旱歌》、《丹阳道》、《食土行》、《无鸡行》等,揭发统治阶级内部矛盾和残暴罪行的有《猛虎词》、《所欢赋》、《至南京》等。这些诗篇与他的为人一样,坚实质朴,激昂豪放,能够做到以情感人、以理服人,具有较强的人民性和深厚的爱国主义思想。①

另外,在明代后期安徽的诗坛上,还有一位值得提出的女诗人方维仪(1585—1668),字仲贤,桐城人。维仪年轻丧夫,守志清芬阁,潜心研究诗画。其嫂吴令仪早逝,她就细心抚养、苦心教育侄儿方以智,使之成为一代文化宗师、科学名流。维仪幼从家学,工于诗,长于画。其诗一洗铅华,归于质直,部分诗表现了身世之感,有些诗则洋溢着豪情侠气。她潜心文史,辑录古今女子诗作,编成《宫闱诗史》1 部,另著有《清芬阁诗集》7 卷,均为珍贵的名媛史料和佳咏。其绘画师法宋代李公麟,他的白描《观音大士图》形神兼备,许多人争相收藏。

2. 文、赋的创作

明代各种文学体裁所取得的成就是不平衡的,文、赋的发展脉络与诗词大体一致,也是前期趋于消沉,在内容和形式上均以所谓平淡雅正为宗,缺乏生气;后期则产生了不少反映现实、抨击时弊的优秀作品,成就相对突出一些。安徽的情况也大体如此。

(1)散文的创作

明代安徽作家的散文创作,总体成就并不高,前后期的发展状况也极不平衡。明代前期安徽作家的散文创作,由于理学、科举的严重桎梏,在思想理论上主要是发挥理学家的文论思想并迎合明初统治者的文化统治政策,力主宗经,强调和提倡"温柔敦厚"的创作传统;在

① 参阅《安徽文化史》,南京大学出版社 2000 年版,第 1214 页。

内容上、形式上则以说理文、传记文为多，写景文较少，与现实生活的联系并不紧密，并且崇尚笔致简洁清秀，风格平淡雅正。明代前期，最重要的安徽散文作家要数程敏政，他的散文与李东阳齐名，创作成就比较突出。①

程敏政（? —1499），字克勤，号篁墩，安徽休宁人。10 岁以神童荐，读书翰林院，成化丙戌（1466）举进士，官至礼部右侍郎，弘治丁巳（1497）致仕归故里。著有《篁墩集》、《宋遗民录》，编有《明文衡》、《新安文献志》等。程敏政学问渊博，其文内容丰富，颇似韩愈之文。尽管程敏政的散文体裁多样，但他看重的却是那些诸如碑、铭、奏、议之类的传记文或政论文，这一点从他的创作及《明文衡》的编纂宗旨中可以清楚看到。然而，最能代表程敏政散文创作成就的是他的一些游记和山水小品。这些作品大多笔致简洁清秀，叙事、写景、抒情融合无间，颇能引人入胜，在当时有着较大的影响。如《游黄山卷序》等。再如《夜渡两关记》，记述了作者回乡省亲、夜渡两关的情景。此文紧紧抓住两次过关，一个时值夜晚、一个地处深山的特点，从自己和同行者的心理、情状着笔，把夜渡两关的经历写得惊心动魄，令人看了如身临其境。

有学者研究后指出，程敏政生活在成化、弘治年间，这是明代文学由前期向后期过渡的时期，他的散文创作也表现出了一定的过渡性特征。一方面，他的创作具有一些复古倾向，这不仅表现在他对"文"这一范畴的理论认识上，还表现在他的散文创作中，如艺术风格上对韩愈散文风格的追求与模仿；另一方面，他的散文也体现了明代散文由传统散文向山水小品转化、过渡的趋势，这表现在他的散文具有一定的议论化倾向，其中隐含了一定的批判精神。② 可以说，程敏政是明代安徽散文发展史上比较重要的作家之一，是值得认真研究的。

明代后期的散文创作，山水小品特别值得一提，它是继承我国自汉、魏以来的小品文传统并加以发展的一种文学形式，给明代衰微的

① 参阅《安徽文化史》，南京大学出版社 2000 年版，第 1219 页。
② 参阅《安徽文化史》，南京大学出版社 2000 年版，第 1220 页。

文坛带来了喜色。这一时期,安徽的散文作家有许楚、江瓘、吴廷简等,他们的创作成就虽不是特别突出,但是他们的作品均具有直抒性灵的特点,显示了明代后期安徽散文创作的积极倾向。比如许楚(1605—1676),字芳城,号旅亭、青岩,安徽歙县潭渡人。明诸生,入清后弃去,隐于黄山,晚年以诗文与汤燕生、沈寿民等明朝遗老唱酬,有时与周亮工、施闰章等燕游。著有《青岩文集》、《南村草堂集》、《遗民集》、《新安外纪》等。作为明代遗老,许楚不愿意屈服于清朝贵族的统治,于是隐居山林,其散文清新流利,在当时有一定的影响。他的《黄山游记》是一篇比较优秀的游记,作于崇祯乙亥(1635),描述了作者游览黄山的见闻和感受。

(2)赋的创作

明代前期,赋的成就总体来说比诗文更差,因为由唐人开创的新文赋体到宋元时已经走到尽头,在艺术上很难再有创新。明代前期安徽作家的赋创作尤其荒芜,不仅作品数量少,而且艺术成就低下,与诗文相比发展极不平衡。

明代后期,赋的创作出现了新的面貌。首先,反映社会矛盾的作品大量增加,特别是讽刺小赋,在几乎沉寂了百余年之后又复苏了,成为此时期赋的一个显著特色。其次,在艺术风格上也发生了较大的变化,和平淡雅之风渐趋消失,代之而起的既有慷慨不平之音,也有轻浅、华艳之辞。再次,从赋体来看,宋元以来流行的新文赋体趋于衰落,隋唐以前的文赋、骈赋和骚体得以复兴。明代后期赋的这些变化,主要是社会历史变化的反映,同时也受到学术思想和文学理论上的反道学倾向的影响。明代后期,尤其是明末清初,安徽的赋创作出现了一个发展高峰,涌现出一些具有代表性的、影响广泛的作家和作品,其中薛蕙、吴应箕、许楚的创作尤其令人关注。①

薛蕙(1489—1541),字君采,号西原,安徽亳州人。12 岁即能诗能文,于书无所不读。正德九年(1514)举进士,授刑部主事。薛蕙一生著述颇丰,有《西原集》、《五经杂录》、《大宁斋日录》、《老子集解》、

---

①　参阅《安徽文化史》,南京大学出版社 2000 年版,第 1222 页。

《庄子注》、《考功集》、《约言》和《西原遗书》等。他的《孤雁赋》在当时颇有名气,是一篇咏物赋,借孤雁来寄托"羁旅而无朋"的愁思。赋序极佳,赋中对孤雁失群之苦的描写甚为凄凉感人。薛蕙的赋大多是抒情言志,在一定程度上也曲折地反映了当时的政治斗争。

吴应箕(1594—1645),是明末在辞赋创作上成就较大的安徽作家。他的赋如同他的诗一样,多是针对社会现实有感而发。如他的《吊忠赋》即反映了明天启(1621—1627)年间东林党人同魏忠贤阉党的斗争,这就拓宽了赋的题材范围,加大了赋体表现现实生活内容的力度。又如,他的《悯乱赋》是一篇充满爱国激情的优秀作品,可以说是反映崇祯朝内忧外患的史诗。

许楚(1605—1676),比前两者要晚一些,也有一些较高水平的抒情短篇,他的《黄山赋》、《新安江赋》雄肆而有气魄,只是表达的意境比较一般化,艺术上也欠缺特别的成就。

3. 文言小说的创作

我国文言小说发展到明代,其艺术形式仍未超出传奇、志怪、轶事三大体裁,进步的是,明代作家总结了宋元文言小说"多托往事而避近闻,拟古且不逮,更无独创之可言"①的教训,将文言小说的题材范围进行了拓展,形成了"远不出百年,近止在数载"的题材特征。因此,明代的文言小说创作加强了与现实生活的联系,并在明代资本主义因素发展的影响下,不少小说篇章都反映了时代的新内容,体现出进步的思想倾向。明代安徽较为突出的文言小说作家主要有陶辅、梅鼎祚和曹臣,他们的文言小说创作有着较为丰富的生活内容,艺术上也有较高的成就,很能体现明代文言小说创作的总体特征和艺术水平。

(1)陶辅与《花影集》

陶辅(1441—?),字廷弼,号夕川老人,安徽凤阳人。以应天卫指挥致仕后,著书立说,寄情于山水。著有《花影集》、《桑榆漫志》等。陶辅的《花影集》共4卷20篇,约成书于明成化、弘治年间(1465—1505),是一部表现爱情题材的传奇小说集,其中不少篇章都以现实主

---

① 鲁迅著:《中国小说史略》,上海古籍出版社 2006 年版,第63页。

义和浪漫主义相结合的手法,描写了青年男女的爱情婚姻生活。作品中刻画的主人公大都形象逼真,性格突出,反映了作者鲜明的思想倾向性。

《刘方三义传》、《节义传》、《心坚金石传》是《花影集》中流传颇广的三篇,情节曲折,均以爱情婚姻题材寄寓劝导义孝之旨。其中,《心坚金石传》是一篇比较突出的反抗封建暴力的爱情小说,故事发生在元代至元年间(元顺帝时),松江府庠生李彦直与邻女张丽蓉(翠眉娘)相爱,私订终身。好不容易得到父母认可,偏又遇上参政阿鲁台在民间挑选歌妓,丽蓉被征,以舟送往京城。彦直徒步追随三千里,足肤俱裂,筋疲力尽,气绝身亡,丽蓉亦自缢舟中。阿鲁台怒焚女尸,于心中得一大如手指、色如金、坚如玉的人形物,很像李彦直;而李彦直尸身心中也有丽蓉人形,称曰"心坚金石"。

陶辅的《花影集》是明代前期传奇小说的代表作之一,虽然其完全摹拟唐代传奇,却一反宋代传奇之平实,颇受市民和文人的欢迎和喜爱,产生了巨大的影响。它和瞿佑的《剪灯新话》、李昌祺的《剪灯余话》、邵景詹的《觅灯因话》等作品交相辉映,共同促进了明初传奇小说的繁荣与发展。

(2)梅鼎祚与《青泥莲花记》

梅鼎祚(1549—1615),字禹金,号胜乐道人,安徽宣城人。少年时即负诗名,与汤显祖交往深厚。于万历年间被大学士申时行荐于朝廷,辞不就。归隐书带园,构天逸阁,好聚书,长于编撰,著述甚丰。除文言小说集《才鬼记》和《青泥莲花记》外,还有杂剧《昆仑奴》、传奇《玉合记》、《长命楼》,以及诗文集《鹿裘石室集》20 卷。

《青泥莲花记》13 卷,是一部以青楼故事为题材的短篇轶事小说集,记历代女伎事迹,辑录正史、别集、笔记、传奇、诗话、佛经等书籍中的故事,分类编纂而成。作者编纂此书的原则是"尚名行而略声色",或者"记从以终事者",总之是"记娼女之可取者"①。也就是说,选择

① ［清］永瑢等撰:《四库全书总目》卷一四四《子部 54 · 小说家类存目 2 · 青泥莲花记》,中华书局 1965 年版,第 1235 页。

娼女中那些有节行、戒冶荡的人为歌颂对象,认为她们是出淤泥而不染的纯洁莲花,这实际上是对传统妇女观和封建道德论的挑战,也正是书名《青泥莲花记》的寓意所在。梅鼎祚一生思想激进,追求进步,他深受李贽、汤显祖等人的影响,力图通过此书"以娼论古"(《青泥莲花记·凡例》),宣扬进步思想,从而达到批判现实、反对礼教之目的。就艺术成就而言,《青泥莲花记》中的绝大多数作品语言质朴,文笔生动,情节完整,有着较高的艺术水平和价值。

第二节　史志与族谱

总体而言,从明初到明中叶,受到理学思想的禁锢,空疏学风长盛不衰,在此风气下,史学发展相对缓慢。明中叶后,随着商品经济的发展,新的经济因素出现,加上西方学术思想的影响,中国封建文化发生了变化,史学亦逐渐走出低谷。有明一代,安徽的史学虽然没有取得重大的突破,但也呈现出自己的特点,史学著作较为丰富,史著种类多样,涌现出不少史家。尤其在方志和族谱的编纂上取得突出的成就。

明代安徽的史学成就,主要体现于以下几个方面。

一、私撰史书类型多样

仅根据《四库全书总目·史部》统计,其著录皖籍学者的史学著作即有数十种,详见下表:

表10—1　《四库全书总目·史部》著录皖籍学者的史学著作统计表

分　类	著作(卷数)	著　者	籍　贯
正史类	《史诠》(5)	程一枝	休宁
编年类	《历年二十一传残本》(12)	程元初	歙县
别史类	《读史图纂》(1)	俞焕章	宣城
	《识大录》	刘振	宣城

杂　史	《革除逸史》(2)	朱灌甫	休宁
	《大狩龙飞录》(2)	朱厚熄	凤阳
	《汉唐秘史》(2)	朱权	凤阳
诏令奏议类	《垂光集》(2)	周玺	合肥
	《讷谿奏疏》(1)	周怡	太平
	《明臣经济录》(53)	黄训	歙县
	《火警或问》(1)	朱厚熄	凤阳
传记类	《闵子年谱》(12)	张云汉	宿州
	《胡梅林行实》	胡桂奇	绩溪
	《苏米谭史》(1)	郭化	宣城
	《程朱阙里志》(8)	赵滂	歙县
	《考亭朱氏文献全谱》(12)	朱钟文	新安
	《宋遗民录》(15)	程敏政	休宁
	《新安学系录》(16)	程瞳	休宁
	《济美录》(4)	郑烛	歙县
	《桐彝》(3)	方学渐	桐城
	《镇平世系录》(2)	朱灌甫	休宁
	《宰相守令合庙》(13)	吴伯舆	宣城
	《续列女传》(9)	邵正魁	休宁
	《古今宗藩懿行考》(10)	朱常涝	凤阳
史钞类	《史裁》(26)	吴士奇	歙县
	《史书》(10)	姚允明	休宁
时令类	《节宣辑》(4)	朱朝瞵	凤阳

地理类	《筹海图编》(13)	胡宗宪	绩溪
	《中都志》(10)	柳瑛	临淮人
	《滁州志》(4)	胡松	滁州
	《天台县志》(20)	张宏代	灵璧
	《泉河史》(15)	胡瓒	桐城
	《两浙海防类考续编》(10)	范涞	休宁
	《温处海防图略》(2)	蔡逢时	宣城
	《黄海》(60)	潘之恒	歙县
	《海阳山水志》(4)	丁惟曜	休宁
	《西狱神祠事录》(7)	孙仁	贵池
	《破山兴福寺志》(4)	程嘉燧	休宁
	《名山注》	潘之恒	歙县
职官类	《郎台志略》(9)	徐桂	潜山
	《掖垣人鉴》(17)	萧彦	泾县
	《官箴》(1)	朱瞻基	凤阳
	《明臣谥汇考》	鲍应鳌	歙县
政书类	《明堂或问》(1)	朱厚熜	凤阳
	《重辑祖陵纪略》(2)	朱自新	凤阳
	《溢苑》(2)	朱灌甫	凤阳
	《王国典礼》(8)	朱伯荣	凤阳
	《古今蹉略》(9)	汪砢玉	徽州
目录类	《授经图》(20)	朱灌甫	凤阳
	《经序记》(5)	同上	凤阳
史评类	《通鉴博论》(3)	朱权	凤阳
	《宋纪受终考》(3)	程敏政	休宁
	《觉山史说》(2)	洪垣	徽州
	《史砭》(2)	程至善	休宁

实际上,搜诸方志、谱牒,有关明代安徽学者的史著不可胜数,《四

库全书总目》中所著录的明代安徽学者之史著乃其冰山一角,但可以从一个侧面粗略反映明代安徽史学发展之概况:一是有关明代皖籍学者的史书种类多样。二是在当时经济文化发展水平相对较高的徽州和桐城,史家辈出。明代徽州史家诸如朱同、程一枝、程敏政、程瞳、潘之恒、汪砢玉等,或精于史学,或力于乡邦文献的整理,均取得了很高成就。明代桐城学者中宪于史学亦不乏其人,以桐城方氏为例,如方震孺,万历进士,历仕福建、辽东、广西等地,著有《辽事颠末》等,其著作具有鲜明的经世致用思想。方孔炤,万历进士,著有《全边纪略》。该书成于崇祯年间,乃方氏在明末任兵部职方员外郎时所撰。全书主要依据兵部职方档案而撰成,具有重要史料价值。三是明代宗室亦不乏史才。如朱权,明太祖第十七子,初封大宁,世称宁献王。著有《汉唐秘史》2 卷、《通鉴博论》3 卷。尤其是《通鉴博论》,该书成于洪武二十九年(1396),前两卷论历代史事大略,后一卷为年表,其记载内容甚至下涉元明之际,是一部史论体力作。

二、方志编修兴盛

明代是我国方志发展承上启下的重要时期。在明代各级统治者的推动下,安徽地方志的编修亦日益兴盛。具体来看,体现在以下几个方面。

1. 府县志书的编纂蔚成风气

早在洪武间,统治者为预修《大明志书》等全国性地理书,即"有旨令各府州县纂辑图志"。其时,安徽方志的编修承元代修志低潮之余绪而开始复苏。如洪武九年,徽州知府张孟善即"期集宿儒,摭采庶务",着手编修府志。翌年,由礼部侍郎休宁朱同等纂成《重编新安志》10 卷(今佚),此志曾进之于朝。永乐间曾两次颁布修志凡例,并诏天下郡县卫所修志;景泰帝亦曾"敕令天下郡县纂辑志书";弘治十一年和正德十五年,朝廷曾两次下诏征收天下郡邑图志,等等。这种自上而下的官修形式,统一的编纂体例,对于推动地方志的兴修起了重要作用。

如众所知,安徽在明代隶属南直隶,境内有 7 府、3 直隶州、7 府属

州、49 县。据统计，安徽今存明代府、州、县志约 74 种。如果加上佚志、专志、小志，明代安徽有名可考的志书当超过 200 种。其中，诸如池州府、徽州府、泾县、休宁、祁门、宿州、青阳等府县，其修志次数均多达 5 次以上。从修志时间上看，除了建文、洪熙无志外，其余年代安徽府县均有修志，以嘉靖、万历间数量为尤。现存最早的明代安徽府县志为永乐《祁门志》。正因为明代安徽府县志不少是在纂修一统志或省通志时，"屡奉檄催"情况下，由地方官主修，召集当地乡贤文人编纂而成，因此，其仓促成编者不在少数。但诸如弘治《徽州府志》、弘治《休宁县志》、万历《歙志》、嘉靖《宁国府志》等在体例和内容编纂上都有值得称赞的地方。明代安徽方志的发展为后来清代安徽志书编纂热潮的到来，从理论上和实践上奠定了坚实的基础。

2. 专志的编纂门类多样

专志是指专门记载某一项内容的志书，如山水、人物、金石、文献、书院、物产、风俗等。以山水志为例：安徽境内的黄山自唐代以后，其灵胜甲于天下。明代万历年间，潘之恒历考图记，求之志录，采摭经传，成《黄海》60 卷，成为黄山志书之荦荦大者。齐云山是安徽另一名山，唐代以还迄明，道教逐渐兴盛于此，齐云山遂跻身于道教圣地之列。早在明代景泰年间，歙县方汉撰有《齐云山志》7 卷，这是该山最早的志书。万历间，休宁知县鲁点编纂《齐云山志》5 卷，此志内容翔实，文墨灿然，乃一部山志力作。明代休宁丁惟暗亦撰有《齐云山志》，等等。另外，如九华山等名胜在明代均修有专门性志书。其他诸如《新安名族志》、《新安文献志》、《歙砚志》、《和县香泉志》等专志不一而足。专志大多属私家撰述，其内容博杂，体例也较自由，人或弃之于专门志书门径之外，但它是方志发展的一个支裔，涉及的内容常常是府县等方志中的属类，其专门性记载要比府县方志的相关记载详明得多。

3. 方志编修理论日益丰富

方志的体例、性质、作用以及对修志人员的要求等属于方志理论范畴。明代安徽方志在编纂实践中形成了比较成熟的理论，主要表现于以下几个方面。

第一，体例上不断总结旧志并因时创新。从安徽府邑今存的明代志书看，比较注重在卷首发凡起例，以规定全书编纂宗旨及原则，很多志书甚至在类目前再设小序发端，颇具特色。明代安徽方志的体例多为纲目体。如弘治的《徽州府志》分 15 纲 60 余目；嘉靖《宁国府志》分 8 纲 56 目；嘉靖的《休宁县志》分 6 纲 45 目；万历的《绩溪县志》分 12 纲 73 目；天启的《歙志》分 18 纲再下析子目，等等。纲目体相比于条目体来说，其层次明晰，统属有别，有利于内容的编次。明代安徽方志多采用这种体例，是地方志修纂的一大进步。另外，明代安徽方志的编纂亦十分重视总结旧志编纂的经验。如洪武年间，朱同在重编《新安志》时即主张"必变而通之"，他在总结宋元以来的《新安志》、《新安续志》、《新安后续志》等基础上，开明代地方志通纪体风气之先。这种在体例上的总结和探索，为清代安徽方志的编纂奠定了坚实的基础。

第二，志书历史化的立场鲜明。在明代安徽方志的序例中大都开宗明义地阐明了方志是史的主张。所谓"郡县之有志，犹列国之有史也"；①"今郡邑有志，犹列国史也"。② "郡志书，志一郡之事物，即一方之史也。"③正是从这种书历史化的高度上去认识和对待方志编纂，因此很多明代安徽修志者们在修志实践中力主援引传统的历史编纂法。要求编修志书在材料上须博观约取，内容上要广博全面，体例上应精当严谨，甚至对修志人员也提出了严格要求。如徽州方志名家汪舜民认为修志人员"学不博者不能为，才不优者不暇为，识不远者昧于取舍，为之苟且，见不定者沮于旁议，为之迁就。"④这与传统的"史学三长"的观点是一致的。沈梅在纂修嘉靖《铜陵县志》时强调"史贵三长，志病三戒"，对修志亦提出严格的要求。这些鲜明的理论贯彻于修志实践之中，大大提高了安徽地方志的质量。

---

① ［清］赵吉士等纂：康熙《徽州府志》卷一八，"修志源流·朱同原序"，康熙三十八年（1699）万青阁刊本。

② ［明］程溥等撰：弘治《绩溪县志》，"戴骢序"。弘治十五年（1502）刻本。

③ ［明］李逊纂修：嘉靖《安庆府志》，"凡例"，明嘉靖三十年（1551）刻本。

④ ［明］汪舜民：《静轩先生文集》卷七，"徽州府志序"，明正德刻本。

　　第三,强调方志具有教化、资治、存史的综合功能。如李懋桧在万历《六安州志·序》提出"志有五善焉:为政者知其务;观风者采其俗;作史者核其实;立言者掇其文;尚友者论其世"。尤其是明代地方长官多属外籍人士,一般到任伊始,往往重视通过披阅旧志及时了解地方政教及风俗人情等情况,以掌握地方历史。即所谓"计田赋,而知公敛之厚薄;因物产,而知民生之丰俭;察宦迹,而知吏治之得失;按人物,而知士习之浮雅,俗尚之浇淳。其于政乎系焉若此。"①这些有关方志功能的认识是明代安徽修志理论的有机组成部分。

　　总之,历史上地方志多因政治的目的而修纂,又反过来服务于政治统治的需要,它适应了国家统治和主流学术对不同地方记录摄取的需要,与历代国史编修相表里,并不断吸收传统历史编纂方法,通过这种自上而下的修志行为和中央与地方学术活动的相互资鉴,正体现了"分之而州别县殊,合而海宇为一"的分合统一关系。② 明代安徽方志的编纂成就正是时代的产物,是明代全国方志复苏并逐渐兴盛的一个典型缩影。其官修私撰渐成风气,成书数量众多,方志种类多样,修志理论得到发展,成就斐然。

三、民间修谱成风

　　谱牒的名称不一而足,诸如家乘、家谱、房谱、族谱、宗谱、统谱、世谱,等等。自先秦至隋唐,我国传统谱牒编纂主要体现为官修。有宋以降,随着我国宗法伦理发展的庶民化,"家自为谱"的私修谱牒不断出现。明代安徽谱牒的编修,自然离不开宋代以后我国传统谱牒这一发展趋向,并具体体现在以下几个方面:

　　第一,宋代欧阳修和苏洵分别编撰《欧阳氏谱图》、《苏氏族谱》,他们在编修家谱实践中,分别创立了五世谱图和世系表的修谱原则,以及图(表)、例、序、传(录)、考等编修体例,对宋元乃至明清民间谱牒的发展影响很大。从遗存的安徽徽州谱牒看,明清时期徽州谱牒的

① 〔明〕程敏政纂修:弘治《休宁志》,"程敏政序",明弘治四年(1491)刻本。
② 〔清〕孙维龙修,刘大櫆纂:乾隆《黟县志》,"孙维龙序",清乾隆三十一年(1766)刻本。

体例基本上继承和遵循欧阳修、苏洵所创立的五世谱图法,且图和传是谱牒的核心。

第二,修谱宗旨受到理学思想影响较大。程朱理学在明代被统治者尊奉为官学,并在各级政府以及士大夫的推崇下,理学思想不断深入民间。受此影响,明代民间谱牒的一个重要的编修宗旨,是重视宣扬封建伦理道德,以达到励风维俗,巩固宗族统治的目的。从明代安徽谱牒看,诸如科第、仕宦、孝友、义行以及贞节烈妇等成为很多谱牒传记的重要类目,不少谱牒中还增添族规家法这一重要内容。尤其在"程朱阙里"的徽州,朱子思想成为其地方谱牒的灵魂。明代以后的徽州民间谱牒,其不仅在谱序、凡例、家规中大力提倡朱熹《家礼》,而且在有关宗族冠、婚、丧、祭等具体礼仪上,亦一遵《家礼》,并要求严格执行。从而通过谱牒的编修,达到以礼收族,以礼化俗之目的。

第三,修谱活动日益兴盛。明代安徽各地宗族为了尊祖、敬宗和收族需要,十分重视修谱活动。特别在宗法制度根深蒂固的皖南徽州,兴修谱牒更加突出。在徽州,修谱被视为宗族要务。很多宗族往往在修谱之先,即十分重视宗族记载。从徽州遗存下来丰富的宗族文书可以看出,大量的神主簿、人丁簿、祭祀簿、宗祠录、宗族规约等,其不但是宗族的重要记载,而且这些因时记载为预后修谱亦奠定了重要前提。对于一个宗族来说,编修谱牒——特别是统宗谱的编修是一项神圣而复杂的工程。因此,一些宗族为了修谱往往充分调动宗族的人力、物力和财力,并建立专门性编纂机构——谱局。谱局一般遴选族内贤达文才组成,少则十余人,多达数十人。在修谱活动中,甚至一些族内富商大贾亦乐助其事,襄助其成。迄今遗存的明代徽州谱牒中,不但有支谱、统宗谱,甚至还出现了诸如《新安名族志》、《休宁名族志》等郡邑谱牒。据《北京图书馆古籍善本目录》记载,在该馆馆藏善本谱牒中,徽州谱牒占 50% 以上,这些徽州善本谱牒大多数为明代所修。

总之,在"家国同构"的中国传统社会里,史志和谱牒是自上而下,相互联系密切的三种重要典籍文献,透过这三种文献形态的介绍,可以粗略看出明代安徽史学发展之概况。

第三节　刻书与印书

安徽的刻书与印书始于中唐,盛行于南宋,到明清之际达到高峰。明代安徽所刻印之书,上自经史子集,下至戏曲小说,世人所需,无所不刻。安徽刻本具有雕镂精美、插图绚丽、纸白似玉、墨色清纯等特色,为世人所珍。

一、刻书与印书的时代环境

明代安徽各地藏书刻书风气浓厚。明代崇尚儒家思想,提倡程朱理学,非常注重对图书的收集与保藏。总的来说,对各种学术著作的出版、印刷等采取了较开明的政策。安徽地区作为南直隶的一部分,受中央政府统管,刻书业受正统思想影响突出。安徽各地普遍存在的藏书、刻书、印书的风气,私人藏书家的大量涌现,为刻印提供了大批书稿来源,促进了刻书、印书事业的发展。

安徽盛产刻板和印刷的原料。安徽文房四宝闻名天下。各地均出产纸张,其中不少历史悠久,闻名遐迩。如:徽州府的澄心纸、凝霜纸、麦光纸、冰翼纸、龙须纸等,尤以澄心纸为质量最佳;宁国府的宣城、泾县、南陵、宁国等地的宣纸等。徽州府制墨历史悠久,工艺精制。唐宋元时期,徽州墨以生产松烟墨为主,明代迄清则以油烟墨为主。后者更适合于印刷,这也是明代印刷无论是印刷质量还是数量都突飞猛进发展的重要因素。而且精制的墨模对版画印刷技术的改进有重要的启发意义。

安徽素为人文渊薮,徽州府、宁国府、太平府、安庆府、池州府等地传统文化底蕴深厚,文献丰富,教育风气浓厚。另外,各地民间风土文化如戏曲、小说、通俗文学也非常活跃。这些对安徽的刻印事业的发展均有积极的推动作用。

明中叶后,皖南地区商业化发展迅速,带动了安徽刻印业的商业化发展。特别是徽商的崛起,不仅带动了徽州的刻印事业的发展和繁荣,而且也带动了皖南甚至整个安徽的刻印事业。

明代安徽刻印技术突飞猛进。明代印刷发展的最突出标志,是雕版、活字版和彩色印刷都有了普遍的应用,而安徽在这些方面可以说是起到了领头军的作用。在活字版方面,安徽不仅有木活字,而且出现了铜、锡等金属活字。彩色印刷则是在雕版印刷的基础上,采用各色分版套印而呈现出五彩缤纷的彩色印刷品。徽州地区出现的拱花印刷,则是明代的创举。

二、官方刻印书

官方刻印书简称"官刻",即安徽各地府署、州署、县署及所属官学及官立的书院所刻印的图书。明代安徽官方刻印图书以经、史、子、集、方志、政书类为主,粗略估计此类刻印本不下四五百种之多。官方刻印本因取资于国库,以敬献朝廷、欣赏为目的,大部分以善本翻刻,所以一般都具有审校谨慎,刻工精细,内容正统,纸张、印刷质量均佳等特点,多为当时的名版,今存世的多为善本。以下略呈明代安徽各府(州)所刻印之主要图籍。

庐州府刻印书:周弘祖《古今书刻》列有《春秋列传》、《五虫集》、《荒政集》、《表则》、《庐扬志》、《居竹轩集》、《小学句读》、《左传拔尤》、《周易旁注》、《潜溪文集》、《崇古文决》、《皇极经世全书》、《包公奏议》、《礼记集说》、《论范》15 种;另有刘定之撰《呆斋存稿》24 卷,余廷心撰《青阳集》6 卷,陶宗仪撰《南村辍耕录》30 卷等;官修府州县志7 种 53 卷。

宁国府刻印书:《古今书刻》列有《宛林诗集》、《大观本草》、《山居四要》、《玩斋集》、《韩文》、《柳文》、《六书本义》、《韵补》、《礼记纂要》、《论范》、《谢宣城集》、《鹤林玉露》12 种;另有《保幼大全》20 卷,贡奎撰《贡文靖公云林诗集》6 卷《附录》1 卷,余廷心撰《青阳集》6 卷,梅尧臣撰《宛陵先生集》60 卷《拾遗》1 卷《附录》1 卷,梅鼎祚辑《八代诗乘》46 卷,唐慎微撰《重刊经史证类大全本草》31 卷,梅鼎祚辑《六朝诗乘》26 卷《总录》1 卷《目录》1 卷,焦竑撰《焦氏澹园续集》

27 卷,梅鼎祚辑《宋文纪》10 卷等;官修府州县志 7 种 78 卷。

太平府刻印书:《古今书刻》列有《风俗志》、《晦庵文抄》、《晦庵诗抄》、《陶学士文集》、《白虎通》、《近思录》、《颜氏家训》7 种;另有《婴童百问》10 卷,王明鳌等辑《宋四六珠丛书汇选》10 卷;官修府州县志 2 种 32 卷。

凤阳府刻印书:《古今书刻》列有《中都志》、《淮南子》、《薛西原集》、《老子鲜》、《约言》、《家塾事亲》6 种;另有王恽撰《秋涧先生大全文集》100 卷,李梦阳撰《空(崆)同(峒)集》66 卷、《目录》3 卷、《附录》2 卷,卢翰辑《掌中宙宇》14 卷,薛铠撰《保婴撮要》10 卷,吕不韦撰《吕氏春秋》26 卷,朱东光辑《中都四子集》4 种 64 卷,《高皇帝御制文集》20 卷,刘安撰、高诱注《淮南子》21 卷等;官修府州县志 23 种 190 余卷。

安庆府刻印书:《古今书刻》列有《青阳文集》、《汉魏诗》、《安庆志》、《家礼会通》4 种;另有《补拙集》6 卷,官修府县志 6 种 85 卷。

池州府刻印书:《古今书刻》列有《东岗文集》、《九华山志》、《崔氏洹词》3 种;另有《高皇帝御制文集》20 卷,官修府志 10 种 86 卷。

徽州府刻印书:《古今书刻》列有《家礼会编》、《文公年谱》、《汉文选》、《小学集解》、《晦庵语录》、《新安文献志》、《胡传》、《左传》、《伤寒书》、《罗鄂州小稿》、《篁墩文集》、《春秋属词》、《文公感兴诗》、《朱子语录》、《春秋集解》、《楚辞》、《玄玄棋经解》、《李诗白文》、《草堂诗余》、《批点史记汉书》、《山海经》、《明目方》、《四书集注》、《文心雕龙》、《狮山文集》、《皇明文衡》、《人相全编》27 种。另有《吴越春秋音注》10 卷、《补注》1 卷、《便民图纂》16 卷、《韦斋集》12 卷、《玉澜集》1 卷、《涉史随笔》1 卷、《云峰胡先生文集》10 卷、《怀麓堂诗稿》20 卷、《文稿》30 卷、《文后稿》30 卷、《诗后稿》10 卷、《南行稿》1 卷、《北上录》1 卷、《求退录》1 卷、《唐氏三先生集》30 卷、《附录》3 卷、《孔子家语》8 卷、《六臣注文选》60 卷、《周易传义补遗》12 卷、《珂雪斋前集》24 卷、《后集》15 卷等;官修府县志 38 种。

广德州刻印书:《古今书刻》列有《启蒙故事》、《桐汭志》、《诸司职掌》、《竹枝词》、《交泰录》、《明良集》6 种;另有官修州县志 3 种

39 卷。

和州刻印书：《古今书刻》列有《香泉志》、沈津辑《百家类纂》；官修州县志 4 种 33 卷。

滁州刻印书：《滁阳会景编》、《群公小简》6 卷；官修州县志 4 种 40 卷。

三、私家刻印书

私家刻印书简称"家刻"，是指私人投资但不以赢利为主要目的所刻印的书籍。其刊刻的动因在于刻印者有执著的文化追求，刻印的目的在于传承文化、实现功德传世的愿望。因此，明代家刻一般注重版本质量，"有据宋元旧本精审校雠者，至今尤为藏家所珍弄"。①

1. 安徽本土私家刻印书

明代安徽私家刻印遍布江淮各地。特别是名儒显宦，他们都很重视刻印祖先、家庭、自撰以及名人名作。如宣城梅鼎祚"玄白堂"于万历年间刻印江淹撰《江光禄集》10 卷《补遗》1 卷，白棉纸印，匡高 18.4 公分，宽 13.5 公分。刊印精美，为一时佳版。徽州府著名的刻书家有休宁朱升、赵汸、程敏政，歙县潘璜、鲍松、方谦等；宁国府著名的刻书家除梅鼎祚外，还有贡靖国、贡钦、徐元太、詹应鹏、叶永盛、王廷干、何应玄等；太平府著名的刻书家有繁昌的李一公；池州府著名刻书家有贵池李崧祥，青阳施尧廷、施笃臣；安庆府著名的刻书家有桐城赵釴、吴用先、吴国琦；另还有六安徐必进、无为吴光义、宿州周樾、滁州龙遵叙、于鏊、胡松、太和李元阳、和州张尚儒、凤阳郭勋和等，他们都曾刻印了数量不等的书籍行世。徽州私家刻书业极为繁荣，刘尚恒《徽州刻书与藏书》著录明代徽州本土私家刻书计 33 姓氏 258 人，包括汪姓 48 人、程姓 46 人、吴姓 25 人、潘姓 16 人、方姓 11 人、江姓 11 人、黄姓 10 人，所刻书计有 377 种，所刻图书门类繁多，有经、史、子、集、丛书，图书选题来源既有郡贤、乡贤、先祖、本人著述，也有经典著作。②

---

① 潘承弼、顾廷龙编著：《明代版本图录初编》卷六，"家刻"，民国丛书本。
② 刘尚恒著：《徽州刻书与藏书》，广陵书社 2003 年版，第 60 页。

私家刻印书的另一个主要书种是谱牒。家刻谱牒品种多,部头大,印制精,但印数较少。主要种类有家谱、族谱、家乘、房谱、支谱、世谱、统谱等。明代安徽各地刊刻谱牒都很普遍,尤以徽州府的休宁、歙县为最。北京图书馆以善本收藏明代安徽地区的谱牒就有243种近2000卷,实际当更多。

2.外埠安徽籍家刻

明代安徽很多或因做官或因游学或因经商,长期旅居外地。他们当中不少人也从事刻书印书活动。外埠安徽籍家刻主要分布在江浙一带。

扬州:黄瓒,歙人,刻有《淮海集》40卷。黄埻,歙人,刻《十二家唐诗》12种24卷,《六祖大师法宝坛经》1卷。郑元勋,歙人,刻《媚幽阁文娱》12卷、《二集》10卷、《影园瑶华集》3卷,《左国类函》24卷,《广陵散》不分卷。吕清、吕乐兄弟,徽人,刻《吕忠穆公奏议》3卷。葛钦、葛涧、葛洞祖孙三代,凤阳人,刻《周礼补亡》6卷、《褚氏遗书》无卷数、《广文选》60卷、《扬子折衷》6卷、《横渠张子释》6卷、《马端肃公奏议》16卷。

金陵:潘之恒,歙人,刻《合刻三志》81种81卷、《黄海》60卷、《尧山藏草》3卷、《雪山草》9卷、《空同子集》66卷、《目录》3卷、《附录》2卷、《黄帝内经素问》24卷、《灵枢》9卷、《亘史》6种93卷。余懋学,婺源人,刻《春秋蠡测》4卷。

杭州:胡宗宪,绩溪人,刻《阳明先生文录》5卷、《外集》9卷、《别录》10卷、《传习录》3卷、《筹海图编》13卷、《历代史纂左编》142卷、《十岳山人诗集》4卷、《乐府》1卷、《皇明经济录》41卷、《督抚奏议》6卷续6卷、《荆川稗海》120卷、《诗说解总论》2卷、《正释》30卷《字义》2卷、《日本图志》40卷、《武略神机火药》2卷等。汪道昆,歙人,刻《春秋文》12卷、《弘明集》14卷、《广弘明集》32卷、《周礼注疏》42卷、《春秋左传节文》15卷、《大雅堂杂剧》5种。

嘉定:李流芳,歙人,刻《檀园集》12卷。程嘉燧,休宁人,刻《程孟阳诗》4卷。

登州:潘滋,歙人,刻《登州府志》10卷、《梅岩文集》10卷、《双溪文集》17卷。

金坛：王肯堂，歙人，刻《六科准绳》6种。

南昌：毕效钦，歙人，刻《五雅》(《尔雅》、《释名》、《广雅》、《埤雅》、《尔雅翼》)5种73卷、《十九家唐诗》19种20卷、《江光禄集》10卷、《新刻释名》8卷。

四、明代安徽官私兼有的刻印书

1.藩府刻印书

明代采取分封同姓的制度，把王室子孙封到各地为王，如徽藩、周藩、辽藩、晋藩、秦藩、蜀藩、益藩、鲁藩、宁藩、潞藩、衡藩、楚藩、唐藩、宁藩、郑藩、襄藩等。他们之中有的人比较好学，喜欢校书、刻书、印书，明代藩刻是历史上特殊的官刻本，它是祖籍凤阳的明宗室在外地的刻本总称。藩府刻印书所用之资从某种程度上来说，是属于官府出的，但是其刻书的性质又与官刻不相同。藩府刻印书可以说与私家刻印书有极大的相同之处，两者都是以书的流传、欣赏和收藏为目的。

明成化以前，藩府刻印书主要有蜀藩、宁藩、唐藩、辽藩等。诸藩当中，以蜀藩刻印书为最先，自洪武迄万历，刻本不绝。其次为宁藩，宁藩王自号臞仙，信奉道教，因而其所刊印图书多为道家养性保命书籍。唐藩刻《文选》、辽藩刻《贾子》，皆为精本。其他如代、崇、肃三府，也各有精本问世。嘉靖以后，晋藩刻印书最为淹雅，为后世所称，其所署宝贤堂、志道堂、虚益堂、养德书院，刻有《文选注》、《唐文粹》、《宋文鉴》、《元文类》、《初学记》诸书，卷帙浩瀚，为诸藩之冠。其次为秦藩，刻有《史记》，其他如德藩刻印《汉书》、赵府刻印《诗辑》、蜀藩刻印《玉篇》。郑藩王精通音律，因而喜刻音律之书，其所刻印《乐律全书》48卷，无论从图书内容、雕刻技艺还是印刷质量上，均为后世所推重。直至明代末期藩府刻印书仍在继续，如崇祯七年(1634)潞王刻印《古音正宗和》、《新刻述古书法纂》、《古今宗藩懿行考》，等等。《中国古籍善本书目》经部就收录诸藩刻本见存的58种。北京图书馆李致忠在《明代刻书述略》中统计了25藩刻书252种。张秀民统计达432种。

　　由于藩府刻印书多数以宫廷赏赐的宋元版本作为底本,所以质量较高。如永乐年间周藩定王刻印《普济方》医书,版式为四周双边,版心上刻字数,下刻刻工姓名,小题上刻有花鱼尾,颇有元代遗风。秦藩府刻印《史记集解正义》所据南宋建安黄善夫本,后书贾常挖改冒充宋本欺世,晋藩所刻印《元文类》系重刻元西湖书院本。嘉靖三十年(1551)徽藩刻印《词林摘艳》10卷,写体上版,书法流畅自然,为藩刻中之佳作。明代藩府刻印书,历史悠久,品类多,数量大,质量高,在官刻书中占有重要地位,深受后代藏书家所珍视。

　　2. 书院刻印书

　　书院,原为硕德鸿儒讲学明道之所。明中叶以后,天下书院星罗棋布,不胜枚举。明代安徽地区共有书院139所,其中凤阳府15所、宁国府18所、安庆府11所、徽州府49所、池州府17所、庐州府12所、太平府6所、广德直隶州2所、和州直隶州3所、滁州直隶州6所。①这些书院"名曰书院,实多私塾,间能传布一二,足居上乘。虽不盛,功未可没"②。书院刻印书,有着自己得天独厚的优势,著名学者顾炎武曾分析道:"书院之刻,有三善焉:山长无所事,勤于校雠,一也;不惜费而工精,二也;板不贮官而易印行,三也。"③书院所刻印书籍类型主要有历代儒学大师的学术巨著、书院山长的著作、书院教学所需的读本、重要学者的文集、书院师生读书笔记,等等。

　　明代安徽书院刻印书较卓著的有:成化三年(1467)徽州知府龙遵命紫阳书院重刊刻印唐宋七言诗总集《瀛奎律髓》;万历四十四年(1616)紫阳书院刻印毛调元《镜古录》8卷;万历末年新安柳塘书院刻印李廷机选、叶向高注《新刻翰林评选注释程策会要》5卷;崇祯年间紫阳书院刻印梁于涘《铁桥志书》3卷,等等。这些刊本均称精良,为后世所称。

　　① 参见李琳琦、张晓婧:《明代安徽书院的数量、分布特征及其原因分析》,《华东师范大学学报》(教育科学版)2006年第4期,第73—75页。

　　② 潘承弼、顾廷龙编著:《明代版本图录初编》卷五,"书院",民国丛书本。

　　③ [清]顾炎武著:《日知录》卷一八,"监本二十一史",民国王云五主编《万有文库》第一集。

五、坊肆刻印书

坊肆刻印书简称"坊刻",即书坊为赢利而刻印的书。明前期,安徽坊刻微乎其微。隆庆、万历以后,徽州坊刻骤兴,并发展迅速,逐渐成为明代坊刻的一支生力军。在徽商的带动下,徽州坊刻发展迅速,并向外发展,与江浙一带的坊刻相互渗透,徽刻很快取得领先地位,使同时的安徽地区官刻、家刻顿显逊色,徽州府也因此很快跃居全国刻书中心,并至清代仍保持为全国四大刻书中心之一的地位。

1. 本土坊刻

安徽本土坊刻主要集中于徽州府。徽州坊刻可考者,最早为仇以才、仇以忠兄弟开设的刻字馆刻《赤壁赋》2 卷、《篁墩文集》93 卷、《新安文粹》15 卷。明中叶以后,徽州府坊刻主要有四大姓:吴氏、程氏、汪氏、黄氏。

吴氏刻书:著名的有吴勉学师古斋,吴管的西爽堂,吴元维的树滋堂,吴元满、吴昆的亮明斋,吴郜的石香馆,吴养春的泊如斋,吴继仕的熙春堂、吴怀保等。歙县丰南的吴勉学,广刻各类书籍,《歙县志》称他"博学藏书,尝校刻经、史、子、集数百种,雠勘精审"。仅以医书而言,他就辑刊有《河间六书》8 种 27 卷、《古今医统正脉全书》44 种 215卷。除了医书之外,他还刻印了《资治通鉴》、《宋元资治通鉴》、《两汉书》、《礼记集说》、《性理大全》、《二十子》、《近思录》、《唐诗正声》、《唐乐府》、《世说新语》、《花间集》、《阳宅真诀》、《凿井图经》、《神授经心传秘法》、《宅宝经》等典籍。他还同当时歙县西溪南大木商吴养春合伙,校印了《朱子大全》。

程氏刻书:主要有程荣、程百二、程应衢、程一枝、程大位、程好之、程概之兄弟、程大约、程大宪、程嘉祥、程一础等。程荣于万历二十八年辑刻《汉魏丛书》38 种 250 卷,为我国第一部名副其实的综合性丛书。程百二于万历四十二年辑刻《方舆胜略》18 卷、《外夷》6 卷、自辑《程氏丛刻》9 种 13 卷。程好之、程概之兄弟于天启间刻《天都阁藏书》15 种 26 卷。程嘉祥于万历间重刻《本草纲目》52 卷。

汪氏刻书:主要有汪济川的主一斋、汪以成的经义斋、汪应魁的贻

经堂、汪应鼎的流翠山房等。汪济川于嘉靖二十四年（1545）刻《伤寒论注》10卷、《明理论》3卷、《论方》1卷。汪应魁于天启七年（1627）年刻《远西奇器图录最》2卷，此书为我国最早中英文合著的图书，影响深远。汪应魁还刻有《周易传义》24卷、《春秋四传》38卷等。汪应鼎辑刻《流翠山房辑选八大家论文要诀》8卷等。

黄氏刻书：早期主要有成化、弘治年间的黄文敬、黄文汉；万历后主要有黄之寀、黄正位的尊生馆、黄尚文、黄嘉育、黄嘉惠、黄晟、黄正达等。万历年间，黄尚文刻自编《女范编》3卷；黄之寀刻《六子书》21卷；黄嘉育刻《刘向古列女传》7卷、《续列女传》1卷；崇祯年间，黄嘉惠刻《史记》130卷、《董解元西厢记》2卷、《东坡小词》2卷、《东坡题跋》4卷、《东坡尺牍》2卷。其他如黄正达刻《新刊徽郡原版校正绘图释魁字登云注故事》4卷，黄正选刻《新刊徽郡原版校正注释魁字登云日记》4卷，黄裔我的存诚堂刻《新刻魏仲雪先生批评投笔记》2卷、《鼎镌吴宁野选四民切要时制尺牍芳归》4卷等。黄汝清刻《堪舆论气正诀》2卷，黄德时的还雅斋刻《新编女贞观重会玉簪记》2卷、《宝古堂重修宣和博古图录》30卷。

明代徽州其他坊刻还有：周氏刻《天梯故事》、徐氏刻《半夜雷轰荐福碑》等。

2. 侨寓地坊刻

明代安徽籍侨寓坊刻基本上都是徽州人所创办，主要集中在金陵、杭州、湖州、吴兴、苏州、扬州、北京等地。特别是金陵和杭州的徽籍坊刻，影响巨大，是推动当地刻书业发展的重要力量，其作用甚至超过了当地的刻书家。下面重点介绍金陵和杭州。

金陵。侨寓金陵的徽州书商最著名的有汪云鹏的玩虎轩、郑思鸣的奎璧斋、汪廷讷的环翠堂、胡正言的十竹斋等。这些书坊所刻图书绝大部分为戏曲、小说、时文、笔记之类，因这些书与经史子集相比而言，投资小、读者多、销售快、盈利大。他们为了吸引读者，注重书籍装帧的美观，凡书必有插图。如汪廷讷刊刻戏曲图书《义烈记》、《彩舟记》、《狮吼记》、《西厢记》等，重金聘请画家汪耕、钱贡为之作画，延请徽州名刻工为其镌刻。书中插图多采双面连式，富丽堂皇，纤细入微；

在图版空白处,往往以细密的图案花纹相补充。环翠堂的刻书特色,得到了读者的广泛欢迎,从而推动了金陵刻书版画由粗放向细腻精致的转变。胡正言十竹斋,聘请十数名刻工,研制出饾版、拱花等印刷技艺,采用五色套印出了《十竹斋画谱》、《十竹斋笺谱》,谱中花卉羽虫,色彩逼真,栩栩如生,成为学画的范本,当时行销各地,为人争购。

杭州。侨寓杭州的徽籍书商以黄姓最多,亦是最著,成为杭州刻书业中重要的支柱。后人有云:杭州刻书版画"殆无不出歙人手,绘制皆精绝"。① 万历年间起凤馆刊本《王李合评北西厢记》、《王李合评南琵琶记》,书中图文皆为黄一楷、黄一彬所刻。万历年间黄应光先后刻《精选点版昆调十部集乐府先春》、香雪居刊本《校注古本西厢记》、容与堂刊《李卓吾批评玉合记》、《李卓吾批评琵琶记》诸本,在当时影响很大,是明代刊刻戏曲图书中较有特色的作品。其他如:万历年间黄一彬、黄桂芳、黄端甫等刻杭州刊本《青楼韵语》、黄鸣岐、端甫、吉甫、翔甫、应淳等黄氏族人刻的七峰草堂刊本《原本牡丹亭记》、黄应光、黄礼卿、黄端甫等刻臧氏博古堂刊《元人百种曲》100卷,这些图书图版宏富,绘刻精丽,都堪称中国古代戏曲版画中的瑰宝。

六、明代安徽各地的刻工

明代安徽刻工是全国刻书业中一支最大最盛的队伍。其中新安黄姓刻工从21世到28世可考者280人。② 其他如仇氏、刘氏、汪氏、汤氏、鲍氏等活跃于江苏、安徽、浙江三省的著名刻家,甚至南至广东,北至北京都有安徽刻工的身影。

1.徽州刻工

黄氏刻工。徽州刻工以歙县刻工最著,而歙县刻工鼎盛于明代,尤以虬村黄氏为著。徽州刻工以歙县虬川黄氏家族名望最高。从明正统元年(1436)到道光十二年(1832),400年左右,黄氏家族刻工三四百人(不包括女工),现已发现刻书270余部,这远不是黄氏历代刻

① [明]郑恭:《杂记》,见张海鹏、王廷元主编:《明清徽商资料选编》第609条,黄山书社1985年版,第206页。
② 曹之:《明代新安黄氏刻书考略》,《出版科学》,2002年第4期,第63—65页。

工丰硕成果的全部。黄氏的作品,刀法隽永流畅,线条清晰,即使摹刻画家的原稿亦极为逼肖,在我国版画史上具有很高地位。万历时人黄应瑞,以刻图著称,所刻《闺范图说》、《历科状元图考》、《程朱阙里志》,界画精整,山水、树木、楼屋、仕女,无不精绝。黄文技、仇以寿等刻《新安文献志》;黄锝刻《嘉靖徽州府志》;黄龙刻《郑师山集》;黄应干刻《古今印章》;黄一楷刻《西厢记图》;黄挺刻《目连救母曲》;黄德时刻《宣和博古图》;黄际之、黄松如刻《黄山图》;又黄一桂、黄一绪为吴勉学刻书,等等。

仇氏刻工。明中叶以前歙县虹川仇姓从事刻书业的很多,明弘治至嘉靖年间仇姓刻书的就有20多人,而且,仇氏和黄氏两姓刻工曾合作同刻过不少书籍。但万历以后,仇姓刻工渐少。据流传下来所刻书可知,仇姓中著名刻工有:仇中,曾与黄文敬、黄文汉、黄文通合刻《雪峰胡先生文集》;弘治年间,仇民和黄文通等黄氏族人合刻《文公家礼仪节》;,仇才、仇寿、仇民、仇方、仇海、仇贵、仇乔、仇政、仇共与黄文迪等黄氏族人合刻《徽州府志》;仇以寿、以茂、以忠、以顺、以才、以淳、廷永、廷海、裕、方、学与黄文汉等黄氏族人合刻《新安文献志》;正德年间,仇以寿、以茂、以忠、以顺、以才、以淳、仇裕、仇方、仇学、廷永、廷海与黄昱等黄氏族人合刻《篁墩程先生文集》等。

汪氏刻工。徽派汪姓刻工著名的有:汪忠信于万历三十年(1602)主刻夷白堂刊本《新镌海内奇观》10卷;汪士珩于天启年间主刻《草本花诗谱》1卷、《木本花鸟谱》1卷,为黄氏辑刻《集雅斋画谱》8种本之内的一部分;汪文佐与刘升伯于天启年间合刻《牡丹亭记》4卷;汪成甫等于崇祯十年(1637)同刻《白雪选汀乐府吴骚合编》4卷;汪楷等于崇祯年间(1628年前后)刻《十竹斋书画谱》不分卷,8种;汪文宦刻《仙佛奇踪》;汪应鹏等刻《琵琶记》;汪跃龙、汪栋合刻《汪虞卿梅史》,等等。

其他姓氏刻工。弘治五年,海政参刻《徽州府志》;隆庆、万历年间,何铃刻《西湖记杂录》附图;余成章刻《牛郎织女传》插图;王存德曾刻《龙游志》;崇祯年间,洪国良参刻《新刻绣像批评金瓶梅》,与项南洲合刻《吴骚合编》、《怡春锦》、《七十二朝四书人物演义》等;姜体干曾刻容与堂本《李卓吾先生批评红佛记》;郑圣卿参刻《琵琶记》插图;谢茂阳刻《李卓吾先生批评幽闺记》2卷2册,等等。

2. 宁国刻工

明代宁国府刻书胜于宋元,其刻工数量自然也远超前代,由于文献缺遗,隆庆以前的宁国府刻工,目前尚不能确考,而万历以后确凿可定的有:旌德刘邦瀛、刘帮承、泾县徐廷旻在嘉兴刻《径山藏》中的《经律异相》50卷;旌德刘光旸和李再祯刻《天学初函》52卷;刘国惠和刘仲佳刻《五经图》1卷;洪心之刻《医便》(与徽州黄应干等合刻);宣城刘大德刻《红蕖记》2卷;旌德李光远刻《瓶花斋集》10卷、《敝箑集》2卷、《解脱集》2卷;旌德郭卓然刻《西楼梦传奇》2卷、《宣和遗事》2卷、《李卓吾先生批评西游记》100回;旌德刘光信明刻《历代名公画谱》4卷;郭卓然刻《醒世恒言》40卷;刘英之刻程开佑的《筹辽硕画》46卷附1卷;刘权刻《春秋左传标释》30卷;旌德饶焕寀初刻《御制无量寿福经》1卷;汤维新刻《瀚海》12卷;旌德刘文华刻《牧斋初学集》110卷目录2卷,计20册,"镌工为旌德刘文华,明季刻书之工,无逾于此者"[1];鲍良刻《邓尉圣恩寺志》18卷;旌德汤维新崇祯间刻沈佳胤《瀚海》。

总体而言,宁国刻工深受徽派镌刻风格影响,刻风具有细腻娟秀的特色。

七、明代安徽刻、印书的特色与成就

明代安徽地区的刻书、印书具有明显的地域特色,在继承宋元的基础上,获得了较大的发展。

1. 特色

第一,徽州中心地凸显。安徽刻印书肇始于唐末,历经宋元明初,各地官刻、家刻虽获得长足发展,但声名不著。明中叶,在徽商经济的带动下,徽州家刻获得显著发展,徽州坊刻更是发展迅速,超过了官刻和家刻。徽州随即成为全国重要的刻书印书中心地之一,徽州刻印书

---

① 潘承弼、顾廷龙编著:《明代版本图录初编》卷一,"分代",民国丛书本。

也就成为明代安徽刻印书的代表。万历学者胡应麟(1551—1602)评论当时各地刻书中心时说:"余所见当今刻本,苏、常为上,金陵次之,杭又次之。近湖刻、歙刻骤精,遂与苏、常争价。"①同时代的谢肇淛(1567—1624)也进行比较说:"宋时刻本,以杭州为上,蜀本次之,福建最下。今杭刻不足称矣。金陵、新安、吴兴三地,剞劂之精者,不下宋版……近时书刻,如冯氏《诗纪》、焦氏《类林》及新安所刻《庄》、《骚》等本,皆极精工,不下宋人……"②从这两位学者的评论中可以看出,明代中后期徽州不仅是安徽刻印书业的中心地,而且也是全国刻印书的中心地之一。

徽州刻印书带动了周边地区刻印书的发展,更凸显了其中心地的地位和作用。安庆府、宁国府、池州府,这些府郡毗邻徽州,在长时期经济文化交往中,深受徽州的影响,因而这些地区的刻书文化也发展迅速。

第二,皖南刻印书商业化显著。明中叶随着徽州商人、宁国商人等的崛起,皖南地区商业经济日趋繁荣,在这种情况下,皖南的刻印书业也日趋商业化。这表现在,首先,从刻书群体看,不少商贾巨子,同时也是文人、学者,刻书、藏书蔚然成风:或以刻书印书赢利起家;或以藏书宏富高标风雅,招徕文人;或为商业竞争在印刷质量上精益求精,甚至印刷广告性的书籍,标新立异,吸引顾客,以至不惜工本,发展印书事业。如方于鲁、程君房为商业竞争宣传的需要,分别编刻了《方氏墨谱》和《程氏墨苑》,印制精美,享誉于世。其次,从刻印书的资金来源看,在皖南,90%以上的官刻和家刻的资金来源都是来自商人资助。尤其坊刻,其本身就是商人投资的重要行业之一。明中叶以后,皖南的家刻、官刻已远逊于坊刻的发展,这更凸显了刻书业商业化的发展。最后,在以徽商为首的安徽商人的带动下,安徽的刻印书业特别是坊刻和刻工逐渐向外地市场发展,为安徽的刻书印书业赢得一席之地。因此从某种意义上说,安徽的刻书印书业的发展与安徽尤其是皖南的

---

① [明]胡应麟撰:《少室山房笔丛》卷四,"经籍会通四",四库全书本。
② [明]谢肇淛撰:《五杂俎》卷一三,"事部一",中华书局 1959 年版。

商业经济的关系密不可分。

第三，侨寓地徽州刻印书业声誉卓著。明中叶以后，徽派刻书印书风格能够享誉天下，很大程度上得益于走出家门的徽商包括书商、刻工在外地的宣传和刻书活动。徽州府、宁国府有不少书商活跃在南京、杭州、苏州等全国重要的刻书中心地，如明末在金陵有汪云鹏的玩虎轩、郑思鸣的奎璧斋、汪廷讷的环翠堂、胡正言的十竹斋，在杭州、湖州、扬州等地的黄氏刻工等。他们将徽派的刻书风格带到了这些地区，并与这些地区的刻书风格相互影响、相互融合、相互促进。万历年间歙县人程渭用朱墨套版刻印的《闺范》10集16卷，首创分色分版套印技法。不久，此法由徽人传到吴兴、金陵等地，寓居金陵的胡正言将此法加以改进，开创饾版、拱花技法，推动了套版印刷的进一步提高，从而使套版印刷为世人所推重。特别是一些技艺精湛的刻工，将徽派的刻印风格发扬光大。

2. 成就

明代安徽的刻书和印书，无论是在数量和质量上，还是在装帧技术水平上，都远超前代。

第一，数量多、部头大。仅就刻印经史子集四部和丛书子目而言，据不完全统计，明代安徽本土就超过两千余种，加上侨寓地就超过三千余种，十余万卷。再加上千余种的家刻谱牒和往往被忽略的坊刻刻印戏曲小说之类的图书，明代安徽刻印的图书数量大大超过了前代，尤其坊刻不仅超过前代，而且亦为清代所不逮。

自程荣推出《汉魏丛书》这部公认的真正丛书后，徽州府坊刻丛书迭连推出。著名的徽派丛书有吴勉学的《二十子》、《古今医统正脉全书》、吴琯的《古今逸史》、《薛氏医按》24种、程百二的《程氏丛刻》、汪廷讷的《坐隐先生全集》、江湛然的《少室山房全稿》、汪士贤的《汉魏诸名家集》、《山居杂志》、黄正位的《阳春奏》等。这些部头浩大的丛书，或搜罗残籍散帙，或分门别类汇聚古籍，为保存古籍和传承文化作出了不可磨灭的贡献。

第二，刻印技术先进。首先，活字印刷技艺的突破。2005年11月黄山市屯溪区发现一件集版画、活字于一体的明代印刷品，残页尺寸

46cm×28cm，其中版画尺寸20cm×12cm，使用了单个活字、长句活字条、版画雕版等多种不同规格的活板，这是目前国内所能见到年代最早的将版画与活字混合拼版的图文共版活字印刷品。虽还不明确到底是官刻还是私刻，但至少表明，明代徽州刻印家已将版画、图片等艺术元素引入活字印刷。这是活字印刷工艺发展进程中最有创新意义的一次飞跃，标志着传统活字印刷跳出了纯粹"字"的框框，把"活字"的概念扩张到了版画艺术、美术纹饰、书法艺术、印章篆刻等所有艺术形式，极大地丰富了活字印刷的内涵。[①] 其次，把套版印刷与版画艺术结合起来，就形成彩色版画印刷术，为中国雕版印刷术放出极其辉煌灿烂的光彩。尤其是胡正言创制了饾版、拱花印刷术，刻印了《十竹斋画谱》、《十竹斋笺谱》，把雕版套版印刷彩图的艺术推向历史上的顶峰。

第三，装帧精美。明代安徽刻书以徽州府刻书数量为最，而且刻印的书籍大都图文并茂，无论从字体、版框设计，还是图文装饰，堪称精良华美。徽州刻印者有的具有较高的文化水平，甚至能诗文，善书画。他们兼与书画家通力合作，从而使书籍装帧技艺达到极致。如歙县著名刻工黄应组与画家汪耕合作的《人镜阳秋》、《坐隐图》，刻工黄建中与画家陈洪绶合作的《博古叶子》、《九歌图》，刻工黄应瑞与画家黄应澄合作的《状元图》，胡正言的《十竹斋画谱》、《十竹斋笺谱》等，均装帧精美，为世人所珍。

第四节　戏曲与音乐

一、明代安徽的戏曲

明代中期，海盐、余姚、弋阳、昆山四大声腔传入安徽南部，外来声

---

① 佚名:《黄山市发现一明代印刷品,具有重要学术价值》,《黄山日报》,2005 年 11 月 17 日。

腔与当地村坊小曲、里巷民谣等多种民间艺术熔于一炉,在各自地区形成新的戏曲品种,如徽州腔、太平腔、青阳腔等。其中,特色鲜明、影响最为深远的是青阳腔,当时被称为"青阳时调",时尚南北,几遍天下。这些都推动了安徽戏曲的快速发展,并步入辉煌的时代。

明代皖南的徽州和池州还流行目连戏和傩舞戏,这是民间一种驱邪祈福的演唱活动。戏曲活动的盛行推动了戏曲作品的创作以及戏曲理论的著述,产生了一批著名的戏曲作家。更难得的是,明王室亲王中的朱权、朱有燉、朱宪炜等人,也都是著名的戏曲作家。

1. 徽州戏曲的兴盛

（1）四大声腔流入徽州

南戏的四大声腔——余姚腔、海盐腔、弋阳腔、昆山腔,在明代中叶流传到皖南地区。徐渭在《南辞叙录》一书中说:"称余姚腔者,出于会稽,常、润、池、太、扬、徐用之。"该书成于明嘉靖三十八年（1559）,其中的"池"是指池州府,"太"是指太平府,两府紧邻长江,又与徽州相毗连,余姚腔流传到徽州是完全可能的事情。

海盐腔在徽州的流传有着明确的记载。潘之恒在《鸾啸小品》卷三载,他在 5 岁的时候,汪道昆从襄阳府任上回乡省亲,从越中请了一个海盐班演出,班中有位叫金凤翔的女演员,不仅长得漂亮,而且演技出众,她在《香囊记》和《连环记》中的表演十分出色,"今未有继之者"。潘之恒 5 岁那年是嘉靖三十九年（1560）,可见这时海盐腔在徽州的流传情形。

弋阳腔在嘉靖以前就流传到了徽州。魏良辅在《南词引正》一书中说道:"徽州、江西、福建,俱作弋阳腔。"此书写成于嘉靖二十六年（1547）之前,可知弋阳腔在徽州流传是较早的事情。另外,弋阳与徽州在地理上很接近,据祝允明的《猥谈》记载,在正德年间,弋阳腔就已经开始流行,它较早流传到徽州也是很自然的。

至于昆山腔,流入徽州的时间虽然稍迟,但也不晚于万历年间。生活于这一时期的潘之恒在《鸾啸小品》卷三《曲派》中在分析了昆山、无锡、吴中三派昆曲,并列举魏良辅、邓全拙、黄问琴等曲家后说:"十年以来,新安好事家多习之,如吾友汪季玄、吴越石,颇知遴选,奏

技渐入佳境,非能偕吴音,能致吴音而已矣。"①从"新安好事家多习之"一句,可以看出昆山腔在徽州影响不小。

（2）徽州目连戏的流传

目连戏约于明代前期即有演出,明中叶前后盛行于皖南,也流行于皖北一带。安徽目连戏又称作"神戏"、"鬼戏"。在剧目上,只演目连救母情节的称"正目连",凡杂以其他剧目的称"花目连"。在表演上,凡由艺人粉墨登场的称"大目连",若以木偶表演并由幕后伴唱的谓"小目连"或"托目连"。

明中后期,徽州已有了目连戏的演唱。据祁门人士说,目连戏"编在清幽(郑之珍故地),出在环砂(指剧中风景情物取材地),打(即演)在栗木"(上述地名均在祁门县内)。徽州目连戏是用当地方言念唱的。传统的目连戏场面有"五场"之说,乐器以大鼓、大铙、大锣为主,另有小锣、小镲、檀板、空心梆、板鼓、大青等。万历年间,郑之珍创作了《目连救母劝善戏文》,徽州成为目连戏重要的流传地。

《目连救母劝善戏文》,上、中、下 3 卷,100 出,熔儒、佛、道三教思想于一炉,假借目连历尽艰辛,遍走十八层地狱,救母超生,劝人为善。演出时掺以民间习俗和情趣,穿插杂耍、变脸等手段,场面热闹、火爆,其服装、脸谱、声腔亦自成一格,极富艺术感染力,颇受观众欢迎,被誉为中国戏曲的"艺术博物馆"。戏文融合家乡之自然环境、乡俗民情、民间传说而成,首演于祁门箬坑乡栗木村,陆续传播到徽州、池州及全国各地和东南亚。其中一些折子戏,如《骂鸡》、《哑背疯》、《尼姑下山》等被地方剧种移植上演,对以后徽剧、昆剧等其他剧种的形成和发展均有重要影响,在中国戏曲史上占有重要地位。

（3）徽州籍戏曲家及创作

明代,戏曲艺术在徽州广泛传播,涌现出了一大批戏曲作家。根据资料记载,明代可考的徽州籍戏曲家有 11 位,他们创作了丰富的戏曲作品。

---

① ［明］潘之恒:《鸾啸小品》卷三,"曲派",见吴晟辑注:《明人笔记中的戏曲史料》,江西人民出版社 2007 年版,第 224 页。

郑之珍（1518—1595），字汝席，号高石，祁门西乡清幽人，明代戏曲作家。郑之珍生而颖异超凡，弱冠补邑庠生，自幼博览群书，善诗文，尤工词曲，时人称其"文如怪云，变态万状"。因屡试不中，遂弃科举，遨游于山水间，以写作自娱。明万历元年（1573）寓秋浦之剡溪，因困于场屋，难伸其志，明思以言救世，"取目连救母之事编为《劝善记》（又称《目连救母劝善戏文》）3 册，敷之声歌，使有耳者之共闻；著之象形，使有目者之共睹"（《劝善记》自序）。万历壬午年（1582），郑之珍编撰的《目连救母劝善戏文》由歙人黄铤首刻印行。这是目连故事流传史上的一件大事，也是目连文化发展过程中的一座醒目的界碑。郑的贡献主要在于将明中叶以前长久流传的目连故事集中起来，形成了一部有完整情节的戏曲作品。全剧共一百出，分为上中下三卷，其篇幅之大，可称空前。它设置了傅家向佛及刘氏开荤堕地狱——目连西行求佛——目连地狱寻母救母的基本情节框架，将以往的各种目连故事串缀其中，前后照应，汇为一部以救母为主干情节的戏曲。该《戏文》可谓是明中叶以前长期流传的目连故事乃至目连文化的集大成者。郑以目连救母故事为情节构建，综合了宗教、民俗、艺术等多种成分，使目连文化在这里汇成了名副其实的"大观园"。

汪道昆（1525—1593），字伯玉，号太函，歙县人，明代戏曲作家。幼聪慧好学，通晓诗词歌赋。嘉靖二十六年（1547）进士，相继出任义乌县令、襄阳知府、福建副使、宁海兵备、兵部左、右侍郎等职。他既是抗倭将领，又是一位颇有建树的戏曲作家、诗文作家。与明代"后七子"领袖王世贞是同年进士，同在兵部供职，交往密切，世称"汪、王"或南北两司马。万历八年（1580），汪道昆与戏曲家屠隆、尤膂、梅禹金、潘之恒以及诗人李维祯、胡应麟、沈嘉则、吕玉绳等结白榆社，诗文酬酢，相互唱和。他还聘请浙江海盐戏班到家乡演出，所著杂剧《高唐梦》（写楚襄王游高唐与神女相会的故事）、《远山戏》（写汉代京兆尹张敞为妻画眉的故事）、《五湖游》（写春秋时越国大夫范蠡功成身退与西施泛舟五湖的故事）、《洛水悲》（写曹植遇见洛水之神女的故事），均为一折短剧，合为《大雅堂乐府》。另有《唐明皇七夕长生殿》杂剧，已佚。汪道昆的剧作文词清丽，细腻婉约，颇多情趣。明代戏曲

评论家吕天成《曲品》将他的剧作列为上品,称赞其具有"清新俊逸之音,调笑诙谐之致"。①

汪廷讷(生卒年月不详),字昌期,号坐隐,休宁人,晚明戏曲作家。万历年间由贡生授官南京盐运使,并以盐业致富,后任宁波府同知。辞官隐退后,以度曲刻书自娱。家中建有坐隐园、环翠亭,和汤显祖、王稚登、李贽等交好,常与文士聚会研讨诗文戏曲。汪廷讷的戏曲创作题材广泛,手法新颖,注重内容与才情,反对模拟和拘于格律,并以勤奋多产著称。吕天成《曲品》誉称他为"大才",是"艺苑名公"、"词场俊士"。汪氏所著传奇 14 种,现存 7 种,为《狮吼记》、《种玉记》、《彩舟记》、《投桃记》、《三祝记》、《义烈记》、《天书记》,其他已散佚的 7 部传奇为《长生记》、《威凤记》、《同升记》、《二阁记》、《飞鱼记》、《忠孝完节》、《高士》。据吕天成《曲品》,汪廷讷还撰有杂剧 8 种,它们是《刘婆惜画舫寻梅》(又名《青梅佳句》)、《钟离令捐奁嫁婢》、《韦将军闻歌纳妓》(又名《广陵月》)、《东郭氏中山救狼》、《黄善聪诡男为客》、《薛季昌石室悟棋》、《绍兴府同僚认父》、《叶孝女报仇归释》。总体来看,汪廷讷的创作数量是比较多的,其作品的存世数量在明代戏曲家中也算是较多的。

毕尚忠,歙县人,《新安毕氏会通世谱》有传,生于明永乐十四年(1416),卒于 1497 年,据其《自传》,作有戏文《七国志》、《红笺记》。

汪宗姬,字肇邨,歙县人,汪道昆族侄。父亲为盐商,他自幼随父客居扬州,后为太学生,往来于金陵、苏杭一带,与汪道昆、梅鼎祚、龙膺交往密切,与顾起元交往尤为深。吕天成《曲品》著录其作有传奇《丹管记》、《续缘记》,均佚。

吴大震,字东宇,号长孺,歙县人。辑有《广艳异编》。其子吴自俊为万历四十一年(1613)进士,官南京刑部主事,与楚问生合编戏曲选集《乐府遏云编》。道光《歙县志》有传。吕天成《曲品》著录他作有传奇《练囊记》、《龙剑记》。

吴修德,歙县人,作有传奇《偷桃记》,该剧今存明万历间广庆堂

---

① [明]吕天成:《曲品》卷上,"不作传奇而作南剧者",清乾隆五十六年杨志鸿抄本。

刊本,《古本戏曲丛刊二集》据以影印。

程丽先,歙县人,《传奇汇考标目》著录他作有传奇《笑笑缘》、《双麟瑞》,均佚。

汪蓭,歙县人,《传奇汇考标目》著录他作有传奇《金杯记》、《纳翠记》,均佚。

程世廉,休宁人,《远山堂剧品》著录他作杂剧四种,分别为《幸上苑帝妃春游》、《泛西湖秦苏赏夏》、《醉学士韩陶月宴》、《忆故人戴王访雪》。今存《古名家杂剧》本。

吴兆,字非熊,休宁鉴潭人,《列朝诗集小传》载其传记,说他"万历中游金陵,留连曲中,与新城郑应尼作《白练裙》杂剧,讥嘲马湘兰,青楼人皆指目,有樊川轻薄之名。"《道光休宁县志》亦有传。

2. 池州青阳腔、傩戏的发展

(1) 池州青阳腔的兴起

明代中叶以后,在安徽皖南池州一带青阳腔兴起。青阳腔是明代戏曲"四大声腔"的变体,在文学上,青阳腔比昆山腔等更趋通俗,文词之"滚调"突破了曲牌体的诸多规范,以生动质朴见长。在音乐上,因戏曲文学结构的变异,地域音乐文化相互碰撞与重新组合而发生了重大变化。因青阳县属池州府,故青阳腔又称池州腔或池州调,是弋阳腔流经池州一带,与当地的余姚腔及民间音乐、语言相结合而形成的。青阳腔产生了极大的影响,被称为"青阳时调",时尚南北,几遍天下。当时就有《新刻京版青阳时调词林一枝》等剧本选集刊刻发行。有的刻本流入国外,如日本。现在的江西、湖南、湖北、山东、山西等省,还有由青阳腔蜕变或受到青阳腔的影响而发展起来的剧种,如"清戏"、"腔戏"等。

(2) 贵池傩戏的流行

中国的傩,种类繁多,在傩的基础上发展起来的傩戏,也是琳琅满目。贵池傩戏仅是其中的一种,它流行于九华山北麓的贵池县境内之刘街、姚街、梅街、桃坡、茅坦等地。它主要是在宗族内部演出,是以请神祭祖、驱邪纳福为目的,而以头戴面具来表演的一种古老戏曲样式。

傩戏演出,有傩舞、正戏、吉祥词三个部分组成。正戏,如剧目《刘

文龙赶考》、《孟姜女》、《章文显》、《张四姐》、《陈州放粮》、《花关索》、《薛平贵平辽记》等。演出前后有"迎神下架"、"送神上架"的仪典,演出中还举行"请神"、"朝庙"仪式等活动。正戏之前,有傩舞节目,如《舞伞》、《打赤鸡》、《舞回回》、《舞滚灯》、《舞古老钱》、《魁星点斗》、《踩竹马》、《舞狮子》、《舞判》等。正戏之后,还有吉祥词《新年斋》、《问土地》、《散花》等节目。

贵池傩戏没有职业班社,多系农民自演。一般在农历正月初七至十五于本族祠堂内搭台而演。因它只在当地宗族内部演出,从不交流而不受外地的艺术影响,保留了较为古老的面目。傩戏唱腔,分为傩腔与高腔两种。傩腔,是专门用于傩戏演出的,来自当地的民间音调与俗曲,唱词多为齐言句式。高腔,是受当地目连戏影响后,而吸收过来的唱腔。因唱正本戏,多系传奇本子,而受唱词的长短句式结构影响,能唱大段的唱段曲牌。贵池傩戏是安徽一种有特色的地方性文化,是中国古代家族宗法社会族傩表演的一个活的标本,在中国傩学界有一定代表性。

3.其他地区戏曲的创作

(1)朱明王室的戏曲创作

朱明王朝建立后,由于王室内部政治上争权夺利,尤其是燕王朱棣发动的"靖难之役"之后,许多王室成员纷纷受到不同程度的打击,他们厌于政治斗争,力图自保,先后转入戏曲、音乐等方面的创作,有的还取得了很高的成就。

朱权(1378—1448),明太祖第十七子,他既有杂剧创作,也有曲学著述。他曾创作杂剧 12 种,现仅存两种:《大罗天》、《私奔相如》。《大罗天》全名为《冲漠子独步大罗天》,叙吕纯阳、张紫阳奉东华帝君之命点化冲漠子的故事,是神仙道化剧。《私奔相如》全名为《卓文君私奔相如》,演男女之情,出自《史记·司马相如列传》的题材,向来为文人喜好。朱权的杂剧承继金元余绪,值得注意的是,他的《太和正音谱》在戏曲史上有着重要影响,是一部曲学理论著作。其内容大致可以分为曲(包括戏曲和清曲)、戏曲史料、戏曲理论三个部分。《音韵宫调》在全书中最有特色,它对各种宫调 335 个曲牌的平仄分析和引用的原文,可以作为现存剧本的参照校勘之用。史料部分载有戏曲流派、角色源流、历代善歌者的事迹。理论部分是对各种体式流派及戏曲家艺术风格的品评。《太和正音谱》在整体上虽不够严谨,但也有其不可替代的戏曲文献价值。

朱有燉(1379—1439),安徽凤阳人,号诚斋,明太祖第五子朱橚的长子。袭其父周王封号,谥号宪,世称周宪王。朱有燉多才多艺,周王府有自己的戏班,在周王府伎乐兴盛的环境下,朱有燉成为明初成就最高的杂剧家。朱有燉作杂剧31种,总称《诚斋乐府》,均存。作剧数量之多,居明代杂剧作家之首。旧作新翻是其杂剧题材的主要来源,可以分为以下几类:

宫廷剧,如《牡丹品》、《牡丹园》、《牡丹仙》、《小桃红》是宫廷名花品藻、歌舞升平之作;《仙官庆会》、《八仙庆寿》、《蟠桃会》、《得驺虞》或祝寿佐欢,或歌颂圣德。

名士剧,如《踏雪寻梅》谱孟襄阳(浩然)、贾浪仙(岛)事,而以李白、罗隐为辅。

水浒剧,如《豹子和尚》演鲁智深出家事,此事不见于《水浒传》;《仗义疏财》演黑旋风李逵解救民女事,亦不见于《水浒传》。

教化剧,如《乔断鬼》、《继母大贤》,以鬼神报应,劝人向善;《团圆梦》演义夫烈妇故事。

神仙剧,如《常椿寿》、《悟真如》,写修真入道、度化成仙之类。

烟花剧,这一类剧数量最多:如《庆朔堂》记范文正、甄月娥之事,《桃源景》叙桃儿与李钊之事,《香囊怨》记妓女刘盼春一死报情郎之事,《曲江池》记李亚仙与荥阳公子事,还有《烟花梦》、《复落娼》、《小陶红》、《团圆梦》、《半夜朝元》等剧。烟花剧虽以劝化说教为主,但对妓女生活的痛苦和她们从良的愿望多有表现,是朱有墩杂剧中较有现实意义的一类。

朱有燉杂剧的曲词清朗俊爽,是文采与本色的结合。宾白则散发着浓郁的泥土气。如《桃源景》写李钊流徙一段,以口北为背景,甚至有蒙古语入曲。朱有燉杂剧的变化和创新值得一提:北杂剧一般一人唱到底,而朱剧有合唱和轮唱,如宫廷剧为取热闹,有两人或两人以上

的合唱。轮唱则《复落娟》每折各一人主唱,四折由四人轮唱。北杂剧无歌舞剧,朱剧则有多本,如《牡丹品》、《牡丹园》、《小桃红》剧末有十六天魔群舞。北杂剧无大段念诗代白,朱剧则多见,如《牡丹品》、《团圆梦》以大段五言诗为白,《烟花梦》以大段七言诗为白。上述种种新变,都说明朱有燉杂剧并非一味蹈袭前人。他以藩王之力,在杂剧的化装和歌舞方面多有创新。

（2）梅鼎祚的戏曲创作

梅鼎祚（1549—1615）,字禹金,号胜乐道人,宣城人。少年即负诗名,16岁为府学生员。后弃举子业,以古学自任。诗文为时所重,当时名士如王世贞、汪道昆、汤显祖等均与交往。万历十九年（1591）,他曾北游国子监,首相申时行欲荐之做官,梅坚辞不就,归隐天带园,构天逸阁藏书,坐卧其中。所收藏极为丰富,博闻强识,长于编纂,著述也相当丰富。除诗文集《梅禹金集》（又名《鹿裘室集》）20卷外,又"取上世以来诗文各以类纪,下及杂记、传奇,并有辑撰,多至千余卷"（康熙《宁国府志》）。但他的主要成就仍在戏曲方面,今存世者有杂剧《昆仑奴》,传奇《玉合记》和《长命缕》。他是骈俪派的代表作家,在当时文坛上占有较重要的地位。《昆仑奴》有《盛明杂剧》本,《玉合记》和《长命缕》有《古本戏曲丛刊初集》本。

（3）阮大铖与《石巢四种》

阮大铖（1578—1646）,字集之,号圆海、石巢,又号百子山樵,安徽怀宁（今安庆市）人,明末戏曲作家。万历四十四年（1616）举进士,《明史》说他"机敏滑贼,有才藻"。曾作传奇九种,现存《春灯谜》（全名《十错认春灯谜记》、《燕子笺》、《双金榜》（全名《勘蝴蝶双金榜记》）、《牟尼合》,世称《石巢四种》。《忠孝环》、《桃花笑》、《井中盟》、《狮子赚》、《赐恩环》未见传本。阮大铖的九种传奇,皆为崇祯二年（1629）贬归故里后的晚年著作。他曾在南京、当涂等地寄寓,潜心曲辞,每有新作,悉由其家蓄优伶习唱,他亲自指导排演,所以演出不同凡响。清王士祺《池北偶谈》载:"每夕与狎客饮,以三鼓为节,客倦罢去,阮挑灯作传奇,达旦不寝以为常。《燕子笺》、《双金榜》、《狮子赚》

诸传奇皆成于此。"①他在《牟尼合》自序中说："避姑孰（今当涂）十六日成《牟尼合》"。

阮大铖剧作的艺术风格以前三种作品为代表，曲词工丽，文采绚烂，情节热闹。尤其善用误会与巧合之法，在这一方面堪称执牛耳者。由此引导出一种以巧合和误会为主的剧作体制，有较强的观赏性，至今仍颇为流行。

二、明代安徽的音乐

1. 朱权与《太和正音谱》

朱权（1378—1448），是明太祖朱元璋的第十七子，明代著名琴家和戏曲家。自号大明奇士、涵虚子、丹丘先生。由于永乐皇帝对他颇有疑忌，朱权只好不问国事，终日闭门读书、弹琴。因此，他在音乐、戏曲上均有很高的造诣。为了广泛吸取各家传曲，他曾派五名弟子遍拜天下名师，积十二年编成《神奇秘谱》，这是现存最早的琴曲谱集。《太和正音谱》又名《北雅》，是朱权对中国戏曲的最大贡献，也是现存最早的北曲曲谱。《太和正音谱》作于明洪武三十一年（1398），共两卷，书中记载了杂剧的各种样式、金元及明初杂剧作家、杂剧内容分类、杂剧目录，元、明间知音善歌者籍贯及评语、音律、宫调、词林须知、杂剧角色解释及乐府曲牌名目，并分宫别调详列335种曲牌的句格、声调谱式等，具有很高的历史价值。

2. 钟秀之、查八十与琵琶演奏

明代著名琵琶演奏家见之于史籍的仅数人，然而其中就有两位是安徽人。一位是钟秀之，又名钟山，明弘治、正德时寿县正阳关人，工琵琶，曾入明武宗（朱厚照）内廷教习宫人。据明代何良俊《四友斋丛说》记载，说他以"清弹琵琶"（琵琶独奏）著称于世，并且还善弹三弦。另一位是查八十，原名查鼐，明正德、嘉靖时休宁人。他家资富有，特别喜好琵琶，曾拜琵琶名家钟秀之为师，得其真传，技艺臻至妙境，海内闻名。黄姬水《听查八十弹琵琶歌》说他"抑扬按捻擅奇妙，从此人

---

① ［清］王士禛撰：《池北偶谈》卷一一，"阮怀宁"，文渊阁四库全书本。

称第一声。"①《四友斋丛说》记载钟秀之、查八十之间的师徒关系颇有传奇意味。说是查八十早就精于琵琶演奏,纵浪江湖,到钟秀之那里去拜访,"持'侍生'刺投谒"。钟秀之叫人对他说,若是一般人来访这样子是可以的,然而听讲查八十以琵琶游江湖,今日来访如果不执弟子礼断然不出来相见。查八十说虽然久闻钟秀之的大名,但却没有亲眼看到他的精湛技艺,如果先弹一曲,果然奇妙,再执弟子礼也不晚。钟秀之便取琵琶在照壁后面弹一曲。查八十听后大为称羡,膝行到钟秀之面前自称弟子,留处很久,把钟秀之的技艺尽学之而归。由此可见,两位艺术家演奏技艺的精湛和绝伦。

3.民间器乐曲

自从元明时期开始,南戏传奇、杂剧盛行于安徽南北。明代凤阳人、宁献王朱权不拘门派地广采各家传世琴曲,花12年时间编成了现存中国最早的琴曲谱集《神奇秘谱》。其中,大型古琴曲《秋鸿》冠于全曲前序,故后人认为《秋鸿》乃出自朱权之手。此外,明代安徽出现了一批民间乐器改制家、器乐理论家、演奏家,如明中叶朱载堉运用其创之乐律理论,设制管、笛、笙、箫、钟。明人钟秀之(寿州人)以"清弹琵琶"著称于世。张野塘(寿州人)改制北方三弦为"弦子",用弦索伴昆曲等。

4.道教音乐

安徽的道教音乐,承袭先秦时安徽境内与境外的大小诸侯国之巫傩祭祀,和民间"敬鬼乐祠"之风,并牵系道家与道教发展的轨迹。明代是安徽宗教宗族祭祀及其音乐鼎盛的时期之一。朱元璋于洪武七年(1374)敕礼部会同僧道,在继承宋元道乐的基础上,拟具了佛道二教的科仪格式,令全国奉行。接着,明成祖朱棣又用工尺谱制《大明御制玄教乐章》,载入道曲14支,均套用于宫庭祭祀雅乐之章。又有朱元璋之子、琴家与戏曲作家朱权,在其《太和正音谱》"词林须知"中,真实地概括了汉、梁以下历代道、儒、佛三教音乐,道以唱"情",儒以唱"性"(理),佛以唱"赞",朱权之识,不离家乡安徽三教的实情。

----

① 〔清〕陈田辑:《明诗纪事》己籤卷二〇,"黄姬水(四首)",清陈氏听诗斋刻本。

明代,嘉靖皇帝是一位佞道之君,其在位期间,皖南、沿江一带流行佛家故事的青阳腔目连戏,俗名"和尚戏"、"神戏"、"鬼戏",又名"道士戏",吸收道乐、道教仪式。如剧曲中的《清江引》、《颠倒歌》、《寄生草》、《五供养》、《红衲袄》、《迎客松》、《天下乐》等,皆系道乐曲牌的移植。戏剧搬演中,亦用民间道士之曲《十月怀胎》、《钓天乐》等,并将道士法事搬于演出中。剧中道教尊神,以玉帝、王母及闻太师、赵公明等,都是主察人间善恶、至高至极的道家仙人。明万历年间,万历皇帝佞佛,原系佛家的目连戏曲又一次获得生机,使它成为明代安徽宣扬"三教一流"的主要戏曲之一。同时,万历三十五年(1607),明神宗命江西龙虎山道教第五十代天师张国祥,续补《正统道藏》32 函巨著,其中,《清江引》、《变地花》、《一锭金》、《采茶歌》等曲牌,皆以道乐收入。

附录一
明代安徽大事编年

洪武元年（1368）

正月，朱元璋称帝，建立明朝，年号洪武。立世子朱标为皇太子。

二月乙丑（3月13日），诏令中书省验田出夫，田一顷出丁夫一人，直隶出夫如田亩数目。

闰七月甲辰（8月19日），自汴梁至宿州立驿站10，每站置马24匹。

闰七月癸亥（9月7日），诏令免广德、太平、宁国三府，和、滁等州旱灾田9600余顷，粮76730余石。

八月，徐达攻占元大都，元朝灭亡。

十二月丁卯（1369年1月9日），广德人礼部尚书钱用壬致仕。

是年，大修和州铜城堰闸。

洪武二年（1369）

二月乙亥（3月18日），诏立皇陵碑。

三月庚子（4月12日），休宁人翰林学士朱升以年老致仕。

六月丙寅（7月7日），功臣庙成，徐达为首，共21人。

七月（8月），怀远人常遇春病死，追封开平王。

九月癸卯（10月12日），以临濠为中都，置中都留守司。着手营建都城，如京师之制。以临濠之泗州、寿州直隶中书省。

九月乙巳（10月14日），复以历阳县为和州，隶属中书省，自是户口日增。

洪武三年（1370）

正月壬子（2月18日），改合肥卫为守御千户所。

四月癸亥（5月10日），改六安卫为守御千户所。

四月丁丑（5月14日），改徽州卫为守御千户所。

是月，册封诸皇子为王。二子朱樉为秦王、三子朱□为晋王、四子朱棣为燕王、五子朱橚为吴王、六子朱桢为楚王、七子朱榑为齐王、八子朱梓为潭王、九子朱杞为赵王、十子朱檀为鲁王、从孙朱守谦为靖江王。

十月辛巳（11月14日），定征矾法，庐州府黄墩、昆山与桐城县每年交矾课220700斤，每引30斤，每引官给工本钱150文，私煮矾视同私盐惩处。

十一月，朱元璋实行大封赏。封公者6人：李善长（韩国公）、徐达（魏国公）、常茂（郑国公，为常遇春之子）、李文忠（曹国公）、冯胜（宋国公）、邓愈（卫国公）。封侯者28人：汤和、唐胜宗、陆仲亨、周德兴、华云、顾时、耿炳文、陈德、郭兴、王志、郑遇春、费聚、吴良、吴桢、赵庸、廖永忠、俞通源、华高、杨璟、康茂才、朱亮祖、傅友德、胡美、韩政、黄彬、曹良臣、梅思祖、陆聚。

是年，迁徙苏、松、杭、嘉、湖无田之民4000余户至临濠垦田。又移江南民14万户于凤阳。

洪武四年（1371）

二月癸酉（3月6日），明太祖以临濠为兴王之地，宜以傍近州县通水路漕运者隶之。将寿、邳、徐、宿、颍、息、光、六安、信阳九州，五河、怀远、中立、定远、蒙城、霍邱、英山、宿迁、睢宁、砀山、灵璧、颍上、太和、固始、光山、丰、沛、萧18县悉隶中都。同日，户部定淮、浙、山东中盐之例，以一引为准，商人输米于临濠府仓，淮盐一引5石，浙盐4石。

三月丙申（3月29日），置濠梁后卫指挥使司。

三月壬寅（4月4日），上以兵革之后，中原民多流亡，命于临濠计口授田。

三月乙巳（4月7日），置怀远亲军指挥使司于临濠。

四月癸未（5月15日），于临濠设立行大都督府。

四月乙未（5月27日），置长淮卫于临濠统领水军。

五月辛酉（6月22日），以进士郭翀为广德府知府。

十月乙未（11月23日），改广德府为广德州。

洪武五年（1372）

正月壬子（2月8日），明太祖下诏，命今后有罪犯当发配两广者，均改在临濠屯田。

正月甲戌（3月1日），定中都城基址。周围45里。街二：南曰顺城、北曰子民。坊十六：在南街者八：东曰德辅、善庆、崇德、中和；西曰顺成、新成、里仁、太和。在北街者亦八：东曰钦崇、德厚、恭让、淮扬；西曰从善、慎远、修齐、允中。

二月庚寅（3月15日），并长淮、大河二卫为大河卫指挥使司。

三月乙酉（4月4日），以泗州隶属临濠府。

十月戊子（11月10日），诏杂犯死罪免死发临濠营建中都。

十一月癸亥（12月15日），诏建公侯第宅于中都，韩国、魏国、郑国、曹国、卫国、宋国等6公；中山、长兴、南雄、德庆、南安、营阳、蕲春、延安、江夏、济宁、淮安、临江、六安、吉安、荥阳、平凉、江阴、靖海、永嘉、颍川、豫章、东平、宜春、宣宁、河南、汝南、巩昌等27侯。

洪武六年（1373）

二月辛巳（3月3日），更置群牧监于滁州。

二月戊子（3月10日），始定养马之法。命庐州、凤阳等府，滁、和等州民养马。

三月壬戌（4月13日），甃临濠皇城。诏于临濠造金吾左右、羽林左右、虎贲左、骁骑左右、燕山、护卫、神策、雄武、兴武、威武、广武、英武、武德、鹰扬、龙骧、钟山、兴化、定远、怀远21卫军士营房19850间。

九月壬戌（10月10日），改临濠府为中立府，临濠大都督府为中立行大都督府。

洪武七年（1374）

正月庚午（2月15日），拣选杭州、金华、衢州、绍兴四卫精锐7500

人增守中立府。

四月甲寅（5 月 30 日），更置孳牧所于中立府。

五月（6 月），徽州人吏部尚书詹同致仕。

六月癸亥（8 月 7 日），定远人华云龙以擅用元朝宫中物由北京召还，途中病死。

八月庚子（9 月 13 日），改中立府为凤阳府。析临淮县之太平、清乐、广德、永丰四乡置凤阳县。

九月丁丑（10 月 20 日），改中立大都督府为凤阳行都督府，濠梁后卫为凤阳卫。

九月癸未（10 月 26 日），明太祖下诏，凤阳屯田者老病者，可以入籍为民，残废者放还乡里。

十一月壬午（12 月 24 日），起用凤阳屯田官吏。先是，官吏有罪者发往凤阳屯田，至此，明太祖念其已经改过者，诏令起复。

洪武八年（1375）

正月辛未（2 月 11 日），擢太平当涂人梁敏为工部侍郎，以廉能称名。

三月甲申（4 月 25 日），德庆侯廖永忠卒。

三月癸未（4 月 24 日），置中都国子学。

四月辛卯（5 月 2 日），明太祖巡行中都。次滁州，遣官祭滁阳王庙。

四月丁巳（5 月 28 日），诏令以劳费罢中都役作。

十月乙未（11 月 2 日），建筑凤阳皇陵城。

十月丙申（11 月 3 日），迁凤阳府治于临濠新城。

十月壬子（11 月 19 日），明太祖命太子朱标为首率在京诸王出游中都，简练武备。

十二月，太平、宁国等水灾，遣使赈给之。

是年，停建中都城。工程历经 6 年，所用民力几达百万。

洪武九年（1376）

二月辛丑（3 月 7 日），明太祖巡视凤阳。

三月癸未(4月18日),令凤阳武臣子弟肄业于中都国子学。

十一月戊子(12月19日),迁徙山西及真定民无产业者于凤阳屯田。

十二月戊寅(1377年2月7日),太仆寺奏江淮间马政,计148群,牧马者15000户。

洪武十年(1377)

四月戊辰(5月28日),赈济太平、宁国二府遭水灾者4485户。

五月甲申(6月13日),设宿州守御千户所。

八月己酉(9月6日),置定远牧监。

九月丙子(10月3日),以繁昌县荻港镇商贾往来频繁,于此地设立税课局。

十一月癸未(12月9日),虹县(今安徽泗县)人、卫国公邓愈卒。

洪武十一年(1378)

八月戊申(9月1日),置凤阳中、后二卫指挥使司。

十一月庚午(11月21日),以宁国府知府涂节为通政使。

洪武十二年(1379)

三月戊戌(4月28日),增置滁阳、仪真、香泉、六合、天长5牧监,共计48群,种马17385匹。

九月己酉(10月26日),改凤阳行大都督府留守司为留守中卫指挥使司。置凤阳左卫指挥使司。

皇陵祭殿成,命称曰"皇堂"。

洪武十三年(1380)

正月甲午(2月8日),廷审定远人、丞相胡惟庸。

正月戊戌(2月12日),以谋反罪杀胡惟庸。胡党大狱由此而起,穷追10余年,诛杀3万余人。

正月癸丑(2月27日),罢礼部备用库、书画库、凤阳行工部营造提举分司储用库,盐运司纲官押运。

二月壬戌(3月7日),以庐州无为人薛祥为工部尚书。

五月丙申(6月9日),诏令释放在京以及临濠屯田者。

八月辛酉（9月2日），置寿州、河南、庐州、仪真四卫指挥使司。

九月庚寅（9月22日），六安人、永嘉侯朱亮祖卒。亮祖屡立战功，洪武十二年（1379），出镇广东，行事多不遵循法度，次年九月被召回京师，与其子同时被鞭死。

洪武十四年（1381）

九月丁酉（10月3日），置中都留守司，统凤阳、长淮等八卫。

十一月己亥（12月4日），复置大理寺，命直隶府州县刑狱，由大理左寺理之。

是年，计天下人户，其中直隶14府、4州，共计户2935046，口10241002。

洪武十五年（1382）

八月丙戌（9月17日），马皇后卒。

九月（10月），迁广东番禺、东莞、增城降民24400余人于泗州屯田。

十月丙戌（11月16日），置徽州守御千户所。

洪武十六年（1383）

九月甲子（10月20日），建凤阳大龙兴寺成，计殿堂房屋共381间。

洪武十七年（1384）

三月戊戌（3月22日），泗州人、曹国公李文忠卒。此前，朱元璋杀其全部门客，文忠"惊悸得疾暴卒"。

四月，故元大王搠思监等自云南来降，居庐州。

十一月，临濠人、巩昌侯郭兴卒。

洪武十八年（1385）

二月己未（4月17日），凤阳人、太傅、魏国公徐达卒。

十月（11月），改滁州守御千户所为滁州卫指挥使司。

十一月甲戌（12月18日），以进士、宁国宣城人秦逵为工部侍郎，逵历官练达有能声。

十一月丁丑(12月21日),置无为、太平、和州、滁州四卫,隶属中军都督府。

洪武十九年(1386)

八月,凤阳临淮人、六安侯王志卒。

九月甲子(10月4日),置长淮卫牧马千户所。

洪武二十年(1387)

是岁,天下岁贡生1200人,送中都国子监132人。

大徙江南民14万户到凤阳。

十二月丁未(1月10日),诏令免征凤阳商税钞11080贯。

洪武二十一年(1388)

六月甲辰(7月5日),信国公汤和还乡,给敕以宣扬功臣进退之理。

洪武二十二年(1389)

十二月壬戌(1月19日),以攻破蒙古之功晋封定远人蓝玉为凉国公。

四月己亥(4月26日),命杭州、湖州、台州、温州、苏州、松江等地居民无田者往滁州、和州等地就耕,官给钞30锭,免赋役三年。

五月乙未(6月21日),改六安千户所为六安卫指挥使司。

十月庚戌(11月3日),定滁阳等牧监官制。

凤阳府滁州直隶京师。

洪武二十三年(1390)

正月壬辰(2月12日),以江南江北不均匀故,诏增加江北牧马人户。

四月戊午(5月10日),改徽州千户所为新安卫指挥使司。

闰四月丙子(5月28日),诏免滁阳、定远、六合、长淮、天长、香泉、仪真、舒城、江都等监养马户田租,民田全免,官田减半征之,永为定例。户凡54805,官民田凡38840顷,免征夏秋米麦凡272450石。

五月戊戌(6月19日),监察御史告李善长罪状,以其交通胡惟庸,明太祖诏令勿问。

五月庚子(6月21日),监察御史复奏请以李善长及其子下狱,明太祖执不可,下其子于狱中。

五月乙卯(7月6日),韩国公、前左丞相李善长受胡惟庸案牵连,赐死,家人70余口被杀。

五月甲午(6月15日),诏令遣公侯还乡。

六月癸未(7月22日),诏礼部制公、侯、伯屯戍百户印及敕赐铁册。诸侯皆给兵,号为"铁册军"。

八月甲子(9月13日),临淮侯张赫卒。赫于洪武十一年(1378)总督辽东海运,二十年(1387)封航海侯,以督运辽东功著。

洪武二十四年(1391)

是年,更造赋役黄册成,直隶14府、4州,计户1876638,口10061873。

洪武二十五年(1392)

三月庚寅(4月1日),罢筑凤阳城。先是,命筑凤阳城,军士就役者凡3万余人。明太祖以工力浩繁,诏命罢之。

四月,皇太子朱标病死,时年39岁。朱标长子16岁的朱允炆立为皇太孙。

六月丁卯(7月7日),定远人、西平侯沐英卒。

十一月壬寅(12月9日),诏令凤阳、滁州、庐州、和州等处民户种桑、枣、柿各200株。

洪武二十六年(1393)

二月,朱元璋兴蓝玉大狱,凉国公蓝玉坐谋反罪死,株连15000余人。

六月壬辰(7月27日),申严皇陵禁令,违者以大不敬论。

十月己丑(11月21日),革中都国子监,以其师生并入南京国子监。

洪武二十七年（1394）

正月，改原中都国子监为凤阳府儒学。

洪武二十八年（1395）

二月丁卯（2月22日），定远人、宋国公冯胜卒。

三月戊午（4月14日），罢太仆寺群监官，其所属马匹隶有司牧养，计罢除监、群110处。

八月戊辰（8月22日），信国公汤和卒。

洪武二十九年（1396）

十月甲寅，改置天下按察分司为41道，直隶6道。

建文四年（1402）

七月，燕王朱棣以"清君侧"为名起兵，号称"靖难"。

七月乙未（7月31日），明成祖命人往凤阳中都留守司整肃兵备，安抚人民。

九月辛丑（10月17日），造凤阳浮桥船38艘。

燕军与中央军在淮北宿州间激战。燕军在灵璧大破中央军。

十二月丁丑（1402年1月21日），复设徽州歙县织染局。

永乐元年（1403）

二月，凤阳临淮人、武定侯郭英卒。

四月，安庆等府蝗灾。

八月辛亥（8月23日），诏令大修和州沿江圩堤120余里，斗门9座。

十一月，免直隶凤阳等地今年秋粮之半。

永乐二年（1404）

十一月丙寅（12月30日），诏令增筑修和州坪埂30余里，防护熟田5万余顷。

永乐三年（1405）

四月己丑（5月22日），修凤阳府大龙兴寺。

永乐四年（1406）

十月丙午（11 月 30 日），怀远人、征讨安南总兵官、成国公朱能讣闻。能，成祖旧将，靖难中屡立功勋，永乐二年（1404），充任征安南总兵官，率师进讨，至是卒。

是年，周王朱橚著《普济方》、《救荒本草》刊行。

永乐六年（1408）

三月，来安、舒城两县民饥，官府发粟赈。

永乐七年（1409）

五月丁丑（6 月 18 日），改宿州千户所为宿州卫。

八月，修凤阳、长淮、寿州、滁州四卫城池。

永乐八年（1410）

五月，皇太子令户部赈直隶滁州、宿州饥民 4500 余户，发粟 3400 石有奇。

六月，皇太子免直隶凤阳府颍州并太和县被水灾田赋。

七月，皇太子命户部赈直隶安庆、徽州、凤阳等郡县饥民。

永乐十一年（1413）

八月己巳（9 月 17 日），诏令于农隙修寿州安丰塘。

永乐十二年（1414）

三月，发官廪赈灵璧、怀远、桐城、宿松、潜山、太湖、舒城等地饥民。

九月辛巳（9 月 24 日），修凤阳府安丰塘等地坍塌堤岸 13500 余丈。

永乐十四年（1416）

九月丙寅（3 月 31 日），再定应天、凤阳、滁州、和州等府州养马例令。

永乐十五年（1417）

九月，再定应天、凤阳、滁、和等府州养马例。

洪熙元年（1425）

九月乙卯（10月30日），行在（北京）礼部奏定科举取士名额，南京国子监及南直隶共80人。

宣德元年（1426）

八月乙未（9月24日），凤阳泗州人、行在刑部尚书兼太子宾客金纯以清理刑狱失当，致仕。

七月，选调直隶泗州等卫官军三千至京，命于左掖营收操。

宣德三年（1428）

二月戊子（3月11日），命遣还往徽州采伐木材军夫。

七月甲子（8月14日），免安庆民岁运盐钞赴南京。

明政府规定，今属安徽的凤阳、太平、滁州、庐州、和州5州府与今属江苏的5州府要承担全国漕粮的一半。

宣德四年（1429）

九月己丑，革凤阳广储五仓。

宣德五年（1430）

七月，免安庆民岁运盐钞赴北京。

宣德六年（1431）

宣德六年十二月庚申（1432年2月1日），工部奏称，以徽州府织染局岁造彩缎，弊端百出，应以应天府例，以匠户丁多着为堂长，余丁络丝。从之。

宣德八年（1433）

十月丙寅（11月28日），合肥人、平江伯陈瑄卒。

十二月戊辰（1433年1月29日），凤阳府奏称以会通河开通商船不经过临淮河，请裁减属员，从之。

宣德九年（1434）

五月庚子（6月30日），明宣宗以明太祖年间屯田制度诸多败坏，命令监察御史、都司、按察司巡视凤阳、滁州等地严查屯田，同时令官府赎还因灾荒而质鬻女子。

正统三年（1438）

九月癸未（9月20日），池州府奏称，以本府自宣德以来户口仅为洪武年间三分之一，而岁办绢如旧，请减免，从之。

十一月丙戌（11月22日），从繁昌县主簿黄健言，更定州县岁贡生例。

正统六年（1441）

三月乙巳（3月30日），凤阳府临淮县请修江心大石桥，以便两京驿传往来，从之。

正统七年（1442）

二月庚子，以太和县土地宽广，他处人民来此趁食，而原籍差人与外乡之人多有冲突，诏令年久不愿回乡者报籍当差。

正统八年（1443）

九月壬子（9月23日），裁革凤阳府长淮、广济、淮河征税分司，并于本府税课司。

九月戊寅（10月19日），以地方豪强、官军多占田地，招纳流亡，有司不能禁止，诏命刑部右侍郎薛希琏往凤阳府清理田粮。

正统九年（1444）

六月辛卯（6月29日），以定远县民占耕地14顷，自洪武年间至今没有完纳税粮，请依例征收，从之。

闰七月甲辰（9月9日），凤阳府卫军民新开垦荒地万余顷，俱未起科，至是遣官经量，悉令纳税。

八月丁未（9月12日），减免当涂、芜湖、繁昌各县河泊所鱼户耗亡者，止征收见在者。

正统十年（1445）

五月庚子（7月2日），凤阳府奏称，宿州龙山等地有山西、山东等地逃荒居民4000余人在此地生理，诏令凤阳巡抚择选干练官吏督管。

正统十四年（1449）

七月辛巳（7月22日），以凤阳府太和县北河原其地多盗匪，设巡

检司。

正统十四年（1450）

正统十四年十二月乙丑（1450年1月2日），命南直隶府州县岁贡生员俱肄业北监，订为律令。

景泰六年（1455）

二月辛卯（3月3日），直隶徽州府六县民众饥窘者，群聚夜劫大户庄谷。知府孙遇等擒数人系狱，而事未止，具其事以闻。帝命巡按御史严督府卫官量起军兵缉捕。

二月己亥（3月11日），徽州府奏称，本府山多田少，每年岁入不足以支持，请以转买粮米价银运抵京师以舒缓民力。

四月戊寅（4月19日），霍山人赵玉山自称宋后，潜以妖术煽惑流民谋乱。凤阳流民甚众，多为玉山所惑。诏令总督漕运副都御史王竑设法挨捕，务期尽绝，勿遗民患。

景泰七年（1456）

十月戊申（11月9日），命太平、宁国诸府，广德州停造均配官民田地籍册。

天顺元年（1457）

七月癸亥（7月22日），命徽州府知府孙遇复任。遇居官勤慎，任满九年，民复呈请留任。

十月丙辰（11月12日），释建文帝子孙，安置凤阳。

成化二年（1466）

三月，凤阳流民抢夺官府粮饷。

是月，修直隶凤阳府寿州安丰塘。

成化七年（1471）

三月戊寅（3月26日），诏设抽分厂于芜湖，抽取竹木税，年税银1000两左右。

成化八年（1472）

十一月辛亥（12月18日），以凤阳府及寿州正阳镇往来商船甚众,诏令依照淮、扬二府暂收钱米。

成化十三年(1477)

九月辛未(10月13日),裁革徽州府梅口批验茶引所并歙县岩寺税课局。

十二月丙申(1478年1月6日),户部奏称,凤阳府广济关、寿州正阳镇及亳县俱滨河,客商聚集,舟行不绝,请令于此酌情收取商税,不许重税。

成化十四年(1478)

九月壬午(10月19日),户部以凤阳仓储支给官军俸禄不足,以开中两淮运司存积盐五万引,召商纳银及米支给,从之。

成化十五年(1479)

二月,因水旱灾,明朝政府免收直隶凤阳府颍州、颍上、太和二县屯田麦4200石有奇,归德卫屯田麦8400石;安庆、池州府所属秋粮131800余石,草217700余包;免收应天、宁国、徽州三府秋粮米59620余石,草60840余包。

成化十七年(1481)

三月(4月),凤阳、庐州、和州等地地震。

十月乙巳(10月26日),将浙江、湖广、芜湖三处抽分厂每年支银12000两增至17000两,永为定例。

成化二十二年(1486)

凤阳、庐州、滁州、和州连年灾荒,饥民聚众抢劫。

成化二十三年(1487)

三月庚申(4月13日),凤阳府灵璧县地震。

弘治元年(1488)

十一月庚申(12月3日),裁革太平府采石批验茶引所。

弘治三年(1490)

户部侍郎白昂与河渠专家娄性治河,发民工21万人,疏引3条河道,导黄河水入淮。

弘治五年（1492）

是年，明政府放弃盐法中的纳粮"开中法"，而改为"折色开中"，即允许盐商用银两直接到盐区的盐运司购"盐引"。徽商借此投资淮盐，赢得厚利。

弘治六年（1493）

十一月戊午（1494 年 1 月 4 日），合肥县地震。

弘治七年（1494）

十月丁巳（10 月 30 日），滁州地震。

弘治八年（1495）

四月，桐城雨雹、当涂蝗灾；是月，以水灾免直隶凤阳等府县及卫所夏税子粒。

五月，当涂蝗灾；是月，以水灾免池州、安庆等八府去岁分粮草子粒。

弘治九年（1496）

十月癸卯（11 月 17 日），升凤阳府亳县为亳州，设置知州、同知等属员。

弘治十一年（1498）

正月辛酉（2 月 15 日），定远人杨潮以"妖书"，号召造反。

弘治十二年（1499）

十月丙辰（12 月 2 日），诏令凤阳、庐州等地逃户遗产听任贫民耕种，5 年后如旧例征收税银。

弘治十三年（1500）

五月癸亥（6 月 6 日），诏命于太平委派监察御史一人，与工部原属官共同管理抽分竹木厂。

十月戊申（11 月 18 日），裁革凤阳府广济钞关。

弘治十四年（1501）

五月，贵池、宣城、潜山、芜湖皆水灾。

弘治十五年(1502)

芜湖抽分厂年税银增至 3.7 万两。

歙人汪舜民撰《徽州府志》12 卷,刊印。

弘治十七年(1504)

十一月己丑(12 月 8 日),裁革安庆府及潜山、太湖、宿松三县税课司。

正德三年(1508)

十二月丙寅(12 月 24 日),以地方重灾缘故,诏免凤阳府八卫京运一年。

正德七年(1512)

六月,赵景隆以白莲教率众造反,亳州知县张思齐等率兵镇压。

七月,刘七率起义军攻入安庆、太平。

九月,刘七自安庆而下南京及瓜洲。

正德八年(1513)

石埭官学生章仁率众造反,前往徽州会合江西来的王浩八起义军。

正德十四年(1519)

六月己丑(7 月 23 日),宁王朱宸濠自南昌发动叛乱,兵围安庆。杨锐等领导军民坚守,多次打退叛军进攻。

七月丙午(8 月 9 日),宁王军久攻安庆不克,引兵还。

十一月,刘六、刘七的部下杨虎率众进入安徽,连破灵璧、虹县、蒙城、亳州、太和、霍邱诸城。

正德十五年(1520)

刘六、刘七的部下赵燧再入安徽,攻凤阳、宿州、定远等地。

嘉靖三年(1524)

十月甲辰(11 月 8 日),以漕运总兵奏议,命江西九江等五卫的浅船于芜湖制造。

嘉靖四年(1525)

二月甲午(2月26日),恢复凤阳府正阳钞关,初尝裁革,以此处税收供养禁锢宗室,恢复之。

三月,御用监太监黄锦奏请委任南京守备太监于芜湖抽分厂,每年抽分2万余两均作为御用器物费用,明世宗不顾工部反对,执意从之。是月,李鸾等率流民在宿州夺官造反。

五月甲戌(6月6日),庐州府在任修理义仓、置买义田,户部以其为典型而推行各府州县。

嘉靖六年(1527)

十一月,洪继等率流民200余人转战凤阳、宿州、亳州间。

嘉靖八年(1529)

八月丁丑(9月4日),裁革凤阳府正阳钞关。

嘉靖九年(1530)

十一月戊戌(12月1日),以扬子江江寇与商船混行,令操江巡视官于安庆、芜湖上下查勘,并严查沿江府县无产业者。

嘉靖十年(1531)

闰六月辛丑、戊申(8月1日、8日),裁革直隶府州县通判以下属员数百余人。

汪机著《外科理例》成书。

嘉靖十九年(1540)

六月庚午(7月13日),添设镇守江淮总兵官,督理剿"匪"、漕运事宜。

嘉靖二十一年(1542)

是年,明政府允许盐商向灶户购买缴完官盐后剩下的余盐,盐商获利更厚,徽商成为两淮盐商中的主干。

嘉靖三十二年(1553)

是年,歙县人、海盗商人王直勾结倭寇,集船舰数百只,大举侵扰,东南沿海数千里传警。

嘉靖三十四年（1555）

七月（8 月），一股倭寇从严州淳安突袭至歙县，商人许谷组织民众坚守，倭寇退走，从绩溪转向旌德，烧杀而去，直奔泾县、南陵，官军溃逃，倭寇烧杀抢后窜奔芜湖，遭到芜湖商民激烈抵抗。败退的倭寇逃向当涂、江宁，又洗劫溧水、溧阳、宜兴、无锡，最终在杭州外围被歼。此股倭寇洗劫数千里，杀伤数千人，历经 80 余天方始剿灭。

嘉靖三十五年（1556）

倭寇侵犯无为。

嘉靖三十六年（1557）

十一月（12 月），平倭总督、绩溪人胡宗宪诱杀王直，浙江倭乱平息。

是年，倭寇侵犯天长县。

嘉靖四十年（1561）

戚继光在浙东平倭，九战九捷，名闻天下。其后，他转战浙闽，平息了两省倭乱。

隆庆三年（1569）

五月丙寅（11 月 3 日），徽州婺源县矿工千余人起义。

隆庆四年（1570）

九月甲戌（6 月 7 日）黄河决口于邳州，自睢宁百浪线至宿迁小河口淤积 180 里，运船一千余艘滞留。

隆庆元年至六年（1567—1572）

预防天花的"人痘法"发明于宁国府太平县。

万历元年（1573）

七月庚寅（8 月 9 日）催解各处拖欠凤阳仓粮，自嘉靖四十三年（1564）以来拖欠 120 万石。

万历三年（1575）

三月丁未（4 月 18 日），徽宁兵备冯叙吉以徽宁道所辖地域广袤，矿徒

啸聚,江寇窃发,奏请军民编练保甲,立长分乡,协力防备,诏行之。

万历五年(1577)

正月己酉(2月8日),以凤阳、淮安地广人稀,加以水灾,民半逃亡,命抚按官督率营田金事着力恢复。

三月辛卯(3月22日),总督漕运吴桂芳上屯田六议:界定江北州县屯田辖区;金事衙门驻扎灵璧县;拨庐州仓储5万石充裕开垦资本;仿照开国成法,设立治农官;招集流民,官给耕牛、种子;荒芜田地,听民众认领。诏令依议实行。

万历六年(1578)

七月丙子(8月29日),从御史崔廷试之议,诏令凤阳屯田事:令民年十五以上无产无田者,挨户从实开报到官,每名给牛一只及附近荒田50亩,责以开垦,仍给印信执照为业。其田粮差役,俱照三年以后认纳。

万历七年(1579)

三月甲寅(4月4日),以徽州府盗贼频发,奏请募兵一千人,各地协同,绥靖地方。

万历九年(1581)

十月丁巳,以淮、凤、徐所属荒田日多,诏令各掌印治农官以10年为限屯治。

十一月戊子(12月23日),裁革徽州府、池州府营兵。

万历十二年(1584)

九月戊寅(10月19日),歙县人杨文学素以丹石诳人,与松江私自净身者郑喜冒称宗室及内臣,逼死平民,下狱诛死。

是年,歙县人吴昆著的我国第一部注释医方的书《医方考》刊行。朱载堉《律学新说》成书。

万历十三年(1585)

五月辛巳(6月8日),明神宗以庐州、凤阳、滁州、和州等地屯军比建国初逃亡日众,诏令补充宽恤,同时命令设立营房操练。

万历十六年（1588）

楚人刘汝国号"济贫王"，在皖鄂相交地区打击官军。

万历十九年（1591）

是年，歙县人江瓘写的我国第一部总结历代医案专著《名医类案》刊行。

万历二十年（1592）

是年，休宁人程大位所著《算法统宗》刊行。

万历二十三年（1595）

十月丁未（11月11日），命令截留凤阳、庐州漕粮24万石为河口口粮。

万历二十四年（1596）

万历二十三年十二月庚午（1596年1月25日），原任大学士、歙县人许国卒。

十月庚午（11月26日），户部奏称，徽州府契税银以各省每两三厘起数，原税每两二分过重，请改。从之。

是年，明神宗大派太监充任税监，搜刮天下，徽商及皖南地区深受其害。

万历二十七年（1599）

三月甲申（3月30日），徽州歙县人吴养晦投书税监鲁保，称其祖为两淮巨商，累赀百万，且其祖曾拖欠盐课二十五万，乞求追讨，并愿意捐献五万两。从之。

七月丁卯（9月9日），诏命南京太监开矿于宁国、池州等地，复命巡按、按察司查议铺税报闻。

万历三十年（1602）

四月丁未（6月5日），大学士沈一贯上书反对明神宗给予南京守备太监邢隆征收徽州、宁国二府买产税契银敕书、关防，不许。

万历三十一年（1603）

正月乙亥（2月28日），明神宗以常州、徽州、宁国、扬州、广德五

处,选择殷实机户先纳后领,每匹扣羡余四钱,随缎解进。

万历三十五年（1607）

河南永城人刘天绪造"妖书",在凤阳发展信徒,准备起事于南京。

万历三十六年（1608）

六安著名兽医喻仁、喻杰兄弟所著《元亨疗马集》印行。

万历四十三年（1615）

三月庚申（4月11日）,山东道御史奏称,铜商日前聚集于芜湖,请将芜湖关税或芜湖钱粮免征,差官买铜,依期解进,不致商人挂欠。

是年,灾民开始自发开采符离集煤田。

万历四十四年（1616）

十一月戊辰（12月9日）,原凤阳巡抚李三才革职为民,围绕李三才之去留,各种势力交相博弈,政局日坏。

万历四十五年（1617）

九月丙寅（10月3日）,直隶巡按御史李嵩以吴地灾荒连绵,奏请停止芜湖关榷税,不许。

是年,明政府推行食盐运销"纲运制",在"纲"的盐商身份可以世袭,而不在"纲"的则不准经营盐业,徽州盐商凭此世代垄断淮盐运销。

泰昌元年（1620）

八月丁未（8月29日）诏命以民力凋敝,暂免应天、徽州、宁国3府以及广德州改造缎匹32900匹。

天启二年（1622）

采符离集煤田工人掀起反抗斗争。

天启五年（1625）

元月,魏忠贤将桐城人左光斗与其他5位正直官僚逮捕下狱,史称"六君子之狱"。

七月,左光斗被害。

是年,杨桓、杨从儒在颍州、砀山,自称"教主"、"靖王"。颁"懿德"年号,准备起义。

天启六年(1626)

四月戊戌,贵池人、太子太保、礼部尚书兼文渊阁大学士丁绍轼卒。

闰六月丁未,魏忠贤派遣锦衣卫至徽州逮捕徽商吴养春;九月壬辰,吴养春押赴诏狱,后诛死,徽州骚然,黄山狱案起。

十二月,徽州岩镇爆发大规模士民反抗斗争,反对专敕驻歙大员、工部主事吕下问,迫使魏志贤将吕免职。

天启七年(1627)

是年,徽州人胡正言刊印《十竹斋画谱》,该书为明代套色彩印的代表作。

崇祯三年(1630)

是年,芜湖复设"钞关",征收过往商船货税,直属户部管辖,又称"户关"。年税银13万两左右。

崇祯四年(1631)

农民军在大别山区活动,明政府称这里是"流寇"的三大窟之一。

崇祯七年(1634)

正月,高迎祥、李自成率农民军入安徽,破含山、和州。

崇祯八年(1635)

正月辛酉,高迎祥、李自成、张献忠陷颍州。丙寅,陷凤阳,焚皇陵、楼殿,京师大震。

十二月戊寅,修筑凤阳城。

崇祯十年(1637)

正月,老回回、罗汝才诸部农民军,号称20万,自湖广顺流而下。

三月,农民军在太湖鄷家店消灭官军6000多人。

崇祯十二年(1639)

"革左五营"农民军2万人开进大别山区。

崇祯十四年（1641）

张献忠由河南入皖，与"革左五营"会合，声势大振。

崇祯十五年（1642）

五月，张献忠袭破庐州。

正月至十月，农民军连破江淮近10座城市。

十一月，"革左五营"开赴河南，与李自成起义军会合。

崇祯十六年（1643）

正月，张献忠由安徽转战湖广，直取武昌。

附录二
明代安徽人物小传

朱元璋（1328—1398），濠州钟离（今凤阳东）人。少时家贫，入皇觉寺为僧。元至正十二年（1352）参加郭子兴部红巾军。韩林儿称帝时，授为左副元帅。至正十六年（1356），攻下集庆，改为应天府，称吴国公。不久击败陈友谅，至正二十四年（1364），灭其残部，改称吴王。至正二十六年（1366），杀害韩林儿，后俘张士诚，平定南方，旋出军北伐。明洪武元年（1368）建都南京，国号明。同年八月攻克大都，元顺帝北遁，元朝覆亡。此后，统一战役仍在继续，同年，汤和率领的南征军灭方国珍、陈友定，福建、两广尽入版图。洪武四年（1371），四川平定。十四年（1381）平云南。至二十年（1387），山西、陕西以及东北平定，全国统一。

朱元璋在中央废中书省和丞相，政归六部，六部尚书直接听命于皇帝，结束了自秦汉以来存在一千多年的丞相制度，加强了皇权。又改监察机构御史台为都察院，与大理寺、刑部合称"三法司"。在地方废行中书省，设立承宣布政使司，又设提刑按察使司、都指挥使司，合称都、布、按三司，分掌地方民政财政、刑法、军事，各自直属中央，改变了原行中书省长官独揽地方大权的局面。朱元璋又创立了卫所制，于全国军事重地设卫，次要地方设所，统于各地都指挥使司，都指挥使司隶属于中央。卫所还实行屯田，耕战结合。

朱元璋实行休养生息的经济政策，采取奖励垦荒、实行民屯、军屯、商屯等屯田制度，兴修水利，在全国推广桑、麻、棉等经济作物的种植等措施。同时在全国清丈土地，编制赋役黄册、鱼鳞图册，并建立里甲及粮长制，使封建国家的赋税和徭役制度得到保障。

朱元璋鉴于元代官吏贪污腐败以致亡国的教训,决意整顿吏治,大力打击贪贿。采取荐举、学校、科举三途并用的办法选取官吏。他重视人才的录用,曾多次命中央及各地官吏推举人才。朱元璋借胡惟庸案、蓝玉案大肆诛戮功臣;为保证封建统治秩序的稳定,他制订了《明律》和《大诰》,还特别设立锦衣卫特务机构,加强对臣民的控制。

朱元璋在位三十一年,制定的一系列政策和制度影响深远,具有一定的进步作用,并奠定了明朝二百多年的统治基础。

资料来源:《明太祖实录》、《明史》卷一至三、《中国大百科全书·中国历史卷》

马皇后(1333—1382),宿州人。郭子兴养女,嫁与朱元璋。朱元璋即位后,立为皇后。综理内政,贤德无匹,内外将帅大臣交口称誉。居宫以俭朴为重,戒奢倡俭。宅心仁厚,力劝朱元璋"定天下不以杀人为本",曾救李文忠、朱文正、宋濂等明初功臣名将免于死罪。为培养人才,曾建议设立"红板仓"积储粮食,赐给太学生赡养亲人。此后政府按月向太学生供粮养家成为定例。洪武十五年(1382)因病而卒,临终嘱咐朱元璋"求贤纳谏,慎终如始",并愿"子孙皆贤,臣民得所"。

朱元璋对马皇后敬而重之,生前,比诸历史上的贤后唐太宗长孙皇后;她死后,不再册立皇后,表示对她的敬重和怀念。《明史》赞扬马皇后,"母仪天下,慈德昭彰"。

资料来源:《明太祖实录》卷一四七、《明史》卷一一三

朱标(1355—1392),朱元璋长子。元至正二十四年(1364),立为世子。明洪武元年(1368),朱元璋即皇帝位,立为皇太子。温文儒雅,徇徇然有儒者风,为海内士林所称道。政见常与其父相左,导致父子关系紧张。洪武二十五年(1392),自秦中视察返京病逝,谥称懿文太子。惠帝朱允炆即位后追尊为明兴宗,陪葬于南京明孝陵。

资料来源:《国朝献征录》卷一

朱棣(1360—1424),明太祖朱元璋第四子。洪武三年(1370),受

封燕王。十三年（1380）就藩北平（今北京），多次指挥军队作战。朱元璋去世后，建文帝削藩，朱棣遂于建文元年（1399）七月发动靖难之役，四年六月攻入南京，夺取了皇位。次年，改元永乐（1403—1424）。朱棣即位之初，对洪武、建文两朝政策进行调整，提出"为治之道在宽猛适中"的原则，为当时政治、经济、军事、文化等方面的发展奠定了基础。在位期间进一步强化君主专制，设置内阁，加强锦衣卫的权力。重视经营北方，使北京成为政治军事中心。七年（1409），在女真地区设立奴儿干都司。与此同时，争取与蒙古族建立友好关系。鞑靼、瓦刺各部先后接受明政府封号。注意社会经济的恢复与发展，大力发展和完善军屯制度和盐商开中则例，保证军粮和边饷的供给。在江南兴修水利，疏浚吴淞；在中原鼓励垦种荒田，实行迁民宽乡，督民耕作，同时蠲免税收等。朱棣重视古籍整理，编纂《永乐大典》。开展对外交流，扩大明朝的影响，遣郑和七次出洋。永乐四年朱棣派兵征安南，次年安南内属，于其地设交阯布政使司。

资料来源：《明太宗实录》、《明史》卷五至七

明成祖徐皇后（1361—1407），徐达长女。贞静，好读书。贤淑闻中外，太祖令许配给成祖。洪武九年（1376），封为燕王妃。燕王举兵反朝廷，命她佐世子居守北平，凡部署守御，多受命于她。建文帝军攻城急，她激励将校士民妻，皆发给军械登城坚守，城得保全。朱棣即位，封为皇后。她曾择取《女宪》、《女诫》之部分内容，作《内训》20篇，又汇编古人嘉言善行，作《劝善书》，颁行天下。尝劝帝爱惜百姓，广求贤才，厚待宗室，不骄畜外戚。永乐五年（1407）死，谥仁孝皇后。

资料来源：《名山藏》卷三〇、《明史》卷一一三

朱允炆（1377—1402），即明惠帝，年号建文。朱标第二子。洪武二十五年（1392），立为皇太孙。性仁厚，曾奉太祖之命，参照历朝刑法，改定《洪武律》畸重者73条，天下皆颂其德。朱元璋死，以皇太孙即位。召方孝孺为翰林院侍讲，典章制度，锐意复古，诏行宽政，实行惠民政策，减免租赋，赈济灾民，老弱病残者由国家扶养；重视农业生

产,兴办学校,考察官吏,任用贤能,派侍郎暴昭、夏原吉等24人充任采访使,分巡天下,以体察民情。采纳齐泰、黄子澄建议,实行削藩,并下令亲王不得节制文武将吏,更定内外大小官制,以加强中央集权。先后削废周、齐、湘、代、岷五个藩王,又陈兵河北,意在图燕。建文元年(1399),燕王朱棣以清君侧为名,举兵反叛。四年,燕军渡江,攻陷京师(今南京),他在宫中自焚而死。一说由地道出逃,改换僧装,流浪各地。

资料来源:《名山藏》卷一至四、《明史》卷四

朱橚(?—1425),朱元璋第五子。洪武三年(1370)封吴王,驻守凤阳。洪武十一年改封为周王。他组织学者编撰《保生余录》方书两卷,随后着手方剂学巨著《普剂方》的编著工作。洪武二十三年(1390),他组织编写了方便实用、"家传应效"的《袖珍方》一书。二十四年(1391)年底,朱□回到开封,大量收集各种图书资料,打下了"开封周邸图书甲他藩"的坚实基础。又设立了专门的植物园,种植从民间调查得知的各种野生可食植物,进行观察实验。永乐四年(1406),朱橚在本草学上别开生面的《救荒本草》一书刊行。15世纪初,由他亲自订定,滕硕和刘醇协助编写的《普剂方》编成。在文学上,朱橚曾根据元朝宫中遗事,著《元宫词》共一百章。

资料来源:《国朝献征录》卷一、《明史》卷一一六《周王橚传》

朱椿(?—1423),朱元璋十一子。洪武十一年(1378)封蜀王,十八年(1385)命驻凤阳。二十三年(1390)就藩成都。博学多才,太祖曾称他为"蜀秀才"。在凤阳,曾请儒生学士商榷文史。在蜀,曾聘请方孝孺为世子老师,表孝孺居室为"正学"。闻听王绅贤德名闻蜀中,聘至官邸,以客礼相待。还察看郡学,了解众博士贫穷,分给禄米,每月一石,遂成为定制。除以礼教化行蜀地外,还请求对蜀地每年只征收缯锦香扇之物,其他免征,蜀人因此得以安居乐业,使川中二百年不遭兵灾,日益殷富。著有《献园集》。

资料来源:《名山藏》卷三七、《国朝献征录》卷一、《明史》卷一一七

朱权（1378—1448），朱元璋十七子。字癯仙，号涵虚子、丹丘先生。自号南极遐龄老人、大明奇士。洪武二十四年（1391）封宁王，二十六年就藩大宁（今内蒙古宁城西）。永乐时，恃"靖难"有功，颇为骄恣。永乐元年（1403）改封南昌。隐逸学道，托志冲举。生平好宏装风流，群书有秘本，无不刻版流布天下。著有《汉唐秘史》等书数十种，自经子、九流、星历、医卜、黄老诸般奇术尽皆齐备。编有古琴曲集《神奇秘谱》和北曲谱及评论专者《太和正音谱》。所作杂剧今知有 12 种，现存有《大罗天》、《私奔相如》两种。道教专著有《天皇至道太清玉册》8 卷，成书于正统九年（1444），收入《续道藏》。晚年悉心茶道，著《茶谱》。

资料来源：《明史》卷一一七《宁王权传》

朱文正（？—1365），朱元璋侄。早孤，元璋起兵，其母携之从军。渡江取集庆（今南京），授枢密院同佥。朱元璋称吴王，命为大都督，节制中外诸军事。龙凤八年（1362），命其统赵得胜等镇洪都（今南昌）。文正增城浚池，召集未归附的山寨，号令严明，威震远近。次年，陈友谅率师 60 万围洪都，文正数挫其锋，坚守 85 日。直至元璋率兵来援，始解围。鄱阳湖之战，他遣军绝陈友谅粮道。后为元璋所忌，举止失节。龙凤十一年（1365）免官，安置桐城，未几卒。

资料来源：《国朝献征录》卷二

郭子兴，生卒年不详。凤阳人。性剽悍有威望，喜宾客，好交游，素为乡里少年所钦服。至正十二年（1352）春，子兴集合乡里少年数千人，袭据濠州。与其他红巾军领袖素来不和，遂病卒，归葬滁州。子兴三子，长子前战死，次天叙、天爵。有一女，太祖立为惠妃，生蜀、谷、代三王。洪武三年（1370），追封子兴为滁阳王。

资料来源：《国朝献征录》卷三、《明史》卷一二二

徐达(1332—1385),字天德,濠州钟离(今凤阳东北)人。出身农家,少有大志。元至正十三年(1353),徐达参加郭子兴部,隶朱元璋麾下。智勇兼备,战功卓著,位于诸将之上,太祖倚为左右手。十四年(1354),从朱元璋南略定远,夺取滁、和二州。次年,随朱元璋渡长江。此后率军四出作战,剪除陈友谅与张士诚的外围羽翼。二十三年(1363)大败陈友谅于鄱阳湖。二十四年(1364)正月,朱元璋称吴王,以达为左相国,攻取湖湘之地。二十五年(1365)八月,拜为大将军,与常遇春率军20万同张士诚进行决战。吴地平,擒张士诚。十月,朱元璋拜其为征虏大将军,帅步骑25万北伐中原。洪武元年(1368)八月克复元大都。十一月克太原、大同,山西悉平。二年二月引兵西渡,定陕西。三年,明太祖朱元璋下诏大封功臣,改封为魏国公,食禄五千石,并赐铁券。四年奉命往北平(今北京)练军马,修城池,置屯垦田。五年,分兵北征沙漠。

徐达治兵严明,且谦虚谨慎,善于安抚部属,能与下同甘苦,行军持重,不妄杀戮,士无不感恩效死,故所向克捷,功勋卓著,为开国功臣第一。朱元璋誉为"万里长城"。洪武十八年(1385)病卒,追封中山王,赐谥"武宁",赐葬南京钟山之阴。

资料来源:《明太祖实录》卷一七一、《国朝献征录》卷五、《明史》卷一二五

常遇春(1330—1369),字伯仁,怀远人。世业农,善骑射,勇力绝人。元至正十五年(1355),朱元璋驻兵和州(今安徽和县),遇春投元璋军中。此后,屡立殊勋。十八年(1358)春,在鄱阳湖之战中,他奋勇当先,会同诸将全歼号称60万的陈友谅军。继平张士诚军,遂得荆湖、三吴广大地区,江南为之平定。因功进中书平章军国重事,封鄂国公。复拜副将军,与徐达率师北进中原。克山东河南诸郡。又克河北诸郡,取德州、通州(今北京通县),攻克大都。元帝北走。遇春乘势追击,俘获元宗王将士及辎重、马牛数万,全师而还。师次柳河川,得暴疾卒。追封开平王,谥忠武。

遇春性沉鸷果敢,每战必先,善抚士卒。虽年长于大将军徐达,然

听约束惟谨,一时名将,徐、常并称。

资料来源:《国朝献征录》卷五、《明史》卷一二五

邓愈(1337—1377),虹县(今泗县)人。本名友德,太祖赐今名。少随父兄起兵反元,朱元璋破滁阳(今安徽滁县),他率众来投,授管军总管。从渡江,下集庆,取镇江。后为江西行省参政,助朱文正守洪都(今南昌市)。陈友谅以60万大军围洪都,力战有方,历八十五天未破。吴元年(1367),为右御史大夫。大军北征,率襄汉兵进取南阳以北州县。洪武三年(1370),以征虏左副将军从徐达出定西,破扩廓帖木儿,进克河州,招抚朵甘(今青海南部、四川西部)、西藏各部。以功封卫国公。十年(1377),以西征将军与副将军同征吐蕃,返朝后病死于寿春。

资料来源:《国朝献征录》卷五、《明史》卷一二六

汤和(1326—1395),濠州(今凤阳)人。元至正十二年(1352),参加郭子兴起义军,次年隶朱元璋麾下。在渡江以来诸战中,屡破元军,累功升统军元帅。十七年,镇守常州(今属江苏),多次击败张士诚部。二十七年,为征南将军,在浙东击败方国珍部。其后率部由海道入福州,俘获占据延平(今福建南平)的陈友定。继又从徐达率军征今山西、甘肃、宁夏等地。明洪武三年(1370)封中山侯。次年为征西将军,抵重庆,迫夏国主明升出降。九年,以征西将军进兵延安(今属陕西),迫使伯颜帖木儿乞降。十一年,封信国公。十七年,巡视海防。二十年,在浙江沿海先后设卫所城59处,使倭寇不得轻入。后以年迈为由,自请还乡。二十八年八月病卒。

资料来源:《国朝献征录》卷五、《明史》卷一二六

李善长(1314—1390),定远人。元至正十四年(1354),投朱元璋幕下,掌书记,经理文书往来事务。劝朱元璋效法汉高祖刘邦,被任为参谋,参与机谋。至正十七年(1357),朱元璋为吴王,以其为右相国。吴元年(1367),论功被封为宣国公。后改官制,李善长称左相国,居百

官之首。授命与刘基等裁定律令。明朝建立,兼太子少师,授银青荣禄大夫,上柱国,录军国重事。洪武四年(1371),以疾致仕。病愈后主持修建临濠(今安徽凤阳)宫殿。九年,与曹国公李文忠总中书省、大都督府、御史台,同议军国大事,督修圜丘。其子琪尚临安公主,拜驸马都尉。十三年,胡惟庸案发。二十三年,李善长以胡党获罪,家口七十余人一律处死。朱元璋手诏条列其罪,传著狱辞,为《昭示奸党三录》布告天下。

资料来源:《本朝分省人物考》卷一四、《明史》卷一二七

胡惟庸(？—1380),定远人。元至正十五年(1355),投奔朱元璋,历任主簿、通判、佥事等官。洪武三年(1370),任中书省参知政事,六年,进左丞相。受太祖宠信,居相位多年,结党营私,陷害异己,生杀黜陟,独断专行,奏章于己不利者则藏匿不呈。十三年,以谋逆罪被杀。其后太祖大兴胡党之狱,罗织罪名,连坐族诛者达三万余人。

资料来源:《国朝献征录》卷一一、《明史》卷三〇八

沐英(1345—1392),定远人。朱元璋义子,从姓朱。幼年即厚重简默,不乐儿戏。年十八,授帐前都尉,守镇江。迁指挥使,守广信。不久又随大军征福建,以功迁大都督府佥事,进同知。朱元璋命复姓,取李之上与朱之下,赐姓木,后又加水,遂为沐氏。明洪武十年(1377),充征西副将军,讨吐蕃,西略川藏,封西平侯。明年拜征西将军,讨西番,拓地数千里。旋从大将军北征。拜征南右副将军,与蓝玉从傅友德取云南,擒元梁王平章达里麻,攻克大理,分兵收"诸蛮",遂留镇滇中。先后平定思伦发及东川诸部,简守令,课农桑,垦田至百万亩,浚广滇地,通盐井之利。卒,赠封黔宁王,谥昭靖。其子孙世守云南,与明朝相终始。

资料来源:《国朝献征录》卷五、《本朝分省人物考》卷一六、《明史》卷一二六

沐晟(？—1438),沐春弟。少语寡言笑,喜好读书。历官后军左

都督。建文元年(1399)嗣侯,到封地云南。永乐三年(1405),因平寇功封黔国公。仁宗即位,加封太傅。他不善于用兵,但久镇云南,资财充裕,善于交通朝中权贵,贿赂不断,朝野内外声誉斐然。正统三年病死于楚雄,赠定远王,谥忠敬。

资料来源:《国朝献征录》卷五、《本朝分省人物考》卷一六、《明史》卷一二六

冯胜(? —1395),定远人,回族。喜读书,通兵法。元末与兄冯国用结寨自保,后归附朱元璋义军,屡立战功。兄国用卒,袭职为亲军都指挥使,取江西诸路、淮东、取泰州、湖州、平江。功仅次常遇春,迁右都督。从大将军徐达北征,下山东诸州郡。明洪武元年(1368),兼太子右詹事。二年,克凤翔、巩昌,逼临洮,元将李思齐降。三年,以右副将军从徐达出西安,破扩廓帖木儿,封宋国公。二十年,拜征虏大将军,讨金山之元将纳哈出,降其众二十万。二十五年,奉命籍太原、平阳民为军,立卫所屯田。二十八年,因坐蓝玉案奉诏还京,旋即赐死。

资料来源:《国朝献征录》卷六、《明史》卷一二九

傅友德(? —1394),祖籍宿州,后徙居砀山(今砀山东)。元末参加农民起义,元至正二十一年(1361),归顺朱元璋。鄱阳湖之战中,以克武昌功授雄武卫指挥使。继而转战江淮之地,战功卓著。二十七年,从徐达北进中原,领军独当一面,连连取胜。明洪武三年(1370),从徐达攻定西,大破扩廓帖木儿军,又移兵伐蜀,取汉中。是年冬,论功授荣禄大夫、柱国、同知大都府事,封为颍川侯。次年,充征虏前将军,统军10万,与汤和分道伐蜀,蜀平。十四年,入云南,出奇制胜,灭元梁王军主力,梁王自杀,全部归降,云南平。十七年,晋封颍国公。此后数征西北,斩获甚众。又练兵山陕,屯田大同,立十六卫,以功加太子太师。友德每战必先士卒,所至多立功。后触怒朱元璋,赐死。

资料来源:《国朝献征录》卷六、《本朝分省人物考》卷一四、《明史》卷一二九

廖永安（1320—1366），巢湖人。元末，在巢湖中与弟永忠及俞通海兄弟结寨。朱元璋克和州（今安徽和县），与俞通海等率水军往投。从渡长江，多立战功，累迁至同知枢密院事。龙凤五年（1359），从徐达伐张士诚，复宜兴（今江苏宜兴），乘胜入太湖，遇士诚将吕珍，诱降，拒之。因舟胶浅被俘。被囚八年，坚贞不屈，终被杀害。朱元璋闻讯悲恸不已，迎棺举丧，封为楚国公。

资料来源：《国朝献征录》卷六、《本朝分省人物考》卷三三、《明史》卷一三三

廖永忠（1323—1375），廖永安弟。初以巢湖水军投朱元璋，从渡江，拔太平（治今安徽当涂），定集庆（今南京），克常州等地，皆有功，为枢密佥院。陈友谅袭应天（今南京），他率先突阵，大败友谅。乃从徐达攻张士诚，擢中书平章政事。继充征南副将军，帅水军自海路会汤和，讨方国珍。进克福州，擒陈友定。复以征南将军，由海路复广东、广西。洪武三年（1370），从徐达北伐，克察罕脑儿（今河北沽源东北），以功封德庆侯。洪武八年（1375），坐僭用龙凤衣等不法事，赐死。

资料来源：《国朝献征录》卷八、《本朝分省人物考》卷三三、《明史》卷一二九

杨璟（？—1385），合肥人。出身儒家，博学多识见。累官亲军副都指挥使、枢密院判官、湖广行省参政、行省平章政事。洪武初，进军广西，激战数十阵，平定广西全境。洪武三年（1370），受封营阳侯。次年，同汤和率师伐夏，再从大将军徐达镇北平，在辽东练兵。十五年卒，追封芮国公。

资料来源：《国朝献征录》卷八、《本朝分省人物考》卷三三、《明史》卷一二九

蓝玉（？—1393），定远人。常遇春内弟。初隶常遇春帐下，有谋略，勇敢善战，屡立战功，由管军镇抚积功至大都督府佥事。先后从傅

友德伐蜀,从徐达北征,从沐英讨西番,均有战功。洪武十二年(1379),封永昌侯。二十年,以征虏左副将军从大将军冯胜征纳哈出,适逢冯胜得罪,即以他为大将军,移屯蓟州。二十一年,率师征北元,在捕鱼儿海战役中,出奇制胜,消灭北元主力,获胜而还,封凉国公。太祖比之汉卫青、唐李靖。他恃功骄纵,又多蓄庄奴、假子,恣意横暴,夺占民田,触怒太祖,二十六年,以谋反罪被杀。太祖并追究其党羽,牵连致死者达一万五千余人,史称"蓝玉案"。

资料来源:《国朝献征录》卷六、《明史》卷一三〇

吴良(1324—1381),定远人。原名国兴,避朱元璋讳,改名为良。为帐前先锋,领兵攻取滁州、和县,大战采石,转战溧水、溧阳。洪武三年(1370),吴良受封为江阴侯。之后,率军赴广西平蛮。洪武十四年,病死青州,终年58岁。追封江国公,谥襄烈,赐葬钟山。

资料来源:《国朝献征录》卷八、《明史》卷一三〇

吴祯(?—1379),吴良弟,初名国宝,赐名祯。与兄良俱跟随朱元璋攻取滁、和州。渡长江,攻克采石、集庆、镇江、广德、常州、宣城、江阴,皆有功。随同汤和征讨方国珍,又取福州。洪武元年(1368),攻取延平,擒陈友定,封靖海侯。仇成镇守辽阳,命祯总管水兵数万,由登州供应辽东军饷,辽东明军给养赖此维持。七年,出海捕倭寇。自此常往来于海道,主持军务数年,海上寇绝。十二年死,追封海国公。

资料来源:《国朝献征录》卷八、《明史》卷一三一

耿炳文(1334—1403),凤阳人。初随太祖转战各地,屡建大功,累官至大都督府佥事,洪武三年(1370),封长兴侯。及至洪武末年,功臣大将基本上被诛杀殆尽,炳文以元勋宿将,为朝廷所倚重。建文初,燕兵起,受命为大将军,率诸军北伐,受小挫而坚守不战,为齐泰等人所中伤。建文帝遽令李景隆代为大将军,明军遂遭大败。成祖即位后,有人劾其僭妄不道,炳文惧而自杀。

资料来源:《国朝献征录》卷八、《明史》卷一三〇

郭英（1335—1403），凤阳人。从朱元璋起兵，甚见亲信，令值宿帐中为贴身护卫，呼为"郭四"。从大将军徐达定中原，又从常遇春定山西，取关中，克定西，晋河南都指挥使。洪武十七年（1384），升前军都督府佥事，征云南有功。洪武十三年（1380），封武定侯。身历大小百余战，伤痕遍体，未尝以疾辞。建文时，从耿炳文、李景隆伐燕师，无功。战事结束后罢官归第。

资料来源：《名山藏》卷五七、《本朝分省人物考》卷三三、《明史》卷一三〇

华云龙（1332—1374），定远人，一说寿县人。从朱元璋起兵，累功至豹韬卫指挥使。又从徐达破平江，灭张士诚。旋从大军北征，擢大都督府佥事。受命率六卫军士，留守北平，兼北平行省参知政事。逾年，进都督同知，兼燕王左相。洪武三年（1370），封淮安侯。建燕王府、增筑北平城，皆其经营。七年，因据元相脱脱第宅，僭用故元宫中物，召还。卒于赴京途中。

资料来源：《名山藏》卷四一、《明史》卷一三〇

华高，生卒年不详。和县人。与俞通海等以巢湖水师投朱元璋，累功至湖广行省平章政事。洪武三年（1370），封广德侯。高素性怯懦，请得宿卫。有所征讨，常常称疾不行，太祖以故旧勋臣优容之。其时诸勋臣多远出戍边，惟有华高留守。后请旨缮修广东边海城堡，至琼州卒。赠巢国公，谥武庄。

资料来源：《名山藏》卷四一、《本朝分省人物考》卷四一、《明史》卷一三〇

曹良臣，生卒年不详。寿县人。归附朱元璋于应天，任江淮行省参政。明军北征，攻克大都（今北京）之后，旋即督军守卫北平，用疑兵计大破元军，元兵自此不敢窥视北平。洪武三年（1370），封宣宁侯。从伐蜀，克重庆。从北征，至胪朐河，哈刺章渡河拒战，良臣与指挥周

显等皆战死,赠安国公。

资料来源:《名山藏》卷四一、《明史》卷一三三

仇成(1324—1388),含山人。元至正十五年(1355),投奔朱元璋,为侍卫。二十七年擒张士诚以归,累功为留守左卫指挥使。洪武十二年(1379),命视大都督府事,封为安庆侯。二十一年病故,追封为皖国公。

资料来源:《名山藏》卷四一、《明史》卷一三○

张龙(?—1397),凤阳人。洪武三年(1370),升凤翔卫指挥。十一年(1378),封凤翔侯。从征云南,有功。二十三年(1390),同延安侯唐胜宗主管屯田,建议设置龙里卫。三十年(1397)卒。

资料来源:《名山藏》卷四一、《明史》卷一三○

吴复(?—1383),合肥人。元末,归附朱元璋于濠州。历任怀远将军、大都督府佥事,封安陆侯。从平蜀,从征西番、云南,取广西,克墨定苗,运军饷于盘江,皆有战守功。后枪箭伤发,死于普定。追封黔国公。

资料来源:《名山藏》卷四一、《明史》卷一三○

胡海(1329—1391),定远人。从元璋渡长江,累功升都督佥事。洪武十四年(1381)从征云南。十七年,封东川侯。二十四年,病死。

资料来源:《名山藏》卷四一、《明史》卷一三○

张赫,生卒年不详。凤阳人。元末组织地方武装,后帅众归附朱元璋。洪武元年(1368),任福州都指挥副使、都指挥使司事。后督军海上,追捕倭寇至琉球。太祖以其功大,擢升为大都督府佥事。适逢辽东水远艰难,命主管海运事宜,封航海侯。前后往来辽东十二年,辛劳备至,使军饷不致匮乏。病死,追封恩国公。

资料来源:《名山藏》卷四一、《明史》卷一三○

张铨,生卒年不详。定远人。入朱元璋军,累功为指挥金事。从取中原、燕、晋、秦、蜀、升都督金事。修建齐王府,征五溪蛮,从征云南,平定乌撒诸蛮,诸战皆立奇功。洪武二十三年(1390)封永定侯,世袭指挥使。

资料来源:《名山藏》卷四一、《明史》卷一三〇

唐胜宗(?—1390),凤阳人。十八岁归附朱元璋起义军,选立战功。洪武三年(1370),封延安侯。曾平浙东寇乱,巡视陕西,督屯田,选拔军官。十六年镇守辽东,在镇七年,督察奸邪,拒绝受贿,时称名臣,二十三年,坐胡惟庸党被诛。

资料来源:《名山藏》卷四一、《明史》卷一三一

顾时(1334—1379),凤阳人。有谋略,累功为大都督同知,封济宁侯。洪武五年(1372),跟随李文忠北征,迷失道路,粮尽,帅数百人奋战突围。六年(1373),随同徐达镇守北平。十二年死,追封滕国公。

资料来源:《名山藏》卷四一、《明史》卷一三一

陈德(?—1378),凤阳人。世代务农,归附朱元璋于定远。从战有功,历升河南行都督府事,封临江侯。洪武四年(1371)从伐蜀,破龙德,拔汉州,克成都。蜀平,复还汴梁。后征漠北,斩杀俘获甚多。十一年死,追封杞国公。

资料来源:《名山藏》卷四一、《明史》卷一三一

王志(?—1386),凤阳人。洪武三年(1370),封六安侯。移兵守汉中。出察罕脑儿塞,还镇平阳,复从征沙漠。此后用兵西南,皆以偏将军从,虽无首功,然持重,未曾败北。十六年,督兵云南品甸,修缮城池,立屯堡,设置驿站,安抚百姓。十九年死,追封许国公。

资料来源:《名山藏》卷四一、《吾学编·异姓诸侯卷上》、《明史》卷一三一

朱亮祖(？—1380)，六安人。元末农民义军蜂起,亮祖为元将镇压起义。后降服明太祖,屡立战功。从下南昌,战鄱阳湖,克武昌;破浙东,降方国珍。趋福建,灭陈友定。再南定两广,西伐巴蜀,屡建奇功。洪武三年(1370),封永嘉侯。十二年,出镇广东。行事多不遵循法度,为地方官吏弹劾。次年九月被召回京师,与其子同时被鞭死。

资料来源:《名山藏》卷四一、《明史》卷一三二

金朝兴(？—1382),巢湖人。元末聚众结寨自保,后率众归附朱元璋,屡建功勋。洪武三年(1370),为都督金事兼秦王左相。四年,从大军伐蜀。七年,率师至黑城,俘获元太尉卢伯颜、平章帖儿不花等。十一年,从沐英西征,平十八番族叛,封宣德侯。十五年,从傅友德征云南。卒,追封沂国公。

资料来源:《名山藏》卷四一、《吾学编·异姓诸侯卷上》、《明史》卷一三一

陆仲亨(？—1390),凤阳人。十七岁归附朱元璋,攻城略地,累功封吉安侯。明太祖视为腹心股肱。洪武二十三年(1390),坐胡惟庸党被诛。

资料来源:《国朝献征录》卷八、《明史》卷一三一

费聚(？—1390),五河人。少习武术,归朱元璋于濠州,征战皆有功,累官指挥使。洪武二年(1369),攻取西安,升都督府金事,镇守平凉,封平凉侯。性好酒色。从征云南。二十三年,坐李善长党死。

资料来源:《名山藏》卷四一、《吾学编·异姓诸侯卷上》、《明史》卷一三一

叶升,生卒年不详。合肥人。洪武初论功,金大都督府事。后随汤和率舟师伐蜀,复出任都指挥使,镇守西安。洪武十二年(公元1379),以功封靖宁侯。后六年出镇辽东,修筑海城、盖县、复县三城。洪武二十五年(1392),坐胡惟庸党被诛。

资料来源:《明史》卷一三一

赵庸（？—1390），合肥人。归附朱元璋后，其兄镇守安庆弃城而逃，违军法被诛，以兄官授庸。庸历任参知政事、中书左丞，封南雄侯。后坐蓝玉案死。

资料来源：《名山藏》卷四一、《本朝分省人物考》卷三三、《明史》卷一二九

周德兴（？—1392），凤阳人。累官至湖广行省左丞。平广西，功多。洪武三年（1370），封江夏侯。四年，伐蜀，功最大。十三年，主持福建军务。后讨平五溪，五开诸叛蛮。德兴久在楚地，所用皆楚兵，军威声震蛮中。立武昌等十五卫，决荆州岳山坝灌溉田亩，楚人至今颂扬其功。戍守福建，修边防，严禁海防。回朝，令节制凤阳留守司。二十五年，因其子骥乱皇宫，受株连死。

资料来源：（成化）《中都志》卷五、《明史》卷一三二

陈桓（？—1393），凤阳人。随同朱元璋渡江征战，累功授予都督金事。洪武四年（1371），从伐蜀，十四年，从征云南有功。十七年，封普定侯。二十年，征东川，统辖云南诸军。后坐蓝玉党死。

资料来源：《名山藏》卷四一、《吾学编·异姓诸侯卷上》、《明史》卷一三二

王弼（？—1393），祖籍定远，后徙凤阳。善使双刀，号称"双刀王"。归附朱元璋，初当元璋卫兵。后率军独当一面，迭立奇功。洪武三年（1370），授大都督府金事。后随西平侯沐英征西番，因功封定远侯。从征云南，北伐，迫降纳哈出，出塞远征至捕鱼儿海。从冯胜、傅有德练兵山西、河南，亦有征战功。二十六年，赐死。

资料来源：《名山藏》卷四一、《本朝分省人物考》卷三三、《明史》卷一三二

谢成（？—1394），凤阳人。从朱元璋攻克滁、和州，迭建战功，累

升任为都督金事、晋王府相。从沐英征朵甘,迫降乞失迦,平定洮州十八族。洪武十二年(1379),封永平侯。二十年(1387),追击纳哈出余部。二十七年(1394),坐事死。

资料来源:《名山藏》卷四一、《吾学编·异姓诸侯卷上》、《明史》卷一三二

李新(? —1395),凤阳人。从朱元璋渡长江,积功屡升至中军都督府金事。洪武十五年(1382),营建孝陵,封崇山侯。二十二年(1389),主持改建帝王庙于鸡鸣山。素有心计,颇受太祖重用。二十六年(1393),主持开胭脂河于溧水,西达大江,东通两浙,以便于漕运。河成,百姓称便。二十八年(1395),因事被诛。

资料来源:《名山藏》卷四一、《吾学编·异姓诸侯卷上》、《明史》卷一三二

俞通海(1330—1368),巢湖人。元末随父及弟通源、通渊,与廖永安等结寨巢湖。龙凤元年(1355)投朱元璋。从徐达围张士诚于平江(今江苏苏州),在桃花坞中流矢,卒。弟通源,南安侯;通渊,豹韬卫指挥使。

资料来源:《本朝分省人物考》卷三三、《明史》卷一三三《俞通海传》

宁正(? —1396),寿县人。从定中原,入元都,守真定,取陕西、守临洮,从破定西,克河州,皆有战守功。洪武三年(1370),封河州卫指挥使。修筑汉唐旧渠,灌溉田地数万顷,兵粮充足。十五年,升任四川都指挥使。云南初定,与冯诚共守云南,大败思伦发兵。沐英死,授左都督代镇云南,不久任平羌将军。总制川陕兵。二十八年,从讨平洮州番乱,还京。次年死。

资料来源:《明史》卷一三四《宁正传》

叶旺,生卒年不详。六安人。归附朱元璋,积功授任指挥金事。

洪武四年(1371),偕镇辽东。任都指挥使,与马云同镇辽阳。在镇披荆斩棘,建立军府,抚治军民,开荒田万余顷,辽人颂其功德。后云卒,旺留镇如故。十九年,升任后军都督府金事。居三月,辽东有边警,复还镇。二十一年死。

资料来源:《名山藏》卷六〇、《明史》卷一三四

郭兴(? —1384),凤阳人。滁阳王郭子兴部下元帅,后归附朱元璋,历任鹰扬卫指挥使、大都督府金事。洪武三年(1370)冬,封巩昌侯。卒赠陕国公。

资料来源:《名山藏》卷五七、《吾学编·异姓诸侯卷上》、《明史》卷一三一

陶安(1315—1371),当涂人。元至正初举江浙乡试,授明道书院山长,避乱家居。朱元璋克太平(今安徽当涂),往投,留参幕府。太祖取太平,授左司员外郎。从克集庆(今江苏南京),进郎中,历知黄州(今湖北黄冈)、桐城、饶州(今江西波阳)。吴元年(1367),召任翰林院学士。时征诸儒议礼,被命为总裁官。又参与删定律令。洪武元年(1368),命知制诰,兼修国史。旋迁江西行省参知政事。博涉经史,尤长于《易》,著有《陶学士集》、《辞达类抄》、《姚江类抄》等。

资料来源:《国朝献征录》卷六、《本朝分省人物考》卷四〇、《明史》卷一三六

钱用壬,生卒年不详。字成夫,广德人。元南榜进士第一,授官翰林编修。累官御史台经历,预定律令。嗣后奉命与陶安等商定郊庙、社稷诸仪。其议释奠、耤田,博引经文及汉、魏以来故事,考校参订以定其制。洪武元年(1368),为礼部尚书。凡礼仪、祭祀、宴享、贡举等诸般政务,专力处置,条理有序。又诏与儒臣议定乘舆以下冠服诸式。时儒生多习古义,而用壬考证尤详确。其后诸典礼多由用壬与诸儒参订之。其年十二月,请告归居湖州。

资料来源:《南京都察院志》卷三九、《明史》卷一三六

詹同,生卒年不详。字同文,初名书,婺源人。幼年颖异不同于常人。元至正年间中举,授郴州路学正。朱元璋攻克武昌府后,召为国子博士,赐名同。旋迁考功郎中。洪武元年(1368),与侍御史文原吉、起居注魏观等奉命巡行各地访求贤才,所荐者,多被擢用。回京后,授翰林学士,迁侍读学士。洪武四年,升为吏部尚书。洪武六年,奉命与宋濂为总裁官,修撰《太祖日历》100卷。七年,书成。又仿照唐《贞观政要》分为40类,共5卷,名为《皇明宝训》。以后凡有政绩,史官记录后即按类增入。同文章明白晓畅,精通道术,明达时务,略无浮薄,多为时人所称。操行耿介,至老宠眷不衰。

资料来源:《国朝献征录》卷二四、《本朝分省人物考》卷三六、《明史》卷一三六

詹徽,生卒年不详。字资善,詹同子。洪武十五年(1382),举秀才,累官至太子少保兼吏部尚书。敏捷有才智,刚决不可侵犯。勤于治事,为太祖所奖赏。但生性险刻阴鸷,李善长之死,詹徽多所中伤。蓝玉下狱,牵连徽及其子尚宝丞詹绂,坐诛。

资料来源:《南京都察院志》卷三七、《本朝分省人物考》卷三六、《明史》卷一三六

朱升(1299—1370),休宁人。学者称枫林先生。元至正元年(1341)中举,任池州学正,后辞官隐居石门。因向朱元璋建议"高筑墙、广积粮、缓称王"而著名。二十七年,授侍讲学士、知制诰,同修国史。洪武元年(1368)进翰林学士,定宗庙时享斋戒等礼,预修《女诫》。洪武二年,辞官隐退。著有《前图》2卷、《枫林集》10卷。

资料来源:《国朝献征录》卷二〇、《新安文献志》卷七六、《本朝分省人物考》卷三六、《明史》卷一三六

乐韶凤,生卒年不详。字舜仪,全椒人。博学多才,能文章。从太祖渡江,参谋军事,多所建树。洪武三年(1370),授官起居注。六年

（1373），拜兵部尚书，与中书省、御史台、都督府定教练军士法。改侍讲学士，与承旨詹同正释奠先师乐章，编集《大明日历》。八年（1375），承太祖命，与廷臣参考中原雅音编订《洪武正韵》。又授命参与商定孝陵寝、朔望、祭祀及登坛、脱舃诸礼议，详稽故实，考据精详，俱为太祖所采纳。十三年，致仕归，以寿终。

资料来源：《国朝献征录》卷三八、《本朝分省人物考》卷四一、《明史》卷一三六

单安仁（1303—1387），凤阳人。少为濠州府吏，元末兵乱，组织地方武装，被元朝授为枢密判官，从镇南王孛罗善化守扬州。后率部队归附朱元璋，守镇江、常州。其子叛变投降张士诚，帝知安仁忠心勤谨，不疑，后历任浙江按察使、工、兵部尚书。曾把扰民骄兵悍帅置之于法。协助李善长裁断公事，精敏多智计。所经手诸多营建工程，甚合太祖之意。卒官。

资料来源：《国朝献征录》卷三八、《本朝分省人物考》卷一五、《明史》卷一三六

薛祥（？—1376），无为人。初随朱元璋任水寨管军镇抚，屡立战功。洪武元年（1368），官京畿都转运使，分管淮安，浚河筑堤。治淮，民受益殊多。洪武八年，任工部尚书。翌年，任承宣布政使。因亲属犯罪，受株连杖死。

资料来源：《国朝献征录》卷五〇、《本朝分省人物考》卷三三、《明史》卷一三八

李敏，生卒年不详。颍上人。洪武元年（1368），擢升抚州知府。练达多实学，善于综理庶务。六年（1373），升为工部尚书。出为江西参政。九年（1376）回京为工部尚书。同年卒。

资料来源：《本朝分省人物考》卷一五

世家宝，生卒年不详。字观益，颍上人。其先出自蒙古，本姓初，

仕元赐世姓。家宝刚果有谋略。洪武初,授官大理寺少卿,断狱清明,累官刑部尚书。以错误迁置儋州,后召还,未至卒。

资料来源:《国朝献征录》卷四四《世家宝传》

秦逵,生卒年不详。字文用,宣城人。洪武十八年(1385)进士。历官都察院御史,奉旨清理囚徒,宽严相济。擢升为工部侍郎。其时,营缮事务繁重,尚书虚位,一切事务均由逵筹划经营。初,议籍四方工匠,验其丁力,定三年为班,轮番赴京师,是为"轮班匠"。尚未施行,秦逵定议以地理承徙远近为班次,班置籍贯,发给勘合,至期赍至工部,免除其家徭役,定位令,颁行天下。二十二年(1389),进尚书。明年改兵部。未几,复改工部。其时,士人服装制式无法与吏员区别,太祖命逵商制版式,前后三次,其制始定。明代士子衣冠,盖创自逵云。二十五年(1392),坐事自杀。

资料来源:《国朝献征录》卷五〇、《本朝分省人物考》卷三八、《明史》卷一三八

郁新,生卒年不详。字敦本,凤阳人。洪武中,因人才出众被征用,历任户部右侍郎、户部尚书。帝曾问他天下户口田赋,地理险易,他对答无遗漏,帝称赞其才。建文二年(1400),因病回家。成祖即位,令掌管户部事,理财赋十三年。善于综合管理,密而不繁。永乐三年,卒官。

资料来源:《国朝献征录》卷二八、《本朝分省人物考》卷一五、《明史》卷一五〇

王濂(1314—1370),字习古,定远人。太祖用为执法官,决狱公允,历官浙江按察佥事。三年(1370)卒,年五十七。太祖尝语李善长:"濂有王佐才,今死,朕失一臂矣。"

资料来源:《宋学士文集》卷三二、《本朝分省人物考》卷一五、《明史》卷一三五

王宗显,生卒年不详。和县人。博涉经史,练达多闻。胡大海进于太祖,用为宁越知府,开郡学,延请儒士。时丧乱之后,学校久废,至此实闻弦诵之声。

资料来源:《国朝献征录》卷八五、《本朝分省人物考》卷四二、《明史》卷一四〇

左君弼,生卒年不详。合肥人。元末据庐州,太祖攻之,退守陈州,遣使召纳,以副总兵平定两江。

资料来源:《国朝献征录》卷一一〇

李习,生卒年不详。字伯羽,号云观,当涂人。治《尚书》,旁通诸经。元延祐中,举于乡,授书院山长。太祖渡江,与其门人陶安率父老出迎,授官太平知府卒。著有《橄榄集》。

资料来源:《国朝献征录》卷八三、《本朝分省人物考》卷四〇

朱同(1336—1385),朱升子。少年时随父隐居山林,刻苦攻读。洪武十年(1377),中举,任徽州府儒学教授,编修《新安志》10卷。后举"明经"入东宫为官,并任礼部侍郎。其家学渊厚,具文才武略,又擅长书画,时称"三绝"。后遭人诬告,被朱元璋赐死。朱同文法先秦,诗宗盛唐,著有《覆瓿集》8卷。

资料来源:《国朝献征录》卷二〇、《新安文献志》卷七六

赵汸(1319—1369),字子常,休宁人。自幼姿禀卓绝,造诣精深,诸经无不通贯,尤精通《春秋》。初以闻于黄泽者,为《春秋师说》3卷,复增之为《春秋集传》15卷。因《礼记》经解有"属辞比事《春秋》教"之语,乃复著《春秋属辞》8篇。又以为学《春秋》者,必考《左传》事实为先,杜预、陈傅良有得于此,而各有所蔽,乃复著《左氏补注》10卷。太祖既定天下,诏修《元史》,征汸预其事。书成,辞归。未几卒,年五十有一。学者称东山先生。

资料来源:《本朝分省人物考》卷三六、《明史》卷二八二

袁容,生卒年不详。寿县人。洪武二十八年(1395),选为燕王府仪宾,配永安郡主。燕王起兵反朝,有战守功。永乐元年(1403),进驸马都尉,再论功,封广平侯。进郡主为公主。凡帝巡幸,皆命留守京城。宣宗即位,容死,赠沂国公。

资料来源:《名山藏》卷四二、《明史》卷一二一

朱能(1370—1406),怀远人。初袭父职为燕山护卫副千户。从燕王朱棣起兵,累立战功,进都指挥佥事。后又败李景隆于郑村坝,遂解北平之围,反败为胜。累迁右军都督佥事。后从军南下,拔灵璧,克扬州,渡江入都。成祖即位,论功进左军都督,封成国公。永乐二年(1404)兼太子太傅。永乐四年,病死军中。

资料来源:《国朝献征录》卷五、《本朝分省人物考》卷一六、《明史》卷一四五

朱勇(1391—1449),字惟贞,怀远人。历掌都督府事,留守南京。永乐二十二年(1424年),从北征。宣宗即位,从平汉庶人,征兀良哈。张辅解兵柄,诏以勇代。朱勇勇略不足,敬礼士大夫,为士人所称。土木堡之变,中伏死。天顺初,追封勇平阴王,谥武愍。仪及子辅皆守备南京。工六书,一时缙绅咸推重之。

资料来源:《国朝献征录》卷五、《本朝分省人物考》卷一六、《明史》卷一四五

丘福(1343—1409),凤阳人。初为士卒,事燕王府。积功授燕山中护卫千户。建文元年(1399),朱棣起兵时,与朱能、张玉首夺北平(今北京)九门。二年(1400),在白沟河大战中,以劲卒直捣李景隆军中坚,以后在夹河大战、沧州大战及灵璧大战中,皆为军锋。以功累迁至中军都督同知。明成祖继位后,大封功臣,丘福为首,授奉天靖难推诚宣力武臣、特进荣禄大夫、右柱国、中军都督府左都督、封淇国公,加太子太师。永乐七年(1409),本雅失里杀明使臣,以征虏大将军、总兵官奉命率10

万大军出塞征讨。行至胪朐河时,因轻敌冒进,中计被围,致使全军覆没,福被执遇害。成祖得知震怒,夺福世爵,徙其家于海南。

资料来源:《名山藏》卷五八、《国朝献征录》卷六、《明史》卷一四五《丘福传》

陈亨(1332—1400),寿县人。洪武二年(1369)守大同,官至燕山左卫指挥金事。数从出塞,迁北平都指挥使。朱棣起兵后,归顺靖难军,以战功进都督同知。其年十月卒。

资料来源:《国朝献征录》卷一○七、《本朝分省人物考》卷一六、《明史》卷一四五

陈懋(1384—1463),陈亨子。初为舍人参军,历任指挥金事、右都督。永乐元年(1403)封宁阳伯。六年镇守宁夏,善于安抚降卒,封侯。八年从北征,不久命掌管山西、陕西二都司及巩昌、平凉诸卫兵,驻守宣府。十二年随同北征,大捷。十三年复镇守宁夏。后多次随同北征,有战功。成祖死,命掌前府,加封太保。宣德元年(1426),镇守宁夏。三年,徙镇灵州城。在镇久,威名震漠北。英宗即位,命参议朝政,出为平羌将军,镇甘肃。十三年征讨邓茂七起义。景帝即位,仍加封太保,掌管中府,兼管宗人府事。天顺七年死。

资料来源:《国朝献征录》卷七、《本朝分省人物考》卷一六、《明史》卷一四五

张信(?—1442),凤阳人。嗣父官为永宁卫指挥金事。移守普定、平越,积功升为都指挥金事。建文帝即位,调任北平都司。受密诏,令与张昺、谢贵谋逮捕燕王。听母言,密告成祖。成祖立召诸将定计起兵。燕王攻入京城,论功,升信为都督金事,封隆平侯。非常受帝信任,凡察藩王动静诸般军国密事,皆命他参与,怙宠骄傲。仁宗即位,加封少师。宣德四年(1429),督军疏通河西务河道。正统七年(1442),死于南京,赠郑国公。

资料来源:《国朝献征录》卷七、《明史》卷一四六《张信传》

宋晟（1342—1407），定远人。随其父朝用、兄国兴参加朱元璋农民起义军。永乐初年，升后军都督府左都督，拜平羌将军，委以西北防务。永乐三年（1405）封西宁侯。宋晟前后四次镇守凉州，共二十余年，对保卫明初西北边疆做出了杰出贡献。永乐五年卒，追封郓国公并赐葬。

资料来源：《国朝献征录》卷七、《本朝分省人物考》卷一六、《明史》卷一五五

宋瑛（？—1449），字文辉，定远人。宋晟第三子。永乐元年（1403），娶咸宁公主，授驸马都尉。洪熙元年（1425），袭爵西宁侯。正统十四年（1449），也先入寇，以总兵官镇守大同，死难，谥忠顺。

资料来源：《王文端公文集》卷三三《宋公墓志铭》、《明史》卷一五五

宋诚（1427—1457），定远人，晟曾孙。性孝友，好读书，善骑射，有勇略。景泰六年袭爵，授平羌将军印充总兵官镇甘肃，善抚士卒，修敕武备，边境无虞。天顺元年（1457），中风卒，年三十一，时人为之叹息。

资料来源：《国朝献征录》卷七

李濬（？—1405），和县人。洪武中，嗣父官为燕山右护卫副千户。从燕王起兵反朝廷，攻夺北平九门，多立战功，累升为都指挥使，封襄城伯。永乐元年（1403），出镇江西，不久召还，三年卒。

资料来源：《名山藏》卷四一、《明史》卷一四六

李隆（？—1447），濬子。十五岁嗣封，素有将略，数次随同成祖北征，能料敌出奇兵。迁都北京，命隆留守南京。仁宗即位，命镇守山海关，不久，复命镇守南京。喜读书，善谈论，清慎守法，尤尊敬礼遇士大夫。在南京十八年，及召还，南京百姓流泪送之长江边。正统五年（1440），入内任总管禁军。十一年巡视大同，十二年死。

资料来源：《本朝分省人物考》卷四一、《明史》卷一四六

陈瑄（1365—1433），合肥人。为人骁勇，善骑射，熟知兵法。洪武中，屡次从征西南，累功迁四川行都司都指挥同知。靖难之役，率长江防卫军降朱棣。朱棣即位后，封其为平江伯。永乐元年（1403），任总兵官，总督海运，共输粮49万余石，乃建百万仓于直沽，并建成天津卫（今天津市）。后改掌漕运。

资料来源：《本朝分省人物考》卷三三、《明史》卷一四六

李彬（？—1422），李信子。洪武二十二年（1389），袭父职任济州卫指挥金事。二十四年，随颍国公傅友德远征漠北，后率军驻守北平。二十五年，督众修筑长城。此后，迭次修治边防、抵御残元势力的侵扰。建文元年（1399），燕王朱棣起兵南下，擢为先锋，因转战有功，永乐元年（1403），受封同知右军都督府事丰城侯。后巡守海疆，防倭入侵。永乐五年，奉命率军平交趾（今越南）。十四年，镇守交趾。二十年正月，病故于交趾。追封茂国公，谥刚毅。

资料来源：《国朝献征录》卷七、《本朝分省人物考》卷一六、《明史》卷一五四《李彬传》

柳升（？—1427），怀宁人。袭父职为燕山护卫百户，累升至左军都督金事。永乐中，历封为安远侯。曾从张辅征交趾，巡海破倭寇。从帝五次出塞远征。出镇宁夏，皆有功。又曾总督京营兵，镇压唐赛儿起义。仁宗即位，加封太子太傅。为人正直宽大和厚，善抚士卒，勇而寡谋。宣德二年（1427），任总兵官征黎利，中埋伏，死。

资料来源：《名山藏》卷四二、《明史》卷一五四

陈怀（？—1449），合肥人。袭父职为真定副千户。永乐初，积功至都指挥。从平安南，从张辅擒简定，从征虎保，皆有功。仁宗立，任都督同知。宣德元年（1426），任总兵官，镇守宁夏。讨抚松潘叛乱，升左都督，留镇四川。在镇骄纵不法，干预民事，受贿赂庇护罪人，侵占屯田，多次被言官弹劾。六年，复被弹劾，罪当斩，下都察院狱，后饶恕

死罪罢官。正统二年(1437)以左都督镇守大同。居二年,召还,命管理中府事。九年,出古北口,远征兀良哈,封平乡伯。十四年,随从英宗北征,死于土木之难。

资料来源:《名山藏》卷四二、《明史》卷一五五《陈怀传》

方瑛(1413—1458),全椒人,方政之子。正统初,以舍人随父征麓川,父战死,袭都指挥同知。瑛为将,懂兵法,为人廉,严纪律,信赏罚,善抚士卒,临阵勇敢,故数有战功。正统六年(1441)从征麓川,一举而尽平其地,以功进都指挥使。复又从征贡章、沙坝、阿岭诸部族,皆有功,进都督佥事,充右参将,协守云南。景泰初,进都督同知,进讨贵州苗寨之叛,以功再进右都督。三年(1452),进左都督,镇守贵州,招降苗部460余寨,受封南和伯。复充总兵官,进讨湖广苗寨。平苗之功,前此无与比者。寻卒于镇,年四十五。瑛天姿英迈,晓古兵法。为人廉,谦和不伐。所至镇以安静,民思之,久而不忘。

资料来源:《国朝献征录》卷九、《明史》卷一六六

何福,生卒年不详。凤阳人。洪武时,历官金吾后卫指挥同知、都督佥事、平羌将军,征虏左将军。曾从征云南。惠帝初即位,任征虏将军。成祖即位,因是燕王部下旧将,推诚任为总兵官,镇守宁夏。有治绩。永乐五年(1407)移镇甘肃。设置专管市马官,使马大蕃殖。七年,镇抚北王子、国公、司徒,功封宁远侯。八年,从帝北征出塞,得帝宠任超过诸将。然多次违犯节度。有告他罪者,怏怏有怨言。被弹劾,自缢死。

资料来源:《吾学编》卷一九、《明史》卷一四四

史昭(? —1435),合肥人。永乐初,积功至都指挥佥事。八年(1410),充总兵官,镇凉州,移镇西宁。仁宗立,进都督佥事。以西宁风俗鄙悍,上书建议设置学校。宣德初,昭以卫军家属愿力田者屯田以足军食。五年(1430),曲先卫都指挥使散即思邀劫西域使臣,昭率参将赵安偕中官王安、王瑾讨之,威震塞外。正统初,昭以宁夏孤悬河

外,请于花马池筑哨马营、增设烽堠,直接哈剌兀速之境,边备为之大固。寻进右都督。八年以老召还。明年卒。昭居宁夏12年,老成持重,兵政修举,时敌势衰弱,边境无事。

资料来源:《明史》卷一七四

年富(1391—1460),字大有,号谦斋,怀远人。本姓严,讹传为年。永乐十五年(1417)举人,以会试副榜授德平训导。宣德时,升吏科给事中,参与掌管刑科。正统时,历任陕西左参政、粮储总理、河南左、右布政使。景泰时,以右副都御史巡抚大同,提督军务。天顺初,致仕。起户部,以左副都御史巡抚山东,惮其威名,豪强奸猾之徒为之屏迹。后任户部尚书,躬亲会计,吏不能欺。时与王翱同称名臣。天顺四年(1460)病卒,年七十。

资料来源:《水东日记》卷二七,《皇明书》卷二〇,《明史》卷一七七

李远(1364—1409),怀远人。袭父职为蔚州卫指挥佥事。随燕王起兵,迎战滹沱河,大捷。累功为都督佥事,封安平侯。永乐元年(1403)偕武安侯郑亨守备宣府。沉着刚毅有胆略。七年,随同丘福出塞远征,至胪朐河。兵败被俘,不屈死。

资料来源:《名山藏》卷四一、《明史》卷一四五

徐忠(?—1413),庐州(今安徽合肥)人。袭父爵为河南卫副千户。洪武末,镇守开平。燕王兵至,他举城投降。每从燕王征战,冲锋在前,而驭军甚严,军过无所扰。善于抚慰降附,能使其效死力。平居俭约恭谨,未曾有过。自指挥同知累升都督佥事,封永康侯。成祖北巡,因老成,命留守辅佐太子监国。永乐十一年(1413)死,赠蔡国公。

资料来源:《名山藏》卷四一、《国朝献征录》卷七、《明史》卷一四六

郑亨(?—1434),合肥人。洪武时,袭父职为大兴左卫副千户。燕王举兵反朝,以所部投降燕王。屡战有功,超升为中府左都督,封武安侯,留守北京。永乐元年(1403),充任总兵官,帅武成侯王聪、安平

侯李远守备宣府。防御规划周详,后来者不能改。七年,备边开平。成祖凡五出塞远征,他皆随行。仁宗即位,镇守大同。在镇垦田积谷,边备完固,自是大同少寇患。宣德元年(1426),掌刑后府事。仍镇大同,转饷宣府。严肃重厚,善抚士卒。九年死于镇。

资料来源:《国朝献征录》卷七、《明史》卷一四六《郑亨传》

苗衷(1381—1460),字公彝,定远人。永乐朝进士,擢翰林院编修,屡典文衡,预修实录。英宗即位,开经筵,杨士奇荐为侍读学士。正统十年(1445),以侍读学士入内阁,参预机务。历升兵部尚书致仕。衷学术醇正,为士林推重。著有《史阁记闻》、《归田录》行世。

资料来源:《国朝献征录》卷一三、《本朝分省人物考》卷一七

许亨,生卒年不详。字士通,定远人。以父荫为指挥使佥事进都指挥。镇浙江,海寇匿迹,拜左都督佥事。卒官。

资料来源:《本朝分省人物考》卷一七

吴宁(1399—1482),字永清,歙(今安徽歙县)人。宣德五年(1430)进士,除兵部主事。正统中,再迁职方郎中。郕王监国,于谦荐擢本部右侍郎。谦御寇城外,宁掌部事,命赴军中议方略。景泰改元,以疾乞归,后不复出。家居三十余年卒,年八十四。

资料来源:《国朝献征录》卷四〇,《明史》卷一七〇

陈翌(1404—1472)字仲霄,泗县人。正统元年(1436)进士,授户部主事。也先入寇,奉命往永平筹备粮饷,百方区划而不烦民,升郎中。天顺中,擢右副都御史,巡抚宁夏,加固城堡,缮修器械,招募兵员,边境为之加固。累官至南京户部尚书,卒年六十九。

资料来源:《国朝献征录》卷三一

李逵,生卒年不详。定远人。永乐初,以都指挥使镇洮州。七年(1409),征西宁申藏诸族破之,进都督佥事。在镇40年,为番汉所畏

服。正统中致仕。

资料来源:《明史列传》卷三二

邢宽,生卒年不详。无为人。永乐十三年(1415),第七名进士,殿试被成祖擢为第一,称状元。授修撰,升侍讲。不久,因疾告假归里,正统十一年(1446)复任。翌年,主持顺天乡试。景泰三年(1452),以侍讲职,兼任南京掌院员。后升侍讲学士,代理南京国子监事,卒官。

资料来源:《国朝献征录》卷二三、《本朝分省人物考》卷三四

程信(? —1472),字彦实,其先休宁人。洪武中,戍河间,遂家居河间。正统进士,授吏科给事中。景帝即位,抵御也先,督军把守北京西城,上疏建议五事。景泰时,历官吏科左给事中、四川参政。上中兴固本十事。督饷辽东,管理松潘军饷。天顺时,历官太仆卿、左金都御史、刑部右侍郎。被门达忌恨,因事归。成化时,累任兵部尚书。提督军务,讨四川戎县山都蛮叛,建议兵弊宜申理者五事,语多侵白圭。七年(1471)致仕,逾年死。赠太子少保,谥襄毅。

资料来源:《国朝献征录》卷四二,《明史》卷一七二

陈瑛(? —1411),滁州人。洪武中,官御史、按察使。永乐中,累升至左都御史。受帝宠信,奸险附会,一意苛刻。数年间,弹劾勋戚、大臣十余人。后犯罪下狱死。

资料来源:《国朝献征录》卷五四、《明史》卷三〇八

丁□,生卒年不详。字永时,南陵人。永乐中,学楷书入太学,授户部主事,累官两浙都盐转运司使,以廉洁能干著称,后升刑部左侍郎,致仕卒。

资料来源:《国朝献征录》卷四六、《本朝分省人物考》卷三八

李衡,生卒年不详。字秉钧,当涂人。永乐二年(1404)进士,选庶吉士,除户部员外郎,廉介勤慎。卒官南京兵部侍郎。有《澹轩集》。

资料来源:《国朝献征录》卷四〇

周让,生卒年不详。字克逊,无为人。倜傥尚气节,以刘基举荐任给事中。永乐三年(1405)出使西域古刺,被拘,历经千辛万难不屈,番人终于随之入贡。著有《重使古刺集》。

资料来源:《明史列传》卷一五

程通(? —1402),绩溪人。少年读书彻夜不倦。洪武十八年(1385)入太学。23 年岁顺天乡试第一名,授辽府纪善,悉心辅佐辽王。燕王起兵,通上书防御北兵,擢为左长史。燕王即位后,被捕解至京,从容就义。著有《贞白遗稿》10 卷、《显忠录》2 卷。

资料来源:《名山藏》卷八二、《国朝献征录》卷一〇五、《明史》卷一四三

黄观,生卒年不详。贵池人。洪武中,由贡生进入太学。洪武二十四年(1391)会试、廷试并第一。累官礼部右侍郎。建文初,改任右侍中,与名儒方孝孺等并被信用。建文四年(1402),奉建文帝诏募兵,且督诸郡兵赴援。至安庆,燕王兵已攻入京师,投水死。妻翁氏投水时,吐血石上,成小影,阴雨则见,相传为大士像。后移到黄观祠中,名"翁夫人"血影石。

资料来源:《国朝献征录》卷三五、《本朝分省人物考》卷三九、《明史》卷一四三

杨宁,生卒年不详。歙县人。宣德五年(1430)进士。授刑部主事。正统中,历任刑部右侍郎、江西镇守。与都督吴亮征麓川,敌诈降,他指出敌军有诈,亮不听,官兵败,诸将获罪,独他升官。复从征有功,参赞云南军务。在江西,询民疾苦,境内安定。景泰初,升礼部尚书。不久调南京刑部。有才而善交权贵。英宗复位,命致仕。逾年死。

资料来源:《国朝列卿纪》卷一一五

薛远（1414—1495），无为人。正统四年（1439）进士，任户部主事。景泰（1450—1457）时，徙官郎中。天顺元年（1457）出使交趾。归京，擢升右侍郎。因治水、赈灾有功，历任户部侍郎、左侍郎、兵部尚书等职。他对礼、乐、兵、刑、天文、律数造诣颇深，尤精于国家典故。在户部时，奏章行文，悉出其手。做官40年，食不兼味，家无长物。

资料来源：《本朝分省人物考》卷三四

郑时（1423—1499），字宗良，舒城人。景泰五年（1454）进士，授山西道监察御史，擢延平郡守，有异政。累官右副都御史，巡抚山西，赈济荒政。官至刑部尚书，致仕卒。年七十七。居官勤慎，事亲孝顺，人称贤孝。

资料来源：《国朝献征录》卷四八

程泰（1421—1480），字用元，号竹岩，祁门人。景泰五年（1454）登进士第，授户部主事，成化元年（1465）升任郎中。是时，户部欲加派徽州漕粮数万，赖程泰力陈遂免。其时安南（越南）借口边界不定，屡犯边境。程泰冒险前往，勘定边界，南疆遂安。专理国储，定转输远近适均法，以平衡民负。成化十五年（1479）卒于河南左布政使任上。赋禀方正，雅重恬静，寡嗜好，性嗜诗书。公余手不释卷，时或赋诗，写竹寄意，著有《竹岩遗稿》。

资料来源：《本朝分省人物考》卷三六

汤胤勣，生卒年不详。凤阳人。汤和曾孙。工诗，通古今将略，颇负才气。成化三年（1467），为延绥东路参将，分守孤山堡，战死。胤勣官京师时，名列"景泰十才子"。著有《东谷集》10卷。

资料来源：《国朝献征录》卷五、《皇明词林人物考》卷三

王贞庆，生卒年不详。字善甫，淮甸人，驸马都尉永春侯宁子。折节好士，有诗名，时称"金栗公子"，为"景泰十才子"之一。

资料来源：《明史》卷二八六

郭登（？—1472），凤阳人。郭英孙。洪熙时，授勋卫。正统中，历任锦衣卫指挥佥事、都督佥事。从征麓川、腾冲有功。随英宗北征至大同，土木兵败，他慷慨奋励，修城堞，缮兵械，抚士卒，使大同屹然成巨镇。景帝监国，升都督同知，任大同总兵官。景泰元年（1450），封定襄伯。英宗复位，命掌南京中府事，被弹劾，降为都督佥事。宪宗即位，复伯爵，充任甘肃总兵官、因推荐掌中府事，总神机营兵。为将智勇双全，军纪严明，料敌制胜，动合机宜。能写诗，明世武臣无及者。

资料来源：《国朝献征录》卷十、《本朝分省人物考》卷一七、《明史》卷一七三

李瑾（？—1489），李隆次子。成化三年（1467），充任总兵官征讨四川都掌蛮叛，有功，军还。封侯，累加封太保。性宽弘，能礼贤下士。弘治三年（1490）卒。

资料来源：《明史》卷一四六

郭勋（？—1542），凤阳人。郭英六世孙。正德三年（1508），袭封武定侯，镇两广，屡兼军府。次年，入掌三千营。嘉靖初掌团营，以大礼仪附世宗，改督团营，兼领后府。嘉靖十八年（1539），进翊国公，加太师。后以罪下狱死。曾辑徐达、沐英及自家世系履历遭遇本末，成《三家世典》。

资料来源：《明史》卷一三〇

朱辅（？—1523），字廷赞，怀远人，朱仪子。弘治九年（1496），嗣爵成国公。正德中掌中军府，守备南京。朱宸濠反，防御南京，敌不敢犯。嘉靖二年（1523）卒。

资料来源：《国朝献征录》卷五、《大泌山房集》卷六三

朱凤（1486—1536），字鸣周，怀远人。嘉靖八年（1529），嗣爵成国公，掌中军都督府事。十五年卒，年五十一，赠太保，谥荣康。

资料来源：《钤山堂集》卷三六《朱公神道碑》

朱希忠（1516—1572），字贞卿，怀远人。嘉靖十五年（1536），袭爵成国公，掌五郡都督府事。累加封为太师。隆庆六年（1572）卒，追封定襄王。

资料来源：《张太岳文集》卷一二、《明史》卷一四五

陈锐（？—1500），陈瑄曾孙。成化初，分管三千营及团营。总制两广。移镇淮阳，总督漕运，修建淮河口石闸及济宁分水南北二闸，筑堤疏泉。总督漕运十四年，建议甚多。弘治六年（1493），累加封太傅兼太子太傅。十三年，火筛进犯大同。任总兵官往援，拥兵自守，被给事中御史弹劾，夺俸闲住，其年死。

资料来源：《国朝献征录》卷九、《本朝分省人物考》卷一七、《明史》卷一五三

顾佐，生卒年不详。凤阳人。成化五年（1469）进士，历官刑部主事、大理少卿、右佥都御史、户部左右侍郎、山西巡抚。正统末年，出理陕西军饷，善于筹划，粮饷储蓄余二年。正德元年（1506），代韩文为户部尚书，宦官刘瑾寻事欲置韩文罪，逼佐上告文事，佐乃疏乞归。卒，赠太子太保。

资料来源：《本朝分省人物考》卷一七、《明史》卷一五八

吴琛（1425—1475），字兴璧，号愚菴，繁昌人。景泰二年（1451）进士，擢升御史，巡按四川，明断有官声。英宗复位，弹劾权臣石亨被降职。历官右佥都御史，巡抚甘肃，总督两广，卒于任上。年五十一。著有《愚庵集》。

资料来源：《吕文懿公全集》卷八、《国朝献征录》卷五八

神英，生卒年不详。寿县人。天顺初，袭父职为延安指挥使。成化中，历任代理都督佥事、总兵官、宁夏、延绥、宣府镇守。弘治改元，移镇大同。十一年，被弹劾，闲住。武宗立，以都督同知佥书左府。剿

贼,升右都督。正德五年(1510),厚贿刘瑾,封泾阳伯。瑾伏诛,被弹劾,以右都督致仕,越二年卒。

资料来源:《名山藏》卷四二、《明史》卷一七五《神英传》

汪进,生卒年不详。字希颜,婺源人。天顺八年(1464)进士,官刑部郎,执法不阿,治理刑案多所平反。历官湖广佥事、陕西左布政使,卒于任上。生性峭直刚厉,事亲孝,居官清廉,家无余资。

资料来源:《篁墩程先生文集》卷二二

秦民悦(1526—?),舒城人。贫苦农家出身,好读书。天顺年间进士。迁工部员外郎监制造,严惩徇私舞弊。后出为广平知府,以治绩显著,擢江西参政,迁右副都御史,巡抚京畿蓟州等地。后迁南京吏部尚书,赴任途中卒,谥壮简。

资料来源:《明一统志》卷一四

汪奎,生卒年不详。字文灿,婺源人。成化二年(1466)进士。为秀水知县,擢御史。二十一年,星变,偕同官疏陈十事。孝宗立,量移叙州同知。以荐,擢成都知府。岁饥多盗,赈救多复业。三迁广西左布政使。弘治十四年(1501),以右副都御史巡抚贵州。不到一年,普安贼妇米鲁作乱,被劾致仕。正德六年(1511)卒。奎性简静,不苟取与,以笃实见称。

资料来源:《本朝分省人物考》卷一七、《明史》卷一八〇

李宪(1438—1499),字德馨,号浣菴,当涂人。成化五年(1469)进士,授刑部给事中,历官江西参政,迁山西布政使,爱民惠政。累官至右都御史,卒年六十二。著有《粹英集》。

资料来源:《国朝献征录》卷六《李公神道碑铭》

汪舜民,生卒年不详。字从仁,奎从子。成化十四年(1478)进士,历官御史、甘肃按察使。弹劾中官将帅失事,陈边计,疏章数十。因上

奏狱情用词不当,贬蒙化经历。弘治时,历官福建按察使、河南左、右布政使。善于审判狱案,曾赈济淮、扬大灾饥民。正德二年(1507)以右副都御史抚治郧阳,刚一月,改任南京都察院,卒于途中。

资料来源:《本朝分省人物考》卷三六、《明史》卷一八○

姜洪,生卒年不详。广德州人。成化十四年(1478)进士。历官卢氏知县、御史。孝宗即位,陈时政八事,帝嘉纳。弘治元年(1488)出按湖广,被贬为夏县知县。后历任桂林知府、云南参政、山东左参政。正德二年(1507)升山东布政使。刘瑾索取贺印钱,不给。四年,令致仕。瑾伏诛,起任山东左布政使。七年以右副都御史巡抚山西,未满一年卒。

资料来源:《本朝分省人物考》卷三六、《明史》卷一八○

洪远(1450—1519),字克毅,号弘斋,歙人。成化十四年进士,官至南京工部尚书,时朱宸濠反,以劳瘁卒,年七十。

资料来源:《国朝献征录》卷五二

汪宗器,生卒年不详。字鼎夫,繁昌人。成化二十年(1484)进士,授监察御史,巡按湖南、广东,举荐贤能、斥革贪弊,不避权贵。历官南京大理寺少卿,因忤刘瑾,五次上疏致仕获准。

资料来源:《国朝献征录》卷七一

李贡(1456—1516),字惟正,号舫斋,芜湖人。成化二十年(1484)进士,累官右副都御史,忤刘瑾罢官。刘瑾诛,起官,历兵部右侍郎致仕。贡学问闳富,文词清澹。居家谨慎,复杜门不通宾客,年六十一卒。有《舫斋集》。

资料来源:《国朝献征录》卷四○、《本朝分省人物考》卷四○

张淳(1454—1519),字宗厚,合肥人。成化二十三年(1487)进士,历官御史、按贵州,剿灭叛苗,编为民籍。正德时历四川按察副使、南京太仆少卿,累官至右副都御史、巡抚保定,卒年六十六。

资料来源:《国朝献征录》卷六一

董杰(1445—1512),泾县人。明成化进士,出任沔阳知州。后晋刑部员外郎,迁保定知府,再升山东左参政,历河南左右布政使。正德六年(1511),擢右副都御史、巡抚江西。时宁王朱宸濠谋反,常对他拉拢,后被朱宸濠毒杀。清廉耿直,殁时贫不能发丧,由朝廷赐祭葬,归葬故里。

资料来源:《明史》卷一八〇

胡富(? —1522),绩溪人。明成化进士。授南京大理评事。弘治中,官福建、山东佥事。正德中,累官至南京户部尚书。曾被刘瑾勒令致仕。南都仓储仅能支出一年,他在部三载,使仓有六年积储。上言十余事,格置不行,遂引退归,嘉靖元年卒。赠太子少保。

资料来源:《本朝分省人物考》卷三六、《明史》卷一八六

邢珣(1462—1532),当涂人。明弘治进士。正德初,任南京户部郎中。为官刚正,因忤当权宦官刘瑾,遭贬。刘瑾被诛后,起南京工部,迁赣州(属江西)知府。朱宸濠反叛朝廷,协助王守仁平定宸濠,立有大功,迁江西右参政。嘉靖二年(1523 年)为给事御史弹劾,以江西左布政使致仕。

资料来源:《本朝分省人物考》卷三六、《明史》卷二〇〇

周玺,生卒年不详。祖籍合肥人,后徙居安庆府太湖县。弘治九年(1496)进士,历任吏科给事中、礼部都给事中。正德二年(1507)擢顺天府丞。周玺论谏深刻,被宦官刘瑾所害,归葬原籍。著有《垂光集》1 卷。名列"庐阳三贤"中。三贤即宋代包拯、元代余阙、明代周玺。

资料来源:《国朝献征录》卷七五、《本朝分省人物考》卷三四、《明史》卷一七四

潘镗,生卒年不详。字宗节,六安人。弘治九年(1496)进士。有孝行。历官满城、滑县知县,御史,建议时务大计四事。正德初,以弹劾高凤为中官所恶,被罢官。八年(1513)起广东佥事,谢病归。

资料来源:《本朝分省人物考》卷三四

程材(1466—1506),字良用,休宁人。弘治九年(1496)进士,授官汀州推官,为八闽循吏之首。累官御史,多所弹劾。正德元年,卒于任上。

资料来源:《国朝献征录》卷六五

唐泽,生卒年不详。号南冈,歙县人。弘治十二年(1499)进士,授平乡知县,官至右副都御史,巡抚甘肃。嘉靖九年致仕,卒谥襄敏。

资料来源:《国朝献征录》卷六一

余珊,生卒年不详。字德辉,桐城人。正德三年(1508)进士。授行人,擢御史。曾疏陈当时弊政,极指义子、西僧之谬。巡盐长芦,揭发宦官奸利事。世宗即位,提升为江西佥事,迁四川兵备副使。嘉靖四年(1525),应诏陈十渐,最为剀切,世宗付之所司。珊律己清严,居官有威惠,士民感其德,祠之名宦。终四川按察使。

资料来源:《本朝分省人物考》卷三五、《明史》卷二〇八

丁鳌(1470—1548),字器之,号云心,滁州人。正德三年(1508)进士,授户部主事,迁监察御史,所至除弊剔蠹,擢浙江副使,终官贵州按察使,致仕,卒年七十九。

资料来源:《国朝献征录》卷一〇三

齐之鸾,生卒年不详。桐城人。正德六年(1511)进士。历官刑科给事中、兵科左给事中。世宗时,官山东副使、河南按察使。曾上疏言政,弹劾许泰及兵部尚书王宪。被中伤,贬职监督管理修长城,人称其

能。卒于任上。

资料来源:《明史》卷二○八

汪珹,生卒年不详。字德声,号秋浦,贵池人。正德六年(1511)进士,授监察御史。嘉靖初疏呈十渐,帝颇纳之。未几,出为河南副使,历官巡抚贵州,终南京户部侍郎。

资料来源:《明史》卷二○八

汪元锡,生卒年不详。字天启,婺源人。正德六年(1511)进士。授兵科给事中,三迁至都给事中。中官冒功,武宗巡幸,亲征宸濠反,屡有疏谏。世宗继位,屡升至太仆卿。嘉靖六年(1527),因言李福达狱,下狱夺职。后因被荐起任故官。历户部左、右侍郎,致仕,卒。

资料来源:《明史》卷二○三

胡松,生卒年不详。绩溪人。正德九年(1514)进士。嘉靖时官御史。累官至工部尚书。居家以孝友著称。著有《承庵文集》。

资料来源:《本朝分省人物考》卷四一、《明史》卷二○二

孙存(1491—1547),字性甫,号丰山,滁州人。正德九年(1514)进士,授礼部主事,累官河南布政使。精于吏治,尝辑一代典制与疏例互相补充者附于律令,名曰《读法》。著有《丰山集》。

资料来源:《胡庄肃公文集》卷六《丰山孙公行状》

汪溱,生卒年不详。字汝梁,一字蛟潭。祁门人。正德十二年(1517),授大名府推官,公正无私,权贵俱慑。因不趋附宦官刘瑾,未被重用。刘瑾被诛后,擢升湖广兵备,以平宁夏有功,升江西左参政。著有《蛟潭文集》。

资料来源:(同治)《祁门县志》卷二五

胡宗明,生卒年不详。字汝诚,号瓶山,绩溪人。正德十二年

(1517)进士,授户部主事,曾任河南、山东布政使,以右副都御史巡抚辽东,后被削籍归。

资料来源:《国朝献征录》卷六一

柯相,生卒年不详。字元卿,号狮山,贵池人。正德十二年(1517)进士,从王守仁平定朱宸濠叛乱。累官山西、河南巡抚,改督两广,未赴,辞官归。为人耿介刚正。著有《狮山文集》。

资料来源:《泾野先生文集》卷七、《本朝分省人物考》卷四一

万表(1498—1556),字民望,号鹿园,定远人。世袭宁波卫指挥金事,正德十五年(1520)武会试及第,累官漕运总兵,金书南京中军都督府。表督理漕运日久,于国计民生,河流通衢,靡不尽晓。且精通经学,熟知先朝典故,著述繁多。武将中通儒学者,以万表为最著名。卒年五十九。著有《海寇议论》、《玩鹿亭稿》、《万氏家钞》、《济世良方》、《灼艾集》。

资料来源:《国朝献征录》卷一○七、《明儒学案》卷一五

端廷赦(1493—1552),字思恩,号虹川,当涂人。正德十六年(1521)进士,授高安令,历官监察御史、吏部右侍郎,转南京右都御史。年六十卒。

资料来源:《国朝献征录》卷六○

柳珣,生卒年不详。怀宁人。柳升后裔。镇守两广。嘉靖十九年(1540),出征安南莫登庸,加封太子太傅。又以讨贼功,加封少保。卒赠太保,谥武襄。

资料来源:(民国)《怀宁县志》卷一四

陈圭(1509—1554),字世秉,合肥人。出镇两广。讨封川寇有功,加封太子太保,复平贼,加封太保。讨安南,有功。能与士卒同甘共苦。闻贼所在,不畏艰险,冲锋在前,所向必胜。在粤十年,战功卓著。

召还,掌管后军府。加封太子太傅。卒,赠太傅。

资料来源:《钤山堂集》卷三六、《明史》卷一五三

鲍象贤(1496—1568),字复之,号思庵,歙县人。嘉靖八年(1529)进士,授御史,历云南副使。远成边防,备兵云南,统辖陕西、两广等七省十二任,南征北战,边境赖以安定。秉性亢直,鄙视权贵,被劾,回籍听候处理。家居十年后住太仆卿。复以右副都御史巡抚山东,召拜兵部左侍郎。隆庆二年(1568)卒。

资料来源:《殿阁词林记》卷一,《明史》卷一三七

汪大受,生卒年不详。字叔可,号西潭,婺源人。嘉靖八年(1529)进士,授工部主事,改兵部,历官江西按察使、湖广巡抚。著有《西潭诗集》。

资料来源:《弘艺录》卷二五

邢址,生卒年不详。字汝立,号阳川,当涂人。嘉靖十一年(1532)进士,历官御史,迁保定知府、山东盐运使,以品行清操著名。

资料来源:《海石先生文集》卷一八

胡宗宪(？—1565),字汝贞,绩溪人。嘉靖十七年(1538)进士。初任知县,三十三年(1554),出任浙江巡按御史。当时倭寇大肆攻掠沿海州县,严嵩党羽、工部侍郎赵文华奉派督察沿海军务。宗宪与文华通好,文华依仗严嵩权势,恣意横行,打击不肯阿附自己的总督浙江、福建、南畿军务的张经和浙江巡抚李天宠,将张经等的王江泾大捷之功归于宗宪,又陷害李天宠,擢胡宗宪为右佥都御史,代天宠御倭之任。后文华又排斥新任总督杨宜,以宗宪为兵部右侍郎代杨宜任总督。

宗宪主持东南御倭战争期间,推荐戚继光任参将,并允其招募新军,使戚家军成为浙江御倭的主力。又以剿抚兼行及反间计,先后诱捕通倭海盗首领王直、徐海、陈东等。加太子太保。深得明世宗宠信,

晋兵部尚书。后因与严嵩子严世蕃勾结下狱,病死狱中。著有《筹海图编》。

资料来源:《本朝分省人物考》卷三七、《明史》卷二〇五

戚继光(1528—1588),字元敬,号南塘,晚号孟诸,祖籍河南卫辉(今卫辉),后迁定远,再迁登州(今山东蓬莱)。出身将门,自幼喜读兵书,勤奋习武,立志效国。17 岁承袭父职任登州卫指挥佥事,领山东登州、文登、即墨 3 营 24 卫所兵马,操练水军,整顿军备,抗击入侵山东沿海的倭寇。嘉靖三十四年(1555)调浙江,任参将,抵抗倭寇。嘉靖三十八年,在浙江金华、义乌一带招募农民和矿夫四千人,在浙江沿海和钱塘江、富春江等处挑选渔民充当水兵,编练新军。嘉靖四十年,在台州大败倭寇。次年,驰援福建,捣破倭寇在横屿(宁德城外海中)的大本营。四十二年,再援福建。二年后,又与俞大猷剿平广东倭寇,浴血奋战十余年,基本荡平东南沿海倭患。著有《止止堂集》、《纪效新书》、《练兵实纪》。

资料来源:《戚少保年谱耆编》、《本朝分省人物考》卷一七、《明史》卷二一二

周怡(1506—1569),字顺之,太平人。嘉靖十七年(1538)进士,除顺德推官。举卓异,擢吏科给事中。敢于抨击当朝有势力大臣。二十二年六月,上书弹劾严嵩被逮下狱。隆庆元年(1567),起故官,又擢太常少卿。陈新政五事,语多刺中贵。改南京国子监司业。复召为太常少卿,未任卒。著有《讷溪奏疏》及《文录》、《诗录》传世。

资料来源:《国朝献征录》卷七〇、《明史》卷二〇九

鲍道明(1503—1568),字行之,号三峰,歙县人。嘉靖十七年(1538)进士,授行人,选户科给事中,累官江西参政、南京户部尚书,致仕卒,年六十六。

资料来源:《国朝献征录》卷三七、《太函副墨》卷一七

阮鹗（1509—1567），桐城人。嘉靖二十三年（1544）进士，历官南京刑部主事、浙江提学副使。倭寇围杭州时，官府不许乡民入城避难，阮鹗亲手打开城门，救活居民数以万计。擢升为右佥都御史，巡抚浙江。嘉靖三十六年，改为特设福建巡抚。起初，阮鹗主张抗倭。自浙江桐乡被倭围困以后，阮鹗为倭寇威势所压倒，转而主和。因贪贿黜为民。

资料来源：《国朝献征录》卷六三、《本朝分省人物考》卷三五、《明史》卷二〇五

毕锵（1517—1608），字廷鸣，号松坡，石台人。嘉靖二十三年（1544）进士，授刑部主事。历任户部郎中、浙江按察司提学副使、广西布政右参政、浙江右布政使、湖广左布政使等职。穆宗即位（1561），召锵回京任太仆寺卿，旋任应天府尹。与江南巡抚海瑞等人积极改革赋役制度，推行"一条鞭法"，升任南京户部尚书。万历初年，因与首辅张居正政见不合，辞官居家十余年。张居正死后重新入朝，先后任南京工部尚书、吏部尚书、北京户部尚书。万历十四年（1586），致仕。著有《偓生集》。

资料来源：《毕氏宗谱》、《大泌山房集》卷一八、《明史》卷二二〇

汪道昆（1525—1593），歙县人。明嘉靖二十六年（1547）进士，授义乌知县。在任期间，教民习武，世称"义乌兵"。后备兵沿海，与戚继光共破倭寇，擢司马郎、通议大夫、累迁兵部左侍郎。道昆善古文，尝与李攀龙、王世贞等切磋古文辞。著有诗文集《太函集》及杂剧集《高唐梦》、《五湖游》、《远山戏》和《洛水悲》4种，合称《大雅堂乐府》传于世。

资料来源：《本朝分省人物考》卷三七、《明史》卷二八七

方弘静（1516—1611），字定之，号采山，歙人。嘉靖二十九年（1550）进士，官至南京户部右侍郎，奉使入浙，剿灭水寇，有功。万历三十九年（1611）卒，年九十五，著有《素园存稿》。

资料来源：《大泌山房集》卷一一五、《嫩真草堂文集》卷二八

方良曙(1515—1585),歙县人,嘉靖三十二年(1553)进士,授南京刑部主事,历官湖广按察、布政使,调云南,终应天府尹,致仕卒,年七十一。

资料来源:《太函副墨》卷一七《方公墓志铭》

程廷策,生卒年不详。字汝扬,休宁人。嘉靖三十二年(1553)进士,授户部主事,历官郎中。后出守地方,卒于任上。公事之暇多有著述,著有《读易琐言》、《中星图》、《孝经》、《忠经注》。

资料来源:《国朝献征录》卷八九

吴一介(1524—1576),字元石,号菲庵,桐城人。嘉靖三十五年(1556)进士,授光州知州,历官杭州知府、江西副使,终官河南布政使,以病归,卒年五十三。

资料来源:《睡菴文稿》卷一八

蔡悉,生卒年不详。字士备,合肥人。嘉靖三十八年(1559)进士,授常德推官,修筑郭外六道大堤,免除水患。擢升南京吏部主事、南京尚宝卿,转国子监。悉有学行,淡泊官位,仕宦五十年,清操节亮,深受好评。著有《书畴彝训》、《大学注》。

资料来源:《明史》卷二八三

刘继文,生卒年不详。字永谟,号节斋,灵璧人。嘉靖四十一年(1562)进士,知万安,清苦爱民。累官礼部主事,改工部给事中、户部都给事中,擢升浙江参政。考满,与海瑞并称,为天下清官第二。官至户部侍郎卒。

资料来源:《掖垣人鉴》卷一五

程敏政(1445—1499),休宁人。南京兵部尚书程信之子。十岁随父官四川,以神童闻名,诏至翰林院读书。明成化二年(1466)殿试一甲第二名,授翰林院编修,官至礼部右侍郎。时有"学问渊博程敏政,文章最好李东阳"之说。敏政博览群书,熟悉历朝典籍,多次参加明英宗、宪宗两朝实录编写、校正。任侍讲学士时,能联系实际讲解经史大义,陈述利弊,直言不讳,尽职尽责,受到朝廷器重,皇帝称其为先生。史称"学问赅博,为一时冠"。程敏政在文学上与李东阳齐名,著有《宋遗民录》、《篁墩文集》、《明文衡》等。

　　　　　　　资料来源:《国朝献征录》卷三五、《明史》卷二八六

　　薛蕙(1489—1541),字君采,亳州人。正德九年(1514)进士,官至考功郎中。持身峻洁,敢于直言。因严嵩专权,便辞官居家著书,自甘淡泊。所作诗风格清俊婉约,有"嘉靖之际,三君鼎立"的说法。实则如钱谦益所说:"君采为诗,温雅丽密,有王(维)、孟(浩然)之风。"(《列朝诗集小传·薛郎中蕙》)著有《考功集》。

　　　　　　　资料来源:《明儒学案》卷五三、《明史》卷一九一

　　吴兰,生卒年不详。字钦佩,霍山人。嘉靖十七年(1538)进士,授潍县知县,历官国子监丞,迁礼部主事,终翰林典籍。为文冲淡流畅,有陶(渊明)、谢(灵运)风,卒于家。

　　　　　　　　　　　　资料来源:《国朝献征录》卷二二

　　张建节(1512—1566),字子行,号咸西,凤阳人。郡诸生,袭苏州卫指挥使,官至福建都指挥使金事掌司事,卒年五十四。有《毛诗问难》、《北游录》、《问漕集》、《乐志园集》等。

　　　　　　　资料来源:《国朝献征录》卷一一○《张君墓志铭》

　　宛嘉祥,生卒年不详。庐江人。年少自学,苦攻七年,中嘉靖举人,累官户部侍郎。后任贵州思南府知府,治匪有功。嘉靖四十二年(1563)总纂《庐江县志》,另著有诗文集。

　　　　　　　资料来源:(清乾隆)《江南通志》卷一四九

　　柯乔,生卒年不详。青阳人。笃志好学,曾师事王阳明,并在中峰

创甘泉书院。嘉靖进士,历任户部主事、员外郎、贵州道御史、湖广按察司佥事,以仕途艰险而辞归。后起任福建布政司右参议,备兵闽海,与巡抚朱纨协力剿倭,严贩海之禁。以事忤权贵,为忌者所中伤,罢官归里。

资料来源:《本朝分省人物考》卷三九

谢复(1441—1505),字一扬,祁门人。与陈献章从崇仁吴与弼学,身体力行,务求自得。居家孝友,冠婚丧祭,悉遵古礼。平生信奉知行并进。晚年卜居西山之麓,学者称西山学生。弘治十八年(1505)卒,年六十五。著有《西山类稿》。

资料来源:《明儒学案》卷二、《明史》卷二八二

陶辅(1441—?),凤阳人。曾任应天卫指挥,后致仕家居,著书立说,享年八十余岁。著有杂录《桑榆漫志》1卷,《花影集》4卷。

资料来源:(清光绪)《凤阳府志》卷一八

吴廷翰(1491—1559),无为人。正德进士。历官兵部主事、户部主事,至吏部文选司郎中。四十余岁辞官归里,专事著述。以朴素的唯物主义思想反对客观唯心主义和主观唯心主义。在认识论上,坚持"德性之知"必须由于"闻见之知",肯定认识与学习和锻炼的关系。早年受外祖父张纶的启迪,不赞同宋儒把性和气区别开来作为善恶相对的划分,并反对那种深山大泽有鬼有神的唯心论。他的哲学著作思想曾经产生很大影响,至今仍受日本学术界的重视。

资料来源:(清嘉庆)《无为州志》卷二一

夏廷美,生卒年不详。繁昌人。性孝友沉恂,里人敬畏心服之。从焦竑游,日取《四书》诵读,时以己意解释。尝曰:"天理人欲,谁氏作此分别,依反身细求,只在迷悟间。悟则人欲即天理,迷则天理亦人欲也。"

资料来源:《明儒学案》卷三二

梅鷟(1483—1553)，旌德人。正德八年(1513)举人，官南京国子监助教、盐课司提举。著《尚书考异》、《尚书谱》，力攻古文之伪。在目录学方面，撰《南雍志·经籍考》(亦名《明太学经籍志》、《南雍书目》)。《南雍志》凡24卷，记南国子监掌故之书。其他著作有《古易考原》、《春秋指要》、《仪礼翼经》等。

资料来源：《四库全书总目》卷七

赵釴，生卒年不详。桐城人。嘉靖二十三年(1544)进士。官至右佥都御史，巡抚贵州。著有《无闻堂稿》17卷、《古今原始》15卷、《鹃林子》5卷、《无闻堂稿》17卷。

资料来源：《本朝分省人物考》卷三五

鲍松(1467—1517)，字懋承，号钝庵，歙县人。酷爱古今书，售者辄抬其价，四方挟异书者日走其门，积累至万卷，以多闻著名于歙县，尝取切近者手校梓行。正德十二年(1517)卒，年五十一。

资料来源：《中峰文集》卷四

查八十，生卒年不详。名鼐，字廷和，休宁人。出生商贾世家，家产雄厚。十八岁，遍天下访求名师学习琵琶。苦心学习，技艺日益精湛。正德年间，被召到京师教授宫娥弹奏琵琶，京师为之轰动。后被逐出皇宫，郁郁而终。

资料来源：《太函集》卷二八、《皖优谱》

张野塘，生卒年不详。寿县人，昆曲音乐创始人之一。善弹三弦，又善唱北曲。嘉靖年间，获罪谪发太仓，后寓居太仓，娶昆山音乐家魏良辅之女为妻，一起研究南曲、北曲和三弦。他不仅善弹，而且精心改制北方的三弦，更定弦琴，使琴腹稍小而圆，后在南方广为流传。还积极协助魏良辅对流行于昆山一带的戏曲唱腔进行整理加工，使之成为"小磨腔"即"昆腔"。经他改制后的弦子(即三弦)也成了伴奏主乐器。

资料来源：(清光绪)《寿州志》卷二四

何震（1522—1604），休宁人，一说婺源人，寓居南京。深究古籀，精研六书，孜孜于书篆治印。力主以门书为准则，摒弃当时金石界出现的庸俗怪异和杜撰擅改的陋习。与文彭独树一帜，矫正时弊，实现书法与刀法的统一。

资料来源：《五杂俎》卷七、（清光绪）《重修安徽通志》卷二六二

江瓘（1503—1565），歙县人。尽毕生之力搜集历代医家医案，终成名医。嘉靖三十一年（1552）《名医类案》初稿成，未刊行。其子应宿走遍大半个中国，博采名医验方，历时 19 年，五易其稿，使《名医类案》12 卷刊行于世。

资料来源：《太函副墨》卷一三、（民国）《歙县志》卷十

孙一奎（1538—1600），字文垣，休宁人。孙氏自幼聪颖，好学勤求，孜孜不倦，历三十年，学验俱丰，故名噪当时。著述有《赤水玄珠》30 卷、《医旨绪余》2 卷、《孙氏医案》5 卷。

资料来源：《天远楼集》卷一四、《四库全书总目》卷一〇四

汪机（1463—1539），祁门人。弃儒学医，努力钻研诸家医学经典，取各家之长，融会贯通，医术日精。医学著述十余部，有《医学原理》13 卷、《读素问钞》3 卷、补遗 1 卷、《运气易览》、《伤寒选录》8 卷、《补订脉诀刊误》2 卷、《外科理例》8 卷、《痘疹理辨》2 卷等。《明史·李时珍传》说："吴县张颐、祁门汪机、杞县李可大、常熟缪希雍，皆精医术"。

资料来源：《国朝献征录》卷七八

阮弼，生卒年不详。字良臣，歙县人。少时入学读书，博闻强识，好学深思，颇得先生好评。后终因家贫中辍学业，继而外出经商，家产日丰。之后，毅然投资于芜湖的浆染业。以雄厚资本，购得大量的原料，又从皖南及苏南等地聘请了一大批技术工人，使芜湖浆染质量大大提高。还在芜湖设立浆染业总局，从而奠定芜湖作为全国浆染中心

的地位。同时,他又在全国交通枢纽设立分局,把芜湖染布销往全国。嘉靖时倭寇来犯,阮弼临危不惧,率众抵抗,功绩斐然。

资料来源:《太函集》卷三五《明赐级阮长公传》

王直(? —1560),歙县人。嘉靖十九年(1540)出海经营走私贸易,遂勾结倭寇,称五峰船主。于宁波双屿港建立据点,后移到烈港,焚掠沿海各地。称净海王,又称徽王,改据日本肥前的平户。嘉靖三十一年(1552)派徐海、陈东、萧显麻叶等导倭寇入侵,劫掠财物,浙东、浙西、江南、江北同时告警。以后连年侵扰不绝。东南军民深受其害。三十六年(1557),总督胡宗宪设计诱降,将其擒获。三十八年斩于杭州。

资料来源:《倭变事略》、《筹海图编》卷九、《皇明御倭录·附略》卷一、《明史》卷一六九《王直传》

许国(1527—1596),歙县人。乡试第一,嘉靖四十四年(1565)进士。历仕嘉靖、隆庆、万历三朝,颇受宠幸。隆庆间,穆宗赐一品服出使朝鲜。神宗时,历任右赞善、礼部右侍郎等职。万历十一年(1583)任礼部尚书兼东阁大学士。不久加封太子太保,改授文渊阁大学士。万历十二年,因云南平叛"决策有功",晋升太子太傅。明神宗称赞他"协忠运筹,茂著劳绩"。著有《许文穆公集》16 卷。

资料来源:《本朝分省人物考》卷三七、《明史》卷二一九

李锡,生卒年不详。歙县人。世袭新安卫千户。倭警,为通州守备。后擢扬州参将、江北副总兵。隆庆元年(1567)冬,以署都督金事为福建总兵官,击破海寇曾一本,论功加署都督同知。倭入寇,击却之。六年春,以征蛮将军代俞大猷镇广西平乐。万历元年(1573)讨平獞猺,先后破巢一百四十,俘获降者无数。以功进秩二等。六年,卒于任上。

资料来源:《方初庵先生集》卷九《李将军行状》、《明史》卷二一二

黄应甲,生卒年不详。字汝第,怀宁人。万历五年(1577),屡迁为浙江总兵官。改镇广东,屡破倭寇,后罢归。

　　　　　　资料来源:《明史列传》卷八六,《明史》卷二一二

殷正茂(1513—1592),歙县人,字养实,号石汀。由行人选兵科给事中,历广西、云南、湖广兵备副使,迁江西按察使。隆庆间,擢右佥都御史巡抚广西,镇压古田壮族韦银豹等。进兵部右侍郎,提督两广军务。以平定倭寇功,迁兵部尚书。万历间累官户部尚书,疏请节用,又谏止采买珠宝。后引疾致仕归。复起为南京刑部尚书。两年后乞归。

　　　　　　资料来源:《本朝分省人物考》卷三七、《明史》卷二二二

查铎,生卒年不详。泾县人。嘉靖四十年(1561)进士。隆庆时,为刑科左给事中。忤大学士高拱,出为山西参议。万历初,任广西副使,因病辞归。后修缮水西书院,讲王畿、钱德洪之学。著有《阐道集》11卷、《毅斋奏疏》、《毅斋经说》、《楚中会条》、《水西会条》等。

　　　　　　　　　　资料来源:《本朝分省人物考》卷三八

张淳,生卒年不详。桐城人。隆庆二年(1568)进士。授永康知县。善断诉讼。乡民裹饭一包即可毕讼,因呼为"张一包",谓其敏断如包拯。擒巨盗卢十八。捐俸,救活贫女无数。以治行第一,升礼部主事、郎中、浙江副使、陕西布政使。

　　　　　　资料来源:《本朝分省人物考》卷三四、《明史》卷二八一

徐大任,生卒年不详。字重夫,号觉斋,宣城人。隆庆二年(1568)进士,授工部主事,岁汰水衡冗费数千万,奉命榷税真州,一无所私。神宗尝称其清节为天下第一。以工部侍郎致仕。

　　　　　　　　　　　资料来源:《万一楼集》卷三四

萧彦,生卒年不详。泾县人。曾从查铎学。隆庆五年(1571)进士,授官杭州推官。万历三年(1575),以工科左给事中阅视陕西四镇

边务,寻进户科都给事中。擢太常少卿,以右佥都御史巡抚贵州,后改抚云南。累官兵部右侍郎,总制两广军务。终户部右侍郎。有《制府疏草》1卷。其弟萧雍,官广东按察使,时称"二萧",著有《水西会语》、《赤山会约》、《赤山会语》各1卷。

资料来源:《本朝分省人物考》卷三八、《明史》卷二二七

汪应蛟,生卒年不详。字潜夫,婺源人。万历二年(1574)进士。授南京兵部主事,累迁至南京户部尚书。为人亮贞有守,视国如家。天津驻兵时,对"斥卤"之地不能耕种的说法,不以为然。指出:"地无水则碱,得水则润,若营作水田,当必有利",遂募民垦田。光宗立,起南京户部尚书,天启元年改北京户部尚书。东西方用兵,骤加赋数百万。应蛟在道上书爱养十八事,熹宗欣然采纳。廷议"红丸"事,应蛟请置崔文升、李可灼于法,而斥方从哲为编氓。里居,谢绝尘事,淡泊自若。著有《古今夷语》、《中铨》、《病吟草》。

资料来源:《明史》卷二四一

余孟麟,生卒年不详。字伯祥,号幼峰,祁门人,著籍江宁。万历二年(1574)进士第二,授编修,历官南京国子监祭酒。著有《幼峰学士集》。

资料来源:《嫩真草堂文集》卷一八

范涞,生卒年不详。字原易,号希旸,休宁人。万历二年(1574)进士,官至福建右布政使。著有《休宁理学先贤传》、《范子咙言》、《晞旸文集》、《两浙海防类考续编》。

资料来源:《铭相集》卷四

江东之,生卒年不详。字长信,歙县人。万历五年(1577)进士。由行人升御史。告发冯保、徐爵奸,受知于帝。上疏弹劾王宗载、于应昌诬陷刘台罪。出视畿辅屯政,奏驸马都尉侯拱宸从父强占民田,置于法。因争寿宫事,被贬为霍州知州。后累升至右佥都御史巡抚贵

511

州。后被弹劾罢官,复坐罪黜为民,愤恨抵家卒。著有《瑞阳阿集》。

资料来源:《国朝献征录》卷一六〇《江公传》,《明史》卷二三六

邵庶(1546—1615),字明仲,号翼庭,休宁人。万历十一年(1583)进士,选庶吉士,授刑科给事中,官终太常寺少卿,卒年七十一。

资料来源:《两洲集》卷六

汪道亨,生卒年不详。字云阳,怀宁人。万历十一年(1583)进士,历官泉州知府,广东布政使,平定钦州有功,转为应天府尹,官至右副都御史巡抚宣府,缮修亭障,塞上无警。卒于任上。

资料来源:《天亭草》卷八

黄道月(1552—1590),字德卿,号旨玄,合肥人。万历十四年(1586)进士,授中书舍人,丁忧归,病卒,年三十九。道月少负气,豪于饮酒,蹴鞠、六博、骑射、诸技无不精绝。

资料来源:《陆学士先生遗稿》卷一二、《本朝分省人物考》卷三八

叶永盛,生卒年不详。泾县人。万历十七年(1589)进士。擢御史,按江西,巡盐两浙。居御史九载,疏数十上,声震中外。累升太仆寺少卿。著有《叶永盛全集》4卷、《玉城奏疏》1卷、《浙鹾纪事》1卷。

资料来源:《本朝分省人物考》卷三八

洪文衡(1560—1621),字平仲,歙县人。万历十七年(1589)进士授户部主事。升考功主事。与何乔远友好,因乔远被贬,托病辞官归。起任南京工部郎中。杜绝中贵横索,节冗费甚多。官工部九年,进光禄少卿。改太常,督四夷馆。泰昌时起太常卿。卒赠工部右侍郎。天性孝友,生平不妄取一介。

资料来源:《苍霞余草》卷一一、《明史》卷二四二

金忠士,生卒年不详。字元卿,号丽阳,宿松人。万历二十年

（1592）进士，为御史，陈言耿直不屈。累官金都御史，巡抚延绥，奏行筹边七议，威名大著。著有《旭山集》。

　　　　　　　　　　　　　资料来源：《太霞洞集》卷三〇

　　吴宗尧，生卒年不详。字仁叔，歙县人。万历二十三年（1595）进士。授益都知县，性强项。中官陈增以开矿日征千人凿山，多捶死。二十六年九月，宗尧尽发增不法事。神宗大怒，削宗尧籍。未几卒。

　　　　　　资料来源：《大泌山房集》卷六四、《明史》卷二三七

　　马孟祯，生卒年不详。桐城人。万历二十六年（1598）进士。授分宜知县。升御史，多论劾。曾建议通壅蔽、录直臣、决用舍、恤民穷、急边饷五事。当时三党势力很大，忌其戆直，调广东副使，托病不赴。天启初，起南京光禄少卿，召改太仆。魏忠贤专权，革职。崇祯初复官。

　　　　　　　　　　　　　　　资料来源：《明史》卷二三〇

　　毕懋康，生卒年不详。字孟侯，歙县人。万历二十六年（1598）进士。以中书舍人授御史。懋康巡按陕西，疏陈边政十事，劾罢副总兵王学书等七人。后上书请建宗学如郡县学制，报可。天启四年起右佥都御史，抚治郧阳。懋康雅负器局，扬历中外，与族兄懋良并有清誉，称"二毕"。崇祯初，起懋康南京通政使。后卒于家。工古文辞，能画。著有《西清集》、《管涔集》、《疏草》等。

　　　　　　　　　　　　　　　资料来源：《明史》卷二四二

　　吴光义，生卒年不详。无为人。万历三十五年（1607）中进士。任仁和县令，政显，擢升工部主事。改任兵部职方司，出辖山海关，使流亡生还者数万。后升任河南巡抚，处理积案，开释株连，不可胜数。晋升兵部右侍郎，乞休归里。

　　　　　　　　　资料来源：（民国）《无为州志》卷一八

　　左光斗（1575—1625），桐城人。万历三十五年（1607）进士。授

中书舍人。升御史。巡视北京中城,捕治吏部强横恶吏,出理屯田,大
兴水利,北人始知种稻。光宗死,李选侍据乾清宫,迫皇子封皇后。宫
府危疑,人情危惧,光斗与杨涟协心同力,扶幼主,转危为安。由是朝
野并称"杨、左"。累升为左佥都御史,为东林党重要成员。天启四年
(1624),与杨涟谋去魏忠贤,疏未及上,与杨涟同被阉党诬告下狱,死
于狱中。

资料来源:《楼山堂集》卷一八、《望溪先生文集》卷九、《明史》卷
二四四

唐晖,生卒年不详。号中楫,歙县人。万历三十八年(1610)进士,
授武昌司理,入为吏部郎。忤当权宦官被免官。崇祯初起太常卿,迁
湖广巡抚,免官卒。

资料来源:《金正希文集辑略》卷八

汪泗论,生卒年不详。字自鲁,休宁人。万历三十八年(1610)进
士。授漳浦知县,调福清,有惠政,清屯田,缮城堡。巡按江西,敦重持
大体,奸人肃然。宗藩俸禄常缺,疏以桥税赎锾存留接济。历太仆寺
少卿。尝识黄道周于诸生中,人服其识人精鉴。

资料来源:《明史》卷二五七

江秉谦(？—1625),歙县人。万历三十八年(1610)进士,授鄞县
知县。以廉能被征为御史,入谏台,侃侃言事。后与惠世扬、周朝瑞等
上疏并诋中官刘朝及客氏,被免官。家居四年,闻魏忠贤乱政,忧
愤卒。

资料来源:《明史》卷二四六《江秉谦传》

方震孺(1585—1645),桐城人,移家寿县。万历四十一年(1613)
进士。由沙县知县入为御史。熹宗立,宦官魏忠贤内结客氏乱政,震
孺疏陈三朝艰危,又陈《拔本塞源论》,声震朝野。巡按辽东,监纪军
事,有保全山海关功。被魏忠贤党羽徐大化弹劾,罢官归。崇祯即位,

累升右佥都御史,巡抚广西。因马士英、阮大铖掣肘,忧愤卒。工诗文,善绘事。著有《方孩未先生集》16卷。

资料来源:《明史》卷二四八

方孔炤,生卒年不详。桐城人。万历四十四年(1616)进士。崇祯时,累官右佥都御史,巡抚湖广,八战八捷。时熊文灿纳张献忠降,安置谷城。他条上八议,言主抚误,帝不听,后果反。杨嗣昌以他事奏劾,孔炤被逮下诏狱。后复官。京师陷,南逃。马、阮乱政,归隐十余年死。

资料来源:《明史》卷二六〇

郑三俊,生卒年不详。字用章,东至人。万历中进士,天启时为光禄少卿,言中官侵冒六事而忤魏忠贤。四年(1624),迁左副都御史,杨涟劾魏逆,参预其事,被夺职。崇祯时历南京户部尚书、刑部、吏部尚书,尽治魏党余孽,力祛财政宿弊,反对增税、设关征商。十五年(1642)考选,言不可仅以奏对取人命官。支持首辅周延儒用吴昌时为文选郎中,后昌时縰制弄权事发,被连及,乞归。家居10年而卒。

资料来源:《明史》卷二五四

方士亮,生卒年不详。歙县人。崇祯四年进士。历嘉兴、福州推官,擢兵科给事中,举劾无所避忌。其论中官出镇之弊,尤为切合。周延儒出督师,请士亮赞画军务。延儒获谴,士亮亦削职下狱,久之释归。福王时,复官。

资料来源:《明史》卷二五八

黄绾(1480—1554),字宗贤,一作叔贤,号久菴,太平人,孔昭孙。以荫入官,累官礼部尚书,兼翰林学士,致仕卒,年七十五。绾师事王守仁,守仁殁,桂萼多所抵牾,绾上疏不敢阿友以背师。著有《五经古原》、《石龙集》。

资料来源:《国朝献征录》卷三四《黄公行状》、《明史》卷一九七

钱策,生卒年不详。无为人。万历进士。弹劾权贵,毫不稍馁。出官贵阳,多惠政。升任光禄寺正卿、南勋卿。做官50余年,从无片纸入官府关说私事。

资料来源:(光绪)《重修安徽通志》卷二一○

刘光复(?—1620),青阳人。万历进士,授浙江诸暨知县。有政绩,擢河南道监察御史、巡按山西。万历四十三年(1615),梃击案发,上疏忤神宗,下狱。四十八年正月始释。归池州齐山建书舍,隐居读书。

资料来源:《明史》卷二五七

张鹤鸣(1551—1635),阜阳人。万历进士。由历城知县升至右金都御史,巡抚贵州。天启初,升兵部尚书。督师辽东,筹办调解熊廷弼与巡抚王化贞不和,致使边疆事大坏。被弹劾,谢病归。时魏忠贤势大,起用他为南京工部尚书、兵部尚书。总督贵州、四川、云南、湖广、广西军务。庄烈帝嗣位,被弹劾,求归。农民起义军攻陷颍州,被杀。

资料来源:《明史》卷二五七

汪文言,生卒年不详。字士克,歙县人。初为县吏,智巧任术,肝胆负侠气。入京输赀为监生,用计破齐楚浙三党。光宗、熹宗之际,外廷依刘一璟,而宦官王安在内力助,施行善政,文言交关之力最多。天启初年,为内阁中书,忤阮大铖被逐。

资料来源:《余姚黄忠端公集》卷三

孙晋(?—1654),桐城人。明天启进士。以疏劾大学士温体仁任用私人、典试乱祖制一案被谪。后复起为给谏。崇祯七年(1634),魏忠贤阉党行贿吏部,妄图翻案,他坚决抵制,使阉党未逞。累迁大理寺卿。以兵部侍郎出督宣(宣府镇,河北宣化县)、大(大同镇,山西大同市),后以疾乞归。南明立,被视为东林党魁,避归故里。清朝建立,不仕终老。

阮大铖（1587—1646），怀宁人。天启时，谄附魏忠贤。崇祯时，名列魏党逆案，废斥十七年。福王时，因同党马士英执政，官至兵部尚书兼右副都御史。对"东林"、"复社"诸人日事报复，招权贪利。由于奸诈猾劣，嗜权罔利，时人称之"小人中之小人"。后降清，自杀。

吴国琦，生卒年不详。字公良，别字雪厓，桐城人。崇祯四年（1631）进士，官兵部主事。博洽能文，深于经术，晚年尤精赡诗律，著有《水香阁集》、《怀兹堂集》。

吴应箕（1594—1645），字风之，更字次尾，贵池人。善今古文，意气横厉一世。南京失守，起兵应金声，败走山中，被获，慷慨就死，年五十二。著有《楼山堂遗书》、《读书止观录》。

金声（1598—1645），休宁人。好学，工举子业，名倾一时。明崇祯进士，授庶吉士。清军进逼北京时，上书建议破格用人御敌，未被纳，辞官归里。团练义勇，捍卫乡里。南明弘光帝任为左佥都御史，见阉党操纵朝政，坚辞不就。南京失陷，纠集士民保绩溪、黄山。与学生江天一起兵抗清，分兵扼守皖南山隘，响应者甚多。清顺治元年（1644），清军下池州，破绩溪。他与江天一等抗清将领俱被俘。翌年，被杀于南京。著有《金正希集》。

江天一（1602—1645），歙县人。家贫以教书为生。时休宁人金声在复古书院讲学，天一与金声志同道合，拜金声为师。顺治二年

（1645），南京被清军攻破，天一助金声起兵抗清，被杀。

资料来源：《尧峰文钞》卷三四、《明史》卷二七七

方以智（1611—1671），枞阳人，字密之，号曼公，又号鹿起，逃禅以后名行通、无可、五老、弦智、愚者、墨历、木立、药地、极丸、浮庐等。出身士大夫家庭，祖父方大镇，曾任江西道监察御史，父方孔炤是崇祯时的湖广巡抚，政治上倾向"东林党"，学术上喜谈"物理"（事物变化发展的道理），对以智颇有影响。青年时代的方以智，热情奔放，曾"接武东林"、"主盟复社"，积极参加政治活动，和陈贞慧、吴应箕、侯方域，并称为"明季四公子"。崇祯十三年（1640）考取进士，任翰林院检讨。明亡后，颠沛流离，为逃避清兵易服为僧。晚年定居江西青原山，从事著述和讲学。康熙十年（1671），被清廷逮捕，押赴岭南时，死于途中，终年61岁。主要著作有：《通雅》、《物理小识》、《东西均》、《药地炮庄》、《医学会通》、《切韵源流》、《学易纲宗》、《诸子燔痏》、《浮山集》等。

资料来源：《船山师友记》卷四、《桐城耆旧传》卷六

谢陛，生卒年不详。字少连，歙县人。尝宗朱子帝蜀之意，作《季汉书》，以蜀为正统，魏、吴为世家，甚为王世祯称道。

资料来源：《大泌山房集》卷七〇

陆应龙，生卒年不详。字化伯，宣城人。太学生。喜为诗，能饮酒，因自称醉吟散人。诗歌自然清新不专擅雕饰，而又超旷达之致。著有《萃芳亭》、《金陵》、《山中》诸稿。

资料来源：《鹿裘石室集》卷三六

方孟式，生卒年不详。字如耀，桐城人，大镇女。嫁山东布政使张秉文，志笃诗书，备有妇德。崇祯十二年（1639），秉文守济南，孟式随夫而死。工诗，有《纫兰阁前后集》。

资料来源：《明史》卷二九一

　　梅膺祚,生卒年不详。宣城人。明国子监太学生。一生沉游书海,著述多种,《字汇》一书最负盛名,为海内珍本。《字汇》对《说文解字》作了重大改革,将其 504 个部首,归类合并成 214 个部,并首创按笔画多寡排列部首和单字,使字典具备通俗实用和便于检索的特点。《字汇》全书 14 卷,收 33179 字,突破"轻俗"、"重正"传统偏见,采"正俗兼收"原则,保存一大批古今俗字,适当选收历代字典不收或漏收之字,为它书所无有,价值极高。

　　　　　　　　资料来源:(清嘉庆)《宁国府志》卷三一

　　吴兆,生卒年不详。字非熊,休宁人。少敬敏,善为传奇曲。万历中游金陵,为人率真自放,好穷山林花鸟之致,客死新会。有金陵、广陵、姑苏、豫章诸稿。

　　　　　　　　资料来源:《大泌山房集》卷二四《吴非熊诗序》

　　李流芳(1575—1629),歙县人。万历三十四年(1606)举孝廉。为人耿直,诗风清新自然,文品为士林翘楚。擅画山水,好吴镇、黄公望,出入宋元,逸气飞动,笔墨苍劲清标,墨气淋漓,有"分云裂石"之势。吴伟业称其为"画中九友"之一。工书,法苏东坡,又精篆刻,与何雪渔齐名。著有《檀园集》、《西湖卧游图题跋》等。

　　　　　　　　　　资料来源:《明史》卷二八八

　　程嘉燧(1565—1643),休宁人。与李流芳并为晚明山水画"嘉定派"的代表画家,又与唐时升、娄坚称"练川三老",合李流芳为"嘉定四先生"。工诗文,风流儒雅,反对前后七子的模拟之风,为晚明一大家,著有《浪淘集》。能书法,清劲拔俗,时复散朗生姿。山水学倪瓒、黄公望,笔墨细净枯淡,好入黄山作写生,开清初"黄山画派"之先声。

　　　　　　　　　　资料来源:《明史》卷二八八

　　李永昌,生卒年不详。休宁人。善书画,与董其昌(1555—1636)齐名,董雅重之,所书如董笔。工山水,仿元人。山水多仿元人风格,

作品多野逸清秀。富收藏,有诗4卷,名曰《画响》,音调清越,皆阐扬画理者。

资料来源:(清光绪)《重修安徽通志》卷二六二

丁云鹏(1547—1628),休宁人。画家、绘墨模名手。擅画人物、佛像、山水等。曾为名墨工程君房、方于鲁画墨模,并供奉内廷十余年。

资料来源:《大泌山房集》卷二一

郑重,生卒年不详。歙人,流寓金陵(今南京)。善画山水人物,深为丁云鹏所赞许,推为赵伯驹的后身。有《临王叔明葛仙移居图》、《幽壑飞泉图》。清顺治五年(1648),尚作《十月岭梅》扇。

资料来源:(民国)《歙县志》卷十

胡正言(1584—1674),休宁人,久居南京。明武英殿中书舍人。参加"复社",交游甚广。明亡后,闭门谢交,以示不屈之节。善画山水、人物、花卉,真、草、隶、篆各体俱精,又长于篆刻,并擅制墨、印笺纸等。发明套色印刷术,印刷出版《十竹斋画谱》、《十竹斋笺谱》,把我国印刷术推到新的高度。

资料来源:(清乾隆)《江南通志》卷一七○

戴本孝(1621—1693),和县人。继承父志,拒绝在清朝做官,一生隐居山林。性情高旷,迷恋山水;能诗会画,多作卷册小景。他画山水善用干笔焦墨,深得元人气韵。著有《前生集》、《余生集》等书。

资料来源:《国朝画征补录》卷上

朱载堉(1536—1610)字伯勤,号句曲山人,是明仁宗庶子郑靖王的后代。专心于乐律、历算等的研究,努力著述。著有《乐律全书》,全书包括13部著作,其中11部是关于乐律方面的,重要的有《律学新说》和《律吕精义》等。十二平均律的理论最早见于《律学新说》,写《律吕精义》时又做了进一步的阐述。关于十二平均律的数学演算,更详细地记载在他的数学著作《嘉量算经》中。朱载堉在研究乐律时，很重视科学试验的检验，认为要分辨"新律"（指十二平均律）与"旧律"（指三分损益法）"孰真孰伪"，只要通过"试验"就一清二楚了。试验的方法：一是依尺造律，吹之试验；一是吹笙定琴，用琴定瑟，弹之试验。足见他的治学方法是很科学的。

资料来源：《四库全书总目》卷三八、《乐圣朱载堉》（中州古籍出版社，2006）

汪廷讷，生卒年不详。约万历中前后在世。休宁人，居南京。与汤显祖等相结交。由贡生官盐运使，后谪宁波府同知。著有杂剧《广陵月》及传奇《环翠堂乐府》18 种。《四库总目》有《环翠堂坐隐集选》4 卷，为诗词各 1 卷、南北曲 1 卷、随录 1 卷。中多与陈继儒、方于鲁、李贽辈唱酬之作。

资料来源：《四库全书总目》卷一八〇

梅鼎祚（1549—1615），宣城人。十六岁为诸生，九次参加秋试均未能中举。隐居"书带园"而肆力诗文，家富藏书，撰述甚丰。与戏曲家汤显祖、屠隆等交往甚密。传奇作品今知有《玉合记》、《长命缕》两种，杂剧有《昆仑奴剑侠成仙》。其作品注意辞藻，喜用典故。诗文集有《鹿裘石室集》，另编著有《诗乘》、《文记》、《古乐苑》、《唐乐苑》、《书记洞铨》、《青泥莲花记》、《才鬼记》等书。

资料来源：《本朝分省人物考》卷三八、《明诗纪事·庚籤卷》卷八

潘之恒（1556—1621），歙县人。少以诗称，以倜傥奇伟自负，曾入汪道昆白榆社，又曾师事王世贞，认识袁宏道后，文学主张倾向公安派，为公安派后劲。一生不得志，遍游大江南北，考察名山大川，在地理学上有所建树。一生沉迷于戏曲艺术，与戏曲家汤显祖、张凤翼、臧懋循、吴越石等以及戏曲艺人常有交往。著有诗集《涉江集》、《金昌集》等，地理著作《黄海》、《山海注》等，杂著《互史》、《鸾啸小品》等。

资料来源：《黄山志》卷二

　　方有执(1523—1594),歙县人。以精研《伤寒论》著称于世,竭二十余年之精力,于万历十七年(1589)编成《伤寒论条辨》8 卷。其研究《伤寒》,主张要心仲景之心、志仲景之志以求之,敢于疑古,敢于创新,开"错简重订派"之先河。

资料来源:《四库全书总目》卷一○四

　　吴昆(1552—1620),歙县人。祖父吴正伦,为明代隆庆至万历间名医,曾治愈神宗朱翊钧疾病,以及穆宗贵妃之疾病而名闻朝野。因其洞参岐黄奥旨,人称"参黄子"。

资料来源:(民国)《歙县志》卷十

　　周慎斋,生卒年不详。太平人。医术高超,强调整体效应和辨证施治,提出"五行制化"和"固体清源,调补脾胃"两大论点,对中医界影响较大,后人曾有"自明以来,江南言医者,类宗周慎斋"之说。著有《慎斋遗书》10 卷。

资料来源:(嘉庆)《宁国府志》卷三一

　　程君房,生卒年不详。名大约,以字行,徽州人。活跃于万历年间。精于制墨,其墨光洁细腻,款式花纹变化多端,一时无匹。著有《程氏墨苑》,列墨品六部,约 500 余式。

资料来源:《砚山斋杂记》卷四

　　方于鲁,生卒年不详。徽州人。活跃于万历年间。擅制墨,初随制墨家程君房学习制墨,后自立门户。他所制的墨质地细腻,墨色纯净,重视表面的纹饰,图案精美,丰富多变,其墨形状款式亦变化多端。著有《方于鲁墨谱》,收录所制墨 6 种,380 余式。

资料来源:《砚山斋杂记》卷四

　　苏宣(1553—?)歙县人。纵览秦汉玺印,深得汉印布白之妙,在朱白处理上充分汲取了斑驳气息,追求金石味。由于其印作古朴苍浑,名满海内,时人称苏宣与文彭、何震三家鼎立。著有《苏氏印略》4 卷。

资料来源:《国朝献征录》卷一一三

汪关(1575—?),歙县人。原名东阳,字杲叔,后得汉铜印《汪关》而改名关,更字尹子。其子汪鸿精迷金石,有大痴、小痴之称。汪关治印朴茂稳实,仿汉印神形俱备,为明人追汉法之开创者。有《宝印斋印式》2 卷。

资料来源:(民国)《歙县志》卷十

元亨兄弟,六安人。兄喻仁,字本元;弟喻杰,字本亨。兄弟俩合著《元亨疗马集》,附《牛驼经》,刊行于明万历三十六年(1608 年)。全书集古代兽医之大成,内容丰富,诊疗精微,其针灸学更属兽医界独创。

资料来源:(清同治)《六安州志》卷三九、《六安县志》(黄山书社,1993)第 146 页

程大位(1533—1606),休宁人。少年经商,中年弃商归里,专心著书。有感于商务往来中珠算的传统筹码计数法的不便,1592 年著成《算法统宗》17 卷,详述了传统的珠算规则,确立了算盘用法,完善了珠算口诀,搜集了古代流传的 595 道难题并记载了解题方法,堪称中国 16—17 世纪数学领域集大成的著作。

资料来源:《四库全书总目》卷一〇七、《畴人传》卷三一

谢昌,生卒年不详。字子期,号乐寿,歙县人。明悉阴阳五行天文筮卜,尤精邃于堪舆之学。凡官府学校之修建,赐葬元老之兆域,无不请谢昌为之择地,名闻四方。著有《地理学心赋句解》传世。

资料来源:《屠康僖公文集》卷六《谢子期传》

詹希元,生卒年不详。字孟举,徽州人,洪武初为铸印副使,后卒

官中书舍人。解缙《春雨杂述》曾以书法家为其作传。曾创制一种复杂的沙漏,称"五轮沙漏",即以流沙作动力,通过流沙推动齿轮组(五轮),使指针在时刻盘上指示时刻。

资料来源:《明史》卷二五、《明经世文编》卷二

焦勗,生卒年不详。宁国人。明崇祯年间,为适应同后金作战的需要,在北京设立铸炮所,聘请天主教耶稣会传教士汤若望(1591—1666)监制西式大炮,并要他把技术传授给工部"兵仗局"。焦勗乃集中明代火器的技术成就,并吸收了西方造炮技术的先进成果,撰成系统总结火器技术的著作《火攻挈要》。此书还涉及不少西方关于冶铸、机械、化学、力学、数学等方面的知识,对后世影响深远。

资料来源:《中国历代兵书》(商务印书馆,1996,第150—152页)

吴勉学,生卒年不详。字肖愚,一字师古,歙县人。博学多识,藏书宏富。万历时,他的师古斋先后校刻经、史、子、集百余种,费资几及银十万两。今存丛书、单刻本仍不下三十余种,其中《性理大全》70卷,《古今医统正脉》44种,《二十子全书》169卷,以及"五经"、"四史"、《资治通鉴》等都是费工较大的皇皇巨著,实为明代私人刻书第一家。

资料来源:《寄园寄所寄》卷一一

黄敬宗,生卒年不详。字仲荣,以一斋自号。明初徽州人。幼年读书,后弃儒就贾。乃南走荆湘,北游淮甸,以墨池交结天下士。不数年,赢余十万贯。归老家中,颐养心性而终。

资料来源:《新安黄氏会通谱·黄处士仲荣公墓志铭》

汪氏,生卒年不详。徽州人。曾创办"益美"字号于苏州,经营以巧取胜。通过让利于用户博取信誉,生意日趋兴隆。其所产布匹行销天下,远达滇南、漠北。

资料来源:《三异笔谈》卷三

吴养春,生卒年不详。歙县人。万历、天启年间,吴养春的商业集团北到京津,南达两浙。盐、典、钱庄、珠宝、绸缎、木材均有涉足等,家资累万,富可敌国。后魏忠贤以天启五年借助明廷皇极、中极、建极三殿工程助工为名,罗织罪名,致吴养春于死地,家产尽数落入他人之手,史称"黄山狱案"。

资料来源:《岩镇志草》

汪箕,生卒年不详。徽州人。居京师,经营典铺数十处,家产数十万。李自成占领北京城,箕为保全家产计,愿为先锋,率兵前进。后李自成采纳宋献策计策,将汪箕财产尽数没收,汪箕被杀。

资料来源:《明季北略》卷二三

汪文德,生卒年不详。字是修,祁门人。少年随其祖父经商维扬,心计过人,善于居奇操赢,时称巨富。清军南下抵达扬州,曾捐白银三十万两犒师。后回乡卒。

资料来源:康熙《祁门县志》

释德清(1546—1623),全椒人。明末四大师之一。俗姓蔡,字澄印,号憨山,以号行。少入江宁(今江苏南京)大报恩寺,十九岁圆戒,师从无极法师,又从云谷参禅苦修。后云游四方。得皇太后所赐《大藏经》及布金,建海印寺,任住持。倡导禅宗、华严宗合一,释道儒一体。工诗书,善行草。尝刺血书《华严经》,有行书《怀净土诗帖》等流传。

资料来源:《四库全书总目》卷一四七

主要参考文献

一、历史资料

（一）正史、政书、类书、丛书

[西汉]司马迁撰:《史记》,中华书局 1959 年版。

[东汉]班固撰:《汉书》,中华书局 1962 年版。

[南朝宋]范晔撰:《后汉书》,中华书局 1965 年版。

[西晋]陈寿撰:《三国志》,中华书局 1959 年版。

[唐]李延寿撰:《南史》,中华书局 1975 年版。

[北宋]司马光编:《资治通鉴》,中华书局 1956 年版。

[元]脱脱等撰:《宋史》,中华书局 1977 年版。

[明]宋濂等撰:《元史》,中华书局 1976 年版。

[清]张廷玉等撰:《明史》,中华书局 1974 年版。

[清]谷应泰撰:《明史纪事本末》,中华书局 1977 年版。

《明实录》,(台湾)中央研究院历史语言研究所校印本。

[明]张学颜等撰:《万历会计录》,《续修四库全书》本。

[明]申时行等修:《明会典》,中华书局 1989 年版。

[清]龙文彬撰:《明会要》,中华书局 1956 年版。

[明]王圻撰:《续文献通考》,《文渊阁四库全书》本。

[清]谈迁撰:《国榷》,中华书局 1958 年版。

[民国]赵尔巽等撰:《清史稿》,中华书局 1977 年版。

[清]蒋廷锡等纂:《古今图书集成》,上海中华书局 1934 年影印本。

《文渊阁四库全书》,台湾商务印书馆 1986 年影印本。

四库全书存目丛书编纂委员会编:《四库全书存目丛书》,齐鲁书社 1995—1997 年版。

续修四库全书编纂委员会编:《续修四库全书》,上海古籍出版社 2002 年版。

(二)地方志

[明]闻人诠修,陈沂纂:嘉靖《南畿志》,明嘉靖十三年刊本。

[明]李贤等修,万安等纂:《大明一统志》,明万历万寿堂刊本。

安徽通志馆纂修:民国《安徽通志稿》,民国二十三年铅印本。

安徽省地方志编纂委员会编:《安徽省志·人口志》,安徽人民出版社 1995 年版。

安徽省地方志编纂委员会编:《安徽省志·商业志》,安徽人民出版社 1995 年版。

安徽省地方志编纂委员会编:《安徽省志·民族宗教志》,方志出版社 1997 年版。

安徽省地方志编纂委员会编:《安徽省志·社会科学志》,方志出版社 1999 年版。

安徽省地方志编纂委员会编:《安徽省志·文化艺术志》,方志出版社 1999 年版。

安徽省地方志编纂委员会编:《安徽省志·人物志》,方志出版社 1999 年版。

弘治《徽州府志》,《天一阁藏明代方志选刊》影印本。

嘉靖《徽州府志》,明嘉靖四十五年刊本。

康熙《徽州府志》,清康熙三十八年万青阁刊本。

道光《徽州府志》,清道光七年刊本。

万历《歙志》,明万历三十七年刊本。

顺治《歙志》,清顺治四年刊本。

民国《歙县志》,民国二十六年铅印本。

[清]佘华瑞撰:《岩镇志草》,清抄本。

[清]江登云辑,江绍莲续辑:《橙阳散志》,清嘉庆十四年刊本。

[清]凌应秋辑:《沙溪集略》,抄本。

[民国]吴吉祜撰:《丰南志》,稿本。

乾隆《黟县志》,清乾隆三十一年刊本。

嘉庆《黟县志》,清嘉庆十七年刊本。

同治《黟县三志》,清同治十年刊本。

民国《黟县四志》,民国十二年黟县黎照堂刊本。

弘治《休宁志》,明弘治四年刊本。

嘉靖《休宁县志》,明嘉靖二十七年刊本。

万历《休宁县志》,明万历三十五年刊本。

康熙《休宁县志》,清康熙三十二年刊本。

道光《休宁县志》,清道光三年刊本。

万历《祁门县志》,明万历二十八年刊本。

道光《祁门县志》,清道光七年刊本。

同治《祁门县志》,清同治十二年刊本。

嘉庆《绩溪县志》,清嘉庆十五年刊本。

绩溪县地方志编纂委员会编:《绩溪县志》,黄山书社1998年版。

乾隆《婺源县志》,清乾隆二十二年刊本。

道光《婺源县志》,清道光六年刊本。

光绪《婺源县志》,清光绪九年刊本。

民国《重修婺源县志》,民国十四年刊本。

万历《宁国府志》,明万历五年刊本。

嘉庆《宁国府志》,清嘉庆二十年刊本。

嘉靖《宁国县志》,《天一阁藏明代方志选刊》影印本。

宁国县地方志编纂委员会编纂:《宁国县志》,生活·读书·新知三联书店1997年版。

旌德县地方志编纂委员会办公室编:《旌德县志》,黄山书社1992年版。

嘉靖《泾县志》,《天一阁藏明代方志选刊》影印本。

嘉庆《泾县志》,清嘉庆十一年刊本。

嘉庆《太平县志》,清嘉庆十四年刊本。

正德《池州府志》,明正德十三年刊本。

嘉靖《池州府志》,《天一阁藏明代方志选刊》影印本。

万历《池州府志》,明万历四十年刊本。

乾隆《池州府志》,清乾隆四十四年刊本。

光绪《贵池县志》,清光绪九年活字本。

嘉靖《铜陵县志》,《天一阁藏明代方志选刊》影印本。

安徽省铜陵县地方志编纂委员会编纂:《铜陵县志》,黄山书社 1993 年版。

嘉靖《石埭县志》,明嘉庆三十五年刊本。

民国《石埭备志汇编》,民国三十年铅印本。

宣统《建德县志》,清宣统二年铅印本。

嘉靖《太平府志》,明嘉靖十年刊本。

康熙《太平府志》,清光绪二十九年活字本。

乾隆《太平府志》,清乾隆二十二年刊本。

康熙《芜湖县志》,抄本。

嘉庆《芜湖县志》,民国二年活字本。

民国《芜湖县志》,民国八年石印本。

光绪《广德州志》,清光绪七年刊本。

嘉靖《建平县志》,《天一阁藏明代方志选刊》影印本。

正德《安庆府志》,明嘉靖元年刊本。

嘉靖《安庆府志》,明嘉靖三十年刊本。

康熙《安庆府志》,清康熙二十二年刊本。

天顺《直隶安庆郡志》,明天顺六年刊本。

康熙《安庆府怀宁县志》,清康熙十二年刊本。

康熙《桐城县志》,清康熙十二年刊本。

万历《望江县志》,明万历二十二年刊本。

道光《宿松县志》,清道光八年刊本。

民国《宿松县志》,民国十年活字本。

顺治《安庆府太湖县志》,清顺治十年刊本。

民国《潜山县志》,民国九年铅印本。

嘉庆《庐州府志》,清嘉庆八年刊本。

光绪《续修庐州府志》,清光绪十一年刊本。

万历《合肥县志》,明万历元年刊本。

嘉庆《合肥县志》,1961 年石印本。

万历《六安州志》,明万历十二年刊本。

六安县地方志编纂委员会编:《六安县志》,黄山书社 1993 年版。

顺治《霍山县志》,清顺治十八年刊本。

嘉庆《无为州志》,清嘉庆八年刊本。

民国《无为县小志》,1960 年石印本。

道光《巢县志》,1960 年油印本。

雍正《舒城县志》,清雍正九年刊本。

嘉庆《舒城县志》,清嘉庆十一年刊本。

光绪《续修舒城县志》,清光绪三十三年活字本。

康熙《庐江县志》,清康熙三十七年刊本。

光绪《庐江县志》,清光绪十一年活字本。

[明]戴瑞卿等纂修:万历《滁阳志》,明万历四十二年刊本。

光绪《滁州志》,清光绪二十二年活字本。

泰昌《全椒县志》,明泰昌元年刊本。

民国《全椒县志》,民国九年活字本。

天启《新修来安县志》,明天启元年刊本。

道光《来安县志》,清道光十年刊本。

安徽省来安县地方志编纂委员会编纂:《来安县志》,中国城市经济社会出版社 1990 年版。

嘉靖《和州志》,明嘉靖七年刊本。

万历《和州志》,明万历三年刊本。

[清]陈廷桂纂:乾隆《历阳典录》,清同治六年刊本。

光绪《直隶和州志》,清光绪二十七年活字本。

康熙《含山县志》,抄本。

光绪《凤阳府志》,清光绪三十四年活字本。

［明］柳瑛纂：成化《中都志》，抄本。

［明］袁文新修，柯仲炯等纂：天启《凤阳新书》，明天启元年刊本。

光绪《凤阳县志》，清光绪十三年刊本。

安徽省凤阳县地方志编纂委员会编：《凤阳县志》，方志出版社1999年版。

康熙《临淮县志》，清康熙十一年刊本。

嘉靖《定远县志》，明嘉靖十四年刊本。

雍正《怀远县志》，清雍正二年刊本。

嘉庆《怀远县志》，清嘉庆二十四年活字本。

光绪《重修五河县志》，清光绪二十年刊本。

［明］曾惟诚纂修：万历《帝乡纪略》，明万历二十七年刊本。

嘉靖《皇明天长志》，《天一阁藏明代方志选刊》影印本。。

光绪《盱眙县志稿》，清光绪二十九年盱眙县志局增刊本。

嘉靖《寿州志》，《天一阁藏明代方志选刊》影印本。

光绪《寿州志》，清光绪十五年活字本。

万历《蒙城县志》，抄本。

顺治《蒙城县志》，抄本。

同治《霍邱县志》，清同治九年活字本。

弘治《直隶凤阳府宿州志》，抄本。

嘉靖《宿州志》，《天一阁藏明代方志选刊》影印本。

万历《宿州志》，明万历二十四年刊本。

正德《颍州志》，《天一阁藏明代方志选刊》影印本。

嘉靖《颍州志》，抄本。

颍上县地方志编纂委员会编：《颍上县志》，黄山书社1995年版。

民国《太和县志》，民国十四年上海中华书局铅印本。

嘉靖《亳州志》，明嘉靖四十三年刊本。

顺治《亳州志》，清顺治十三年刊本。

光绪《亳州志》，清光绪二十年活字本。

乾隆《江南通志》，清乾隆元年刊本。

万历《广东通志》，明万历三十年刊本。

万历《扬州府志》,明万历三十三年刊本。

乾隆《湖州府志》,清乾隆四年刊本。

万历《嘉定县志》,明万历三十三年刊本。

天启《平湖县志》,明天启七年刊本。

同治《修川小志》,清抄本。

光绪《唐栖志》,清光绪十六年刊本。

崇祯《外冈志》,1961 年铅印《上海史料丛编》本。

《钱门塘乡志》,1963 年铅印《上海史料丛编》本。

(三)家谱、文书

《新安歙北许氏东支世谱》,明嘉靖六年稿本。

《歙托山程氏族谱》,明万历元年刊本。

《新安歙西溪南吴氏世谱》,明万历三十年刊本。

《新安黄氏大宗谱》,清乾隆十七年刊本。

《重修古歙东门许氏宗谱》,清乾隆二年刊本。

《重编歙邑棠樾鲍氏三族宗谱》,清乾隆二十五年刊本。

《歙新馆鲍氏著存堂宗谱》,清光绪元年木活字本。

歙县《溪南江氏族谱》,明隆庆刊本。

歙县《方氏会宗统谱》,清乾隆十八年刊本。

歙县《方氏族谱》,清抄本。

歙县《棠樾鲍氏宣忠堂支谱》,清嘉庆十年刊本。

《休宁率东程氏家谱》,明万历元年刊本。

休宁《汪氏统宗谱》,明刊本。

休宁《宣仁王氏族谱》,明万历三十八年刊本。

休宁《汪氏统宗正脉》,清乾隆十七年刊本。

[明]程一枝撰:《程典》,明万历二十六年家刻本。

[清]吴青羽撰:《茗州吴氏家典》,清雍正十三年刊本。

[明]程昌撰:《窦山公家议》,明万历三年家刻本。

绩溪《金紫胡氏家谱》,清光绪刊本。

黟县《环山余氏宗谱》,民国六年刊本。

中国社会科学院历史研究所收藏整理:《徽州千年契约文书》(宋元明编),花山文艺出版社 1993 年版。

《徽州文约》,原件存安徽省博物馆。

《汪什立还文书》,编号 003957,原件藏社会科学院历史研究所。

《胡社龙等立还文书》,登记号 18,原件藏社会科学院经济研究所。

《黄毛、黄保立还文约》,编号 1－38,原件藏社会科学院经济研究所。

《汪付保、汪三保立还文约》,编号 03958,原件藏社会科学院历史研究所。

《方勇立还入赘文约》,编号 005087,原件藏社会科学院历史研究所。

《胡天得立还入赘文约》,编号 004902,原件藏社会科学院历史研究所。

《葬山应役文约》,原件藏社会科学院经济研究所。

《万历火佃立还限约》,编号 20,原件藏社会科学院经济研究所。

(四)文集、笔记、史料丛刊

[北宋]李昉等编:《太平广记》,中华书局 1961 年点校本。

[南宋]范成大撰:《骖鸾录》,中华书局 1985 年版。

[南宋]高斯得撰:《耻堂存稿》,中华书局 1985 年版。

[元]赵汸撰:《东山存稿》,清文渊阁四库全书本。

[明]蔡羽撰:《辽阳海神传》,中华书局 1985 年版。

[明]陈霆著:《雨山墨谈》,商务印书馆 1936 年版。

[明]陈子龙等辑:《明经世文编》,中华书局 1962 年影印本。

[明]陈全之著:《蓬窗日录》,上海书店 1985 年版。

[明]陈建著;钱茂伟点校:《皇明通纪》,中华书局 2008 年版。

[明]程敏政辑撰;何庆善、于石点校:《新安文献志》,黄山书社 2004 年版。

[明]戴廷明、程尚宽等撰;朱万曙等点校:《新安名族志》,黄山书

社 2004 年版。

[明]丁元荐撰:《西山日记》,《续修四库全书》本。

[明]方承训撰:《复初集》,《四库全书存目丛书》本。

[明]方弘静撰:《素园存稿》,《四库全书存目丛书》本。

[明]傅岩著;陈春秀等点校:《歙纪》,黄山书社 2006 年版。

[明]顾起元撰:《客座赘语》,明万历四十六年自刻本。

[明]归有光著;周本淳校点:《震川先生集》,上海古籍出版社 1981 年版。

[明]胡应麟撰:《少室山房笔丛》,上海书店出版社 2009 年版。

[明]焦竑撰:《玉堂丛语》,中华书局 1981 年点校本。

[明]焦竑编:《献征录》,上海书店 1987 年版。

[明]蒋以化撰:《西台漫纪》,《续修四库全书》本。

[明]金声撰:《金太史集》,乾坤正气集本。

[明]郎瑛撰:《七修类稿》,上海书店出版社 2009 年版。

[明]李维桢撰:《大泌山房集》,《四库全书存目丛书》本。

[明]李时珍撰:《本草纲目》,商务印书馆 1930 年版。

[明]吕坤撰:《实政录》,《续修四库全书》本。

[明]刘辰撰:《国初事迹》,中华书局 1991 年版。

[明]明太祖撰:《明太祖文集》,清文渊阁四库全书本。

[明]明太祖敕撰;王天有、张何清点校:《逆臣录》,北京大学出版社 1991 年版。

[明]钱士升撰:《赐余堂集》,清乾隆四年钱佳刻本。

[明]沈德符撰:《万历野获编》,中华书局 1959 年版。

[明]宋应星撰:《天工开物》,中华书局 1959 年版。

[明]孙旬辑:《皇明疏钞》,《续修四库全书》本。

[明]田艺蘅撰:《留青日札》,上海古籍出版社 1985 年版。

[明]王世贞撰:《弇州史料》,明万历四十二年刻本。

[明]王世贞撰:《弇山堂别集》,中华书局 1985 年点校本。

[明]王世贞撰:《弇州山人四部续稿》,清文渊阁四库全书本。

[明]王士性撰;吕景琳点校:《广志绎》,中华书局 1981 年版。

［明］汪道昆撰；胡益民、余国庆点校：《太函集》，黄山书社 2004 年版。

［明］吴世济撰：《太和县御寇始末》，浙江人民出版社 1985 年版。

［明］吴应箕撰：《楼山堂集》，《续修四库全书》本。

［明］谢肇淛撰：《五杂俎》，中华书局 1959 年版。

［明］许次纾著：《茶疏》，中华书局 1985 年版。

［明］徐光启著：《农政全书》，中华书局 1956 年版。

［明］徐光启撰；王重民辑校：《徐光启集》，中华书局 1963 年版。

［明］薛凤翔撰：《亳州牡丹史》，《续修四库全书》本。

［明］余继登撰：《典故纪闻》，中华书局 1957 年版。

［明］叶权撰：《贤博编》，中华书局 1987 年点校本。

［明］杨嗣昌撰：《杨文弱先生集》，清初刻本。

［明］杨循吉撰：《庐阳客记》，《四库全书存目丛书》本。

［明］张瀚撰：《松窗梦语》，中华书局 1985 年点校本。

［明］张德谦撰：《茶经》，民国美术丛书本。

［明］张煌言撰：《张苍水集》，上海古籍出版社 1985 年版。

［明］章潢编：《图书编》，江苏广陵古籍刻印社 1988 年版。

［明］朱国祯辑：《皇明大政记》，《四库全书存目丛书》本。

［明］朱元璋撰；胡士萼点校：《明太祖集》，黄山书社 1991 年版。

［明］朱升撰；刘尚恒点校：《朱枫林集》，黄山书社 1992 年版。

［明］左光斗撰：《左忠毅公集》，《续修四库全书》本。

［清］戴笠撰：《怀陵流寇始终录》，辽沈书社 1993 年点校本。

［清］冯苏撰：《见闻随笔》，《四库全书存目丛书》本。

［清］高廷瑶撰：《宦游纪略》，中国书店 1990 年版。

［清］顾炎武撰：《天下郡国利病书》，《四库全书存目丛书》本。

［清］顾炎武著：《日知录》，商务印书馆 1929 年版。

［清］顾祖禹撰：《读史方舆纪要》，《续修四库全书》本。

［清］谷应泰编：《明倭寇始末》，中华书局 1985 年版。

［清］贺长龄、魏源等编：《清经世文编》，中华书局 1992 年版。

［清］黄宗羲著：《明夷待访录》，中华书局 1981 年版。

［清］黄宗羲著：《明儒学案》，中华书局 1985 年点校本。

［清］黄宗羲编：《明文海》，上海古籍出版社 1994 年点校本。

［清］江同文辑：《思豫述略》，抄本。

［清］计六奇撰：《明季北略》，中华书局 1984 年点校本。

［清］计六奇撰：《明季南略》，中华书局 1984 年点校本。

［清］纪昀总纂：《四库全书总目提要》，河北人民出版社 2000 年版。

［清］刘献廷撰：《广阳杂记》，中华书局 1957 年点校本。

［清］马其昶著；毛伯舟点注：《桐城耆旧传》，黄山书社 1990 年版。

［清］彭孙贻辑：《平寇志》，上海古籍出版社 1984 年点校本。

［清］施璜编辑：《还古书院志》，清乾隆六年刻本。

［清］孙承泽纂：《天府广记》，北京古籍出版社 1982 年版。

［清］谈迁著：《枣林杂俎》，中华书局 2006 年点校本。

［清］王士禛撰：《池北偶谈》，清文渊阁四库全书本。

［清］汪灏等著：《广群芳谱》，上海书店 1985 年影印本。

［清］吴伟业撰；李学颖点校：《绥寇纪略》，上海古籍出版社 1992 年版。

［清］夏燮撰：《明通鉴》，上海古籍出版社 1990 年版。

［清］徐开任辑：《明名臣言行录》，清康熙刻本。

［清］徐珂编撰：《清稗类钞》，中华书局 1984 年版。

［清］俞森撰：《义仓考》，中华书局 1985 年版。

［清］俞森撰：《常平仓考》，中华书局 1985 年版。

［清］俞森撰：《社仓考》，中华书局 1985 年版。

［清］俞樾撰：《右台仙馆笔记》，《续修四库全书》本。

［清］俞正燮撰：《癸巳存稿》，商务印书馆 1957 年版。

［清］查继佐撰：《罪惟录》，北京图书馆出版社 2006 年版。

［清］赵翼著：《廿二史札记》，中国书店 1987 年版。

［清］赵吉士辑撰；周晓光、刘道胜点校：《寄园寄所寄》，黄山书社 2008 年版。

[清]朱琦撰:《小万卷斋文稿》,清光绪十一年嘉树山房重刊本。

许承尧撰;李明回等校点:《歙事闲谭》,黄山书社 2001 年版。

二、今人论著

(一)著作

《安徽文化史》编纂工作委员会编:《安徽文化史》(中卷),南京大学出版社 2000 年版。

白新良著:《中国古代书院发展史》,天津大学出版社 1995 年版。

卞利著:《明清徽州社会研究》,安徽大学出版社 2004 年版。

长江流域规划办公室《长江水利史略》编写组编:《长江水利史略》,水利电力出版社 1979 年版。

曹天生著:《中国宣纸》(第二版),中国轻工业出版社 2000 年版。

陈兵著:《道教之道》,今日中国出版社 1995 年版。

陈谷嘉、邓洪波主编:《中国书院史资料》(上册),浙江教育出版社 1998 年版。

陈宝良、王熹著:《中国风俗通史·明代卷》,上海文艺出版社 2005 年版。

邓洪波著:《中国书院史》,东方出版社 2004 年版。

郭影秋编著:《李定国纪年》,中华书局 1960 年版。

高寿仙著:《徽州文化》,辽宁教育出版社 1993 年版。

葛剑雄、曹树基、吴松弟著:《简明中国移民史》,福建人民出版社 1993 年版。

葛剑雄主编,曹树基著:《中国移民史》(第五卷明时期),福建人民出版社 1997 年版。

葛兆光著:《中国思想史》第二卷《七世纪至十九世纪中国的知识、思想与信仰》,复旦大学出版社 2000 年版。

胡允恭著:《李自成张献忠起义》,南京大学出版社 1986 年版。

季啸风主编:《中国书院辞典》,浙江教育出版社 1996 年版。

刘石吉著:《明清时代江南市镇研究》,中国社会科学出版社 1987 年版。

李国钧主编:《中国书院史》,湖南教育出版社1998年版。

李国钧、王炳照总主编,吴宣德著:《中国教育制度通史》(第四卷明代),山东教育出版社2000年版。

李琳琦著:《徽商与明清徽州教育》,湖北教育出版社2001年版。

刘尚恒著:《徽州刻书与藏书》,广陵书社2003年版。

刘和惠、汪庆元著:《徽州土地关系》,安徽人民出版社2005年版。

栾成显著:《明代黄册研究》,中国社会科学出版社1998年版。

罗志田著:《权势转移:近代中国的思想、社会与学术》,湖北人民出版社1999年版。

鲁迅著:《中国小说史略》,上海古籍出版社2006年版。

彭泽益编:《中国近代手工业史资料(1840—1949)》(第一卷),中华书局1984年版。

彭泽益主编:《中国社会经济变迁》,中国财政经济出版社1990年版。

潘承弼、顾廷龙编著:《明代版本图录初编 卷6 家刻》(民国丛书第五编),上海书店1996年版。

钱伯城等主编:《全明文》,上海古籍出版社1992年版。

曲彦斌主编:《中国典当手册 副编——典当研究文献选汇》,辽宁人民出版社1998年版。

戎毓明主编:《安徽人物大辞典》,团结出版社1992年版。

沈云龙编:《明清史料汇编》(第七集第二册),(台湾)文海出版社1971年版。

上海博物馆图书资料室编:《上海碑刻资料选辑》,上海人民出版社1980年版。

盛朗西编:《中国书院制度》《民国丛书》(第三编),上海书店1990年版。

史州著:《安徽史志综述》,安徽教育出版社2002年版。

施文楠、施咏著:《安徽音乐志野获编》,安徽文艺出版社2002年版。

台湾中央图书馆编:《明人传记资料索引》,中华书局1987年版。

王兴亚编:《李自成起义史事研究》,中州古籍出版社1984年版。

王剑英著:《明中都》,中华书局1992年版。

王景林等主编:《中国民间信仰风俗辞典》,中国文联出版公司1992年版。

王世华著:《富甲一方的徽商》,浙江人民出版社1997年版。

王社教著:《苏皖浙赣地区明代农业地理研究》,陕西师范大学出版社1999年版。

王毓铨主编,刘重日、张显清副主编:《中国经济通史·明代经济卷》(上下),经济日报出版社2000年版。

王镇恒、王广智主编:《中国名茶志》,中国农业出版社2000年版。

王前华、廖锦汉编:《明孝陵史话》,南京出版社2003年版。

汪福来主编:《桐城文化志》,安徽人民出版社1992年版。

吴承洛著:《中国度量衡史》,上海书店1984年影印版。

吴孟复著:《桐城文派述论》,安徽教育出版社1992年版。

吴震著:《明代知识界讲学活动系年:1522–1602》,学林出版社2003年版。

夏玉润著:《朱元璋与凤阳》,黄山书社2003年版。

谢国桢编:《明代社会经济史料选编》(下),福建人民出版社1981年版。

谢国桢编著:《明清笔记谈丛》,上海古籍出版社1981年版。

叶显恩著:《明清徽州农村社会与佃仆制》,安徽人民出版社1983年版。

章有义著:《明清徽州土地关系研究》,中国社会科学出版社1984年版。

张海鹏、王廷元主编:《明清徽商资料选编》,黄山书社1985年版。

张南等著:《简明安徽通史》,安徽人民出版社1994年版。

赵华富著:《徽州宗族研究》,安徽大学出版社2004年版。

周中明著:《桐城派研究》,辽宁大学出版社1999年版。

中国历史研究社编:《甲申传信录》,上海书店1982年复印本。

中国社会科学院历史研究所徽州文契整理组编:《明清徽州社会

经济资料丛编》(第二辑),中国社会科学出版社1990年版。

政协旌德县第四届文史资料委员会编:《旌德县文史资料》(第二辑),内部发行,1993年12月印刷。

(二)论文

曹之:《明代新安黄氏刻书考略》,载《出版科学》2002年第4期。

曹树基:《元末明初安庆、池州移民资料汇编》,载汪军主编:《皖江文化与近世中国 京剧、近代工业和新文化的源头》,合肥工业大学出版社2004年版。

范正义:《民间信仰研究的理论反思》,载《东南学术》2007年第2期。

葛庆华:《徽州文会初探》,载《江淮论坛》1997年第4期。

《黄山市发现一明代印刷品 具有重要学术价值》,载《黄山日报》2005年11月17日。

胡丹:《洪武朝内府官制之变与明初的宦权》,载《史学月刊》2008年第5期。

江太新、苏金玉:《论清代徽州地区的亩产》,载《中国经济史研究》1993年第3期。

刘聿才、刘新:《明祖陵述略》,载《考古与文物》1984年第2期。

林金树:《明中叶以后我国粮食生产形势的新变化》,载《郑州大学学报》1989年第6期。

李琳琦:《明清徽州书院的官学化与科举化》,载《历史研究》2001年第6期。

李琳琦、张晓婧:《明代安徽书院的数量、分布特征及其原因分析》,载《华东师范大学学报》(教育科学版)2006年第4期。

李昌志:《"文章甲天下 冠盖满京华"——从新编〈桐城县志〉看桐城文化的兴起、影响及其成就》,载《中国地方志》1997年第4期。

李俊:《徽州消防文献发微》,载《徽学》(第二卷),安徽大学出版社2002年版。

罗桂环:《朱橚和他的救荒本草》,载《自然科学史研究》,1985年第 2 期。

栾成显:《徽州府祁门县龙凤经理鱼鳞册考》,载《中国史研究》
1994 年第 2 期。

吕景琳:《蓝玉党案考》,载《东岳论丛》1994 年第 5 期。

路遥等:《民间信仰与中国社会研究的若干学术视角》,载《山东
社会科学》2006 年第 5 期。

林国平:《关于中国民间信仰研究的几个问题》,载《民俗研究》
2007 年第 1 期。

唐力行:《论徽州宗族社会的变迁与徽商的勃兴》,载《中国社会
经济史研究》1997 年第 2 期。

王世华:《论徽商的抗倭斗争》,载《安徽师范大学学报》(人文社
会科学版) 1986 年第 1 期。

王健:《近年来民间信仰问题研究的回顾与思考:社会史角度的考
察》,载《史学月刊》2005 年第 1 期。

汪家伦:《明清长江中下游圩田及其防汛工程技术》,载《中国农
史》1991 年第 2 期。

汪庆元:《明代粮长制度在徽州的实施》,载《中国经济史研究》
2005 年第 2 期。

吴仁安:《明清时期芜湖的社会经济与市政建设》,载《大同职业
技术学院学报》2003 年第 2 期。

吴展:《明代户帖的史料价值与版本价值》,载《中国史研究动态》
2006 年第 9 期。

许正:《安徽茶叶史略》,载《安徽史学》1960 年第 3 期。

徐寿凯:《桐城文派绵延久远原因蠡测》,载《桐城派研究论文
选》,黄山书社 1986 年版。

叶显恩:《从祁门善和里程氏家乘谱牒所见的徽州佃仆制度》,载
《学术研究》1978 年第 4 期。

叶显恩:《徽商利润的封建化与资本主义萌芽》,载《中山大学学
报》(哲学社会科学版) ,1983 年第 1 期。

张鸿基:《明成祖始用宦官说质疑》,载《史学月刊》1986 年第

3 期。

　　张华:《明初政治史上的淮西勋贵问题》,载《南京大学学报》(哲学·社会科学版)1986 年第 4 期。

　　周绍泉:《试论明代徽州土地买卖的发展趋势》,载《中国经济史研究》1990 年第 4 期。

　　周晓光:《宋元明清时期的新安理学》,载《中国典籍与文化》1993 年第 4 期。

后　　记

　　《安徽通史》是安徽省委宣传部组织编纂的一项学术文化建设工程,也是安徽省哲学社会科学规划重大项目。2005 年,承蒙《安徽通史》编纂委员会厚爱,聘请我俩为《安徽通史·明代卷》主编。《安徽通史·明代卷》的编纂工作,从拟定编写提纲、确定编写原则,到组织队伍、撰写、修改,两次聘请专家审读,再最后定稿,历时 4 年时间。其间虽有烦恼,但更多的是团队合作的快乐。《安徽通史·明代卷》,原定正文十二章,初稿完成后,因体例和其他方面的原因,周致元教授撰写的第二章《明中都城的兴废》和第三章《明代安徽的军事事件和经济制度》约 7 万字被删除,少部分内容融合到其他章节,这是我们首先要特别予以说明的,对周致元教授为此付出的辛勤劳动,我们表示衷心感谢。

　　现付梓的《安徽通史·明代卷》初稿执笔者分工如下:秦宗财撰写绪论;夏雨润撰写第一章;周致元撰写第一章第三节中的"皇陵的影响",第四章第三节、第四节,第六章第三节;张崇旺撰写第二章,第三章,第四章第一节、第二节;陈敬宇撰写了第五章第一节、第二节、第三节、第四节初稿,董家魁撰写了第五节,王世华在他们提供的基础上又作了修改;梁仁志撰写第六章第一节、第二节、第四节、第五节,第七章;张室龙撰写第八章第一节;张晓婧撰写第二节;方旭玲撰写第三节;许洁撰写第九章;董家魁撰写第十章第一节和第四节,王世华进行了修改;刘道胜撰写了第二节;秦宗财撰写了第三节。"明代安徽大事年表"、"明代安徽人物小传",由梁仁志、李敏共同完成。董家魁为本书选配了部分插图,并编纂了全书的参考书目;一些研究生也参与了

资料的收集工作,梁仁志、秦宗财、董家魁为校对做了大量工作,本书的一部分图片选自安徽文物事业管理局编《安徽馆藏珍宝》。在此,我们一并致谢!

《安徽通史·明代卷》的第一章、第二章、第三章、第六章、第七章、第八章由李琳琦主审并修改;第四章、第五章、第九章、第十章,以及"明代安徽大事年表"、"明代安徽人物小传",由王世华主审并修改。王世华最后又进行了全书的统稿工作。

由于是多人参与的一项集体工程,《安徽通史·明代卷》欠缺之处一定不少,敬请读者批评指正!

王世华　李琳琦

2010 年 12 月